近代金石學家尺牘校注系列

周亞 主編

〔清〕吳雲 著　馬玉梅 校注

兩罍軒尺牘校注

本書入選"十三五"國家重點圖書、音像、電子出版物規劃

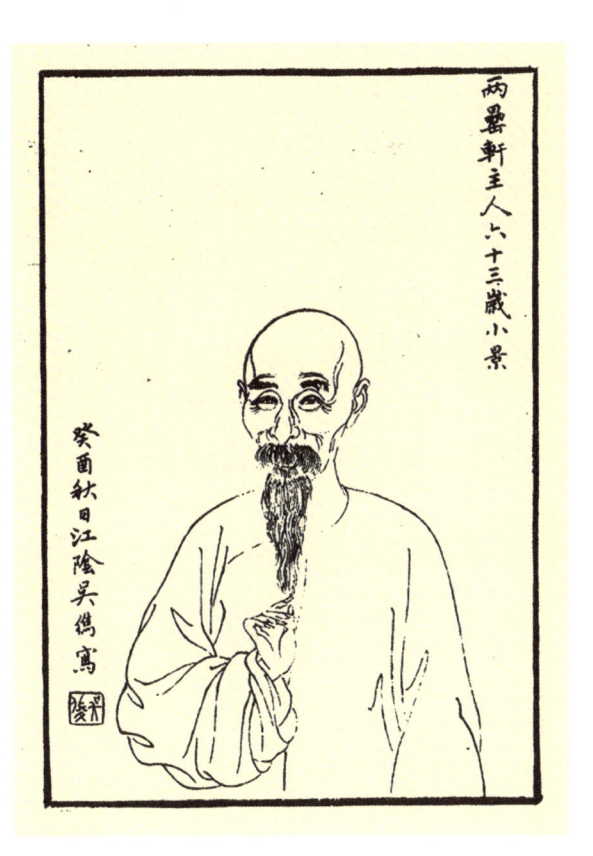

吳雲小像

選自《兩罍軒彝器圖釋》(同治十二年版)

《兩疊軒尺牘》

光緒十年刻本

吳雲致汪鳴鑾書

選自《楓下清芬：篤齋藏兩罍軒往來尺牘》

吴雲致吳承潞書

選自《楓下清芬：篤齋藏兩罍軒往來尺牘》

前　　言

一、關於吴雲

吴雲[1]，字少甫（一作少青），號平齋，又號退樓、愉庭、罍翁、抱罍子，别署二百蘭亭齋、兩罍軒等，浙江歸安（今屬湖州）人。生於嘉慶十六年（1811），少孤露，自奮於學，雖文名早揚，却屢困場屋，乃留心經世之學。道光二十四年（1844），吴雲以諸生援例任常熟通判，再權寶山、金匱縣事。咸豐三年（1853）春，太平軍踞揚州，刑部侍郎雷以諴幫辦揚州軍務，吴在其幕中初司糈臺，繼總營務。咸豐八年（1858）以功權知鎮江，九年知蘇州。咸豐十年，太平軍破蘇州，時吴雲先一天奉江蘇巡撫徐有壬命往上海會商“借夷助剿”事，被參逃城，免官[2]；後事得白，繼任巡撫薛焕仍留之在滬上司軍務，兼督巡防、釐捐各局，舉辦中外會防局等，不久終爲忌者譖去[3]。同治三年（1864），吴雲歸吴門僑居不復出，築愉園，日以金石碑版、考據目録、詞章書畫爲事。光緒九年（1883），七十三歲的吴雲病逝於家中。

吴雲一生，政事文章，兼而有之。

其出仕期間，關心民瘼，頗有政聲。通判常熟，“佐郡守折獄，判決如流”。權寶山，縣多逋賦，吴雲“立法懲勸，賦畢輸而民不擾”，上司“下其法於三十二州縣”。道光二十九年（1849）吴中大水，吴雲設鬻廠、鬻擔以食饑民，“廠以人就鬻，擔以鬻就人”；夫人陳氏親督婢媪爲鬻，務求鹹淡冷熱皆宜，可謂細緻入微。是年清廷發帑金百萬賑江南之災，獨吴雲所轄寶山一縣以自賑渡過難關，且"無一粟之浮，無一屍之漏"。可見吳雲堪稱循吏而兼能吏。

咸豐、同治間太平軍起，東南歷兵燹之酷，吳雲練兵籌餉、襄贊軍務，"雖不居職，而有大議必預焉"；太平軍進逼上海，蘇松太道吳煦請以洋兵助戰守，已落職的吳雲積極推動、參預會防局事務，聯合中外力量嚴守待援。又籌鉅資，賃輪船，迎李鴻章安慶之師援滬，上海危局終解，江浙亦得以次第收復。

息影吳門後，吳雲亦積極參預蘇州、湖州的戰後恢復重建事務。蘇常自明初即久縈重賦，戰後民生愈形艱蹙。吳雲早在咸豐八年(1858)即上書總督何桂清，希望能促成吳中減賦，不果；同治元年(1862)，在吳雲的推動下，李鴻章以章上奏，江浙兩省歲賦得減數十萬石，造福三吳匪淺。又太湖漊港歲久淤塞，遇雨則成内澇，在吳雲不懈推動下，江浙漊港疏濬工作大規模展開，魚米之鄉以此旱澇有備。

凡此聯外、請師、減稅、疏濬諸事，是吳雲政治生涯濃墨重彩之筆，充分展現了吳雲的入世之懷與經世之才。尤爲難得者，吳雲有"功成不必在我"的胸襟，許多時候更願隱身事後，以勿任吏職，勿列薦牘，勿主銀錢出納之"勿三"名齋，拒絕上司舉薦與鉅宦請邀，壯年歸隱，以道銜終老。宜乎李鴻章多年後有"吾督師十年，閱人多矣，獨於吳君有失之子羽之歎"。

歸隱後的吳雲"衰病杜門，日惟於故紙堆中消遣懷抱"，將主要精力放在收藏研究碑版金石與書畫文辭自娛上。吳雲收藏甚夥，其"兩罍軒"之號即來自所藏吉金名器——大小齊侯罍。三代彝器之外，吳雲還弄藏秦漢魏晉古印千餘鈕。碑帖亦是吳雲着力甚多的品類，僅禊帖就達兩百餘種。

吳雲於宦海中抽身而退，而以學術爲事，固與其個性氣質有關，也與當時的社會風尚不無關係。版本、碑帖、金石之學在清中期成爲顯學，流風餘韻，代有嗣響，到吳雲所在時期更是許多"清流"官員的看家本領。吳雲收藏研究之餘，既可將藏品摹拓刊印，以禆來學的同時博取所謂傳古之資；亦可以之爲紐帶廣交同好，藉雅集之會，或相與評鑒，或貺贈讓售，以此拉近距離。可以説所謂雅集，實是一個以學術相號召，而潛湧着政治、經濟暗流的利益集團。王欣夫先生《蛾術軒篋存善本書録》"兩罍軒收藏經籍碑帖書畫目"條，據書畫目中附注内容言："'送李中堂'者，合肥李鴻章也。'送錢子密'者，嘉興錢應溥也。'送張青帥'者，南皮張之萬也。'許信翁處'者，錢塘許乃釗也。'沈仲復借去'者，歸安沈秉成也。'李梅生借去'者，中江李鴻裔也。皆當時達官名流。可知宦囊所積豐厚，藉貺遺書畫以通聲氣。平齋自號退樓，何仍不能免俗？"王先生此説可謂鞭辟入裏，但難免苛責之嫌。吴雲非生活在象牙塔内，世事練達自是立身之要。況從相關資料看，吴雲與所謂"達官名流"相交，主要還是調動資源爲鄉梓造福，雖不免偶爲私人之事請托，可謂瑕不掩瑜。

吴雲著述甚豐，刊有《二百蘭亭齋金石記》《二百蘭亭齋古銅印存》《二百蘭亭齋古印考藏》《兩罍軒彝器圖釋》《兩罍軒印考漫存》《虢季子白盤考》《漢建安弩機考》《温虞恭公碑考》《華山碑考》《焦山志》《盤亭小録》等；另有稿本《兩罍軒收藏經籍碑帖書畫目》《兩罍軒詩集（附詞）》《兩罍軒題跋》《兩罍軒古錢拓本》《二百蘭亭齋鑒藏書畫録》《二百蘭亭鐘鼎款識》等。

二、關於《兩罍軒尺牘》

《兩罍軒尺牘》十二卷，初刻於光緒十年（甲申，1884，下稱"初刻本"），爲吴雲致友人尺牘彙編，收録吴雲與同好、戚友、同僚等通信四百餘通。前十一卷由其子吴承潞輯録，以投贈先後編次，寫作時間大致在同治至光緒年間[4]；最後一卷則爲咸豐十年（庚申，1860）、十一年（辛酉，1861）的書信，由其姪吴承泠"從叢殘紙簏中掇拾而存"。

書信内容，大約涉及三個方面：蘇滬戰事，以及蘇常戰後恢復的地方事務；金石之友間的金石文字勘析、版本書畫源流真僞考訂等；另有少量帶有書論、拓裱技術論等性質的文字。

吴雲在蘇州知府任上，正值太平軍連下江南各地，攻破蘇州，進逼上海。吳雲身處漩渦中心，其與薛煥、吳煦等的往來書信，無疑爲蘇常、上海保衛戰留下了第一手的資料。

吳雲隱居吳中，與在江浙一帶爲官的舊友晚輩如杜文瀾、應寶時、汪鳴鑾等保持着密切聯繫，并通過他們對當地政治產生着隱形的影響。吳雲還與顧文彬、沈秉成、勒方錡、李鴻裔、潘曾瑋等，仿古人雅集，在各家私家園林，定期或不定期舉行以品鑒金石書畫爲主要內容的真率之會。這些人亦官亦紳，隱而仕，仕而隱，或以地方大員身份主政一方，或退居鄉里以鄉紳身份參預、推動地方政治。太平軍後政府財政收入銳減，對江南地區的統治力大爲削弱，許多善後的民生事務，多依賴民間組織推動，諸如設立營運慈善機構、組織行業協會等，均能看見官紳們的貢獻。這一晚清時期江南社會的獨特風景，在吳雲尺牘中也有很好的體現。

吳雲有多方面的文化才能。其生平嗜收藏，法書名畫、宋元古籍、鼎彝古印、金石碑拓無不既富且精，足爲東南之冠。作爲金石學家，他與陳介祺、鮑康、李竹朋、吳大澂、潘祖蔭等同道互契，交誼篤厚，往返書信討論考證之法、傳古之方。作爲書畫家，吳雲不僅與何紹基等書法大家關係密切，還常爲潦倒或尚未成名的文人提供幫助，如吳昌碩即曾在吳家設館。吳雲在詩文、考證和方志修纂方面，也頗具功力，與俞樾、馮桂芬等交誼亦深。

另外，舉凡蘇常一帶有影響的世家，如潘家、許家、沈家等，其日常優游，以及江南世家多靠聯姻等方式，結成政治與經濟同盟等社會結構方式，由吳雲書信亦可窺一斑。

正因吳雲一身兼有如此多重的身份，且在各方面均有深厚造詣，其尺牘之內容才能如此廣博精深，成爲難得的了解和研究晚清江南社會的寶貴資料。

《兩罍軒尺牘》目前常見大約有四個版本，可分兩個系統。初刻本刊於光緒十年（甲申，1884），前有潘祖蔭序；光緒十二年（丙戌，1886）據初刻重印，前加入俞樾序。沈雲龍主編"近代中國史料叢刊"，將《兩罍軒尺牘》收爲第二十七輯，1987年由臺北文海出版社據初刻本影印出版（下稱

"文海本")。這三個版本應屬一個系統。宣統二年(1910)上海時中書局對光緒十年初刻本進行了校勘,以石印技術再版該書(下稱"石印本")。石印本在潘序、俞序前,又加入薛鳳昌《重印〈兩罍軒尺牘〉序》。

  此次整理,以文海本爲工作底本,以初刻本及石印本參校。收入光緒十二年俞樾序及上海時中書局薛鳳昌再版序、俞樾《江蘇候補道吳君墓誌銘》爲附録。另從其他資料中輯出吳雲書信八十四通(其中與陸心源兩通已收入《兩罍軒尺牘》,而文字稍異,亦附録於後),作爲"輯佚"附於正文後,供研究者考察。

  限於學識,舛誤正多,方家正之。

2018 年 9 月 28 日

  [1] 吳雲生平,臺北故宮博物院圖書文獻處清國史館傳稿 701006314 號、701007410 號《吳雲列傳》,俞樾《江蘇候補道吳君墓誌銘》,吳承潞《顯考平齋府君行述》等有較爲系統與詳細的記載,另如田士懿《金石著述名家考略》、陸心源《金石學録補》、杜文瀾《憩園詞話》、張鳴珂《寒松閣談藝瑣録》、吳昌碩《石交集》及方志(如《吳縣志》卷六四《名宦》三,節馮煦所撰墓誌銘),以及同時代人的日記、年譜和筆記、題跋、書序文字中,或側重個性、政績,或側重學術、交誼,亦有零星記載。下文所述,綜合自以上材料。

  [2] 吳雲免職原因,各種資料均言乃因蘇州城破時,吳雲奉徐有壬札往上海催調會商英法出兵援蘇,坐棄城革職。《清實録》卷三一九亦記:"壬子,諭内閣……署蘇州知府吳雲先期出城。……吳雲是否係有札委,一并查明奏參。"又卷三二四:"兹據薛煥奏稱,已革署蘇州府知府吳雲先期出城,確係奉有前江蘇巡撫徐有壬印文委札,并呈出令箭令旗等件,尚無捏飾情事。吳雲業經革職,着免其拿問。"然據《吳煦檔案選編》所收吳雲 1860 年 6 月致吳煦書:"十三日之變,想惟有撫膺痛哭。……不意十三日黎明,弟在署中,聞人聲鼎沸。正欲遣人查探,適所發之探勇回報,長毛已闖入閶、胥門矣(大半皆是潰勇,殿翁麾下居多)。天乎,尚何言哉! 弟即肩輿出署,正遇長毛從署西趕來,舍轎徒行,種種萬死一生,難以殫述。"則蘇州城破時,吳雲雖先一日奉札,然未及出城而城已破。"奉札出城"之説,恐係薛煥等代爲維護之辭。

  [3]《清實録》同治朝卷二六:"諭議政王軍機大臣等……至會防局官紳專恃洋人爲政,不顧後患,朝廷早知其流弊。薛煥等務當諮商曾國藩悉心防範,毋任把

持。……知府吳雲本係失守之員,上年十二月間曾諭曾國藩查明定罪,何以派令在局裏當差?即着薛焕、李鴻章就近查明擬罪,候旨辦理。"又卷三三:"又諭李鴻章奏甄别道府州縣等官,并勒交銀兩等語。常鎮道高長紳玩視關務畏葸無能,升用道候補知府吳雲逢迎圓熟毫無實際,升用道候補知府俞斌藉公肥己行同市儈,知府銜候補知縣閔釗鑽營把持居心狠鄙,均着即行革職。"

[4] 吳雲習慣,凡往來書信多録副本存檔。無奈"庚申變起,家臧書籍、碑版與拙著各稿,竟蕩焉泯焉,無隻字獲存"(《與許珊林書》),故《兩罍軒尺牘》所收信件始於同治。

凡　　例

一、晚清學者喜用古字、假借字，多用異體字、異形字，爲閱讀方便，此次整理，一般使用規範繁體字，酌情保留異形、異體字。刻本失校錯字、衍字、脱字、罕見異體字出注；疑刻本有誤，而無確切依據者，亦出注説明。

二、原刻本小字雙行者，以"（　）"括出，字體不變。

三、注釋引用二十四史材料，爲求簡明，僅標明卷數及傳主姓名，而省略列傳、附傳等信息。

四、注釋中所標月日，使用漢字者，均表示陰曆；少數引述材料使用阿拉伯數字者，則表示西曆。

五、整理者所輯吴雲通信及其他資料，不再注釋。部分信札係由稿本整理，其中有殘缺或不易辨識的文字以"□"代替；疑有誤者，原字照録而在其後加"[　]"括注正字或説明。

目　　録

前言 ·· 1

凡例 ·· 1

潘祖蔭序 ·· 1

卷一 ·· 3

　葉東卿先生(一通) ·· 3

　沈朗亭大司農(一通) ·· 7

　王雪軒中丞(一通) ·· 10

　宋雪帆倉侍(四通) ·· 13

　喬鶴儕中丞(四通) ·· 23

　王補帆中丞(一通) ·· 30

　楊藲香太守(二通) ·· 37

　許珊林先生(一通) ·· 43

卷二 ·· 46

　錢警石先生(三通) ·· 46

　許滇生冢宰(一通) ·· 54

　馮林一宮允(十三通) ·· 56

家曉帆方伯（一通） …… 75

丁雨生中丞（二通） …… 77

金逸亭廉訪（一通） …… 81

李小湖廷尉（二通） …… 83

許信臣中丞（三通） …… 86

王荷汀觀察（一通） …… 90

何子貞太史（七通） …… 91

卷三 …… 99

鮑子年觀察（八通） …… 99

李竹朋太守（三通） …… 108

馮竹儒觀察（一通） …… 112

潘星齋少宰（二通） …… 114

許仁山閣學（一通） …… 117

金眉生廉訪（十一通） …… 119

丁筱農觀察（一通） …… 131

吳桐雲觀察（二通） …… 133

家讓之明經（二通） …… 135

戴禮庭司馬（一通） …… 137

莫子偲孝廉（一通） …… 139

沈韻初中翰（一通） …… 141

朱春舫觀察（三通） …… 142

卷四 …… 145

蔡麟洲太守（一通） …… 145

金香圃觀察（一通） …… 147

曹愷堂李友琴諸君（一通） …… 149

沈受恬茂才（一通） …… 151

魏稼孫齕尹(一通) …… 153
吴康甫明府(二通) …… 154
杜筱舫觀察(五通) …… 156
勒少仲中丞(二十三通) …… 161

卷五 …… 185
殷譜經少宰(二通) …… 185
翁叔平大司空(一通) …… 187
雷鶴皋先生(八通) …… 189
潘季玉觀察(三通) …… 197
程安德三邑禀請減賦公呈(一通) …… 204
應敏齋廉訪(十二通) …… 207
宗湘文太守(六通) …… 218

卷六 …… 225
周縵雲侍御(九通) …… 225
與絲業同鄉(一通) …… 234
陸存齋觀察(七通) …… 235
鍾六英太僕(六通) …… 243
張屺堂觀察(二通) …… 250
徐少青太守(一通) …… 252
馮申之比部培之中翰(二通) …… 254
薛慰農觀察(一通) …… 256

卷七 …… 257
薛覲唐中丞(一通) …… 257
李雨亭制軍(一通) …… 259
湘陰相國(一通) …… 260

錢子密吏部（二通） …………………………………… 262

俞蔭甫太史（十四通） ………………………………… 264

顧子山觀察（四通） …………………………………… 277

潘紱庭京卿（二通） …………………………………… 282

許星叔少宗伯（五通） ………………………………… 284

彭訥生觀察（一通） …………………………………… 289

潘順之侍讀（三通） …………………………………… 290

徐頌閣少司馬（三通） ………………………………… 293

張子青大司馬（七通） ………………………………… 296

張菊坨觀察（一通） …………………………………… 304

張同蘇司馬（三通） …………………………………… 306

卷八 …………………………………………………………… 309

潘鄭盦大司寇（四十三通） …………………………… 309

卷九 …………………………………………………………… 348

陳籩齋太史（四十六通） ……………………………… 348

卷十 …………………………………………………………… 405

家清卿奉常（二十二通） ……………………………… 405

李香嚴廉訪（五通） …………………………………… 435

沈仲復廉訪（八通） …………………………………… 442

卷十一 ………………………………………………………… 447

李賞堂軍門（一通） …………………………………… 447

方蘭坨太守（三通） …………………………………… 449

彭南屏太守（一通） …………………………………… 452

趙粹甫太守（一通） …………………………………… 453

楊見山太守（一通） …………………………………… 454

吴晉壬太守（一通） …………………………………… 455

趙惠甫刺史（六通） …………………………………… 457

汪柳門侍讀（三通） …………………………………… 462

家子恭明府（一通） …………………………………… 465

吴冠英貳尹（一通） …………………………………… 467

彭芍庭中丞（二通） …………………………………… 468

潘譜琴太史（一通） …………………………………… 470

王廉生農部（一通） …………………………………… 471

江蓉舫觀察（一通） …………………………………… 472

陳季平觀察（一通） …………………………………… 474

沈彦徵觀察（一通） …………………………………… 475

曾劼剛襲侯（一通） …………………………………… 477

彭雪琴宫保（一通） …………………………………… 478

潘偉如中丞（三通） …………………………………… 480

周陶齋明府（一通） …………………………………… 482

許星臺方伯（二通） …………………………………… 483

高篙漁觀察（一通） …………………………………… 485

徐花農太史（一通） …………………………………… 487

魏槃仲郡刺（一通） …………………………………… 488

徐篆香孝廉（一通） …………………………………… 490

卷十二　庚辛拾遺 …………………………………… 491

薛覲（堂）[唐]中丞（四通） …………………………… 491

王雨山漕督（一通） …………………………………… 495

巴秀田將軍（二通） …………………………………… 497

喬鶴儕中丞（一通） …………………………………… 499

吴曉帆方伯（八通） …………………………………… 500

張璧田軍門(二通) …………………………………… 506

曾允堂軍門(五通) …………………………………… 508

李藹堂協戎(十通) …………………………………… 512

某協戎(三通) ………………………………………… 517

姜誠齋參戎(六通) …………………………………… 519

楊憩棠觀察(一通) …………………………………… 522

周韜甫主政(二通) …………………………………… 523

永昌徐少蘧、戌卿(一通) …………………………… 527

楊子芳太守(一通) …………………………………… 528

蔣梅坡直牧(一通) …………………………………… 529

雷儀甫直牧(一通) …………………………………… 530

金山陳百倉大令(四通) ……………………………… 531

張恕齋大令(一通) …………………………………… 534

覆李某(一通) ………………………………………… 535

輯錄 …………………………………………………… 537

致澹廉(一通) ………………………………………… 537

致吳煦(二十四通) …………………………………… 539

致曾秉忠(一通) ……………………………………… 562

吳雲家書(二十三通) ………………………………… 563

致吳承潞家書(一通) ………………………………… 571

致潘柔齋(二通) ……………………………………… 572

致吳煦(十四通) ……………………………………… 573

致陸心源(十四通) …………………………………… 583

致鍾佩賢(三通) ……………………………………… 592

致默雲(一通) ………………………………………… 597

致汪鳴鑾(十四通) …………………………………… 598

致吳大澂(一通) ……………………………………… 607

致吴承潞(二十五通) ………………………………… 608

附録 ……………………………………………………… 619
　　《兩罍軒尺牘》俞樾序 ……………………………… 619
　　重印《兩罍軒尺牘》序(薛鳳昌) …………………… 621
　　江蘇候補道吳君墓誌銘(俞樾) …………………… 622

人名稱謂對照表 ………………………………………… 626
人名稱謂索引 …………………………………………… 633
參考文獻 ………………………………………………… 653

潘祖蔭序[1]

蔭自少好金石之學，平生所與商榷者，沈文忠師[2]、陸星農師[3]、鮑子年丈[4]、李竹朋丈[5]、陳壽卿丈[6]、吳平齋丈[7]數公而已。吳丈以姻亞故，於吾家爲密。蔭弟祖頤，丈女聟[8]也。十餘年來，月必三四通問，即少亦一二往返也。金石外無一語他及。蔭長秋曹案牘[9]，事冗，日不暇給，始少疏，然一年間亦音問四五。癸未[10]春，蔭奉先君諱南歸，而丈於正月十一日下世矣。蔭僦居之屋與丈鄰，翰墨如新，人已不可見矣。悲夫！二十年來，沈、陸兩師，鮑、李兩丈，先後下世，今惟壽卿丈在耳。蔭自遭大故，疾病侵尋，經營窀穸，杜門伏處，不惟無與言金石者，亦無暇及此。既歎逝者，行自念也。廣盦觀詧[11]刻尺牘成，書之憮然，不能已已。光緒甲申[12]三月，吳縣潘祖蔭拜識。

[1]潘祖蔭(1830—1890)，字在鐘，小字鳳笙，號伯寅，亦號少棠、鄭盦，吳縣(今江蘇蘇州)人。出生望族，潘世恩孫。咸豐二年(1852)進士，授編修。數掌文衡殿試，在南書房近四十年，光緒間官至工部尚書。通經史，精楷書，喜收藏，所藏金石甚富。有《攀古樓彝器圖釋》等。

[2]沈文忠，沈兆霖(1801—1862)，字尺生，又字郎亭，號雨亭，又號子榮，錢塘(今浙江杭州)人。道光十六年(1836)進士，先後供職上書房、南書房，出督江西學政，累官至户部尚書、兵部尚書，軍機大臣。卒贈太子太保，諡文忠。沈兆霖好篆隸刻印，有《沈文忠公集》。

[3]陸星農，陸增祥(1816—1882)，字魁仲，號星農(一作莘農)，江蘇太倉(今屬蘇州)人。道光三十年(1850)進士，授翰林院修撰，歷官湖南辰永沅靖道。少通六書，精金石學。有《篆墨述詁》《金石偶存》《三百磚硯録》《八瓊室待訪金石録》《楚辭疑異釋證》《紅鱗魚室詩存》等。

[4]鮑子年,鮑康(1810—1881),字子年,號觀古閣主人,又號臆園野人,安徽歙縣(今屬黃山)人。道光十九年(1839)舉人,曾任內閣中書,官至夔州知府。喜收藏,精鑒賞,癖嗜泉幣。有《觀古閣泉說》(附《泉辨》)《觀古閣叢稿》《大錢圖錄》《古泉叢考》《古泉考略》《觀古閣泉目》《謚法考》《臆園手札》等。

[5]李竹朋,李佐賢(1807—1876),字仲敏,號竹朋,山東利津(今屬東營)人。道光十五年(1835)進士,選翰林院庶吉士,歷官國史館總纂、福建汀州知府等。嗜藏金石書畫,尤以古泉為專好。有《石泉書屋書目》《古泉匯》《書畫鑒影》《吾廬筆談》《石泉書屋類稿詩抄》《武定詩抄》等。

[6]陳壽卿,陳介祺(1813—1884),字壽卿,又字酉生,號伯潛,又號簠齋,別署海濱病史、齊東陶父,山東濰縣(今屬濰坊)人。道光二十五年(1845)進士,官至翰林院編修。一生以徵文考獻為事,收藏宏富,又精墨拓,與潘祖蔭并稱"南潘北陳"。有《簠齋傳古別錄》《簠齋藏古目》《簠齋藏古冊目并題記》《簠齋藏鏡全目鈔本》《簠齋吉金錄》《十鐘山房印舉》《簠齋藏古玉印譜》《封泥考略》(與吳式芬合輯)等。

[7]吳平齋,即吳雲。

[8]壻,同"婿"。據俞樾《江蘇候補道吳君墓誌銘》,吳雲有五女,"長女未嫁殤;餘四女并適名族,桐鄉周善有、歸安王錫玟、吳縣潘祖頤、歸安朱鏡清,其壻也"。

[9]"蔭長"句:同治五年(1866),潘祖蔭任刑部右侍郎、左侍郎,補工部侍郎兼管錢法堂事務。秋曹,刑部的代稱。

[10]癸未,光緒九年,公元1883年。

[11]廣盦,吳雲子吳承潞。俞樾《江蘇候補道吳君墓誌銘》:"子五,清湘幼殤;承潞同治四年進士,江蘇候補道;承澤兩淮候補鹽大使;承源江蘇候補同知;承溥縣學生、江蘇候補同知。澤、源、溥皆先君卒。"吳承潞(1833—1898),字廣盦,號慎思,又署慎思主人。同治四年(1865)進士,官太倉知州,後由蘇松太道遷江蘇按察使,又遷福建布政使。有《延陵故札》稿本。觀詧,即觀察("詧"同"察"),唐中葉後,未置節度使地區置觀察使,為該地區最高長官。清設道員,是省、府之間的地方官,或為專責,或為布政或按察副使,地位類似唐之觀察使,故稱道員為觀察。

[12]光緒甲申,光緒十年,公元1884年。

卷　一

葉東卿先生志詵[1]

庚申[2]秋間奉到手諭，當肅復簡。烽烟頃洞，未知曾否達到，深切馳系。辰下敬惟福躬安泰，精神强固爲頌。

雲罷職後仍寓申江，杜門養疾，頗得從事翰墨。合家自老母以下，均托庇平安。惟囊無儲蓄，食指繁多，薪米僕賃之資，不免如韓昌黎之"日求於人以度時月"[3]。客冬承鎮江道府邀修《焦山志》書，於今春二月到山[4]。藉館修所入，爲贍家之計，從此得爲太平幸民，躬耕奉母，於願已足，不復再存鶩外之心矣。

去年將舊藏古銅印千紐印成數部[5]，兹乘許信臣[6]姻丈就養蜀中之便，托爲帶呈誨定。此書深以無從質正爲憾，吾師閲其序文，能賜跋數行，書以弁端，榮感無既。

前諭命訪宋刊《石林奏議》[7]，聞舊在蘇州汪閬元[8]家，亂後莫知踪迹。此書關係師門祖典，從前潤臣[9]世兄亦曾託及，容隨時留心訪覓，以副謡諈。

再雲所輯《吉金款識》一書，擬爲《積古齋》[10]之續，現已成稿，計分十卷。吾師舊藏各器拓本，務求檢寄。此外，如有劉燕庭[11]、吳荷屋[12]各家藏器拓本，亦望寄下。如有考釋，一并見示。雲處搜輯未廣，見聞又隘，遺漏必多也。雲常在焦山，即或暫返申江，山中亦有人招呼，此後惠函,可無遺憾。遂咨祺鼎,雲擬即載入《焦山志》內,考釋題咏并載。惟此器當年吾師攜置金山,未幾賊至,該山寺僧埋藏土內。迨至鎮江收復,雲守此郡,訪求得之,而此鼎之獲保全,實金山寺僧之功,不可沒也。現在金山多兵勇駐宿,此鼎無可庋藏,故移置焦山。如師意以入《焦山志》書爲然,祈付一示,即可照辦也[13]。

[1]葉東卿,葉志詵(1779—1863),字翰初,號東卿,晚號遂翁、淡翁,湖北漢陽(今屬武漢)人。貢生出身,嘉慶九年(1804)入翰林院,官國子監典簿,官至兵部武選司郎中。長金石文字之學,藏金石、書畫、古今圖書甚富。有《咏古錄》《識字錄》《金山鼎考》《壽年錄》《上第錄》《稽古錄》《神農本草傳》《平安館詩文集》《簡學齋文集》《平安館書目》《平安館泉拓》等。

[2]庚申,咸豐十年,公元1860年。是年四月,太平天國忠王李秀成攻破蘇州。吳雲時奉江蘇巡撫徐有壬命赴滬商借西兵,不在衙署,罷官。

[3]"不免"句,韓愈《與李翱書》:"僕在京城八九年,無所取資,日求於人以度時月。"

[4]"客冬"句,同治二年(1863),吳雲應常鎮道許道身之請編修《焦山志》。逾年因病攜稿回蘇,至同治七年(1868)脫稿,同治十三年(1874)付梓。《焦山志》爲地方專志,凡二十六卷,其中卷二、三周鼎,卷四定陶鼎(雜器附),卷五、六瘞鶴銘,卷七、八碑刻等,專論金石碑刻。許道身(1816—1871),字緣仲,號蕉林,浙江錢塘(今屬杭州)人。許學范孫,許乃穀子。以國學生遵例報捐知縣入仕,曾任豐縣知縣。同治二年(1863)正月,許道身署常鎮通海兵備道,監督鎮江關洋務。

[5]"去年"句,吳雲輯古印二種,一曰《二百蘭亭齋古印考藏》,六卷二冊,收錄漢至魏晉官印七十八方,摹紐制及印式於前,以原印鈐於其後,逐印有詳考,刊於同治三年(1864),吳讓之書扉,馮桂芬序,吳雲自序。二曰《兩罍軒印考漫存》,九卷四冊,爲吳雲以張玉斧所摹《二百蘭亭齋古銅印存》部分古銅官私印匯錄而成,刊印於同治十二年(1873),收印一百八十四方,每頁鈐一印,右側繪印紐式,頁背均注釋文及考證,吳雲自題及自序。此指《二百蘭亭齋古印考藏》。

[6]許信臣,許乃釗(1787—1870),字貞恒,號信臣(一作訊臣),晚號邃翁,室名敏果齋、讀書養性齋,浙江仁和(今屬杭州)人。許學范子,許乃穀弟,許道身、許庚身等叔父。道光十五年(1835)進士,授修編。官至江蘇巡撫、光祿寺卿。有《武備輯要》《鄉守外編輯要》等。

[7]《石林奏議》,葉夢得撰。葉夢得(1077—1148),字少蘊,號石林,吳縣(今屬

江蘇蘇州)人。《石林奏議》是葉夢得抗金時寫給皇帝的奏章,可補史書之缺。

[8] 汪閬元,原作"汪聞原",據石印本改。汪閬原,汪士鐘(1786—?),字春霆,號閬原(一作閬源、閬元、朗園),藏書印有三十五峰園主人、雪屋藏書、汪魚亭藏閱等。汪閬原有藏書樓藝芸書舍,多宋元槧本,編有《藝芸書舍宋元本書目》。作爲有一定影響的收藏家,史料中有關汪閬原的記載并不多。皕宋樓藏《嚴州圖經》三卷有陸心源跋:"《嚴州圖經》,宋刊殘本。道光初藏姑蘇布商汪閬原家,道光末歸於上海洋商郁泰峰,今歸皕宋樓。"又陸心源《重刻宋本夷堅志甲乙丙丁四集序》:"《夷堅志》……阮文達得宋刻甲至丁八十卷,影寫進呈。阮氏得之吾郡嚴久能,後歸吳門黃蕘圃,蕘圃歸於汪閬原,閬原歸於胡心耘,余從胡氏得之。"又葉德輝《書林清話》繆荃孫序:"夫蘇垣固學術一大都會也,考訂家自惠氏父子至宋于庭、陳碩甫,校勘家自陳景雲至顧千里、張紹安,收藏家自徐傳是至黃蕘圃、汪閬原,均非天下人所幾及。"從以上零星材料可知,明清之際其家族由新安(今安徽徽州)遷至長洲(今江蘇蘇州),其父經營布匹生意而饒資產。汪士鐘仕宦情況不詳,從其所用"民部尚書印",及潘祖蔭《藝芸書舍宋元本書目跋》稱其爲"觀察"看,當有過功名。汪士鐘藏書晚年陸續流散,《吳縣志》"雜記六"載,咸豐十年(1860)太平軍攻入蘇州,汪氏"闔家離散,宋元本悉爲鄰家攜去"。

[9] 潤臣,葉名澧(1811—1859),字潤臣,號翰源,湖北漢陽(今屬武漢)人。葉志詵子,葉名琛兄。道光十七年(1837)舉人,官內閣侍讀,後改浙江候補道。博學好古,尤工詩,有《敦夙好齋詩》《橋西雜記》《周易藝文疏證》《戰國策地名考》《讀易叢記》等。吳雲師事葉志詵,而葉夢得乃葉志詵先祖,故有"師門祖典"之說。

[10] 《積古齋》,即《積古齋鐘鼎彝器款識》,十卷,共收錄阮元及友人江德量、朱爲弼、孫星衍、趙秉沖等藏有款識銅器五百五十件,并據經史對器名、銘文進行考證。書初刻於嘉慶九年(1804),後有衆多版本。

[11] 劉燕庭,劉喜海(1793—1853),字燕庭(一作燕亭、硯庭),別號三巴子,山東諸城(今屬高密)人。嘉慶二十一年(1816)舉人,官至浙江布政使,署巡撫職。治金石,過眼即辯。藏書亦富,尤留意於古籍書目、方志,使衆多私人藏書書目、佛經目錄、官修目錄等得以保存。任陝西延榆綏道期間收羅金石甚巨。有《海東金石苑補遺》《長安獲古編》《古泉苑》《三巴耆古志》等。

[12] 吳荷屋,吳榮光(1773—1843),字伯榮,一字殿垣,號荷屋、可庵,晚號石雲山人,別署拜經老人,廣東南海(今屬佛山)人。嘉慶四年(1799)進士,授編修,擢監察御史,累官至湖南巡撫兼湖廣總督。精碑帖金石,藏彝器甚夥,工書畫,擅詩詞。有《筠清館金石錄》《筠清館帖》《帖鏡》《辛丑銷夏記》《石雲山人集》《吾學錄初編》等。

[13] "如師意"句,遂啓祺鼎最終并未收入《焦山志》,究其原因,王獻唐《吳愙齋

先生年譜校記》同治十二年(1873)吳大澂致王懿榮信"尚有原字,顯然可睹,留此作證據"下按語可見端倪。按曰:"遂啓諆鼎原止九字,爲'遂啓諆作廟叔寶尊彝'。陝賈從其四面僞刻字三百,售之葉東卿,東卿不察,爲作考釋,輂置金山,并以考釋刻石。陳簠齋知爲僞刻(劉燕庭、鮑子年亦皆知之)多字,曾告京友,爲東卿所聞,甚怒。後簠齋出燕庭所藏鼎文原拓九字證之,人無間言。"

沈朗亭大司農兆霖[1]

十月杪，接奉九月十八日鈞答，蒙指示南北用兵大勢及封疆情形。冰鑒高懸，無微不燭，大臣憂國之意，溢乎言詞。莊誦回環，欽感交至。

比於邸報中欣聞朝端清肅，政化一新，明公晋陟樞垣，翼襄密勿[2]。佐中興之盛治，措六寓以乂安。抃舞之聲，殷於薄海；辱在蔭末，尤切軒鬐[3]。

南方軍務，於前稟略陳大概。總緣兵成痼疾，將少良材，以致餉竭錙銖，效鮮尺寸。此中委曲，匪筆能殫。至於假撫恤之名，寓招徠之意，原以羈縻反側，解散逆援，藉綫索常通，悉賊中虛實。果能乘其傾巢遠出，銳師疾攻，內中響應者，殊不乏人。乃因備多力分，兢兢防禦，屢失機會，坐困一隅，言之徒增浩嘆。

上海自去年以來，海舶商賈貿易日形衰減，而室廬櫛比，街市殷闐，則數倍於往日。蓋緣江浙被兵[4]後，蘇松杭湖數十郡縣之人民避難覓食者，群萃於是，遂至肩摩轂擊，析玉炊珠，氣象極似豐盈，局勢愈形杌隉[5]。天心仁愛，或留此以為克復江南之基，乃日久遷延，迄無進步，內憂外患，均在意中。

浙垣自紹、寧失陷[6]，遍地賊氛。杭城十門外，賊營聯貫，聞有數十萬之衆，官兵祇有鳳山門江頭三營屹然不動[7]。張璧田[8]軍門疊次奮擊，期與城中相應。乃逆壘重重，竟難攻破。璧翁血戰陣亡，所部尚未解散，現歸況鎮[9]統帶。雪軒中丞[10]與瑞將軍[11]督率文武，竭力拒守，月前祇餐一粥一飯。自十月廿八日後，內外信息，水洩不通。滬上節次解濟銀米火藥，因鱉子亹不能進去[12]，分泊黃道關等處。昨又由趙守炳麟[13]帶同夷目及滬勇，坐炮船前往，期以必達，不知能如願否。杭城勢已萬急，如有蹉跌，則湖郡亦孤立不能獨存，賊將并力松滬，東南全局去矣。

從此餉源絶望,恢復更難。大府[14]鎮日焦愁,殊無善策。昨蘇常紳士偕同委員前赴曾營乞師[15],曾帥允於年内先發勁旅數千來滬,保守餉源,正二月間,再行大舉合攻。但盼勝兵早到,庶可藉以撐持耳。

劉卯生農部係京職人員,外省難以差委,已爲代籌一館,聊資敷衍。洪蘇仲令親來晤,知許英甫處館地明歲須得另就,亦已爲之設法,正月間可以到館。并以附陳。

[1] 沈朗亭,沈兆霖(1801—1862),字尺生,又字郎亭,號雨亭,又號子榮,錢塘(今浙江杭州)人。道光十六年(1836)進士,選翰林院庶吉士,授編修。累官至戶部尚書、兵部尚書、軍機大臣,先後供職上書房、南書房。卒贈太子太保,諡文忠。大司農,秦置治粟内史,漢景帝時改稱大農令,武帝太初元年更名大司農,掌租稅錢穀鹽鐵和國家的財政收支,爲九卿之一。明清兩代以戶部掌漕糧田賦,故稱戶部尚書爲大司農。沈兆霖咸豐十年(1860)署戶部尚書。

[2] "明公"句,據信中"上海自去歲以來"云云,知該信當作於咸豐十一年(1861)。《清史稿·沈兆霖傳》:"十一年,穆宗回鑾即位,命充軍機大臣。"所謂"晋陟樞垣,翼襄密勿"蓋指此。密勿,機密,機要。

[3] 軒鼖,擊鼓。《尚書大傳》載《卿雲歌》:"鼖乎鼓之,軒乎舞之。"

[4] 江浙被兵,咸豐十年(1860)初,爲解天京之圍,太平軍李秀成、陳玉成、李世賢、陳書坤等撲攻江南大營,四月破之。太平軍旋乘勝東下,攻占常州、無錫、蘇州、嘉興等府的絶大部分州縣,進逼上海。

[5] 杌桯,即"杌陧",傾危不安的樣子。《尚書·秦誓》:"邦之杌陧,曰由一人。"

[6] 紹、寧失陷,咸豐十一年(1861)九月,太平天國侍王李世賢主將陸順德破紹興;十一月,范汝增、黄呈忠從浙西挺進浙東,破寧波。

[7] "官兵"句,《清實錄》"咸豐十一年戊午":"又諭,前因浙江軍務緊急,疊諭慶端速行出省督剿,并調兵由海赴援,并諭令毓科調派劉於潯等兵勇入浙救援。兹據薛焕奏稱浙省自紹興失守,賊衆數十萬圍攻杭城,張玉良中炮殞命。現惟記名總兵況文榜一軍,尚駐鳳山門外。并探聞紹興府屬各縣悉行失陷,寧波府失守各等語。浙省賊勢狓猖,復由紹郡攻陷寧波,省城愈形危急。"

[8] 張璧田,張玉良(?—1861),字璧田,四川巴縣(今重慶渝中)人。由行伍起,積功至肅州鎮總兵、廣西提督。卒贈太子少保,諡忠壯。《清史稿·張玉良傳》:"玉良自江南敗衄後,兵心已涣,不能復振。賊再攻杭州,馳援,軍不用命,自知事不可爲,戰杭州城下,輒身臨前敵,力鬥,中飛炮,殁於軍。"軍門,清代對提督的尊稱。

［9］況鎮，即駐守鳳山門的況文榜。況文榜，字賢臣，貴州鎮遠（今屬黔東南苗族侗族自治州）人，江蘇巡撫薛煥部下記名總兵。後加入淮軍，隨李鴻章征戰太平天國，作戰凶悍。官至四川提督。鎮，清代總兵爲綠營兵正，受提督統轄，掌理本鎮軍務，又稱"總鎮"。

［10］雪軒，王有齡（1810—1861），字英九，號雪軒，侯官（今福建福州）人。道光十四年（1834）報捐鹽大使，累官至浙江巡撫。咸豐十一年（1861）後，江南戰局愈緊，王有齡受命兼顧江蘇太湖軍務。杭州被圍，王有齡率衆堅守達兩月之久，十二月二十九日凌晨，杭州城破，王有齡殉節。中丞，明清兩代稱巡撫爲中丞。

［11］瑞將軍，瑞昌（？—1861），鈕祜禄氏，字雲閣，滿洲鑲黃旗人。瑞昌以祖蔭由拜唐阿授鑾儀衛整儀尉，累遷冠軍使。咸豐三年（1853），擢杭州將軍。咸豐十一年（1861）杭州被圍，瑞昌偕巡撫王有齡嬰城固守逾兩月。及城陷，瑞昌先舉火自焚，闔營次第火起，同死者四千餘人。

［12］"滬上"句，《清實録》"咸豐十一年戊午"："又諭，薛煥奏解運浙江糧餉軍火……即由鱉子亹駛赴杭州，與況文榜等軍聯絡聲勢，力解城圍，最爲妥善。……惟杭城被圍已久，難再支持。該撫接奉此旨，務即迅速辦理，毋稍延誤。至銀米軍火等項，除業經解往外，仍須源源接濟。"鱉子亹，《清史稿·地理志十二》："浙江，西南自仁和入，出鱉子亹爲大海。自海鹽至此，潮流倒灌，與江水相薄，此爲浙西第一門户，南北二大亹扼其中。"鱉子亹水淺，船至此不能進。

［13］趙守炳麟，趙炳麟，字吟蕉，浙江歸安（今屬湖州）人。道光十三年（1843）舉人，咸豐九年（1859）補蘇州府總捕船政同知，同治初爲常鎮道觀察。有《退思齋詩鈔》。

［14］大府，《周禮·天官》下有"大府"，爲掌府藏會計之官長。明清時亦稱總督、巡撫爲"大府"。此指兩江總督薛煥。薛煥（1815—1880），字覲堂（一作覲唐），興文（今四川宜賓）人。道光二十四年（1844）舉人，二十九年（1849）選授金山知縣，後入向榮幕襄贊江南大營軍事。咸豐九年（1859）擢江寧布政使，署欽差大臣辦理五口通商事宜，咸豐十年（1860）任江蘇巡撫，六月原兩江總督何桂清被革職拿辦，薛煥兼署兩江總督。

［15］"昨蘇常"句，曾營，指曾國藩處。時曾國藩在皖南督辦軍務。杜文瀾《憩園詞話》卷三"顧子山觀察詞"："咸豐庚申歲暮，粤寇猖逼，勢瀕於危，與潘季玉、吴平齋兩觀察倡議設會防局。事甫定，官文恭招之赴楚，仍欲任以軍務，固辭得歸。道出皖垣，備知曾文正公軍威之盛，遂與潘、吴二君密商於吴曉帆方伯，税輪船以迎李伯相之師。"

王雪軒中丞[1]有齡

九月間[2]，奉到鈞答，猥蒙垂示軍情，竊見我師忠勤憂國，砥柱危疆。強寇屢乘，輒以少却衆；伏戎欲起，每消患未萌。惟撫循溥挾纊之恩[3]，斯土卒作同仇之氣。德威所播，遐邇同欽；辱在門牆，尤殷鼓舞。

雲自六月杪，始患脣疔，繼患腹瀉，精神極爲狼狽。適值奉到廷議，遂請假就醫，并請交卸郡篆[4]。其時逆賊肆擾，滬上戒嚴。遂力疾侍奉老母渡江，至通州所屬之新河鎮避亂。一家數十口，跧伏於菰蘆之中，地屬海濱，不堪卑濕。八九月間，自老母以下，無人不病。雲則前恙甫瘥，復患痁疾，直至前月初，始漸霍然。以致稟函久缺，心實歉悚。滬上大府函札頻催，且於克復雲間案內錄及微勞[5]，登諸薦牘，現又專弁敦促。因將居行稍稍摒擋，力疾到滬。

近日青浦、嘉定等處又添劇賊拒守，此非懼我軍之進攻，實防彼族之助剿。至可惜者，閏三月間，該酋鑒去年之敗[6]，心震沁邸[7]聲威，情願助順息兵，早定和局。群言皆以爲非，而我師獨韙此議。時已開府兩浙[8]，不能力主其事。當時失此機會，固已鑄成大錯，迨至根帥到滬[9]，四月杪藉弭北釁一疏，反覆敷陳利害[10]，灼見枘鑿不行，遂致決裂，不可收拾。此時南局已等於土崩，北事又類乎甌脫[11]，雖和議勉循，而戎心已啓。該酋本祇爲利，議者不察，釀成奇變。追念往事，正如唐生慟哭無休時也[12]。現在滬上爲助順之議，往復與商，百般開譬，尚無眉目，然江南兵勇見賊即潰，雖戚南塘[13]復生，亦難驟回錮疾，實已萬無可用矣。回紇助唐，契丹援宋，明知後憂叵測，而事至無可如何，古人爲救急之方，不能不從權處置，以挽此殘局。蓋兩害相形則取其輕也。

雲到滬後，暫作逗留，因老母年高，擬仍回江北度歲，不知能如願否。知關慈念，謹肅縷陳。所望我師於軍政之餘，稍節蓋勞，勉加珍攝。私衷企禱，神與筆馳。

[1] 中丞，漢代御史大夫下有御史中丞，掌蘭臺圖籍祕書，外督部刺史，内領侍御史，受公卿奏事，舉劾按章。明清兩代常以副都御史或僉都御使出任巡撫，清代各省巡撫例兼右都御史銜，因此明清巡撫也稱中丞。

[2] 九月，由後"閏三月間"及所述軍情，知此信寫於咸豐十年（1860），當排於上信前。

[3] "惟撫循"句，《左傳》宣公十二年："師人多寒，王巡三軍，拊而勉之，三軍之士皆如挾纊。"潘岳《馬汧督誄》："沾恩撫循，寒士挾纊。"挾纊，衣衾裝綿以禦重寒。

[4] 交卸郡篆，俞樾《江蘇候補道吳君墓誌銘》："薛公旋檄君兼攝松江府事，而君於是役也，賓士烈日中匝月，心力交憊，乃力請交代蘇郡事，并繳還松郡檄。"

[5] "且於"句，俞樾《江蘇候補道吳君墓誌銘》："已而薛公疏保諸有功者，君名居首，堅辭至再。"又吳雲與吳煦信札第七通亦言："頃奉手答，謂請保清摺内雲名首列，若不獎敘，何以處同事諸君，囑勿過存成見云云。"

[6] "該酋"句，咸豐九年（1859）五月，新任英駐華公使普魯斯、法駐華公使布林布隆率領所謂換約艦隊由上海沿水路北上，行至天津，闖入大沽口，僧格林沁下令反擊，擊沉炮艇四艘，斃傷四百餘人，英海軍司令何伯少將亦受傷。清廷以大沽之捷，賞僧部銀五千兩。

[7] 沁邸，僧格林沁（1811—1865），博爾濟吉特氏，蒙古科爾沁旗（今屬内蒙古）人。道光五年（1825）入嗣襲紥薩克多羅郡王，旋入京爲御前行走，歷任領侍衛内大臣、正藍旗蒙古都統、鑲白旗滿洲都統等，以功晉封博多勒噶台親王。咸豐十年（1860）以驕傲輕敵、指揮失誤，致英法聯軍肆虐京城，被清廷革去爵、職。同治四年（1865）五月在菏澤高樓寨之戰中，中捻軍伏擊被斬殺。

[8] 開府兩浙，咸豐十年（1860）三月，清廷命欽差大臣和春兼辦軍務，以王有齡爲浙江巡撫。

[9] "迨至"句，咸豐十年（1860）四月十三日，李秀成、李世賢占蘇州，四月十六日，蘇松太道吳煦派上海捕盜局火輪船接兩江總督何桂清來滬。四月十七日何桂清在上海晤普魯斯商和，并請助剿，無成。又見法國副使哥士耆，亦無果。根帥，即何桂清。何桂清（1816—1862），字叢山，號根雲，雲南昆明人。道光十五年（1835）進士，授翰林院庶吉士。歷任編修、内閣學士、兵部侍郎、江蘇學政、禮部與吏部侍郎等，咸豐十年時在兩江總督任上。

[10] "四月杪"句，蓋指何桂清四月十六日所上奏報。奏文主要内容：一、"蘇州危迫"，江蘇撫臣徐有壬、藩司薛煥、蘇松太道吳煦，并闔郡士紳俱議"請借英佛兩國

夷兵赴省救援",并已"委署蘇州府知府吴雲賫札催調",吴煦、何桂清本人等已與普魯斯接觸,該酋"必先進京换約"才肯議和。二、"現在東南要害,均爲賊踞,蘇省已無一兵一將,全境空虚,倘賊夷"乘機勾結","勢必水陸分擾,南北皆危"。三、"爲今之計,惟有亟爲安撫夷人,堅其和議","庶幾兩釁可立時消釋"。

[11]甌脱,《史記·匈奴列傳》:"與匈奴間,中有棄地莫居千餘里,各居其邊爲甌脱。"張守義正義:"境上斥候之室爲甌脱也。"

[12]"正如"句,白居易《寄唐生》:"賈誼哭時事,阮籍哭路歧;唐生今亦哭,異代同其悲。唐生者何人?五十寒且饑。不悲口無食,不悲身無衣;所悲忠與義,悲甚則哭之。太尉擊賊日,尚書叱盗時;大夫死凶寇,諫議謫蠻夷。每見如此事,聲發涕輒隨。"唐生,唐衢,穆宗時人。《舊唐書·唐衢傳》言其"見人文章有所傷歎者,讀訖必哭,涕泗不能已。每與人言論,既相别,發聲一號,音辭哀切,聞之者莫不淒然泣下。……故世稱唐衢善哭"。

[13]戚南塘,即戚繼光。戚繼光號南塘,晚號孟諸,卒諡武毅。

宋雪帆倉侍晉[1]（四通）

（一）

滿地烽烟，久疏執訊，正深馳想，乃荷手翰下頒，惶喜交至。浣薇[2]莊誦，仰蒙眷念舊雨[3]，略分言情，感激愧奮，不律難盡。伏審德位兼崇，身名俱泰，幸甚幸甚。

雲待罪滬江，積憂成疾。自春徂夏，日與藥爐茶竈相爲周旋。一室蕭然，形影自弔。向辱明公知愛，謹將兩年來所歷之境，與所辦之事，略陳梗概，惟執事察之。江南自庚申春大營潰散，殿帥陣亡[4]，蘇常本無防禦，斯時如天傾地塌，雖有智者，亦無以善其後矣。不得已有乞援回紇之議[5]，希冀支此危局，以待援師。議者謂爲非計，中格不行。迨至毘陵[6]又陷，事勢至無可如何，君青[7]中丞特委雲馳赴滬江，商借西兵。詎申胥甫履秦庭，吳下遽聞楚炬[8]，神魂飛越，身無可厝。覲唐中丞以松滬正在危急，留商防堵事宜。逆勢鴟張，松郡旋又失陷，中丞特頒令箭，札委統帶水陸兵勇，數止及千，益以西兵百人，會同美國人華爾[9]，前往攻剿。奉命於危難之間，仰託福庇，兩旬即報克復。時因棲宿篷窗，積受暑濕，勞傷過甚，一時內外症交作，萬分狼狽。適老母避亂海門，遂北渡就醫，原擬息影菰蘆，奉母偕隱，乃中丞函札頻催，繼以專弁敦促，不能自匿，於冬杪重赴滬江。正以蘇常陷後，商賈不通，絲茶各捐，十減七八，兵糈異常竭蹶，當即委雲辦理籌捐。總局諄諄以裕餉爲囑，不得已督同委員擴充各項貨捐。於去年三月間開局，殫五月之心力，始得辦有成效，綜計終歲所入，爲數已逾百萬。淺水長流，源源不竭，現在滬上軍餉，頗賴此以爲挹注。

雲以經手銀錢，近膩多嫌，故開辦之初，即稟請設立貨捐分局，專司捐項,出納絲毫不一涉手。兢兢自矢,聊以副大府知遇,毀譽由人,心迹誓諸天日而已。

叔裳本係世交親戚,知其光景清寒,去年開辦貨捐,即委在磚灰卡當差,藉薪水爲過度。至冬間,又請方伯札,委在會防處[10]聽候差委。本年春抄,李中丞到滬,委叔裳充當撫院巡捕,磚卡一差,即令伊弟候補從九名承管者接辦。叔裳人頗敏幹,能作小楷,亦能作函。將來加以閱歷,可期遠到。勃豁一節,早已夫婦如初矣。今年三月間,小女出閣,叔裳夫人曾到舍間,人極端整。蕭宅本貿易中人,止此一女,嬌養成慣;叔裳又少年情性,致有雀角。經此一鬧之後,彼此知錯,近來頗爲和睦。雲屬親串[11],故知其詳。執事關念世好,眞同骨肉,令人興感。

眉生[12]去年之赴江北,雲實贊成其事。詎經理甫有就緒,而忌者已如麻而起,卒至因公罷官,怨家又從而下石[13]。宋荔裳[14]詩云:"君看太行險,未足敵人情。"爲之浩歎。雲處境與眉生略同,惟不涉手銀錢,較無後患耳。昨得眉生書,知事已得白,將來須赴曾相[15]處完結。曾相廓然大公,愛才如命,眉生到彼當必易了。賠款一層,亦只有待事結之後,熟商辦理。若眞欲籌此巨款,無論現已罷官,即在從前,眉生亦無此大力量也。

西人自法酋卜提督陣亡[16],與髮逆已有不解之怨。現聞向彼國徵兵,暑退秋涼,欲圖大舉。昔郭、李成中興之業[17],回紇助之。天若悔禍[18],事固有莫之爲而爲,非人力所能主之也。

縵雲[19]全家到滬,曾相邀辦文案。因天熱,定於八月間挈眷赴皖。岷帆[20]作古,蓮伯[21]陷在郡城,已經殉難,其心緒亦可知矣。

風便尚求惠示數行,是所感禱。

[1] 宋雪帆,宋晉(1802—1874),字錫蕃,號雪帆,江蘇沭陽(今屬宜興)人。道光二十四年(1844)進士,授編修。官至內閣學士,迭署户、工二部侍郎,實錄館總纂、國史館副總裁等。有《水流雲在館奏議》。倉侍,清設總督倉場户部右侍郎,簡稱總督倉場侍郎,乃户部所屬倉場衙門主官,掌京倉、通倉漕糧積儲與北運河運糧事務。宋

晋同治元年（1862）調倉場總督，故稱。

　　[2]浣薇，馮贄《雲仙雜記·大雅之文》："柳宗元得韓愈所寄詩，先以薔薇露灌手，熏玉蕤香後發讀，曰：'大雅之文，正當如是。'"

　　[3]舊雨，老友。杜甫《秋述》："常時車馬之客，舊雨來，今雨不來。"以喻新交不如舊友。

　　[4]"江南"兩句，《清史稿·文宗本紀》："十年庚申……賊陷溧水，連陷句容。以張玉良爲廣西提督，留蘇督軍，尋令折回杭州。庚申，和春等奏陳玉成率衆突犯大營，城賊出而合犯，官軍力不能支，退守鎮江。……乙酉，賊犯常州，和春迎戰受傷，卒。"又《清史稿·和春傳》："十年春……賊復由皖南犯浙，遽陷杭州，蘇、常震動。……閏三月，由廣德分犯建平、東壩、溧陽，遂窺常州，急調張玉良回援，賊已分路徑趨江寧。時賊酋陳玉成、李秀成、李侍賢、楊輔清，糾諸路衆十餘萬，力破長圍，城賊應之。大營軍心不固，惟恃張國梁力禦。戰數晝夜，諸營同時火起。總兵黃靖、馬登富、吳天爵陣亡，全軍大潰，退守鎮江。和春坐褫職留軍。又退丹陽，賊踵至，張國梁死之。和春奪圍走常州，督兵迎敵，被重創，退至無錫，卒於軍。總督何桂清棄城走，常州、蘇州相繼陷。江南軍自向榮始任，凡歷七年，至是燼焉，蘇浙遂糜爛。"殿帥，指張國梁。張國梁（1823—1860），字殿臣，廣東高要（今屬肇慶）人。初名嘉祥，年輕時以傷人逃據山澤爲盜，後爲官府招降。太平軍起，隨向榮援救湖南，多所建功，爲著名悍將。

　　[5]"不得已"句，指"借師助剿"之議。太平軍風起雲湧，早在咸豐二年（1852）太平軍攻打楚南之際，廷臣就有請洋人"入江助剿"之議。咸豐十年（1860）太平軍東進江浙，破江南大營，江浙豪紳多逃往上海自保。太平軍進逼上海，鄉紳遂作出反應：一赴曾國藩大營請師東進；二與駐滬英、法文武官員接洽，"請師助剿"。在江蘇巡撫薛煥、蘇松常太道吳煦支援下，上海地區形成中外會防局面。

　　[6]毘陵，古地名，即常州。

　　[7]君青，徐有壬（1800—1860），字君青（一作鈞卿），雙林（今屬浙江湖州）人。道光九年（1829）進士，授户部主事，累官至布政使，丁憂歸鄉。咸豐五年（1855）受命在浙江湖州辦團練，督辦江南軍營糧臺，九年（1859）擢江蘇巡撫。咸豐十年（1860）四月，太平軍摧毀江南大營，攻破蘇州，徐有壬被殺。

　　[8]"詎申胥"句，借指援兵未至，蘇州已破。申胥，申包胥，申氏，名包胥，又稱王孫包胥。《左傳》定公四年："初，伍員與申包胥友。其亡也，謂申包胥曰：'我必復楚國。'申包胥曰：'勉之！子能復之，我必能興之。'"後伍子胥以吳國軍力攻打楚國，申包胥到秦國求助，秦哀公爲賦《無衣》，發兵救楚。

　　[9]華爾（Huaer，1831—1862），美國人，初在航行長江的汽船上工作。咸豐十

年(1860)受蘇松太道吳煦委派，招募外國人組成洋槍隊，任隊長，幫助清廷鎮壓太平軍，後"洋槍隊"改爲中外混合軍。同治元年(1862)，華爾進攻慈溪時重傷斃命。

〔10〕會防處，咸豐十一年(1861)十二月，上海孤懸，英軍指責太平軍未遵守不侵及上海吳淞周圍百里地帶的承諾，願幫清政府鎮壓太平軍。經薛煥上奏朝廷，十二月十四日，上海官紳在洋涇浜設立會防公所，吳雲、應寶時、潘曾瑋、顧文彬爲局董，與蘇松太道吳煦、英領事麥華陀、法領事艾登、法軍官日意格等會商上海防務。

〔11〕親串，親戚。黃景仁《病中》："一歲無麥餓可死，親串誰肯相溫存。"

〔12〕眉生，金安清(約1817—1880)，字眉生(一作梅生)，號儻齋，晚號六幸翁，嘉善魏塘(今屬浙江嘉興)人。國子生。弱冠喪父，棄科舉，在蘇皖游幕。太平軍興，佐勝保鎮壓之，遷兩淮鹽運使。咸豐十年(1860)任江蘇按察使，綜理糧臺，被劾免職。同治十年(1871)，因勸捐有功，賞復原官階。金安清有經濟才，時人稱之"才氣恢張，議論雋邁"。工詩，熟諳古今掌故。有《宮同蘇館全集》《水窗春囈》等。

〔13〕"詎經理"句，梁溪坐觀老人《清代野記》"金梅生之鑽營"："當咸豐季年，江南全省淪陷，僅江北十餘州縣地，金以運使駐泰州，督辦後路糧臺，設釐捐以供南北防軍，歲有贏餘。……未幾，遂有漕督吳棠密參營私舞弊四十餘款，奉旨革職查抄，此同治元年春間事。"《清實錄》"咸豐十一年癸亥"："前因有人疊次參奏，候補運司金安清種種貪黷，藉捐殃民各款，當經諭令曾國藩查明嚴參。茲又有人奏金安清自選授湖北糧道後，規避遷延不赴任，遂於皖北軍營倡爲捐餉減成之說，赴浙江各處，指捐皖省紳富之在浙者以數十萬計，解營不過十之一二，請飭赴袁甲三軍營清算捐款等語。金安清藉捐肥己，擾累閭閻，本係貪劣之員。薛煥等徇情奏請，遂充總辦南北兩臺籌餉委員。該員藉作威福，以致民怨沸騰。當此小民蕩析離居，方冀地方大吏撫輯招徠，豈容此等貪吏，肆其剝削。着吳棠揀派妥員，接辦南北兩臺糧餉。並勒令該員迅赴袁甲三軍營，將前次捐款核算清楚。儻再有意遷延，不肯赴皖，即着吳棠派員押解前往，以重軍餉。該員經手江北捐款，着吳棠查明，如有虧短侵挪不符等弊，即一面嚴參從重治罪，一面將該員本籍及寓所杭湖上海寄頓貲財，先行嚴密查抄備抵。庶貪墨巧詐之員，知所畏懼，無所施其伎倆。"又《清實錄》"同治二年戊辰"："另片奏，查抄金安清泰州如皋寓所，及同裕錢鋪寄頓貲財。該革員局用內有濫支銀一萬四千八百十二兩零。此項濫支之款，皆出自江北錢糧捐釐正項，應行賠歸江北糧臺。着準其提往清淮，接濟軍餉。其金安清經手收支各款，仍着飭催喬松年、王朝綸等認真詳查，毋涉含混。其上海寄頓貲財，幷飭委員迅速呈報。"

〔14〕宋荔裳，宋琬(1614—1673)，字玉叔，號荔裳，萊陽(今屬山東)人。順治四年(1647)進士，累官至四川按察使司按察使。以詩名世，與施閏章合稱"南施北宋"，又與嚴沆、施閏章、丁澎等稱"燕臺七子"。有《安雅堂集》《二鄉亭詞》。

[15] 曾相,曾國藩。洪武十三年(1380),朱元璋罷中書省,廢丞相,源於春秋時的宰相制度遂廢。後因皇帝不勝庶政之繁,設内閣大學士協理文書,大學士成爲事實上的宰相。清沿明制,明清兩朝遂習稱授大學士爲拜相。曾國藩道光二十七年(1847)升任内閣學士加禮部侍郎銜,故稱。

[16] 卜提督,卜羅德(Protet,1808—1862),法國人,法駐華分艦隊司令。同治元年(1862),與英國侵華陸軍司令士迪佛立、艦隊司令何伯等商訂上海防務協定,同英軍、"常勝軍"及清軍進攻太平軍。四月十九日,攻打奉賢南橋鎮時陣亡。

[17] 郭李,郭子儀、李光弼。安史之亂,郭子儀任朔方節度使,率軍勤王,收復河北、河東,拜兵部尚書、同中書門下平章事。李光弼經郭子儀推薦爲河東節度副使,在平定安史之亂中亦功勳卓著。

[18] 悔禍,撤除所加的災禍。《左傳》隱公十一年:"天以禮悔禍於許,無寧茲許公復奉其社稷。"

[19] 縵雲,周學濬(1810—?),字縵雲(一作漫雲),又字深甫,號蟄庵,烏程(今屬浙江湖州)人。道光二十四年(1844)進士,授翰林院編修。出任廣西學政、山東道監察御史。同治初入曾國藩幕,主持文教事。李鴻章任兩江總督,曾延其主持江南官書局。

[20] 岷帆,周學源,字星海,號岷帆,烏程(今屬浙江湖州)人。咸豐二年(1852)進士,選庶吉士,授翰林院編修,官至侍講學士。有《螾巢日記》。陸以湉《冷廬醫話》云:"烏程周岷帆學士學源……臀生瘤有年矣。因坐卧不便,就菱湖瘍醫費某治之。費謂可用藥攻去,予以三品一條槍。大痛數日,患處潰爛翻花。復投以五虎散,藥用蜈蚣、蜣螂、全蠍等味,服後體疲神憊遽卒,年僅四旬。"周學濬與周學源爲同胞兄弟。

[21] 蓮伯,周學濂(1810—1862),字元緒,後改名學汝,字禮傳,號蓮伯,烏程(今屬浙江湖州)人。道光二十六年(1846)舉人。曾任歸安教諭。續嚴可均校訂《北堂書鈔》,有《說文經字考》。同治元年(1862)太平軍陷湖州,周學濂自縊死。周學濂與學濬、學源同祖,俱有學,時有"弁陽三鳳"之目。

又(二)

本年二月十一日奉客歲小春[1]廿五日手書,并左孟辛[2]世兄、孫敬亭明府[3]兩函,謹悉壹是,伏諗勛德兼崇,台候萬福。屬交兩函當即分別確致。

雲罷職後日讀誓墓之文[4],常書乞米之帖[5],吾安吾拙,無所縈心。

惟家無儲蓄,食指繁多,薪米僕賃之資,不能不學昌黎公之"日求於人以度時月"。比到焦山,承常鎮道府款留,屬修焦山志書,藉館修所餘,聊佐家用。且可以攬江山之勝,白雲怡悦,頗足慰情。在滬時屢辱當道念其為識途老馬,思欲棄瑕見録。雲自揣菲薄,既脱樊籠,得為太平幸民,終身奉母,此願已足。誓心已久,不復再作春夢婆[6]矣。

眉生負經世之才,佗儓更甚於雲,言之可歎。雲日内蹔返申江,江南北軍情民事,想時有報聞,故不瑣贅。

風便還求時惠數行,以紓飢渴。

[1] 小春,陰曆十月。陳元靚《歲時廣記》卷三七引《初學記》:"冬月之陽,萬物歸之。以其温暖如春,故謂之小春,亦云小陽春。"唐寅《顧君滿考張西溪索詩餞之》:"三年幕下勞王事,十月江南應小春。"

[2] 左孟辛,左樞(?—1869),字孟辛(一作孟星、夢星),湖南湘鄉(今屬湘潭)人。少有俊才,為羅澤南弟子。同治三年(1864)隨湘軍攻陷太平天國首都天京,授知縣。後隨軍轉戰,死於疆場,授光禄寺卿,按道員例從優議恤。

[3] 孫敬亭,不詳。明府,唐以後對縣令的尊稱。

[4] 誓墓之文,指王羲之《祭墓文》。據《晋書·王羲之傳》,王述少有名譽,而羲之甚輕之,由是"情好不協"。會羲之任會稽内史,述為揚州刺史。會稽為揚州之屬郡,王羲之恥居其下,遂稱病去職,并在父母墓前誓曰:"止足之分,定之於今。"決定不再做官。後以"羲之誓墓"指辭官歸隱。龔自珍《己亥雜詩》:"恨無永叔瀧岡表,亦愧羲之誓墓文。"

[5] 乞米之帖,即顔真卿《與李太保乞米帖》,寫於唐代宗永泰元年(765)。時關中大旱,江南水災,以致顔真卿"舉家食粥,來已數月,今又罄竭",不得不求告於人。

[6] 春夢婆,趙令畤《侯鯖録》卷七:"有老婦年七十,謂坡云:内翰昔日富貴,一場春夢。坡然之。里人呼此媪為春夢婆。"

又(三)

清和下澣[1]曾肅覆牋,託眉生轉遞,未知何日上澈青覽。雲於本月朔日由焦山返滬。滬上軍情,自福山克復[2],常昭解圍,日有起色[3],比又中外合力,連克太倉、崑新,乘破竹之勢,逆賊畏懼飛炮,城中甚爲慌亂。天如悔禍,蘇常可望廓清。所恐鋌而走險,江北完善之區,愈形喫重。此則可慮也。

去歲底當道下訪時政,雲自慙菲薄,且立志不入仕途,無以副其來意,因舉從前減賦一議,爲之剴切敷陳[4]。中丞[5]極以先從松江辦起爲是,揆帥[6]更志在必行。而任其事者爲郭筠仙[7]觀察,以馮林一宫允[8]留心此事最久,遂舉以相屬,林一力爲擔承。本擬二月間即可出奏,因林一欲查取近十年中除去歉緩實徵之數,牽勻合算,酌十年之通以定徵數,照此爲請。是有減之名,無減之實,期免部駁。因亂後檔冊不全,查核稽滯,摺稿屢定屢改;又有從中力主克復全省,歸於善後舉辦者,故泛未繕發。

愚意以爲此舉必宜早辦,若待全省肅清,恐多齟齬。且自古壤地相錯,賦則宜同。今蘇松之賦,三倍於常州,四五倍於鎮江,較之江北各州縣,至十數倍不等。今不敢引鎮江以及江北爲比,請查照常州科則一律定賦。恩準之後,未盡事宜,候奏準辦理。似立言較有依據,措詞亦覺得體。況未遭兵以前,酌十年之通所徵本止此數,今照常州定賦,論虛額雖多,論實徵仍少。司農掌天下度支,兹事體大,當必籌之已熟。方今東南陸沈,瘡痍未復,挽積弊而蘇民困,正在斯時。執事飢溺在抱,現綜八省漕政,眷顧珂鄉[9],當亦亟盼此議之即見於行事也。伏惟俯賜加察,遇事扶持爲禱。

[1] 清和下澣,四月下旬。袁枚《隨園詩話》卷一五:"張平子《歸田賦》:'仲春令月。'蓋指二月也。小謝詩因之,故曰:'首夏猶清和,芳草亦未歇。'今人刪去'猶'字,而竟以四月爲'清和'。"澣,同"浣"。唐制,官員十日一休沐,謂澣濯,後因以一月三旬稱上、中、下澣。

[2] 福山克復,同治二年(1863)二月,戈登率常勝軍,會同淮軍克常熟福山。

[3] "常昭"句,同治元年(1862)十一月,常熟、昭文太平軍守將駱國忠獻城降清。十二月初,蘇南太平軍主力反攻,包圍常熟、昭文。同治二年(1863)五月,戈登、李恒嵩率常勝軍助總兵程學啟攻克太倉,常昭之圍解。

〔4〕"去歲"句,此句所述,與俞樾《江蘇候補道吳君墓誌銘》"會糧道郭公嵩燾以事諮於君,君即錄舊稿與之"正合。

〔5〕中丞,指李鴻章。同治二年(1863)三月,李鴻章經曾國藩保薦暫署江蘇巡撫,十二月改爲實授。李鴻章(1823—1901),本名章銅,字子黻,又字漸甫,號少荃(一作少泉),晚年自號儀叟,別號省心,肥東(今屬安徽合肥)人。道光二十七年(1847)進士。淮軍、北洋水師創始人和統帥,洋務運動領袖,官至直隸總督兼北洋通商大臣,授文華殿大學士。卒諡文忠。

〔6〕揆帥,指曾國藩。揆,又稱協揆,協助百揆(指大學士)管理政務之意,是對協辦大學士的稱呼;帥,清稱總督爲大帥。曾國藩咸豐十年(1860)六月至同治七年(1868)七月署兩江總督;自同治元年(1862)又任協辦大學士,故稱揆帥。曾國藩(1811—1872),初名子城,字伯涵,號滌生,湘鄉(今屬湖南婁底)人。道光十八年(1838)進士,累遷內閣學士、禮部侍郎,又署兵、工、刑、吏部侍郎。太平軍興,曾國藩組建湘軍與之作戰。累官至兩江總督、直隸總督、武英殿大學士,封一等毅勇侯。卒諡文正。

〔7〕郭筠仙,郭嵩燾(1818—1891),名先杞,後改名嵩燾,字筠仙(一作雲仙、筠軒),別號玉池山農、玉池老人,湘陰(今屬湖南岳陽)人。道光二十七年(1847)進士,佐曾國藩幕,累官至廣東巡撫。光緒中曾入總理衙門,出使英、法。同治元年(1862)郭嵩燾爲蘇松糧儲道,旋遷兩淮鹽運使。

〔8〕馮林一,馮桂芬(1809—1874),字林一,號景亭(一作景庭),晚號懷叟,別號鄧尉山人,吳縣(今屬江蘇蘇州)人。道光二十年(1840)進士,授編修,補右春坊右中允。咸豐初,在籍辦團練。同治初,入李鴻章幕。重經世之學,先後主講金陵、上海、蘇州諸書院。有《校邠廬抗議》《說文解字段注考證》《顯志堂詩文集》等。宮允,咸豐六年(1856),馮桂芬以丁憂期間"勸捐輸、練鄉團"有功,晉補右春坊五品右中允。右中允乃詹事府屬官,又稱宮允。王用臣《幼學歌》:"左右中允是宮允,春坊贊善宮贊稱。"

〔9〕珂鄉,對別人家鄉的敬稱。宋晉亦江蘇人,故云。

又(四)

四月杪暨五月初旬,兩肅復函,均託眉生廉訪[1]轉遞,未知何日得達典籤,深以爲念。今夏南中酷熱異常,敬維攝衛起居,順時諧暢。

雲旋滬後杜門養疴,藥爐茶竈與金石圖書雜陳左右,頗亦自安其拙也。

蘇松減賦一議，大府於前月十一日由驛具奏[2]，得蒙特恩準照常鎮二屬核減定額，永以爲例。此真非常曠典，凡有血氣者莫不同聲感頌也。查敝郡程、安、德[3]三縣賦則之重，亦首禍於宋景定間賈似道行買公田法[4]。沿至元末，張士誠[5]竊踞蘇、湖，明祖興兵略地，安吉、長興、武康於丙申、丁酉兩年先降[6]，而程、安、德清與蘇松兩府相距最久[7]。明祖怒民附寇，遂取官田租簿，飭有司依額定賦，故至今湖州一府之中，程、安、德三縣賦則之重，數倍於安吉、武康，與蘇松賦則之重數倍常州、鎮江又同一律。兩省志乘具在，可覆按也。伏念各直省漕政，盡隸於執事。今蘇松既沐特旨，起七百年相沿之積困而革除之，殊恩溥沛，民已有出水火而登衽席之慶[8]，湖郡與蘇松毘連，賦額相等，民困亦相同，如天之福廓清有期，億萬生靈恐不能不翹首而望樾蔭[9]之遠庇也。至嘉興所屬，亦在應減之例。從來言浮賦者，必舉蘇松嘉湖，蓋四郡同爲有明仇怨地方，故賦額并重也。雲，湖人，祇言湖事，他非敢及也。不宣。

[1] 廉訪，宋、元時職官名，主監察事務。金安清曾任按察使，故稱。
[2] "蘇松"句，據《清實錄》，同治二年(1863)五月十二日，由馮桂芬擬具《請減蘇松太浮糧疏》，由兩江總督曾國藩與江蘇巡撫李鴻章會銜上奏。十一日，《清實錄》記上疏日爲"十二日"。
[3] 程、安、德，程，烏程；安，歸安；德，德清。現并屬湖州。
[4] "亦首禍"句，宋理宗景定四年(1263)，在賈似道的宣導與主持下，南宋政府在浙西六郡推行"公田法"，設定官户田產標準，超標部分，抽出三分之一，由國家回買爲官田，租賃出去，以租米解決軍糧、財政收入等問題。
[5] 張士誠(1321—1367)，原名張九四，泰州興化(今屬江蘇鹽城)人。至正十三年(1353)，與弟士德、士信率鹽丁在江蘇起兵反元，次年在高郵稱誠王，至正十六年(1356)定都平江(今江蘇蘇州)。最興盛時割據範圍南到浙江紹興，北到山東濟寧，西到安徽北部，東到海。後爲朱元璋所敗，自縊死。
[6] "安吉"句，丙申，至正十六年(1356)。丁酉，至正十七年(1357)。據《明史·太祖本紀》："(十六年)張士誠自淮東陷平江，轉掠浙西。太祖既定集慶，慮士誠、壽輝强，江左、浙右諸郡爲所并，於是遣徐達攻鎮江，拔之，定定戰死。""十七年春二月，耿炳文克長興。三月，徐達克常州。夏四月丁卯，自將攻寧國，取之，別不華

降。……六月,趙繼祖克江陰。秋七月,徐達克常熟,胡大海克徽州,八思爾不花遁。冬十月,常遇春克池州,繆大亨克揚州,張明鑒降。"

〔7〕"而程、安"句,朱元璋自至正二十六年(1366)十一月圍平江(即蘇州),至至正二十七年(1367)九月始下之。相距,即"相拒"。

〔8〕"民已有"句,宋濂《閱江樓記》:"見兩岸之間,四郊之上,耕人有炙膚皸足之煩,農女有捋桑行饁之勤,必曰:'此朕拔諸水火而登於衽席者也。'"登衽席,置民於衽席之上,言蘇救民困。

〔9〕樾蔭,蔭庇。《淮南子·人間訓》:"武王蔭暍人於樾下,左擁而右扇之,而天下懷其德。"高誘注:"武王哀暍者之熱,故蔭之於樾下。"

喬鶴儕中丞松年[1]（四通）

（一）

年餘未修音敬，詹念道範，欽遲實甚。雲自去年罷職以後，謝絕詶應，鍵户讀書，頗亦自安其拙。祇因家無儲蓄，食指繁多，薪米僕賃之資，半仰給於二三親友。韓昌黎"日求於人以度時月"，雲學行萬不敢希古人，而窮境竊似之。飢來驅人，不得已作惘惘[2]出門之計。本年二月間，承緣仲、小舫[3]、香圃[4]邀修焦山志書，藉館資所入以佐家用，亦不過慰情勝無而已。近輯《續積古齋款識》一書，粗已成稿，遲日當録副呈誨。外《古銅印存》一部，又近刻《落水蘭亭帖》一本，敬奉清賞。

雲日内擬暫返申江，不及渡江一叩鈞顏，深以爲歉。附上林一宫允書一通，書中所云減賦一事，客冬筠仙觀察過訪，雲正杜門不通賓客，筠翁先倩潘季玉[5]來寓閒談，旋即排闥而入，談次詢及沙洲章程。有人條陳，謂清丈各屬沙洲，聽民繳價，可得軍餉二百萬金，中丞委筠翁與季玉綜司其事，擬設局於適中之地，擇期舉辦。謬以雲爲識途之馬，欲引爲指臂。雲告以昔年曾侍明公左右，籌辦此事，寬嚴兼濟，竭兩年之久，僅得銀二十萬金，不至釀釁滋事，固已煞費匠心矣。今各沙洲非陷在賊中，即與寇氛相接，此時清理，益難措手。即能得幹員數人，再寬以終歲之期，所獲亦無補於鉅款，而毀局毆官，抗勘聚衆，皆在意中。千金之弩，似不值爲鼷鼠發機[6]。至雲身本多病，且老母年高，此後得爲太平幸民，於願已足，決不再登仕版。因見筠翁有廢然[7]之色，遂以昔年所議減賦一事，反覆敷陳，以副來意。蓋此本糧儲之責也。筠翁極以爲然，越日，屬季玉索取説帖，爲疏其大略復之。原稿録奉省覽。

愚見蘇松常壤地相錯，賦則宜同。此時檔册不全，欲酌十年之通以定額數，斷不能鉤心鬥角，絲絲入扣。不如請照常州定額，最爲直捷，立說亦覺得體。此議當[8]告林一，而林一之意恐部中以減數過多遭駁，堅執十年之通爲斷。筠翁亦主其說。乃輾轉稽查，愈辦愈難，遂致不能定稿。林一信來，亦以十年之通窒礙，雲答以此等大事，總以速奏爲是，只須聲明未盡事宜，容督同司道，隨時妥籌奏咨，且俟奉到諭旨，再議其後。不宜築室道謀[9]，因噎廢食。刻得林一復書，現擬以蘇松太三屬請徵五十萬石爲言，核與照常郡定額，不甚懸殊。惟憑空立言，不如有所依據之爲結實可恃也。外與林翁一紙，比致尊函中較詳，附奉台閱，仍乞擲還爲荷。此事關東省億萬生民大局，明公如有卓見，何弗便中達之滬上？

　　自去冬聞明公有移節來臨之說，甚盼郭公[10]早至，登民袵席。至雲已脫樊籠，不復再受覊靮，幸勿齒及賤名，是所感禱。

　　[1] 喬鶴儕，喬松年（1815—1875），字健侯，號鶴儕，山西徐溝（今屬太原）人。道光十五年（1835）進士，授工部主事，累官至河東河道總督。有《蘿藦亭遺詩》《蘿藦亭札記》《蘿藦亭文鈔》《論語淺解》《喬勤恪公奏議》等。喬鶴儕咸豐三年（1853）先後知松江、蘇州，擢常鎮通海道，授兩淮鹽運使，兼辦江北糧臺。其間吳雲曾爲其下屬。同治二年（1863），喬松年擢江寧布政使，信當作於此時。

　　[2] 惘惘，失意，迷惘。屈原《九章·悲回風》："撫佩袵以案志兮，超惘惘而遂行。"

　　[3] 小舫，杜文瀾（1815—1887），字小舫（一作筱舫），號憩園，別號采香舟主人，浙江秀水（今屬嘉興）人。少孤，家貧，依其舅習刑律，入貲爲縣丞。太平軍興，入湖廣總督裕莊毅幕，克揚州有功，加鹽運使銜，歷署江蘇布政使、江安糧道、蘇松太道、常鎮通海道。工詞，有《憩園詞話》《古謠諺》《憩園詞話》《詞格律勘記》《平定粵匪紀略》《蕩平逆髮圖記》《江南北大營紀事本末》《淮鹽紀略》《采香詞》等。又校注《宋七家詞選》，刊刻《曼陀羅華閣叢書》等。

　　[4] 香圃，金以誠（生卒年不詳），字敬止，號香圃，嘉善（今浙江嘉興）人。曾任泰興知縣，建襟江書院。後遷中議大夫、鹽運使、鎮江知府、江蘇候補道加布政使銜。光緒《重修嘉善縣志》卷一六記其"辦理皖省善後，積勞病故"。

　　[5] 潘季玉，潘曾瑋（1818—1886），字寶臣，又字玉泉、季玉，晚號養閒居士，吳縣（今江蘇蘇州）人。潘世恩子，潘祖蔭叔父。閒居蘇州，肆力詩文，并留心經世之學，以行善爲務。有《正學編》《自鏡齋文鈔》《咏花詞》《玉泉詞》《正學編疏解》《養閒草堂

圖記》《橫塘泛月圖記》等。

　　[6]"千金"句,語出《三國志·魏志書·杜襲傳》:"臣聞千鈞之弩,不爲鼷鼠發機;萬石之鐘,不以莛撞起音。今區區之許攸,何足勞神武哉?"

　　[7]廢然,《莊子·德充符》:"我拂然而怒,而適先生之所,則廢然而反。"原指怒氣消失,後多用於指失望、沮喪。

　　[8]當,當作"嘗"。

　　[9]築室道謀,語出《詩經·小雅·小旻》:"如彼築室於道謀,是用不潰于成。"意謂謀事於衆,事終難成。

　　[10]郭公,指郭伋。郭伋字細侯,東漢著名能吏、循吏,"所到縣邑,老幼相携,逢迎道路"。

又(二)

　　昨奉手諭,深紉存注。伏審執事爲國宣猷[1],身名俱泰,幸甚幸甚。雲於月之初五日附緣仲都轉[2]便舟到山。山中紅葉滿林,較去時風景又一變矣。緣仲赴江北勾當公事,雲仍寓三退樓[3]中,坐對江山,俯念身世,頗思專意靜修,勤尋本相。但恐根淺志移,致多障礙耳。月初或到海陵[4],定當摳謁[5]鈴轅,面求清訓。

　　減賦一事,前書所陳,照常州定額者,原以常鎮科則雖比蘇松少至三分之二,而年來辦歉辦荒[6],積習相沿,久同蘇松一律。今欲爲蘇松請減,勢不得不將常鎮暫置緩圖,而彼都人士未悉用意,自不能默默。此實早在意中,故請援照常州定額,冀以杜絶旁議。當時景翁[7]亦采鄙言,而摺内未經直陳。今部議常鎮減十之一,蘇松減三之一,并明知一百二十萬之數必辦不到,特以民散田荒開示,通融法門,所議亦尚平允,似不如姑從其説,留爲異日盈縮地步。而景翁志在廓清積弊,欲從此爲一勞永逸之計,擬請覆奏,亦不爲無見。曾以摺稿見商,雲告以即欲覆奏,亦宜參以活筆。蓋蘇松減三之一,計存款固尚嫌多;而常鎮減十之一,比之未亂前徵數轉增。將來如何著手,此不可不預爲之地也。時勢所限,積重難返,非一人之力所能獨撑耳。鈞意以爲如何?

茲許信臣中丞從漢口寄來一信，特專差賚上，內有盛守備[8]恤典一事，可否仰乞即賜飭承將咨文繕就，擲交來差帶下？因盛處有人在此守取也。不備。

[1] 宣猷，宣，明；猷，順。曾鞏《節度加宣徽制》："夫德茂者，其賞異；功隆者，其報殊。是疇其底績之勤，錫以宣猷之號。"
[2] 都轉，清設都轉鹽運使司，地方機構之一，處理各地鹽務事宜。運使司設運鹽使、同知等官職，掌控鹽法政令。
[3] 三退樓，吳雲在鎮江修《焦山志》時寓所，有印曰"三退樓寓公"。
[4] 海陵，西漢時置縣，屬臨淮郡。據《清史稿・喬松年傳》：喬松年"同治二年，擢江寧布政使，仍留辦糧臺，擢安徽巡撫。三年，抵任，駐防臨淮"。
[5] 摳謁，摳衣謁見。《禮記・曲禮》："摳衣趨隅，必慎唯諾。"孔穎達疏："摳，提也。衣，裳也。"古人迎趨時提起衣服前襟，表示恭敬。
[6] 辦歉辦荒，指地方官員以年荒歉收為由請求減免地方賦稅。
[7] 景翁，馮桂芬。馮桂芬號景亭。
[8] 盛守備，盛世昌（？—1860），字蘭榮，香山（今屬廣東珠海）人。咸豐四年（1854）從江南提督張國梁剿太平軍，屢立戰功。五年以出資助餉授守備，十年補廣東陸路提標右營守備，留軍未赴，而與太平軍戰於陵子口，力戰而死。朝廷撫恤從優，贈都司銜，以都司例賜恤。

又（三）

違侍多年，跂戀之私，時縈夢寐。前者秋墅[1]過蘇，述及明公有夏間來南之訂。道路多梗，正不知何日克踐此約，方深懸盼，刻得石梅專函，欣悉節麾由皖北起旱，於前月廿八日安抵維揚，擬暫駐泰州城內。聞信喜慰，匪言可喻。伏念中原多故，回捻交訌。關中夙號形勝，尤為賊所覬覦。乃頻歲凶荒，師旅饑饉，迭乘紛迫。公以一身砥柱其間，內籌軍實，外殲強寇，奠安輯備，屹然為西北雄鎮，回捻之不能聯為一氣，賴公搤其吭使不得逞耳。偉哉厥勳，固已遠近震服，中外皆知。每於邸報中讀明公奏議，知功績雖高，積於勞苦，體中時有違和。不審近日眠食何似？車馬風塵不致過於況瘁[2]否？曷勝馳系！

雲鍵關守拙，尟善可陳。本擬即日渡江敂[3]謁，面申積愫，因日內邀董伴仙回家覆看先塋，轉棹時尚須到上海一行，準出月下旬，恭詣崇階，一展戀悃。兼請騶從到蘇作匝月盤桓，謹當掃除蓬茅，懸榻以待。

兒子承潞猥蒙提挈，列諸薦剡[4]。惟有屬其循分從公，加以勤奮，勉副明公期望。現在聽鼓蘇垣，奉中丞札委提調書局兼隨辦洋務事宜，上游相待尚好，太倉一缺，可以望補[5]。

林一宮允現居木瀆[6]，著述之外，求田問舍而已，足跡不常到城。小舫、緣仲精神意氣尚如昔日，獨雲齒牙脫落，鬚髯皓然，他日公見之，當亦訝其衰廢遽至此也。

知荷垂注，用特縷陳，伏希鑒督。不宣。

[1] 秋墅，姚仰雲(1821—1869)，初名湘，字芷芳，一字楚青、楚臣，號佛恩、秋墅，別署賦秋生，浙江山陰(今屬紹興)人。目錄學家姚振宗父。《近代史所藏清代名人稿本抄本》(第一輯)收姚仰雲存札六函二十九册，通信人即有喬松年、杜文瀾、吴雲等，內容多涉及咸豐、同治、光緒年間政軍之事。咸豐十一年(1861)，姚仰雲以道員總司江北糧臺。

[2] 況瘁，憔悴。《詩·小雅·出車》："憂心悄悄，僕夫況瘁。"陳奐傳疏："《楚辭·九歎》云'顧僕夫之憔悴'，又云'僕夫慌悴'，并與《詩》'況瘁'同。"況，通"怳"。

[3] 敂，即"叩"。

[4] 薦剡，舉薦。剡，削。指削牘以爲章。梁起《與謝枋得書》："邇者，聞元人徵足下甚急，不佞亦與薦剡。"

[5] "太倉"句，吴承潞同治四年(1865)進士，當年補太倉知府。此信當作於是年。

[6] "林一"句，馮桂芬同治元年(1862)入李鴻章幕，襄辦軍務兩年，在辦完蘇省減賦事後，淡出政壇，回故里潛心著述，并以天文、數學、說文等科目在蘇州、揚州等地書院講學。木瀆，位於蘇州城西。相傳春秋末年，夫差爲取悅西施，在靈巖山頂建館娃宮，築姑蘇臺，"三年聚材，五年乃成"，"積木塞瀆"，木瀆由此得名。馮桂芬居木瀆下塘街，因其爲道光二十年(1840)一甲二名進士，邑人稱其宅爲"榜眼府第"。

又（四）

昨讀付兒子承潞諭函，狠荷垂注懃拳，感幸無量。久欲手肅數行，一中契闊，因客夏感患臂疾，屈伸不良，艱於握管，又不欲倩人捉刀，以寒暄上溷清聽，坐是音敬久稽，幸勿爲過。

頻年來從邸報中讀公奏議，備聞勳績，知河政殷繁[1]，綢繆於未雨之先，經營於盤錯之際。鴻猷丕煥，倍極藎勞。尚望爲國葆躬，節宣善衛，禱甚禱甚。

大著《蘿摩亭札記》八卷，一由筱舫交到，敬謹浣讀。仰見考核明確，識解過人，舉凡經史子集，象緯輿地，形聲訓詁，金石詞章，與夫方言土俗，古諺今謠，莫不窮究其原委，辨析其疑似，而又明白顯豁，不以艱深炫博，務使學者易知易解，曉然得讀書稽古之助。沾溉藝林，嘉惠來學，洵非淺鮮。敬服敬服。便中尚乞再寄一二部，一贈蔭甫太史[2]，一付兒子承潞。未知林一宮允處已寄否？如未寄，恐見之亦必索也。

雲所患末疾，今夏得一丹徒包姓者，以鍼法治之，甚效。惟蒲柳先凋，精力日益衰邁，偃息菰蘆之中，叢殘書卷常與藥爐并陳，日處其間，訓應久廢，恒數月不一出門。親舊憐其老病，來而不往，亦不以禮節相繩，尚得自安其拙。

兒子承潞仰蒙埏埴[3]，優眷頻加。自任事婁東[4]，已閱數載，公事尚無隕越。年來於屬境水利，尚知講求。今夏南中亢旱，幸得車戽有賴，未至成災。現在冬漕已將蕆事，堪以上紓垂注。

附奉拙著《彝器圖釋》[5]一部，敬求訓定。敝帚之享，不足以塵大雅。倘蒙明公於退食之餘，賜予披覽，視其中或尚有一二可存，惠以弁言，俾藉增重，榮幸何如。秦瓦拓本，并呈清賞，統希察入。不宣。

[1] "頻年"句，《清史稿·喬松年傳》："十年，授河東河道總督。奏言：'今日言治河，不外兩策：一則堵銅瓦廂決口，復歸清江浦故道；一則就黃水現到處築堤束之，俾

不至横流,至利津入海。權衡輕重,以就東境築堤束黄爲順水之性,事半功倍。前數年大溜全趨張秋,後又決胡堰、洪川口、霍家橋、新興屯諸地,黄流穿運,節節梗阻。惟有盡堵旁洩之路,自張秋西南,沙河迤北,就舊堤修補,爲黄河北堤;又自張志門起,至沈家口、馬山頭,築新堤一百八十餘里,爲黄河南堤:俾仍全趨張秋,藉以濟運。'"據此,此信當作於同治十年(1871)後。

　　[2]蔭甫太史,俞樾(1821—1907),字蔭甫,號曲園居士,浙江德清(今屬湖州)人。道光三十年(1850)進士,曾官編修、河南學政等。咸豐七年(1857),以御史曹登庸劾試題割裂罷職。後僑居蘇州,主講蘇州紫陽、上海求志各書院,而主杭州詁經精舍三十餘年。東南遭亂,典籍蕩然,俞樾總辦浙江書局,建議江、浙、揚、鄂四書局分刻二十四史,又於浙局精刻子書二十二種,海内稱爲善本。專意著述,有《群經平議》《諸子平議》《古書疑義舉例》《曲園雜纂》《俞樓雜纂》《春在堂雜文》《右台仙館筆記》《茶香室叢鈔》等。太史,明清稱翰林爲太史,俞樾曾任編修,故稱。

　　[3]埏埴,《老子》第十一章:"埏埴以爲器,當其無,有器之用。"河上公注:"埏,和也;埴,土也。謂和土以爲器也。"

　　[4]自任婁東,吳承潞自同治四年(1865)任太倉知府。太倉隸蘇松太道,原屬蘇州府,雍正二年(1724)升直隸州,下領四縣:鎮洋、崇明、嘉定、寶山。太倉位於婁水之東,故有婁東之稱。

　　[5]《彝器圖釋》,指《兩罍軒彝器圖釋》,吳雲著,同治十二年(1873)九月刻本,書名由俞樾題寫,吳雲、馮桂芬、俞樾等作序。全書十二卷,對商、周、秦、漢、魏、晉、唐、孟蜀、吳越等百餘種彝器作了較詳細的圖解和文字考證。

王補帆中丞[1]（時任浙江廉訪）

前者伏蒙惠顧，垂詢湖郡溇港情形，亟欲振興水利。如雲樗昧，亦復屈尊降貴，不棄葑菲[2]，仰見執事飢溺爲心[3]，虛懷若谷。蓋有鑒於兵燹之後，溝澮湮塞，塍岸摧圮，設今不治，民無所賴。起瘡痍而登之衽席，計必以農田爲始。夫水利者，農田之本，而衣食之原也。

竊嘗考東南地勢本低，湖州尤爲窪下，萬水所湊，觸地成川。就大要言之，合郡之水，發源於天目諸山，建瓴而下，匯合於碧浪湖，出東運塘，灑而爲渠者，不可以更僕數[4]，要皆分洩各溇港以入太湖。東坡曰：三吳之水，瀦爲太湖；太湖之水，溢流吳淞江以入海[5]。歸熙甫[6]稱爲古今不易之論。譬之人身，各溇，咽喉也；太湖，腹也；吳淞等江，尾閭也。今欲導溇歸湖，疏湖達江，通江入海，使之血脈貫通，水無逆防，非合兩省之力不爲功。昔范文正云："今之世，有所興作，橫議先至。"[7]在當日已然，況今中原多故，邊塞未靖，時詘舉贏，恐成築舍[8]。不如先其所急，擇要興工。辱承明問，謹就一得之愚，疏於另紙。陵谷變遷，今昔異勢，蹄涔[9]之見，必多舛漏，懼無以仰裨高深，良用慚悚。惟高築圩岸一條，雲籍隸烏程，向經目諗，客冬今春又兩次歸家省墓，舟楫往來，見有同一村莊，甲圩被水，乙圩有秋，相距不一二里而豐歉迥判者。詢之里老，僉云去年霖雨稍多，一則圩岸高固障水，一則單薄遭淹。農民非不思培築，無人爲之倡，則相率因循耳。東坡有言，浙西水歎，"乃人事不修之積"[10]。故胡安定[11]教授湖州，特設水利一齋，所以爲水患計者，至深遠也。

今者伏遇執事，軫恤民艱，勤求農政。悲亂後之凋殘，拯生民於墊溺。所望膏澤立沛，速賜舉行。雲亦部民，謹當虔爇瓣香，從鄉耆老後，爲執事上萬家生佛之頌焉。臨穎不勝引領待命之至。

一開濬宜先從北面起也。各溇屬烏程者三十六,合大錢、小梅口三十八;屬長興者三十六。烏程之大錢,爲湖城東北入太湖要道,約二十里。深闊通暢,尚無淺滯。由大錢迤東至震澤縣交界之湖溇,類多淤淺,必須分別開濬。查各溇北通太湖,北口乃其下流。《禹貢》:治水先治下流[12]。大小一理。故必先從北岸築壩戽水,分段開濬,以次而南,地勢水勢皆順。

一開濬淺深須標識水則,庶昭平準也。張氏[13]《吳中水利全書》載,宋宣和二年,立浙西諸水則碑,蓋以驗田之高下。設遇霖潦,即以量水之漲落。各溇港淺深不一,開濬丈尺,不得不隨地增減。無水則以爲之準,恐無憑測量,難期一律如式,即無以爲一勞永逸之計。但采石立碑,既需時日,又多經費,斷難猝辦,辦亦遽難周遍。今思一簡便之法。請通飭各邑,儘境內石橋,定於某日某時,於石柱上各準平水橫泐一畫,以起一則。由下而上,用工部營造尺,每一尺爲一則,遞增至七則止。必於同日舉行者,蓋水有漲落也。此法不獨可以測水,遇旱潦之年,即據以勘荒。官民昭然共見,胥吏無從隱匿,裨益農政,實非淺鮮。其碑式繪於另紙備覽。

一分段估工,派委員紳董稽察,以杜弊竇也。河之開深若干,悉視水則,無可爭執。惟面闊若干,可左可右。或舊時坍岸爲居民占種桑枝,阻礙水道,董事徇情,當開不開;或挾嫌作難,損傷房屋墳墓;甚或得賄舞弊,皆不可不預爲之計。應令總董總司其成,分董分核其地,而以委員爲之稽察。估工既定,即責令承辦。各溇土方多少不同,分董以在溇歸溇爲宜。毘連處或須會同籌議,要亦各專責成,不必攙越,致多枝節。

一興工宜待農隙也。山鄉牛耕,人力較易,收穫亦早。程安水鄉,插秧在夏至後,刈稻在立冬後。而又有種麥種菜,納漕納租之事。須至十二月方可築壩戽水,正月方可挑土,而二月中又須趕緊完工。一值清明,則桑條將茁,蠶事將興,無暇工作矣。

一用開河泥土,培築圩岸也。東南如蘇湖等處,圩岸本來單薄。平時去水,高不過二三尺,廣不過尺許,人單行猶側足。間有隙漏,婦豎持本枕探污泥以補綴之。一遇淫潦,溪水漲溢,農民倉皇無計,搬取門牕板壁以爲之障。舟楫避路，恐櫓搖水蕩，岸坍圮也。風勢稍緊，農民呼天籲地，哭聲振野，眼見岸傾田沒而莫之救。今以挑濬漊港之泥，即以培築圩岸之用。前人成法，岸高六尺，基闊八尺，面闊四尺，以平水爲準，務使一律杵槌堅固。其距挑泥之所路途較遠，則於田內取土。其取土之田，仍令籪泥[14]填實。按照全圩田數，派錢給價，寧豐毋嗇。明人張鐸有言[15]：岸塍譬諸城郭也，城郭堅則外寇不能入。可謂善喻。兵亂以後，各處圩岸更多坍損，必須趕緊培築。一圩固，則一圩之農田先受其益。去年霖雨實不過多，而水災何以甚重？應請飭查某圩因何淹沒，某圩因何獲全，便知圩岸之關係農田，至爲吃緊。不必侈談遠略，實可收得寸則寸、得尺則尺之功。農民自顧身家，剴切曉諭，斷無不樂於從事者。

一各漊有橫港一二道，均宜疏通也。漊港直幹，南北三四里不等。其間圩田圍繞，又多橫港，即古溝橫洫縱、澮橫川縱遺意。橫港不通，灌溉不利。且水漲時，幹流峻急，易於潰岸。道光九年疏濬漊港時，亦未能一律疏通。大約有人烟處，皆樂於開濬，以便汲爨；而空曠處，不復注意。今開漊港，亟宜一并疏通。

一築閘口以謹啟閉、資蓄洩也。閘制起於北宋，有豐、登、稔、熟、康、寧、安、樂、瑞、慶、福、禧、和、裕、阜、通、惠、澤、吉、利、泰、興、富、足、固、益、濟二十七名，而皆冠以常字。今湯家港之常登橋，許漊之常禧橋，義皋之常裕橋，陳漊之常通橋，伍浦之常樂橋，猶存舊名。道光九年，重建閘板，亂後俱毀。閘夫每漊四名，向有公項存典生息，由府發歸大錢司[16]給予口糧。今成案已失，須另籌款。閘板之設，所以備嘆潦蓄洩，舊制必宜復也。

一茭蘆須剷除净盡也。小民貪小利不顧大害，往往向地旁私放茭蘆，日積月累，充塞河道。此惟漊之南口橫港爲尤甚，亟宜剷除以通水道。

一漊口入湖宜一律改向東北也。太湖三萬六千頃，西北無山，而風挾水湧，能使倒灌者，以西北風爲最猛。泥水隨風而上，即爲淤滯之由。惟口向東北，則能避風。舊制如是。乾隆間，誤將口門改直，甚或改向西北,以致淤墊日甚。道光九年,雖有仍改東北者,尚未能一律如式。今宜正之。工不費,事亦易集。

一傾圮橋梁亟宜修建也。自經寇亂,橋梁每被毀拆。石落河中,礙舟阻水;或改小橋門,減去橋洞。皆水利所關,一遇霪潦,必至湧溢。今當開濬之時,宜飭董事,各就地方橋梁,查明有傾圮者,報官委驗,分別修建,疏水道兼以便行旅。

以上各條,就烏程漊港言之。

昔吳越錢氏,於太湖旁設有撩淺軍,專治田事,而以都水使主之[17]。何等鄭重。故享國百年,水災僅長興一次。今不必輕言古制,然歲修之法,實不可闕。我朝各府縣,設有水利,同通縣丞等官,今則視爲具文[18]。積習相沿,無足責也。誠能於疏濬之後,嚴飭專管水利官員,各就所轄境內,將河道已挑後能否無壅塞,圩岸加築後能否無坍損,菱蘆剗除後能否無補放,或按月,或按季,分晰詳報,以憑查核。再按春秋二季,遴委幹員,會同地方官覆查。如有違越者,傳集圩甲地保,略示懲勸,督同整理。果能實力奉行,如此三年,吳興水利農田,似亦漸可望治矣。至欲合蘇常沿湖各港瀆,上自天目而溯源,下至海口而竟委,量高度深,一律濬治,尤爲萬世利賴。此惟恃大力者爲之,不敢輕議也。

附水則碑式

碑立垂虹亭北之左右。長各七尺有奇。左碑橫爲七道,道爲一則。下一則爲平水之衡。水在一則,高低田俱無恙;過二則,極低田滐;過三則,稍低田滐;過四則,下中田滐;過五則,上中田滐;過六則,稍高田滐;過七則,極高田滐。如某年水至某則爲災,即於其則刻之曰:某年水至此。值各鄉報災,官司雖未及踏勘,而某等之田被災,已預知於水則之中。爲民牧者,驗則以得其實,而虛冒無所容矣。右碑分上下二橫,橫六直,凡十二直,直當一月;每月三直,直當一旬,凡三十六旬。每旬驗水之漲落。法如前。

載《東南水利略》[19]。

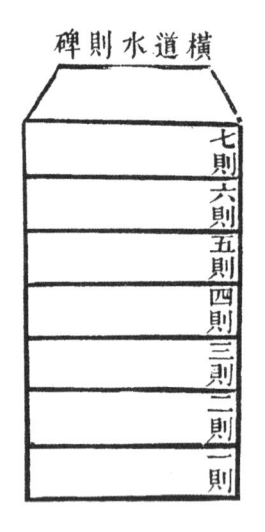

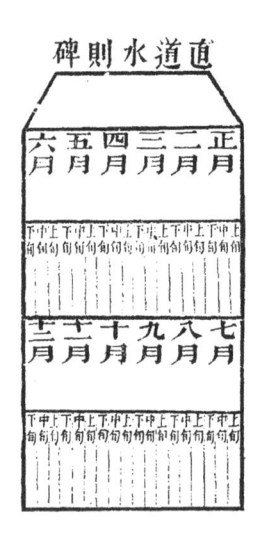

按《吴中水利全書》：宋徽宗宣和二年，立浙西諸水則碑。凡湖陂涇浜河渠，自來蓄水、溉田、通舟，官爲按畝打量丈尺并地名四至，均鎸之石。偶遇水災，官司驗碑，早悉其實。自水則失，蘇湖數郡遇水災，胥吏借勘災而百弊叢生矣。沈江村[20]曰："吴江二碑，石刻甚明。正德五年猶及見之。其横六道中，刻宋淳熙三年水到此。七道中，刻元至元二十四年水到此。正德五年大水，城中街路皆不通往來，稽其碑，水到六則，與宋淳熙同。則元之水猶過也。今石尚存，而宋元字迹與橫刻之道，盡鑿棄矣，止有'減水則例'四字，亦非其舊。"今又數百年，誰復問有水則哉。苟能修復水則，以驗田之上下，既杜勘災不實之弊，即以興水之利也。

[1] 王補帆，王凱泰（1823—1875），初名敦敏，字補帆，號補園主人，江蘇寶應（今屬揚州）人。道光三十年（1850）進士，選庶吉士，授編修，累官至福建巡撫。有《致用堂志略》《致用堂捐藏書目》《歸園唱和集》《海上弦歌集》《嶺南鴻雪集》《三山同聲集》等。王凱泰同治五年（1866）任浙江督糧道、浙江按察使。《清史稿·王凱泰傳》："紹興三江閘洩山陰、會稽、蕭山三縣水入江，歲久沙積，三縣民請濬治。凱泰履勘濬治，復舊利。"此信當作於同治五年（1866）。

[2] 不棄葑菲，《詩·邶風·谷風》："采葑采菲，無以下體。"鄭玄箋："此二菜者，蔓菁與葍之類也。皆上下可食，然而其根有美時有惡時，采之者不可以根惡時并棄其葉。"

[3] 飢溺爲心,《孟子·離婁下》:"禹思天下有溺者,由己溺之也;稷思天下有飢者,由己飢之也,是以如是其急也。"

[4] "不可以"句,不可盡數。戴聖《禮記·儒行》:"遽數之不能終其物,悉數之乃留,更僕未可終也。"

[5] "東坡曰"句,語出蘇軾《進單鍔吳中水利書》。原句作"三吳之水,瀦爲太湖;太湖之水,溢爲松江以入海"。

[6] 歸熙甫,歸有光(1507—1571),字熙甫,又字開甫,別號震川,又號項脊生,世稱震川先生,太倉崑山(今江蘇崑山)人。歸有光有制科文,論及江南水利,見《震川先生制科文》。

[7] "昔范文公"句,范仲淹曾知蘇州,作《上吕相公并呈中丞諮目》論及江南水利,中有"橫議先至"之歎。范文正,范仲淹(989—1052),字希文,謚文正,世稱范文正公。祖先世居邠州,高祖時渡江南下,定居吳縣(今江蘇蘇州)。

[8] 築舍,"築舍道傍"之省,意爲人多口雜,辦不成事。司馬光《資治通鑑·晉孝武帝太元七年》:"此所謂築舍道傍,無時可成。"

[9] 蹄涔,《太平御覽》卷九三六"鱗介部八·鮪魚":"夫牛蹄之涔,不能生鱣鮪。"高誘注:"涔,雨水也,滿牛蹄迹中,言其小也。"

[10] "乃人事"句,蘇軾《進單鍔吳中水利書》:"臣到吳中二年,雖爲多雨,亦未至過甚,而蘇、湖、常三州,皆大水害稼至十七八。今年雖爲淫雨過常,三州之水,遂合爲一,太湖、松江與海渺然無辨者,蓋因二年不退之水,非今年積雨所能獨致也。父老皆言,此患所從來未遠,不過四五十年耳,而近歲特甚。蓋人事不修之積,非特天時之罪也。"

[11] 胡安定,胡瑗(993—1059),字翼之,世居陝西路安定堡(今屬陝西延安),人稱安定先生。寶元二年(1039)滕宗諒任湖州知州,延胡瑗教授湖州。胡瑗以吳興地處澤國上游,水患嚴重,"其爲民政,莫要於水利,特設'水利'齋,以教士人"。

[12] 《禹貢》句:《尚書·禹貢》"冀州",正義曰:"九州之次,以治爲先後。以水性下流,當從下而洩,故治水皆從下爲始。"

[13] 張氏,張國維(1595—1646),字九一,號玉笥,東陽(今屬浙江金華)人。天啓二年(1622)進士,福王時官至吏部尚書。南京破,復從魯王於紹興,事敗投水死。張國維編撰《吳中水利全書》,二十八卷,成書於崇禎十二年(1639)。書列東南七府水利總圖十二幅,標次水源、水脈、水名等目,并收錄有關詔敕、章奏,及宋、元到明崇禎時的有關治水的議論、序記、歌謠等,是研究蘇、松、常、鎮四郡的重要水利文獻。《四庫全書總目提要》稱:"國維之於水利實能有所擘畫,是書所記,皆其閱歷之言,與儒生紙上空談固迥不侔矣。"

［14］簞泥，以竹簞撈取淤泥。查慎行《禾中田家》："茅針已老桑芽嫩，時節人家正簞泥。"簞，弱竹。又指以細竹編制的撈泥工具。

［15］"明人"句，《吳中水利全書中》卷二〇收有《張鐸圍田溝洫説》。

［16］大錢司，"大錢巡檢市舶水務使司"的省稱。乾隆《湖州府志》："大錢鎮巡檢司，在縣東北十五里，明洪武二年置。"光緒中，原駐於大錢鎮的大錢司巡檢移駐陳漊。大錢，位於湖州城北，素有"太湖第一漊"之稱，是湖州出入太湖的第一口岸。巡檢司，始設於五代，在明清兩代是縣衙下的基層組織，負責巡檢糾查犯罪等。

［17］"昔吳越"句：《十國春秋·吳越二》："是時置都水營田使以主水事，募卒爲都，號曰撩淺軍，亦謂之撩清。命於太湖旁置撩清卒四部，凡七八千人常爲田事治河築堤。其時居民旱則運水種田，澇則引水出田。此時於西湖亦置撩兵千人，以芟草濬泉，便利灌漑。"

［18］具文，徒具形式。《漢書·宣帝紀》："上計簿，具文而已。"

［19］《東南水利略》，又名《蕊珠仙館水利集》，凌介禧撰，成書於道光年間，詳細論述了太湖流域各水系的來龍去脈，幷附測繪圖。凌介禧(1782—1862)，原名杏洙，字香南，號少茗，烏程(今屬浙江湖州)人。邑諸生。篤學嗜古，一生足迹遍布南北，充任幕僚。晚歸里門，著述不倦，成書二十餘種，付梓者有《東南水利略》《程安德三邑賦考》等。

［20］沈江村，沈啟(1490—1563)，字子由，號江村，吳江(今江蘇蘇州)人。嘉靖十七年(1538)進士，累官至南京工部主事、湖廣按察副使。致仕後以著述自娛，以爲吳江爲三江之首，南方水患之源委盡在吳江，著《吳江水考》，對吳江的蓄洩方法進行論述，書前幷繪有水圖考十餘幅，是一部記載太湖水利的重要文獻。吳雲信中所引文字，見黃象曦輯《吳江水考增輯》。

楊黼香太守榮緒[1]（二通）

（一）

前月杪接奉手書，莊誦再過，實切欽佩。蒙諭屬各漊旋開旋淤，止有歲修一法，庶可補救；否則雖開濬迭興，亦難免淤塞等因。仰見明公軫念民艱，欲籌歷久不弊之規，以收一勞永逸之利。虛懷旁采，下及芻蕘[2]。如雲檮昧，懼無以上副垂問，捧諭徬徨[3]，莫名惶悚。

查湖郡山水匯湊，向稱澤國。自吳越錢氏興修水利，有都水使者統率撩淺軍專治其事，竭力經營，故有國百年，水災罕見。由趙宋以至有明，言水利者，各有專書。單、郟諸賢[4]最爲較著，張氏《吳中水利全書》尤稱詳備。近日同鄉凌少茗著《東南水利略》，於吾湖水道原委，俱經目論，頗能切實講求。今不必遠徵前事，第就乾嘉百餘年來言之。

蘇浙兩省之於水利，疏濬已不下數十次，乃未幾而淤塞如故，從未聞有議及歲修之法以善其後者，今何幸得從明公發之。此殆天祚吾湖，篤生碩彥，爲斯民永蘇墊溺[5]之困。雲亦部民，能無感幸！謹就管見所及，分列八條，疏於另紙，以備采擇。此第言其大略，而條分縷晰，因地制宜，雲離鄉已久，未能周知，尚望明公就近賜商縵雲侍御及存齋[6]觀察，鈕、徐[7]兩孝廉。總蘄臻於盡善，可以持久，以仰副大君子澤民盛意。比因病臂，握管殊艱，力疾肅復，臨穎皇恐皇恐。

再目前經費支絀，條議中請籌四萬串，殊非容易。然農田水利實爲地方第一急務，鄙意在絲捐之外，別無可籌。明公愛民如子，爲士商所悅服。倘蒙諭知絲業董事，屬令熟商辦理，必能仰體仁心，襄成善舉。款項得以擴充，則於北塘河工程，亦大有補裨。統望裁奪。不宣。

一專責成。現在各府縣有水利，同通丞簿等官，本專爲治河而設，今則視爲具文。試叩以水道情形，茫然莫知所對。積習相沿，無足深責。今於疏濬之後，責成該管水利官員，會同總董，按照水則，將各漊港淺深闊狹，按季詳報。定春秋二季，委員履勘，以昭核實。

一立水則。張氏《吳中水利全書》載，宋宣和二年立浙西諸水則碑，蓋以驗田之高下；設遇霪潦，即以驗水之漲落。如能仿照古制，采石立碑，固爲盡善。否則請通飭各邑，儘境內石橋，定於某日某時，各準平水，於石柱上橫泐一畫，以起一則。由下而上，用工部營造尺，每一尺爲一則，遞增至七則爲止。必於同時舉行者，蓋水有漲落也。此法不獨可以測水，遇旱潦即可據以勘荒，裨益農政處甚鉅。

一慎啟閉。各漊向有閘壩，所以備旱潦，資蓄洩。其閘夫經費亦有定額，歸大錢司領發。日久弊生，無可追問。今籌善後，必須將每漊閘夫酌定，認眞經理。查各漊情形迥不相同，有船舶進出極多者，有終月而絕無進出者。倘比而同之，一律額設閘夫幾名，則啟閉不時，勞逸懸絕，人心不服，斷難持久。必得按照各漊情形，由總董會同該管官，悉心區畫，以昭平允。

一酌津貼。從來辦事，無經費必不能責其認眞出力。應請將該管官員常年夫馬錢酌貼若干，總司支放；司事薪水若干，閘夫工食若干，一律釐定，總以格外撙節[8]爲主。

一示懲勸。此次各漊港開濬之後，其閘座牐板，必須一律修整；茭蘆有礙水道者，必須督令剷除淨盡；圩岸坍損者，必須勸諭培築堅固。此該管官之責也，固能認眞經理，著有成效，應請酌予獎敘，以示鼓勵；其查有漫不經心，廢弛不治者，亦應酌量示懲。

一定歲修。此次壬申年各漊港開濬之後，果能於閘座斗門[9]，愼司啟閉，以防西北風泥水倒灌，當不致甫開即淤。應請酌定年分，限幾年一次大修。其常年則仿撩淺之法，飭令該管官會同紳董，每至冬令水涸之時，遇有淺塞處，雇夫疏淘；或即督令該閘夫承辦，惟須在常年工食外，酌貼飯食錢，庶能踴躍趨事。夫役之多寡，臨時酌定。

一籌經費。計常年各項經費,每歲約需以二千串爲率,請籌錢四萬串發典,以每月一分生息,一年得四千八百串;以六年計,得錢二萬八千八百串。或即定爲六年一大修。查本屆開濬,已比各上屆認真,然總爲經費所限,實未能一律如式深通;再得六年一興工重濬,必能加闊加深,從此永無淤塞之患。此爲善後第一要着。

一嚴稽察。事必慎始而後可圖終。關涉銀錢之事,一經胥吏之手,恐不免百弊叢生,不能不責成總董司事。現當發軔之始,經辦者皆屬公正謹慎之人,固無他慮。而日後接替者,賢愚勤惰,均難預必。所有支放經費,或按季或按月,必須榜示通衢,由總董知照該管官報明查考,至年終刊刻徵信錄一通,永絕浮議。

[1] 楊齡香,楊榮緒(1809—1874),字齡香,廣東番禺(今屬廣州)人。咸豐三年(1853)進士,選庶吉士,授編修,補御史,署掌印給事中,累官至道員。同治二年(1863),楊榮緒出爲湖州知府,招徠墾辟,恢復蠶桑;奉檄開濬烏程等處溇港,重修諸閘,定分年疏濬之法及剗除蘆葦、撈淺、閘版啟閉章程。在任十年,遠近頌爲賢守。有《楊齡香先生遺稿》。

[2] 芻蕘,《詩·大雅·板》:"先民有言,詢於芻蕘。"芻,草;蕘,柴。

[3] 徬徨,原作"傍徨",據石印本改。

[4] 單、郟諸賢,單即單鍔(1031—1110),字季隱,江蘇宜興(今屬無錫)人。嘉祐五年(1053)進士,不畢官。留心太湖水利,積三十年而成《吳中水利書》。元祐四年(1089),蘇軾將此書具疏代奏於朝廷,其治水意見雖未能實行,但流傳甚廣。郟,郟亶、郟喬父子。郟亶(1038—1103),字正夫,太倉(今屬江蘇蘇州)人。嘉祐二年(1050)進士,累官至溫州知府。熙寧三年(1070)上書條陳蘇州水利,爲王安石所善,曾提舉兩浙水利。郟喬(生卒年不詳),字子高。負才特立,亦爲王安石期許,與父輯《吳門水利書》,出力甚多。書今已佚。

[5] 墊溺,《尚書·益稷》:"洪水滔天,浩浩懷山襄陵,下民昏墊。"鄭玄注:"墊,陷也。"孔穎達疏:"墊,下濕之名。"

[6] 存齋,陸心源(1838—1894),字剛甫(一作剛父),號存齋、誠齋,晚號潛園老人,歸安(今屬浙江湖州)人。咸豐九年(1859)舉人,曾官廣東南韶兵備道,調高廉道,後署福建鹽法道。同治十三年(1874)以鹽務損耗去職,歸里後潛心學問,專意著述。富收藏,築皕宋樓、十萬卷樓、守先閣、儀顧堂等藏書,達十五萬卷。有《金石錄

補》《穰梨館過眼錄》等。另輯有《皕宋樓藏印》《千甓亭古專圖釋》等。

[7] 鈕、徐，鈕，當爲鈕福。光緒《烏程縣志·金石》"重濬三十六溇"碑，記載了同治九年(1870)年湖州開濬溇港事，提到"董其事鈕紳福，共用經費錢一萬六千二百四十一千七百九十七文，憲委候補府張公致商測量如式"。石佚，文見徐有珂《小不其山房集》卷二。鈕福(生卒年不詳)，鄉紳、候補知縣，與徐有珂共同負責管理溇港疏濬費用的使用。徐，徐有珂。徐有珂(1820—1878)，字韻雪，號小豁(一作曉笏)，烏程(今屬浙江湖州)人。同治六年(1867)舉人，母年邁而絶仕進。精樸學，重實用，尤精水利。與吳雲交誼甚深，據俞樾《小不其山房集序》知其曾"館於退樓家"，又曾與吳雲共同創議《重濬溇港章程六條》。吳雲寫給周縵雲的信中也稱其"頗精水學，家居溇上，熟諳情形"，并向多人推薦過徐有珂。有《湖陰詩徵》《湖陰汗簡》《易義萃精》《繅車圖説》《小不其山房集》等。

[8] 撙節，《禮記·曲禮上》："是以君子恭敬、撙節、退讓以明禮。"孫希旦集解："有所抑而不敢肆謂之撙，有所制而不敢過謂之節。"

[9] 斗門，灌溉管道上斗渠進水口的啟閉設施，用以調節進入斗渠的水量。斗，同"斗"。

又(二)

再。吳興水利，本爲農田命脈所關，執事痌瘝在抱[1]，懃懃下訪，此東南蒼生之福，不獨桑梓蒙澤已也。竊聞此時議濬碧浪湖及各溇港，此誠當務之急，第念經費支絀，恐籌辦諸多掣肘，善舉亦因而中轍，此不可不先爲之計也。愚昧之見，與其省費而急求了事，不如籌定款目，然後舉行，以期一勞永逸。查烏程所屬三十餘溇，大約西路如大錢等處，皆尚深通，再加疏濬，洩水便暢。迤東自蔣溇至胡溇，冬令水涸之時，竟有湮成平陸，港底可以行路者，必得大加挑濬，方能有濟。管見以挑河之泥，培築圩岸，務使高厚堅固。此爲近裏著己[2]之法，并望飭議舉行。側聞執事擬仿海忠介[3]之屏去傔從，輕舟巡諭，群黎歡慶，舉將爇香尸祝，頂戴無窮。

舍姪承泠[4]，閲歷尚淺，如有驅策，尚乞愷教爲懇。

再。各溇自遭兵亂，土著殷實者，皆屬燼餘，集資之難，合邑共知。

今欲興辦工程，非寬籌經費不可，大約只有從湖絲一項想法。而絲捐稠疊，亦未易措手，然舍此恐別無可籌。幸爲數尚不過鉅，得六萬申當可集事。查湖絲散出於各漊及他鄉鎮，而買賣交易，則以南潯爲綜匯大宗。該處紳董如龐公照、蔣堂、邵棠、陸長春、劉鏞諸人[5]，向來辦事平正，諭令於湖絲市内，公同熟籌，將來如可發款興辦，即由該董等會同漊上紳董，妥商辦理，務使事歸實際，費不虛靡。開工之後，必飭將支放用數，榜示通衢，俾曉然於滴滴歸公，毫無侵蝕浪費，庶出而籌捐者亦樂於從事，鄉民亦可踴躍赴工。如春間趕辦不及，改於秋冬興辦。此數世之利，惟執事是賴。臨穎禱切。

[1] 痌瘝在抱，喻愛民殷切。《明史·劉宗周傳》："陛下留心民瘼，惻然痌瘝。"痌，創傷潰爛；瘝，通"瘝"，病。

[2] 近裏著己，朱熹、吕祖謙《近思録》："明道先生曰：學只要鞭辟近裏，著己而已。故'切問而近思，則仁在其中矣'。"近裏，剖析深入，學問切實；著己，以身求證。此指切實可行。

[3] 海忠介，海瑞（1515—1587），字汝賢，號剛峰，廣東瓊山（今屬海南）人。歷任知縣、州判官、尚書丞、右僉都御史等。爲政清廉，清苦之行，舉朝第一。隆慶三年（1569）夏，海瑞以右僉都御史巡撫應天十府，鋭意興革，濬吴淞、白茆通流入海，民賴其利。

[4] 承泠，吴承泠（生卒年不詳），號樸堂。吴雲信中多次提及。

[5] "該處"句，東南罹亂後，地方財政困難，位於湖州東隅，地靠蘇州、嘉興交界的南潯，借地域優勢及上海開埠之機，出現了一個以親緣、地緣、業緣爲紐帶的群體——南潯紳商群體，他們設立絲業公所，介入參與治水、賑災、治安、教育等地方公共事務，形成一股不可小覷的社會力量。吴雲此處提到的諸位，均是這一群體的代表。龐公照，字襄雲，南潯（今浙江湖州）人。道光二十七年（1847）進士，以知縣即用，咸豐元年（1851）署湖南平江知縣，咸豐三年（1853）後歸鄉。曾捐資重修南潯文昌閣，太平天國戰亂結束，創制善舉公所。又於同治七年（1868）參與籌建育嬰堂。蔣堂，字維城。曾於同治四年（1865）參與籌建師善堂，又於光緒四年（1879）建義倉，募集穀錢若干，分存本鎮各典當生息，歲歉出以賑濟。邵棠，字樹嘉，號勿亭，歸安（今浙江湖州）人。道光二十四年（1843）進士。主持或參與籌建師善堂、育嬰堂、義倉等。有《新塍志略》。陸長春，字向榮，號瓣香，又號簫士，南潯（今屬浙江湖州）人。

道光二十四年(1844)副貢生。曾與汪曰楨、范鍇等組建九秋詩社。有《香飲樓賓談》。劉鏞(1825—1889),字貫經,因排行第三,人稱"劉三東家",祖籍上虞(今屬浙江紹興),康熙時遠祖劉尚遷居南潯。據劉錦藻《先考通奉府君年譜》,劉鏞初爲棉布綢莊絲行學徒,後與人在南潯開絲行,又赴上海從事業絲。"同治初,已財數十萬,號爲鉅富"。報捐國學生、國子鹽典簿,藍翎光禄寺署正,贈通奉大夫銜。曾與邵堂、龐公照共同籌建育嬰堂,又於光緒二十一年(1895)籌建團防局。

許珊林先生楝[1]

前月奉到手諭，敬審杖履沖和，精神彌勝。蒙惠法書屏對各件，益徵腕力遒健，奄有兩京風格[2]。張諸座右，奉爲楷模，感幸無已。

承示奔藏圖籍盡付劫灰，現在帶至寓次，尚有十六廚；另有寄存西莊錢宅者十廚兩箱，大率金石小學兩門居多，字畫止卷册數件，吉金惟商周二鐘。劫後所剩，如是而已。聞之稍釋懷繫。蓋所失雖多，得此亦慰情勝無也。姪所心注[3]者，惟大著《説文彙箋》一書。今得全稿無恙，此中殆有鬼神呵護。當日姪與筱漚[4]力請先繕清稿，以次授梓，并願相助爲理。而長者以千秋盛業，不肯遽出示人，致有蹉跎。今則江湖滿地彌望烽烟，學問一道未暇遽議及此，言之一歎。承索拙著《金石記》[5]，此書當年爲家讓之[6]熙載所録。刻者柏姓[7]，專鐫讓之手寫詩文，推爲妙手，故能轉折毫芒，一絲不走。至紙印裝釘之法，汪嵐坡[8]皆秉承長者指授，頗稱精緻。姪亦敝帚自珍，不輕以投贈。乃庚申變起，家藏書籍、碑版與拙著各稿，竟蕩焉泯焉，無隻字獲存。亂後寓滬，凡蘇杭嘉湖流傳書畫金石，都集於此，懸金訪購舊藏，既有收回，新得又復不少。《金石記》止收得二部，又從姚子貞[9]親家處索回一部，共有三部。今長者所需，不敢自匿，敬奉呈一部，伏乞鑒收。

齊侯罍釋文多有同異，"㗊"釋爲"虘"，器定爲鉼。長者所釋，與何子貞[10]兄意見相同；而直指爲齊景公之器，則惟長者發之。他日擬刻專書，謹當備録也。雙鉤《華山廟碑》[11]工竣，知必見賜，竊願先覩爲快也。

[1] 許珊林，許楝（1787—1862），初名映漣，字叔夏，號珊林，浙江海寧（今屬嘉興）人。道光十三年（1833）進士，官至江蘇督糧道。明律學，通醫理，工書法。有《洗冤録詳義》《撿骨補遺考證》《古均閣寶刻録》《古均閣遺著》等。

［2］兩京風格，此贊許珊林書法得漢隸古意。楊翰《息柯雜著》稱桂馥書法："隸書直接漢人，零篇斷楮，直可作兩京碑碣觀。"兩京，西漢都長安，東漢都洛陽，後遂以兩京指代兩漢。

［3］心注，原作"必注"，據石印本改。

［4］筱漚，朱鈞（？—1860），字筱漚，浙江海寧（今屬嘉興）人。由廩貢生捐同知，歷辦海運，獎擢知府。咸豐七年（1857），補蘇州府。咸豐十年（1860），護理按察使。太平軍攻陷蘇州，朱鈞率眾巷戰，披數十創，力竭投井自盡。

［5］《金石記》，即吳雲著《二百蘭亭齋收藏金石記》。吳雲在《兩罍軒圖釋序》中言："昔余丙辰年著《二百蘭亭齋金石記》，專錄家藏各器。庚申之變，書版遭毀，器亦間多遺失。猶幸印本尚有存者。"書即由許梿題寫書名。

［6］家讓之，吳熙載（1799—1870），字讓之（一作攘之），號晚學居士、讓翁、方竹丈人等，儀徵（今屬江蘇揚州）人。善書畫，尤精篆刻。曾在吳雲處幫其打理文務，中年後寓居揚州，晚則多寄寓泰州。除治印外，曾分典文匯閣祕書，分輯《南史》注等。有《通鑑地理今釋稿》。

［7］柏姓，不詳。上海博物館藏《二百蘭亭齋金石記虢季子盤》虢盤圖後有吳雲手跋："咸豐四五年間，余寓泰州，家讓之兄熙載下榻余家。時正烽烟頻洞，佗傺無聊，相與考訂金石。讓之日揮五千字，尚有餘勇，此《虢盤考》一冊與《二百蘭亭齋金石記》四冊，皆其手書。刻匠柏姓爲讓之所薦，終年在余家領工食，乃邘上有名良工也。"

［8］汪嵐坡，汪泰基（生卒年不詳），字嵐坡，桐鄉（今屬浙江嘉興）人。吳雲《兩罍軒彝器圖釋序》稱其爲"世好汪嵐坡茂才泰基"，謂其"精心鉤摹……能於器之形制篆文不爽毫髮"。《二百蘭亭齋古銅印存序》則曰："是年（同治三年）婺源戴行之、嘉興汪嵐坡同寓余齋，二君皆善鐵筆……即屬二君任其事，分次十二卷成《古銅印存》二十部。"由此可證《金石學錄續補》所記汪嵐坡"客吳平齋家繪彝器圖。《兩罍軒彝器圖釋》之圖，皆其手繪"不誤。吳雲於同治間刊刻之《虢季子白盤銘考》，其中虢季子白盤圖像亦署爲"嵐坡縮摹"。

［9］姚子貞，又作姚子真，生平不詳。現藏蘇州圖書館的吳雲兩罍軒舊藏明凌氏刻朱墨套印本《韋蘇州集》，書中所鈐藏書印除"歸安吳雲"外，尚有"姚子真祕笈印"。

［10］何子貞，何紹基（1799—1873），字子貞，號東洲，晚號蝯叟，道州（今屬湖南永州）人。道光十六年（1836）進士，咸豐初簡放四川學政，曾典福建等鄉試。致仕後歷主山東濼源、長沙城南書院。通經史，精小學金石碑版，書法初學顏真卿，又融漢魏而自成一家。有《惜道味齋經説》《東洲草堂詩文鈔》《東洲草堂金石跋》《説文段註

駁正》等。

　　［11］《華山廟碑》，又稱《延熹華嶽碑》，碑額篆書"西嶽華山廟碑"，延熹八年(165)立，嘉靖三十四年(1555)毁於地震。華山廟碑篆書碑額麗婉多姿，碑文隸書，二十二行，行三十八字，筆畫豐潤，爲漢碑佳品。有拓本行世。

卷　二

錢警石先生泰吉[1]（三通）

（一）

　　違侍以來，時殷馳仰。一昨金明府交到本月初六日手諭，發函莊誦，伏審杖履沖和，著述益富，欣慰無量。蒙示半閑堂[2]《玉枕蘭亭》，舊爲先文端公[3]所藏，當時寶愛，不輕椎拓。後來原石遺失，或謂已入內府，并引吉林人趙晉齋及文端公各跋見示，屬考其流傳原委。雲讛劣不足辱長者垂問，且家臧禊帖二百餘種，十年來兩遭兵燹，所存僅十之一二。內如縮本蘭亭，積至三十餘種，無一獲存。書籍又復散失，無從援證，謹就平日所知約能記憶者，爲長者陳之。

　　乙巳年[4]謁選入都，陳壽卿[5]太史贈雲《玉枕蘭亭》一本，前有右軍坐執書卷小象，云爲錢塘戴醇士[6]侍郎所貽，原石在杭城故家。逾年需次[7]蘇垣，同官諸子良別駕嘉杲[8]亦以拓本見贈，云原石在杭城伊親戚一老婦人處（約記汪姓，爲別駕姨母），欲售值爲養老資，索五百金。時以價昂置之。前說皆在二十年以內，是《玉枕蘭亭》原石，未亂以前之在杭城，彰彰可據。或謂已入內府，當是玉版十三行之誤（玉版十三行，葛嶺出土，歸翁蘿軒學使康熙四十五年貢入內府）[9]。

　　嘗考王虛舟[10]吏部題跋載：玉枕蘭亭，石高五寸，闊九寸，厚三分；

色青黑,遠望如墨,叩之琅琅有聲;傍角有微闕,内"會""群""流""帶""右"五字劉損,蓋當時用定武五字損本[11]上石者;背有王右軍象。明末在陳盤生[12]家,康熙壬子秋爲閩中蕭長源給諫[13]所得。時耿逆方鎮閩,欲取之,蕭靳固不與。後耿反,蕭遂遇害。其子静君,金壇倪氏壻也,携此石來奔,性命守之,今尚在也。余以宣德紙,窮日之力,精拓一本,以爲枕祕,而書其原委得失之詳。又引《太平清話》載:賈秋壑[14]得定武蘭亭,使廖瑩中[15]以燈影縮成小字,令工王用和以靈壁石刻之。經年乃就,詶以武爵。

雲按,吏部,金壇人,原石又稱親見,所言必確;吉林人趙晋齋各跋,或即本此,亦未可定。

至第十五行押縫爲"曾"爲"僧"。雲舊時臧本翻刻者記有五種,海寧蔣生沐[16]、上海徐紫珊[17]兩本最易亂真。二君皆雲故交。蔣本屬胡衣谷[18]刻。衣谷父子常往來寒家,凡有刻本,無不携贈。當時不甚愛惜,隨得即庋高閣,不復記憶。今衣谷之子號心農者在滬,云石尚在伊家,將來可拓也。徐本屬吳中詹紫雲刻。紫珊故後,石流轉至蘇,雲購得之,命木工製座如小石屏風式,與鍾紹京[19]書《維摩經》殘石同爲几案陳設(石爲阮文達所臧,曾用雙鈎刻入拙著《金石記》),陷在蘇城,并墨拓亦不可得矣。前日,紫珊之子賓之茂才,適以其先人所刻春暉堂各種法帖,丐求題跋,尚留在案頭,玉枕本亦在其内,因爲詳審。押縫字作"曾",上下有鋼釘紋四;第一行"會"字闕,二行"蘭亭"二字、三行"群"字"地"字、五行"帶""右""流"三字、九行"盛"字、十行"游"字,均有小泐痕,十七行"感慨"字斜泐至十八行"陳"字,而"係"字無損。前有右軍執卷坐象,標題"晋王羲之象"五字,後有"賈似[20]道印"四字小方印,上下有釘紋三。紫珊自題云:"玉枕蘭亭。現在杭州,爲閨閣所臧,求拓本不易得,因屬詹君肖樵[21]於石。"題在道光乙巳三月,亦可爲玉枕蘭亭在杭之一證。

又按,張未未《題王大令十三行》詩云:"玉枕卷留太傅題。"(自注:玉枕蘭亭,錢文端公家臧,余得一拓本,有公手題。)[22]生沐即從此本翻刻也。原石現無輗迹,亂後恐歸浩劫矣。

長者近於皖城購得拓本,未識字文損泐處與徐本同否?所惜山河修阻,不能面聆教言,臨穎實深依繫。風便還求時惠數行,俾資發矇,禱甚幸甚。

[1]錢警石,錢泰吉(1791—1863),先祖本姓何,養於錢氏,遂改姓錢;字輔宜,號警石,別署深廬、冷齋,浙江嘉興人。道光七年(1827)以廩貢生官海寧訓導,後主講海寧安瀾書院。曾入曾國藩幕。喜藏書,精鑒賞,工詩詞,有《甘泉鄉人詩文稿》《甘泉鄉人邇言》《清芬世守錄》《頤和室合稿》《海昌學職禾人考》《海昌備志》《曝書雜記》等。

[2]半閑堂,賈似道在杭州西湖葛嶺所建別墅。周密《齊東野語》:"賈師憲當國日,卧治湖山,作堂曰半閑。"賈似道(1213—1275),字師憲,號悦生,浙江天台(今屬台州)人。宋理宗、度宗時重臣。德祐元年(1275)賈似道率兵與元軍戰於丁家洲(今安徽銅陵東北江中),大敗,貶高州團練副使,循州安置。行至漳州木棉庵,爲監押使臣會稽縣尉鄭虎臣所殺。賈氏愛蘭亭,所藏精品達八千餘匣。景定間,賈似道得清閟堂本《蘭亭》,記曰:"留揚時,適得片石如玉,又適有善工至。因手拓清閟本,日刻一字,逾年而後成。"是所謂半閑堂玉枕蘭亭。玉枕原石明末在陳盤生家,康熙十一年(1672)秋爲蕭長源所得,後又相繼入杭州錢陳群、汪魚亭家,之後下落不明。

[3]文端公,錢陳群(1686—1774),字主敬,一字集齋,號香樹、修亭,又號柘南居士,浙江嘉興人。康熙六十年(1721)進士,授編修。曾多次出任鄉試主考、會試副主考,且久值南書房,爲乾隆近臣。官至刑部尚書、太子太傅,卒諡文端。錢陳群二子錢汝恭爲錢泰吉祖父。

[4]乙巳年,道光二十五年(1845)。吴雲與陳介祺書信第一通曰"憶乙巳都門聚別,忽忽二十又七年矣",可知是年吴雲初識陳介祺。

[5]陳壽卿,陳介祺(1813—1884),字壽卿,號簠齋,晚號海濱病史、齊東陶父,山東濰縣(今屬濰坊)人。道光二十五年(1845)進士,授翰林院編修,加侍讀學士銜。好金石,嗜收藏,有《簠齋傳古別錄》《簠齋藏古目》《簠齋藏古册目并題記》《簠齋藏鏡全目鈔本》《簠齋吉金錄》《十鐘山房印舉》《簠齋藏古玉印譜》《封泥考略》(與吴式芬合輯)等。太史,西周、春秋時有太史,掌起草文書,策命諸侯卿大夫,記載史事。明清兩代,修史歸於翰林院,陳介祺曾官翰林院編修,故稱。

[6]戴醇士,戴熙(1801—1860),字醇士,號榆庵、松屏,別號鹿床居士,錢塘(今浙江杭州)人。道光十一年(1831)進士,入翰林,官至刑部侍郎,後引疾歸。太平軍克杭州,死於兵亂,諡文節。善畫山水,亦長花草人物。有《習苦齋畫絮》《題畫偶

録》等。

　　[7]需次,官吏授職後,按資歷依次補缺。樓鑰《送袁恭安赴江州節推》:"九江需次今幾年,去去淥水依紅蓮。"

　　[8]諸子良,諸嘉杲,字麟士,號子良(一作子量),仁和(今浙江杭州)人。道光十二年(1832)副貢,官江蘇州判。有《棗花簾詞》,《國朝詩綜續編》收其詩五首。別駕,漢置,爲司隸校尉和部刺史的屬吏。司隸校尉和部刺史巡察轄區政務時,別駕別乘傳車從行,總領行部事務,故名。宋時諸州置通判,爲知州的副職,明清因以別駕爲通判的別稱。

　　[9]"當是"句,王獻之有小楷《洛神賦》,被奉爲"小楷極則"。其墨迹在宋代有兩本,即晉麻箋本和唐硬黃紙本,後兩墨本均佚;刻本則有碧玉、白玉兩個系統。碧玉本傳爲賈似道先覓得麻箋本九行,後又得四行,合爲十三行,刻於蒼色石上,稱碧玉十三行。因王獻之曾爲中書令,故又稱"王大令十三行"。原石萬曆間西湖葛嶺半閑堂舊址出土,初歸泰和令陸夢鶴,繼歸覲橋葉氏、王氏,後爲翁嵩年購得,康熙四十五年(1706)翁氏進呈内府。今在首都博物館,爲其鎮館之寶。翁蘿軒,翁嵩年(1647—1728),字康飴,號蘿軒,又號白沙山樵,仁和(今浙江杭州)人。康熙二十七年(1688)進士,曾官廣東提督學政、刑部郎中等。有《天香書屋稿》《白雲山房集》《友石居集》等。學使,清設提督學政,又叫督學使者,按期至所屬各府、廳考試童生及生員。

　　[10]王虛舟,王澍(1668—1743),字若林(一作箬林、若霖),號虛舟,自署二泉寓居、恭壽、恭壽老人、良常山人、水精道人、竹雲等,江南金壇(今屬浙江)人。康熙五十一年(1712)進士,入翰林,以善書法充五經篆文館總裁官,累官至吏部員外郎。四體并工,於歐褚兩家,致力尤深。有《淳化閣帖考正》《古今法帖考》《虛舟題跋》《竹雲題跋》等。

　　[11]定武五字損本,定武蘭亭,傳唐歐陽詢據右軍真迹臨摹上石,因慶曆間發現於定武軍州治得名。熙寧年間,薛師正爲定州郡守,與子薛紹彭找人精摹複製,再以贗代真。在搥拓數本之後,竟將原石有意殘損"湍""流""帶""右""天"五字。故在《定武蘭亭》譜系中,有"五字損本"與"五字未損本"之别。

　　[12]陳盤生,陳衍(1585—?),字盤生(一作磐生),閩縣(今屬福建福州)人。世代業儒,至陳衍則久困場屋,然篤學廣交,多所著述,在閩中號爲藏家。有《槎上老舌》《大江集》《大江草堂二集》《玄冰集》《漢詔疏》等。

　　[13]蕭長源,蕭震,字長源,號蟄庵,福建侯官(今屬福州)人。順治九年(1652)進士,由順德推官擢升山西道監察御史,丁父艱,回籍。耿精忠叛清,蕭震謀劃討伐,事泄遇害。《清史稿》將其列入《忠義傳》。有《蟄庵存稿》《道山紀略》《理邢末議》等。又褚人穫《堅瓠集》載:"侯官蕭長源震,以順治壬辰進士,爲大名府司理,擢御史,後

巡鹽兩淮。家資巨富。與耿精忠有隙。及精忠叛，蕭之内子和藥勸其自盡，震弗從，遂污僞命，爲布政使。亡何以事害之，腰斬東市，藉其財，得三十六萬。康熙甲子，尤悔翁先生至三山，過其居已廢，問其妻子，無復存者。慨然悲之，作詩云：'人生富貴本無常，生縛摩訶事可傷。多少朱門皆自汝，空留燕子話興亡。'震之愚乃不及一婦人，悲哉。"又郭白陽《竹間續話》載："侯官蕭長源先生震，康熙間以御史巡鹽兩淮，歸至仙霞嶺。耿精忠使人遺以錦番步障，廣可數畝。先生故豪侈，得障即大徵菊部，留連數日。精忠變，爲所害，籍其資得三十萬，懸首於烏石山之鄰霄臺。先是，先生倡議修復道山，建鄰霄臺，勒百字碑紀之。并書臺柱一聯云：'但願桑麻成樂土，不妨詩酒上鄰霄。'至是有人易'詩酒'爲'屍首'。謝古梅閣學登鄰霄臺弔先生詩，所謂'荒臺草木千年恨，樂土桑麻一夢中'是也。"《竹間續話》所言百字碑現仍存於福州石天西南向洞頂石壁，隸書，縱十五行。其文曰："鄰霄亭圮垂百年，客夏震合力經營道山廢迹，以次修舉。維時靖南王耿殿下，督、撫二劉公奉皇帝命，休息吾民。比歲大稔，山海無事。亭成，闔人樂之。爰紀厥事，磨文於岩，頌皇帝德，傳之後人，其永無斁。康熙十有一年壬子春，内升前侍御史、郡人蕭震題。"給諫，宋門下省有給事中，掌駁正政令違失，另有左、右諫議大夫分隸門下、中書二省，掌規諫諷諭，二者合稱給諫。清用爲六科給事中別稱。蕭長源曾爲大名府司理、監察御史，故稱。

[14] 賈秋壑，即賈似道。《齊東野語·賈氏園池》載賈似道於杭州西湖葛嶺所築集芳園極園林之盛，其亭榭樓閣多有御題，如高宗御匾"西湖一曲"，理宗御書"秋壑"等。賈似道死後，有人作詩諷之曰"木棉庵上千年恨，秋壑堂中一夢空"。

[15] 廖瑩中（？—1275），字群玉，號藥洲，邵武（今屬福建）人。登科薦官均不赴，爲賈似道幕下客，在葛嶺別墅旁築香月鄰。醉心刻書、藏書，傭工翻刻淳化閣帖、絳帖，又與賈似道選十三朝國史、會要、諸子雜說等，名《悦生堂隨抄》。所刻之書，紙寶墨光，世稱善本。家有"悦生堂"爲藏書之所，又建"世彩堂""在勤堂"專以刻書。賈似道因事得罪，他相從不願離開。一日與賈似道痛飲，五更歸舍，服毒自殺。

[16] 蔣生沐，蔣光煦（1813—1860），字生沐，又字日甫、愛荀，號雅山，自號放庵居士，海寧硤石（今屬浙江嘉興）人。專意收藏古籍名刻及金石書畫，積古籍達十萬餘卷，名刻善本居半。太平天國時，藏書樓被焚，嘔血而亡。輯刻有《别下齋叢書》《涉聞梓舊》等，著有《東湖叢記》《花樹草堂吟稿》《别下齋書畫錄》《斠補隅錄》等。

[17] 徐紫珊，徐渭仁（1788—1855），字文臺，號紫珊（一作子山）、不寐居士，上海寶山人。善書法，尤長漢隸。收藏碑帖甚豐，精鑒別，尤着意地方文獻，藏有孤本嘉靖《上海縣志》、萬曆《上海縣志》等。咸豐三年（1853）小刀會占上海，徐留城未走；咸豐五年（1855），清兵入城，以"從賊"之罪下獄，死於獄中。輯有《春暉堂叢書》《隋軒金石文字》《法帖》等。上海博物館現藏有《隨軒重橅定武蘭亭》，卷後有徐渭仁跋曰：

"右退谷所藏柯丹邱瘦本。……遭蠹殘損之餘,深恐失傳,因倩海鹽胡衣谷橅於端州玉石,使鑒古之士得見定武真本云。道光甲辰冬月上海徐渭仁記。"

[18] 胡衣谷,胡裕(一作有聲,生卒年不詳),字衣谷,浙江海鹽(今屬嘉興)人。諸生。褚德彝《竹人續錄》:"(衣谷)精刻石,橅刻古人名迹皆不失真。徐紫珊得宋拓《英光堂米帖》四卷,屬衣谷橅刻,與原刻無異。善刻竹,曾見祕閣數件,皆石匏書,衣谷刻。"

[19] 鍾紹京(659—746),字可大,興國人(今屬江西贛州),鍾繇十七世孫。《新唐書·鍾紹京傳》:"鍾紹京,虔州贛人。初爲司農錄事,以善書直鳳閣。武后時署諸宮殿、明堂及銘九鼎,皆其筆也。"唐睿宗景龍年間官拜中書令,封越國公。書法師承薛稷,筆意瀟灑,風姿秀逸,與鍾繇并稱大小鍾。《靈飛經》傳爲其所作,其他作品有墨迹《轉輪王經》、石刻《維摩經》等。

[20] 似,原作"如",據石印本改。

[21] 橅,同"模"。

[22] "張未未"句,張廷濟《順安詩草》卷三有《王大令洛神十三行》詩并自注,言玉版十三行流轉甚詳,今錄於下:"葛仙領傳賈相宅,掊地得玉陸正伯(李光暎《金石文考略》:玉版十三行,武林陸正伯於葛領掘土得之,色如瑪瑙)。洛神賦剩十三行,王令媚趣簪華格。是誰銛奏昆吾刀,得無王廖兩門客。宣和印殘紹璽遺,楊疑宣和時刻畫。閱陸葉王陳歸翁(泰和令陸夢鶴、觀橋葉氏王氏、海昌陳實齋、後歸翁蘿軒嵩年),白沙持節羊城驛。天府經進祕石渠,越州燕石空方尺。磚刻石刻後愈繁,形貌依稀神全易。此本辛齋贈水村,朱姜諸老題盈冊。由魏歸丁又百年,瘦沈裁詩重迹劇。魏塘武水余婿鄉,歲辛酉觀題款亦。卅金購來一闋如,厄酒解顏小除夕。可憐故劍合延津,缺月識成難觸額。吁嗟萬事各隨緣,清娛志又聯雙璧。玉枕卷留太傅題(賈刻玉枕蘭亭,錢太傅文端公家藏。余得一拓本,有公手題),宣示刻獲平章石(右軍臨鍾太傅宣示表,賈相以真迹勒石。余先獲金雲莊比部朱紙拓本,繼得原刻於仁和趙晋齋)。疏證何辭至再三,古墨因緣成痼癖。冰窗灑筆清夢俱,一笑巡簷梅花索。"張廷濟(1768—1848),原名汝林,字順安,一字説舟,又字作田,號叔未(一作未未),又號海岳庵門下弟子,晚號眉壽老人,浙江嘉興新篁人。嘉慶三年(1798)解元,後屢試不中,遂家居治學。精金石考據,一碑一器皆能辨其真僞,別其源流。有《金石文字》《清儀閣所藏古器物文》《清儀閣金石題識》《清儀閣古印偶存》《清儀閣題跋》《清儀閣印譜》《眉壽堂集》《桂馨堂集》等。

又(二)

前月初奉八月廿二日手諭,蒙示王虛舟《竹雲題跋》舊有坊本,未見論玉枕蘭亭一條，或所藏坊本遺漏不全，抑或見之他處跋語中。損書下詢，時爲九小兒[1]就親泰州，正欲啟行，匆匆未及裁答，歉悚無已。

玉枕蘭亭，前人著錄中不多見，獨王吏部辨析最精。《虛舟》《竹雲》兩題跋皆有考證，特照錄奉鑒。此書始梓於錢壽泉司馬[2]，後經溫氏一齋[3]重刻司馬始梓之本。姪處舊有者已付浩劫，現在二跋從溫氏本錄出也。

李筱石[4]聞已到皖，帶呈信件，諒蒙垂覽。完白山人[5]字迹，姪處尚有存者，無煩另購也。

[1] 九小兒，即吳承溥（1847—1867），字苓薌，吳雲幼子。頗具才能，爲吳雲所喜，惜不永年。

[2] "此書"句，《懺華庵叢書》所刻《竹雲題跋》情況，宋澤元序述甚詳，兹錄於下："王虛舟太史邃於書學，凡古人碑碣得失，莫不批郤導窾，洞若觀火。發爲雄辯，歷歷如數家珍。間涉倫常大節，尤反復諷歎不忍置。於戲，是集豈特臨池家考古之津梁，實爲士大夫立身之矩矱也。苕溪錢壽泉先得《竹雲題跋》四卷，陳映之續得《虛舟題跋》後十卷，而前三卷闕如，經楊竹坡合錢本并梓行之。居無何，更訪得前三卷，於是延津始合。浮玉山人陳焯取兩書互加校勘，以《竹雲》本所未見者存之，已見者删之，其已見而議論不同可資參訂者，仍錄而存之。數十年來，海内風傳，幾於家有一編矣。咸豐、同治中寇氛遍宇内，版片久付劫灰，遺簡就湮，坊間竟漸無知者。光緒甲申初夏，予從友人假得一册，手錄成帙，頗快心目。特以世鮮善本，因亟付手民，用公同好。長晝多暇，徜徉於桃笙蒲箑之次，躬自讎校，以爲遣暑日課，計四閱月而剞劂告成，太史原書遂裦然復行於世。吾知讀是書者，當與金薤石墨并重於藝林矣。山陰宋澤元識於懺花庵。"錢壽泉，錢人龍（1688—1732），字壽泉，常州武進（今屬江蘇）人。康熙四十八年（1709）進士。書香世家，其父錢名世爲康熙四十二年（1703）探花，姪錢維城乾隆十年（1745）狀元。從吳雲此信可知其做過同知一類的官。《武進陽湖合志》稱他"深沈有志略，讀書淵深。研履四庫而外旁及百家，靡不貫穿，屢析詩文與古會"。

[3] 溫氏一齋，溫純（1764—1808），字一齋，號春湄，烏程（今屬浙江湖州）人。貢生，官處州訓導。好儲古人法書、名印，藏書處名墨妙樓、亦頗簃。有《亦頗簃論書》《亦頗簃論畫》《墨妙樓鐵筆》《墨妙詩稿》。溫家設墨妙樓刻館，刻有《王箬林先生題跋》。溫純爲該書所作跋云："《竹雲》《虛舟》兩題跋，箬林王太史之所作也，刊之者一

爲壽泉錢君,一爲竹坡楊君,皆芥舟師所手書也。"

[4] 李筱石,李淮(？—1860),字筱石,鄞縣(今屬浙江寧波)人。光緒修《松江府志》卷二七稱其"幹練有才略,篤於倫紀,以佐貳需次留松江,後攝金壇縣事"。咸豐十年(1860)死於戰亂。

[5] 完白山人,鄧石如(1743—1805),初名琰,字石如,避嘉慶帝諱,遂以字行,後更字頑伯,因居皖公山下,又號完白山人,安徽懷寧(今屬安慶)人。以書法名世,四體皆工。又工刻印,出入秦漢,自成一家。包世臣《藝舟雙楫》卷九有《完白山人傳》。

又(三)

比奉十月望日手諭,敬審杖履康健,道味加腴,惟聞秋涼以後嗽疾小發,刻下想已霍然。實切馳念。

姪秋間小住焦山,閱三月返滬。明春二月間仍須前往,以《焦山志》一書尚未卒業也。昔人謂山中佳勝,在杏花紅葉之時。姪甘載風塵,尤悔之來,總由自取。此後山居歲月,但期多讀有用之書,不做疚心之事,或可收之桑榆,稍蓋末路之愆。

蒙詢王篛林跋蘭亭年月,前書詳覆,并將篛林原跋鈔呈。此書由縵雲侍御轉交,計前月初必可達覽。衣谷於九月間避難到滬,暫寓姪處。昨渠得家信,知家中房屋爲賊焚燒,光景累極,幸穗生道況尚好,勉可支持。生沐處英光原帖[1]已付劫火,刻石尚在,將來當可拓奉也。玉枕拓本一紙,係從衣谷索得者,即徐紫珊覆刻,右軍象已失去。其石本在寒齋,後陷蘇城。現託人在蘇購覓,能否珠還,未可必也。

[1] 英光原帖,指《英光堂貼》宋拓本。《英光堂貼》乃岳珂匯刻米芾墨迹法帖,全五卷。岳珂(1183—1234),字肅之,號倦翁,岳飛之孫,官至户部侍郎、淮東總領制置使。所藏米芾墨迹最富,此帖所集米芾書,向稱無一僞品,摹勒之妙不減墨迹。

許滇生冢宰乃普[1]

　　蒙賜宋拓《張猛龍碑》[2]，歡欣寶愛，感何可言！姪向愛收藏六朝碑版，兵亂散失過半。《張猛龍碑》舊有藏本，頗自祕惜，亦同歸浩劫。茲蒙遠貽古拓精本，重以椽筆題識，并有退谷[3]諸家跋語，較之舊藏更勝。姪嘗謂北魏書律見之墨拓者，筆力之勁健，結體之峻整，無過鄭幼驎[4]、張猛龍兩碑。惟字多杜造，即如張碑"神冏"，"冏"字已屬通借。江鄭堂[5]跋云："詳玩碑文作'囦'。'囦'，'淵'字也。名'猛龍'，所以字'神冏'。"姪考字書，并無"囦"字，其訓"淵"，不知何據。王蘭泉《金石萃編》云[6]："細驗搨本，'只'字之上有'凵'形，疑是'囷'字之別體，古'淵'字也。"其意以爲南北朝每多世俗創造之字，或"囷"字作"囦"字寫耳。此王氏臆說，似難援以爲證。且此碑極有章法，"只"字已居"囗"字之中，若"只"字上再加"凵"形，未免疏密失勢，與通碑字體不類。況明是泐痕，墨本具在，不難一覆按也。退谷云："囦，呼骨切，日出氣也。"與"龍"字亦有關合，應從之。鄭堂所云"'囦'，'冏'字也"，豈即主王氏說耶？抑別有所據？謹抒管見，呈質大宗工訓定。

[1] 許滇生，許乃普(1787—1866)，字季鴻，一字經崖，號滇生，別署觀弈道人，浙江仁和(今屬杭州)人。許學范子，許乃穀弟，許乃釗兄，許道身、許庚身等叔父。嘉慶二十五年(1820)榜眼，授編修，累官至官兵部尚書、吏部尚書，加太子太保。家多藏書，精於校勘。有《堪喜齋集》。冢宰，即太宰。殷商置，位次三公，爲六卿之首。《明史·職官志一》："(吏部)尚書掌天下官吏選授、封勳、考課之政令，以甄別人才，贊天子治，蓋古冢宰之職，視五部爲特重。"許乃普官吏部尚書，故稱。

[2]《張猛龍碑》，全稱《魯郡太守張府君清頌碑》。北魏正光三年(522)正月立，無書寫者姓名。碑陽二十四行，行四十六字，記魯郡太守張猛龍興辦學校功績；碑陰刻立碑官吏名計十列。額正書"魏魯郡太守張府君清頌之碑"三行十二字，現在山東

曲阜孔廟中。《張猛龍碑》用筆方圓并施,結體長方,筆畫自然合度,而不乏變化,世人譽爲"已開歐虞之門户",爲"魏碑第一"。

[3]退谷,孫承澤(1593—1676),字耳北、耳伯,號北海,又號退谷,一號退谷逸叟、退谷老人、退翁、退道人,山東益都(今屬山東濰坊)人。崇禎四年(1631)進士,官至刑科給事中。入清後累官至吏部右侍郎。富收藏,精鑒别。有《春明夢餘録》《天府廣記》《庚子消夏記》《九州山水考》《溯洄集》《研山齋集》《尚書集解》等。

[4]鄭幼驎,指《鄭文公碑》,全稱《魏故中書令祕書監使持節督兖州諸軍事安東將軍兖州刺史南陽文公鄭君之碑》,又名《鄭羲碑》,係北魏光州刺史鄭道昭永平四年(511)爲其父鄭羲(字幼驎)所立。崖刻,有內容相近的上、下兩碑,記述鄭羲生平事迹,多諛詞。上碑在山東平度天柱山,下碑在萊州雲峰山。下碑爲鄭道昭書寫,結體寬博舒展,筆力雄强圓勁,體近楷書,而有篆隸意趣,爲魏碑佳作,清代中葉以來爲人推重。

[5]江鄭堂,江藩(1761—1831),字子屏,號鄭堂,晚號節甫,本籍安徽旌德,祖父時遷居揚州,占籍甘泉(今江蘇揚州)。博綜群經,尤深漢詁。有《周易述補》《爾雅小箋》《漢學師承記》《宋學淵源記》《隸經文》《炳燭室雜文》《江湖載酒詞》等。

[6]"王蘭泉"句,王昶著《金石萃編》,百六十卷,收録從先秦至遼金石文字千餘種,漢以前銘文按原篆文或隸書摹寫,漢以後用楷書寫出。王蘭泉,王昶(1725—1806),字德甫,號述庵,又號蘭泉,上海青浦人。乾隆十九年(1754)進士,授内閣中書,協辦待讀,入軍機處,累官至都察院右副都御使。好金石學、經學,精考證,富於藏書。著有《使楚從譚》《征緬紀聞》《春融堂詩文集》,輯有《明詞綜》《國朝詞綜》《湖海詩傳》《湖海文傳》等。

馮林一宫允桂芬(十三通)

(一)

前日奉手畢,尚未裁答;昨承枉顧,又失倒屣,罪甚罪甚!

辱示大著,已披讀十數篇,洵爲經世大文,救時良藥。恐亭林先生[1]亦當讓席,餘子無論矣。韓子曰:用功深者,收名也遠[2]。可爲大著決之。惟間有語涉太激、過觸忌諱處,俟讀竣再申鄙説,以盡一得之愚。

内繪地圖一篇,蒙一決其可行與否。弟反覆讀之,再三紬繹,復又參讀《均賦稅議》,雖略識端倪,終以未諳算法,莫窺竅奥。然减賦之議,成則履畝清丈,實關緊要。管見或請大府先將圖説行下府縣,飭令依法試行。果得通曉其義,則推而行之,爲用甚大,無窮利益也。

至照常州起科一節,鄙意請兩存其説者。蓋因十年比較之數,乃未遭兵亂之數。今地方初復,田荒丁少,元氣大傷,農部準减之後,責令照數起徵,目前尚有詞可措,三五年後,不能如額,恐仍不免開冒歉捏災之弊,不可不慎之於始。蘇、松、常、鎮壤地相錯,今不敢引鎮江爲例,而請照常州起科,即以兄前日面議云云爲詞,縱不能邀准,亦似不致因此轉遭駁斥。且雙請[3],聽農部定議,亦屬得體。或以此二層會商筠翁[4],請兩大府酌定?仍候裁奪。

所諭荒田或有二三成一説,弟略記舊荒三畝作一畝并入額徵數内。若欲將坍荒請豁,須得另案辦理,未便屑混。大約照十年比較之數,大譜總在五成,所少亦殊有限。錢糧細數,外省與部中向有參差,得其大略即可據以入摺也。

先此布復。不宣。

[1]亭林先生,顧炎武(1613—1682),本名絳,字忠清、寧人,亦自署蔣山傭;明亡後,因仰慕文天祥學生王炎午爲人,改名炎武;因故居旁有亭林湖,學者尊稱亭林先生,崑山(今屬江蘇)人。學問淵博,於國家典制、郡邑掌故、天文儀象、河漕、兵農、經史百家、音韻訓詁,無不窺堂奥,與黄宗羲、王夫之并稱"三大儒"。有《日知録》《天下郡國利病書》《肇域志》《音學五書》《金石文字記》《亭林詩文集》等。

[2]"韓子曰"句,語出韓愈《答劉正夫書》:"然則用功深者,其收名也遠。"

[3]雙請,指奏摺由曾國藩、李鴻章連名上奏。

[4]筠翁,即郭嵩燾。郭嵩燾字筠仙。

又(二)

連日伏讀大著,綜貫經史,旁采百家,文止四十篇,而天文、地理、官制、田賦、水利、河渠、鹽漕、軍旅,以及柔遠之方、自强之術,凡關民生國命者,莫不溯本窮源,詳考得失。而又志在匡時,心斬實用,憂天閔人之意,忠君愛國之忱,溢然流露於字裏行間。此通儒之學,抑亦王佐之才也。苟能上達朝廷,見之行事,舉當世之秕政,斟酌而變通之,拯溺扶衰,洵非小補。况如汰冗員、免回避、許自陳、復鄉職、變捐例、利淮鹽、收貧民、復宗法、重儒官、廣取士、製洋器、善馭夷諸篇,皆按時勢以立言,慮周識遠,意美法良,非迂闊難行者比。撥亂世而反之正,是在當局者之善采其説也。

雲檮昧不學,烏足以定兄文,乃辱知愛過深,忘其固陋,屬爲商榷。不敢自外,謹將尊著篇目重繕别紙,間有瞽見,附注於篇目之下。涓水纖塵,斷無補於海岱,仍請鏨正,幸甚幸甚。

抑再有陳者。從來忠憤鬱結於中,矢詞每多切直。賈生之當漢文時,尚不免痛哭流涕處[1]。今日而慨論時事,言之過激固有不及自檢者。閑嘗瀏觀載籍,昌黎、眉山,千古大儒,皆以文字召謗,禍幾不測[2]。黄魯直《承天寺塔記》初無幸災諷刺之詞,乃爲陳舉所訐,羈管宜州[3]。方今朝政清明,賢輔在位,求言正切,原無忌諱。唯兄學行文章,士林宗仰。韓子曰:名之所存,謗之所歸。似宜遠鑒前賢,引以自慎。况此經世鴻文，有志匡濟者，必來取法。或觸時忌，恐致格於上陳，轉負作者苦心。

此一得之愚，不能已於言者也。是否有當，伏候裁答。臨書皇恐。

[1]"賈生"句，賈誼有《陳政事疏》，向漢文帝陳述政事，言"可爲痛哭者一，可爲流涕者二，可爲長歎息者六"。

[2]"昌黎"句，韓愈有《諫迎佛骨》，陳憲宗迎佛骨入宮內奉養之不可爲，表上而被貶潮州。元豐二年（1079），御史何正臣上表彈劾蘇軾，言其《湖州謝上表》及一些詩作"愚弄朝廷，妄自尊大""包藏禍心"，致蘇軾在御史臺獄受審，被貶黃州。此案稱爲"烏臺詩案"。

[3]"黃魯直"句，黃庭堅作《荊南承天院記》，被轉運判官陳舉指爲"幸災謗國"，崇寧二年（1103）黃庭堅被"除名，羈管宜州"。黃魯直，黃庭堅，字魯直。

又（三）

奉手書，欣悉一帆風利，別之次日即安抵珂鄉，慰甚。承示減賦一節，爵相[1]之意惟常鎮減十之一不能移易，此外聽議；現派陳觀察來會商，自當相機行事云云。仰見懇懇爲民之意終始不懈，敬佩敬佩。伏思酌科則之重輕，定減賦之多寡，用意非不善，惟查蘇松因重賦而有歉緩數十年於茲矣，向之歉緩，固統輕重科則一律普辦，并非科重者有歉緩，輕者無歉緩也。今減賦之後，三數年間民氣稍復，當道必議辦清漕。在科則之重者減三之一，再以輕則之所餘挹注之，畝不過一斗左右即完清漕，亦有減無增，力所綽綽。若輕則之田不蒙普減，而欲責之同完清漕，則較從前歉緩之年，陡令增賦一倍。不特怨讟煩興，追咎不已，竊恐向隅[2]過甚，事與勢均屬窒礙難行，似不可不慎於始也。太屬之嘉寶，向係民折官辦[3]，科則亦輕。往時辦理歉緩，本有區別，今不妨稍示變通。此外各屬，尚望詳訪輿情，悉心斟酌。

弟杜門守拙，本不應妄言時事，惟此議與兄同志，而兄又適在幕府，奏稿出兄手，一時機緣湊合，得以上邀恩准，舉五百餘年之積弊而更張之。兄之有造於東南匪淺矣，豈特桑梓蒙澤已哉。愚見倘共事者志同道合,原應卒襄善舉;如其舒展不由乎己,不如卷而懷之[4]。善後中義舉甚多,留此精神再辦別事,爲蒼生造福,如何?兄蘇人,家有負郭田[5],事修而謗興,德高而毀來。此心固不能掬示人也。弟辱至愛,又蒙示及前事,用敢盡其一得之愚,伏望垂察。昔人謂馬伏波規人則智,而不能自免於讒隙[6]。弟無伏波規人之智,而讒隙則躬自蹈之,今已懺悔無及矣。聊引古人,博兄一笑。

餘惟爲道珍重。不宣。

[1] 爵相,指曾國藩。曾於同治元年(1860)任兩江總督、協辦大學士,同治三年(1862)以攻破天京,加太子太保、一等毅勇侯,故稱"爵相"。

[2] 向隅,《幼學瓊林》:"未獲同食,曰向隅。"此謂獲利不均也。

[3] 民折官辦,清朝漕糧的徵收有所謂"折徵"。《清史稿·食貨三·漕運》:"折徵之目有四:曰永折,曰灰石米折,曰減徵,曰民折官辦。……(康熙)二十六年,以江蘇之清河、桃源、宿遷、沭陽不產米粟,命嗣後先動司庫銀兩,按照時價采辦,令民輸銀還款,是謂民折官辦。其後阜寧、旌德、泰興、寧國、太平、英山諸縣皆仿行之。"其法爲百姓納糧不以實物,而是照價折算銀子,由官府代辦漕米。

[4] 卷而懷之,語出《論語·衛靈公》:"君子哉蘧伯玉。邦有道,則仕;邦無道,則可卷而懷之。"

[5] 負郭田,《史記·蘇秦傳》:"且使我有雒陽負郭田二頃,吾豈能佩六國相印乎!"司馬貞索隱:"負者,背也,枕也。近城之地,沃潤流澤,最爲膏腴,故曰'負郭'也。"後因以"負郭田"指良田。馮桂芬有《先考春圃府君行述》《五十自述文》,知其先世由常熟遷蘇州府,父馮春圃以經商積家資,漸至小康,"有薄田千頃"。

[6] "昔人"句,《後漢書·馬援傳》:"初,兄子嚴、敦并喜譏議,而通輕俠客。援前在交阯,還書誡之。"後馬援正因此誡書與人構怨,死後被奪侯爵。故范曄論曰:"然其戒人之禍,智矣,而不能自免於讒隙。"馬伏波,馬援(前14—49),字文淵,扶風茂陵(今陝西楊凌)人。新朝末年,天下大亂,馬援初屬隴右軍閥隗囂,後歸順劉秀。劉秀統一天下,馬援西破羌人,南征交阯,官至伏波將軍,封新息侯。

又(四)

比日春和,想清恙定已霍然[1]。眠食何似?伏維珍重。

蒙示丁雨生都轉[2]上曾相書稿，其所論鹽務情形，内如掣簽、勸讓兩條[3]，可謂洞若觀火；"貴整忌散"數語[4]，所見尤爲宏遠。至開綱楚西，皖同時并舉；只開本季，不可使虛引叢積，此皆探本之論。詳繹再過，頗深心折。查淮南自經曾相整頓，銷數頗旺，成效甚著。所惜政出多門，十羊九牧，恐難持久耳。從前陸立夫制軍改章之時[5]，兄在邗纂修鹽志，弟則總辦局務，皆身親其事[6]。然其設立總局，所委皆知府以下之官，雖暗移運司之權，而仍受鈐制。上下互爲糾繩，用意實爲深遠。今則勢均位埒，且各局之官親幕友丁役人等聞頗不少，既無衙門關防，焉能禁其不與商人來往。積日既久，相與習熟，營私舞弊，莫可究詰。都轉書中云云，不過十得其三四耳。鹽政遠在數百里外，縱有知人之明，各局員豈盡有燭奸之識。德優者每患少才，才優者又苦無德。是昔日所慮，只求一運司得人而事辦，今則非合一運司四局員盡慶得人不可，不亦難乎！況處脂膏而不潤，古今有幾孔奮[7]哉？淮鹽爲國家歲入大宗，寇亂以後，釐捐[8]較舊課三倍之。故額銷雖減於前，而正課轉增於昔，誠能不務見小握，要以圖去其荊棘，使商人共履康莊，不必過事更張，而久大之規模可定。聞去冬楚局開秋綱，將商人春綱已請之引，按數派捐；并欲追溯歷綱已運之引，勸使量捐。商人懼貽異日之累，已有聞風引退者。此其亂法之尤，言之可爲太息。

　　承下詢，略疏梗概，餘容晤罄。不宣。

[1]"想清恙"句，馮桂芬《與曾揆帥書》曾言及自己的身體狀況："需次年餘，得肝陽上升之疾，乃歸。疾或間月作，或月間作，作則耳不聰，目不明，百事俱廢。"馮桂芬於咸豐三年(1853)受許乃釗之託辦均賦，開罪權貴，以"回京失期開缺"。則其得肝病在咸豐四年(1854)。

[2]丁雨生，丁日昌(1823—1882)，字雨生(一作禹生)，號持靜，潮汕豐順(今屬廣東梅州)人。曾入曾國藩幕，協辦洋務。同治四年(1865)遷兩淮鹽運使、江蘇布政使，官至江蘇巡撫、福建巡撫。雅好藏書，搜聚典籍。輯有《持靜齋書目》。丁日昌同治四年(1865)任兩淮鹽運使，制定了《淮鹽章程》《兩淮甄別章程》《淮北總略》等章程和規劃，興利除弊。

〔3〕"内如"句,兩淮鹽政,自萬曆以迄道光,一直推行綱鹽制度,即官督商辦的商人包銷制。銷有定額,謂之綱;賣有專域,謂之引。清代淮鹽行銷範圍跨蘇、皖、豫、鄂、湘、黔等省,引岸之廣,天下第一。太平軍起,兩淮鹽政遭受破壞,爲了招商承運,曾國藩改革鹽制使利重費輕,鹽商紛至遝來;遂又規定驗資、減折、挈簽之法,以解決商多而運額不足的問題。丁日昌就任鹽運使後,認爲曾實行之新章程仍有弊病。其癥結之一即《復曾中堂論鹽務利弊書》中所言:"驗資不已,繼之挈簽;挈簽不已,繼之勸讓。名目益多,流弊益夥。其驗資也,前門方進而後門已出,非真現資之存庫也;其挈簽也,充裕者可後而羞澀者可先,非真衆志之悉協也;其勸讓也,疏遠者可讓而親密者難讓,非真情面之悉泯也。"

〔4〕"貴整"句,丁日昌《復曾中堂論鹽務利弊書》:"鹽法貴整忌散,必使真正挾資而來之商人得沾餘利,然後羽毛豐滿。雖岸運偶有盈虧,尚有源源輸轉。"

〔5〕"從前"句,道光三十年(1850),時署兩江總督的陸建瀛統籌淮南鹽務。《清史稿·陸建瀛傳》:"淮鹽積敝,自陶澍創改淮北爲票鹽,稍稍蘇息;而淮南擅鹽利久,官吏衣食於鹽商,無肯議改者,建瀛悉其弊。會淮南鹽大火於武昌,官商折閱數百萬,課大虧,引滯庫絀。三十年,乃疏請立限清查運庫,并統籌淮南大局,改訂新章十條,務在以輕本敵私,力裁繁文浮費。……文宗韙之,詔綜幹全域,除弊興利,以裨國計。建瀛議於揚州設局收納,以清運署需索之源;於九江等處驗發,以清楚西岸費之源。正雜錢糧并納,則課額不虧;新舊商販一體,則引額無缺。灶私場私,專責江南;江私鄰私,兼責各省;而以徠商販,積帋賦,自總其成。由是奪官吏中飽歲百餘萬,惹謗叢作,建瀛銳自發舒,不之恤。"陸立夫,陸建瀛(1792—1853),字立夫,沔陽(今屬湖北仙桃)人。道光二年(1822)進士,改翰林院庶吉士,累官至兩江總督。咸豐八年(1858)太平軍破南京儀鳳門,陸被創殞命。有《木樨香館賦》《陸立夫奏議》等。

〔6〕"兄在"句,吳雲《顯志堂集序》:"歲庚戌,淮南改行票鹽,余奉制府陸公檄赴揚州籌議新章,先生亦膺纂修《鹽法志》之聘。余慕先生名垂二十年,至是始識先生於揚之梅花書院。相與議鹾綱利病,及時事得失,輒有水乳之契。"

〔7〕孔奮,字君魚,扶風茂陵(今陝西西安)人,孔子十五世孫。《後漢書·孔奮傳》:"建武五年,河西大將軍竇融請奮署議曹掾,守姑臧長。……奮在職四年,財產無所增。……躬率妻子,同甘菜茹。時天下未定,士多不修節操,而奮力行清潔,爲衆人所笑,或以爲身處脂膏,不能以自潤,徒益苦辛耳。"

〔8〕釐捐,始創於咸豐三年(1853)。太平軍起,清廷稅收減少而軍費激增,爲補軍餉之不足,遂創"捐釐助餉"之法。《清史稿·雷以諴傳》:"以諴在江北,用幕客錢江策,創收釐捐。……遣官吏分駐水陸要衝,設局卡,行商經過,視貨值高下定稅率,

千取其一,名曰'釐捐',亦并徵坐賈,歲得錢數千萬緡。……後各省皆仿其例以濟軍需,爲歲入大宗焉。"

又(五)

十一日專人至志局探詢,從者已於即辰登舟,旋得手翰,謹悉安亭一節,已屬賈木匠到韻珊處索地圖一看,約今明必送來,并未敍譚,容晤再說。眉老節略已交到,是此老看家拳頭,但不知所謂"只要得安山、張秋一帶,黃河足矣",此說靠得住否[1]。原稿奉上,録出後將來交至弟處可耳,不急也。

大著已交筱舫摘録,特繳還。第一次收復松江[2],弟與應敏齋、俞乃舟在豆腐浜炮船上者帀月[3]。克復之時,僅有洋人四十餘名,餘皆炮船上水手與新募勇丁數百名耳。時賊傾巢而出暗襲,上海城中止留老弱數百名,城門不閉。附近居民到弟舟次通信,於是弟與乃舟諸君商定,派令洋人居前,水陸勇丁居後,潛入其城,各門城垛上俱派洋人數名協同水陸勇丁把守,槍炮之聲不絶。賊聞松江已失,又聞有洋人幫助,恐歸路截斷,遂急折回,跟蹌遁去。是役也,若非松江從無意中收復,則上海即不失守,其附城一帶亦必蹂躪無孑遺矣。此其中殆有天也。鄙人奉札持令督隊,開復原官,應敏齋之超擢直刺,皆見之章奏[4]。貪天之功以爲己有,殊屬可愧也。而當日之實在情形如此,大著謂"華爾率中西勇各數百攻松江,克之"。其時,華爾爲英法所制不欲出面,所帶西人僅八十名耳(常往來松滬之間,克復時正在上海,得信趕回,幫華爾約束西人者。人皆呼爲黃鬍子。事猶歷歷在目)。記事貴簡,原不能詳敍。惟此事弟身在行間,知之最悉。華爾亦同一倖獲,并未有西兵數百之多也。偶讀大稿,縱筆及之,姑備它日爲佚事張本可也。

統惟爲道加護珍重。不具。

[1] "眉老"句,《皇朝經世文續編·工政五·河防四》收金安清《黄河南北流利害

説》，論黃河治理，曰："總而言之，治河一事也，治漕一事也，治河而治漕又一事也。今奉旨據蔣作錦條陳而河督遵照議復者，衹爲通漕計耳。既爲通漕，但治關乎漕務之安山、張秋一帶黃河足矣，不必大張旗鼓。"眉老，指金安清。金安清號眉生。

[2]"第一次"句，咸豐十年(1860)四月，太平軍攻占蘇州，五月中旬攻下松江府城。清廷派華爾洋槍隊伺機反攻。五月二十七日晨，駐守松江的太平軍出城準備暗襲上海，行至泗涇、七寶時，遭地方民團襲擊，太平軍退回青浦。五月二十八日，華爾率領洋槍隊，在清軍配合下，趁機攻陷松江。

[3]"弟與"句，咸豐十年(1860)五月太平軍連克崑山、太倉，兵鋒直指嘉定、松江、青浦，吳雲、應寶時等奉調在崑山、太倉一帶率炮船沿水路防堵太平軍。應敏齋，應寶時(1821—1890)，字心易，號敏齋，又號可帆，永康(今屬浙江金華)人。道光二十四年(1845)舉人，咸豐八年(1858)以直隸州州同分發江蘇，旋入新任上海道吳煦幕，以辦理海運出力加知州銜。同治三年(1864)以候補松江知府代理上海道臺，同治四年(1865)官蘇松太道，後任上海道。同治九年(1870)，升江蘇按察使者兼署布政事，卒後賜贈内閣學士銜。有《射雕山館詞》《直省釋奠禮樂記》等。俞乃舟，俞斌(生卒年不詳)，字乃舟，浙江鎮海(今屬寧波)人。咸豐十年(1869)以舉人補江寧府督糧同知。據《吳煦檔案選編》第一輯《薛焕奏占領嘉定太倉并進攻崑山摺(抄件)》，青浦、松江失守時，俞斌以題補江寧督糧同知，奉吳煦命與即補游擊俞奎所帶之捕盜局艇以及行總方鴻所帶兵勇、本地民團等收復松江府城。币，即"匝"。

[4]"鄙人"句，《吳煦檔案選編》第一輯《薛焕奏占領嘉定太倉并進攻崑山摺(抄件)》："臣因松城之賊連被我軍水陸攻剿，斬斃甚多，賊鋒已挫，急宜實力進攻，以期迅速克復，當飭署蘇州府知府吳雲持令催督各委員率領兵勇，一面會集民團如約期并舉。浙江巡撫臣王(有齡)前派來助剿炮船十五隻，經臣加札委令原帶之江蘇候補道張景渠、江蘇候補知府孫士達會同候補直隸州州同應寶時、試用知縣倪葆仁所帶炮船二十三隻聯爲一氣。并與題補江寧督糧同知俞斌、即補游擊俞奎所帶之捕盜局艇……分頭布置。……立將松江府城克復。"

又(六)

久不握晤，側聞清恙已愈，未知眠食已如常否？念念。

弟鍵户讀書，兩月來取舊藏金石文字，詳加考訂，頗有心得。昨爲友人題宋拓《虞恭公碑》[1]，檢讀《唐書·溫彥博傳》。彥博字大明，兄大雅字彥宏，弟大有字彥將。兄弟義當一體，而名大者字彥，名彥者字大，殊難釋然。宋時歐趙二家[2]，亦均以此致疑。因復檢讀《唐書·宰相世系表》，則云彥將字大有，而彥博、大雅則與傳同，於此益難釋然。王述菴《金石萃編》援引趙氏《金石錄》所載，亦未考及此。外顧亭林、王虛舟、錢竹汀[3]諸公，亦俱無考。寒齋書籍，亂後散失，新得無多，因思鄴架[4]卷帙較富，前賢或有辨證，敢乞指示。至《唐書》於列傳則"名大有字彥將"，於世系表則"名彥將字大有"，一人而名與字互異至此，其訛舛無足言矣。

又題《嵩山太室石闕銘》[5]，檢讀《中州金石記》[6]，謂"嵩高"作"崈見"，漢時尚無"嵩"字。《地理志》有崈高縣，云古文以崈高為方外山也。《國語》"夏之興也，融降於崇山"，韋昭注："崇，崇高山也。"據此知經典有作"嵩"，或作"崧"，皆後人所改。

雲按，趙氏《金石錄》："《後漢·靈帝紀》：熹平五年復崇高山名為嵩高山。章懷太子注引《前漢書·武帝紀》：中嶽改嵩高為崇高；《東觀紀》曰：使中郎將堂谿典請雨，因上言改之，復為嵩高。"據此則不得謂漢時無"嵩"字。且查漢永壽二年《韓勑碑》[7]"從事魯張嵩眇高"，熹平二年《魯峻碑》[8]陰"尉氏胡嵩永高"，此"嵩"字之見於漢碑者。畢氏謂漢時無"嵩"字，豈另有所解？統乞明以教我。

外呈上《嵩山闕銘》題名各石刻，匯裝一册，附有拙見考證，祈直筆指謬，并賜題數行，為此册增重，幸甚感甚！

餘惟珍重。不宣。

[1]《虞恭公碑》，即《唐故特進尚書右僕射上柱國虞恭公溫公碑》，又稱《溫公碑》《溫彥博碑》，立於貞觀十一年(637)，岑文本撰，歐陽詢書，為歐陽詢最晚作品。原碑在宋代已殘，有北宋及之後拓本數種傳世。

[2]"宋時"句，趙明誠《金石錄·唐溫彥博碑》："右唐溫彥博碑。歐陽公《集古錄》跋《顏勤禮碑》後云：按《唐書》，溫大雅字彥弘，弟彥博字大臨，弟大有字彥將。兄弟義當一體，而名大者字彥，名彥者字大，不應如此。蓋唐世諸賢名字可疑者多。封德彝云名倫，房玄齡云名喬，高士廉云名儉，顏師古云名籀，而皆以字行。倫、喬、儉、籀在唐無所諱，不知何避而行字。余按，顏之推《家訓》云：古者，名終則諱之，字乃可以為孫氏。江南至今不諱字也，河北士人全不辨之，名亦呼為字，字同為字。尚書王

元景兄弟皆號名人,其父名雲字羅漢,亦皆諱之,其餘不足怪也。又顏師古《匡謬正俗》載:或問,人稱字而不稱名者,何也?師古考諸典故,以稱名爲是。蓋當時風俗相尚如此,初無義理也。然師古既立論以稱名爲是,而乃以字行,殆不可曉也已。"歐趙,指歐陽修與趙明誠。

[3] 錢竹汀,錢大昕(1728—1804),字曉徵,號辛楣,又號竹汀,晚號潛研老人,嘉定(今屬上海)人。乾隆十六年(1751)乾隆南巡,因獻賦賜舉人,官內閣中書;十九年中進士,復擢翰林院侍講學士,以提督廣東學政致仕,潛心著述課徒。有《二十二史考異》《三統術衍》《四史朔閏考》《十駕齋養新錄》《潛研堂集》《潛研堂金石文跋尾》等。

[4] 鄴架,李泌歷仕玄宗、肅宗、代宗、德宗四朝,官至宰相,封鄴縣侯。肅宗曾爲其在南嶽烟霞峰下兜率寺側建房,名"端居室",後人稱"鄴侯書院",是中國最古老的書院,也是最早的私人藏書館,後遂以"鄴架"代稱他人藏書。韓愈《送諸葛覺往隨州讀書》:"鄴侯家多書,架插三萬軸。"

[5]《嵩山太室石闕銘》,石闕現位於嵩山南麓中嶽廟前,原是漢代太室祠前的神道闕,分東西兩闕,闕身爲長方石塊壘砌,頂部巨石南面刻"中嶽太室陽城"篆字;另有篆隸參半的銘文。銘文刻於元初五年(118),字體寬和周正,古樸淵雅,隸法遒勁雄渾。闕身其餘各面則滿雕人物、車馬、動植物圖案,爲研究漢代繪畫及社會風習的珍貴資料。

[6]《中州金石記》,五卷,畢沅任河南巡撫時搜求當地碑碣而成。畢沅(1730—1797),字纕蘅,號秋帆,因從沈德潛學於靈岩山,又自號靈岩山人,鎮洋(今江蘇太倉)人。乾隆二十五年(1760)進士,授翰林院編修,累官至河南巡撫、湖廣總督。畢沅於經史、小學、金石、地理,無所不通,有《續資治通鑑》《傳經表》《經典辨正》《靈岩山人詩文集》等。

[7]《韓勑碑》,即《漢魯相韓勑造孔廟禮器碑》,又稱《禮器碑》,在山東曲阜孔廟,漢桓帝永壽二年(156)魯相韓勑立,記錄了韓勑修飾孔廟和製作禮器事宜。此碑唐時不顯於世,宋稍顯,至清被王澍、翁方綱等推爲漢碑隸書極則。

[8]《魯峻碑》,全稱《漢司隸校尉忠惠公魯君碑》,又名《漢司隸校尉魯峻碑》《魯忠惠碑》,熹平二年(173)立。漢司隸校尉、屯騎校尉魯峻卒後兩年,其門生故吏爲之頌德而立。《魯峻碑》書法方勁、厚重、豐腴,兼有蕭散古逸之致,對後世書風有一定影響。

又(七)

前奉手答,蒙示唐人以字行者甚多,"嵩""崧"皆"崇"之俗,《史記·封禪書》、《漢書·武帝本紀》《郊祀志》皆作"崇",惟《地理志》作"崈",知武帝時尚不改作"嵩"，後人始作"嵩"也。謹已誦悉。

弟之致疑於溫氏兄弟之名，非因其以字行也，以一則名彥博而字大明，一則名大雅而字彥宏、名大有而字彥將，兄弟三人名"彥"者字"大"，名"大"者字"彥"，一時無從索解。前賢博識如歐趙二家，均曾論及而亦不得其故。昨偶閱《容齋隨筆》，內有辨證溫大雅兄弟名字一條，引《大唐創業起居注》[1]，大雅所撰，中云"煬帝遣使夜至太原，溫彥將宿於城西門樓上首，先見之，報兄，彥宏馳以啟帝。帝方卧，聞而驚起，執彥宏手"云云，"據此則溫氏兄弟之名皆從'彥'。而《創業注》首題乃云'大雅奉勅撰'，不應敢自稱字。已而詳考高宗太子宏爲武后所酖，追尊孝敬皇帝，廟曰義宗，列於太廟，故諱其名，如'宏文館'改爲'昭文'，'宏農'縣改爲'恒農'。'大雅'之名，後人追改之也。"所論極確。數月蓄疑，一旦焉然而解，甚快事也。

"嵩"字，《史記·封禪書》《武帝本紀》皆屢見，并未皆作"崈"；《郊祀志》"中嶽嵩高""太室嵩高"亦屢見，又"加增太室祠，禁無伐山木，以山下三百户封崈高（《封禪書》《武帝本紀》皆作'崇'），爲之奉邑"，顏師古注曰："崈，古'崇'字，以崇奉嵩高之山，故謂之崇高奉邑。"據師古之注，則嵩高"嵩"字謂爲後人所改豈爲定論。《爾雅》："山大而高曰嵩（俗作'崧'），从山从高。"正合"六書"會意之恉，似不得因許氏《說文》未收，遂謂漢時無"嵩"字。至弟前書所引韓勅、魯峻二碑"嵩"字，以一則名嵩字眇高，一則名嵩字永高，古人字由名生，援此以證"嵩"字之从山从高，亦非漫引也。

晨起精神頗爽，重讀手札，謹書此以代面談。兄博極群書，如有所訓，仍祈明示。前奉去太室諸石刻彙裝册，如已賜跋，付下爲感。

[1]《大唐創業起居注》，三卷，溫大雅著，記李淵自起兵至正式稱帝共三百五十七天史事。溫大雅爲李淵大將軍府記室參軍，自李淵起兵即"專掌文翰"，所記所聞，與新舊《唐書》及《資治通鑑》等略有異同，可相互參讀。

又（八）

前月廿三日奉別解纜，廿四日申刻泊無錫。西門外一片瓦礫，寂無人烟；入城里許，始有店鋪約百家，食物皆有。弟於市肆中以四十錢買一漢人私印，尚欲他往物色，詢途人知止此街面，遂歸舟。廿五日酉初刻，泊常州西門。甫登岸，於荊榛瓦礫中見一甫斃屍，掩鼻疾趨而過。靠城有店鋪數十家，皆係茅屋。入城，街道房屋尚完好，却無居人。行里許，始見店鋪，與無錫相似。廿六日申刻，泊丹陽西門。城外與無錫、常州略同，城中則居然熙熙攘攘，生意成市，與未亂以前不甚懸殊，難得難得！廿七日傍晚到焦山，山中殘桂剩馥，霜葉漸紅。日來坐枕江閣，對此秋色晶瑩，江山明潔，覺凡慮皆空，悠然有出世之想。詳味六祖所謂"隨所住處恒安樂"一語[1]，若有所得。倘能從此勘破塵障，不爲境縛，則煩惱消除，一切放下，無往而非清涼世界矣。所患者志願不專，静處生動，動處生妄，一生愛惡貪癡、顛倒夢想，叠起而與爲緣，則又墮落火宅中，前愆[2]後過，懺悔無及。興言至此，未嘗不嗒然自失也。老兄夙具慧業，道根至深，尚望有以指示我也。盼禱盼禱！

　　弟接漢口友人書，初十外擬前往一行，約月杪初歸來。貧賤也衣食於奔走，此行非爲游觀擴眼界也。曾中堂聞初一日啟節，有初十日進督署之信。吾兄何日前往？如到焦山，即弟不在山中，亦有人招呼，弟已切託之矣。適有便羽，草此以當晤對。

　　統惟爲道爲時保重。不具。

[1]"詳味"句，語出《壇經・疑問品》："凡愚不了自性，不識心中淨土，願東願西，悟人在處一般，所以佛言：隨所住處恒安樂。"
[2] 愆，同"愆"。

又（九）

　　比者秋氣漸深，不識起居何似？所患想已霍然，行坐能否如常？甚念甚念！

　　前承假《全唐文》繳上，乞檢收。某君以舊拓《茅山華陽觀王先生碑》[1]來索題。此碑世少傳本，前人著録，僅見於趙明誠《金石録》及《寶刻類編》[2]、顧亭林《金石文字記》[3]，而全文則未之見也。今取《全唐文》中所編者詳校，内有不符之字。如《全唐文》中第二行"遐希蠹册"，"希"碑作"睎"；三行"化洽無遺"，"遺"碑作"爲"；又"仁含有截"，"含"碑作"涵"；十七行"常尉坐忘之寓，乃秀行念之允"，"忘"碑作"亡"，"念"碑亦作"亡"；十九行"泯之而爲一"，"泯"碑作"泒"；二十一行"正墮背飛之淚"，"墮"碑作"落"；二十二行"萍流不定"，"萍"碑作"蓱"，二十七行"迺分燈於暗室"，"分"碑作"傳"；三十行"想朱公而思聖"[4]，"公"碑作"宫"；三十九行"應彼弓旌"，"旌"碑作"招"；四十行"豐廚享饍"，"享"碑作"厚"；四十一行"亦鋪霞而藉錦"，"亦"碑作"乃"；四十四行"及精通道法之徒"，"道"碑作"兵"；四十六行"蜂蠆肆蠚"，"蠚"碑作"飛"；六十四行"北振岱宗"，"振"碑作"拒"；六十六行"兩廡"，"廡"碑作"廈"；六十七行"黶然雲布"，"黶"碑作"黮"（按，潘岳賦"翠幕黮以雲布"，碑似本此）；六十九行"何景福之難酬"，"酬"碑作"儔"；七十行"内殿"碑作"殿内"，又"光跌八尺"碑作"丈八"；七十七行"鍾魏之楷模"，"魏"碑作"衛"；八十二行"兼知校領省官"碑作"兼知領校省官"；九十三行"王元熠"，"熠"碑作"曗"，又"十有餘人"，"十"碑作"千"；九十九行"爽節川停"，"停"碑作"渟"。此碑與《全唐文》所異之字，其文異而義同者，可仍而不改；而其中必應從碑釐正者，正復不少。於此益歎古拓之可貴也。因作《王先生碑跋》，草草録呈考訂。

[1]《茅山華陽觀王先生碑》，《全唐文》卷一八六"于敬之"下有《桐柏真人茅山華陽觀先生碑銘》。王先生，據碑文可知其名軌，字洪範，一字道模，南朝世家瑯琊王氏後裔，後爲道士，歷隋至唐，年八十八而終。

[2]《寶刻類編》，編著者不詳。收自周、秦迄於五代碑刻，分帝王、太子諸王、國主、名臣、釋氏、道士、婦人、姓名殘闕等八類編次。每類以人名爲綱，其下各繫以年月地名。《四庫提要》論該書"然金石目録自歐陽修、趙明誠、洪適三家以外，惟陳思《寶刻叢編》頗爲該洽，而又多殘佚不完。獨此書搜采贍博，敘述詳明，視鄭樵《金石略》、王象之《輿地碑目》，增廣殆至數倍。前代金石著録之富，未有過於此者。深足

爲考據審定之資,固嗜古者之所取證也"。

［3］《金石文字記》,八卷,顧炎武撰。録漢以來碑刻三百餘種,後又有顧炎武弟子潘耒補遺二十餘種。以時代爲次,每條下各綴以跋,其無跋者亦具立石年月、撰書人姓名。碑字有異文者,又別爲摘録於末。證據今古,辨正訛誤,頗爲精覈。

［4］"三十行"句,原作"想朱公而思聖公",《全唐文》及宋拓《茅山華陽觀王先生碑》皆作"想朱公而思聖",後一"公"字衍,删。

又(十)

奉手答謹悉,并知下鄉修墓,喉患又發,聞之實深馳念。前弟進蟄輟著述之議,屢覶本亦多病,此説從體驗中得來,非妄發也。費晉卿[1]醫道總算有本領,弟往年至冬間服温補之劑,去冬覺不對症,請渠診視,專以養陰爲主,謂温補萬不可服。刻下所服膏滋,以天王補心丹爲君,此外則龜鹿二仙膠、東西洋參,加以流利消痰之品,係鄙人自擬之方,服之甚對(賴渠切不可服温補一言,故改弦易轍)。明春二三月間,天氣晴和,兄往訪晉卿,順便看看惠山景致亦好。此行不可省也。

抑弟願兄有此行者,更不僅爲利己事,尚有利人一事,欲由兄發之。弟嘗往來揚、鎮兩郡,所過各處,見橋梁爲賊拆毀未修建者甚多,小民病涉,心頗惻然。今秋過毗陵,泊舟無錫所屬之洛社鎮,見兩岸行人待渡者如蟻。船主係無錫人,云自洛社大橋被賊毀壞後,十數里内皆恃此渡船。去冬某月因人多舟小,覆溺數十人,至有滅頂者。聞之心益惻然。因思自丹徒迤南各水道,不必論窮鄉僻壤,即以官塘運河言之,未修建者,不知凡幾。兄入山深,足迹不越數百里外。倘使目擊情形,定亦同此惻然。中丞重兄品學,他日從毗陵歸,據所親見之一二處,爲之喤引[2],請中丞通飭各屬,各將境内所轄橋梁爲賊毁而未修建者,共有若干起,開摺禀呈。一面遴選公正紳董,勸捐興辦,其捐數及工料經費,榜示通衢。倘實有無可集捐之處,請善後局酌量撥款接濟。登高一呼,衆山皆響,是在中丞一號令耳,而千萬人之利濟,胥賴此矣。弟久欲向中丞一言,因思身爲寓公,非官非紳,雖屬善舉,究係地方公事,不便越俎,惟與敏齋、筱舫輩時言之耳。兹承詢商行止，用特附布梗概，計亦兄所樂聞而必爲剴陳者也。

[1] 費晉卿，費伯雄（1800—1879），字晉卿，號硯雲子，江蘇武進（今屬常州）人。傳爲魯大夫季友之後，其先祖明末避禍遷居武進孟河鎮，隱於岐黄，以醫傳家。費晉卿少有才名，後棄儒學醫。《清史稿·費伯雄傳》："（費晉卿）咸豐、同治間以醫名，遠近詣診者踵相接，所居遂成繁盛之區。……清末江南諸醫，以伯雄爲最著。"傳其道光年間曾兩次入宮診病，他如曾國藩、左宗棠等，皆曾求醫於費伯雄。著有《醫醇剩義》《醫方論》等。

[2] 喤引，古貴官出行，侍從在前喝道。《隋書·百官志》："其尚書令、僕、御史中丞，各給威儀十人。……唱呼入殿，引喤至階。"後引申爲引導，先導。

又（十一）

前日辱惠顧，有失倒屣。越日正欲走謁，適奉留函，知因天氣驟熱，未帶夏衣，匆匆轉棹。比屆黄梅暑濕司令，不審眠食何似？伏維珍重。

弟體中時有不適，惟看書，雖終日把卷，不覺辛苦；寫字，至六七百以上，便覺勞倦，欲輟筆矣；若詩文，只須稍一構思，便心摇頭疼，一時把捉不定。自去年夏秋至今，常常如此。年已六十，恐無復强健之時，平生未完之筆墨，正不知何時能竟。言之可慨。書局借刻《左傳》，以十償一，此借書翻刻之成例也。倘雇工寫樣，其工費恐再加十倍亦辦不到。此事係弟經手，償十之說亦弟所言，非出自兄口也。昨已屬潞兒與局員説定，即當照送無誤。

柳生一節，若長洲修志舉辦，則柳生必應住局，弟處可從緩議。緣弟欲求一可與談金石文字之友，聞柳生年力正壯，人亦樸實好學。《焦山志》已成之書請其校對，不過借此爲名，實則另有筆墨相煩。第不知渠於考據一門性相近否，故必得下榻寒齋，朝夕相處，方知其蘊，不能兼顧兩事也。秋試在即，如其破壁飛去，則前言皆是廢話。不如且作緩議，俟至秋後再説，想尊意亦以爲然也。

子山五月初四日來信云[1]，軍機進單大費周章，選司堅不肯行。幸胡、彭兩少宰皆是舊識[2]，力持公論，遂於初三日移交樞垣候簡。渠得家信，知中丞出奏遲回，兄曾經移書相託各層，極爲感激。屬先道意，原信送與敏老[3]閱看，尚未取回，他日奉覽。

[1] "子山"句，子山，顧文彬(1811—1889)，字蔚如，號子山(一作子珊、紫珊)，晚號艮盦，元和(今江蘇蘇州)人。道光二十一年(1841)進士，官刑部主事，以浙江寧紹道臺致仕。歸里後在宅內建過雲樓，爲庋藏書畫之所。藏品中多宋元以來名畫巨迹、珍祕善本，在江南名重一時。顧文彬與吳雲爲好友兼親家，吳雲長孫吳幹臣娶顧文彬長孫女顧保麟。咸豐十一年(1860)顧文彬丁父憂，交卸武昌鹽法道員，歸居故里。同治九年(1870)三月，顧再度出山，赴京城候簡。信中所言當爲此事。

[2] "幸胡、彭"句，據錢實甫《清代職官表》，同治九年吏部左、右侍郎分別爲胡肇智與彭久餘。胡肇智(1807—1871)，字季臨，號霽林，硯余，績溪(今屬安徽宣城)人。道光十七年(1837)拔貢，次年朝考一等，授七品京官，吏部行走。同治六年(1867)任吏部右侍郎。彭久餘，字味之，江夏(今湖北武漢)人。道光十六年(1836)恩科進士。曾任江蘇學政，張謇"冒籍案"發，賴其曲爲援護，得以銷案。少宰，明清稱吏部侍郎爲少宰。

[3] 敏老，即應寶時。應寶時號敏齋。

又(十二)

數月不見，想念時縈夢寐。前辱惠顧暢談，稍解勞結。越日風雪嚴寒，不審回山後眠食何似，實切馳仰。牛乳誠補氣血，爲高年所宜，然不可多飲，多則痰凝，中滿，胃納遂因之有減。鄙人現服人乳，止能大半茶杯，若至一滿杯，便胸次作嘔不適。飲牛乳亦然。此年來體會得之，兄其留意。

茲懇者，拙著《彝器圖釋》十二卷雖已刻竣，尚多舛訛待改，因亟欲奉求大序，特先印一部呈正。弟獲交左右逾二十年，自顧生平頗不爲當代賢豪所棄，交游正不乏人，然知我之深，無逾於執事。王元美遇書畫金石，不惜解衣質買，謂非惟寬身，且用自污[1]。弟所耆與元美同，却無所用其自污，惟垂老之年，曾無短長之效以見於世，沾沾以鉛槧冀博身後之名,其志亦可悲已。兄視此書爲可存,敬求賜序一篇弁首[2],感且不朽。

尊書字形之大小不計,惟版口須如此書之式,當精選手民奏刀,必不致如書局之草率從事也。

[1]"王元美"句,王世貞(1526—1590),字元美,號鳳洲,又號弇州山人,太倉(今屬江蘇蘇州)人。嘉靖二十六年(1547)進士,累官至南京刑部尚書。王世貞領導文壇二十年,有《弇州山人四部稿》《弇山堂別集》《藝苑卮言》《觚不觚錄》等。善書,喜收藏,不少藏品由酒肆中購得,亦有以米糧、書籍等換得者。《弇州山人四部稿》卷一一九"文部":"至不肖近迹頗治泉石臺榭花木之類,益辟購法書名畫金石古文,不惜解衣質買。匪惟寬身,且用自污耳。"徐珂《清稗類鈔》:"(吳雲)篤學考古,至老不疲。考訂金石文字,確有依據,一字之疑,窮日夜討索不置。儀徵阮氏、嘉興張氏、蘇州曹氏所藏吉金爲東南最,亂後散失,往往於市肆中物色得之,不惜解衣質錢以買,人以擬之於王元美。"寬身,愛身,保身。《禮記·表記》:"以德報怨,則寬身之仁也;以怨報德,則刑戮之民也。"鄭玄注:"寬猶愛也。"

[2]"兄視"句,《兩罍軒彝器圖釋》同治十二年(1873)九月刻印,前有馮桂芬、俞樾等序。

又(十三)

日前奉手翰,敬悉著述如意,惟舊恙時愈時作,又因霍亂而神量體冷,脈伏,汗不止,服薑桂大劑而平。此所謂急則治其標也。越旬日而痰紅又小發,想即旋止。不識日來眠食何似?伏惟珍重。

承示力辭善堂一節[1]。沙田向以互訐争訟爲能事,甚至糾黨械鬥,每有官法所不能禁。三善堂之因訟呈牒,曩在江陰總辦沙田升科[2]時常見之。兄以此事最爲煩心,決計冬間覓替卸去,甚善甚善。前日敏老來,亦曾言及,當可如指辦理。

至閲經古而旁有檢書之人,雖費心思,却是樂事,可不必辭。弟有因查一二字至於心火上升,頭目俱暈。推己及人,故作前語。弟與兄者好同而有小異。兄舍書卷外別無所耆,弟則花木也、禽魚也、字畫、金石也,玩好在耳目之前,無不可藉以爲樂。大約清晝六時,三之二在筆墨,三之一在游息。今年交夏後身子較好,不識交秋何如。時刻防病,一年四季健與不健,毫無把握。莫健於賈芸老[3],次則曉帆、緣仲[4],今皆謝世矣。然則世之所謂健者,轉不如我輩病夫也。兄以爲如何?

金氏[5]之捐款,本定二萬串,係弟力勸而成。嗣因嘉興人聞之,謂捐蘇州而不捐本籍,鄉黨不平。惟弟當日勸捐二萬串,原許其入奏。查奏案須得萬兩始能專奏,今擬以一萬兩捐與蘇州,以三千串爲本籍捐。已與杜筱舫弟議定,由伊轉達,倪載軒[6]輩俱各允協,惟有此一摺,金氏之具呈欲由紳士加呈代遞,且欲求兄爲領袖。好在出此巨款,并不邀叙,其呈詞不過目擊兵燹以後艱苦情狀云云,并無窒礙爲難處也。此萬兩中以五千發典生息,爲冬間粥廠之用。緣自十年分以來,三首縣粥廠停,止每至冬寒施粥,總以經費不敷,由弟幫同募捐接濟。前年七百千,去年六百千,皆各相好處湊集,弟亦解囊,前年七百千之中敏老與舫老各有一百千。今得此息銀,則一勞永逸矣。此弟之心願也。尚有五千兩息銀,擬爲尊處所辦安節、洗心二局經費[7],及順之[8]、季玉諸君緊要善舉之用,以期周妥。此說尚未與順之、季玉言,如兄以爲可行,即當舉辦,否則只好中止,勸令金宅隨時量做好事而已,恐未必真有實際也。是此萬金巨款之善舉,繫於兄之一言。專函奉商,伏候進止。

[1]"承示"句,清代蘇州慈善救助事業較發達,在功能各異的慈善組織中,尤以育嬰堂、普濟堂、義倉等最爲有力。普濟堂始建於康熙四十九年(1710),"以收養病民,供給衣食藥餌";乾隆三年(1738)又設女普濟堂,以"收養病婦"爲務,原有普濟堂專收男子,改稱男普濟堂。這些善堂的管理和經費來源,基本屬於"官民合作":一種模式,士紳首創,官方資助,即民辦官助;一種模式,官府創辦,部分資金向地方有力者募捐,即官辦民助。而撥給沙田是官助的重要形式之一,如乾隆二年(1737)蘇州的普濟堂"奉旨撥給没官房價銀,置田八頃四十四畝有奇,又紳士助置田二頃六十畝有奇";乾隆九年(1744),江蘇巡撫陳大受"奏請撥給江寧縣没官新漲蘆洲若干畝"給善堂。太平軍後,蘇州各善堂在社會復蘇方面發揮了不少作用。李鴻章《重修蘇郡育嬰官堂碑記》:"憶予督師攻復蘇城時,以郡中六官堂恆産遭亂無考,屬程君設法清釐。六堂者,男普濟、女普濟、育嬰、廣仁、錫類、永仁也。"據顧文彬《過雲樓日記》,同治四年(1865),李鴻章委顧文彬與馮桂芬、潘曾瑋分辦三善堂事,三人拈鬮決事,顧

文彬拈得育嬰堂,馮桂芬拈得女普濟堂,潘曾瑋拈得男普濟堂。

〔2〕沙田升科,江河下游濱海地區,水從上游帶來大量泥沙,到下游江面開闊處,流速減慢,泥沙沉積,遂形成沙洲。政府一般允許百姓在沙洲中墾荒,滿一定年限後,政府再按田地收稅條例徵收錢糧,稱"升科"。

〔3〕賈芸老,賈益謙(生卒年不詳),字又軒,號芸樵,山西夏縣(今屬運城)人。道光十四年(1834)舉人,大挑分發江蘇。曾任吳江知縣,官至署理江蘇按察使。據此信賈益謙當卒於同治十三年(1874)前。

〔4〕曉帆,吳煦(1809—1872),字曉帆,號春池,晚號荔影,別號秦望山民、秦望山樵,浙江錢塘(今杭州)人。道光二十五年(1845)以捐納得試用知縣分發江蘇,後屢獲升遷。咸豐十年(1860)吳煦在鹽運使署江南蘇松太道任上,時太平軍擊潰江南大營,長驅直下,威逼上海。吳煦署江蘇布政使,并充江南團練大臣幫辦,雇用華爾組織洋槍隊,又與駐滬英、法國領事策劃"會同防剿"。同治元年(1862),李鴻章參吳煦盜用公款,"着開復暫行革職處分,仍留江蘇以道員即補"。仲緣,即許道身。許道身卒於同治十年(1871)。

〔5〕倪載軒,倪寶璜(生卒年不詳),字渭生,號載軒。道光二十九年(1849)舉人,以知縣揀發江蘇,累官至道員。胡君復《古今聯語彙選》:"倪載軒觀察由縣令起家,以道員候闕,曾卜居蘇州。曲園先生為題其舫齋曰'小搖碧',嗣又擬疊石穿池,未果而卒。先生挽之云:卜宅闔閭城,園林花木,猶待評量,遽歸海上仙龕,冷落空齋小搖碧;歷官觀察使,霖雨經綸,未遑展布,徒令吳中父老,欷歔遺受古囊黃。"

〔6〕"金氏"句,當指金以誠(香圃)去世後,吳雲向其遺孀勸捐事。見卷三吳雲與"曹愷堂李友琴諸君"書。

〔7〕"擬為"句,馮桂芬《顯志堂稿》前有江蘇巡撫吳元炳《崇祀鄉賢》奏稿,對馮桂芬一生善事略舉大要:"故宮於善舉尤盡心力。咸豐三年,收養江南北流亡,全活無算。同治初,在上海設撫恤局,專辦掩埋、棲流,又創立保息、安節等局。郡城復後,故宮經理女普濟、錫類兩堂,撙節經費,營建堂屋,規制因以大備焉。"安節、洗心,清江南地區慈善機構種類頗多,包括收容孤老貧病的普濟堂、收容流浪者的棲流所、收養嬰兒的育嬰、保嬰、恤孤等堂局,救濟婦女的安節、清節堂會及管束不良子弟的洗心、遷善局所等。

〔8〕順之,潘遵祁(1808—1892),字覺夫,一字順之,號西圃,別號簡緣,江蘇吳縣(今屬蘇州)人。潘祖蔭族叔。道光二十五年(1845)進士,改翰林院庶吉士,散館授編修,道光二十八年(1848)回鄉主講紫陽書院,隱鄧尉,築香雪草堂,藏書其中。工花卉,有《西圃題畫詩》《西圃集》《香雪草堂書目》《西圃藏書目》等。

家曉帆方伯煦[1]

　　昨面議亦西齋書坊[2]之設，原爲兵燹後各處經書版籍毀失無存，坊間所售四書五經，紙印既劣，訛字又多，誤人子弟不淺。現擬先刻十三經讀本，已屬管事胡魯山購版興工。橋孫[3]之意，謂《昭明文選》亦學堂中不可少之書，現欲覓一汲古閣[4]文字清楚者，不獨價值貴，兼無覓處，胡刻[5]更無論矣。橋孫有汲古閣本，字尚清楚，不能翻刻，蓋翻刻非初印本不可也。現欲寫樣，需古刻校讎。知弟處臧有善本，欲借去校對。今特檢上二部。其一高麗紙大字本，粉紅絹面，此從郁泰峰[6]借來。泰峰臧書至富，宋元刊本《文選》不下十餘部。知弟見愛，遂舉以爲贈。又一部係蘇州汪閬元所臧，磁青紙面，稱爲宋刊，惟湊配甚多，然在今日實亦不可多覯矣。統望轉交橋孫爲荷。

　　[1] 家曉帆，即吳煦，吳煦號曉帆。
　　[2] 亦西齋書坊，明清蘇杭私人書坊興盛，亦西齋書坊即其一，其地址在杭州清河坊高銀巷，所刻書有經書、文學、實用類等。
　　[3] 橋孫，或指吳宗麟。吳宗麟，字橋孫，號冠雲，浙江錢塘(今杭州)人。光緒年間創立海上題襟館書畫會，一時江浙名士并集。應寶時寫給吳雲的信中曾提及"冠雲奉寄一書，及致寶時函均呈覽。所商之件，寶時亦無主意，乞代酌示"。其中"所商之事"，指吳煦去世後，應寶時發動馮桂芬、吳雲、潘遵祁等聯名向李鴻章上書，請李轉奏朝廷，爲吳建祠事。可見吳宗麟與吳雲、吳煦均有交集。
　　[4] 汲古閣，位於江蘇常熟的藏書樓和印書工廠，毛晋創辦。毛晋(1599—1659)，初名鳳苞，字子九，後改名爲晋，字子晋，別號潜在，晚年改號隱湖、篤素居士。早年爲諸生，屢試不第，遂隱居故里，築汲古閣，延請海內名士校勘儒家經典、十七史及唐宋元人別集、道藏詞曲等，以收藏和傳刻古書爲己任。所刻書初題綠君亭或世美堂，後皆用汲古閣。汲古閣刻書校勘詳明，雕印精良，稱毛刻本，行銷全國各地。書目存於《汲古閣校刻書目》。汲古閣刻《文選》以宋版李善注本爲底本，自刻行以

來，爲諸家重修本所祖，影響逾百年。

〔5〕胡刻，胡克家刻《文選》。胡克家(1756—1816)，字果泉，乾隆四十五年(1780)進士，曾官開歸道臺、安徽和江蘇巡撫。嘉慶二十二年(1817)因疏濬吳淞口積勞成疾，殁於任上。胡氏熱心校刻圖書，錢泰吉《曝書雜記》："(胡克家)嘉慶十四年刻《文選》，有《考異》十卷，元和顧君廣圻、鎮洋彭君兆蓀所撰。兩君皆精校勘，辨析頗詳，所據爲淳熙辛丑尤延之刻於貴池之本，而以吳郡袁氏翻雕六臣本、茶陵陳氏刻增補六臣本，校其異同，并詳列何焯屺瞻、陳景雲少章校語，亦多辯證其非。"

〔6〕郁泰峰，郁松年(1800—1866，一作 1821—1888)，字萬枝，號泰峰，上海喬家浜(今屬浦東)人。道光二十五年(1845)恩貢生。家資鉅萬，開設錢莊、商號、典當等，產業遍布申江，有"郁半城"之稱。而自奉節儉，舉辦善事無數。性耽讀書，斥鉅資購歷代典籍數十萬册，選其中宋、元佳本親自校讎編纂《宜稼堂叢書》六種。

丁雨生中丞日昌(二通)

(一)

昨者伏蒙賜顧,懇懇以地方利弊爲問,而又思周慮密,慎始圖終,將舉古人已行之政教,因時通變,次第施行。雲雖檮昧不學,竊不敢不盡其愚以備采擇。

閑嘗考周文襄[1]之治吴,其良法固多,而置濟農倉一事,尤足以爲後世法。史稱吴中終文襄之任,數十年民不知有凶荒,由於儲積之豐也。湯文正[2]重文愛士,而義倉之設,亦必居於社學之先。禮義生於富足,盜賊迫於饑寒。二公之德澤在人,非無故矣。

雲伏觀本年[3]五月間久暵不雨,民心已萬分荒張。賴明公暨各大府設壇虔禱,天心仁愛,渥沛甘霖,遂得轉荒爲熟。側聞蘇松嘉湖,除未墾各區外,其餘高低田畝,一律種遍,秋收可望豐稔。將來新穀登場,僉謂米價石不過二千文。左右執事誠能及此時會,分飭所屬各州縣,量地方之肥瘠,酌缺分之菀枯,仿前賢遺法,設倉積穀;或於漕務中酌提羨餘,或於業户中廣勸捐助,自數千石以至數萬石。合四府一州計之,初年得穀已復不少,數年之後,定必倉箱充溢,利濟無窮。應如何冬收春貸,推陳出新,必明定畫一章程,以垂久遠。果能合官紳之力奉行盡善,有此積儲,即遇水旱偏災,亦足有恃無恐。兵亂之後,恐有凶年,似亦當務之急也,惟執事圖之。

[1] 周文襄,周忱(1381—1453),字恂如,號雙崖,江西吉水(今屬吉安)人。永樂二年(1404)進士,補翰林院庶吉士,累官至工部尚書,諡文襄。有《雙崖集》,《皇明經世文編》輯有《周文襄公集》。據《明史·周忱傳》,宣德五年(1430)"帝以天下財賦多

不理，而江南爲甚，蘇州一郡，積逋至八百萬石，思得才力重臣往釐之。乃用大學士楊榮薦，遷忱工部右侍郎，巡撫江南諸府，總督稅糧"。周忱到任後創"平米法"，又置"濟農倉"，使民困稍蘇，歲有餘羨，"終忱在任，江南數大郡，小民不知凶荒，兩稅未嘗逋負"。

[2] 湯文正，湯斌(1627—1687)，字孔伯，號荊峴，晚號潛庵，河南睢州(今屬商丘)人。順治九年(1652)進士，選宏文院庶吉士，授國史院檢討，累官至工部尚書，卒諡文正。康熙二十三年(1684)，湯斌任江寧巡撫，蠲免苛賦，修繕學宮，教化大行，民皆悅服。湯斌是理學的宣導者與踐行者，所到之處體恤民艱，弊絕風清。趙遶《南洲書院碑記》："睢陽湯文正公云：教養二字，王道之本。某承乏潼關，力行社學、鄉約、義倉、保甲四事，頗費苦心，此司牧之圭臬也。"

[3] 本年，同治六年(1867)。是年底至同治九年閏十月，丁日昌任江蘇巡撫。

又(二)

前者辱惠書，猥荷垂注懃拳，并承惠頒老樹橘紅，謹即拜登[1]。東坡晚年在海南時，好儲方藥以應不時之求，兼備攝生之用。猥蒙遠寄，感幸無量。辰下伏維頤養沖龢，貴體定已彊飰[2]。

近日醫生固不易得，惟明公以優游林下之餘，塵勞屏掃，琴書自娛，則六時消息[3]未必不勝於一劑清涼。比聞陳請養疴，已邀俞允[4]。賀知章鑑湖乞賜[5]，歐陽公潁上退居[6]，一時君臣契合，輝映古今。遭際之隆，後先同轍。然在明公以皋夔之身，尋莘渭之樂[7]，卷經世之大略，抒緒餘之鴻文，高尚之風，世誠罕覯。而不知江南人士去思[8]之切，有不啻如渴思飲、如饑思飧者。福躬康健，務望早日出山，爲霖爲雨，蒼生望謝公啞矣[9]，公忍恝然無意於斯民乎？

鉅製詩篇，業已浣誦百過。健筆扛鼎，詞源倒海，氣韻足與玉局[10]抗席，非胸有萬卷書而識力又足以副之，安能臻斯境界。牛耳之盟，舍公誰屬！承命勉和《園居雜咏》十一首之四，小國邾滕，不過爲明公負弩執鞭奉盤匜以聽驅策而已，不足云詩也，幸直筆訓削之。

兒子承潞得侍左右者有年，凡居官治事，悉秉當日箴誨，不敢稍有違渝,故數載以來尚無隕越。去歲今春籌濬屬境七浦各支港水道以資農田灌溉[11],今夏吴中亢旱,而婁東車戽有資,幸未成災,此則堪以仰慰垂廑[12]。

[1]拜登,"下拜登受"之省。春秋時,諸侯領受天子的賞賜時,先下臺階,叩首至地,再登堂,接受賜品。《左傳》僖公九年:"'天威不違顏咫尺,小白余敢貪天子之命無下拜?恐隕越於下,以遺天子羞。敢不下拜?'下,拜,登,受。"後用爲接受賜贈的敬詞。

[2]飫,古"飯"字。

[3]六時消息,古分一晝夜爲十二時,晝夜分言,則各有"六時"。此謂順應自然。

[4]"比聞"句,丁日昌光緒元年(1875)奉命督理福州船政,二年任福建巡撫,旋請假回籍養病。俞允,應允,多指帝王對臣下請求的回復。

[5]"賀知章"句,天寶三年(744),賀知章因病上疏請還鄉里,舍家宅爲觀,又求周宮湖數頃爲放生池。玄宗許之,別賜鑑湖一曲爲賀養老之所。賀返鄉時,玄宗作詩以贈,皇太子率百官餞行。

[6]"歐陽公"句,熙寧四年(1071),歐陽修以太子少師致仕,居潁州。《宋史·歐陽修傳》:"修以風節自持,既數被污蔑,年六十,即連乞謝事,帝輒優詔弗許。及守青州,又以請止散青苗錢,爲安石所詆,故求歸愈切。熙寧四年,以太子少師致仕。"則歐陽修之致仕,實難言"君臣契合"。

[7]"以皋夔"句,皋,皋陶,傳説推行五刑、五教,刑教兼施,天下大治。夔,傳説以樂舞教導人民。《尚書·舜典》:"夔曰:於!予擊石拊石,百獸率舞。"莘,指伊尹。傳伊尹曾耕於莘野,後爲湯所用。渭,指姜子牙。傳姜子牙垂釣於渭水之濱,姬昌載與同歸。此言丁日昌有皋夔伊尚之才,不應做歸隱之想。

[8]去思,《漢書·何武傳》:"欲除吏,先爲科例以防請託,其所居亦無赫赫名,去後常見思。"後遂以"去思"指地方士民對離職良吏的懷念。

[9]"蒼生"句,《晋書·謝安傳》:"征西大將軍桓温請爲司馬,將發新亭,朝士咸送,中丞高崧戲之曰:'卿累違朝旨,高卧東山,諸人每相與言,安石不肯出,將如蒼生何!蒼生今亦將如卿何!'"此以謝安喻丁日昌。劉禹錫《奉和裴令公夜宴》:"天下蒼生望不休,東山雖有但時游。從來海上仙桃樹,肯送人間風露秋?"

[10]玉局,指蘇軾。《宋史·蘇軾傳》:"徽宗立,移廉州,改舒州團練副使,徙永州。更三大赦,遂提舉玉局觀,復朝奉郎。"趙翼《再題焦山寺贈巨超練塘兩詩僧》:"我本才非蘇玉局,敢嗔佛印不燒豬。"

［11］"去歲"句,《江蘇省通志稿》二《都水志·水利治績下》:"是年(同治十三年),吳承潞濬白涇、管潭(兩河均白茆支河,係太倉昭文接界)、時涇、孟河、菜花涇、橫塘河、漕涇。光緒元年,吳承潞濬蔣涇、陳涇、羅涇。二年九月,增建茜涇塘外護灘椿壩。"

［12］垂廛,"廛"字據石印本補。

金逸亭廉訪國琛[1]

　　日前台從莅蘇，屢辱惠顧，暢聆教言，稍慰勞結。別後未知何日安抵金陵，深以爲念。

　　承諭捐局會銜一節，猥荷諄勸至再，且以弟之辭差，尊處未接明文，現在具報開局及一切文移均以爵帥札子裝首，尤不便將賤名抹去，致乖公牘體裁。此執事慎重公事之意，佩甚佩甚。惟弟去年十一月間奉到左爵帥[2]札子，當[3]於臘月間具稟，瀝陳病狀，請另委接辦。詞頗剴切詳盡，必可邀准。此稟託上海轉運局代遞，路途遙遠，不知何日始達。弟非膏肓泉石之人，且與執事同差，尤所深顧。況蒙左爵帥、袁星使[4]激揚廢滯，采及虛聲，苟可勉任馳驅，亦欲仰首伸眉，稍圖建樹，一吐胸中鬱勃之氣。無如十年伏處，藥爐茶竈未嘗離側。倘不自揣分量，輕出嘗試，顛覆召愆，後悔何及。此所以再四思維，不得不具稟力辭，冀全晚節。昔人誓墓，弟則誓之於心匪伊朝夕矣。執事摯愛，亮亦曲鑒此衷也。

　　小午星使向未謀面，未敢通書，乞於遞中代達鄙意。梅小巖[5]方伯前亦望婉致區區，是所至懇。不宣。

[1] 金國琛(？—1879)，字逸亭，江蘇江陰(今屬無錫)人。咸豐中，以諸生從軍，治軍十餘年，堅苦踔厲，號爲名將。居官亦有政聲。《清史稿》卷四三三有傳。廉訪，宋、元時職官名，主管監察事務。金國琛光緒元年(1875)任廣東督糧道，擢按察使，故稱。

[2] 左爵帥，左宗棠(1812—1885)，字季高，一字樸存，號湘上農人，湖南湘陰(今屬岳陽)人。道光十二年(1832)鄉試中舉後屢試不第。留意農事，鑽研興地、兵法。太平軍起，先後入駱秉章、曾國藩幕，一生經歷平定太平天國、洋務運動、平叛陝甘回亂、收復新疆等重要歷史事件。同治三年(1864)論功封二等恪靖侯，累官至東閣大學士、軍機大臣，追贈太傅，諡文襄。左宗棠邀吳雲辦捐務事，見本卷吳雲與周學濬

書第四通,以及卷七"湘陰相國辭繳委辦甘捐札子"。

〔3〕當,或爲"嘗"之誤。

〔4〕袁星使,袁保恒(1826—1878),字小午(一作筱塢、筱午),項城(今屬河南)人。袁甲三子,袁世凱叔父。道光三十年(1850)進士。少隨袁甲三軍,諳練武事。先後在李鴻章、左宗棠軍幕爲輔佐,達二十餘年,累官至刑部左侍郎。星使,《晋書·天文志上》:"畢附耳南八星曰天節,主使臣之所持者也。"後因稱帝王使者爲星使,亦泛指使者。光緒三年(1877),袁保恒因祖母病逝,回河南項城奔喪,服喪期滿後,即受朝廷命幫辦賑災事務,故以星使稱之。

〔5〕梅小巖,梅啟照(1826—1894),字小巖(一作筱巖、曉巖),江西南昌人。同治二年(1863)進士,點翰林院庶吉士、編修,累官至兵部右侍郎、内閣學士。梅啟照博聞强記,於軍事、醫術、算術、測量均有涉獵,通洋務,尤留心鐵路、船艦、槍炮、機械之學,有《天學問答》《中國黄河經緯度里之圖》《學强恕齋筆算》《測量淺説圖》《梅氏驗方新編》《學强恕齋吟草集》《曉巖詩稿》等。方伯,殷周時一方諸侯稱方伯,後泛稱地方長官。光緒三年(1877),梅啟照擢浙江巡撫、領兵部侍郎銜,兼都察院右副都御史,并兼任兩浙鹽政提督軍務,節制水陸各鎮,故以方伯稱之。

李小湖廷尉聯琇[1]（二通）

（一）

烽烟滇洞，執訊久稀，每念霽光[2]，輒深馳溯。辰下敬維道履沖和，順時諧暢，千秋盛業，富有日新，幸甚幸甚。

雲待罪滬江，積憂成疾。自春徂夏，日與藥爐茶竈相爲周旋，一室蕭然，讀書自遣，杜門不出者三月餘矣。韓昌黎云：居閑食不足，從仕力難任[3]。古人於出處之際不能自決如此。雲今者但慕居閑之樂，永絕從仕之心。縱使食或不足，亦當減衣縮餐，勉支歲月，還我酸鹹面目[4]。矢諸天日，誓於江神，此生再不作傀儡中人矣。暑退秋涼，賤軀得稍頑健，擬拏舟北渡，省視老母，必當專誠奉訪，藉罄別緒。先以此書達意。

聞大集已經刻竣，何日惠讀，甚盼念也。楞翁[5]常通信否？餘惟爲道保重。不盡。

[1] 李小湖，李聯琇（1820—1878），字季瑩，一字小湖，江西臨川（今屬撫州）人。道光二十五年（1845）進士，改庶吉士，散館授編修。累官至大理寺正卿。致仕後主講鍾山、惜陰二書院，請業者甚眾。有《好雲樓初集》《二集》。廷尉，官名，秦置，掌刑獄。李聯琇曾官大理寺正卿，故稱。

[2] 霽光，"霽月風光"之省，形容雨過天晴萬物明净，後用以比喻人品高潔，胸襟開闊。黃庭堅《濂溪詩序》："舂陵周茂叔，人品甚高，胸懷灑落，如光風霽月。"

[3] "韓昌黎"句，語出韓愈詩《從仕》："居閑食不足，從仕力難任。兩事皆害性，一生恒苦心。黃昏歸私室，惆悵起歎音。棄置人間世，古來非獨今。"

[4] 酸鹹面目，以己之鹹爲鹹，以己之酸爲酸，猶言"本來面目"。袁宏道《初春和陸放翁韻》："懶向時人爭巧拙，久游畏路耐鹹酸。"

[5] 楞翁，錢振倫（1816—1879），字楞仙（一作楞先、侖仙），號示樸，浙江歸安（今屬湖州）人。道光十八年（1838）進士，改庶吉士，授翰林院編修，官至國子監司業。

有《示樸齋制義》。劉聲木《萇楚齋隨筆》"錢振倫與妻家不睦"條："歸安錢楞仙宮贊振倫，續娶婦翁氏，爲常熟翁文端公心存之女。……宮贊之姊，即臨川李小湖大理聯琇之配。"則錢振倫乃李聯琇內弟。

又（二）

伻[1]來奉手書，并蒙惠頒詩文初集，謹已領悉。執事宏通博雅，名滿寰區，久爲士林皈仰，而猶虛懷若谷，如雲謏劣，亦復不棄其愚，屬爲直筆釐訂。此真以能問於不能也，聞之益增皇恐。鄉居無俚[2]，連日焚香靜對，展讀再過。駢文雄渾峻雅，盛世元音；散體議論警闢。反侯朝宗《燕太子丹論》一篇[3]，謂博浪之免，正非秦幸；咸陽之免，不爲燕惜。卓哉斯言，洵爲千古獨創之論。此外箴言雜識，皆有功來學，所謂經世鴻文也。古今體詩尤見醞釀之深，古人於家國之間，憂患嬰心，觸物生感，激而爲酸楚悲涼之調，以寫其窮苦抑鬱[4]之思。《小雅》《離騷》以後，至於杜少陵，論詩者每謂窮而後工。執事門傳通德，家有楹書，紆青拖紫，席豐履厚，苟幼時愛育稍偏，噢煦過甚，又安見砥礪自奮，驟成國器。人情喜逸惡勞，觀於讀書欲卧，自爪其面，此固有迫而致之者，不必待蘇季子窮困歸來，而簡練以爲揣摩者久熟矣。一出而邊掇巍科，聲隆朝野，年未四十，位列上卿，是當日之操心慮患，無非玉汝於成也。讀祭嫂一篇，所謂欲揚先抑，欲亨先屯者，實由中之言，非矯情之語也。集中載賜鄙人二書、五古一首，附青雲而傳後世，榮幸何如。

所至可感者，雲遭庚申之亂，平生覆瓿之作，與皮藏書籍，同罹浩劫，竟無隻字獲存。今讀大稿，謂拙題《吳承泌墓誌》駁蘭泉之跋，辨證僖昭年號。今此碑既佚，文亦久不置懷。而既爲大賢所賞，或則尚有可存。因之追憶前題，默爲紀錄，尚得十之六七，已存諸稿矣。此外未梓者，悉付烟雲，無從追問，益歎。執事初集之刻，謂恐一旦拋失，使精神遐漂爲可惜，真甘苦之言也。至於"吳守棲黃橋，李生宿青郊"[5]，引前人之詩以寫兩人離索之感，回首前塵，凄然欲絕。一俟屠軀稍健，準當專誠詣訪，作竟日之談,一紓蘊結。

　　[1] 俾,使。《書·立政》:"乃俾我有夏。"傳:"乃使我周家王有華夏。"
　　[2] 無俚,無聊。揚雄《方言》:"俚,聊也。"
　　[3] "反侯朝宗"句,侯朝宗,侯方域(1618—1654),字朝宗,商丘(今屬河南)人。少年有才名,與方以智、冒襄、陳貞慧并稱"四公子"。有《壯悔堂文集》《四憶堂詩集》。其所作《太子丹論》,對燕太子丹持肯定態度,曰"若丹者,雖與日月爭光可也"。
　　[4] 抑鬱,原作"挹鬱",或"悒鬱"之誤,據石印本改作"抑鬱"。
　　[5] "至於"句,湯顯祖《讀延庚樓詩有懷》:"吳守棲黃橋,李生宿青郊。時時五馬來,春漿布闌肴。"

許信臣中丞乃釗(三通)

(一)

　　月之中瀚奉九月杪手簡,欣審道履沖和,娱情翰墨。承屬覓米老法帖,今先寄上《向太后輓詞》[1]一種。米老小楷,頗不易得。《英光堂帖》,一刻於徐紫珊,一刻於蔣生沐(與徐刻不同),姪處均有。尚有重刻《群玉堂帖》[2],比之英光尤佳。出月有便人到海陵,當屬帶呈,驛遞不便也。至來諭謂嘉興張氏有重刻英光堂一卷,是米老臨智永、魯公、《瘞鶴銘》諸帖,姪未見過。當時叔未丈所刻金石各種,姪盡知之,未聞有此帖也,容另訪之。

　　蒙詢敝臧稧帖,言之可慨。姪積三十年心力搜羅至二百餘種,其中不少希有之品,一毁甲寅家遭鬱攸[3],再毁庚申之變。現在所剩,僅十之二三而已。開皇十三年本已付劫,十八年本尚在,均經重刻,石亦無存。昨於友人處得一重刻十八年本,附寄清賞。所至可惜者,舊臧馮承素摹稧帖一卷,係唐人雙鉤廓填,爲魏文節杞[4]家臧賜本,自南宋歷元、明、國朝,均有題記,其最著者如趙松雪、俞紫芝、倪雲林諸公[5],流傳有緒,爲敝齋中瓌寶,乃己未年[6]秋間爲石門李笙漁[7]太守借刻,旋携至杭州,去年陷於城内。此卷既免蘇州之劫,而不能免杭州之劫,豈存毁亦先後有時耶!

　　姪遭遇患難,萬念俱灰。比來鍵户讀書,頗亦自安其拙。所輯《吉金款識》一書,頗有就緒。日握鉛槧,篝燈不輟,竊計明春可以成稿,再當就正。惟家無儲蓄,食指繁多,薪米僕賃之資,頗似昌黎公"日求於人以度時月"。明春膺鎮江趙金兩觀察[8]之招,杏花初放,必鼓金山之棹,斯時當便赴海陵,摳侍[9]左右,與長者作數日敘。敝臧遭劫者固多,新得亦頗不少，必携數種以資評賞也。

江南講金石之學者，自韓履丈[10]、翁叔均[11]故後，我道益孤。海陵有可談之人否？姪所知者有吴讓之茂才，年老家貧，好學不倦，其篆隸師鄧石如，實有出藍之譽，非時史可及；鐵筆尤妙，惜目昏已不能多刻。其於漢魏六朝碑版考鑒最精長者，暇時試進見之，當知姪言非謬。惟此君頗抱道自高，非先枉駕，恐不輕至也。

[1]《向太后輓詞》，小字行楷，米芾書於建中靖國元年(1101)。紙本現藏故宫博物院。

[2]《群玉堂帖》，韓侂胄(？—1207)以家藏墨迹，令門客向水編次摹勒上石。全帖十卷，共一百四十一段，首卷南渡後帝后御書，二卷晋隋名賢帖，三卷唐名賢帖，四卷懷素千文，七卷黄庭堅書，八卷米芾書，十卷蔡襄、石曼卿書，五、六、九卷則其他宋人書，名爲《閲古堂帖》，嘉定三年(1210)，改名爲《群玉堂刻帖》，亦稱《群玉堂帖》。向氏精於鑒賞，擅長刻帖，《群玉堂帖》摹刻甚爲精善。此帖原石早佚，拓本流傳極少，明時已無全帙，殘卷亦罕見。

[3]鬱攸，火氣，灼熱之氣。《左傳》哀公三年："濟濡帷幕，鬱攸從之，蒙葺公屋。"杜預注："鬱攸，火氣也。"林則徐《中秋飲沙角炮臺眺月有作》："行酒東臺對落日，猶如火傘張鬱攸。"

[4]魏文節杞，魏杞(1121—1184)，字南夫，一字道弼，壽州壽春(今屬安徽淮南)人。紹興十二年(1142)進士，累官至參知政事、右僕射兼樞密使，以端明殿學士致仕，卒諡文節。

[5]"其最著"句，趙松雪，趙孟頫(1254—1322)，字子昂，號松雪道人，又號水晶宫道人、鷗波，浙江吴興(今湖州)人。宋太祖趙匡胤十一世孫、秦王趙德芳嫡系子孫。仕元，累官至翰林學士承旨，榮禄大夫，卒諡文敏。趙孟頫能詩善文，懂經濟，工書法，精繪藝，擅金石，通律吕，解鑒賞，尤以書法和繪畫成就最高。俞紫芝(？—1086)，字秀老，金華(今屬浙江)人，寓居揚州(今屬江蘇)。少有高行，篤信佛教，終身不娶不仕。王安石晚年居江寧，俞紫芝從之游，頗得賞識。倪雲林，倪瓚(1301—1374)，初名珽，字泰宇，後字元鎮，號雲林子、荆蠻民、幻霞子等，無錫梅里(今屬江蘇)人。家富好古，四方名士常至其門。至正初忽散盡家財，浪迹太湖一帶。擅畫山水、墨竹，亦擅詩文，有《清閟閣集》。

[6]己未年，咸豐九年，公元1859年。乃太平天國破蘇州前一年。

[7]李笙漁，李嘉福(1829—1894)，字籠蘋，號笙漁(一作笙魚)，一號北溪，自署

石佛庵主、語溪老民，浙江石門（今屬嘉興）人。流寓吳縣，捐知府銜。吳大澂岳父。工書畫，善刻印，精鑒別，富收藏。

　　[8] 趙金兩觀察，趙或爲趙吟蕉，同治初爲常鎮道觀察。金係何人，待考。

　　[9] 摳侍，摳衣侍奉。摳衣，提起衣服前襟迎趨以示恭敬。《禮記·曲禮》："毋踐屨，毋踖席。摳衣趨隅，必慎唯諾。"

　　[10] 韓履丈，韓崇（1783—1860），字元之（一作元芝），號履卿，別稱南陽學子，元和人（今江蘇蘇州）。官山東雒口批驗所大使，以終養乞歸。咸豐初協辦團練勸捐諸事宜，加鹽運使銜。嗜金石，耽吟咏，有《寶鐵齋詩錄》。韓崇是汪鳴鑾和吳大澂的外祖父。

　　[11] 翁叔均，翁大年（1811—1890），初名鴻，字叔均（一作叔鈞），號陶齋，江蘇吳江（今屬蘇州）人。精考證，擅篆刻。有《古官印志》《古兵符考》《泥封考》《陶齋金石考》《瞿氏印考辨證》《舊館壇碑考》《陶齋印譜》《秦漢印型》等。

又（二）

　　日前肅復一函，附有重刻開皇禊帖暨米書石刻，由鎮江轉遞，未知何日達鑒。一昨又奉手諭，并致觀堂星使壽幛等件，一一領悉，遵即代辦專送，取有回帖繳呈，伏祈察收。辰下敬維福躬安泰，道味加腴。

　　蒙示溫習四書，兼涉二氏，三教會通，互相發明。此中無實無虛，正吾儒誕登[1]立腳處。況長者久以廣大心得清静覺，今復勤參宗旨，體悟真詮，以葆此堅剛不滅之性，此大智慧，懸崖撒手本領。恨姪根行淺薄，不能信受奉行，一意潛修。今已神疲志耗，甚悔三十餘年心血，非勞形於案牘，即消磨於故紙堆中，噬臍無及，奈何奈何！明春準赴海陵侍聆棒喝，冀可啟牖愚蒙也。

　　家讓之本長者所器重，姪前書雖屬失晨之鳴，知長者必許其論薦之不謬也。兹寄上蘭伯親家竹報三通，又鹿茸一架，統乞檢收。

　　蒙諭春和擬作蜀川之游，板輿之樂固屬人生難得，然間關萬里，又值中原多故，道路難行，似非高年所宜進止，尚望酌之。

　　英光堂米帖兩本，群玉堂米帖一本，附呈清賞，餘容續寄。不備。

[1] 誕登,即登。誕,發語詞。《詩經·大雅·生民》:"誕置之隘巷,朱羊腓字之。"

又(三)

日前奉到續示,并鈔録米卷詩句,命爲考定。按米書刻於《清芬閣集帖》[1]中,特將原帖寄上。中間如第一首"縷"字下點去一字,及"膳"字誤"瞻",帖中皆無錯,而卷中所訛,竟爲巨眼抉出,益徵長者聰强善記,斷非後學輩所能幾及。若姪之荅學早衰,更無論矣。慚愧慚愧。

[1]《清芬閣集帖》,乾隆三十九年(1774)臨汾王亶集刻。此帖收米書極富,然時雜有僞迹。

王荷汀觀察芳[1]

　　吟蕉竟於本日卯刻驟患時疫棄世[2]，弟力疾往弔，頃歸寓，餘痛猶未已也。想兄聞之，定亦同深一哭。吟蕉交卸常鎮道篆，到滬後承辦各事，倍極棘手。昕宵從公，幾於忘寢廢食。近復觸暑往來，不遑喘息，竟以時疾隕命。伏念中丞平日器重吟蕉，聞此信必爲惻然。吾兄晉謁時，能相機婉言，得援軍營辦事積勞身故例入奏，則不特爲飾終之榮，而身後官累亦可例豁，趙氏子孫，世世感戴矣。吟蕉係委辦理京米[3]人員，現在京在米辦竣，本有勞績可録，措詞亦有依據。統祈裁示。

　　酷暑，伏維善加攝衛。不宣。

　　[1] 王荷汀，王芳，不詳。疑或即下吳雲與何紹基書第二通所言"荷汀"（黃芳），誤"黃"爲"王"也。黃芳長沙人，在吳地爲官，喜收藏，與吳雲、何紹基均有交集。

　　[2] "吟蕉"句，吟蕉即趙炳麟。光緒《歸安縣志》卷四二"趙炳麟"："權常鎮道事。鎮江故有救生紅船，經亂盡廢。炳麟復之，至今賴焉。尋卒於滬上，大吏以聞，奉旨照軍營病故例賜恤，贈光禄寺卿。"

　　[3] 京米，"京倉需米"之省。左宗棠《請勒追革員京米捐款再行押解來浙捐輪賑米片》："查近年南漕停運，京倉需米甚急，江蘇撫臣飭令該員捐備京米十萬石，自應全行措繳，豈可移作浙賑。"

何子貞太史紹基(七通)

(一)

去年秋冬曾兩肅蕪箋,本年初夏又由漢口友人專遞一信,迄今未得覆書,均不知一一達到否?

弟不肖,不能從俗浮沈,與時俯仰,卒爲含沙所射。然竊自念古今多少英賢豪傑,橫被口語蹈不測之禍者難更僕數。涉此亂世末流,猶得骨肉完聚,苟全身命;且劫火之餘,尚有圖書金石可供觀摩,不可謂非蒼蒼者厚於我也。比來杜門謝客,編輯《鐘鼎彝器款識》一書。甫經草創,俟有就緒,即當另繕清本,寄請正定。

刻因潤州紳士以金焦兩山志書均毀於火,邀弟纂修,年内或出門一行,亦未可定。藉山居清静,更可卒未竟之業也。

後有惠函寄上海洋涇浜會防局轉交,必可無誤。

又(二)

前寄家子僎[1]帶呈一信,子僎未行,適荷汀[2]從湘南來,携到手書,發函伸紙,宛挹笑言,并知今春有九疑桂林之游。想見杖履佳勝,腰脚輕健,致足羨也。承惠楹聯及張遷隸碑[3],如獲異寶。法書詣力已到至精極熟之候,無論欹側端莊,各有妙處,未易一二爲俗人言也。弟於漢人隸書中,頗以未得《張遷碑》善本爲憾。今觀吾兄所臨,間架略仿張遷而根柢岐陽石鼓[4],復參以婁壽[5]筆意,遂覺雄渾古厚。伊墨卿[6]一生學張遷碑,但求形似,惜未見尊書也。當今不乏書家,而平生心折者,實止老兄一人。得失寸心,知此言非可强致也。弟近日亦頗致力於隸書,自知功欠沉着，天假我年，或者有所造就，此不僅八法已也。

所需黃小松[7]摺扇，已爲龍蛇攫去。近得邊葦間[8]所畫蘆雁摺扇一柄，尚可拂暑，茲特交子佾帶上。弟與翰墨頗有奇緣，兵燹之後所得，岳麓、雲麾二碑[9]，皆係宋拓，故佳[10]。此外碑帖及名賢卷册，亦頗可觀，恨無萬回[11]飛往之術，携以就賞也。

筱漚殉難以後，其子穀甫世講[12]於本年五月間挈眷入都，七月津門大疫，竟客死異鄉，真可慟哭。

韓履卿、許珊林兩丈暨汪鑑齋[13]、翁朩均皆已作古，惟吳熙載巋然獨存，現寓泰州。譚金石之學者，如廣陵散矣。馮林一、潘玉泉、顧子山均在上海，弟不出户庭，此數君者常來晤敘也。荷汀已過譚數次。《圉令趙君碑》[14]尚未見也。

[1] 家子佾，吳觀禮(？—1878年後不久)，字子佾，號圭庵，浙江仁和人。久客左宗棠幕，以功薦保布政使銜，陝西候補道。同治十年(1871)進士，改翰林院庶吉士，散館，授編修。有《圭盦文集》《圭盦詩集》《效蜀日記》《讀鑒隨録》等。吳觀禮爲何紹基之婿。

[2] 荷汀，或即黃芳(生卒年不詳)，字荷汀，湖南長沙人。道光十五年(1835)舉人。咸豐五年(1855)任上海知縣，八年任松江海防同知，同治元年(1862)署理上海道臺。收藏書畫、善本等，有鑒藏印"星沙黃荷汀鑒藏書畫印""咸豐丙辰後黃氏所藏"等。

[3] 張遷隸碑，全稱《漢故穀城長蕩陰令張君表頌》，亦稱《張遷表》，中平三年(186)刻，明初出土。碑石原在山東東平，今置泰安岱廟炳靈門内。碑文係韋萌等追念張遷功德而立。其書法以方筆爲主，嚴謹豐腴，樸厚靈動，是漢碑中的上品。

[4] 岐陽石鼓，亦稱獵碣、雍邑刻石，唐初出土於天興三畤原(今陝西寶雞鳳翔三畤原)，石外形似鼓，故名。石鼓是我國現存最早的石刻文字，字體在古文與秦篆之間，是學習篆法的珍貴資料。

[5] 婁壽，指《婁壽碑》，又名《玄儒婁先生碑》，東漢熹平三年(174)刻。與禮器、曹全并稱"漢隸三絶"，朱彝尊則譽其爲"漢隸第一"。

[6] 伊墨卿，伊秉綬(1754—1815)，字祖似，號墨卿，晚號默庵，福建寧化(今屬三明)人。乾隆五十四年(1789)進士，歷任刑部主事、員外郎，以揚州知府致仕。喜繪畫、治印，工書，尤精篆隸，與鄧石如并稱大家。有《留春草堂詩》《攻其集》等。

[7] 黃小松，黃易(1744—1802)，字大易，號小松、秋盦，又號秋影盦主、散花灘

人,浙江錢塘(今屬杭州)人。監生,官濟寧同知。擅篆刻,喜集金石文字,與丁敬并稱"丁黃",爲"西泠八家"之一。有《小蓬萊閣詩鈔》。

[8] 邊葦間,邊壽民(1684—1752),初名維祺,字頤公,又字漸僧、墨仙,號葦間居士、葦間老民、綽翁、綽綽老人,山陽(今江蘇淮安)人。善畫花鳥、蔬果、山水,尤以蘆雁馳名江淮,號"邊蘆雁"。亦工詩詞、書法,與鄭板橋、金農等齊名。

[9] 岳麓、雲麾二碑,指李邕撰文并書《岳麓寺碑》及《雲麾將軍李秀碑》。

[10] 故佳,原作"致佳",據石印本改。

[11] 萬回,俗姓張,虢州閿鄉(今河南靈寶)人。原爲唐代僧人,後被傳爲佛國謫貶東土的菩薩。傳明成祖所撰《神僧傳》載:"回兄戍役於安西,音問隔絕,父母謂其亡矣,日夕涕泣,憂思不止。回顧父母感念之甚,忽跪而言曰:涕泣豈非憂兄耶?父母且信且疑,曰:然。回曰:詳思我兄所要者衣裝糗糧之屬,請悉備焉,某將往視之。忽一日朝賫所備而往,夕返其家,告父母曰:兄善矣。發書視之,乃兄迹也。一家異之。弘農抵安西,蓋萬餘里,以其萬里而回,故號曰萬回。"

[12] 世講,長輩對朋友後輩的稱謂。呂本中《官箴》:"同僚之契,交承之分,有兄弟之義,至其子孫亦世講之。"

[13] 汪鑒齋,杜文瀾《憩園詞話》卷二"汪鑒齋觀察詞":"鑒齋名藻,一字簫珊,辛丑進士,即用河南知縣,改工部屯田司郎中,以道員用,加運使銜。善詩書畫三絕,尤工倚聲。"朝鮮人李尚迪《恩誦堂集·追題〈海客琴樽第二圖〉二十韻》前有小序:"入畫者,比部吴偉卿(吴贊),明府張仲遠(張曜孫),中翰潘順之(潘遵祁)、補之(潘希甫)及玉泉(潘曾瑋)三昆仲……工部汪鑒齋(汪藻)……冠英(吴儁)畫之。"兩則記載中出現的汪鑒齋當爲一人,亦即吴雲信中之人,其大致生活在道光、咸豐年間,與江南士人過往甚密,或其籍貫即在蘇常一帶。吴雲二百蘭亭齋曾刻印《溫虞恭公碑》雙鉤本,即標爲汪鑒齋舊藏宋拓本。

[14] 《圉令趙君碑》,刻於初平元年(190),原石在河南南陽,《中州金石考》及《天下金剛志》均有著錄。早佚,有拓本數種傳世。碑文結字拙樸,章法獨特。

又(三)

承詢《雁塔題名》[1],憶己未年在蘇時,有賈人持以求售,索值百金,後爲李笙漁購贈王雪軒中丞。兵亂,雪翁將此件連同各字畫寄回家去,現當在福建,或未遭劫也。弟處所藏漢碑,劫火之餘,僅存二十餘種,內曹全、乙瑛、孔宙皆有重出本,然不過熙雍乾嘉間所拓。《天發神讖》[2]尚是明拓,原石已毀,頗不易得。兄如需此,示知寄上。

兄近日畫蘭否？奉贈籜石翁[3]墨蘭一軸。兄喜離奇,而此實爲正宗,似出板橋董之上也。外宣城舊紙八幀,尚宜筆,聊供兄臨池之用。

齊侯罍釋文終未愜意。從前兄來信云,子苾[4]、印林[5]、定庵[6]均有釋文,弟遍訪不得。兄處如有稿,務求寄下。尊釋必有稿本,并乞一并寄下。

[1]《雁塔題名》,西安慈恩寺大雁塔始建於唐高宗時,中進士者必登塔題名。宣和二年(1120),陝西轉運判官柳瑊將塔内題名摹刻上石。原石宋末已佚,拓本傳世亦極少。

[2]《天發神讖》,又稱《吳天璽記功頌》,三國吳天璽元年(267)刻。石呈圓幢形,環刻文字。舊在南京天禧寺,宋時原石斷爲三段,故又稱三段碑、三擊碑,嘉慶十八年(1813)八月毀於火。

[3]籜石翁,錢載(1708—1793),字坤一,號籜石,又號匏尊、萬松居士、百幅老人,秀水(今浙江嘉興)人。乾隆十七年(1752)進士,改庶吉士,散館授編修,後授内閣學士兼禮部侍郎,上書房行走,《四庫全書》總纂,山東學政。工詩文,精畫,尤工蘭竹。有《石齋詩文集》。

[4]子苾,吳式芬(1796—1856),字子苾,號誦孫,海豐(今屬山東濱州)人。道光十四年(1834)進士,累官至内閣學士。長於音韻,精考訂,有《攟古録》《攟古録全文》《金石匯目分編》《陶嘉書屋鐘鼎彝器款識》《海豐吳氏雙虞壺齋印存》等。

[5]印林,許瀚(1797—1866),字印林,山東日照人。道光十五年(1835)舉人,選滕縣訓導。一生冷官閑署,致力學問,精考據、金石碑版之學,搜求不遺餘力。有《攀古小廬雜著》《別雅訂》《古今字詁疏證》等。

[6]定庵,龔自珍(1792—1841),字璱人,號定庵,仁和(今浙江杭州)人。道光九年(1829)進士,爲内閣中書、禮部主事等。道光十九年(1839)辭官南歸,執教於雲陽、紫陽書院,不久暴卒於丹陽。龔自珍博學多識,於科名掌故、經史訓詁、古今官制、目録學、金石學等多有建樹,詩文更名噪一時。今人輯有《龔自珍全集》。

又(四)

去年夏秋間曾寄二書,附有黃小松畫卷、楹聯、集帖等件,迄今[1]未奉還答,究不知前書曾否達到,深爲馳念。比來眠食何如? 伏維萬福。

弟自山居以來,愛右軍誓墓之文,陋鮑焦[2]憤世之語,一編在手,聊復逍遥,頗能自安其拙也。去冬抄由山旋滬,省視老母,幸寒家長幼均得託庇安健。昔人謂山中勝境,在杏花紅葉之時。日内即擬重鼓焦山之棹,此樂甚不易得也。比檢庚申後所得名賢尺牘一百數十家,彙爲一編,付梓傳世。前寄去魏鶴山《文向帖》[3]真迹卷,無論已否賜題,懇即付來人帶還,擬以此札爲諸賢領袖也。懇切懇切!

[1]汔今,當爲"訖今"之誤。
[2]鮑焦,《史記·魯仲連傳》:"魯仲連曰:'世以鮑焦爲無從頌而死者,皆非也。'"正義:《韓詩外傳》云:"姓鮑,名焦,周時隱者也。飾行非世,廉潔而守,荷擔采樵,拾橡充食,故無子胤,不臣天子,不友諸侯。子貢遇之,謂之曰:'吾聞非其政者不履其地,污其君者不受其利。今子履其地,食其利,其可乎?'鮑焦曰:'吾聞廉士重進而輕退,賢人易愧而輕死。'遂抱木立枯焉。"
[3]魏鶴山,魏了翁(1178—1237),字華父,號鶴山,邛州蒲江(今屬四川)人。慶元五年(1199)進士,授簽書劍南西川節度判官,累遷至禮部尚書兼直學士院,以端明殿學士督視江淮京湖軍馬,卒謚文靖。《文向帖》,魏了翁尺牘,書於寶慶元年(1225),現藏上海博物館,是過雲樓捐贈的書畫精品之一。

又(五)

邘上歸來,得讀七月念二日手示,欣審閏月望日安抵珂里。沿途暑熱異常,而眠食無恙,精神康健,實慰馳念。

弟夏間自江北回家,未曾出門。九月下旬與季玉聯舟至京口。季玉赴江寧,弟則渡江上揚州耽閣月餘。梅花書院[1]本有兩席,其一已屬晏公[2],其一當道以爲脯修止名世之數,恐褻高賢,遲疑未決。弟屬緣仲轉告丁雨翁[3],貞兄向視禮意之誠否爲進退,而不以幣帛之厚薄爲得失。外信二件附上,閱之即知。弟於此事固無日不爲之籌也,不識兄何日南來? 當道亦企望之至。此席本在可有可無間,不必以此定游踪。

潞兒到家後一病三月，昨始出門銷假。渠之就原班，亦爲境所迫。惟殿試甲第在前，而覆試、朝考又俱列一等，舍翰苑清華而爲風塵俗吏，未免有辜師門期望。然能替老人分輕家累，細思之亦未始非計也。現以知府直隸州到省。蒙念附及。

性泉[4]聞患恙，弟兩次去信，迄未得覆，未知竹報常到否？

[1] 梅花書院，揚州古老書院之一，始建於明嘉靖中，初名甘泉書院，又名崇雅書院，清雍正十二年(1734)改爲梅花書院，延請姚鼐等名儒任掌院。清乾隆、嘉慶、道光時期，梅花書院與揚州另一大書院安定書院互用學師，名師碩儒頻頻往來，影響漸次擴大。

[2] 晏公，晏端書(1800—1882)，字彤甫，一字巢芸，晚號蛻叟，江蘇儀徵(今屬揚州)人。道光十八年(1838)進士，官至兩廣總督。同治三年(1864)，晏端書丁母憂歸鄉，遂不復出。同治四年(1865)應聘出任梅花書院山長直至去世。

[3] 丁雨翁，丁日昌。丁日昌字雨生。

[4] 性泉，何慶澄(1833—?)，字性泉，何紹基犖生兄弟何紹業之子。國學生，浙江候補通判，署常州府陽湖縣知縣，又以揚州府同知署高郵州知州，以軍功賞戴花翎，誥授奉政大夫。

又(六)

去冬肅復寸箋，由族姪念椿[1]轉遞，計必塵覽。流光如駛，忽又暑去秋來，未識大集已刻竣否？竊願先覩爲快。

弟杜門息影，無善可陳。幸自老母以次，均託庇平安。溥兒[2]蒙兄垂愛，諄諄以勤學爲勉，去春以來，命渠習八比文[3]，弟親自督課，并時時引兄瀕行策勵之詞，警其惰頑。本年五月間科試，倖以第四名入泮，現赴秋闈。倘能認真用功，下科或可望雋，此時姑令觀場而已。潞兒已奉調入簾[4]，一切尚稱順當。

性泉免議一節。四月間季玉從金陵歸來，云渠尚未奉行知[5]。昨得沈午橋原信，交與季老帶去矣。

吳冠英[6]現寓蘇州,《西圃雅集圖》[7]屬渠另畫一幅,添入汪秉齋、吳冠英二人。兹特寄上,或當尊意也。同人皆欲請兄爲記,并以行書寫就寄來。格式比畫卷略低寸許,擬即撮出付刻,分裝於卷後,又可作橫幅張掛也。附呈白金三十兩,聊佐尊酒之需。南中友人求兄法書者甚衆,皆以道遠難達爲慮。一説潤筆,便十分鄭重,總之不外乎坤道吝嗇[8]。一笑。

[1] 念椿,光緒《大冶縣志》卷一《官師志》"吳念椿":"吳念椿,字子恭,浙江歸安縣廩生。同治十一年六月署任。重農務,捕私宰者嚴治之。復諭善堂,懸賞查報,盜宰風熄。"由籍貫及生活時代判斷,此念椿或即係吳雲族兄吳樸安之子,吳雲族姪。

[2] 溥兒,吳承溥,吳雲幼子。

[3] 八比文,即八股文,明清科考議論文章的固定格式。

[4] 入簾,科舉考試,閱卷官入試院履職謂"入簾"。

[5] 行知,公文術語,發文通知。

[6] 吳冠英,吳儁,字子重,號南橋,冠英,江陰(今屬江蘇)人。《江陰縣續志》言其"處士,擅長六法,尤工於寫真。游京師,動名公"。吳雲《兩罍軒彝器圖釋》,册中扉頁之吳雲白描寫真,即吳儁所畫。

[7] 《西圃雅集圖》,或與《吳郡真率會圖》相似,乃真率會成員集於潘遵祁處的群體肖像。西圃,潘遵祁號西圃。吳門真率會主要成員爲吳雲、沈秉成、李鴻裔、勒方錡、顧文彬、潘曾瑋、彭慰高七人。海虞胡淦(岫雲)曾爲真率會畫照,是真率會諸老的群體肖像,共有七幀,上述七人各執一圖,繪製了七人游宴、評賞場景。現南京博物院藏有一件《吳中七老圖》,爲潘曾瑋後人捐贈;另一件吳雲題引首的《吳郡真率會圖》,在顧文彬後人手中,其餘五幀則湮没無聞。與真率會相關的繪畫還有一幅更晚出的群老圖,繪於宴集蓬園(李鴻裔處)時。

[8] 坤道吝嗇,《易·説卦傳》:"坤爲地,爲母,爲布,爲釜,爲吝嗇,爲均,爲子母牛,爲大輿,爲文,爲衆,爲柄,其於地也爲黑。"

又(七)

一昨辱惠顧,晤言頗暢。兩月來彼此體中小有不適,相見甚希,得此清談,稍解勞結。諭及夜夢阮文達公[1]見過,議論甚久,所論何事已記不清,惟文達臨行云"吾尚欲到吳平齋處",此語却甚清楚。比醒以爲顛倒夢想常常有之,未始以爲異也。可異者晨起適阮世兄[2]由邘來見,以埋幽之文見屬。會逢其適此,則大爲可異。因笑屬弟留心緊防文達公有筆墨事相煩,可預爲之計云云。弟以爲從古無不死之人,果能死後在文宿宫中與先輩相周旋,豈非得所?!惟兄在弟何敢死。請兄將此一段夢緣,效東坡作紀夢[3]一篇,留爲他日徵驗,如何?當日東坡夢中亦止記得"蟋蟀悲秋菊"一句也。謹專人將《揅經堂全集》四套送上,乞詧納。不宣。

[1]阮文達公,阮元(1764—1849),字伯元,號芸臺、雷塘庵主,晚號怡性老人,江蘇儀徵(今屬揚州)人。乾隆五十四年(1789)進士,歷乾隆、嘉慶、道光三朝,官至總督、體仁閣大學士,諡文達。阮元於經史、數學、天算、輿地、金石、編纂校勘等均有造詣,被尊爲三朝閣老,九省疆臣,一代文宗。有《小滄浪筆談》《皇清經解》《十三經注疏校勘記》《經籍籑詁》《疇人傳》《積古齋鐘鼎彝器款識》《揅經室集》等。

[2]阮世兄,阮元有子多人,此來應爲阮祜。吳雲與應寶時信第十二通亦言及此事:"越日,阮七兄過蘇,以墓銘丐蝯叟撰書。"張集馨《道咸宦海見聞錄》"丙午四十七歲":"即如同鄉阮七兄祜,報捐知府,尾項短二百金"。阮祜(1804—?),奉旨補授山西司郎中、四川潼州知府。阮元編《石畫記》,其卷四卷五多出阮祜之手。

[3]東坡紀夢,蘇軾有《和子由記園中草木十一首》,其十末句"覺來已茫昧,但記説秋菊"下自注曰:"八月十一日,夜宿府學,方和此詩,夢與弟游南山,出詩數十首,夢中甚愛之。及覺,但記一句云:蟋蟀悲秋菊。"

卷　三

鮑子年觀察康（八通）

（一）

神交久矣，南北暌隔，徒殷嚮往。昨從鄭盦司農交到尊刻三册，謹讀至再。大著考證詳明，鑒別精審，題金硯雲[1]孝廉《古泉考》而推許及於鄙人，未免感慚交并，然於此益見文字之交，形骸雖隔，心性自孚，非道里所能間阻也。幸甚幸甚！

兹寄上古瓦當文七紙，中有壽卿一百九十四種所未備者；又古泉拓本八紙，亦有出《古泉匯》[2]之外者。特未知有魚目之混否，乞爲審定。唐龜魚符[3]四種，爲燕庭[4]先生舊物，龜符字精而難揚，特各拓一分，附奉清賞。不宣。

[1] 金硯雲，金忠淳（1733—1797），字古還，號完璞，又號硯雲，浙江仁和（今屬杭州）人。監生，候選布政司經歷。收藏古泉珍稀品甚多，有《古泉考》四卷，乾隆四十七年（1782）刊刻。另輯刊《硯雲》甲乙編，凡十六種五十卷。

[2]《古泉匯》，六十四卷，李佐賢著。成書於咸豐年間，同治三年（1864）刊行。集録東周至明代錢幣五千餘枚，分布幣、刀幣、圜錢、異泉雜品、錢範等，其中圜錢除各朝所鑄，還有農民軍及地方割據勢力發行錢幣，及朝鮮、日本、越南錢等，材料極富。

[3] 唐龜魚符，魚符是唐代官員使用的魚形符契。分左右兩半，中間有"同"字形

榫卯可相契合，左符放在内廷，作爲底根；右符由持有人携帶，作爲身份證明。有些魚符還在底側中縫加刻"合同"二字，以資查驗。天授元年（690），武則天改内外所佩魚并作龜。

[4]燕庭，劉喜海（1793—1853），字古甫，號燕庭（一作燕亭、硯庭），山東諸城（今屬濰坊）人。嘉慶二十一年（1816）舉人，官至四川按察使、浙江布政使，署巡撫職。治金石學，收藏甚富，鑒賞過眼即辨。有《書目彙編》《海東金石苑補遺》《長安獲古編》《古泉苑》《三巴耆古志》等。

又（二）

二月初曾有復函交小堉朱孝廉鏡清[1]帶呈，附有拙輯《焦山志》一部，齊侯罍拓本二分，計已達覽。尊刻《續泉匯》[2]四册，已由鄭盦侍郎寄到。繙[3]讀再過，具見蒐羅愈廣，鑒别愈精。此正續二書一出，世傳前賢各種泉志、泉譜皆廢矣，洵必傳之作也。中間蒙采及敝臧數種，附垂不朽，幸甚幸甚。

竹朋兄曾接其去年夏秋兩書，據云用按摩之功，所患稍稍見效。大抵老年氣血皆虧，見症如此。弟亦常常抱病，交春以來雖無不適，而精神總不能振作。大約同輩中惟籃齋可稱健者，去年一索得男，再索得女[4]，尤爲難得也。

尊刻各種，刊印皆精。《續泉匯》尚欲奉求二分，或仍託鄭盦侍郎轉寄，或交小堉朱平華均可。平華寓吳興會館，現在正赴禮闈也。

附去晉太元古磚拓本，又唐咸通湯府君墓誌，皆本年正月廿二日蘇州吳縣橫山新出土。墓誌字已漫漶，磚文字亦不精，而書於正面者却頗罕見，聊奉鑒賞。

[1]朱孝廉鏡清，朱鏡清（生卒年不詳），字平華，歸安（今屬湖北湖州）人。光緒二年（1876）進士，改庶吉士，翰林院散館著以六部屬用。吳雲幼女嫁朱鏡清。朱鏡清同治六年（1867）中舉，光緒二年中進士，此稱孝廉，則信寫於同治六年至光緒二年間。

[2]《續泉匯》，十四卷，補遺二卷，鮑康、李佐賢合著，光緒元年（1875）刊行。《續泉匯》依《古泉匯》體例，共收錢幣、錢範九百八十四品。合《古泉匯》，二書共收錢圖六千品。

　　[3] 繙，同"翻"。

　　[4]"去年"句，《易·説卦傳》："震一索而得男，故謂之長男。巽一索而得女，故謂之長女。坎再索而得男，故謂之中男。離再索而得女，故謂之中女。"

又（三）

　　前月中旬奉上巳日手教，敬悉道履清勝。承示抱孫之喜，聞之抃躍。我輩林居晚境，萬事皆屬身外，惟此天倫性分之樂，至不易得，造物亦至靳。尊府廿餘年不添丁，今連舉兩孫，想見積善有慶，將來充大門閭，可以預卜。令姪與朱塽爲丁卯[1]同年，渠來信亦述及。轉眴[2]春榜揭曉，再添譜誼，尤爲喜幸。弟以屢軀多病，性又疎懶，年來謝絕訓應，恒終月不一出門。膝前有五孫一曾孫，含飴分果，日與調笑取樂，亦暮年自怡之境也。屬荷摯愛，用特附陳。

　　承賜大著各種，暫存平華寓次，俟便妥寄，必無遺誤。《續泉匯》鄭盦交汪柳門司業[3]轉寄，業已領到，敬謝敬謝。壽老久無音書，渠有同鄉韓君[4]服賈於蘇，年年冬去春來，故此二三月之中偶斷音問，尚不爲異。乃尊處與鄭盦亦俱有三月不得隻字，真令人疑慮不置。竹朋兄此病頗不易見效，海内金石之交，正如天上晨星，落落可數，能無互爲愛重，共保歲寒。兹因鄭盦令弟濟之中翰[5]入都之便，手肅布復。附奉墨拓三册，敬乞鑒定。

　　[1] 丁卯，同治六年，公元 1867 年。是年朱鏡清中舉。

　　[2] 眴，同"瞬"。

　　[3] 汪柳門，汪鳴鑾（1839—1907），字柳門，號郋亭（一作郇亭），錢塘（今浙江杭州）人。同治四年（1865）進士，累官至光禄大夫。光緒二十一年（1895）因力阻割臺灣、澎湖與日本，以信口妄言、迹近離間，被慈禧太后下令革職，永不叙用。罷歸後主

講杭州詁經精舍、敷文書院。研經學，喜藏書，存《萬宜樓善本書目》一册，所收宋元明刻本、抄本、批校本、稿本數百種，皆爲善本。有《能自彊齋文稿》等。司業，國子監下設司業兩名，爲國子監副長官。汪鳴鑾光緒四年(1878)任司業，明年補右中允。

　　[4] 韓君，韓偉功，山東商人，往來山東、蘇州間。吴雲與陳介祺的通信常由其轉達。

　　[5] 濟之，潘祖謙(1842—1924)，字濟之，吴縣(今屬江蘇蘇州)人。潘世恩孫，潘祖蔭堂弟。同治十二年(1873)優貢生，官至内閣中書。光緒年間請假歸養，任蘇州商會兼任議董，爲晚清江蘇著名紳商。中翰，明清時内閣中書的別稱。

又(四)

　　月初交舍親潘濟之中翰帶呈寸箋，附有墨拓三册，計必澈覽。一昨由平華寄到三月廿二日手翰，并蒙續惠《古泉匯》、畢公墓誌等件，謹領，謝謝。辰下伏維道履清勝，著述如意。

　　弟跧伏菰蘆，筆墨之外，日惟澆花種竹爲消遣。計親友中頗有喜治園亭、講求書畫者，獨金石考證之學，鄭盦與清卿[1]遠暌數千里，此間頗少可談之人。清卿久無信到，昨寄來先後所得金器目録，分列已刻、未刻，竟至八十餘種之多。人竭畢生心力所未能至者，渠於數年間得之。此固金石有緣，然非持節秦涼[2]，亦不能有此奇遇。關中自燕庭方伯蒐羅之後[3]，清卿可謂嗣響矣。難得難得。

　　兹乘顧舍親[4]入都之便，手此布肊[5]。

　　附去《唐石經校文》[6]三册，《説文聲類》[7]一册，雙鈎《東海廟碑》《温虞公碑》《化度寺碑》[8]各一册，統乞鑒納。

　　[1] 清卿，吴大澂(1835—1902)，初名大淳，後避同治諱改大澂，字止敬，又字清卿，號恒軒、白雲山樵，晚號愙齋，吴縣(今江蘇蘇州)人。同治七年(1868)進士，授編修，出爲陝甘學政。歷官河南河北道、太僕寺卿、廣東巡撫、河東河道總督、河南巡撫等。精金石鑒別和古文字考釋，亦工篆刻和書畫。有《愙齋詩文集》《説文古籀補》《字説》《愙齋集古録》《古玉圖考》《權衡度量試驗考》《恒軒所見所藏吉金録》《吉林勘界記》《十六金符齋印存》等。

[2]持節秦涼,吴大澂於同治十二年至光緒二年(1873—1876)任陝甘學政,督學秦中,搜集鐘鼎彝器甚豐。

　　[3]"關中"句,道光二十、二十一年(1840—1841),劉喜海任兵備延榆綏道。鮑康《觀古閣泉選序》:"未幾,燕庭觀察兵備延榆,青園(劉師陸)丈出守保寧。二公時時道出長安,必淹留累月而後去,大力搜括,聞風興起者又從而附之,泉值日以昂十倍。"

　　[4]顧舍親,即顧文彬。

　　[5]肊,同"臆"。

　　[6]《唐石經校文》,嚴可均編撰,十卷,嘉慶九年(1804)四録堂刊刻。唐石經立於開成二年(837),爲後代諸本之祖。嚴書之旨趣爲正歷代版本之誤,凡石經之磨改者、旁增者、與今本互異者,皆録出,并據史傳及漢人所徵引者,爲之佐證,校訂所得凡三千二百二十六條。後附《石臺孝經》。

　　[7]《説文聲類》,嚴可均編撰,二卷,嘉慶九年(1804)四録堂刊刻。該書把古韻分爲十六部,將《説文》所收正篆及重文分列於十六部中,是利用諧聲研究古韻的專書。光緒中,吴雲二百蘭亭齋曾據初刻本重印《四録堂類集》。以下各帖應也是二百蘭亭齋據拓本的雙鉤精寫刻本。

　　[8]《東海廟碑》,熹平元年立,在東海朐山廟中。汪鋆《十二硯齋金石過眼録》卷二"東海廟殘碑"條:"右殘東海廟碑,歸安吴雲重刻,今在鎮江焦山。"《化度寺碑》,即《化度寺故僧邕禪師舍利塔銘》,貞觀五年(631)立,歐陽詢書。原石早佚,宋以後有翻刻本數種流傳。《化度寺碑》用筆瘦勁剛猛,法度森嚴,摹勒極工,後世稱爲楷法極則。

又(五)

　　頃奉閏午月手書,欣審道履安勝爲慰。清恙乃老年常有之病,只須勤加頤養,調攝得宜,自會霍然。竹朋兄所患病根已深,難期奏效。海内金石同志,止此數人,非老即病,獨簠齋精力彌健,耆古彌篤;鄭盦廣搜博采,所獲既多且精,年力富強,名位隆盛,學識又足以副之;清卿繼起,用力尤鋭,心思精到,將來所造皆未可量。清卿所得之鼎,極爲愜意。諸中第一字"🅇",清卿以文有"帝考"二字,釋作"启"字,定爲微子之器。旁引曲證,極稱辨博。書來屬爲考訂。弟以作器者之名,無義可繹,姑從其説,於心未安也。薛氏南宮鼎中有"㕚"字[1],篆形與此頗似,薛氏釋爲"括"字,并無依據,不過因古人有此名,特以"括"字實之,不足爲證,尚不如清卿之釋"启"字較有意義也。尊意以爲如何?

[1] "薛氏"句,薛尚功有《歷代鐘鼎彝器款識》二十卷,以吕大臨《考古圖》、王黼《宣和博古圖》爲基礎,輯録、考釋古器銘文五百餘件,絶大部分爲商周銅器。該書所收銅器中有南宫鼎,已佚。薛氏,薛尚功(生卒年不詳),字用敏,錢塘(今浙江杭州)人。紹興年間爲通直郎僉書定江軍節度判官廳事。博洽好古,精通篆籀,尤好鐘鼎書。薛尚功還著有《重廣鐘鼎篆韻》七卷,已佚。

又(六)

前奉手書,并承惠寄《海東金石苑》[1],謹已領悉,謝謝。比來秋氣漸涼,不審眠食何似?伏維珍重。

竹朋兄相識在三十年前,遭時多故,音書久絶,近數年始得頻通尺素。不意渠病竟不起,遽作古人。幸生平著述已及身刊播,後起又復有人。文人結局至此,福壽俱已無憾。惟海內金石舊交,落落止此數人,今又弱一個。我輩望七之年,傷逝自念,能無於邑?!讀寄示輓詞[2],情誼肫摯,可泣可歌,益令人愴感無已也。

簠齋殤去幼子,心緒已大不佳;又以東省災荒,濰邑捐賑至盈萬之鉅;且爲衆望所歸,既輸鉅款,復欲出爲經理,身心俱悴,其情況亦可以想見矣。

孫春山駕部[3]所需兩疊拓本,此疊因有微損,不敢搥搨。簠衍尚剩全分,不復自留,謹以爲贈。又古小布拓本二紙,似不多見,弟得之石門蔡氏[4]者。篆文明顯,乞爲考定。

孫世兄想益聰俊。弱齡多病,凡爲長輩鍾愛者,類多如是。施愚山[5]學士幼時病不離身,後享大年,名位山斗[6]。前輩如此者不一而足,無足慮也。

[1]《海東金石苑》,劉喜海撰,録自唐至宋朝鮮地區漢文碑,標題下注明墓誌尺寸、制式、書體,跋尾説明製作時間、地點、書撰人、存佚等情況。海東,朝鮮王朝時期朝鮮人對本國的稱呼,意爲國在黄海之東。

[2]"讀寄示"句,李佐賢光緒二年(1876)去世,鮑康作《哭李竹朋三首》。

[3]孫春山,生平不詳,惟知同治朝官兵部郎中,與時任兵部主事的吴熹同官同好,乃頗有影響的京劇票友。吴熹《梨園舊話》言其"精篆隸,收藏古器碑帖極多,尤好唱小嗓戲詞,喉音清脆,出自天然"。駕部,清兵部下有車駕司,管廄牧、驛傳。

[4]石門蔡氏,蔡載福(生卒年不詳),字寅伯,號鹿賓,石門(今屬浙江嘉興)人。官詹事府主簿。雅好金石書畫,畫得宋元人筆意。曾將清初至嘉道間一百餘位名家題畫款識摩勒上石,共一百石。有《荔香室詩存》。

[5]施愚山,施閏章(1619—1683),字尚白,號愚山,晚號矩齋,江南宣城(今屬安徽)人。順治六年(1649)進士,曾任山東學正,召試鴻博,授翰林院侍講,後轉侍讀。文章醇雅,尤工於詩,與宋琬有"南施北宋"之名。有《學餘堂集》《矩齋雜記》《蠖齋詩話》等。

[6]山斗,泰山北斗的合稱,猶言"泰斗"。辛棄疾《水龍吟·甲辰歲壽韓南澗尚書》:"況有文章山斗,對桐陰、滿庭清晝。"

又(七)

月之中旬奉前月廿七日手翰,展誦之餘,欣審道履安和,動與吉會,爲慰無量。

前寄空首小幣,其文有"䣄乐"二字,尊釋"鄭氏",致爲精確。胡石查[1]所釋亦同。

承示都中繼幼雲[2]臧空首幣,有二百餘之多,燕翁[3]舊臧亦歸之,難得難得。所需帑拓,謹再寄二分,以視繼君所臧,此真成遼東豕[4]矣。一笑。

筥齋頻有書來,云心緒焦勞,有"人所不能堪"之語。今年東省亢旱,濰縣尤其。現在撫恤粗完,人心已定,當可釋此仔肩,重理故業矣。

兄舌本稍有微恙,近日定已霍然。然舌乃心之苗。筆墨一道,原是我輩樂事,然不能不用心,只好隨時自節。弟坐是得病,年來頗自知之,敢以爲獻。餘維爲道保重。不盡。

［1］胡石查，胡義瓚（1831—？），字叔襄，號石查（一作石槎），晚號烟視翁，河南光山（今屬信陽）人。同治十二年（1873）舉人，官至浙江同知。工書畫，長金石考證之學，收藏書畫金石甚富。顧文彬《過雲樓日記》同治九年四月二十日記："胡石查義瓚，河南人，辛卯同年胡仁頤之子。"胡義瓚與王懿榮均曾長期替潘祖蔭打理文務。

［2］繼幼雲，楊繼振（1832—1893？），字又雲（一作幼雲），號蓮公，陽湖（今江蘇常州；一作遼陽）人。做過同知、工部郎中之類的官。能詩文，工花鳥，富收藏，尤於古籍、古泉等類着力。關於楊繼振的記載多零散，以葉昌熾《藏書紀事詩》卷六所述信息量最大："鮑康《爲繼振幼雲跋幣拓册子》：'春宇同年之弟雲，與余同癖。壬申解組旋都下，聞幼雲所藏益富。'……昌熾案：春宇先生諱宜振，漢軍鑲黃旗人，道光乙巳恩科進士，工部侍郎。同治乙丑，視學江蘇。昌熾以童子受知幼雲。先生不獨藏泉最富，金石圖書亦皆充牣。近漸散佚，昌熾得其奇零小種，藏印累累，每册有'楊'字圓印，'石筝館猗歟又雲'印，兩紙黏合處有'雪蕉館'騎縫印。卷首有長方鉅印，其文曰：'予席先世之澤，有田可耕，有書可讀，自少及長，嗜之彌篤。積歲所得，益以青箱舊蓄，插架充棟，無慮數十萬卷。……昔趙文敏有云：聚書藏書，良非易事。善觀書者，澄神端慮，净几焚香，勿卷腦，勿折角，勿以爪侵字，勿以唾揭幅，勿以作枕，勿以夾刺。予謂吴興數語，愛惜臻至，可云篤矣。而未能推而計之於其終，請更衍曰：勿以鬻錢，勿以借人，勿以貽不孝子孫。星鳳堂主人楊繼振手識，并以告後之得是書而能愛而守之者。'"

［3］燕翁，即劉喜海。

［4］遼東豕，《後漢書·朱浮傳》："往時遼東有豕，生子白頭，異而獻之。行至河東，見群豕皆白，懷慚而還。若以子之功論於朝廷，則爲遼東豕也。"喻識見淺薄。

又（八）

久疎脩候，時殷馳仰。前者得潘紱庭親家書，云兄舌本之患未瘳，近日頗似韓公子口吃，不能道説，而善著書[1]，親友知好來晤，多藉筆談。聞之益切懷念。海内金石舊交，正如天上晨星，落落可數。自子貞兄作古，竹朋兄相繼云亡，弟與兄又抱同病相憐之感。惟簠齋老而彌健，近爲賑恤哀鴻，破財勞力，兩月來不得渠信，心緒可知矣。鄭盦位高學贍，收臧又富,自是傳人。恒軒假滿還朝。此次視學關中,拔幽振滯之外,搜羅金石不遺餘力,所得古器既富且精,執事相見,定可暢觀。昔後漢建初七年幸槐里岐山獲銅器,形似鎛,詫爲異寶,獻之於朝,記載所傳[2]。凡得一器,莫不以景慶視之。至我朝乾嘉以來,古器出土日多,今日益盛。大抵前人制作,精神所聚,斯文未喪,抑久必發,理固如此。然此止可爲知者道,未易一二爲流俗人言也。

兹因恒軒入都,手此布肊,用當促膝之談。餘維爲道加意保衛爲祝。

[1] 韓公子,指韓非。《史記·老子韓非列傳》:"韓非者,韓之諸公子也。喜刑名法術之學,而其歸本於黄老。非爲人口吃,不能道説,而善著書。"
[2] "昔後漢"句,《後漢書·章帝紀》:建初七年(82)"冬十月癸丑,西巡狩,幸長安。……進幸槐里。岐山得銅器,形似酒樽,獻之"。

李竹朋太守佐賢（三通）

（一）

別久思深，常切馳仰。每於貴親家[1]簠齋太史書中備問尊況，兼讀鴻著，想見道德文章日益增勝，幸甚幸甚。往者曾以拙輯《彝器圖釋》及吉金拓本各種託簠齋轉達，聊申嚮往之忱，未足解其勞結。客臘由舍親鄭盦司農寄到手翰，并蒙惠頒全集九種[2]，洎古器諸拓本。郇雲[3]一朵忽從天際飛來，展誦之餘，慰與抃會。大著詩古文詞，不睍睍[4]於摹古而氣蒼格老，仍復法度井然。此由識解既超，又深之以閱歷，故講學不近於腐，論事必衷之理。語在彀中，音流弦外，當今作者，非公其誰。《古泉匯》早經卒讀，網羅宏富，考證精審，合古今來泉志泉譜所未有而獨創巨觀。此必傳之書，可以預決。《書畫鑒影》，評騭允當，闡發繪事之蘊，尤非深於六法者不辦，足與襄陽《書史》[5]、華亭《畫禪》[6]并重藝苑。

弟束髮受書，即癖耆書畫，四十年來收藏宋元已來名賢遺迹愜心者，現在篋衍尚有數十百種。衹以書畫一門，非彝器可比。彝器有款識拓本可以傳觀，審其銘篆可得十之七八，其劣者則一望即知僞鮐。惟書畫竟非目擊不可，故不敢以所臧諸迹妄陳左右。現將朱子《易繫辭》草稿六十行及魏文靖[7]《文向帖》兩件，先橅入石，夏間必可寄鑒。

比來尊體想早康復，不審眠食何似？伏維珍重。弟去冬常患咳嗽，交春愈甚。近日天氣暖和，精神稍振，嗽亦漸已。然藥爐終不能一日離也。茲因敝世好蔡又臣[8]觀察入都之便，寄上金石拓本及墨刻各種，詳開另紙，統望詧收鑒正。來書不署月日，不知何日所發。以後書尾乞署月日。執事就養郎署，極家庭之樂，羨羨。記識荆之初，在蘇州顧湘舟辟疆園中[9]。今湘舟與黃秋士[10]諸君皆歸道山，亦無後起之人。回首前塵已閲卅載,恍如隔世。海内金石舊交,簠齋外絶少其人。尚望不遺在遠,明惠德音,以慰饑渴。鮑子年兄想常敍晤,乞道念忱。

　　盂鼎已到京師否？此八囍齋[11]中第一瑋寶也。

　　[1] 親家,李佐賢長孫女嫁陳介祺長孫。

　　[2] 全集九種,指《石泉書屋全集》,同治年間鐫刻,包括李佐賢父李文桂《坦室遺文》《坦室雜著》兩種,李佐賢編著《石泉書屋類稿》《石泉書屋詩鈔》《石泉書屋尺牘》《畫史及見録》《石泉書屋律賦》《石泉書屋館課詩》《石泉書屋制藝》《石泉書屋制藝補鈔》《吾廬筆談》《古泉匯》《續泉匯》《書畫鑒影》《武定詩續鈔》等。

　　[3] 郇雲,《新唐書・韋陟傳》：韋陟"常以五采箋爲書記,使侍妾主之,其裁答受意而已,皆有楷法,陟唯署名,自謂所書'陟'字若五朵雲,時人慕之,號'郇公(韋陟封郇國公)五雲體'"。後遂用朵雲、郇雲等美稱别人的書信。

　　[4] �итi瞷,見識淺陋。《荀子・非十二子》："其容簡連,填填然,狄狄然,莫莫然,瞷瞷然。"王先謙集解引郝懿行注曰："瞷瞷者,鄙細之容。"

　　[5] 襄陽《書史》,米芾原籍襄陽(今屬湖北武漢),人稱襄陽漫士。米芾有《書史》,《四庫全書提要》曰："《書史》一卷,米芾撰。是編評論前人真迹,皆以目歷者爲斷,故始自西晉,迄於五代,凡印章跋尾紙絹裝裱俱詳載之。"

　　[6] 華亭《畫禪》,董其昌有《畫禪室隨筆》,乃明末清初畫家楊補輯録其未收入《容臺集》的散佚零篇而成,分十五門：論用筆、評法書、跋自書、評古帖、畫訣、畫源、題自畫、評舊畫、評詩、評文、紀事、紀游、雜言、楚中隨筆、禪説。雖非系統論書之作,仍不失爲明代論書力作。董其昌(1555—1636),字玄宰,號思白、香光居士,松江華亭(今屬上海)人。萬曆十七年(1589)進士,授翰林院編修,官至南京禮部尚書,卒謚文敏。董其昌擅畫山水,其畫及畫論對明末清初畫壇影響甚巨。能詩文,有《畫禪室隨筆》《容臺文集》。

　　[7] 魏文靖,即魏了翁。魏了翁謚文靖。

　　[8] 蔡又臣,蔡世俊(生卒年不詳),字又臣。生平不詳,僅知其或爲江西人,曾任常鎮觀察,又曾入曾國藩幕。

　　[9] "在蘇州"句,顧湘舟,顧沅(1799—1851),字澧蘭,號湘舟,又自號滄浪漁父,江蘇長洲(今屬蘇州)人。道光間官教諭,收藏金石、書籍甚富,頗多祕本、善本。輯有《賜硯堂叢書》《古聖賢像傳略》等,著有《游山小草》《古聖賢傳略》《崑山志》《滄浪亭志》《然松書屋詩抄》等。顧沅建有藏書樓懷古書屋、藝海樓、辟疆園、賜硯堂、祕香閣等,其中辟疆園在甫橋西街(今蘇州鳳凰街北段)。

[10]黃秋士，黃鞠(1796—1860)，字秋士，又字公壽，號菊癡，江蘇華亭(今屬上海)人，寓蘇州。善山水、花卉，亦工人物、仕女。陶澍撫吳，延之幕中。有《湘華館集》。

[11]八囍齋，潘祖蔭藏書室有八囍齋、八求精舍、功順堂等。

又(二)

前奉四月廿日手翰，發函申紙，語重情長。浣薇三復，感幸交至。比來清恙想早就痊，步履如何？手指已屈申如意否？至以爲念。

弟交夏以後，屢颳尚無不適，惟精神終不振作，終歲杜門，除三四親戚至友外，概不接見。人事久廢，已成習慣。籛齋老而愈健，去夏得女，今春得男，半載之中，適符一索再索之占。此福壽之徵也，可喜可羨。

承索兩疊拓本，茲特精搨一分奉寄。此器銘在腹中，絕不易拓，故友朋見索，未能遍應，非吝也。外又寄上近刻《魏鶴山手札》全分，與前月奉寄之朱子《易繫辭》注稿，可作延津之配[1]，均乞鑒收。籛齋收藏之富，夐絕今古，賞鑒亦高出一時。惜刻書過求精緻，未免蹈因噎廢食之弊。弟移書規之，并願相助爲理。蓋其欲彙三代彝器款識，精刻一書，此已操必傳之券。嘉道以來，地不愛寶，所出先秦古器，獨籛齋搜羅墨拓爲至多。倘得及時付梓，略仿薛、阮二書[2]之例，刪煩就簡，疑者闕之，不加穿鑿。此書一出，與薛、阮二家鼎峙不朽。乃因體例未定，又復高閣，殊可惜也。

吳中舊雨，無一存者。湘舟去世尚在庚申以前，其後嗣零落，目前止有一姪而已。三十年故交，誠如來諭，籛齋外惟我二人，而又年老多病，遠隔數千里，此生未必有相見之期，只有憑管城君互通尺素，以當晤覿。近日輪船有專遞書信局，都中往還不過十三四日必達。以後寄書統由枚卿[3]世講轉呈，惠函逕寄蘇城金太史場吳公館，無有不到也。

[1]延津之配，據《晉書·張華傳》，雷煥掘得龍泉、太阿二劍，一劍與華，留一自佩。并語人曰："靈異之物，終當化去，不永爲人服也。"後張華卒，失劍所在。雷煥卒，子持劍行經延平津，劍忽於腰間躍出墮水。使人沒水取之，不見劍，但見兩龍各

長數丈,蟠縈有文章。後常用此典指因緣會合。

[2] 薛、阮二書,指薛尚功《歷代鐘鼎彝器款識》及阮元《積古齋鐘鼎彝器款識》。

[3] 枚卿,李佐賢有子枚卿、韋卿,枚卿官比部(刑部長官及司官)。

又(三)

去年夏秋兩次惠寄手書,俱於十一月二十三同日領到。流光如駛,轉眴歲律已更。將交杏花時節,遙想林泉頤養,動定攸宜,幸甚幸甚。

弟跧伏蝸廬,無善可述。今年元旦後南中奇冷,爲近十年來所未有。瑟縮擁爐,筆墨皆廢。甚念吾老友交春以來眠食何似,舊恙能否霍然。藥石培補,老年必不可少,然以血肉之品爲宜,按摩固好,恐未能遽有效驗。弟曾行之,不久即輟,蓋不能耐煩也。茲因小堉朱平華孝廉(名鏡清)計偕[1]之便,帶上拙輯《焦山志》一部八册,伏求鑒定。尊刻《吾廬筆談》及《續泉匯》均以先覩爲快。

[1] 計偕,《史記·儒林列傳序》:"郡國縣道邑有好文學、敬長上、肅政教、順鄉里、出入不悖所聞者,令相長丞上屬所二千石,二千石謹察可者,當與計偕,詣太常,得受業如弟子。"司馬貞索隱:"計,計吏也。偕,俱也。謂令與計吏俱詣太常也。"後遂把舉人赴京會試稱"計偕"。

馮竹儒觀察焌光[1]

前者辱損書，重荷獎飾，實切慚悚。敬審德位兼崇，身名俱泰，頌聲洋溢，中外交孚，幸甚幸甚。弟衰病杜門，日惟於故紙堆中消遣懷抱，而耄荒寡學，老而無能，乃執事不棄其愚，勤勤以著述見商，并以人才下詢。在執事虛懷若谷，不擇細流，而蹄涔之水，何足仰裨高深，祇益愧疚耳。

伏念執事宏通淵雅，學識超群，年力正富，精神又足以發之。今於政務之暇，欲綜本朝開國以來聖德神功，仿紀事編年之例，排比成書。此不獨扢揚[2]光烈，而列聖之厚澤深仁，所以邁越漢唐，蔚成萬年有道之基，俾讀史者因文見義，考究其得失，曉然於積累之深其來有自，誠一代承明著作之林也。惟茲事體大，來諭謂非得廣蒐群籍，詳稽博采，難期成書。尤服卓見。舍親沈味畬[3]孝廉仰託宇下，其於詩、古文詞俱有根柢。聞幕府英賢薈萃，有阮相國、畢尚書之風。他日鴻製告蕆，必能信今傳後，備國史之采，甚願先覩爲快也。附呈拙著《焦山志》一部，乞鑒定。不宣。

前函正欲拜發，又奉手畢，承惠朱提[4]五十金，諭作刻書之助。仰見摯誼勤拳，溢於儀物之外，感幸曷已。惟拙著已刻者業已蕆事，續有所刻，一時未即開雕，用將原券謹璧。心領之忱，辭受實無二致。交託文字之末，決不敢以形迹自外，尚望鑒原，勿以矯情爲疑，致幸盛意。禱切禱切。

[1] 馮竹儒，馮焌光(1830—1878)，字竹儒(一作竹如、桌如、竹漁)，廣東捕屬(今屬廣州)人。咸豐三年(1852)舉人，發憤爲經世學，詳究中外地理、算學、製造之法，入曾國藩幕，司書記，曾以"精細耐勞，可敬可佩"評之。同治四年(1865)江南製造總局成立，馮焌光署理、總辦局務近十年，設刊譯外國書數十種。以功授知府、道員等，十三年(1874)補授蘇松太道。設求志書院，聘俞樾等主持。有《西行日記》。

[2] 扢揚，拔引，頌揚。柳亞子《巢南書來謂將刊長興伯吳公遺集先期》："揚扢千

秋事,如君信可師。"

　　[3] 沈味畬,沈善經(生卒年不詳),字味畬,桐鄉(今屬浙江嘉興)人。與兄沈善登同治六年(1867)同年中舉,知名於鄉。《鄭觀應集》有《答沈穀人太史、沈味畬孝廉論萬物備於我》。

　　[4] 朱提,白銀。雲南昭通朱提山,自漢迄清盛産白銀,世稱朱提銀。趙翼《故公相贈郡王傅文忠公》:"朱提贈十流,豐貂輝冠纓。"

潘星齋少宰曾瑩[1]（二通）

（一）

八月間，兒子承潞出都，接奉手函，并承遠貽墨妙。一花一葉，胎息南田[2]。仰見簪毫畫日之餘，擩染之工，進而益上。歡欣傾倒，如何可言。

弟於九月杪偕季玉親家聯舟至鎮江，小住一日，季老赴寧，弟則渡江上揚州，留連一月有餘，月之既望回蘇。偃寒菰蘆，日惟從事研削；夏秋以來，爲親友所迫，間事丹青。蒙惠法繪，早經潢池[3]，懸之齋壁，覺生香活色，真有秀絶人寰之妙。竊不自揆，輒對臨一幅，題語行款、印章位置亦俱照原本，不稍移易。此真優孟衣冠[4]也，附寄法家，得毋捧腹。

南中名賢字畫，自去年以來，頗不易覯。弟頻年略有新得，惜相暌過遠，未能就鑒也。

[1] 潘星齋，潘曾瑩(1808—1878)，字申甫，號星齋（一作惺齋），吳縣（今江蘇蘇州）人。潘世恩次子。道光二十一年(1841)進士，由編修官至吏部侍郎。長於史學，亦工書畫。有《小鷗波館文鈔》《墨緣小録》等。

[2] 南田，惲壽平(1633—1690)，原名格，字壽平，以字行，改字正叔，號南田，別號雲溪外史、東園草衣、白雲外史等。惲壽平詩、書、畫皆造詣深厚，其没骨花卉畫風格獨特，山水畫有冷澹幽雋之致，與王時敏、王鑒、王翬、王原祁、吴曆合稱"清六家"。有《南田詩鈔》《甌香館集》等。

[3] 潢池，指裝裱。潢，染紙。古人書畫用紙常以黄檗汁染之，有防蛀作用。

[4] 優孟衣冠，《史記·滑稽列傳》："優孟，故楚之樂人也。長八尺，多辯，常以談笑諷諫。"楚相孫叔敖死，其子窮困負薪。優孟爲孫叔敖衣冠，爲楚莊王壽。莊王大驚，以爲孫叔敖復生也。優孟因言孫叔敖持廉至死，而今妻子窮困負薪而食。莊王謝優孟，召孫叔敖子，封寢丘四百户。此言自己書畫徒學其貌，未有其髓也。

又(二)

舊冬新春,兩奉手教,深荷存注。弟自去夏忽患臂疾,屈申不良,作字逾五六百,便欲輟筆。生平無他耆好,除却故紙堆中,別無生活。所著《彝器圖釋》十二卷,業已授梓葳工,俟便當寄請是正。

子青制軍[1]劇喜作畫,偶見拙筆,遂折節下交,兩年以來討論六法。弟固藉獲進境,而青翁得縱觀東南收藏名迹,擴充眼界,筆下益增蒼潤之氣。間遇心閑意得,幾可與戴文節[2]相埒。

承詢能否作畫。弟久欲以近作奉教,乃脱手即爲友人攫去。俟天氣暖和,當作小幀奉寄。竊欲抛磚引玉,老親家其許之乎?

承示往年奉贈新羅小立軸,爲松筠庵詩僧所得。此畫被柳門遺失,意謂必入儈夫之手。今得藏之名山,仍稱得所矣。南中自兵燹以後,好事者[3]頗多,書畫碑版稍可入目者,價便騰貴。吉金類多贋鼎,其著名之器,價必以千計。人肯以重金市馬骨,則千里馬至矣,騖利者固不踁而走也。然非好之而又有力者,安能與之豪奪哉。壽卿屢次來書,欲託在吴中購覓金石,蓋不知近時情形也。知好中惟子山蔗境[4]最甘。甬上不乏收藏之家,好事者少,故渠新得獨多。現仿《庚子消夏》[5]之例編輯書畫目録,致足羡也。

林一常在木瀆,正月間來城一晤,身子與鄙人相同,無月不病。子貞病在床褥,每見必執手嗚咽。前月十八日在卧床相會,病頗危殆。近日略好,今已七十五歲矣。此海内靈光[6]也。敉閑[7]親家精神意興均好。

寒家亦託庇安適。長孫馥綏於去年初夏完姻,即子山孫女,今已懷孕矣。瑣瑣附陳,聊當情話。三兄親家處亦久疎音候。祇以至好通書,雖隨手拉雜,亦必有真意存,雅不欲以寒暄套語,倩人捉刀,轉致疎闊。職此之由,此書即呈省覽,不另謭謰[8]。

[1] 子青,張之萬(1811—1897),字子青,號鑾坡,直隸南皮(今河北滄州)人。張

之洞堂兄。道光二十七年(1847)進士,歷巡撫、總督,官至兵部、刑部尚書。畫承家學,書精小楷,與戴熙并稱"南戴北張"。有《張文達公遺集》。制軍,明清時對總督的稱呼。

[2] 戴文節,戴熙(1801—1860),字醇士,號鹿床、榆庵、松屏、蓴溪、井東居士等,浙江錢塘(今屬杭州)人。道光十一年(1831)進士,官至兵部右侍郎,辭官歸里後主持崇文書院。咸豐十年(1860)太平天國克杭州,死於亂兵,諡文節。擅畫山水,能治印。有《習苦齋集》《題畫偶錄》等。

[3] 好事者,米芾《畫史》:"近世人或有貲力,元非酷好,意作標韻,至假耳目於人,此謂之好事者。"

[4] 蔗境,猶"晚境"。《世說新語·排調》:"顧長康啖甘蔗,先食尾。問所以,云:'漸至佳境。'"

[5]《庚子消夏》,即《庚子消夏記》,八卷,孫承澤著。卷一至三,收已藏晉唐至明書畫真迹;卷四至七古石刻,每條先標其名,而後評騭於下;卷八爲寓目記,即他人藏而孫氏曾見之者。顧文彬有《過雲樓書畫記》十卷。

[6] 靈光,北周庾信《哀江南賦》:"死生契闊,不可問天。況復零落將盡,靈光巋然。"倪璠注:"喻知交將盡,惟己獨存,若魯靈光矣。"後以喻碩果僅存的人或事物。

[7] 羪閑,指潘曾瑋。潘曾瑋有室曰養閑草堂。羪,同"養"。

[8] 謼謰,言語繁雜。王逸《九思·疾世》:"嗟此國兮無良,媒女詘兮謼謰。"

許仁山閣學彭壽[1]

夏間仲弢[2]親家來蘇,奉手書并承惠寄《張猛龍碑》一册。氈蠟[3]精工,古香四溢,重以老姻伯跋尾,尤足尊貴,謹當什襲[4]珍臧,永志雅貺。比因來往大江南北,又迫於賤事,致稽裁報,幸勿爲過。

弟於九月間復偕季玉聯舟至鎮江,季玉赴金陵,弟則渡江上揚州留連月餘,於月之既望返蘇。蕉林親家與仲弢皆在邗上暢晤。刻知爲漕運事,蕉林赴淮見漕帥[5]。因農部欲辦河運,漕帥主此議。而河運無船,故李宮保力主海運,前摺想已閱見。蕉林之赴淮,欲與漕帥面述情形也。今年蘇屬漕事頗形竭蹶,至今各縣米數未定,幸劫後民情較馴,屆時或可敷衍完篇。

比來冬寒殊甚,不審尊體若何? 舊患想漸霍然。金石圖書有無新得? 竊願一聞之也。前攜去江南十畫家合作樹林小卷,有董思翁、陳眉公[6]題語。此卷乃姚子真親家所贈,如已臨有副本,務乞將此卷寄還,因故人遺物,不忍舍去之也。千萬千萬。

[1] 許仁山,許彭壽(1821—1866),原名壽身,字仁山,浙江仁和(今屬杭州)人。許學范孫,許乃普子,許道生、許庚身等堂兄弟。道光二十七年(1847)進士,選庶吉士,授編修,累遷少詹事。同治初,再遷内閣學士,署禮部左侍郎。

[2] 仲弢,不詳,應亦是許氏家族"身"字輩成員。

[3] 氈蠟,拓本依拓法、工具的不同可分爲撲拓、擦拓、刷拓、隔麻拓、氈蠟拓、穎拓等。氈蠟拓的特點是在拓片上施蠟以防潮防蛀。

[4] 什襲,層層包裹。《藝文類聚》卷六:"宋之愚人,得燕石於臺之東,歸而藏之以爲寶,周客聞而觀焉。主人齋七日,端冕玄服以發寶,革匱十重,緹巾十襲。客見之,掩口而笑曰:此特燕石也,其與瓦甓不殊。"

[5] 漕帥,指吴棠。吴雲與潘曾瑋聯舟赴鎮江在同治四年(1865),時吴棠任漕運

總督。吳棠(1813—1876),字仲宣(一作仲仙),號棣華,安徽盱眙(今屬明光)人。道光二十九年(1849)以舉人大挑一等授桃源縣令。後累官至江寧布政使,代理漕運總署。同治二年(1863)實授漕運總督。

［6］董思翁,董其昌。陳眉公,陳繼儒(1558—1639),字仲醇,號眉公、麋公,松江華亭(今屬上海)人。諸生。擅墨梅、山水,有《梅花冊》《雲山卷》等傳世。著有《小窗幽記》《妮古錄》等。

金眉生廉訪安清(十一通)

(一)

　　日昨專布一信,限初六日投覽,計可如期達到。刻奉手書,并撫藩各件,當即一一分致。吾弟一片公忠,在江北創立餉局以贍水陸各軍。原恐饑軍嘩潰,裹下湖一塊乾淨土,設竟陸沉,則東南大局從此無轉圜之日。此爲匡濟時艱起見,并非逐逐於名利也。議者不察,遂起忮心,百計阻撓,多方牽掣,更不免播散雌黃,務欲使坍檯而後已。此其居心尚何可問!客有從江北來者,詳詢尊處情形,譬如單槍匹馬,鏖戰於百萬軍中,雖子龍渾身是膽,而從旁窺之,實代悚然。所望執事處之以鎮靜,濟之以縝密,小心擘畫,大度包容,俾含沙射人者無所施其伎倆,然後效劉穆之之五官并用[1],或可期展布裕如,攸往咸宜。否則閣下苦累已極,而動不應手,不亦幸此勞勩耶!意有所觸,拉雜書此,以當抵足。明者見事於未形,定心心相印也。

　　朝政焕新,中興有兆,而東南賊勢尚熾,殆劫數未盈耶。兄與楊憩棠[2]定初七八動身渡江,一切面議。大約乘坐輪船,以期快速。曾帥書如未發,幸將每引十兩之説,參以活筆,緣鹽務尚有浮費,今欲一掃空之,盡歸於官,斷做不到。此事上游看得十分鄭重,蓋恐難以交卷也。兄此行爲四路觸偪,不能自由。餘詳曉翁[3]書中。不盡。

　　[1]"然後"句,劉穆之,字道和,小字道民,南朝宋時官至尚書左僕射,深受劉裕倚仗。《宋書·劉穆之傳》:"穆之内總朝政,外供軍旅,決斷如流,事無壅滯。賓客輻湊,求訴百端,内外諮稟,盈階滿室,目覽辭論,手答箋書,耳行聽受,口并酬應,不相參涉。"

[2] 楊憩棠，楊坊(1810—1865)，字憩棠(一作啟堂)，號榮階，浙江鄞縣(今屬寧波)人。因家道中落廢書就賈，在上海混迹洋行，升充買辦，投機致富。道光二十五年(1845)，以納粟入仕，官至蘇松太常鎮太糧儲道，後加鹽運使銜。咸豐十年(1860)太平軍進逼上海，楊坊奉吳煦命聯絡上海富商設會防局，又聯絡華爾召募外國人組成洋槍隊。

[3] 曉翁，指吳煦。吳煦字曉帆。

又(二)

前者台從瀕行，曾草復數行，計邀鑒入。日來秋熱殊甚，不審尊履如何？眠食無恙否？念不能置。

吾弟本是傅修期[1]、辛稼軒[2]一流人物，世亂賢才不得登用，故一小試輒爲忌者尼之。記得東坡在惠州，佛印與之書云：人生一世，如白駒之過隙。三二十年功名富貴轉盼成空，何不一筆勾斷，尋取自家本來面目，萬劫常住，永無墮落。又云：子瞻胸中有萬卷書，筆下無一點塵。到這地位，不知性命所在，要這一生聰明做甚麽[3]。兄學行不敢望古人，亦嘗三復斯言，頗有領悟。雖不能舉頭天外，作透網之鱗，然視身外之功名富貴，實有不動於中者五年於茲矣。二氏之學稍稍涉獵，惟患經旨艱深，讀之費心，故不卒讀。平生最服范景仁[4]，服其晚年清净無欲，一物不芥蒂於心，不學佛却是真學佛，可爲我輩師法。同儕中如劉松巖[5]、金香圃[6]輩，宦途可謂得意矣，曾不能享一日清福，遽爾化去，甚至不得善終。我輩雖貧，一身健在，尚不致便作餓鬼；且圖書滿架，爾室[7]嘯歌，名山之業，自有千秋，亦何必勞精疲神，消耗於鏡花水月之中耶？！前見老弟精神意氣索寞已甚，迨兄將用世一層喝破，吾弟低首降伏，不似從前以辯言巧抵。故兄不憚煩言，重爲此書以進於左右。至於家食之累，自古聖賢豪傑、逸客清流，皆不免求人度日，此則自當徐籌善法。近裹著己，凡屬知交，斷無漠視。天下滔滔，功名之際，如今之衮衮者，亦可謂雄矣，欲求如我輩之一日清閑，得乎？吾弟不寐之時，以此譬之，其棄取當自有在也。千萬珍重。

[1] 傅修期，傅永(434—516)，字修期，清河(今河北邢臺)人。《魏書·傅永傳》記傅永"有氣幹，拳勇過人，能手執鞍橋，倒立馳騁。年二十餘……乃發憤讀書，涉獵經史，兼有才筆"。

[2] 辛稼軒，辛棄疾(1140—1207)，字幼安，號稼軒，曆城(今山東濟南)人。辛棄疾生於金國，少年抗金歸宋，一生以恢復爲志，以功業自許，上《美芹十論》《九議》等，條陳戰守之策。辛又爲南宋詞壇翹楚，與蘇軾合稱"蘇辛"。

[3] "記得"句：事見《宋稗類抄》："東坡在惠州，佛印在江浙，以地遠無人致書爲憂。有道人卓契順者，慨然嘆曰：'惠州不在天上，行即到矣。'因請書以行。印即致書云：'嘗讀退之《送李愿歸盤谷序》，愿不遇知於主上者，猶能坐茂林以終日。子瞻中大科，登金門，上玉堂，遠放寂寞之濱，權臣忌子瞻爲宰相耳！人生一世間，如白駒之過隙，三二十年功名富貴，轉盼成空。何不一筆勾斷，尋取自家本來面目，爲萬劫常住，永無墮落。縱未得到如來地，亦可以駿駕鸞鶴，翱翔三島爲不死人。何乃膠柱守株，待入惡趣。昔有問師：佛法在什麼處？師云：在行住坐卧處，着衣吃飯處，屙屎撒尿處，没理没會處，死活不得處。子瞻胸中有萬卷書，筆下無一點塵，到這地位，不知性命所在，一生聰明要做甚麼。三世諸佛則是一個有血性的漢子。子瞻若能腳下承當，把一二十年富貴功名賤如泥土。努力向前，珍重，珍重！'"

[4] 范景仁，范鎮(1007—1088)，字景仁，華陽(今四川成都)人。仁宗時，知諫院，以直言敢諫聞名。蘇軾《范景仁墓誌銘》稱"其文清麗簡遠，學者以爲師法"，"臨大節，決大議，色和而語壯，常欲繼之以死，雖在萬乘前，無所屈"。有《范景仁集》《東齋記事》。

[5] 劉松巖，劉郇膏(？—1866)，字松巖，太康(今屬河南周口)人。道光二十七年(1847)進士，分發江蘇任知縣。咸豐中調上海，以鎮壓小刀會加同知銜。太平軍陷蘇杭，上海孤懸，劉郇膏加道銜以知府用，擢海防同知，超署按察使，又命署布政使，尋命護理江蘇巡撫。劉後因丁母憂回鄉，同治五年(1865)自縊卒。

[6] 金香圃，金以誠(生卒年不詳)，字香圃(一作薌圃)，嘉善(今浙江嘉興)人。曾爲泰州知縣，捐建襟江書院，作《襟江書院記》，何紹基書并篆額。後官至鎮江知府。金氏當卒於1870年前。

[7] 爾室，《詩經·大雅·抑》："相在爾室，尚不愧於屋漏。無曰不顯，莫予云覯；神之格思，不可度思，矧可射思？"

又(三)

前日得采香[1]書，知吾弟曾到吳門，越日即赴滬上。正深馳念，適奉手翰，猥以兄六十賤誕，復承寵錫佳章。詞意殷肫，情侔骨肉。惟獎許過當，蹄涔堂坳，受江瀆之水，不免盈溢是懼。首篇"著書各有千秋想，下筆能供一世求"，則又吾弟兄所當交相策勉，以期追踪古人，不虛生此世。三篇"殊恩要自仁言發，積困難教俗論知。功果可成寧已出，名能不朽亦心期"，用意尤深，有頌不忘規之義。紬繹再三，敢不永佩箴言，益勵晚節。

兄到婁東小住，日與孫兒女輩調笑取歡，亦聊以自慰也。因采香書來謂菊花盛開，促即歸去，台從來蘇，正可暢敘。惟兄今年交秋後精力益衰，崦嵫已迫，頗以撰述無成，懼與草木同腐。前承索觀鍾六英學士所呈拙議[2]，恐與原稿或有竄改，故未抄奉。昨由浙撫抄咨到蘇，已得閱見，特寄清覽。仍乞擲還，因林一亦索觀也。

蘇、松、嘉、湖水道同源共貫，為農田命脈所關。己巳年奉旨開濬[3]，僅擇數直港略加挑挖，深不過尺許，費不盈萬串，其實在淤淺處概未開濬。若因限於經費，原可逐年分辦，作得寸則寸之舉。乃承辦之人見不出跬步，不明利害，妄思褒獎，遽報一律疏通開竣。當道不察，亦遂據以入告。愚以為不報開竣，尚有重開之望，今已報開竣矣，覆奏矣，非閱數十年，斷不能遽議重開，其為農田之害甚鉅。語云：食某處粟，即視某處為一家。況兄籍隸烏程，家居溇上，既已身親目擊，安能如秦人之視吳越人，肥瘠漠不相關。此義所不敢出，亦情所不忍不言者，不意六英遽以上達也。使由是得以重加大治，俾農田水旱有資，永免墊溺，則雖受多言之咎，亦何所恤。前日湘文[4]來書，謂議合碧浪湖及各溇港大加興辦，未知果能踐言否。今之從政者，苟能實心為地方興利，著有成效，民未有不口碑載道，馨香尸祝者。湯文正民不能忘，至今綽楔巍然，豈異人任哉。此事關係水道，不獨湖州一郡沾其利而已。吾弟如致書湘文，尚望有以規益之[5]，幸甚幸甚。

[1] 采香，即杜文瀾。杜別號采香舟主人，或署采香。是信作於同治九年，公元1870年。

［2］"前承"句，《清史稿·河渠志四》：同治九年"江蘇紳民請濬復淮水故道，命兩江總督、江蘇巡撫、漕運總督會籌。覆疏言：'挽淮歸故，必先大濬淤黃河，以暢其入海之路；繼開清口，以導其入黃；繼堵成子河、張福口、高良澗三河，以杜旁洩。應分別緩急興工，期以數年有效。'下部議，從之。是年內閣侍讀學士鍾佩賢亦以疏濬海港爲請。"吳雲信中所謂"拙議"即"疏濬海港"之請。鍾六英，鍾佩賢（生卒年不詳），字六英（一作鹿因），號小舲，浙江山陰（今屬紹興）人，寄籍北京宛平（今屬豐臺）。道光三十年（1850）進士，由户部員外郎補授陝西道御史，升太僕寺少卿、內閣侍讀學士等。

［3］"己巳年"句，《清史稿·河渠志四》：道光二十五年"初，御史吳鵬南請責成興修水土之政，命各督撫經畫。浙江巡撫莊有恭言水之大利五，江、湖、海、渠、泉。他省得其二三，而浙實兼數利。金、衢、嚴三郡，各有山泉溪澗，灌注成渠，堰壩塘蕩，無不具備。惟仁和、錢塘之上中市、三河坑、區塘、苕溪塘，海鹽之白洋河、湯家鋪廟、涇河，長興之東西南漊港，永嘉之七都新洲陡門、九都水湫、三十四都黃田浦陡門，實應修舉，以收已然之利。至杭州臨平湖、紹興夏蓋湖，有關田疇大利，應設法疏挑，或召佃墾種，再體勘辦理。允之。"己巳年，道光二十五年，公元1845年。

［4］湘文，宗源瀚（1834—1897），字湘文，江蘇上元（今南京）人。少即游幕，以功保薦，歷官浙江衢州、嚴州、嘉興、湖州、溫州等地知府。光緒二十年（1894），授浙江溫處兵備道，卒於任。喜金石書畫，收藏甚富，亦工詩文。有《頤情館集》《聞過集》《右文掌録》等。

［5］"吾弟"句，宗源瀚與金安清交誼匪淺，談廷獻《清故通奉大夫賞戴花翎二品銜浙江候補道署溫處兵備道宗公墓誌銘》："嘉善金按察安清，方籌大江軍糈，道義交契，公佐佑巨細，不以勞苦辭，時時有所匡助。比按察中蜚語被逮，漕督使者鈎稽恐曷，群僚匿影，公獨詣來使抗辯，文簿出入，要領俱在，使無以難。"

又（四）

伻來辱賜書，具悉。比日歲律將更，伏惟道履沖勝。承示明正[1]將家事交與中饋主持，先至吳會，以次出游，飽觀東南好山水，不復再預塵事，庶不虛生於世等語。甚善甚善。吾弟天分既超，而又博極群書，宜其發爲詩文，足以凌跨一世。特爲牽於名場，如良驥之伏櫪，聞鼓鼙之聲，常有昂首嘶鳴之意，遂不免憧憧擾擾，把捉不定，未能專務本業。從今以後,果能將無益之心思志慮一掃而空,更借山川雄奇蒼秀之氣以擴其詩境,自然夐邈高迥,有一種不可磨滅優入作者之域,信乎必傳而無疑者,豈徒以月露風雲雕繪景物襲韻語皮貌為哉。此則僕所望於吾弟,竊願與之共勉者也。

人還待覆甚促,拉雜布肊,統俟明正晤罄。所需紹酒,特揀四年陳者兩壜,以佐春讌,希哂納。

[1] 明正,明年。

又(五)

銷英道人[1]足下,一昨接手書,尾注"初四"二字,殆筆誤耶?承諭外間物論全是私心,不足擾我胸次,不過如天明之蚊陣,太陽一出,即寂然無聲。甚是甚是。道人袖納乾坤,氣吞湖海,一點陽光孕於道人胸次,所望早早放出,普照大千世界,魑魅罔兩使之無所遁形,豈特蚊聲寂然已哉。然則蚊聲之寂與不寂,在太陽之出與不出;而太陽之出與不出,其權固操自道人也。前者道人自定榜名曰"癡",今又加一"瘋"字,真瘋耶,抑傳奇中之尉遲恭耶[2]?一笑。

昨與香嚴[3]、采香、救閑,約三月間必鼓棹詣訪,作三日暢談。亟盼道人大施法力,將文章光焰斂入胸次,煉成一點真陽,直從頂門上放出,變成祥雲瑞靄,使新居花木都有欣欣向榮之氣,豈不善哉,豈不善哉。不宣。

[1] 銷英道人,金安清晚取姜夔詞《翠樓吟·淳熙丙午冬》"仗酒祓清愁,花銷英氣"意,號銷英道人、銷英翁。

[2] "抑傳奇"句:元代雜劇有《敬德不伏老》,楊梓作,寫唐初大將尉遲恭(字敬德)在慶功宴上與人爭座,被貶為民。高麗國進犯,唐太宗遣徐茂公詔敬德出戰,敬德裝瘋。徐茂公施激將之計,說動尉遲慨然出征。

[3] 香嚴,李鴻裔(1831—1885),字眉生,號香嚴(一作香巖),因所居網師園與滄

浪亭相近，又自稱蘇鄰，四川中江（今屬德陽）人。咸豐元年（1851）舉人，入貲爲兵部主事，與曾國藩相識，受其器重。同治元年（1862）秋冬入曾國藩幕。强汝詢爲李鴻裔《蘇鄰詩集》作序云："曾文正公督師江南，辟先生參幕府，嘗曰：'眉生豁達精敏，應世才也。'爲曾門幕僚之冠，參與機要。"經曾國藩保奏補爲淮揚徐兵備道，遷江蘇按察使，因病開缺。致仕後居蘇州。長書法，工詩文，對金石、文字亦有研究。

又（六）

銷英道人足下，前昨兩日疊接滬上所發第二、第三兩函，一一領悉。承諭禾中[1]謡諑，月前已知之，即使不脛而走，到北方亦必在六七月之交，又恐鄙人之憂念也，曲爲慰藉，抑何待我之厚而自待之薄耶？從來明於知人而自知稍疏者，史臣於馬伏波嘗論之矣。以伏波之忠謹，尚不能免薏米之謗[2]，今道人所發爲措施者[3]，人人皆以爲非，即二三至好以及家庭骨肉，亦莫不代爲憂慮。乃道人明知故犯，甘以一身爲叢怨之府。現在蘇浙兩省，貴人側目，富室吞聲，而道人毅然行之，百折不回。揣道人之意，以爲直隸哀鴻，非我莫救，故不惜此身，以拯此百萬垂斃之命。此固道人一片熱腸也，然而誤矣。我國家深仁厚澤，二百餘年，凡遇水旱偏災，一經奏請，無不立沛恩施。如今司農雖支絀，數十百萬之賑，何難咄嗟立辦。李中堂雄才大略，八面玲瓏，豈真見不及此。倘屆時賑項不繼，只須附奏數行，朝廷視畿輔至重，斷無不朝請夕發者。道人既無官守，又無言責，何苦獨攖衆怒乎！僕非不知數則斯疏[4]，聖有明訓。然與道人二十年文字之交，猥忝一日之長，知而不言，是僕負道人；言而不納，區區之心盡矣。竊恐道人必有自悔之一日，此書不妨留爲異時之證券也可。不宣。

[1] 禾中，嘉興舊稱。
[2] "以伏波"句，《後漢書·馬援傳》："初，援在交阯，常餌薏苡實，用能輕身省欲，以勝瘴氣。南方薏苡實大，援欲以爲種，軍還，載之一車，時人以爲南土珍怪。"
[3] "今道人"句，蓋指同治十年（1871）直隸全境受災，金安清勸捐以賑災。據

《畿輔通志》，同治十年江蘇鎮江紳士捐平糶米價三萬七千餘緡，糙米兩千餘石，小麥四千餘石。時李鴻章爲直隸總督。

[4]數則斯疏，《論語·里仁》："子游曰：'事君數，斯辱矣；朋友數，斯疏矣。'"數，頻繁瑣碎。

又（七）

前月讀大著《詠菊》八章，詞旨工雅，意義深遠，愈讀愈雋永有味，不覺爲之心折。佩極佩極。吾弟蘊負宏富，不得已託諸著述，駸駸乎已造必傳之詣。昔賢論詩古文，於才、學、識三者之外，必繼以"養"之一字，誠以涵養深則才、學、識皆從醞釀出之，由是胸懷灑落，意氣和平，發爲文章，得中正溫厚之旨。此鄙人欲得而未得之境。知交零落，無可問津，惟吾弟或有以啟牖我耶！

比交冬令，氣候寒暖不常，不識起居何似？伏維珍重。前台從有來蘇之訂，專盼行旌，故未裁報。茲聞先作滬游，未知何日惠然，良深馳企。賤恙總未脱體，末疾時發，右臂較平時短一寸，左臂短至六寸。以向高處取物伸縮爲準，故知其長短如此。奈何。

又（八）

昨奉手書，謹悉種切。承示近著，已詳讀數過。平生未登泰山，致爲憾事，今閱《謁岱》一篇，從遥參亭至造化殿，不獨全山勝景宛然在目，中間塿[1]象之莊嚴，畫壁之飛動，溫涼玉[2]得之耳聞，不料實有此珍。至"帝出乎震，人生於寅"一聯署款姓名與兄同[3]，"豈兄孩提時所書"，評云語巧而書不稱，洵爲正法眼臧。一笑。惟論秦碑[4]，謂"宋人劉敬記尚存二百二十四字，至本朝已僅存二十九字"云云。此碑原父兄弟[5]均有著錄，而劉敬所記實未閱及，尚乞詳示，以廣聞見。

尊體亦時有不適，望六之年，有不期然而然者。祇有放寬心思，加意調攝一法。不宣。

[1] 塐，古"塑"字。
[2] 溫涼玉，乾隆三十六年（1771），乾隆爲賀母鈕祜祿氏孝聖憲皇太后壽辰東巡泰山，御賜岱廟玉圭。此玉手感上涼下溫，故又稱溫涼玉。
[3] "至帝"句，聶鈫《泰山道里記》："露臺北爲峻極殿，即宋之天貺殿。殿九間，重簷八角，祀泰山之神。……國朝吴雲聯曰：'帝出乎震，人生於寅。'"文中所言吴雲（1746—1837），字潤之，號玉松，休寧長豐（今屬安徽）人。乾隆五十五年（1790）進士，選翰林院庶吉士，曾任河南彰德府知府。
[4] 秦碑，指《泰山刻石》，秦始皇二十八年（前219）東巡泰山立。按西北東南順序四面有字，小篆，李斯書，《史記》記載了全文内容。原石立於岱岳頂玉女池上。宋朝陳思親訪此石，見石上有二百餘字。至元代拓本只存五十字。明嘉靖年間北京人許氏搜得殘石，僅存二十九字，移置泰山碧霞宫元君祠，并刻許氏隸書跋文兩行於其左下方。
[5] 原父兄弟，劉敞、劉攽。劉敞（1019—1068），字原父（一作原甫），臨江新喻（今江西新餘）人。慶曆六年（1046）進士，累官至集賢院學士。《宋史·劉敞傳》言其"學問淵博，自佛老、卜筮、天文、方藥、山經、地志，皆究知大略"。他開私人收藏著録之先例，"嘗得先秦彝鼎數十，銘識奇奧，皆案而讀之，因以考知三代制度"，名《先秦古器圖碑》。該書已佚。劉攽（1022—1088），字貢父。劉敞弟。與劉敞、劉敞子劉奉世合著《漢書標注》。

又（九）

前日台從枉顧，力疾陪談，起坐略久便不能支，殊以積懷未罄爲悵。兄此次病後已有五旬，而精神總未復元。昨從香嚴處交到手翰，展誦之餘，深荷愛注之殷，無殊骨肉。至謂著述最耗心血，并引國朝諸老，其傳世之等身著作，當日不過綜其大綱，至於援古證今，鈎心鬥角，類多出門弟子與幕府諸名士之手，故能長享遐齡，身名俱泰。懇懇之意，惟恐兄於筆墨一門過費精力，有違頤養，以致久病未瘳。循讀箴言，實切銘感。

我弟兄處境約略相同。當年壯氣盛之時，皆欲有所樹立，以功名遂顯揚之志。乃辰逢箕斗，運值角張[1]，佗傺半生，屢起屢蹶；於是翻然戢影,長與世辭。而又名心未滅,思欲以文采表見,冀不與草木同腐。遂致自縛自纏,幾如春蠶吐絲,非死不盡。此誠自討煩惱,不自知其勞精敝神,陷入魔障也。今蒙良友規勸,謹當暫輟研削,未藏之作,悉俟春暖身健再理,以副雅懷。

黄花時節,吾弟能不爲饑驅出門否?

[1]"乃辰逢"句,古代天文把星分成二十八組,東南西北四方各七宿,共二十八宿。東方七宿角、亢、氐、房、心、尾、箕;北方七宿斗、牛、女、虚、危、室、壁;西方七宿奎、婁、胃、昴、畢、觜、參;南方七宿井、鬼、柳、星、張、翼、軫。二十八宿在玄學中應用甚廣,地理、擇日、易學、占卜等都與二十八宿關聯。

又(十)

月之十三日奉寄寸箋,附酥糖八十包,未知何日澈覽。一昨奉到手諭,并《冬居雜咏》四篇,領誦至再,愛不忍釋。中間如"座上盆梅花,簇簇床頭春",釀醉悠悠,此邵康節安樂窩中佳句也[1];"遠道哀鴻饑正苦,窮交涸轍計難全",則又與杜少陵[2]憂在天下同意。四詩陶寫性靈,不事雕飾,而自然名貴,允推合作[3],必傳無疑。佩甚佩甚。

歲云暮矣,昔人所謂風景淒然者,我輩轉以陶然泰然處之,隨境取樂,屢空晏如[4],守拙安貧,共保晚節。世有鄭子貞[5]、陶淵明,其人或許把臂入林,引爲同調耶?!

[1]"此邵康節"句,皇祐元年(1049),邵雍自共城遷居洛陽,蓬門蓽户,打柴爲生。富弼、司馬光、吕公著等與之游,并爲置辦園宅。邵雍名之"安樂窩",自號安樂先生。邵康節,邵雍(1011—1077),字堯夫,林縣(今屬河南安陽)。師從李之才學《河圖》《洛書》與伏羲八卦。嘉祐、熙寧間,兩度被舉,均稱疾不赴。卒謚康節。有《皇極經世》《觀物内外篇》《先天圖》《漁樵問對》《伊川擊壤集》《梅花詩》等。

[2]杜少陵,杜甫。杜甫自號少陵野老。

[3]合作,白居易《與元九書》:"始知文章合爲時而著,歌詩合爲事而作。"

[4] 屢空晏如，陶淵明《五柳先生傳》："環堵蕭然，不蔽風日；短褐穿結，箪瓢屢空，晏如也。"

[5] 鄭子貞，一作鄭子真，漢隱士。《漢書·王貢兩龔鮑傳序》："其後谷口有鄭子真，蜀有嚴君平，皆修身自保，非其服弗服，非其食弗食。成帝時，元舅大將軍王鳳以禮聘子真，子真遂不詘而終。"

又（十一）

昨者台旆臨蘇，暢談三日，情足千秋。聯語真是雅謔，使遇退菴中丞必將采入《楹聯叢話》矣[1]。別後接到手札并詩文近著，讀悉一一。二十日超山探梅[2]之約，想不後期，惟是日風狂如虎，氣候欠和，鄙人瑟縮擁爐，尚覺畏冷，於此益羨諸君子游興之豪真不可及也。

敏老[3]新居聞有水木清華之趣。篪翁[4]近體如何？均深記念。

大作"市小疎鉦迷廢堞，夜寒微火失漁汀"，不愧警句可傳。"今雨猶憐舊雨無"句似嫌湊韻。近率因來書即欲料理授梓，一得之愚，輒貢左右，敬禮陳思，互資攻錯，古人所以重朋友也。平捻弁文有為而言，與世之澠涊[5]獻諛者不同，自是佳構。佩服佩服。

[1] "使遇句"，梁章鉅有《楹聯叢話》，十二卷，分故事、應制、廟祀、廨宇、勝迹、格言、佳話、挽詞、集句集字、雜綴、諧語等，收聯話六百餘則。梁章鉅（1775—1849），字閎中，號茝林（一作茝鄰），晚號退菴，福建長樂（今屬福州）人。嘉慶七年（1802）進士，授翰林院庶吉士，累官至廣西、福建巡撫等。通經史，精校勘，亦工詩文，有《論語集注旁證》《文選旁證》《孟子集注旁證》《三國志旁證》《樞垣紀略》《制義叢話》《退菴詩存》《退菴隨筆》《楹聯叢話》《浪迹叢談》《稱謂錄》《歸田瑣記》等。

[2] 超山探梅，超山位於餘杭塘棲鎮，係天目山餘脈。超山以梅景著稱，有"十里梅花香雪海"之譽，其梅花以古、廣、奇號為三絕。吳昌碩《憶梅》："十年不到香雪海，梅花憶我我憶梅。何處買棹冒雪去，便向花前傾一杯。"

[3] 敏老，應寶時。應寶時號敏齋。

[4] 篪翁，萬啟琛（？—1878），字篪軒，江西豐城（今屬宜春）人。在籍幫辦團練，咸豐四年（1854）入曾國藩幕，幫辦勸捐、餉鹽及炮船、鑄炮、火藥三局事。後入仕累

遷至江寧布政使。同治四年(1865)免職,寓居杭州。金安清、萬啟琛過從甚密,曾國藩同治三年(1864)正月十七日與曾國荃信:"金眉生十四日到此,已交銀二萬,令買米解弟營。篪軒履寧藩之任,凡眉生有善策無不采納,凡弟處有函商無不遵允。"

[5]溳涊,污濁。劉向《九歎·惜賢》:"撥諂諛而匡邪兮,切溳涊之流俗。"

丁筱農觀察彥臣[1]

同鄉親故,宦各一方。久聞博雅好古,心竊嚮往。比得手翰,并承遠寄北魏各種摩厓碑及漢張遷、魯峻、河平各碑,一一領到,感謝感謝。漢碑絕少精拓,宋元明書家不專習分隸,間有傳世者,於兩京風格相去似遠。想當時搥搨者少,故世間不易多覯。偶得一二舊拓,已不啻景星鳳凰矣。張遷、魯峻二碑尚是五六十年前所拓,可貴。河平新近出土,去年潘伯寅少司農亦曾見寄一本。或疑其僞造,究竟如何? 敝藏漢魏六朝唐宋已來碑碣,不下三千餘種,屢欲彙一碑目,至今未就。雲峰、大基各摩厓均有[2],獨少鄭文公上碑[3]。今承惠我,得未曾有,欣悦無已。辱示新得泰山二十九字原石本。此碑近來絕不易得,弟藏一本,尚係嘉靖以前所拓,舊藏彭尺木[4]先生家,爲吳中著名之品,曾屬儀徵吳讓之茂才,橅刻入石,形神畢肖,特寄奉一幅。外又寄去程孟陽[5]禊帖一種,汪容甫[6]禊帖一種,米臨禊帖一種,趙文敏[7]小楷《赤壁賦》一種,文待詔[8]小楷《千字文》一種,齊侯罍拓本兩幅,周盤漢碑合裝二册,《虞恭公碑》雙鈎二册,統乞檢收。訂正所需吉金拓本,容後續寄。倘有新得,尚望示知。惜道遠不能各出所藏,以資欣賞。臨書翹勤不已。

[1] 丁筱農,丁彥臣(一名硯丞、研丞,1829—1873),字筱農(一作小農),别署雙劍閣主、赫奕澹士、澹蕩人、坦然先生等,浙江歸安(今湖州)人。少有才略,窮居讀書。三十投軍,同治間得丁寶楨賞識辦理河務,以功敍道員銜,官終署山東督糧道。善書畫,精鑒賞,工鐵筆,富收藏。輯有《斐岑記功碑西嶽華山廟碑鈎本》,著有《梅花草菴藏書目》《梅花草菴藏器目》《吳興丁廉訪印譜》《從軍紀參詩稿》等。

[2] "雲峰"句,雲峰山在山東萊州東南,有北魏刻、北齊刻石,由山腰散布至山巔,形成天然碑林。其中最著名者爲《鄭文公下碑》。

[3] 鄭文公上碑,《鄭文公碑》全稱《魏故中書令祕書監使持節督兗州諸軍事安東

將軍兗州刺史南陽文公鄭君之碑》，又名《鄭羲碑》，係北魏光州刺史鄭道昭於永平四年(511)爲其父鄭羲立，內容記鄭羲生平事迹。崖刻，共有內容近同的上、下兩碑，上碑在山東平度天柱山，下碑在萊州雲峰山。

　　[4] 彭尺木，彭紹升(1740—1796)，字允初，號尺木居士、知歸子，江蘇長洲(今屬蘇州)人。乾隆二十六年(1761)進士，未出仕。精研佛學，以參禪爲事，法名際清。有《一行居集》《居士傳》《善女人傳》《净土聖賢傳》《二林居集》《觀河集》《測海集》《一乘決疑論》《華嚴念佛三昧論》《净土三經新論》等。

　　[5] 程孟陽，程嘉燧(1565—1643)，字孟陽，號松圓、偈庵，晚年皈依佛教，釋名海能，歙縣長翰山(今屬安徽黄山)人。屢試不第，僑居嘉定，工詩善畫，通曉音律。吴偉業曾作"畫中九友歌"，"九友"以董其昌爲首，另外還包括王時敏、程嘉燧等。有《浪淘集》。

　　[6] 汪容甫，汪中(1744—1794)，字容甫，江都(今屬江蘇揚州)人。乾隆四十二年(1777)拔貢，以母老不赴考。擅文，研經學，曾司文匯閣所藏四庫書，又曾點校文宗閣、文瀾閣所藏《四庫全書》。有《述學》《廣陵通典》《容甫先生遺詩》《知新記》《金陵地圖考》《春秋述義》等。

　　[7] 趙文敏，趙孟頫。趙孟頫謚文敏。

　　[8] 文待詔，文徵明。文徵明官翰林院待詔。

吴桐雲觀察大廷[1]（二通）

（一）

一昨辱損書，伏審道履清嘉，榮問[2]休暢。前蒙惠敂大著，嗣又從眉生[3]方伯處交到續集，謹已浣讀再過，中間兵農禮樂，道德文章，中外事機，邊防形勢，莫不斟酌古今，按時立論。無苟同之見，無炫異之心，言必冀其能行，事必期於有濟。和平質實，粹然一歸於正。此經世之鴻文，不朽之盛業也。若僅以氣格蒼老詞旨簡貴，謂可并軌方姚[4]，論文則似矣，恐尚未足以窺大賢之用心也。敬服敬服。

弟鍵户養疴，藥爐茶竈與叢殘書卷雜陳左右，日處其中，人事久廢，恒終月不一出門，親舊見諒，亦不以禮節相繩。時或伏案拈毫，聊以消磨歲月。閑居拙况如此，不足爲執事告也。

鮑子年觀察博雅好古，夙所欽慕。前由家清卿太史寄來觀古閣泉説、叢著各一册，讀之益增嚮往。兹承遠索拙著《彝器圖釋》，本當即寄，因此書雖已授梓，尚多舛訛待改，故未刷印。夏間老友陳壽卿太史暨伯寅司農索觀稿本，遂先印數部寄之，餘則盡爲友人取去。現在校訂粗完，即擬重印。一俟蕆事，必當首先馳正，兼寄子翁。大約季冬總可報命。賞音在前，藉可求教，亦不敢自匿其醜也。恐勞厪注，先肅布復。

[1] 吴桐雲，吴大廷（1824—1877），字桐雲，湖南沅陵（今屬懷化）人。咸豐五年（1855）舉人，入貲爲内閣中書。同治五年（1866）以按察使銜分巡臺灣兵備道，卒贈太僕寺卿。有《小酉腴山館詩文鈔》《小酉腴山館詩鈔續編》《福建票鹽志略》等。

[2] 榮問，美名，好的聲譽。張説《梁國文貞公碑》："激昂成學，榮問日流。"

[3] 眉生，指李鴻裔。吴大廷與李鴻裔交誼甚厚，吴大廷《小酉腴山館主人自著年譜》"同治元年二月"記："十七日，李眉生駕部（鴻裔）以曾節相因其弟沅圃方伯過

獎鄢人，亟欲相見，因往謁焉；復過李公處。"又"同治三年六月"記："李眉生亦以浙中來者，俱道左公盼余若饑若渴，力勸赴浙。……若眉生，於傾軋成風、小人嫉忌之時，獨拳拳關注，非近人所易有矣。"

　　[4]方姚，方苞、姚鼐。方苞(1668—1749)，字靈皋，亦字鳳九，晚年號望溪，亦號南山牧叟，桐城(今屬安徽)人。康熙四十五年(1706)進士，官至內閣學士、禮部侍郎，充《一統志》總裁、《皇清文穎》副總裁、《三禮書》副總裁。爲學宗程朱，尤究心《春秋》、三禮。爲文嚴於義法，與姚鼐、劉大櫆合稱"桐城三祖"。有《方望溪先生全集》。姚鼐(1731—1815)，字姬傳，一字夢谷，室名惜抱軒，世稱惜抱先生，桐城(今屬安徽)人。乾隆二十八年(1763)進士，授庶吉士，入《四庫全書》館充纂修官。旋歸里，以授徒爲生，先後主講揚州梅花書院、安慶敬敷書院、歙縣紫陽書院、南京鍾山書院。一生勤於文章，有《惜抱軒文集》《九經說》《三傳補注》《五七言今體詩鈔》等，輯有《古文辭類纂》。

又(二)

　　久疎修候，實殷懷想。前月底有東洋人竹添君，名光鴻，字漸卿，號井井者來訪[1]，云與閣下爲文字之交。人頗風雅，言語不通，彼此皆以筆談，文理亦甚明順。挈眷遨游，訪求名勝，出示《游草》一卷，楚楚可誦。惜弟病體不能多談，臨去以素紙索作書畫，當許以寄，由閣下轉交。兹特塗就，敬乞即日確致。我輩與外邦人交，縱未能忠信篤敬，而有約在先，不可不踐也。瑣事瀆陳，臨書皇恐。

　　[1]"前月底"句，竹添君，竹添進一郎(1842—1917)，名光鴻，字漸卿，號井井，晚年號獨抱樓，世人多以竹添井井稱之。曾任日本駐天津領事、駐華使館書記、駐朝鮮公使等。駐華期間自稱"日本閑人"，游歷大江南北。光緒二年(1876)曾携家眷游蘇杭，與俞樾等酬唱問學。晚年在小田原構屋隱居，讀書寫作。有《棧雲峽雨日記》《紀韓京之變》《左氏會箋》《毛詩會箋》《論語會箋》等。

家讓之明經熙載（二通）

（一）

接到惠書各件，現已裝池成幅，懸之齋壁，如對故人。内如臨西嶽華山、郎邪石刻、天發神讖各種篆隸，筆力蒼渾古勁，不特凌跨流輩，實足駕鄧石如、桂未谷[1]而上之，將來一代傳人，可爲兄預決。珍重珍重。

弟現在編輯吉金款識，凡積古齋已載者，不重錄；其無關考證而迹涉贗鼎者，概行汰去。大約鐘鼎簠簋敦彝尊甗之屬，可得六百餘種，類次十六卷。竊願爲積古之續，或即署《續積古齋鐘鼎彝器款識》。此外有積古齋所載而於原器銘文實有訛舛，如邢叔鐘之漏刻數字者，擬另編一卷爲《積古齋鐘鼎彝器款識訂》，但論字文，不及考釋，以免喜謗前輩之誚。所慨兵亂以後，故交零落，同好凋亡，兄又一江遠隔[2]，質疑問難，頗少其人。現竢草稿粗定，明春安硯焦山，奉迓枉顧，就正有道，再行付梓。至釋文仿《嘯堂集古》[3]例，疑者闕之以省剞劂之費。柏刻匠現在何處？如無事做，可屬其趁便船來滬，給予舟資四金，可向洪石梅取付，由弟寄還。此事石梅亦必欣然也。倘柏匠現有生活，則明春隨吾兄到焦山亦可。

緣仲舍親處屢次切託爲吾兄籌一館地，杜小舫弟處亦已屢次信去，未知有無眉目。世兄差事能否蟬聯？均切系念。焦山掌故有應補入志書者，乞爲留意。不宣。

[1] 桂未谷，桂馥（1736—1805），字未谷，一字冬卉，號雩門，別號蕭然山外史、老苔、瀆井、瀆井復民，山東曲阜人。乾隆五十五年（1790）進士，雲南永平知縣。少承家學，博覽典籍，精於金石六書，尤工漢隸、篆刻。有《説文義證》《札樸》《晚學文集》《歷代石經考略》等。

［2］一江遠隔，吴讓之寓揚州，在江北；吴雲寓蘇州，在江南，故稱。

［3］《嘯堂集古》，《嘯堂集古録》，二卷，王俅輯，成書於淳熙三年（1176）。收古器三百餘件，二十餘種。其編排每器上摹銘文，下列釋文，不繪器形，不加考證。

又（二）

此來傷逝思舊，無可以言。與兄相晤兩次，亦迥非昔時意興。兄今年政七十耶！人生自墮地以至百年，莫不要從原路上去。弟薄有留贈交存季谷處，并有説話，囑王吟軒轉達。喬中丞與小雲、秋墅處均已面託，亦各有所贈。此數項統望留作正經用，不必歸入開門七件事中，晤詢吟軒自悉鄙意。倚裝，留此代白，惟保重爲屬。

戴禮庭司馬丙榮[1]

　　奉手示具悉。子偲[2]信已面交渠。尚有耽閣，所云官書一節，弟與同志友早經議及，當道皆以迂闊目之。今得李宮保提倡，必可以就。然昨日子偲來，適首府汪黼卿在座，云曾與三首縣商及此事，都以無處存儲爲慮。弟暗中以言欱動之，恐非西平勢力，此等事未必即能成也。

　　子偲論書極以蝯老[3]爲野狐禪。平心言之，蝯老學博而見廣，在今日應推獨步，惟年望俱高，不免有英雄欺人之處，此訾議所由起也。蝯老嘗謂子偲曰：自書契以來，從未有尊書這一派。當面調侃，未免惡作劇，令人難受。子偲亦今之學者也，原不必以書律重。書雖小道，然非有數十年苦功，加以讀書養氣，又多見古人名迹，未足與語也。韓子曰：用功深者，收名也遠。六書亦一端也。弟爲境所迫，未能專精於問學。古人鶉衣脫粟，悠然有自得之色[4]。自恨又不能耐苦，物來輒爲所誘，即如終日敝精於故紙堆中，思欲以文采表見，此佛家所謂魔障，亦吾儒所謂雜念，不知何時始能克治淨盡，不爲外撓。昔宋祁行年六十知五十九年之非[5]，弟今年五十六歲，久過蘧大夫知非之年矣。來日苦無多，恐至子京六十之年仍憒然也。奈之何哉，奈之何哉！

　　[1] 戴丙榮，戴禮庭（生卒年不詳），字德堅，號丙榮，嘉興（今屬浙江）人。諸生，保舉訓導。張鳴珂《寒松閣談藝瑣錄》："吳平齋丈雲……一時名下如吳讓之（熙載）、戴禮庭、吳清卿（大澂）諸君，咸館其家，相與商榷文史，研考名迹。"則其曾客居吳雲處。又曾客應寶時署中。莫友芝《邵亭遺文·修補畢氏續資治通鑑刊板跋》："聞畢書板在嘉興馮氏者……戴禮庭秀才爲議售，且就，而禮庭亡。蕭毅提師赴河濟，應敏齋觀察亟爲購致，刊補亡失，以行江浙。"戴丙榮與吳大澂爲姻親——戴丙榮乃吳大澂"丈家外舅"。司馬，隋唐州府佐吏有司馬一人，位在別駕、長史之下，掌兵事，或以此職安置貶謫及閑散官員。

〔2〕子偲，莫友芝(1811—1871)，字子偲，自號邵亭，又號紫泉、眲叟，貴州獨山（今屬黔南布依族苗族自治州）人。道光十一年（1831）舉人，入曾國藩幕，代其收購江南遺書，後又在多個書局總務，校勘經史。通訓詁之學，書法四體皆精，尤工篆書。有《宋元舊本書經眼錄》《邵亭知見傳本書目》《邵亭詩抄》《邵亭遺文》等。

〔3〕蝯老，何紹基。何紹基晚號蝯叟。

〔4〕"古人"句，黃宗羲《明儒學案》卷二："胡居仁字叔心……家世爲農，至先生而窶甚，鶉衣脫粟，蕭然有自得之色，曰：'以仁義潤身，以牙籤潤屋，足矣。'"

〔5〕"昔宋祁"句，宋祁《宋景文筆記》："余於文似蘧瑗。瑗年五十始知四十九年非，余年六十，始知五十九年非，其庶幾才至於道乎？"又《淮南子·原道訓》："蘧伯玉年五十而知四十九年非。"宋祁(998—1061)，字子京，小字選郎，安陸（今屬湖北）人。天聖二年（1024）進士，累官至龍圖閣學士、知制誥。

莫子偲孝廉友芝

　　客臘奉手畢，承示聽松石[1]巋然獨存。弟亦訪確，誠如尊諭。弟前歲親到惠山，兵亂以後，舊游之地風景全非，亟欲覓聽松踪迹。詢訪無有知者，後問茶肆中人，得此兵毀、昇遷兩説，所謂道路之言也。嗣晤王補帆廉訪、俞蔭甫太史，僉云此石實在。本擬重作一跋，今讀大著，敘説甚善，謹當并梓，以志匡益。惟原版册尾空處止餘今尺二寸五分，高六寸五六分，能將尊跋縮寫數行，則移寬就窄，不必另添版刻，更爲合式。幸即書成寄下爲盼。

　　李伯明碑[2]，兄樞本既爲鼠碎，自須重摹。倘台從春間不能到蘇，弟必將此碑拓本寄上，決不失諾。舊臧泰山廿九字，實爲南宋精拓本，去年與讓之鈎摹入石，擬置焦山。特將墨拓寄呈法鑒。唐寫《説文》殘字[3]，春間必可裝池完好。緣劉匠病已漸愈，春暖即趕緊動手，大約暮春之初可以奉繳。足下聞之，必稱快事也。

　　懷寧鄧完白卒年，包慎伯[4]稱其六十三歲，見包氏《安吳四種·鄧山人傳》；而方彥聞屢錢[5]著《完白山人墓表》（見《萬善花室稿》），則云卒年六十七歲。近人平湖錢海甑作《補疑年録》[6]，亦云六十七歲。慎伯與山人交甚密，服膺推重又甚至，不應爲山人傳將其生年舛誤。按方氏墓表云：卒年六十有七。有子曰尚璽，能世其學。似又確鑿無疑。究竟孰是孰非，索解不得。兄如知之，望即示悉。如亦未詳，望轉詢山人嗣君守之[7]文學。緣弟臧有山人篆書《弟子職》全篇，書於暨陽書院，時在嘉慶九年，逾年歸道山。此生平傑筆，裝成十六幅。友人借刻，索作跋尾，應爲糾正也。

　　[1]聽松石，石長近兩米，一端隆起若枕，又名聽松石牀。石端刻篆書"聽松"，據

考證爲李冰陽所書。篆書右側另有政和四年(1114)張仲賢題行楷十行,及嘉熙三年(1239)趙希袞題行書二十一字。現存無錫惠山公園中。

[2] 李伯明碑,即李昭碑,元初五年(118)立,篆書七十三字,著錄於李富孫《漢魏六朝墓銘纂例》,亦有人疑其爲康熙年間褚千峰僞造。

[3] "唐寫"句,此指唐寫本《説文》"木部"殘卷,存一百八十八字,一般認爲寫於唐穆宗時,原爲黟縣縣令張仁法藏,同治二年(1863)轉贈莫友芝。莫友芝覆刻傳世并加箋識與按語,名爲《唐寫本説文解字木部箋異》。原物後歸端方,再流入日本。

[4] 包慎伯,包世臣(1775—1855),字慎伯,晚號倦翁、小倦游閣外史,涇縣(今屬安徽宣城)人。嘉慶二十年(1815)舉人,以大挑試用爲江西新喻縣令,旋被劾去官。包世臣學識淵博,喜兵家言,於農政、貨幣、文學均有研究。東南大吏每遇兵、荒、河、漕、鹽諸政,常諮詢之,以此名滿江淮。有《安吳四種》。師從鄧石如學篆隸,通過書論《藝舟雙楫》鼓吹碑學,對清中後期書風變革影響甚巨。

[5] 方彥聞,方履籛(1790—1831),字彥聞,一字術民,順天大興(今屬北京)人。高祖卜居陽湖,故又自稱陽湖人,自號江左僑民。嘉慶二十三年(1818)舉人,道光六年(1826)以大挑爲福建知縣。博學於文,尤嗜金石文字。工詩詞文賦,常州詞派代表。有《金石萃編補正》《伊闕石刻錄》《萬善花室稿》等。

[6] "近人"句,《補疑年錄》,四卷,錢椒著,收錄學人始於宋蘇軾,終於清王嘉祿,計五百餘人,人評爲"其考據之確,不在錢吳兩家之下"。錢,錢大昕;吳,吳子修。錢海鄰,錢椒(生卒年不詳),字頌春,號海鄰(一作澥鄰),平湖(今屬浙江嘉興)人。翁廣平道光十八年(1838)爲《補疑年錄》所作序云"今有人自平湖來,謂海鄰墓草已宿",則錢椒當卒於道光十七年。

[7] 守之,鄧傳密(1795—1870),乳名尚璽(一作延璽),字守之,號少白。能詩善書,亦工刻印。《清史稿·鄧石如傳》言其"從李兆洛學,晚客曾國藩幕。能以篆書世其家"。

沈韻初中翰樹鏞[1]

酷暑正熾,未識眠食何似?伏維珍重。

弟杜門養疴,久已不出戶庭矣。月餘來兩得陳壽卿太史書,考論金石之學,甚爲辨博。此二十年前舊交,久不通音問,不意其健在。勤學如此,難得難得。漢韓勅《禮器碑》,《曝書亭集》[2]載:前碑紀造禮器,後碑以志修廟謁墓。翁覃溪[3]云:韓勅後碑,今竟不見其石,屬桂未谷訪覓亦不得。昔年金陵鄭汝器[4]猶手拓其本以遺朱竹垞,何至數十年間便湮沒不見。云云。昨蝯叟忽欲借閱此碑,弟處止有前碑及碑側、碑陰。未知尊藏有此後碑否?如有,望借一觀,必不轉借與人,兩三日便繳也。

[1] 沈韻初,沈樹鏞(1832—1873),字韻初,號鄭齋,川沙城廂(今屬上海浦東)人。咸豐九年(1859)舉人,官至内閣中書。收藏書畫、古籍、金石甚豐,尤喜碑帖,考訂甚精。有《漢石經室叢刻目錄》《漢石經室跋尾》《續寰宇訪碑記》(與趙之謙合撰)等。

[2] 《曝書亭集》,朱彝尊著,共八十卷,包括賦、古今詩、詞、文等,附錄一卷,刻成於康熙四十八年(1709)。

[3] 翁覃溪,翁方綱(1733—1818),字正三,一字忠敘,號覃溪,直隷大興(今屬北京)人。乾隆十七年(1752)進士,官至内閣學士。精金石、譜錄、書畫、詞章之學,有《粵東金石略》《蘇米齋蘭亭考》《復初齋詩文集》等。

[4] 鄭汝器,鄭簠(1622—1693),字汝器,號谷口,上元(今江蘇南京)人。家傳醫學,以行醫爲業。工書,隷書爲朱彝尊激賞。收藏碑刻,尤喜漢碑。

朱春舫觀察履恒[1]（三通）

（一）

前者到山，知兄在將軍幕府襄籌軍政。本擬約蘭垞[2]奉訪，適讓之來述老伯母西逝之耗，不勝驚疑。旋得訃音，爲之惋愕者累日。伏思兄純孝性成，遭此大故，辟踊哀毀，自不待言。第念老伯母懿行淑德，節比松筠。昔年讀柏舟風雪之詩[3]，久生敬仰，秪以山川迢隔，未獲升堂謁拜，一識慈顔。今者壽考登仙，兄已勳名昭著，克副顯榮，綽楔[4]輝煌，絲綸[5]稠疊，固當九原含笑，遺憾毫無。還望順變節哀，援古人滅性之戒[6]，珍重自愛，以妥先靈。是所至禱。

弟本擬渡江叩奠，因前日讓之在山，白首相逢，恣意談讌，未免飲食不節，日來小有腹疾，未能遠出。特備輓聯香楮，專丁代躬，稍申芻敬。伏希告存，臨書歉悚。

[1] 朱春舫，朱履恒（生卒年不詳），字馴之，號春舫，金溪雲林（今屬江西撫州）人。以舉人揀選知縣，後入曾國藩幕，保薦以道員候選。《曾文正公奏稿》有《朱履恒隨營效力著有勞績請準留於江蘇遇有題缺酌量請補片》（同治三年七月二十九日）。與吳雲友善，吳雲跋謝時臣《金閶佳麗圖》："此卷爲故友朱春舫觀察所贈。"

[2] 蘭垞，方德驥（生卒年不詳），字蘭垞，仁和（今屬浙江杭州）人。以附貢生官至蘇州府知府。編有《軍牘彙存》，另有《方德驥遺文》存世。

[3] "昔年"句，謂曾讀朱母詩文。柏舟，《詩經·邶風》中有《柏舟》，此詩作者，歷有男女兩說，朱熹力主爲女子之詩，對明清學人產生較大影響。此即用柏舟之作者喻朱母有文采。風雪，用謝道韞故事。劉義慶《世說新語·文學》記謝安問子弟：白雪紛紛何所似？謝朗答曰：撒鹽空中差可擬。謝道韞曰：未若柳絮因風起。

[4] 綽楔，古時樹於正門兩旁，用以表彰孝義的木柱。趙翼《蔡節婦詩》："今日泥書旌綽楔，清芬長附《柏舟》詩。"

［5］絲綸，此猶言朝廷恩典。《禮記·緇衣》："王言如絲，其出如綸。"孔穎達疏："王言初出，微細如絲，及其出行於外，言更漸大，如似綸也。"後因稱帝王詔書或三省六部所發文札爲"絲綸"。

［6］滅性之戒，《禮記·喪服》："三日而食，三月而沐，期而練，毀不滅性，不以死傷生也。"

又（二）

蘭垞書來，云兄月初即欲歸葬，未知從何路行走？江湖滿地，深以未得一晤爲念。

弟患難餘生，近益自廢。昔褚伯玉五十四歲卜隱剡之瀑布山，絕迹世交，人稱其隱操[1]。弟今年正同此甲子矣，自恨入山不深，用志未一，於古人所謂道德文章，氾毫無窺見。每一念及，輒增悚怍，真不足以仰對知己。

兄歸棹時能過山作一二日留否？倘此約得果，務望先期示知，以便預約蘭垞，共罄積悃。

虞山公得近信否？弟於長安故人，年來概不敢輕投尺一[2]，而於虞山踪迹，則尤未知之也。頗深繫念。

［1］"昔褚伯玉"句，《南齊書·褚伯玉傳》："褚伯玉，字元璩，吳郡錢唐人也。……伯玉少有隱操，寡嗜欲。……遂往剡，居瀑布山。……宋孝建二年，散騎常侍樂詢行風俗，表薦伯玉，加徵聘本州議曹從事，不就。太祖即位，手詔吳、會二郡，以禮迎遣，又辭疾。上不欲違其志，敕於剡白石山立太平館居之。建元元年卒，年八十六。"

［2］尺一，古時詔板長一尺一寸，故稱天子的詔書爲"尺一"，後亦代指一般書信。方文《訪吳錦雯不遇留此》："尺一授童女，歸時抆淚看。"

又（三）

前月奉手書，伏審道體安和，勳望日懋。此番兩使相會於金陵[1]，想見冠裳鏘躋，旌旆飛揚。更聞節署演戲三天，尤令人有復睹漢官威儀之感。季玉來書,亦頗興高采烈也。

销英爲謁李相到寧,想必握晤。渠本鄭當時[2]、辛稼軒一流人物,乃懷才不遇,未免有老驥伏櫪之悲,近爲浙鹺事益復左支右絀[3]。鄙人曾一再規之人情,於鋭意欲行之事,不至推車撞壁,固不肯歇也。馬制軍[4]和平中正,相必相見恨晚。眉生有奉託之事,望關拂。及之風便,惠示近況,慰我饑渴。

[1]"此番"句,金陵在咸豐八年(1858)即被列入通商口岸,然太平軍據天京,通商一事只能擱置。同治三年(1864)六月,金陵克復,英法照會清政府要求"派委幹員會往金陵,定立開碼頭界址"(李鴻章《上曾相》[同治四年三月九日])。信中所言,蓋指此事。

[2]鄭當時,《史記·鄭當時傳》:"鄭當時者,字莊,陳人也。"鄭莊以任俠自喜,好客而推士,"聞人之善言,進之上,唯恐後。山東士諸公以此翕然稱鄭莊"。

[3]"近爲"句,金安清曾爲候補鹽運使,熟於鹽漕、洋務諸政。同治二年(1863)曾國藩欲改革鹽政,金安清多所參預,并爲之草擬鹽運章程。鹺,鹽。《禮記·曲禮下》:"鹽曰鹹鹺。"注:"大鹹曰鹺。"

[4]馬制軍,馬新貽(1821—1870),字穀山,號燕門,又號鐵舫,山東菏澤人。道光二十七年(1847)進士,累官至兩江總督兼通商事務大臣。同治九年(1870)七月二十六日,馬新貽遭刺身亡,是爲謎案"刺馬案"。同治三年(1864)九月曾國荃因病開缺,馬新貽任浙江巡撫,六年十二月遷閩督。

卷　四

蔡麟洲太守振武[1]

　　夏間雲藍閣陳君携到手書，早經領悉。陳君本係舊識，當與接談，獲知底蘊，允爲耶許[2]。并將尊函交冠雲閱看，亦願助力。嗣陳君因賃屋未就，遲未舉辦，弟亦附緣仲便舟到山，以致報書久缺，幸勿爲過。比者秋涼，伏維起居清勝。

　　側聞貴治兵燹之後，凋殘殊甚，得執事勞來綏集，可期漸復舊觀。盤錯所以別利器，虞升卿神明之頌，不得專美於前矣[3]，可勝健羨。弟到山後，因蕉林主人赴江北勾當公事，仍得借寓三退樓中。樓爲蕉林拓寬丈許，三面臨江，比舊時更爲軒廠，實全山第一勝地。蕉林題"枕江閣"三字，屬鄙人書額，昨已懸諸閣中。案頭有右軍誓墓、魯公乞米諸帖，興到輒臨數過。坐對江山，悠然有出塵之想。時或倚闌憑弔，唱"大江東去"一闋，慨念髯蘇當日抱文章忠義而遷謫轉徙，幾蹈不測之禍，則又未嘗不惓懷前賢，感傷身世。弟此來爲了向平之願[4]，大約冬月間始能返滬。把晤尚遙，風便乞惠數行，以慰饑渴。餘惟爲政自愛。不宣。

　　[1] 蔡麟洲，蔡振武(1813—1869)，字宜之，號麟洲(一作麐洲)，仁和(今屬浙江杭州)人。道光十六年(1836)進士，散館授編修。曾在貴州、四川任學官，官至廣東肇羅道，署江蘇太倉知州。

［2］耶許，同聲共嘆。此即推許之意。

［3］"盤錯"句，《後漢書·虞詡傳》，虞詡得罪貴戚鄧騭兄弟，二人以朝歌年年患盜，遂以詡爲朝歌長。故舊皆以爲難，虞詡笑曰："志不求易，事不避難，臣之職也。不遇盤根錯節，何以别利器乎？"虞升卿，即虞詡(？—137)，字升卿。

［4］向平之願，《後漢書·向長傳》："男女娶嫁既畢……於是肆意與同好北海禽慶俱游五嶽名山，竟不知所終。"後遂以"向平之願"指兒女婚事。向平，向長字子平。吳雲此行目的，或即卷二與錢泰吉信中所言"九小兒就親泰州"，即爲吳承溥完婚。

金香圃觀察以誠

月初接前月十七日惠答，昨又接本月十一日手書，均已領悉。吟蕉於廿四五日治喪，屬代送幛對，當即辦就送去。

承示潞兒不宜遽改外官，或仍以京職應試，可望館選。此吾弟骨肉之愛，所以期望之者至深且厚，心感心感。兄之萌此意者，實迫於境耳。韓子曰：中世士大夫，以官爲家，罷則無所以歸[1]。自念宦途二十餘年，圖書金石之外，一身僅在，兩袖清風。此弟所素知者。今以一家數十口事畜之資，常效昌黎公之日求於人以度時月，安能持久。復念犬馬之年已五十有三，精神意氣日益頹唐，倘以家計艱難，腆顏再登傀儡之場，不特人所齒冷[2]，抑且鬼爲揶揄[3]，兄又斷不出此。不得已欲爲兒輩作求禄養家之計，此固無聊之極思，本非心中所願也。今蒙明諭，容俟八月間到山，挈同潞兒渥聆清誨，再定進止。

前書所云館修一節，面詢某某，據稱欲蕉林一言方能定局。此事蕉林致書於前，子和小舫介言於後，吾弟復又面託。豈衆人之諄諄，不及蕉林一語耶？未免市儈故態矣。或即置之，亦無不可。昔都南濠窮老著書，常仰屋笑曰：天壤間當不令都生餓死[4]。竊引此言博弟莞爾。

[1] "韓子曰"句，語見韓愈《送楊少尹序》。
[2] "不特"句，《南齊書·樂頤傳》附記其弟樂預事："隆昌末，預謂丹陽尹徐孝嗣曰：'外傳藉藉，似有伊周之事。君蒙武帝殊常之恩，荷託付之重，恐不得同人此舉。人笑褚公，至今齒冷。'"褚公指褚淵。褚淵原爲南朝宋駙馬，官至尚書右僕射、中書令。齊高帝篡立，褚淵預焉，世頗以名節譏之。後遂以"褚公齒冷"形容名節有虧而遭人恥笑。
[3] "抑且"句，《世說新語·任誕》"襄陽羅友"下劉孝標注引孫盛《晋陽秋》：晋羅友爲桓溫下屬，同僚中有就任郡守者，桓溫設宴相送，羅友遲來，桓問故，答道："民

性飲道嗜味,昨奉教旨,乃是首旦出門,於中路逢一鬼,大見揶揄,云:'我只見汝送人作郡,何以不見人送汝作郡?'民始怖終慚,回還以解,不覺成淹緩之罪。"

[4]"昔都南濠"句,《江南通志》卷一六五:"(都穆)歸老之日,齋居蕭然,日事讎對,或至乏食。輒笑曰:'天壤間當不令都生餓死。'晏如也。"都南濠,都穆(1458—1525),字玄敬,一作元敬,人稱南濠先生,吳縣(今江蘇蘇州)人。弘治十二年(1499)進士,授工部主事,官至禮部郎中。有《金薤琳琅錄》《南濠詩話》等。

曹愷堂李友琴諸君

自香圃故後，即聞嗣君福保以髫齡之年，病目甚劇，心竊憂之。後得漸瘥，真天幸也。今春承香圃三位夫人携福保過舍，談及家常，弟即告以香圃遺蓄頗豐，目前只要安分和睦，便可吃着不盡。至要在廣積陰功，爲培植福保地步。語頗諄切，當時三位夫人似以鄙言爲然。昨在汪觀瀾封翁座中，談及香圃大夫人肝厥幾殆，諸君子皆以爲憂。鄙人又援積善降祥之説，請諸君轉達。諸君撫掌稱善，均謂此實勝於服藥，未知曾否達及？

韓子曰：殃慶各以其類至[1]。金氏之爲殃爲慶，與鄙人何預哉？！徒以與香圃當日曾共患難，又見諸夫人及福保身弱多病，故不憚再三之煩，獻此愚悃。此後凡夏施醫藥，冬施衣粥，以及修橋補路，種種善舉，凡有正經人來募勸者，務必樂施；或有大工程實可遺數世利益者，雖爲數較鉅，亦不可惜。語云：修德必獲報。又云：和氣致祥，乖氣召戾。此皆古今來明效大驗，無絲毫或爽者。世有積貲數十萬尚孳孳爲利，維日不足，不轉瞬而蕩爲邱墟，他人入室者，指不勝屈。此無他，是猶築垣墉而基不培固，上益加高，鮮有不傾覆者矣。自今以後，應屬三位夫人，普存爲善之心，勿存營利之見。或有以將來難過日子等話頭來討好誘説，此其人要剥喪金氏元氣，是與福保爲仇者，不得不留心審察。

以金氏現有家業計之，只要無意外之釁，即每年作善多用萬金數千金，量入爲出，仍有贏餘。倘外侮迭乘，内訌又起，雖一錢不用，日進斗金，恐亦無濟於事也。諸君不以鄙言爲謬，請即切致三位夫人，或摘其中聽者分錄一通留備省觀，從此雍雍睦睦，時刻以積陰德、遺子孫爲念。天道好還，會見福保聰明日進，三位夫人亦必康强逢吉。此皆可預決者。

款款之忱,無非爲亡友起見,香圃靈爽有知,當亦含笑點頭也。

　　[1]"韓子曰"句,語見韓愈《與孟尚書書》:"凡君子行己立身,自有法度,聖賢事業,具在方策,可效可師。仰不愧天,俯不愧人,内不愧心,積善積惡,殃慶自各以其類至。"

沈受恬茂才秉恒

　　寶墨齋顧雲峰善於裝裱，亦能鑒別碑版，特屬走謁，如有裝潢之件，付與經理無誤。

　　清恙新瘥，首以調養爲主。近日時醫多有不明脈理者，服其藥間致受害，不可不慎也。大約調養之方，飲食外以静坐數息爲第一，東坡所謂"無事此静坐，一日抵兩日"是也[1]。他如臨模古帖，間觀書畫，亦足怡情悦性，特不可過於認真，務求刻畫。前見足下臨鄭道昭書，非不酷似，所恐大費腕力，轉妨頤養耳。書律雖小道，却自有循序漸近之功。鄙人幼喜臨池，乃今頭白，學書垂五十年矣，得失寸心，知其能擺脱古人繩墨不爲所束，而自能心手相應，有揮灑自得之趣，惟近數年始稍窺此境。好之不如樂之，固未易一二爲外人言也。足下書學雅有根柢，又能心思静細，專志用功。梓鄉名賢，吾黨俊材，斷無有逾於足下者。因自忘老醜，檢今夏雜臨十七帖[2]、坐位帖[3]、吴郡《書譜》[4]、聖母帖[5]、鄭文公上下碑、西嶽華山碑共六本，又蘭亭小卷一匣，奉塵鑒賞。小窗多明[6]，賜以平閲，書雖不工，而臨古不泥於古，或亦有愚者一得之長，質之法眼，能不見哂否？

　　即乞轉交四兄偕少蘭同閲，各題數語或書一觀款，均足增重。此數册皆係兒輩裝池，爲家塾所臧，定於重九日走領。敝帚自珍，未免可笑。

　　手此代面，略陳區區，藉爲調攝之助。諸惟保護。不盡。

[1] "東坡"句，蘇軾《司命宫楊道士息軒》："無事此静坐，一日似兩日。若活七十年，便是百四十。黄金幾時成，白髮日夜出。開眼三千秋，速如駒過隙。是故東坡老，貴汝一念息。時來登此軒，目送過海席。家山歸未能，題詩寄屋壁。"

[2] 十七帖，王羲之草書匯帖，以第一帖首二字"十七"名之。凡二十七帖，部分

尚有摹本墨迹傳世,如《遠宦帖》《游目帖》等。摹刻本甚多,傳世拓本最著名的有邢侗藏本、文徵明朱釋本、吴寬本、姜宸英藏本等。

　　[3] 坐位帖,又名《争座位帖》,亦稱《論座帖》《與郭僕射書》,寫於廣德二年(764),是顔真卿給定襄王郭英義的書信手稿。文字蒼勁古雅,與《祭侄文稿》《祭伯文稿》合稱"顔書三稿",又與王羲之《蘭亭序》并稱"行書雙璧"。亦有人認爲此帖爲僞帖。

　　[4] 吴郡《書譜》,孫過庭撰并書。孫過庭(約 646—691),名虔禮,字過庭,吴郡人。工行草書,得王羲之體。《書譜》一書概括了篆隸草等多種書體的特點及書寫技巧,是一部關於書法技巧理論的專著。《書譜》筆法雖源於王羲之,但雋拔剛斷,富於變化,墨色燥潤參差,孫承澤評爲"唐第一妙腕"。

　　[5] 聖母帖,又名《東陵聖母帖》,懷素書於貞元九年(793),元祐三年(1088)刻石,是懷素晚年草書代表。

　　[6] 小窗多明,《焦氏易林》:"乾,小窗多明,道里利通。仁賢君子,國安不僵。"

魏稼孫鹺尹錫曾[1]

別後時殷懷想，昨從儀顧堂[2]寄到手翰，讀悉種切。就審興居安善，學與日進，欣慰無量。弟崦嵫日迫，衰病侵尋，終歲杜門，一切衣冠酬應，概行謝絶，偃息菰蘆，馴成老廢，不足爲左右述也。

承示覓得叔未丈文稿，擬爲授梓，甚盛舉也。《清儀閣詩集》已有刊本，文集未見。弟與未翁爲忘年之交，其長孫敬仲明府曾來受業，有通家世誼，故新篁[3]弆藏，大半歸於敝篋。未翁手迹，如金石、書畫、題跋、考證，積累至夥，無從摘録。尊處所藏清儀稿本，或先寄下，互爲校閲，無者增入，有者芟去。倘能得一通曉文墨之人，將稿携來，即在寒齋繕録，不過十日，即可藏事。至剞劂之費，弟當力助其成，無憂不繼也。

[1] 魏稼孫，魏錫曾(1828—1881)，字稼孫，號印奴，別署鶴廬，浙江仁和(今屬杭州)人。貢生，候選訓導。同治間流寓閩中，候選福建鹽官。好篆刻，嗜金石拓本、名人印蜕，收藏甚富。精於印論，與吳讓之、趙謙之友善，評説流派，記載交游，翔實可證。有《績語堂碑録》《績語堂詩存》等。鹺尹，魏曾爲候選鹽官，故稱。
[2] 儀顧堂，指陸心源。陸藏書樓有儀顧堂等。
[3] 新篁，張廷濟居嘉興新篁里，其鑒賞印即有"新篁里"。

吴康甫明府廷康[1]（二通）

（一）

蘇州吳縣所屬橫山，於本年正月二十日忽陷，露古墓道，鄉人掘得古磚，有太元九年、五年及作者朱稚等字。後因紛紛開掘，當道聞而禁閉。太元有三：一爲吳大帝，一爲前涼，一爲晉孝武。按吳太元未及五年，涼在西北，此太元定爲東晉。特拓數紙奉寄。其文字在正面者少見，此數字大有古趣。晉磚出吳興甚多，蘇州頗爲罕聞。足下藏古磚至富，其正面有字者有否？乞示一二，以廣聞見。吳中近多好事，争購此磚，市中骨董店因而遍搜居奇，甚至每磚售至五六金，亦屬異事。

此墓爲何人所葬，未見埋幽之文，尚無確考。

[1] 吳康甫，吳廷康（1799—1888），字元生，號康甫，又號贊甫（一作贊府），別號晉齋，晚號茹芝，安徽桐城人。曾任杭州府司獄、杭州府税課大使、仁和縣典史等，沉淪下僚數十年。與何紹基交好。善篆隸梅蘭，亦工刻竹。精金石考據，有磚癖，輯有《慕陶軒古磚録》。

又（二）

日昨奉到手翰，發函申紙，洋洋灑灑千數百言，反復紬繹，具見耆學之勤，愛古之篤，洵可謂足吾所好，樂此不疲。此福壽之徵也，健羨無已。承惠彝器拓本三十餘種，展閱之餘，但覺琳琅滿目，古香四溢。亟付裝池，永以爲寶。敬謝敬謝。

弟偃蹇菰蘆，方以行不加修，學無所就，時深兢惕，乃蒙獎飾過情，益增顏汗。所需敝處臧器全圖拓本，茲檢點篋中拓就者五種，先奉法鑒，即以爲贈，不足云報也。餘竢續寄，不敢失諾。

杜筱舫觀察文瀾（五通）

（一）

　　昨覆數行，計已鑒入。承詢水利一節，洵爲農田急務。往年王補帆方伯出京，我鄉戚友官於京者，諄諄以此事爲言。補翁過蘇，特來見訪，屬開大略[1]。其時補翁新授浙江廉訪，事權不屬，不便作高遠之論，轉致因難而廢，僅就湖州一郡應濬要工，先行函覆，然大要亦即在其中矣。用特錄呈省覽。吳江令建議開通垂虹橋，同爲水利要務，亦同此得寸則寸之見。若欲窮源竟委，成數世之利，垂久遠之謨，非合兩省之力，擇要疏濬不爲功。今吾弟以浙人而開藩三吳[2]，有志振興，實地方生民之福也。

　　抑有陳者。從來成盛功者必資人力。吾弟欲辦此事，必須官紳中先求主持之人。官場兄不敢妄參末議，亦無人可舉；紳士中兄敢舉二人，浙則縵雲侍御，蘇則清卿太史。二君向爲同志，皆究心水學者。縵老昨日書來，云李中丞邀辦善後，已漸理歸裝；清卿定八月間出都。此二君肯出而任事，將來用人即由二君保舉，可期周妥得力。茲事體大，今得吾弟主持於上，又得二君爲之襄助，此千載一時之會也。兄雖棄廢跧伏，不預外務，苟有一得之愚，亦必隨時上貢，共成善舉，但不能出面辦事耳。今昔殊形，此等事亦非身親目驗，不能取效。條分縷晰，開辦次第，只有臨時定議，非空言所能賅也。緣奉垂詢，謹就管見所及，先行肅復，惟加察不具。

[1]"補翁"句，事見卷一與"王補帆中丞"書。
[2]"今吾弟"句，杜文瀾同治七年（1868）署江蘇布政使。

又(二)

　　昨示書畫卷册數種,内吳文正[1]金書小字《麻姑仙壇記》爲吾弟心愛,屬將文正籍貫、事實一查。按文正名澄,字幼清,撫州崇仁人。幼稟異質,校定群經,闡明理學,爲有元一代大儒,與許魯齋[2]齊名,學者稱爲草廬先生。又考至治間,嘗有旨集善書者,粉黄金爲泥寫浮屠藏經,是金書爲當日所尚,故此卷閲五百年而金色燦然,所謂真金不變也。其爲文正真迹無疑,吾弟正法眼藏,洵不可及,佩佩。

[1] 吳文正,吳澄(1249—1333),字幼清,晚字伯清,撫州崇仁(今屬江西)人。至大元年(1308),徵召爲國子監丞,官至經筵講官,謚文正。吳澄與許衡齊名,并爲儒學大師,稱"北許南吳"。有《吳文正公全集》傳世。

[2] 許魯齋,許衡(1209—1281),字仲平,號魯齋,河内(今河南焦作)人。自幼勤讀好學,元憲宗四年(1254),應忽必烈之召出任京兆提學,授國子祭酒。又領太史院事,與郭守敬修成《授時曆》。有《讀易私言》《魯齋遺書》《魯齋心法》等。

又(三)

　　昨示具悉,瓊玖之貽[1],誼不容璧,敬謝敬謝。

　　吾弟歸去[2],正可料理名山事業,圖書萬卷,恣意嘯歌,俯仰皆寬,起居自適。比之逐逐風塵,仰人鼻息,相去何如耶! 兄罷職以來,幾及廿載,粗有撰著,浪負虛名。苟非投閒置散,世與我遺,則雖欲以訡癡覆瓿,供人談笑,亦不可得。然則人之厄我,正所以玉成我也,而又何訾[3]焉。我弟兄務當各勵晚節,蘄成不朽之名。此則臨别贈言,所當互守勿失者也。

　　漢碑精本絶少,兄藏漢碑中以乙瑛碑爲甲觀,弟所賞愛,兹特移贈。吾弟怡情翰墨,時取臨橅,見物如見故人,知必欣然勿却也。

　　病後腕弱,勉作此書,用代贈别。

[1] 瓊玖之貽，《詩經·衛風·木瓜》："投我以木李，報之以瓊玖。匪報也，永以爲好也。"

[2] "吾弟"句，《清稗類鈔·知遇類》"曾文正識拔杜文瀾"條："秀水杜小舫方伯文瀾始以錢幕入仕，曾文正至金陵，頗不然之。適用行臺移節府，見堂室所揭楹聯，於人地事事切合，奇賞之。詢爲杜之手筆，即延見，譚至鹽務、洋務，尤指畫詳明，并條陳利害，灼然可行，歎爲奇才。旋奏署江寧藩司，由是遍歷三司五道，然未曾引對入都也。及沈文肅公葆楨蒞任，乃以嗜好太深，劾之去職。"沈葆楨光緒元年至光緒五年署兩江總督，杜文瀾被劾去職應在光緒初年。

[3] 瞢，煩悶。《左傳》襄公十四年："不與於會，亦無瞢焉。"

又（四）

前承示十七帖，乃有明王氏據唐摹廓填本刻入類帖者，帖名鬱岡齋[1]，亦振振有聲。兄臧有館本，與此勘校，絲毫無異。夏愚存[2]《金石目》戲鴻堂[3]、鬱岡齋二帖鈎填者爲王鴻臚鳳巖宏憲，其烜赫有名可知。特怪其屢入王右軍書鍾太傅《千文》數十行，詞既舛訛難讀，字亦劣弱可憎，尚未能夢見右軍腳汗氣，不知何以誤寶燕石[4]至此。彼見閣帖中有漢章帝書《千字文》，遂謂《千字文》不始於梁。不知此種僞迹乃村學究所造，以爲書家之鍾王，猶儒家之周孔也，故以鍾撰王書爲合璧，愈可取重於世。亦有受其所紿者。他日吾弟見此帖，當不以兄言爲謬。

"萬歲通天"乃武周年號，某君強作解事，題跋必應裭去。跋中謂董思翁無此壽，尤爲可笑。

晨起清涼，知吾弟近日已親筆硯，特將前帖寄還，并附此書，以當晤對。諸維加意珍重。

[1] "乃有明"句，《鬱岡齋帖》亦稱《鬱岡齋墨妙帖》，萬曆三十九年（1611）王肯堂編次，管駟卿鑴刻。共十卷，其中第五卷即爲《十七帖》。王肯堂（1549—1613），字宇泰，別號損菴，金壇（今屬江蘇）人。萬曆十七年（1589）進士，累官至福建參政。有《尚書要旨》《論語義府》等。

[2] 夏愚存，夏賓（生卒年不詳），字愚存。有《靈衛廟志》。《四庫全書總目提

要·靈衛廟志》："明夏賓撰。賓始末未詳。"《東湖叢記·肅府本淳化閣帖》："卷十後附肅憲王書一通。明人夏愚存賓云：'集王右軍者也。'"

［3］戲鴻堂：《戲鴻堂帖》，又名《戲鴻堂法帖》，十六卷，董其昌選輯晉、唐、宋、元名家書迹及舊刻本鐫成，取名於梁袁昂《古今書評》"鍾繇書意氣密麗，若飛鴻戲海，舞鶴游天"。初爲木刻，後毁於火，重摹刻石，故所傳拓本有二。

［4］誤寶燕石：《後漢書》"宋愚夫亦寶燕石"，李賢注引《闞子》曰："宋之愚人得燕石梧臺之東，歸而藏之，以爲大寶。……客見之，俯而掩口盧胡而笑曰：'此燕石也，與瓦甓不殊。'"

又（五）

頃奉手書，具悉。承示戴文節畫卷，此僞作也，款署"鹿賓"。鹿賓[1]爲朱筱漚太常妹壻，兄之同譜至交，石門人，蔡姓，工於書畫，爲沈竹賓[2]高足。或有此卷，爲作僞對摹，亦未可定論。此字畫尚不及錢伯聲[3]世講，於戴文節相去甚遠，切不可買。眉生所買吴九太爺字畫約千洋，并無碑帖。嘉興陳太守[4]善書，未知有著作及勒石之件否？極願聞之。

兄處太清樓[5]二册標目，前列歷代名臣法帖（一第七一第八），皆書"晉右將軍王羲之書"八字，後署"大觀三年正月一日奉聖旨摹勒上石"。此二册盡是羲之所書，錢梅溪[6]題簽"宋搨太清樓二王書帖"，後有長跋。此二册在國初臧於海寧楊氏，不知施九韶[7]明府與鹿笙太守所見，標題是否相同，乞詢示知。

二百金博易之説姑作緩議。附去曹素功[8]藝粟堂墨。此趙惠甫[9]之兄弱侯太守所遺。弱侯卒於徽省屯溪差次，臧墨甚多，此種爲第一，眉老歎賞不置。重僅三錢五分，價至紋銀五錢，亦不爲菲矣。請試用之，尚可續寄也。

承示前後漢書校本，乃吾弟費四五年工夫，始得録竣，兄曾歎吾弟小楷工雅、用心專一爲不可及，今爲友人假閲未歸，聞之代爲悶損，容爲留心訪之。

承示欲將近日親友中壽輓各聯，擇其雋雅者，類爲一編，或付梓人，以公同好。并云兄所撰各聯，有録者，有失記未録者。詢及當日輓輓叟一聯,特遵諭録於另紙奉正。不宣。

　　附録輓子貞先生聯句

　　四十年師友兼資我慚涪老

　　八百載後先濟美君是坡公

　　[1] 鹿賓,蔡載福(生卒年不詳)。蔡載福號鹿賓。

　　[2] 沈竹賓,沈焯(生卒年不詳),原名雒,字竹賓,號墨壺外史,吴江(今屬江蘇蘇州)人。《吴江縣續志·文苑》言其"家貧,少嘗織繒,去而學畫,若有天授。山水宗文衡山,晚年乃近石田。與黄穀原均、黄秋士鞠齊名"。《中國近現代人物名號大辭典》云其光緒二十七年(1901)尚在。

　　[3] 錢伯聲,錢卿鉌(1829—1882),字伯聲,秀水(今浙江嘉興)人。咸豐八年(1858)舉人,同治末年以江蘇候補知府署常州府,曾捐建紅梅閣。工書善畫,尤以花卉、山水爲長。錢卿鉌曾祖錢載、祖父錢善揚、父錢聚朝皆以善畫著稱。

　　[4] 陳太守,指陳璚(1827—1906),字鹿笙(又作六笙、鹿生),號澹園,晚稱老鹿,貴縣(今屬廣西貴港)人。咸豐十一年(1861)廩貢,官至四川布政使,護理四川總督印信。同治四年(1865),陳璚以軍功簡任杭嘉湖道,尋左遷知嘉興、杭州等府。工書法,兼畫墨梅。有《隨所遇齋詩集》《澹園吟草》等。

　　[5] 太清樓,即指《大觀帖》,爲官刻叢帖,因刻於大觀三年(1109),遂名。刻成之後置於太清樓下,又稱《太清樓帖》。《大觀帖》内容同《淳化閣帖》,分爲十卷。其中第六至第八卷題爲"歷代名臣法帖",實專收王羲之書法。

　　[6] 錢梅溪,錢泳(1759—1844),字立群,號梅溪,金匱(今屬江蘇無錫)人。一生游幕,工詩詞、篆隸、製印,亦善畫,精鎸碑版。有縮臨漢碑、唐碑石刻行世。有《履園叢話》《履園譚詩》《蘭林集》《梅溪詩鈔》等,輯有《藝能考》。

　　[7] 施九韶,施振成(生卒年不詳),字九韶,崇明(今屬上海)人。道光二十九年(1849)舉人,歷署慈谿、樂清、嘉興知縣。

　　[8] 曹素功(1615—1689),原名聖臣,字昌言,號素功,歙縣(今屬安徽黄山)人。順治十二年(1655)秀才。以製墨爲業,莊號藝粟齋,爲人定版製墨,號爲"天下之墨推歙州,歙州之墨推曹氏"。

　　[9] 趙惠甫,趙烈文(1832—1894),字惠甫,號能静居士,陽湖(今屬江蘇常州)人。屢試不售,遂留心實務,廣涉佛學、易學、醫學、軍事、經濟之學。咸豐五年(1855)入曾國藩幕,參預機要,軍事上多所謀劃。以曾國藩保舉爲易州知州。有《天放樓集》《能静居士日記》等。

勒少仲中丞方錡[1]（二十三通）

（一）

　　初九日托李質堂軍門[2]帶去太倉風雞三隻，嗣聞渠泝邗江而上，迎謁曾相，且與香嚴偕行，不知何日始到金陵，恐此雞已成失時之鳴矣。前接到十月杪手書，昨又奉本月初六日倪載兄帶來台諭，又附新刊《三國志》一部，一一領悉。《三國志》紙印俱妙，弟處史漢正是此種，恰合也，謝謝。

　　小湖先生處墨寶不能暫借出門，若得眼明心細之人前往雙鈎，則慨然許借。兹特請張玉斧[3]兄到寧鈎取丁道護《啟法寺碑》[4]、歐陽詢《化度寺碑》、虞世南《夫子廟堂碑》、褚遂良《孟法師碑》[5]。玉斧年壯心細，目力極好，鐫刻之工，一時無兩。諸碑中惟《廟堂碑》有宋時舊摹本（筆畫板滯，殊失祕書妙腕），尚爲習見，惟此本評者爲唐搨，故欲借摹耳。弟昔年在揚州鍾小亭中翰[6]處見過翻本，約記與彥超重刻[7]，筆畫頗有同異。事隔二十年，已省記不清，亟欲得雙鈎一觀也。《啟法寺碑》僅於宋賢碑目中見之，元明以來絕少著錄。此本爲吳中故物，係義門何氏[8]舊臧，弟久欲一見不可得。《孟法師碑》與《化度寺碑》弟處俱有翻本，《化度》尚係舊翻，《孟法師碑》則坊版耳，閱之生厭。今屬玉斧不遠六七百里之程，親携紙筆鈎此四碑，不可不謂之好事矣。一笑。

　　另備一書致小湖廷尉。聞廷尉住書院中，距尊寓有三里之遥，左近又無客店，冬令日短，此事頗費躊躇。最好得書院一席地，暫爲借榻，玉斧心靈手快，計算四碑，不鈎題跋，至遲二十日可了。如書院中本有肄業之人，則伙食可包與廚人，更爲便當。否則或就近找一地，或即在舫老所說之金宅耽閣。統乞兄代爲酌定是託。

　　附去龍井茶葉兩瓶，近刻兩册，兩疊拓本兩幀，新近託健甫製墨兩丸，又季玉屬致雷君潤筆六洋，統望鑒收。不具。

［1］勒少仲，勒方錡（1816—1880），原名人璧，字悟九，號少仲，江西新建（今屬南昌）人。道光二十四年（1844）舉人，累官至巡撫、河東河道總督。精星卜術相之學，工詩能文，擅書畫。有《太素齋集》。與吳雲交好，乃真率會成員之一。

［2］李質堂，李朝斌（？—1894），本姓王氏，育於李氏，改姓李，字質堂，湖南善化（今屬長沙）人。行伍出身，累功擢至參將、總兵、江南提督。

［3］張玉斧，張嶼（？—1880），字玉斧，與父張萃山同爲名刻工。張玉斧長期寓吳雲府，爲其打理文務。吳大澂同治十二年（1873）自京致吳雲信中曾言："俗工刻鐘鼎文，大率有三弊：起筆刻圓，轉折刻方，粗細刻勻。如此便類小篆，大失古意。不如尊處有張玉斧，無此三弊也。"

［4］《啟法寺碑》，隋開皇中立，周彪撰，丁道護書。楷書，結體工整典雅，筆法精熟，備受後世贊譽。丁道護，譙郡（今安徽亳州）人，曾官襄州祭酒從事，襄州刺史。擅書，米芾《海岳名言》謂與唐之歐陽詢、虞世南同儕。

［5］《孟法師碑》，全稱《京師至德觀主孟法師碑》。孟法師，名靜素，江夏安陸（今屬湖北孝感）人。少而好道，居京師至德宮，年九十七而卒。碑貞觀十六年（642）刻，岑文本撰，褚遂良書。書法質樸，楷書而有隸意。碑石已佚。

［6］鍾小亭，鍾淮（？—1853），字小亭，江都（今屬江蘇揚州）人。道光十七年（1837）舉人，授内閣中書，加侍讀銜。咸豐三年（1853）入琦善幕幫辦團練，與太平軍戰於瓜洲，陣亡，追加知府銜。

［7］彥超重刻，《孔子廟堂碑》立於貞觀初，後碑隨廟毀，武后長安三年（703）重刻，亦佚。宋初王彥超再重刻，俗稱"西廟堂碑"，現存西安碑林。王彥超（914—986），字德升，大名臨清（今河北邢臺）人。歷仕後晉、後漢、後周三朝，入宋後官至右金吾衛上將軍，封邠國公。

［8］義門何氏，何焯（1661—1722），字潤千，改字屺瞻，號義門、無勇、茶仙等，長洲（今屬江蘇蘇州）人。康熙四十三年（1704）賜舉人，試禮部下第，復賜進士，直南書房兼武英殿編修。何焯長於考據，藏書數萬卷，凡四部九流、雜説小學，無不疏源流而爲之題識。有《語古齋識小錄》《義門讀書記》《何義門集》等。

又（二）

伻來奉前月十九日手書，承示差寓偪仄，添葺新居數椽，爲公餘讀書習靜地步,乃素心人遠,俗客頻來,辜負明牕,徒供訓酢,似悔多此一番經營。執事清曠絕俗,邁往凌雲,舉目悠悠,未免有不堪晤對之感。昔東坡居士喜人談鬼,聽之忘倦[1]。來書所謂"潛聲俟至者,當無可遣拒之時,則聆其浮談,即作爲鬼話",此中亦別有鬼趣耳。一笑。

弟交春後亦常多疾病,頗思閉門養疴,而友朋相媵,酒食徵逐,不能不稍稍追隨,殊乏興致。此亦關乎精力也。舫老近與同居,晨夕相見。渠名心頓冷,終日伏案,能作蠅頭細楷,目力遠勝鄙人。敏老亦常見,光景不甚高興,良有以也。蔭兄昨從閩中歸,有奉致一書附去。香嚴亦不常出門。承潞公事尚無隕越。知承廑念,瑣瑣布陳。

外紙二幅乞書。近著得早見寄,幸甚幸甚。賜商入覲行止,兄景況非香嚴、采香比,鄙意既不能舍此[2]一官,則以早日進京引見,是爲正辦,望勿遲疑爲禱。

人還,草草布覆,諸惟爲時自愛。不宣。

[1]"昔東坡"句,葉夢得《避暑錄話》:"子瞻在黄州及嶺表,每旦起,不招客相與語,則必出而訪客。所與游者亦不盡擇,各隨其人高下,談諧放蕩,不復爲畛畦。有不能談者,則強之使說鬼,或辭無有,則曰姑妄言之。"

[2]此,文海本作"比",據石印本改。

又(三)

昨從射雕山館[1]交到手翰,知吾兄袁浦之行,正值孫淮五聚衆滋事,留滯多日,想亦無興出游,於翰墨書畫金石各物,未必有所見有所得也。此爲憾事。

吾兄無他耆好,所好止精墨佳茶,迥非弟之幾於無所不好者比。即以茶論,弟每日祇飲三盞,不但茶非真明前龍井不可,而水尤必親自檢點。家儲天水缸三十餘隻,每隻必有蓋。水之陳也,必有輕塵浮於缸面,取水時須將此一層輕塵撇去,然後入砂罐煮,火候要適中。茶取其綠,水取其白,舉杯凝視,覺一種清光明豔,恐虢國夫人亦有珠玉在前之歎。坡老"佳茗似佳人"之喻[2],不可謂無真見,然鄙人尚欲爲其下一轉語,改爲"佳人似佳茗"耳。一笑。

吾兄愛茶,以佳茗難得,欲以稍粗者間之。此可不必。明年可帆、采香、籚軒均必有佳茗奉報,弟則取諸宮中,雖不能多,以四人供給,必夠兄一年之需,不必精粗相間也。

近從子青尚書處分得康熙五十三年《耕織圖》[3]墨,頗精,尚當分餉左右也。

[1] 射雕山館,指應寶時。應寶時齋名射雕山館。
[2] "坡老"句,語見蘇軾《次韻曹輔寄壑源試焙新芽》:"仙山靈草濕行雲,洗遍香肌粉未勻。明月來投玉川子,清風吹破武林春。要知冰雪心腸好,不是膏油首面新。戲作小詩君勿笑,從來佳茗似佳人。"
[3] 《耕織圖》,南宋紹興年間,畫家樓璹繪《耕織圖》四十五幅,配以詩文,反映百姓稼穡生活。康熙二十八年(1689)玄燁南巡,見《耕織圖》,感於織女之寒、農夫之苦,命內廷供奉焦秉貞在樓繪基礎上,重繪耕織圖四十六幅,并爲每幅畫制詩一章。康熙《耕織圖》初印於康熙三十五年(1696),後又刊行多個刊本,其中就有康熙五十三年(1714)墨板宮廷繪白描本。

又(四)

一昨奉五月初二日手翰,欣審道履清勝,動與吉會爲慰。前聞真除[1]觀察之信,知兄亦料我必歡躍不已也。兄自奉儉約,此缺想尚可敷衍。世講天資甚高,淵源家學,讀書定益精進。秋闈伊邇,不識肯降心從事舉業否?念念。

弟交夏以後身子尚無不適,惟精神總不能振作耳。四月初間曾到上海就西人醫齒,因有親戚龐君,治之有效,謂動搖蟲蛀者可修補,脫落者可重裝,一經醫治,向之遇食物堅硬不能入口者,可登時能咀嚼,其驗如神云云,於是決意前往。詎連訪三醫,訖無一效。據稱若要得力,必得拔去數齒,另爲裝配。怕疼,請飲麻藥水,飲之如死一般,然後聽彼所爲,方有大效。聞之不寒而慄,遂託詞而出,白花去番餅[2]數十枚而已。兄聞之得毋捧腹?是行與采香同往,歸舟又添一香嚴,尚不寂寞,只算遨游洋涇,聊可解嘲也。

薛世香[3]兄因何事赴杭?他年兄開藩兩浙,即可爲西湖主人,此願總有時償也,請姑待。

近刻朱文公《易繫辭注稿》兩分,一贈鑒定,一乞轉交密兄[4]。此用棉料紙所拓,一經裝裱,更覺神明煥然,望即付裱,免致散失爲要。朱子道德文章,夐絕千古,即以書法論之,南渡後亦推首出。法眼以爲如何?

[1] 真除,實授官職。杜文瀾《憩園詞話》卷三"勒少仲中丞詞"言勒少仲以曾國藩舉薦而爲江蘇道員,"需次幾及十年,始補寧鹽巡道"。

[2] 番餅,指外國銀元。

[3] 薛世香,薛書常(1815—1880),原名書堂,改書常,字世香,別字少柳,靈寶(今屬河南三門峽)人。咸豐二年(1852)進士,授翰林院庶吉士,累官至户部給事中,復以布政使銜任蘇州知府,攝江安徽寧池太盧鳳淮揚十府糧儲道。

[4] 密兄,錢應溥(1824—1902),字子密,別署葆真老人,嘉興(今屬浙江杭州)人。錢泰吉子。拔貢出身,官至工部尚書。有《葆真老人日記》,記同光兩朝政事。錢應溥咸豐末年至同治年間歸鄉奉親,與勒方錡同爲曾國藩幕友。

又(五)

數日不見,如三秋之隔,懷想不已。龍井芽茶采自清明之前,去年底付價定買,經買之人家居龍井山下,敏老所謂無一葉假者,此物此志也。因便人帶來,故今始到,特奉去二包。須用準塊石灰儲於缸內,勿使有一絲透風。執事今之蔡陸[1]也,試取各友所贈者品平之。先驗一旂一槍[2]之粗細勻雜,再辨色香味。引杯細嘗,靜參自得,惟解人斯能領取耳。佳茗必得好水,惠山泉日供兩擔,取不傷廉。用一百青銅錢買白砂罐一個,入惠泉水烹龍井茶。公冗[3]之暇,偶飲一杯,亦足滌塵慮袪煩襟。況惠山相距至近,水清且洌,多,取之不爲虐,彼或以李衛公例視之[4],傎[5]矣。

[1] 蔡陸,蔡襄、陸羽。蔡襄著《茶録》二篇,陸羽著《茶經》三篇,皆愛茶而懂茶者。

[2] 旂、槍,指茶葉經水沖泡後,葉片如旂,葉芽如槍。朱權《茶譜·品茶》:"於穀雨前,采一槍一旂者製之爲末,無得膏爲餅。"

[3] 公冗,公務冗雜。

[4] "彼或"句,唐庚《鬬茶記》:"唐相李衛公,好飲惠山泉,置驛傳送,不遠數千里。"李衛公,李靖(571—649),字藥師,雍州三原(今屬陝西咸陽)人。唐開國大將,封衛國公,故世稱李衛公。

[5] 傎,同"顛"。

又(六)

頃奉手翰,敬審道履安勝。聞披閲各處文報,每至夜深未輟,想見用人理財,必更勞擘畫,其操心處當尤甚於勞形案牘也。尚望節宣善衛,爲國保躬,是所至祝。

弟體弱畏寒,近益瑟縮,窩居不復窺户外一步,偶讀"人靜費爐烟"句[1],頗堪自況。思欲作尺幅寫意,又苦天冷指僵,未能下筆。大約除看書之外,直無一事可爲,衹自笑冬烘頭腦也。

承示貴友欲覓名人字畫,屬爲物色。此事頗未易交卷。世少真識,彼此是非,妍媸雜投,真贋莫決,棄取之間,恐難脗合。然其人既爲悟兄至好,不可以常例待之,當爲物色數種,議定價目,先寄閲看,合則留之,否則還之。如此辦法較爲妥愜,亮尊意定必爲然。

此間已得祥霙[2],盆梅亦有一二朵舒花者。想節署封篆後,公務當可清簡,還祈時惠數行,以紓饑渴。

［1］"偶讀"句，周邦彦《滿庭芳·夏日溧水無想山作》有句"地卑山近，衣潤費爐烟。人静烏鳶自樂，小橋外、新緑濺濺"，吴雲或言此詞，誤記。

［2］霰，《埤雅》："雪寒甚則爲粒，淺則成華，華謂之霰。"

又（七）

客臘寄復一函，想早澂覽。獻歲以來，天氣晴明，風日清美，梅花已放，想見香凝燕寢，民物胥恬，政事之暇，定多樂趣。姜白石詞云：花長好，願公更健[1]。敬爲執事誦之。

屢體交春後嗽疾愈劇，改歲至今已閲兩旬，止有探張太夫人之喪出門一次，此外酬應概行謝絶，老病景態，可以想見。幸飲食如常，往後天暖，精神或可稍振。

清卿三載秦涼，軺車所至，采風問俗之外，遍搜金石，所獲至富且精，實爲難得。

鹿茸已爲執事帶到一架，與此間所售者，迥不相同，或留俟面奉，或先寄上，統候示遵。

［1］"姜白石"句，語見姜夔自度曲《玉梅令》："疏疏雪片，散入溪南苑。春寒鎖、舊家亭館。有玉梅幾樹，背立怨東風。高花未吐，暗香已遠。　公來領略。梅下花能勸：花長好，願公更健。便揉春爲酒，剪雪作新詩。拚一日，繞花千轉。"

又（八）

昨日之敘，雖草草盤飧，而暢談頗樂。惟良朋遠别，誠知爲日無多，此心終不免戀戀耳。紈扇一握，乃敝帚之享，既爲宗工見賞，謹以奉贈。秦詔唐符考證，詳載拙著《彝器圖釋》，并呈一部，以備蓬窗省覽，即乞鑒正。石谷[1]山水立軸係敝篋舊藏，雲山杳靄，樹石蒼寒，乃此老晚年精詣，實爲開門見山之作。以配新得南田[2]小幀，可稱惲王合璧。檢奉雅賞。此等物事，兩疊軒中頗稱富有，幸勿視爲鄭重麾却之也。

[1] 石谷，王翬(1632—1717)，字石谷，號耕烟散人、烏目山人、清暉主人等，江蘇常熟(今屬蘇州)人。擅畫山水，既家學淵源，又師王鑒、王時敏等，與王時敏、王鑒、王原祁并稱"四王"。

[2] 南田，惲壽平(1633—1690)，原名格，字壽平，後以字行，改字正叔，號南田，別號雲溪外史、東園草衣、白雲外史等，武進(今屬江蘇常州)人。惲南田詩、書、畫造詣深厚，其没骨花卉風格獨特，與王時敏、王鑒、王翬、王原祁、吳歷等合稱"清六家"。有《南田詩鈔》《甌香館集》等。

又(九)

前者得建節三吴[1]之信，直欲距躍三百。繼知公位益高而心益下，必有以任重爲兢兢者，休戚相關之誼，不敢作虛文諛辭爲公頌賀，亦恃公知我有素耳。頃間奉到手翰，并蒙惠賜果子狸半具，仰見垂念孤蘆，渥加存問，感謝感謝。

日來勃戾[2]彌空，簷溜如瀉，亟盼朗霽，庶免水災。黄魯直云：蹙眉終日，爲百草憂春雨耳[3]。然今日之憂，豈特爲花事哉！倘如天之福暢晴多日，園中花枝招展，香風溢座，敬治果子狸以候八騶之臨，是爲至幸，第不知能如願否？

[1] 建節三吴，杜文瀾《憩園詞話》卷三"勒少仲中丞詞"："(勒方錡)需次幾及十年，始補寧鹽巡道，即扶蘇梟。迨入覲，復升蘇藩，特旨護理蘇撫。"

[2] 勃戾，狂悖曰勃，乖張曰戾。此指大雨。《新唐書·宋務光傳》："竊見自夏以來，水氣勃戾，天下多罹其災，洛水暴漲，漂損百姓。"

[2] "黄魯直"句，所引黄庭堅語見《苕溪漁隱叢話》《損齋備忘録》《黄氏日抄》等多種著作。

又(十)

日前辱承惠顧，雖草草盤飧，不免牿褻[1]，然公以八座之尊[2]，下與二三故舊追尋林泉逸事，縱談無諱，形迹胥忘，想當政務叢集之時，聊藉清游,稍袪煩抱。似一月一敍之訂[3],或亦公所樂此而不忍舍者耶？狂言,一笑。

屬書紈扇塗就,謹繳。書甚劣,而所書秦七題語,讀之如登華子岡,使輞川全景歷歷在目[4],可抵一幅卧游圖也,幸賜哂正。大著横幅詞稿奉上,乞連同求書摺扇一并擲下,勿急急也。

[1] 鞀褻,冒失,不莊重。鞀,輕微。

[2] 八座之尊,東漢稱六曹尚書、尚書令、尚書僕射爲八座,清時用以代稱六部尚書。此泛言官高位崇。

[3] "似一月"句,光緒初年,吳雲與同寓蘇州的沈秉成、李鴻裔、顧文彬等仿唐白居易、胡杲等"九老會",宋富弼、司馬光等"耆英會",作"真率之會",取真誠直率之意。吳門真率會與會人員無定數,主要成員有吳雲、沈秉成、李鴻裔、勒方錡、顧文彬、潘曾瑋、彭慰高等,大致每月舉行一二次,筆墨唱和,鑒賞彝器碑拓,考訂版本文字等。

[4] "而所書"句,秦觀有行書《摩詰輞川圖跋》,其文曰："余曩卧病汝南,友人高符仲携摩詰《輞川圖》過直中相示,言能愈疾。遂命童持於枕旁閲之。恍入華子岡,泊文杏竹裏館,與裴迪諸人相酬唱,忘此身之抱繫也。因念摩詰畫意在塵外,景在筆端,足以娱性情而悦耳目,前身畫師之語非謬已。今何幸復睹是圖,仿佛西域雪山,移置眼界,當此盛夏,對之凛凛如立風雪中,覺惠連所賦,猶未盡山林景耳。吁,一筆墨間,向得之而愈病,今得之而清暑,善觀者宜以神遇而不徒目視也。五月二十日,高郵秦觀記。"此行書作品現存臺北故宮博物院。另秦觀《淮海集》亦收《書輞川圖後》,文稍異。

又(十一)

昨聞開府八閩之信[1],爲之額手。朝廷念海疆任重,現當華洋交涉事會艱鉅,非文富[2]重望,不足以資控馭,正虞升卿所云盤根錯節足以別利器也。惟鄙人自念無似,乃蒙垂愛殷腅,存問周浹,略去形迹,曲恕疏慵,每當促膝,或遇讌談,無非道義切磋,直諒無隱。此固十數年如一日也。行將遠别,情何以堪。素知明公喜用趙人[3],愛此舊疆,兼及故友,或亦同此眷眷耶？所望福星[4]東耀，郭侯重臨，不特竹馬兒童歡呼塞道[5]，即菰蘆中旛然一老，亦當扶杖而起，爲公負弩也。

何日得暇，擬作真率續會，伏候示定。

［1］"昨聞"句，俞樾《春在堂楹聯録存》"勒少仲河帥輓聯"："君由刑曹起家，歷官至江蘇布政使，遷福建巡撫，調貴州巡撫，未之任，道拜河東河道總督，即引疾歸。閲數月，遂不起。"

［2］文富，文彥博、富弼。

［3］喜用趙人，《史記·廉頗傳》："楚聞廉頗在魏，陰使人迎之。廉頗一爲楚將，無功，曰：'我思用趙人。'"

［4］福星，宋鮮于子駿爲官清正，有才幹，人謂之"一路福星"。

［5］"郭侯"句，《後漢書·郭伋傳》："始至行部，到西河美稷，有童兒數百，各騎竹馬，道次迎拜。伋問：'兒曹何自遠來？'對曰：'聞使君到，喜，故來奉迎。'伋辭謝之。及事訖，諸兒復送之郭外，問：'使君何日當還？'"

又（十二）

客冬榮戟過蘇，襜帷暫駐，誼追溫蜀[1]，異姓忘形，草草盤飧，悉循真率，敍今論古，文讌方酣，忽聽驪歌[2]，黯然執别，祇以疆寄重任，未敢攀留。判袂以來，倏又改歲。比者春融景淑，遥想福星所至，遐邇歡騰，式詹新猷，定臻休暢。閩俗夙稱獷悍，現當中外未靖，時事紛紏，苟或措置稍涉矜張，撫馭略有違忤，貽彼口實，肇啓釁端，皆意中事也。惟公本經術以爲治功，而又富貴浮雲，平視通塞，國家事重，功名念輕，從容擘畫，自然戾氣潛消，蔚爲和平之福。斟元調運，砥柱横流，卿雲在霄，群生託命，不獨林下舊雨飲食必祝已也。

雲終歲杜門，尚能安拙。惟崦嵫已迫，學業無成，辱公錯愛，引置文字交契之末，自維謭劣無以仰副期望，言之媿悚。惟近於西鄰汪氏廢園中得太湖石數百塊，爲過雲樓遺珠，費六十緡購獲之。又費百餘緡就聽楓山館之前疊石爲阜，中建小亭，顔[3]曰"因樹"，又撰短聯云：樹高根要固,亭小蔭偏多。由石級盤旋而上,可直登墨香閣。因思頻年來常作真率之會,蒙諸公憐雲多病,大抵設席於聽楓山館爲多。每逢讌集,公獨小憩楓陰,謂此樹大逾合抱,難得枝茂葉盛,狀如華蓋,低佪歎賞,若有不忍舍去者。鄙人以樹爲大賢所愛,故亦加意培護,今復因樹爲亭,可供小坐,預備他日公移節三江,敷政之暇,效文潞公留守西京,舉洛社故事[4],過臨茅舍,重續墜歡。謹當集同會諸老,就亭中煮茗清談。昌黎述李愿所謂"坐茂樹以終日,酌清泉而自潔"[5],以古方今,未易多讓。此中真味,知公樂聞,瑣瑣上陳,聊博莞爾。昔黃魯直知張武筆爲東坡所喜,每聞坡至,必預設硯席,多備佳紙俟之[6]。可見古人相聚,必互留翰墨以助琢磨。鄙人非魯直比,公則今之東坡先生也。因樹亭中不可無公椽筆,適汪柳門學使去冬寄來宣城舊紙,奉去小對聯二副,乞政暇一揮,無論陳言新製,均足增光。此紙雖非澄清,似尚可用,惜張武筆不可得也。一笑。

近刻《漢建安弩考》一册,附呈鑒定。專肅布肌,謹代晤對。伏維爲國節宣,金玉自葆。臨穎依切不盡。

又於因樹亭之北,就兩疊軒舊有回廊,小加改築,向東建一亭,題曰"適然"。後繫小跋,揭明命題之意。蔭甫撰一聯云:以東坡居士快哉亭意,讀南華真經逍遙游篇。謹將亭額刻樣拓本呈閲。兩亭俱新闢,倘蒙各賜一聯,固屬意外之喜。否則得其一,亦增光寵。異日八騶重臨,睹碧紗籠護,或亦可喜也。真率會圖象早已畫竣,因青帥[7]書來,云即欲入都,往後通信至便,得將拍照寄來,便可增入,故尚未補景也。同人意興均尚如舊,惟蔭甫輟琴[8]之後,至今神傷未釋,頗形佗傺也。知念附及。

再前函盡是林下閑談,肅就尚未緘發。適奉本月初四日賜書并范志真麪[9]、酸棗貢糕[10],未及啟封先已喜心翻倒。亟浣手莊誦,語重情長,怳同覿晤。吳中諸老,每於談次,皆以未得尊翰爲念。今承不遺在遠,寵寄土誼,立即連同丹柬,一一分致,莫不歡欣鼓舞,屬先道謝。謹將諸老回條奉上,亦略見此間各友近狀也。初二日耦園有真率之集,再將台函攜示會中人同讀。

[1]"客冬"句,俞樾《春在堂楹聯録存》"勒少仲河帥輓聯":"憶去歲君自閩赴黔,道出蘇州,寓居吳退樓聽楓山館,時相過從。"吳雲所言,正是勒少仲由福建調任貴州時,留蘇暫駐事。温蜀,《太平御覽》引《吳録》:"張温英才瓌瑋,拜中郎將。聘蜀,與諸葛亮義結金蘭之好焉。"

[2]驪歌,《漢書·王式傳》:"謂歌吹諸生曰:'歌《驪駒》。'"顔師古注:"服虔曰:'逸詩篇名也,見《大戴禮》。客欲去,歌之。'"

[3]顔,猶"題"。

[4]"效文潞公"句:王闢之《澠水燕談録·高逸》:"富韓公熙寧四年以司空歸洛,時年六十八。是年,司馬端明不拜樞密副使,求判西臺,時年五十三。二公安居沖默,不交世務。後十一年,當元豐五年,文潞公留守西京,慕唐白樂天九老會,於是悉聚洛中士大夫賢而老自逸者,韓公置酒相樂,凡十二人。即又命鄭奂圖形妙覺僧舍,各賦詩一首,時人呼之曰洛陽耆英會,而司馬爲之序。"文潞公,文彦博(1006—1097),字寬夫,號伊叟,汾州介休(今屬山西)人。文封潞國公。

[5]"昌黎"句,語出韓愈《送李愿歸盤古序》。韓文"酌"作"濯"。

[6]"昔黄魯直"句,《宋稗類鈔》卷八:"黄山谷與王立之柬有云:'來日恐子瞻來,可備少紙,於清涼處設几案陳之,如張武筆,其所好也。'"

[7]青帥,張之萬。張之萬字子青。

[8]輟琴,陶淵明《閑情賦》:"願在木而爲桐,作膝上之鳴琴;悲樂極以哀來,終推我而輟音。"後遂以輟琴指喪偶。光緒五年(1879),俞樾髮妻姚夫人去世,俞樾作《百哀篇》以悼之。

[9]范志真麴,亦稱"范志神麴",調胃健脾、消積化濕的中成藥,由泉州吳奕飛創製於康乾時期。吳奕飛,字毓振,晋江(今屬福建泉州)人。自入泮後就兼學醫術,後棄考從醫,藥店取范仲俺"不爲良相,當爲良醫"之意爲"范志"。

[10]酸棗貢糕,郭柏蒼《閩産録異》:"福州貢'酸棗糕',取紅軟者,納釜中,一沸撈起,以木椎攪之,和以白糖,攪匀置竹籬中,按平,晾乾。切之,色白而乾;如和糖、石膏,則色紅而膩。"

又(十三)

前月復謝寸箋,附有真率會中諸老條字各件,嗣又續寄一書,附有訥生[1]信,均由輪船帶呈,計必早登籤室。蘇浙新茶收於清明穀雨之間者,其芽最細。寄上吳興本山兩瓶、武林龍井兩瓶;又順老[2]託寄鄧尉本山四瓶、洞庭碧螺四瓶,共十二瓶。此四種爲蘇浙絕品,中間鄧尉似次。陽羨爲坡公所賞,亦不過與鄧尉等。亂後所産甚少,因茶樹被伐,改種桑枝故也。

弟喜飲龍井,重其色香味獨全。年來不能多飲,頗以爲憾。昔蔡君謨好茶,老病不能飲,則烹而玩之,與吕行甫之不善書而磨墨小啜[3],同見雅人風致。鄙人每每煮茗一杯,必注玩移時,而後入口,竊欲自附君謨門下,署爲茶經私淑弟子,公或引爲同志耶?一噱。

[1] 訥生,彭慰高(1810—1887),字經伯,號訥生,別號鈍舫老人,長洲(今屬江蘇蘇州)人。道光二十三年(1843)舉人,同治四年(1865)補温州同知,署理紹興知府,在浙凡二十年。歸里後,優游林下,課孫自娱。有《仙心閣集》。彭慰高爲真率會主要成員。

[2] 順老,潘遵祁。潘遵祁字順之。

[3] "昔蔡君謨"句,蘇軾《東坡志林》"書茶墨相反"條:"蔡君謨老病不能飲,則烹而玩之。吕行甫好藏墨而不能書,則時磨而小啜之。此又可以發來者之一笑也。"蔡君謨,蔡襄。吕行甫,吕希彦。

又(十四)

月之初二日奉前月八日雨窗手書,并蒙惠賜福元貢膏四瓶,新刻《延平答問》[1]一部,一一祇領。法書楹聯二副,腕力日益遒上,觀其使轉從心,旋折如意,不必遠論魏晉,而於唐初四家[2]門庭,實已入其室而嚌其胾。至集句之工切,款跋之雋雅,尤爲獨出冠時,當世無兩。即日命工製成屏式,拓於木版,懸諸亭内。初九日有真率之會,座中添柳門、譜琴[3],與諸老同聲贊歎,莫不傾倒心服。因恐亭柱有風雨之侵,特以玻璃罩之,期可耐久。他日明公移節來吴,見之,或喜其鄭重愛護勝於碧紗籠也。

承諭福州屢遭水厄,元氣未復;今又夏雨連綿,建延數百里溪流奔注,四五日間漲高三丈,西南東三門内外俱被淹浸。現雖得報消平,須得從此開霽,庶望補救。想見數月以來,焦心急慮,經營撫輯,正不知若何勞勚。尚望節宣善衛，爲國葆躬，是所至祝。

雲交夏後屢罹尚稱頑健，終歲杜門，惟與諸老友輪作真率會，月集一二次，藉爲消遣之計。每至杯酒談心，輒以明公遠隔，常興座無車公[4]之感。青帥亦久不得音問，聞同蘇[5]夫人懷孕，約三月杪分娩。青帥欲待抱孫之後始擬進京，迄已多月絶無消息，究不知行止如何也。順老近日小有不適，蔭老服吳子備[6]附桂乾姜重劑，居然病愈，面亦腴潤。屬送順老福元膏并諸老《延平答問》，一一照單分致，均屬先爲道謝。静逸病雖愈而精神步履俱未復元，屢有到蘇之約，竟不能踐。

南中小暑以後，轉嫌雨水過多，急望開霽，否則棉稻皆恐有損。浙省查荒之役大拂輿情，履勘固屬爲難，而辦法自有窾要。安有不問情由，不查底裏，硬以荒田欠額，灑派於熟田之内。無怪人心不服，激成事端，言之可歎。

[1]《延平答問》，一卷，朱熹輯與老師李侗之間論學的問答，時間自紹興二十三年(1153)至隆興元年(1163)。李侗(1093—1163)，字願中，學者稱延平先生。

[2] 唐初四家，指歐陽詢、虞世南、褚遂良、薛稷四人。

[3] 譜琴，潘祖同(1829—1902)，字桐生，號譜琴，晚號歲可老人，吳縣(今屬江蘇蘇州)人。潘世恩孫，潘祖蔭從兄。咸豐六年(1856)進士，選翰林院庶吉士，官至國史館協修、户部左侍郎。歸田後以書畫、收藏古籍爲事，有《竹山堂聯話》《竹山堂隨筆》《竹山堂詩補》《竹山堂詩文集》等。

[4] 座無車公，《晉書·車胤傳》："又善於賞會，當時每有盛坐而胤不在，皆云'無車公不樂'。"

[5] 同蘇，張嘉蔭(生卒年不詳)，字同蘇，直隸南皮(今屬河北滄州)人。張之萬子。民國修《南皮縣志》卷九："邑庠生，蔭生，大理寺評事保加同知銜。性孝友，端介和平，不阿時趨。居恒折節讀書，文字書畫而外，一無所嗜。文達(張之萬)歷任封疆，入贅綸扉，皆追隨奉養不忍稍離。佐理治家，不預公事。……書法直追歐虞，尤精繪事，以惲南田爲宗，花卉禽魚寫生逼肖，得者咸奉爲拱璧。喜博古，鑒别金石，考核精當。中年卒於京師。"

[6] 吳子備，蘇州名醫，又曾在京行醫。翁同龢日記中多其診療記載。

又(十五)

　　數日前曾寄寸箋,附有印石四方,又陶柳門[1]一書,未識何日達到。一昨奉到手諭,并承惠賜密蘭二瓶,佳茗兩盒,又李監[2]巨篆、王審知巨碣[3]。李篆簽有舊本,王碑得未曾有,欣謝欣謝。此碑筆意在顏柳之間,兼有北朝人風骨。難得文字完好,一若新發於硎,與丹陽鎮張從申書《延陵季子廟碑》相同。江南張從申有二碑,一《茅山元靖先生碑》,久佚;一即《延陵碑》。好事者得一《元靖碑》,不啻球璧之珍,而《延陵碑》絕無人知。前年因於張同蘇公子處獲見墨本,始悉碑尚巋然獨存,當即雇工往拓,其字體絕似王審知碑。曾以搨本奉贈,試取二碑比較,真一時瑜亮也。李唐以書取士,故當時善書者多。然非遇真鑒家勤求物色,發其幽光,則沈霾不顯者正多,吁,豈獨一碑已哉。

　　弟因潞兒專舟來迓,即與老妻挈同孫子官保赴署。今年木棉頗慶豐收,聊以遣懷。隙光泡影,豈竟昧然七十之年,尚欲自纏自縛,墜入魔障,不亦慎乎?知兄念我至切,故詳及之,藉以紓愛注也。曲園書附去。

[1] 陶柳門,陶甄(1854—1936),字雨耕,號柳門,寧鄉(今屬湖南長沙)人。初爲幕僚,以功保直隸州知州,同治十一年(1873)補太倉州州同缺,與俞樾、吳雲、吳昌碩等俱有交集。《春在堂尺牘》卷五有"與陶柳門州同書",吳昌碩有《陶柳門甄榷釐塔港,屬書"蝸寄盦"額,詩以媵之》詩。

[2] 李監,指李陽冰。李陽冰晚年官將作少監,故稱。李陽冰在唐代以篆書名世,被譽爲李斯後小篆第一人。

[3] 王審知巨碣,或指《敕建瑯琊忠懿王王審知德政碑》。碑在福州閩王祠內,天祐三年(906)唐哀帝敕建。碑額篆書"恩賜瑯琊郡王德政碑";碑文楷書,敘述王審知家世及其治閩政績。王審知(862—925),字信通,固始(今屬河南)人。開平三年(909)封閩王。王審知治閩時,選賢任能,省刑輕賦,與民休息。

又(十六)

　　月初從蘇寓寄到重陽次日手諭,發函莊誦,伏蒙慰喻懇拳,詞意肫挚，謹當銘切於心，不敢套言鳴謝。外承遠惠食物多種，羅列滿筵，盡是閩中佳味。諸孫環視，拍手騰歡，索果分甘，爭先恐後，抃舞之情，可以想見。老饕饞吻，猶得暗匿大半，留爲自享。中間橙橘二種，與酸棗乾荔，皆可醒脾。每當茶熟香溫之際，讀書靜坐，隨意細嚼，真覺別有風味，不僅如數點梅花芬留齒頰已也。巖茶爲武彝山寺珍祕之品，即本籍人亦不能必得。鬬索過甚，寺僧沒法，每每以僞者應之。價重兼金，非止一日矣。承分惠小瓶，適潞兒有粵人舊贈茶具，不但壺杯樣小，即沙罐泥爐，亦各有專造。其烹茶之法，與尊論正合，閩粵人所謂喫工夫茶是也。昨特於瓶内取出二錢，集閣署親友，淺斟細啜，以次遍嘗，莫不嘖嘖歡賞。雖未必人人真知，或間有隨附，然一縷茶香，沁入心肺，則固雅俗共賞者也。欣謝欣謝。

所需重摹《天發神讖碑》，當屬友人向張氏店肆購買。止有一分，特先寄上；另有一分，竢取到續寄。冬寒食物不壞，尚有絶好辣醬，與婁東風雞，出月當交輪局賫呈。《天發碑》即可附達也。

靜逸前日由禾中到此，精神眠食已俱照常。盤桓五日，恐往後天寒，旋即歸去。約於明春到蘇，暢留數旬。此至喜之事，用特附告。

尊體亮必清健。閩地卑濕，尚望加意調護，至禱至禱。

又（十七）

前月中澣在婁東署中肅復寸箋，附有孫吳《天發神讖碑》全分，不識何日塵鑒。兹於月之初三日旋蘇，初十日奉到手翰，蒙惠賜福州蓮桂等件，謹領之餘，感幸交至。惟此書尚是十月初十所發，遲至匝月始到，大約爲附物重滯之故。

敬繹函詞，知節麾有巡臺之行[1]，忠信波濤[2]，自有吉神擁護，惟骨肉至愛得此航海之信，不能不神馳意往。還乞於安抵後，將風物土宜，一一詳示。此非欲廣異聞，實欲知起居之安適無恙，以解勞結也。

《天發碑》尚有一分未寄，今特補上。另有辣醬、風雞，恐附帶轉致此信羈遲，故另屬滬友代寄，冀可速達，想省郎與九夢[3]必有一人在署也。

［1］"知節麾"句,連橫《臺灣通史》:光緒"五年冬十月,福建巡撫勒方錡巡視臺灣。建淡水縣儒學。六年,建臺北府儒學及登瀛書院"。

［2］忠信波濤,句出高適《送柴司户充劉鄉判官之嶺外》:"海對羊城闊,山連象郡高。風霜驅瘴癘,忠信涉波濤。"

［3］省旟,勒深之(1852—1898),字公遂,一字省旟。勒少仲之子。光緒拔貢生,廷試第一,供職京師。長於詩,工書畫。有《蕉鹿吟》《門龠三寶齋詩》等。九夢,不詳,當是勒少仲之子。

又(十八)

客冬兩奉台諭,并蒙先後惠賜各種食物,當經肅箋申謝,附寄《天發神讖碑》暨俞、陶二兄信。嘉平[1]之朔又肅一函,并呈婁東土物二種,均交輪船局遞送福州節轅,由省旟、九夢兩世兄轉呈,未知能否達到,深切馳念。日月如流,倏又改歲。遥想福星所蒞,威德并昭,化叢棘爲康莊,息鯨波於滄海,畏神服教,中外咸孚,魁跂卿輝[2],彌殷頂祝。

雲菰蘆跧伏,衰態日增。本年自新正至今已將兩月,出門止有三次。花朝[3]前後,雨雪連綿,比雖晴霽,而春寒殊甚。芸生恐礙長發,不獨如山谷老人憂在花草而已[4]。回憶去冬,軺車將發,貽我尺素,謂臺郡目前雖無事,而朝廷軫念巖疆,不能不循例前往,一盡職分所當爲,歸期當在杏花時節。今忽忽三春過半矣,屈計旌麾當已安旋節署,必有手札數行,遠慰饑渴,盼切盼切。

此間真率會中舊侣俱尚無恙。静逸訂三月間到蘇。蔭甫今年精神頗旺,貌亦加腴,現在已赴武陵,有信一函,外附鍼綫一包,大約酬謝月下老人;又《右台仙館筆記》[5]一部,統乞督收。

［1］嘉平,臘月的别稱。《史記·秦始皇本紀》:"三十一年十二月,更名臘曰嘉平。"索引:"殷曰嘉平,周曰大臘,亦曰臘。"

［2］卿輝,月光,代指官員的令譽。《尚書·洪範》:"王省惟歲,卿士惟月,師尹惟日。"馬世奇《壽賀冷中丞五十初度》:"星因德聚依南極,月爲卿輝近北辰。"

［3］花朝,張岱《陶庵夢憶》:"西湖香市,始於花朝(農曆二月十二,即所謂'百花生日')。"

　　［4］"不獨"句,黄庭堅《次韻答張沙河》:"衆雛墮地各有命,强爲百草憂春霖。"下注:今麼眉終日者,正爲百草憂春雨耳。

　　［5］《右台仙館筆記》,俞樾著,十六卷,倣紀昀《閱微草堂筆記》體例,收軼聞異事六百餘篇。

又(十九)

　　前月肅奉寸箋,附有俞、陶二兄兩函,由輪局賫遞,未知何日塵鑒。月之初二日,奉二月廿六日手諭,并惠橙餅、閩姜等物,祇領之餘,感慰交至。恭審星軺遄返,寢饋攸宜。此次巡閱臺疆,南北約及千里,海口不可勝數,而輪船能進泊者,惟一基隆,此外盡是礁石,板沙不能近岸。此天生險隘也。二月初六乘輪内渡,適遇狂飆,行旌避過暴風,始涉大海,初十日安抵節轅。此真忠信感召,到處有吉神擁護,聞之可勝額慶。

　　雲息影蓬廬,衰慵益甚,偶一出門,必遲回却顧,彷彿千里遠行,若不勝其煩勞跋涉者。幸真率會中諸老見諒,每有聚會,席設聽楓山館爲多。月之十七日許星臺[1]廉訪送來琿春熊掌,與去年吾兄所贈者相等。朒之旬日,宰夫告熟,遂約星翁與諸老作熊蹯續會,并將所惠之橙餅、閩姜登盤佐飲,出示尊函,互爲傳讀。感念舊之殷勤,飽異鄉之風味。迹雖暌於千里,情若聯於一堂。遥望卿輝,三肅起謝。

　　所來巨竹,聞臺郡有至大可作浴盆者。此四段已不爲小,惜竹青削去,不但不能奏刀,并不能着墨。凡竹刻之可供文玩者,全在刻畫之後,加以摩挲,久之光熟,精彩四溢,自然名貴。好事者每每不惜重值,購作書案陳設。今竹青既去,譬諸虎豹無毛,鞹與犬羊無異[2]。商之工師,皆以廢物例之。鄙人念物自遠來,又曾爲大賢顧盼,必思有以處置。度材審勢,運以匠心,思得一法,尚於文房相近。擬取其高者二段,置案旁爲積儲字紙;低者插雞毛拂塵。俟馬廚歸時,交其帶還二段,留二段作所擬之用。如公別有妙用之方,可以點鐵成金,即望示我遵行。

前年所繪《真率會圖》，補景早已竣事，諸老均已裝成，茲特寄呈一卷，幸詧收。

臺疆風土物產，以及山川卉木，務乞公暇詳示其概，俾得廣此確見確聞，實所欣盼。

蘇浙芽茶已購就，統竢馬廚帶呈。去年承惠寄各種武夷茶，用砂罐煮飲，覺比綠茶別有風味。平生愛茶，而所飲絕少。便乞再寄數兩，只求穰將軍所稱廄中之中駟。若去年所寄之每兩價至三千六百文者，此古德所謂阿耨多羅[3]之品，未免逾分罪過，不願再飲也。

[1] 許星臺，許應鑅（1820—1891），字昌言，號星臺，潮州澄海（今屬廣東汕頭）人。咸豐三年（1853）進士，曾在江西、河南爲官，後至江蘇、浙江，先後任按察使、布政使、護理巡撫等。有《晉博吟館文集》。

[2] "譬諸"句，《論語・顏淵》："虎豹之鞟，猶犬羊之鞟。"鞟，去毛的獸皮。

[3] 古德，佛教徒對年高有道的高僧的尊稱。阿耨多羅，梵語，意爲"至上"。

又（二十）

月之初三日奉前月廿七日手諭并《真率會圖》一卷，又蒙惠寄武夷奇種茶四瓶兩合，一一領悉，感謝感謝。

雲終歲杜門，無非摩挲書案，藉以自娛。年逾七十，正如摯伯陵所言，但欲俯仰從容以游餘齒[1]。晚節趣尚如是而已，不足爲公述也。

吳中得天姥東傾[2]之耗，比閩中早至旬日。向來典禮多詳於宮寢而略於直省，故哀詔未到之先，每每參差不齊。如寧蘇一省也，而寧則素服摘纓，蘇則素服不摘纓。若浙省則不待詔至，已先自哭臨成服。前次因兩番哭臨，大駭耳目；今又踵故轍，不知將來詔到之後，如何舉行。若仍穿二十七日孝服，是合前後所穿，幾有四五十日矣。此非特旨命穿不可，似難逾制擅服；若遵以二十七日爲準，則詔到之後孝服數日即除，義有未安，情亦不忍。會典繁重，安得有簡明畫一條目，俾直省於哀詔未到以前，一體遵行，免得參差紊亂，爲外邦所議。今部文有"竢詔到素服摘纓跪迎開讀"一條，或謂如已摘纓，何用重言及之，故蘇主素服不摘纓也。或云所謂摘纓素服者，蓋四字連類而言，非謂摘纓必跟縞素也，故寧主素服摘纓也。不審閩省何從？執事富於學，嫻於律，更事又多，敭歷中外數十年，卓然爲禮法之宗，必能參詳典制，斟酌協中，推暨鄰疆，可垂定則者。乞詳示之，至懇至懇。

寄上龍井真芽茶一瓶、吳興本山芽茶一瓶，皆隔年付值，采自清明時節者。雲愛茶，近則所飲無多，一日四小盃，猶以所寄之武夷茶間之。居嘗笑蔡君謨老年多病不能飲，則烹而玩之。不意五六年來，飲稍過量，便覺胸懷不適，而又愛不能置，故每煮茗必先把其色香，然後詳辨其味。昔之所笑者，今且師之矣，不亦可大噱哉！吾公向有同耆，聞近亦不能多飲。若欲烹而玩之，則非以在山之泉，煮極細之芽，不足以發色香味三者之全也。閩中有好水否？武夷味勝，而色香則遜於龍井。

順老亦有茶託寄。此產自洞庭光福諸山者，連信一并奉上。又蔭老一書，統乞詧收。《真率會圖》引首，寄上二紙，乞書"吳郡真率會圖"六字，或不加"吳郡"二字，竟書"真率會圖"四字，希酌定。尚有一紙，謹當各書其一，互爲收藏可也。外又附上杏葉笋一瓶。此物亂後所產愈少，淡澹而鮮，煮湯最妙，幸哂納。

[1] "正如"句，皇甫謐《高士傳》記，"摯峻，字伯陵，京兆長安人也。少治清節，與太史令司馬遷交好"。司馬遷寫信勸摯峻立德立言立功，峻報書以才德有限，"徒欲偃仰從容以游餘齒耳"。

[2] 天姥東傾，指慈安太后駕崩。慈安，鈕祜祿氏，咸豐帝皇后，滿洲鑲黃旗人。光緒七年(1881)三月初十，慈安皇太后暴崩於鍾粹宮，年四十五，死因成謎。

又(二十一)

前月廿五日專肅寸箋，附呈曹氏菽粟齋陳墨五挺。拜發後五日，欣奉十二日手諭，并荔乾、棗脯、桂圓膏、印泥、印油各件，謹領之餘，感幸交至。

朝廷念閩土卑濕，臺郡尤多瘴癘，於尊體似不相宜。且明公曾有辭煩就簡，願廁京曹之請。此次移節黔疆[1]，恩命之頒，或有深意。況黔中全境肅清，勞徠綏集，亦必得富鄭公[2]、張忠定[3]其人前往鎮撫，庶幾利弊興革，動協機宜，吏治民生，馴臻上理。想彼都人士，早已興歌來暮[4]，盼望福星矣。蒙示道出西江，擬乞假兩旬，倘能逕附輪舟，或可向吳門一轉，聞之倍增嚮往。鄙意此行長途六七千里，雖倚畀正隆，量移[5]當在指顧，然遲速之間，未能預測。既請給假，何不多請一二十天，將家務從容部署，吳門之約亦可踐言。黔中烽烟早靖，戍鼓無驚，非霍將軍"匈奴未滅，何以家爲"時也。尊意以爲如何？

其真率會圖卷即刻裱就，并交舍甥張學周帶呈。引首"吳郡"二字用白香山詩集、朱長文圖經[6]，似比"蘇臺""吳門"稍爲蘊藉，請揮就付下，以便裝池。能得賜題數語於後，尤爲至幸。印泥等物尚在局船，須明後日始到，竢試用後再行報謝。

[1] 移節黔疆，俞樾《春在堂楹聯録存》"勒少仲河帥挽聯"："君由刑曹起家，歷官至江蘇布政使，遷福建巡撫，調貴州巡撫……"

[2] 富鄭公，富弼（1004—1083），字彥國，河南洛陽人。天聖八年（1030）舉茂才異等，授將作監丞，累官至宰相，封鄭國公。富弼與范仲淹共推慶曆新政，後反對王安石變法。

[3] 張忠定，張咏（946—1015），字復之，自號乖崖，山東鄄城（今屬菏澤）人。太平興國五年（980）進士，累擢樞密直學士、禮部尚書，謚忠定。太宗淳化年間，張咏出知益州，時蜀地王小波、李順攻掠州縣，張咏以爲"寇略之際，民多脅從"，故"移文諭以朝廷恩信，使各歸田里"。

[4] 興歌來暮，《後漢書·廉範傳》："成都民物豐盛，邑宇逼側，舊制禁民夜作，以防火災，而更相隱蔽，燒者日屬。範乃毀削先令，但嚴使儲水而已，百姓爲便。乃歌之曰：'廉叔度，來何暮？不禁火，民安作。平生無襦今五褲。'"叔度，廉範字。

[5] 量移，指職位遷換。

[6] "引首"句，白居易詩提到蘇州時多用吳郡，如《去歲罷杭州今春領吳郡慚無

善政聊寫鄙懷兼寄》。而朱長文修蘇州地方志,名曰《吳郡圖經續集》。朱長文(1039—1098),字伯原,號樂圃、潛溪隱夫,官樞密院編修。

又(二十二)

前日張敬甫[1]歸,帶到手諭,并大甲溪番席、方竹、海樹各件,一一祗領。海樹、方竹得未曾有,與海石供設聽楓山館,蒼松翠柏之外,別有雅趣。番席舊有親友饋贈,價甚昂貴。二十年來,每交夏令,常常用此,不但能祛風濕,且於老年尤宜,蓋不比蘇席之易於着涼也。舊有已損,恰承新賜,正所謂心得所好,口常欲笑者[2]。食物止供一時,此席可以耐久。拜公遠賜,真有寢饋不忘者矣。

聞岑中丞[3]將次可到。日來正屆伏暑,炎威甚熾,長途跋涉,未免勞頓。閩滬洋面平穩,輪舟既得便捷,且比陸路適意遠甚。吾公何日啟節?既有乘輪之意,幸即定見,勿再游移。聽楓山館花木禽魚,聞公將至,皆有欣欣之態。謹早掃除静室,爲公下榻之所。良朋會合,本難預期,況在暮年,又逢遠别,興言及此,能無黯然!用特專函奉訂。倘不嫌簡褻,惠然肯來,當約真率會中諸老,陪公盡平原十日之歡[4]。此平生願也,望切盼切。

敬甫辱公推愛,歸述晋謁情形,甚爲感奮。此間雨暘應時,諸稱平静。敏齋太夫人於月之廿二日西逝,同日又逝去張氏如夫人。聞太夫人自十六日後,死而復蘇者數次,直至伺候有人,然後撒手,真無愧福壽全歸矣。曲園近體頗健。西圃爲其子秋谷[5]大令頸間遽生一瘤形,狀與鄙人所患絶相似,而未及一年,大已過之,且轉側不便。正可望補缺,患此重症,不得已力求交卸,日内可以到家。西圃因此急煞。此二君吾公至關切者,故附及之。

[1] 張敬甫,當即上封信所言"舍甥張學周",生平不詳,僅知其爲吴雲外甥,做過候補通判之類的小官。後又往臺灣投勒少仲。蔣師轍《臺游日記》:"二十七日,晨,

張敬甫來，余詢以淘金用客民故。"

[2]"正所謂"句，焦贛《易林》卷下之四："巽，心得所好，口常欲笑。"

[3]岑中丞，岑毓英(1829—1889)，字彥卿，號匡國，廣西西林(今屬百色)人。以團練起家，累功至雲貴總督。有《岑襄勤公遺集》等。

[4]"陪公"句，《史記·范雎傳》："秦昭王聞魏齊在平原君所，欲爲范雎必報其仇，乃詳爲好書遺平原君曰：'寡人聞君之高義，願與君爲布衣之友。君幸過寡人，寡人願與君爲十日飲。'"後因以"十日飲"喻朋友歡聚。

[5]秋谷，潘康保(1834—1881)，又名潘貴生，字秋谷，一字良士，號青芝山人，吳縣(今屬江蘇蘇州)人。潘奕雋孫，潘遵祁子，潘祖蔭堂兄弟。咸豐九年(1859)舉人，官湖北知縣。富收藏，曾與陸心源爭購南宋本《南齊書》。

又(二十三)

昨者驂從賁臨，屈居蓬蓽。始則尊恙初痊，談讌未暢，旋幸日就康復，意興漸增。林居舊雨，相率來會，移尊設席，迭爲主賓，野服清談，絕無形迹。聚首雖未盈月，良會實足千秋。送別以後，想一帆風順，日內即可安抵里門。行裝甫卸，戚友紛來，定有一番酬接。不知總角舊侶，尚有幾人。指幼年釣游之地，感王事鞅掌[1]之勞。四十年中外敽歷，萬餘里水陸奔馳，離合悲歡，都爲陳迹。回首生平，靜念身世，毋亦有感慨係之者乎？人生行藏得失，皆有前定，非人力所能轉移。有識者自不以此措意，無足深慮。惟性分之地，關係天倫，一有拂逆，縱能達觀，每每塞抑難解，惟有退步引喻，借人自況。如公之援蔣心香[2]以勸慰順老者，斯爲得之矣。

曲園長嗣年正強仕，甫以服滿到省，詎數日之病，遽歸道山[3]。曲園現在武林，因不得直隸家信，至減眠食。前日專足到杭，及門諸君祕不與聞。渠女婿許孝廉與及門徐花農庶常[4]，擬伴送來蘇，家中已設靈。驟聞此耗，正不知如何悲慟，真欲代喚奈何。公與曲園至交，聞之當亦同此浩歎也。

開缺之請，得蒙恩准。此由公誠正勿欺，朝廷知病出實情，必非虛飾，故特允所請。指日病痊晉京，見公強固耐勞，其精細縝密，有三四十歲壯年人所不逮者，然後知皮相者所説之誣。内而嘉謨嘉猷，納忠陳善；外而兼圻連帥，霖雨蒼生。以公之精力卜之，其年位必可與文富二公相頡頏也。禱祀祈之。

　　桂觀察一書，係從許星翁處送來。特附上，希詧入。

[1] 鞅掌，《詩·小雅·北山》："或棲遲偃仰，或王事鞅掌。"孔穎達疏："今俗語以職煩爲鞅掌。"

[2] 蔣心香，蔣德馨，初名德福，字心香（一作心薌），長洲（今江蘇蘇州）人。道光十五年（1835）進士，官工部主事。有《且園詩存》。據《怡園七老圖》題跋題款"引之表兄大人是正，心薌弟蔣德馨"，其與吳引之爲表親。

[3] "曲園"句，俞樾長子俞紹萊（1842—1881），字廉石，以候選道補用知府，以直隸北運河同知署大名府同知，光緒七年（1881）卒於任上，年僅四十。俞樾妻子姚文玉光緒五年（1879）病逝，按規定父母喪須報請解官，服二十七個月喪後才可起復。

[4] 徐花農，徐琪（1849—1918），字花農，一字玉可，仁和（今屬浙江杭州）人。光緒六年（1880）進士，改庶吉士，授編修，歷官山西鄉試副考官、廣東學政、內閣學士，署兵部右侍郎。俞樾弟子，工詩詞、書畫、花卉。有《日邊酬唱集》《粵輶集》《雲麾碑陰先翰詩》等。庶常，庶吉士亦稱庶常，其名稱源於《尚書·立政》"庶常吉士"，庶，衆也。常，祥也。吉，善也。

卷　五

殷譜經少宰兆鏞[1]（二通）

（一）

　　春間驂從過蘇，辱承枉顧，適抱采薪之患[2]，未及迎謁，實切歉悚。嗣晤林一宫允，述執事於高郵道中致宫允書，拳拳於下走。仰見念舊殷肫，迥異恒格。望風傾仰，不勝馳情。每於邸鈔中伏讀執事奏議，凡所敷陳，悉中近弊，此真救時藥石，經世宏文。昔蘇子瞻謂陸宣公"才本王佐，學爲帝師。論深切於事情，言不離乎道德"[3]，如執事立朝正色，遇事直言，洵足繼美前賢，追踪往哲，輔中興之盛業，立不世之休名。雲向辱知愛，能無忭慶！

　　兒子承潞禮闈[4]倖雋，比得家稟，知以薄植得託大匠之門[5]，聞之實深榮幸。今科浙江進士覆試、朝考俱列一等者，惟汪君柳門及潞兒兩人。論甲第必得館選，乃榜後疊次來稟，謂長安居大不易。頻年來食指愈繁，家計日絀。本係分發江蘇直牧，若就原官到省，則班次甚快。希冀得補一缺，爲求禄養親計。雲以内用外用自有定數，亦不以其説爲非。兹得點用消息，知以先期呈明，竟歸原班。聞閏月例不引見，雲已屬渠常詣函丈[6]，恭承師訓。他日得獲寸進，飲水思源，當不忘所自也。

[1] 殷譜經，殷兆鏞(1806—1883)，字補金，一字序伯，號譜經，江蘇吳江(今屬蘇州)人。道光二十年(1840)進士，授編修，官至禮、戶、吏諸部侍郎。有《松陵詩經》《玉尺堂詩文集》等。

[2] 采薪之患，患病的婉辭。《禮記·曲禮下》："君使士射，不能，則辭以疾，言曰：'某有負薪之憂。'"

[3] "昔蘇子瞻"句，語見蘇軾《乞校正陸贄奏議進御札子》。陸宣公，陸贄(754—805)，字敬輿，嘉興(今屬浙江)人。大曆八年(773)進士，累官至中書侍郎、同平章事。有《陸宣公翰苑集》。

[4] 禮闈，指科舉之會試，禮部主辦，故稱禮闈。

[5] "知以"句，吳承潞同治四年(1865)進士，時殷兆鏞任禮部侍郎。

[6] 函丈，《禮記·曲禮上》："若非飲食之客，則布席，席間函丈。"鄭玄注："謂講問之客也。函，猶容也，講問宜相對容丈，足以指畫也。"後因以敬稱前輩學者或老師。陸游《齋中雜興》："成童入鄉校，諸老席函丈。"

又（二）

昨從景亭宮允交到手諭，發函伸[1]紙，仰荷垂念患難，慰誨懇肫，雒誦回環，慚感交集。

雲罷職後菰蘆跧伏，藥爐茶竈而外，日惟於故紙堆中，聊遣愁抱，足不出戶庭者，半載餘矣。自愧窳闒昧於進退，獲咎總由自取，惟不克仰副執事期望之殷，至為愧疚。然竊幸身處脂膏，絲毫不敢近膩，卷案具在，得免後累。此可附慰愛注者。雲本孱弱多病，不復作伏櫪之鳴。惟滬上米薪珠桂，大不易居。讀昌黎"居閑食不足"之詩，不免廢書興歎耳。

伏念執事名言讜論，中外共欽。方今朝政清明，賢藩當軸，撥亂世而反之正，中興偉業，指顧可期。所望妖氛速靖，早奏昇平，雲家尚有薄田二頃，得返里門，躬耕度日，是則飲食所必祝者也。

[1] 伸，原作"仲"，據石印本改。

翁叔平大司空同龢[1]

四月間兩辱枉顧，其時正齒患大發，寢饋俱廢之際，是以不獲侍晤，一盡飢渴之忱，至今歉悚。辰下敬維舟車無恙，早抵都門，德位兼崇，身名俱泰，幸甚幸甚。

雲衰病杜門，無善可告。前者旭人[2]方伯述執事謬采虛聲，垂問肫摯，索及拙著《彝器圖釋》。大雅當前，正思就教，遂不敢自匿其醜。今旭人赴江北未歸，適有賈筱芸世兄入都之便，託其帶呈一部，敬求鑒定。另一部乞轉交玉甫[3]中丞同賜教削。久聞尊藏宋刊精本甚富，惜未得一讀，以擴聞見。雲處所藏有《新定續志》[4]十卷，惟景定間方逢辰[5]序文殘損，餘俱完好無闕。又有元豐間朱長文《吳郡圖經續記》三卷，紙印甚精，卷中鈔補，均出錢罄室[6]手筆。又《中興館閣錄》[7]及《續錄》各十卷，中間雖有損闕，而曝書亭[8]及竹汀老人所藏皆是鈔本，此却的真宋刊。三書可爲東南文獻之徵，世少傳本。黃蕘圃[9]當日珍臧甚祕，惜未出就法家訂證，殊爲憾事耳。

[1] 翁叔平，翁同龢（1830—1904），字聲甫，又字叔平，號松禪，別號天放閑人，晚號瓶廬，江蘇常熟（今屬蘇州）人。咸豐六年（1856）進士，歷任户部、工部尚書，軍機大臣兼總理各國事務衙門大臣，同治、光緒兩代帝師。卒謚文恭。工詩，間作畫，以書法名世。有《翁文恭公日記》《瓶廬詩文稿》等。

[2] 旭人，盛康（1814—1902），字勖存，號旭人，別號待雲庵，晚號留園主人，武進（今屬江蘇常州）人。道光二十四年（1844）進士，咸豐八年（1858）入胡林翼幕，以布政使銜任湖北鹽法道，改任浙江杭嘉湖兵備道按察使。致仕後居蘇州，築留園以爲養老之所。

[3] 玉甫，翁同爵（1814—1877），字俠君，號玉甫，翁同龢二哥。以父蔭授官，累遷至湖廣總督。有《皇朝兵制考略》。

[4]《新定續志》，鄭瑶、方仁榮撰，嚴州地方志，所紀始於淳熙，訖於咸淳。

[5]方逢辰(1221—1291)，原名夢魁，字君錫，號蛟峰，世稱蛟峰先生，淳安(今屬浙江杭州)人。淳祐十年(1250)理宗臨軒策士，擢爲第一，賜名"逢辰"。累官至户部尚書。方逢辰以格物爲究理之本，所至以教務爲先。有《孝經解》《易外傳》《尚書釋傳》《學庸注釋》《格物入門》《蛟峰先生文集》等。

[6]錢磬室，錢穀(1508—1578)，字叔寶，號磬室，長洲(今江蘇蘇州)人。從文徵明習詩文書畫，平生好藏書，手録古文金石書幾萬卷。有《三國類抄》《隱逸集》《南北史撫言》《長洲志》《吴中人物志》《懸磬室雜録》《懸磬室詩》等，另編有《續吴都文粹》《静觀室三蘇文選》等。

[7]《中興館閣録》，陳騤編撰，分正集十卷、續録十卷，從沿革、省舍、儲藏、修纂、撰述、故實、官聯、廩禄、職掌等方面，記録了南宋皇家圖書館——中興館的歷史。

[8]曝書亭，指朱彝尊。朱彝尊所居"竹垞"中有"曝書亭"，朱以是名其著作爲《曝書亭集》。

[9]黄蕘圃，黄丕烈(1763—1825)，字紹武，一字承之，號蕘圃，又號復翁，長洲(今江蘇蘇州)人。乾隆五十三年(1788)舉人，大挑一等發直隸知縣，不就，專事收藏、校讎、著述。所藏古今善本、祕本、珍本極富，晚年又於玄妙觀前開設滂喜園書鋪，以流通書籍，書賈、藏書家雲集。精校勘，手校之書，人争寶之。著有《蕘言》《士禮居藏書題跋記》《續録》《汪本隸釋刊誤》《芳林秋思》，編訂的藏書目録有《求古居宋本書目》《百宋一廛賦注》《百宋一廛書録》等。

雷鶴皋先生以諴[1]（八通）

（一）

前在上海寓次，奉到手諭，展函莊誦，如挹笑言。恭審福履綏和，精神彌健，游泳佛海，味道而腴，引詹函丈，慰與抃會。

雲於前月中旬自上海動身，道出吳門，逗留數日，即至焦山山中。殘桂剩馥，林葉漸紅，秋色晶瑩，雲物清潔。居停主人赴江北勾當公事，日來獨坐枕江閣，對北固諸山，遥望蕪城烟雨，慨念當日在老夫子戎幕，駐軍萬福橋，募黑衣郎穴地攻揚州城。每至刁斗無聲，寒月照地，輒繞城相度進兵之路，炮子從頂上過，霍霍有聲[2]。追思前事，如在目前。今者蒼蒼悔禍，東南廓清，昇平重睹，可以優游歲月矣。

老夫子主教鄂垣，身心性命之功，從游問道者想日益衆。雲棲身巖谷，日與翰墨爲緣，尚能自安其拙。莊生有言曰："得者時也，失者順也。安時而處順，哀樂不能入也。"[3]此數語，雲常粘之座右，反心內勘，亦頗有怡然自得之趣。

前日本擬偕許蔭庭[4]六弟到漢口一游，謁拜高齋，面伸戀悃，并求指教。正欲附輪船開行，適居停有事，屬從緩啟程，此行遂中止，大約俟至明春矣。

《周易》函書一部，計二套，特呈上。又近刻《溫虞公碑》一册，《楹聯集帖》一册，墨拓數種，統祈鑒納。書隱樓叢書[5]尚未覓到，俟購得再寄。《振新集要》[6]一册，所論清修功夫，極爲明暢，粘出一"覺"字，即姚江[7]之"良知"也，附呈省覽。

[1] 雷鶴皋，雷以諴（1795—1884），字鶴皋，號霍邨，湖北咸寧人。道光三年

(1823)進士,授刑部主事,官至江蘇布政使、光禄寺卿。太平軍起,募勇屯揚州東南萬福橋,對抗太平軍,又爲籌餉創釐金制度。後主講河東、江漢書院十餘年。有《雨香書屋詩鈔》《大學解讀》《經傳雜記》《藿郊詩存》等。吴雲曾佐雷以諴幕。

[2]"慨念"句,杜文瀾《憩園詞話》卷三:"咸豐癸丑春,粤逆踞揚州,余與吴平齋、許緣仲兩觀察共事荸灣軍中……是秋平齋爲雷藿郊侍郎聘往城東萬福橋營,余與緣仲隨查耕麓廉訪師文經移營城南陳家巷。十一月二十五日夜同奉差至灣頭水營,凌晨馳返,甫渡沙河,賊驟至,賴緣仲老僕陳燮先行遇黃旂,知爲賊,勒馬呕退。再至渡口,逃勇坌集如湧潮。比拽登渡船,從騎俱失,余與緣仲以一馬輪騎十餘里,同脱於難。"與吴雲信中所云相印證,可見當時危急情形。

[3]"莊生"句,語出《莊子·大宗師》。

[4]許蔭庭,許梿身(1830—1895),字蔭庭,别字榴仙,號息安(一作息盦),法名靈虚。許學範孫,許乃榖子,許道身、許庚身弟。俞樾《春在堂楹聯録存》有"許蔭庭觀察輓聯",注曰:"觀察乃恭慎公之胞弟,生平篤好内典,年六十六而卒。"恭慎公,許庚身。

[5]書隱樓叢書,書隱樓爲清江南三大藏書樓之一,浦東陸起城及其後人所建,光緒中期後,陸氏式微,書隱樓易主,藏書亦流散。然書隱樓藏書未聞有輯刻刊行者。此或指《古書隱樓叢書》,係道光年間閔一得輯刻的系列丹書的總稱。

[6]《振新集要》,節録吕坤(字新吾)《呻吟語》、申涵光(號鳧盟)《荆園小語》語句重新按類編次而成,欲以前賢之語以救世人之病,故以"振新"名之。徐國楨、蔡廷梅編次。

[7]姚江,指王守仁。王守仁紹興餘姚(今屬寧波)人。餘姚境内有餘江,故人又稱其所創心學爲姚江學派。

又(二)

二月間奉手書,書尾不署月日,詳繹詞意,當是去歲杪所發。江漢人文薈萃,書院關係士習,尤爲風氣所轉移,誠非道德文章爲鄉黨敬服者,不足以當此席。今官爵相請吾師掌教,正與范文公薦胡安定爲太學師同意[1]。將來楚湘南北,理學名臣蔚然而起,不獨中興武功炳耀史册已也。雲屬在門牆,與有榮幸。

捻逆聞已遠颺,近日武漢想必安謐。晴川閣比前更爲雄峻,黄鶴樓亦已興工修葺,聞之實深嚮往。雲本擬作湘漢之游,躬詣函丈,侍談數日,藉馨戀忱。因去冬從邗上回蘇,爲修理先人墳墓,還鄉照料;春來又迫於賤事,復赴吳興,日内仍擬渡江到邗。往來僕僕,不得習靜讀書,楚行更須俟秋間再定矣。樹欲靜而風不停,爲境所迫,殊可歎也。幸自老母以次,均託福平安,兒子承潞,蒙李宮保留寧當差。知荷愛念,謹特縷陳。

族姪念椿,係湖北候補知縣。初歷仕途,諸未諳練,兹屬渠晋謁,尚望吾師頒以治譜,俾有遵循。念椿自樸安族兄殉難後[2],尚能耐苦曉事,還乞吾師於諸當道前嘘拂而提挈之爲懇。

附呈拙書杜君墓誌石刻墨本,伏求誨正。此後賜書,交念椿轉遞甚便。統維垂鑒。不盡。

[1]"正與"句,范文公,范仲淹;胡安定,胡瑗。《宋史·胡瑗傳》,范仲淹在景祐初年薦瑗入京更定雅樂,瑗"白衣對崇政殿"。

[2]"念椿"句,同治《綏寧縣志》卷三六《邑侯樸安吳公傳》:"公諱熊,字樸安,浙江湖州府歸安縣舉人。由宗學漢教習分發湖南,任麻陽縣令。……補綏寧知縣,十年春到任。九月二十八日粵匪大股數萬……直搗綏邑。……三十日城遂陷,公及第三子鑣被執,同遇害。"

又(三)

一昨晋謁,知杖履已往木瀆作天平、靈巖之游。兵亂以後,各處廟宇遭毁,現所存者不過百十分中之一二耳。破壁頹垣,都未修葺,地方之凋敝,亦可略見一斑矣。吾師憑眺之餘,得毋有"舉目山河"[1]之感?!西湖剩水殘山,亦非復昔時佳麗。吾師到六橋三竺之間,訪韓蘄王騎驢故迹[2],父老尚能指而言者,其高風爲何如也。吾師此次出游,往來數省,傾倒公卿,接席縱談,尚望效蘄王之逍遥風月,口不言兵。人多輕薄,鬼喜揶揄。雲之狂瞽,亦有爲而發,實非無病之呻。不識吾師以爲雍之言[3]然否?

雲寄迹吳門,鍵關守拙,謝絶謌應,未敢一履公庭。自念廢棄之人,本不必高論時務,討人憎厭。此皆向日備聞師訓,守己持身之道,多蒙啟發，不敢不兢兢也。

吾師行將別去，白頭師弟，臨歧頗難爲懷，亦知吾師必以雲爲念，用敢謹布區區，以釋垂注。附呈贐敬，并微物各種，登於另紙。戔戔表意，伏乞鑒存。不宣。

[1] 舉目山河，《世説新語·言語》："過江諸人，每至美日，輒相邀新亭，藉卉飲宴。周侯中坐而歎曰：'風景不殊，正自有山河之異！'"
[2] "訪韓蘄王"句，《宋史·韓世忠傳》，秦檜議和，"世忠連疏乞解樞密柄，繼上表乞骸。……自此杜門謝客，絕口不言兵，時跨驢携酒，從一二奚童，縱游西湖以自樂，平時將佐罕得見其面"。韓蘄王，韓世忠。韓世忠於孝宗朝追封蘄王。
[3] 雍之言，《論語·雍也》："仲弓問子桑伯子，子曰：'可也簡。'仲弓曰：'居敬而行簡，以臨其民，不亦可乎。居簡而行簡，無乃大簡乎？'子曰：'雍之言然。'"此吴雲以仲弓自况。

又（四）

一昨奉到本月初九日手諭，莊誦之餘，敬諗道履沖和，精神彌健。并知元旦獲麟，充閭增慶，孫世兄赴京朝考，轉晌報捷，一堂四世，喜溢門楣。凡此家庭之樂，益徵蔗境之甘。此人生所不可得者。而尤有萬萬不可得之一事，則以我師年登大耋，精力之康强，步履之輕健，直與三四十歲壯年人無異。此天之特厚於我師，福禄熾昌，正未有艾也。

雲今年六十四歲，蒲柳先零，竟無有十日不病者。大約一月之中，得半月之安，便算佳境。今春二月初間偶爾失足傾跌，便病至二十多天。向愈未及二旬，忽患齒痛，已有二十餘年不發，痛至呼天籲地，手足無厝，至今飯非極爛者，不能下咽，餘物可知已。本月以來精神稍好，總覺不能振作，故從未一出户庭。親友存問，亦來而不往。幸皆憐其衰病，不以禮節相繩。去今兩年，連得曾孫二人，現在共有四孫兩曾孫，終日在家，與孩提調笑，以娱目前而已。

拙著《彝器圖釋》四册，甫經刷印，藏事敬呈訓定。

又（五）

久疏音敬，亦未奉訓示，正深馳念，適接月之十三日手翰，發函申紙，洋洋千言，恍侍几席，備聞清誨，幸甚幸甚。吾師以大耋之年，三年之内，竟叶一索再索之占。蘭芽雙茁，競秀庭階。此固熙朝人瑞，抑亦千秋佳話。雲雖瞢學無似，當撰長句爲賀，以志德門之慶。

雲今年尚無甚病，惟精力日衰，終歲杜門，訓應久廢。

婁東連歲木棉歉收，辦公頗形竭蹶。刻下雨暘無愆，但望往後調順，可望豐收。近有邪教剪辮及魘人等事，如常州所屬及蘇州省城，竟至徹夜鑼聲，群起守夜。鬧至旬日，妖風漸息，而又蔓延至於嘉禾一帶，可稱怞怞怪事。妖眚之出，自古有之，雖以唐貞觀之盛，亦有棖棖殺人之謡[1]，至於弓刀自衛，彌月始息。原可以鎮静處之，惟目前邪教之人，詭附天主教以冀避罪，而該教堂又一味袒護，釀成民教水火，激生事端，是則可憂也。

吾師雙眼井新宅落成，想起居定必適意。禪悦愈深，世情愈淡，焚香讀《易》，頤養天和。一切煩惱愛憎，悉置度外，以自安其坦坦蕩蕩之天，是則白頭門生所飲食切祝者。

[1]"雖以"句，《舊唐書·太宗紀》："秋七月庚辰，京城訛言云：'上遣棖棖取人心肝，以祠天狗。'遞相驚悚。"

又（六）

前月二十日接是月初二日手答，發函莊誦，如親色笑。蒙示《紀述重赴鹿鳴》長律八章[1]，氣蒼格老，慨當以慷。中間歷敘行藏通塞，身世危疑，而惓惓君國之忱，迸溢於字裏行間。循環額誦，能無忭舞！雲久不作詩，應詶贈答，早經謝絕。惟念重宴盛典，非耆年碩望，不容輕預其選，竊不自揆，謹依元均[2]，成詩八篇，録於另紙，伏乞誨定。律雖未工，却不敢摭拾浮詞，貢諛取媚。良以白髮師生，其交契自有在世俗酸鹹之外者，亮師亦必鑒及此也。

雲交夏後尚無不適，深恐秋風將至，嗽疾復發，時切惴惴耳。

[1]"蒙示"句，鹿鳴宴起於唐代，宴請新科舉人和內外簾官等，席間歌《鹿鳴》，故稱鹿鳴宴。"重赴鹿鳴"則始於嘉慶十二年（1807），即行鹿鳴宴時，請依然在世的六十年前與宴者參加。雷以諴光緒五年（1879）重宴鹿鳴。

[2]均，即"韻"。

又（七）

元旦吉辰，欣奉手翰，發函莊誦，猥以雲七十犬馬之年，新詩寵錫，藻飾紛披，閫室傳觀，共相慶幸。伏念吾夫子壽臻大耋，重赴鹿鳴，盛典躬膺，恩綸稠疊，詞林佳話，已屬科第中不可多得之遭逢。此人情之所榮，猶未足爲吾夫子頌也。所至難得者，耳目聰明，精神強固，興會所至，雖壯盛少年亦所不逮。良由久耽禪悅，曉暢宗風，四相三心，早經勘破。用能萬緣解脫，實證菩提。不必咽芝餌丹，自然堅剛不壞，克享長生。海內靈光，熙朝人瑞，固非佛地位中人不足以當之也。雲德薄能鮮，懵道昧學，秉資鈍滯，欲從末由。兼以蒲柳早衰，病不離體，終歲杜門，一切詶應禮節，久經謝絕，不過在故紙堆中消磨歲月。崦嵫已迫，學術無成，詹望師門，徒呼負負。去冬舊恙小發即愈，方以爲幸，不意右臂忽作痛楚，飲食需人扶持，不能握管者兼旬有餘。今雖云痊，而屈伸尚有未順，此書屢輟始成。以視吾夫子信筆揮灑，精神滿紙，真不可同日語也。

來札已附裝在詩册之後，傳示子孫，永志師誼。謹呈白金三十餅，聊以侑函。拙畫一册，臨《張遷碑》一册，臨素師《聖母帖》一册，縮臨北魏鄭文公上下二碑石刻一册，《漢建安弩機考》一册，統乞賜納鑒定。

又(八)

　　端節後二日接奉四月廿八日手諭,備悉種切。敬審杖履安和,精神彌健,欣慰無量。去年浮沈之書,雲意恐係送書交局之人貪此二百文號金,遂將此書毁棄。路隔二千里,明知無可對證也。吾師連遭胠篋[1],竟出於左右伺應之人,良由宅心仁厚,待人以誠,以不億不逆[2]之坦衷加之若輩,又見其小忠小信,貌似樸實,於是銀錢出入,一以委之。此輩豺狼成性,昧良者多,雖赤心爲主者不乏其人,然究良者寡而莠者衆也。往事可置勿論,以後稍加審察爲宜。

　　明歲重宴瓊林[3],此非常之慶。吾國家二百數十年預此恩榮者,僂指不越十人。昨於邸報中見泰州王子勤觀察已由督撫入奏,由二品銜蒙賞頭品頂戴。吾師爵位較崇,或更邀異數,似不待至冬間,即可援王子勤之例,具呈請奏。彭芍庭[4]中丞和平中正,通達事理,必能爲吾師欣然入告也。如準擬即日舉行,雲與芍翁通書,再當切實託之,以期快速。

　　所需扣帶、印泥、書畫各件,遵即寄呈,開於另紙,望查照哂納。雲不能畫巨幅,已另託世好林海如[5]寫五色牡丹一軸,取富貴壽考,秋間寄上,即爲吾師大慶之壽。戟門兄惠詩,不及答和,特錄近作二首,書成小横幅,聊以將意,乞轉交。

　　[1] 胠篋,《莊子》有《胠篋》篇,闡述其"聖人不死,大盜不止"的觀點。胠篋,開箱盜竊。後遂以代指遭竊。

　　[2] 不億不逆,《論語·憲問》:"子曰:不逆詐,不億不信,抑亦先覺者,是賢乎!"意謂賢者不預料別人會不誠信。

　　[3] 重宴瓊林,瓊林宴始於北宋。宋太祖建殿試製度,殿試後,舉行皇帝宣布登科進士名次的典禮,并賜宴於瓊林苑,故稱瓊林宴。所謂重宴,指赴瓊林宴六十年後仍在世者可參加新科瓊林宴會。

　　[4] 彭芍庭,彭祖賢(1819—1885),字蘭耆,號芍庭(一作芍亭),江蘇長洲(今屬

蘇州）人。彭慰高四弟。咸豐五年（1855）中舉，累官至湖北巡撫。在鄂濬河建閘，築圩代賑，有政聲。輯有《長洲彭氏家集》。

［5］林海如，生平不詳。僅知其爲嘉興（今屬浙江）人，汪嵐坡婿，曾在吳雲府幫其打理文務，重輯《二百蘭亭齋古銅印存》十二册本。

覆潘季玉觀察曾瑋論減賦宜從速詳辦書，兼簡郭筠仙觀察(三通)

(一)

同治二年二月初一日，余罷職寓滬，杜門不預户外事。今侍郎糧儲道郭公筠仙介潘季玉觀察過訪，知余謝客，排闥而入，不得已出見。叩兩公來意，筠公云：大兵正集，大帥以缺餉爲憂。有候補某上説帖，謂沿江海洲田不下數百萬頃，若准予繳價升科，按畝核計，可得銀二百萬兩。大帥意不能無動，擬委兩公設局會辦。兩公未能深信，謬以余爲識途之馬，特來見訪，行止決余一言。余與季玉雅故，而與筠公從未謀面，感其下問之誠，不敢安於緘默，因力陳以爲必不可辦。(語詳與季玉書中。)筠公深韙余言，而問有無别法。余曰：公負海内重望，現在正筦糧儲，欲與民更始，籌興利除害之方，當務其大者遠者，顧名思義，應從糧字上着想。江南第一秕政，最爲民患，莫如浮糧重賦。余於咸豐六年在江陰差次，爲震澤鬧漕[1]，上書制府，謂蘇松漕務，江湖日下，已成不可收拾之勢。若不據實上陳，早籌變計，其隱禍有不忍言者。不顧時忌，反復數千言，制府頗采其説，而爲議者所沮，格未能行。現在松江甫復，誠能及此時會，詳請奏辦，培元氣而蘇民困，洵千載一時之機，不可失也。筠公欣然顧季玉曰：余從安慶來，與曾相論東南利弊，亦曾議及蘇松賦重民累，賊平之後，思有以拯之。今若舉辦，必合曾相意，保無異詞。越日，季玉書來，述觀察之意，詳詢沙洲升科之不可辦，并索觀減賦稟稿。因復書如左。

敬復者。頃奉手諭，以前日所論減賦，筠仙觀察屬擬節略，并索觀從前稟制府一稿。查拙稿約二千餘言，庚申之變，與庋藏書籍同付浩劫。冗長不復記憶，略記當時立説，大致以蘇松糧賦過重，紳衿大户除應加火耗[2]外，必不能聽官吏之浮勒。州縣一經開倉，費如蝟集，其衙署各項用度，漕務運脚諸費，種種開銷，皆藉冬漕爲補苴。大户既不聽浮勒，勢不能不取給於小户。於是米價石糶二千錢，折價有八千十千至十數千錢不等，胥吏又從而朘削。小民馴懦者，始則賣妻鬻子，繼而人逃户絶；其黠者則以本糧隱附大户名下，以避重就輕。於是大户日益增，小户之困日益甚。此外劣衿之包納，頑民之聚抗，每至開倉，輒興大獄，此其故皆由賦重所致也。

因溯蘇松嘉湖賦重所由致，其害實始於宋景定間。賈似道行買公田，賦法雜亂。元初沿宋之舊，至延祐中復增定賦額。明祖定天下，田税賦則本輕，而於蘇松嘉湖各府，則以張士誠久抗不下，怒民附寇，遂將籍没豪族田地，取其私簿，飭有司依租額定賦，列入官田，故賦則獨重。建文即位，特予減免，照各處起科，畝不得過一斗。未幾而永樂盡革建文之政，蘇松嘉湖之民重罹其厄。宣德正統間，民困重賦，逋逃日甚。巡撫周公忱、知府況公鍾[3]，累疏請減，蘇松兩府得減秋糧百萬石有奇。嘉靖間，蘇州知府王儀、嘉興知府趙瀛請行均田法，以官田重賦，攤絜於民，從此永爲定制。

國朝平定江南，田賦照萬曆間則例爲準。時已無官田名目。康熙年間，韓公世琦、吴公正治、慕公天顔、湯公斌，因蘇松糧額過重，先後請減，反覆披陳，卒格部議未行。雍正三年，特恩蠲免蘇州額徵銀三十萬兩，松江額徵銀十五萬兩。乾隆二年，又詔減蘇松額徵銀二十萬兩，終以舊額過重，相沿至今，釀成江湖日下之勢。若不據實瀝陳，早籌變計，其隱患有不忍言者。

此當時拙稿中大略也。顧今昔情形有不同，難易亦迥判。蓋在當時，内則格於部議，外則刁生、劣監、巨室、土豪、藉漕漁利之徒，造謡阻擾。官吏狃於目前，必以誤漕爲藉口；大府心知秕政，莫挽既倒之狂瀾，亦積重難返也。今則蘇太嘉湖尚爲賊據，獨松江一府已報肅清。誠能於

覆潘季玉觀察曾瑋論減賦宜從速詳辦書，兼簡郭筠仙觀察

辦理善後案內籌請減賦，約計行之便者有四，利者亦有四。請略言之。

查松府各州縣雖已收復，民間單契與檔[4]案冊籍，必多散失，趁清糧給單之時舉辦減賦，便一。戶多流亡，田失耕種，瘡痍未復，勢難遽責催科。且蘇太等處尚爲賊陷，此時陳請，部臣不能以有損正供議駁，便二。無誤漕之藉口，無巨室土豪之沮撓，便三。滄桑之後，田地界址不清，科則混淆，豪強兼并，加之胥吏舞弄，害專在於良民；一辦減賦，每邑延請公正紳士出爲襄理，官紳合力，可期弊絶風清，便四。

籌辦善後，首重勞來。小民散處四方者，聞有減賦之令，從此田無後累，且可取贏，勢必爭先歸來，不招自集，利一。民爲邦本，向以逋逃鞭撲迫生怨諮。今陷在賊中，正進退徬徨之際，忽聞此非常之曠典，從此力耕得食，莫不興故土之思，尤收拾人心之助，利二。蘇松糧額既重，小民完不足數，每每畏法潛逃，田無受主，以致荒蕪不治，課額虛懸。減賦之後，田可得價，輸徵必能踴躍。官無挪新掩舊，漕可年清年款，利三。溯自道光初年以來，蘇松各屬，無歲不歉。驗之冊籍，額徵固多；稽之實收，民欠殆半。一經請減，國家去重賦之虛名，民間沾輕糧之實惠。一切災歉隱射[5]，永可革除，利四。

凡此四便四利，不過粗舉其概言之，實則有書之不勝書者。某待罪杜門，本不敢妄論時事，乃執事與筠公不棄其愚，懇懇下問；復自念家居湖州，同隸重賦之地，遂自忘狂瞽，謹疏其略如右。倘得大府主持於上，執事與筠公左提右挈，輔成其事。堅持定識，志在必行，起七百載之沉痾，拯億萬姓之陷溺。此實不朽之盛事，後世必有馨香尸祝者也。或謂此議宜俟江蘇全省肅清，再行舉辦。愚以爲京倉待米正殷，東南財賦久爲賊占，一旦全省肅清，計臣必先以整頓錢漕爲急。斯時陳請，恐仍格於部議。當其可之謂時，竊謂減賦一議，不辦則已，辦則必當以今日之松江爲始。他時收復蘇太嘉湖，其辦法一如松例。此事林一兄留心已久，盍先與言之？伏惟加察。不宣。

　　　　此書達後明日，馮林一兄來云：筠仙觀察攜至幕府，互爲傳觀。大帥適至，取閱，至"當其可之謂時"訖"辦法一如松例"數行，用手指

密圈,連稱"聰明聰明""是極是極"。因顧觀察云:可即上詳。又顧林一云:老前輩即擬奏稿。若刻不待緩者。觀察恐方伯或涉遲疑,不復與藩司會印,單銜通詳,亦創格也。

　　余於是月中旬應常鎮道許緣仲親家之招,赴焦山逗留兩月,五月初旋滬。季玉來晤,詢減賦一摺已否奉到批旨。季玉云:好事多磨。自子行後,群議紛起,僉謂必俟蘇城克復,全省肅清,歸於善後案內奏辦,方爲文從字順。言者甚衆,方伯爭之尤力,大帥因之遲疑。林一以口衆我寡,亦復隨俗浮沈。余性急,苦於不能挽回,遂亦不復置喙。余曰:大帥見事明決,此前極贊鄙議,先從松江辦起爲是,君所共聞也。鄙議此事之必不可從緩者,誠以目前奏辦,則蘇城尚爲賊踞,地非吾有,部中必不便議駁。若全省肅清,則司農職掌度支,綜籌出入,亦不能不恪遵成憲,准駁實無把握。即使上邀恩准,亦必不能大減特減如所請之數。君巨紳,素肯任事,且清辨滔滔,議論簡括,與林一吶吶[6]者不同。宜於大帥前透澈上陳,必於此時入奏,事方有濟。季玉曰:誠然。是吾責也。立即肩輿進營,與大帥反復論之,議遂決,於五月十一日由驛具奏。

[1] 震澤鬧漕,江浙自明始賦稅過重,危機日甚,"江南必反於漕"的謠諺廣傳,抗漕事件屢屢發生。如道光二十二年(1842),震澤鄉民抗糧,十五人被指爲首犯。

[2] 火耗,原指碎銀熔化重鑄爲銀錠時的折耗。官府徵稅時加徵"火耗",其比例不同時期不同區域各不相同,清中晚期一般州縣的火耗,每兩達二三錢,甚至四五錢。

[3] 況公鍾,況鍾(1383—1442),字伯律,號龍崗,又號如愚,靖安(今屬江西宜春)人。永樂間以薦爲禮部郎中,宣德五年(1430)出任蘇州知府。況鍾在蘇十三年,興利除弊,協同巡撫周忱奏免賦稅糧七十餘萬石,有"況青天"之譽。有《況靖安集》等。

[4] 檔,原作"擋",據石印本改。

[5] 隱射,又作"影射",指暗中漁利。《明史·兵志一》:"然隱射、占役、冒糧諸弊率如故。"

[6] 吶吶,聲音低沉或含混不清。《禮記·檀弓下》:"其言吶吶然,如不出其口。"

又論洲田繳價升科窒礙不可辦書

奉手書述筠公意，以昨論沙洲繳價升科所以必不可辦之故，請畢其説，以便轉告大府云云。具見筠公不棄葑菲，虛懷若谷，敬佩敬佩。

查沿江沿海各屬新漲沙洲，大抵以崇明、通海、江陰、常熟數屬爲最多。僻在海隅，民多强悍，數十年來争奪纏訟，甚至聚衆械鬥，無歲無之。地方官審辦不得其平，往往激生事端，釀成大獄。咸豐六年，督撫兩院會奏，委雲督同印委各員，分投履勘，設局江陰城中，準予分等繳價，按畝給單。其時髮逆困守金陵，勢已窮蹙，江常等處，俱稱完善。上有兩院主持，呼應較靈；下則應委洲董，皆得選擇，而使寬猛相濟，勸懲互用。尚且竭年半之力，僅得銀二十萬兩。嗣因各局經費浩繁，恐滋民累，遂即稟請撤局，所有尾款，及未結各案，統歸地方官督同公正洲董清理。此當日鄙人承辦之情形也。

今者江常淪没，其餘各沙洲非陷在賊中，即與寇氛相接。洲民之温飽者早已挈眷避賊，散處四方；其留滯者，類多至貧極苦之人，方體恤之不暇，安能責以繳價。即或有一二完善之區，亦多時慮賊至，一日數驚。凡此艱苦情狀，雖非目擊，實出確聞。倘惑不經之言，謂可驟得鉅款，輕以試辦，小者抗價阻勘，毀局毆差；大者激生事變，皆在意中，必致大損威重，得不償失。

伏念執事肝膽照人，筠公又負海内重望，兩賢合力，正可於籌辦善後之際，爲地方樹數世之利，立久大之謨。千鈞之弩，何值爲鼷鼠發機耶[1]！狂直之言，幸維裁察。不宣。

　　沙地升科、民田減賦，事適相反。當時亟務籌餉，而先生獨能以損上益下之説進，卒使吳民世世受惠，是何等力量，乃至今官場無一知者，此真所謂陰德矣。寶時於同治八年頗阻豐順中丞[2]之辦沙洲而不可得，後亦未能取效，似於長者所議有窺見一斑處。至科則零繁滋弊，其時不附入正案具奏裁并，實爲可惜。馮林一先生曾出代合肥相國擬疏見眎[3]寶時，權藩時因《賦役全書》經八年之久尚未告竣，欲申前說，聞者譁然，其故莫解。殆未深考全書耶？抑不知民間實在完納情形耶？至以前各縣清釐大半草草塞責，以意爲之，時閱十稔，尚有未經舉行。縣分災歉，隱匿甚多，所謂坍廢亦率多不實。迂拙之見，以爲荒熟宜極分明，科則却不妨多減，庶事得其平，利不歸於中飽。然地大物博，非真有識力者提掣而經畫之，未易塞先生之厚望也。書以志慨。光緒元年秋，永康應寶時謹識。

[1] "千鈞"句，語出《三國志·魏書·杜襲傳》："臣聞千鈞之弩不爲鼷鼠發機，萬石之鐘不以莛撞起音。"
[2] 豐順中丞，指丁日昌。丁日昌爲豐順人，同治八年(1858)在江蘇巡撫任上。
[3] 眎，同"示"。

又（三）

前辱惠顧，面述左相覆書，訂期前往詢商地方事宜。大抵以兵亂之後，閱時已久，尚是人烟寥落，滿目榛蕪，善後應行興革之事，亟宜趕緊籌辦，培養元氣，庶幾瘡痍可復，富庶可期，洵不易逢之機會也。尊諭謂仍守三緘之誡，甘類寒蟬，不特無以副當道垂問之意，抑且無以對君父。此惟執事有此胸襟氣局，亦非執事不配發此議也。屬將應辦事宜，有關民生利益者，開具所知，以備采擇轉陳云云。兄年來杜門不出，實少見聞。且地方平靖將及二十年，善後應辦之事，亦已次第舉行，謹就管窺所及，平易可施者，略述數條，疏於另紙，一切高掌遠蹠之論，不敢輕發。吾弟姑存夾袋，酌爲去取可也。

保甲本是古法，現在何嘗不辦，乃有名無實，一味敷衍成文，遂致宵小縱橫，賊盜肆竊，甚至深夜放火，乘機劫敓。省垣重地，商民夜不貼席，尚屬成何事體。推原其故，皆由官紳不能聯爲一氣，使良法美意，盡成具文。應請專派熟悉地方利弊大員，公同商定，劃一章程，實力奉行。此察暴詰奸第一要着。府學之區，實在妖異之列[1]，不僅咄咄稱怪已也，思之寒心。嚴保甲以清伏莽，實為當務之急，萬勿以老生常談，河漢視之[2]，地方幸甚，萬民幸甚。

各屬倉廠，尚有未建，業戶止能完折，不能完米[3]。應請飭查具報，一律興建。衙署為州縣治民理事之所，亦有未建者，并應趕緊建造，不獨為肅觀瞻已也。

水利為農田之本。各州縣所轄支河汊港，即古之溝洫也，是否一律疏通；橋梁之傾圮者，是否一律修建，應請飭屬開報，并籌議逐年歲修之法。

城內外瓦礫廢地，聞江寧現欲以罰款捐項收買，分別造屋召租。此為善後勞來起見。然江寧城大亂前尚多曠土，今欲肩摩轂擊，克臻富庶，雖有盛心，未必做得到。蘇州較勝於寧，惟商賈為上海所占，亦未必能如亂前繁盛。應請飭屬查明，限定時日。如無的主承認，由官召變，或起造房屋，或栽種桑枝，或砌築圍牆，務將瓦礫一律清理，以復太平景象。倘有的主承認，照此辦理，并嚴察頂冒。至於捐之一字，蘇城必不能行。萬不得已，只有將蘇滬兩釐局漏捐罰款提作此用，亦是一法。然總不如召變之直捷無弊也。

蠶桑利益甚溥，婁東夾單頗詳，附呈一閱，仍望擲還。前云開墾擬用機器，鄙意不如由本地人自辦，只須查照舊章，格外予以利益。民生在勤，此中可以養活多少無業窮民。惟承平已久，恐所餘類多瘠土。然果實力奉行，合各屬統計，亦必有裨正供也。

[1]"府學"句，不詳，待考。
[2]河漢視之，《莊子·逍遙遊》："吾驚怖其言，猶河漢而無極也，大有徑庭，不近人情焉。"後因以河漢指不切實際之言。
[3]"業戶"句，清代田賦有兩種完稅方式，一以實物曰完米，一以銀兩曰完折。

程安德三邑禀請減賦公呈

竊職等春間公呈湖郡善後芻言，仰奉鈞批，深以劫後遺黎，曲荷軫念，合郡傳誦，感激涕零。祇因窮寇負隅，久稽顯戮，明公發踪指示，克復堅城，全省廓清，昇平重睹，人各有良，宜如何馨香頂戴，仰報生成。伏念湖郡自咸豐十年二月髮逆竄擾，元年五月淪陷，至今年七月收復，閱時五載之久。多一日攻戰，即多一日焚殺。環城數百里，無一處不居民離散，廬屋成灰，白骨青燐，慘難言狀。不料東南浩劫并注，於湖爲日獨久，而被禍之至於斯也。譬諸人身疽發潰爛，幾無完膚，得盧扁治之，使之歸結一處，收痂出毒。患雖平而筋絡血脈傷殘實多，調復元氣非大施峻補不爲功。竊以爲目前地方新復，首以招集流亡爲要。顧欲集一方之流亡，必先重一方之恆產。欲重一方之恆產，必先除一方之積累。伏查湖州古號菰城，向稱澤國。《禹貢》：揚州之域，厥土塗泥，厥田下下。由漢唐以迄趙宋，載籍可考者，賦額皆輕。迨至宋末，賈似道枋國，行公田法，重斂病民，民始大困。明太祖定天下，略地至湖州，安吉、長興、武康先降，賦額仍舊。獨烏程、歸安、德清與蘇松兩府，相拒[1]至久。明祖仇怨地方，遂將籍没各官田，飭有司依租定賦，而民愈困。建文即位，特予減免，照各處起科，畝不得過一斗。未幾，而永樂盡革建文之政，蘇松嘉湖四府之民，重罹其厄。宣德時，念民逋欠逃亡，稍爲蘇減。嘉靖間，復以官田額重，攤入民田，并爲一則。從此民田之糧，亦遂并重矣。

國朝定鼎，田賦以萬曆時科則爲準。今以烏程一縣論，每畝徵米一斗八升零。歸安、德清略同。賦額之重，已與蘇松相埒。此指秋糧言也。若夫條銀之重，則比蘇松爲尤甚。請略陳之。查截銀一項，各省皆無，獨杭嘉湖三府有之；三府中又惟烏程、歸安、德清爲最重。其害起於萬曆中。年以糧米浥爛，每正耗百石外，有免其曬乾篩颺及平斛加尖各名目，共加米九石八斗。是謂私貼。崇禎十四年，因水災米貴，郡守陸自巖[2]平價每石酌定一兩八錢，以折九石八斗之色，名曰截貼；以其爲運軍私勒浮加之米，截出另算，謂之截費。前此所未有，亦他省之所無，所以不載《全書》[3]，不入奏銷。

本朝順治八年，題定截米九石八斗改徵銀一十七兩六錢四分，又加津盤運銀一十八兩，綱司銀二兩，給軍兌運每漕一百石，徵銀三十七兩六錢四分。從按院杜公[4]所請也。康熙初范忠貞公撫浙，與督院劉公會題截米九石八斗，每石減銀三錢，共徵銀三十四兩七錢[5]。復經科道以截銀爲浙幫之陋規，非直省之通例，交章請減，卒格部議未行。乾隆四年并入地丁統徵，從此私貼與正課混而爲一，每畝計徵銀一錢八分零，較之蘇松二府每畝徵銀一錢二分左右者爲尤重。兩省志書具在，可覆按也。

今者天爲社稷，篤生偉人，運轉東南，恭逢碩輔。自明公之督師蒞浙也，正值全省胥陷，寇勢方張，兵餉兩窮，戰守俱棘。雖以孫吳處此，亦恐無從措手。而明公從容決策，共甘苦於三軍，置腹心於群帥。人思效命，士盡矢忠。兩年之間，肅清全浙。又念浩劫雖平，瘡痍未復，毀槍船以清伏莽，禁科斂以恤民艱。如各處捐局釐卡，古所謂間架、陌錢[6]，一切不得已救急之秕政，均蒙次第蠲除，先後裁并。今茲減賦一事，欽奉諭旨飭議。職等知明公痌瘝[7]在抱，饑溺爲心，必爲之剴切上陳，力求恩減，原可無庸瀆請。只緣湖郡各邑，向以絲穀并重。此次被兵最久，受禍至深。在荒田，得一二年開墾即可成熟；蠶桑非五六載培養，不得有成。是湖郡賦既重於蘇松，災尤甚於他省矣。夫人身患沉疴，非不知父母之愛子，必爲之醫藥調治，而當疾痛顛連，未有不呼父母者。今三邑之民，哀籲明公，亦猶是也。查同郡安吉、武康、孝豐糧額素輕，職等不敢請以爲比，可否仰乞俯鑒輿情，援順治十一年江西袁瑞二府，照鄰邑新喻縣減賦成案，請將程安德三邑地丁漕糧，一律照毗連之長興縣賦則起科。查長興每畝額徵銀一錢四釐零，米八升六合零。準此量定，雖比諸三邑舊額已經大減，而比之他省外府，尚多二三倍至十數倍不等。即比之鄰省之常鎮各屬，尚多一倍以外。此七百年無窮之積累，不得不環叩鈴轅，號求拯救。

倘蒙奏奉恩准，得蘇重困，從此不煩敲撲，易於輸將，再造之恩，合郡同戴。職等不勝悚惶待命之至。

　　[1] 拒，原作"距"，據石印本改。
　　[2] 陸自巖，字魯瞻，武進（今屬江蘇常州）人。崇禎十年（1637）進士，做過戶部主事，後出守湖州。黃道周學生。
　　[3]《全書》，蓋指《賦役全書》，順治十四年"頒布天下，庶使小民遵茲令式便於輸將，官吏奉此程罔敢苟斂，爲一代之良法"，後約每十年修訂一次，爲各地賦役核稽之憑。
　　[4] 按院杜公，杜果（生卒年不詳），字登聖，新建（今屬江西南昌）人。順治四年（1647）進士，改翰林院庶吉士，授御史，順治八年（1651）巡按浙江，以濟寧兵備道致仕。《同治南昌府志》稱其巡按期間"以廉法治吏，剛正不苟"。
　　[5] "康熙"句，同治《湖州府志》"漕運加耗始末"：本朝順治八年，按院杜果題定，截米九石八斗改徵銀一十七兩六錢四分（每石折價一兩八錢）。又加津盤運銀一十八兩，綱司銀二兩給軍兑運（此二十兩，杜果誤以裝扛、輕賚等項漕耗作正供而分外加貼者）。每漕一百石，徵銀三十七兩六錢四分。康熙十年，又奉督院劉兆麒、撫院范承謨會題，截米九石八斗每石減價三錢，共徵銀三十四兩七錢。"范忠貞公，范承謨（1624—1676），字覲公，號螺山，遼東瀋陽（今屬遼寧）人。順治九年（1652）進士，選翰林院庶吉士，授予弘文院編修，累官至福建總督加兵部右侍郎兼右副都御史。康熙七年（1668），范承謨擔任浙江巡撫，在浙四年，革除弊政，深得民望。督院劉公，劉兆麟（1628—1708），字瑞圖，寶坻（今屬天津）人。順治間隸禁旅，以試授祕書院編修，累官至兵部尚書，後又曾任黑龍江總管。康熙八年（1669）劉兆麟調任浙江福建總督，康熙九年（1670）進階光禄大夫，以總督轄浙江福建等處地方軍務，兼理糧餉，掛兵部尚書兼都察院右副都御史銜。
　　[6] "古所謂"句，《舊唐書·德宗紀》："（建中四年）六月庚戌，初税屋間架、除陌錢。"其具體方法，《舊唐書·盧杞傳》："趙贊又請税間架、算除陌。凡屋兩架爲一間，分爲三等：上等每間二千，中等一千，下等五百。所由吏乘筆執籌，入人第舍而計之。凡没一間，杖六十，告者賞錢五十貫文。除陌法，天下公私給與貿易，率一貫舊算二十，益加算爲五十，給與物或兩換者，約錢爲率算之。市主人牙子各給印紙，人有買賣，隨自署記，翌日合算之。有自貿易不用市牙子者，驗其私簿，投狀自其有私簿投狀。其有隱錢百，没入；二千，杖六十；告者賞錢十貫，出於其家。"
　　[7] 痌瘝，《尚書·康誥》："嗚呼，小子封，恫瘝乃身。"瘝，同"瘝"，病痛。

應敏齋廉訪寶時(十二通)

(一)

廿六日別後登舟,一帆風利,今日已抵丹陽,計程初一可到邗江。瀕行蒙畀補帆大公祖[1]書,備悉浙省水利次第興辦,已有告蕆者,聞之欣慶無已。前聞補翁親駐工次督役,遠近共傳時有神燈出現,默佑成功。誠能格物感應之理不爽也。惟以鄙人之無狀,乃辱補翁不遺在遠,屢及葑菲,無以仰答盛意,實切慚悚。

開濬溇港一節,烏程所屬三十餘溇,西路如大錢等處,皆尚寬深,再加疏導,洩水益暢。迤東自蔣溇至震澤交界之胡溇止,最爲淤淺,甚有數處堙成平陸,港底可以行路者,必得大加挑濬。聞因經費不敷,實未動工。此一查即可明也。現在鹽事方興,斷難舉辦。前次補翁下問,兄疏陳管見,大要以得寸則寸,得尺則尺爲言。蓋江浙水利,大半在蘇境也。今蘇省得丁雨翁主其事,倘合兩省之力,預簡賢員,會同地方官巡行阡陌,上自天目,下至海口,明其來歷之源,導以歸宿之路,疏通溝澮,培築圩岸,何處有利可興,何處爲害當去。經營籌度,待至秋冬之交,兩省一律舉辦。浙有補翁,蘇有雨翁,左提右挈,協力同心。此千載一時之會也。東南財賦,仰給於農田,農田所出,必資乎水利。現當減賦之後,培養元氣,較易爲力。語云:蘇湖熟,天下足。此自然之利源,非可與手實[2]、陌錢同日語也。

補翁處不另專函,乞以此覆之。禱甚禱甚。

[1]補帆,王凱泰。王凱泰字補帆。大公祖,明清時士紳稱知府以上官員爲大公祖。

[2]手實,唐宋時居民自報户内人口、田畝及賦役情況的登記册,是官府制定計

帳與户籍的主要依據，因是户主按一定格式親手填報，故稱"手實"。宋時吕惠卿以丁産簿不實，行手實法，將登記册張榜公布。隱寄財産許人告，以所隱三分之一賞告者。蘇轍《民賦敘》曰"熙寧中吕惠卿復建手實，抉私隱，崇告訐，以實貧富之等"，蘇軾《吕惠卿責授節度副使》更斥爲"手實之禍，下及雞豚"。

又(二)

杭州書局章程刻已寄到，特奉省覽。杭局現在先刻御纂七經[1]，金陵局接縵雲書云，已刻成者四書、六經、小學、公羊、古今詩選共十餘種，現刻史漢，刻工每百字計工錢一百六十文，序目加倍。如果梨版在内，則工價比杭局較爲便宜，當再函詢。

鄙見亂後典籍散佚，方伯書局之設[2]，專爲嘉惠後學起見，甚盛舉也。似必得與杭寧兩局通力合作，各將必不可少之書，先爲刻起，不必重出爲宜。執事如以爲然，望轉致之。

[1] 御纂七經，又稱"諸經傳説彙纂"，包括《御制周易折中》《欽定書經傳説彙纂》《欽定詩經傳説彙纂》《欽定春秋傳説彙纂》《欽定禮記義疏》《欽定周官議疏》《欽定儀禮義疏》等七種。皆自康熙發起，康熙、乾隆、雍正年間陸續刊行。

[2] "方伯"句，方伯指丁日昌。丁日昌同治七年(1867)任江蘇布政使時，倡辦江蘇書局。

又(三)

再前日尊諭擬設書局，邀蔭翁[1]與兄共襄其事，曾與方伯談過，極荷許可云云。當時并無一言辭謝，以書局之成否莫必，原可無庸置喙也。今已垂成，愚衷竊不敢不白。

兄頻年跧伏，衰病侵尋，疎懶已成習慣。且現治《吉金圖釋》一書，明年夏秋始能卒業，斷不能旁及他事。平生硜硜之性，設既承乏其間，而不盡心所事，義之所不敢出也。然使勉强承命，如昌黎之寅入辰退，申入酉退[2]，亦力有所不逮。與其濫竽貽誚，不如據實直陳。萬一方伯謬采虛名，或有諈諉[3]，務懇代爲婉達。此由中之言，萬不敢稍有虛飾，同於世之矯僞一流，幸亮之。

本俟走談，因恐遽有成議，特先草此奉託，餘俟面罄。不一。

[1] 蔭翁，指俞樾。俞樾字蔭甫。
[2] "如昌黎"句，武寧節度使張建封出任大梁節度使，聘韓愈爲觀察官，勘問刑獄，規定其作息"皆晨(卯時)入夜(戌時)歸，非有疾病事故輒不許出"。韓愈遂作《上張僕射書》，要求縮短工作時間，"寅而入，盡辰而退；申而入，終酉而退，率以爲常，亦不廢事"。
[3] 諈諉，《釋言》："諈諉，累也。"郭璞注："以事相屬累爲諈諉。"

又（四）

前者台從蒞省，得敘談三日爲快。所論去年積水未消，一經霪霖，恐有墊溺之厄，頗以劉河議濬，工已估而汔未舉辦爲憂。意欲屏去儓從，仿海忠介之輕舠芒屩[1]，周巡目驗。靄然仁者之言，可勝欽佩。執事饑溺爲心，抱負宏遠。客冬辱損書諮訪，思所以正人心而勵風俗。懇懇之意，溢於楮墨。久欲稍竭區區，爲左右萬一之助，恐蹄涔之見，無裨高深，是以遲遲未報。今復以濬河一役，采及芻蕘。雲雖婼陋，自念生長吳興，與蘇松接境，地勢最居窪下，平日於水利原委稍窺厓略。不敢自棄，謹先將劉河之不可不亟加疏治，爲執事陳之。

按三江之名，肇於《禹貢》。自漢唐以來，諸儒考究辨論，互有異同。今姑就吳中所稱爲三江者言之，則婁江實居其一也。蘇松嘉湖之水來源，皆發於天目諸山，而瀦於太湖，分流東趨以入海。其自淀山泖湖，從華亭之南，折而東北入海者爲黃浦，即昔所稱東江者是也。其自吳江長橋，歷長洲、崑山、青浦、嘉定界至上海，合黃浦以入海者，爲吳淞江。其上承鮎魚口，北入運河，經郡城、婁門抵崑山，至和塘，東合新洋江諸水，由太倉歸劉家港入海者爲婁江，即今之劉河是也。宋以前通塞不可考，自崇寧四年歷元明，代有疏治之績，載在志乘。國初以至嘉道年間大濬之工，亦志不絕書。周文英謂劉河爲三吳東北洩水之尾閭[2]，關係綦重。今日淤淺日甚，將成平陸。水無歸宿，勢必橫溢汎濫。昔賢如單鍔、郟亶父子論之甚詳，可覆按也。執事誠能窮源竟委，循故道而濬治之，此外瀕海各要口，量擇疏洩，譬之人身，使之血脈流通，經絡舒暢，自然無病。

近年水患頻仍，去歲霖雨稍多，農田已被淹不少。蘇松常鎮太杭嘉湖七郡一州，錢漕居天下之半。水政修而後農田利，農田利而後國賦充。方今司農仰屋[3]紛紛，從事於間架、陌錢、手實諸秕政，轉舍此自然之利源而不講。頻年蠲緩，正供愈虧，可太息也。昔年郭筠仙中丞下顧菰蘆，諮雲時政，雲上減賦之議。時中丞正任糧道，遂單銜詳奏，得旨准行，使七百年之積困一旦蘇豁。今執事觀察蘇松[4]，三江盡在統轄之內。有志振興，責無旁貸。所望不避嫌怨，速圖成功。大業運以小心，至計無煩多慮。雲亦部民，竊願爇香頂祝，相從諸耆老，爲執事上東南福星之頌焉。臨書不勝引領之至。

[1]"仿海忠介"句，隆慶三年（1569），江南水災，朝廷以海瑞爲都察院右僉都御史、應天十府巡撫。海瑞到任後，決定治水爲先，以工代賑，并親自勘查水情，"乘輕舸往來江上，親督畚鍤，身不辭勞"（王國憲編《海忠介公年譜》）。

[2]"周文英"句，歸有光《吳中水利錄》收周文英書一篇，其中有"蓋劉家港即古婁江，三江之一，地深港闊，此三吳東北洩水之尾閭也"的表述。周文英（？—1368），字子華，浙江海寧（今屬嘉興）人，其論三吳水利書乃泰定初年所上，書未送達中書省。

[3]仰屋，臥而仰望屋梁，形容無計可施。《後漢書·寒朗傳》："及其歸舍，口雖不言，而仰屋竊歎。"

[4]"今執事"句，同治九年（1870），應寶時署理江蘇布政使。

又（五）

昨奉初六日手書，具悉種切。即審敷政攸宜，順時諧暢。聞從者即欲來省,已諏吉有期否？殊深殷盼。蓮邨廣文[1]赴滬,道出吳門,晤談兩日。所談善舉,皆屬應辦,而鄙意莫急於收養幼丐一事。其法擬將境內數歲至十數歲,亂後無家可歸流而爲丐者,賃屋安置(或搭廠)。雇工匠教手藝,如泥木作及販屨織席之類,量其材質,使學習之。遲則期年,快或數月,即可自食其力。此中容或有故家子弟,察其天資,稍優或送入義學,或延師教讀。各幼孩群聚雜處,如何收束其身心,防閑其出入,稽察其勤惰,必須立定章程,或即責成蓮翁專司其事。此第一實政,不比託之空言,經費尚不甚鉅,萬望吾弟亟爲之創。省中當商之林一、季玉、清卿諸君,必即踵行。他日得陶成若干人傳宗接代,當必使父兄子弟馨香互告,有"狄使君活汝"之感[2],即執事之椒蕃世澤,亦於此舉爲之券也。禮庭[3]兄當必相助爲理,應定章程,望爲速定,如何？

[1] 蓮邨,余治(1809—1874),字翼廷,號蓮村、晦齋、寄雲山人,晚署木鐸先生,江蘇無錫人。咸豐八年(1858)由附生保舉訓導,同治五年(1866)充廣方言館監督。好戲曲,多行慈善,設義塾、保嬰會等。同治六年(1867)赴上海,在上海設普育堂。有《草小學齋集》《得一錄》等。廣文,唐國子監所屬七學之一,明清用爲儒學教官別稱。

[2] "有狄使君"句,《大唐新語》卷四"狄仁傑"條記,越王貞於汝南舉兵,士庶坐死者六百餘人。狄仁傑停斬決,飛奏表曰:"此輩非其本心,願矜其詿誤。"特赦配流豐州。諸囚次寧州,寧州耆老郊迎之,曰:"我狄使君活汝耶？"

[3] 禮庭,戴丙榮,字禮庭。曾館於吳雲家。

又(六)

昨奉手教,欣審攝衛攸宜,順時諧暢。

濬河之役,本不能剋期,誠能預爲部署,至秋冬水涸,當可舉辦。比得家鄉親族來書,云蔣薌泉[1]方伯邀集官紳籌議開濬湖屬各漊港,亦以轉眴鹺忙,爲時迫促爲慮。兩省水利本同條共貫,將來通力合作,使來源去委一律疏治,甚盛事也。

余蓮村廣文已到，定初六日起身奉謁。此君爲學專祖新安[2]，法脈甚正；而其勸人爲善，則又宗漢儒之實事求是，不徒託之空言。與之久處自悉也。方今盜賊未平，中原多故。功名之士，大抵皆曳裾挾策，以取重當世；否則敝衣垢面，以辭讓爲終南之徑。獨執事孜孜焉興書院，聘山長，使諸生務崇正學，以立根基。而有迹涉僞託者，必能洞燭其隱微。昔范文正授孫明復以《春秋》，張横渠薦胡安定爲太學師[3]，一時理學名臣，彪炳史册。執事障海回瀾，旁搜遠紹，持之以力，貞之以恒，行將與文正公後先輝映。屬在契末，榮幸何如。

[1] 蔣薌泉，蔣益澧(1833—1874)，字薌泉，湖南湘鄉(今屬湘潭)人。太平軍起，以戰功擢知府，受左宗棠器重。同治元年(1862)，調浙江布政使，三年(1864)署護理巡撫。蔣在浙辦理善後事宜，濬湖汊，築海塘，捕槍匪，又核減漕糧，酌裁關稅，增書院膏火，建經生講舍，設義學，興善堂，多所建樹。

[2] 新安，即程朱理學。其奠基人程顥、程頤及集大成者朱熹，祖籍均在新安江畔的徽州，因徽州古爲新安郡，是以定名。

[3] "昔范文正"二句，此句疑有脱文。吳雲所言事，語本《范文正公文集》卷九所附孫克宏《重修文正書院記》："以《春秋》授孫明復，以《中庸》授張横渠，又延胡安定入太學爲諸生師。"孫復(992—1057)，字明復，號富春，晋州平陽(今山西臨汾)人。孫復幼年力學不輟，三十餘歲居泰山講學。慶曆二年(1042)，范仲淹與富弼等推薦孫復，詔命爲國事監直講。有《春秋尊王發微》。張横渠，張載(1020—1077)，字子厚，鳳翔横渠(今屬陝西)人。嘉祐二年(1057)進士，任祁州司法參軍，累官至崇文院校書。有《正蒙》《横渠易説》《經學理窟》等。

又(七)

昨聆教言，索觀與補翁方伯書稿，知執事有修舉廢墜，振興頽俗之志，仰見藴負宏遠，度越時輩，佩甚幸甚。

浙西與吳郡水利，爲農田命脈所關，失治者久矣。若不及早圖維，一旦勃戾爲患，補救莫及。是亦仁者之憂也。誠能合兩省之力，循故道而修濬之，此數世之利，亦莫大之功。執事出而力任之，甚盛事也。盼禱盼禱。

前致補帆方伯書稿并章程十條，爲家鄉親友索去，日内即可寄出。所論專爲烏程溇港，不足以備采擇。且蹄涔之見，亦無裨於左右也。兹先將《太湖備考》[1]送上乞鑒。

[1]《太湖備考》，十七卷，金友理著，成稿於乾隆十五年（1750）。是當時太湖周圍三州十縣震澤、吴江、吴縣、長洲、無錫、陽湖、宜興、荆溪、長興、烏程等的方志類書籍。

又（八）

頃奉手書謹悉。昨送去《太湖備考》，此書於水利本非專家，不過瀏覽掌故而已。浙吴水利爲農田命脈所關，自吴越錢氏以來，講求水學諸書，卷帙過繁，且有今昔不同之處。恐公冗未能遍閲，有敝同鄉凌君著有《東南水利略》六册，於浙西蘇松水道頗能洞澈原委，特專人送上，以備采覽。

又（九）

頃奉手教，并太湖溇港工程卷宗謹悉，卷案俟閲後另繳。

承示三難，洵屬扼要。鄙意經費少，只有分年興辦之一法。魚籪茭蘆，俟委員履勘後，分別最要次要，擇其大有礙於水道者剗除永禁。緣此中倚以活命者不少，斷不能概去之也。三難之外，尤以得人爲難。此則古今所同慨也。方今杭湖蘇松六府州之人，皆引領於執事。此由平日物望之歸，有不期然而然者，迎與距皆無所施也。

至震澤所屬練聚橋港、黑橋港（昔爲來水，今爲去水），此二處南受太湖之水，東行迤邐入運河，自薛埠至韭溪爲上流，入湖之口；練聚橋至吴港爲下流，出湖之口。謹以附陳。

又(十)

前日草復數行，計登簽室。一昨接湖州宗太守[1]書，特奉省覽。敝郡之人爲水利事，仰望於執事者甚勤。所願春風廣被，宏此遠謨，兄亦託在絣幪，同沾庇蔭。此事本已報竣，經辦之人正在具名請獎，忽奉寄諭緩辦，而獎案遂輟，羣歸咎於豐干饒舌[2]。鄙人於家鄉公事從未過問，特因其關係農田者至重，若一奏結請獎，則將來必要自相迴護，非三四十年斷難望有重濬之日。家居溇上，事經目擊，實有不能已於言者。湘翁書中所云，初無嫌怨，蓋爲代剖也。當日覆王補翁條議數則，於敝處溇港事較前議稍加詳盡，檢奉采擇。蘇境水利扼要，昨潘令有呈覆，節略尚屬明晰。惟必須親往履勘，另繪細圖，註明來原去委，寧瑣無略。聞吳令恒[3]建議先開泖淀，愚以爲杭湖諸水，似未直注泖淀。然其既立此論，亦必有所見，乞將草稿抄示一閲。

[1]宗太守，宗源瀚。光緒初，宗源瀚官浙江，歷署衢州、湖州、嘉興府事。在湖州濬碧浪湖，興水利，又濬太湖溇港，規畫甚備。

[2]豐干饒舌，閭丘胤《寒山子詩集序》：胤往任台州刺史，遇豐干禪師，問彼地賢師，豐干曰寒山、拾得。胤到任後造訪，"灶前見二人向火大笑，胤便禮拜。二人連聲喝胤，自相把手，呵呵大笑叫唤，乃云：'豐干饒舌，饒舌。彌陀不識，禮我何爲？'"吳雲與宗湘文書第二通："愚以爲若不報開竣，尚希冀有重開之日，今已報開竣矣，覆奏矣，則非閲數十年不能遽議重開。事關桑梓，又經目擊，實有不忍不言者，非好爲議論也。不意鍾學士據以入告。"豐干饒舌蓋指此也。

[3]吳令恒，俞樾《春在堂楹聯錄存》"吳仲英司馬六十壽聯"："仲英以杭人官吳下，吏治之外，兼擅風雅，非俗吏也。"薛時雨有《摸魚兒》，其序曰："將去杭州，偕丁松生大令丙、吳仲英司馬恒、高呈甫廣文人驥、譚仲修獻沈蒙叔景修兩明經，宿靈隱寺話別，次日登飛來峯，遍訪唐宋題名，經十里松，達棲霞，謁嶽墳，過西泠橋，吊蘇小墓，泛湖心亭，陟孤山放鶴亭小憩，遂循雷峰訪浄慈遺址而歸。"以此知吳恒，字仲英，杭州人，在蘇州府官縣令。

又(十一)

　　昨奉手答并示摘錄國制各條，參酌禮經，考稽國典，其無明文可按，則又詳查例案。仰見精審周密，巨細靡遺，循繹至再，實深欽服。惟內有尚未盡悉者。如"直省官員不嫁娶不作樂，如在京官員例"一條。查《會典》"憲廟喪儀"：王公以下文武官員一年不作樂，百日不嫁娶，在京軍民人等一月不嫁娶，百日不作樂。後據禮部奏准，在京王公百官二十七月不作樂、不宴會，一年內不嫁娶；外省官員及軍民人等，仍照從前定例行。蓋從前定例，京外一體，至此始定區分也。揆度外省當日所以不改者，良由禮緣義起，亦順人情。以天下十八省之遙，嫁娶作樂，若均限以二十七月，閱時過久，格礙正多。中間必有條議，《會典》不載，故無可考耳。今摘本所列，想跟前一條在京官員分別三品以上、四品以下而言，惟外省并無分別明文。此條應否節删，以歸畫一？

　　又摘本列"官員軍民人等二十七月內均不准演戲打唱"。此條未知有所本否？打唱想即吳俗所稱清音是也。竊思外省期年以外，既准作樂，則清音似不應在禁例。蓋"作樂"二字，所包甚廣。睿廟時，都中有以打十番串把戲者，執送刑部，後成奏案，奉旨釋而不問，四海傳播皇仁，至今茅簷蔀屋[1]，尚頌揚勿替。查清音一業，他省不必論，以江浙兩省計，奚止萬人。期年失業，餬口無資，困苦已難言狀。即使例有禁案，尚欲恩施格外，思所以矜全拯救之方。否則三年之後，此輩皆在枯魚之肆[2]矣。

　　天下事有載籍所未詳者，或訪諸更事較深之人，容有補裨。今年元旦，滿城官紳中獨有張青帥一人綴纓。雲知之，因無明文可據，未敢率從。後讀邸鈔，始知元旦一日綴纓，實有所本也。數日前曾與青帥晤談，詢及期年後服制。據云遠不必徵，猶記同治元年某月初到河南，正在顯廟大喪甫過期年之時，司道以下來見，均穿補褂，此外亦無不照常。今摘本"二十七月內不准打唱"與"官員二十七月內仍用青褂藍袍"兩條，可否俟訪查詳確後再行？統望裁奪。

本屆國制,浙省兩次哭臨,哀詔到後僅十日即脱縞素。寧蘇兩院紅藍印[3]亦有參差。國有大事,禮制未一,不免爲外邦所議,似不能不格外詳慎。蘇省公事每遇疑難,徵文考獻莫不奉執事爲依歸[4]。區區愚忱,亦以知愛有素,不敢不盡。幸賜加詧,皇恐皇恐。

[1] 菩屋,草席蓋頂之屋。
[2] 枯魚之肆,《莊子·外物》:"周昨來,有中道而呼者。周顧視車轍中,有鮒魚焉。……周曰:'諾,我且南游吳越之王,激西江之水而迎子,可乎?'鮒魚忿然作色曰:'……吾得斗升之水然活耳,君乃言此,曾不如早索我於枯魚之肆矣!'"
[3] 紅藍印,古代票本批簽及移文行印俱用朱色,而遇國喪,則一定期限内票本俱藍筆批簽,移文用藍印。
[4] 依歸,此二字文海本字迹不清,據初刻本補。

又(十二)

兩奉手書,并重刻北宋石鼓文十分,感幸無已。新秋氣爽,風日晴和,遥想枕葄[1]之餘,動與吉會。

屏體春夏以來,尚勉能支持,現將庚申後小有撰著,稍稍清理,留爲後人覆瓿。松生[2]兄向來傾慕,所需拙刻,謹先寄去《彝器圖釋》一部。近刻《漢建安弩機考》一册、《虢季子白盤考》一册、《漢東海廟碑殘字》一册、《化度寺碑》一册,乞爲轉交就正。此外石刻及藏版書籍,如有所需,示知再報,不敢吝也。

蒙諭吳山福地[3]爲韓園舊址,如有碑記,務乞見寄一分。今建阮文達祠,屬撰聯句。文達爲平生嚮往之人,舊有一事可作談助。昔年蝯叟夢文達見訪,談次以文字相屬,匆匆而起,問老師何往,云尚欲到平齋處。越日,阮七兄過蘇,以墓銘丐蝯叟撰書,親來借取《揅經室文集》,并述其事。云夢不足異,異在阮七兄之恰到也。又云夢中有"少可談之人"等語,笑囑小心,勿要有甚筆墨邀我們去襄助。相與鼓掌。附及,博公一噱。其年月伯源世兄應尚記得,將來可寄梁敬叔[4]兄入著錄也。聯句必有以報，已撰各聯，能鈔示數分尤感。

［1］枕葃，猶"枕藉"，"枕經藉書"之省。班固《答賓戲》："徒樂枕經籍書，紆體衡門。"

［2］松生，丁丙（1832—1899），字嘉魚，別字松生，晚號松存，浙江錢塘（今杭州）人。饒於資財，喜藏書，藏書處名"八千卷樓"，後又有增辟，總稱"嘉惠堂"。有《庚辛泣杭錄》《善本書室藏書志》等。應寶時光緒二年（1876）六月二十二日與吳雲信："舍親丁松生亦愛收藏，欲得《兩罍軒金石文字》兩部，如有現成者，可否賜惠？"

［3］吳山福地，吳山俗稱城隍山，南臨錢江，西望西湖。吳山有青衣洞，旁有重陽菴遺址，遺址後的石壁上刻有"青衣洞天吳山福地十方大重陽庵"字樣。光緒五年（1879），重陽菴改建爲阮公祠。

［4］梁敬叔，梁恭辰（1814—？），字敬叔，福建福州人，梁章鉅子。曾任溫州知府等。有《北東堂筆記》，專記文人軼事。另有《楹聯四話》《巧對續錄》等，編入梁章鉅《楹聯叢話全編》。

宗湘文太守源瀚（六通）

（一）

　　月前奉手教，承示鍾學士以酈議溇港事入奏[1]，奉旨飭辦，現在中丞已委史太守來勘，即可舉行。屬將議中第二條內所稱道光九年溇港土方刊本訪取寄上，以備參考。仰見大君子軫念民瘼，修廢舉墜，而又虛懷若谷，實事求是。雲亦部民，能無感幸。

　　查吳興本稱澤國，敝鄉盡是水田。兵燹以後，各水道湮塞愈甚，一遇淫潦，便成漫溢。昔年蔣薌泉中丞有志振興，詢商鍾六英學士，六英轉詢於雲，曾疏大略覆之。後來王補帆中丞由京南旋，道出吳門，特來見訪，諄諄屬開條議。復就見聞所及，以答補公，約記在乙丑、丙寅[2]間也。頻年來中外皆以江浙水利為言，兩省大府尤拳拳注意，一再委員勘辦，奈為經費所限，未能大舉。執事謂溇港與諸閘須大治，而碧浪湖尤宜并治。此於吳興水利大要，實已賅括，洵為不刊之論。惟碧浪湖距城較近，易於目驗；溇港則近城者為小梅，為大錢，二處最寬闊深通，此外三十六溇，在大錢西者九，東者二十七，大約自楊謝溇迤東至胡溇止，港益淤，離城亦愈遠。此十數溇之南，如諸墓漾勝堂橋、婚對橋、百廿畝橋、萬壽橋、邵漾茅岸頭張官橋，賣鹽港蔣家壩下往橋、油車渠等處，或淤泥填塞，或茭草叢生，每交冬季，幾至不通舟楫。古人治水，必先治下流。此等淤阻處，皆在程境之極東，北與各溇相為聯貫。水望東趨，若不挑濬疏通，水不能北入太湖，勢必橫溢為患，是又宜與碧浪湖并治者也。往年但就距城較東通舟楫處查勘，其迤東各要害恐經歷未必周遍。人情每溺於便安。聞去冬有數溇曾加挑濬，限於經費，實未大辦，而各溇董事已報一律疏通。

　　雲籍隸吳興，家居溇上，目擊河道淤塞，本不忍漠視。又辱補公不棄菲菲,枉顧下詢,遂妄陳狂瞽,冀垂挽救。亦不過就各漊言之,而於通郡水利尚闕而未及,不圖六英遽爲上達也。六英講求經濟,其於水學一門,素所究心,非鄙人所及。來諭謂奉發拙議六條,不知六英曾否竄改,尚求錄示爲懇。

至丈尺土方,各漊異形,似宜測量水勢,總以一律深通若干尺爲準。其土方之多少,視漊港之淺深爲盈縮。敝鄉凌少茗《水利略》卷四,於各漊皆有量準丈尺,頗爲詳備,可資查考。此外間有民間私記,不足援以爲證也。

程安兩邑收割比他處較遲,交冬農事始畢。今年天氣久晴,冬間又有閏月,正易興工。適逢福曜賁臨,數世之利,將惟執事是賴。此殆千載一時之機也。伏望俯加詳察,速賜舉行,曷勝盼禱。

再承示擬修府志,此闔郡文獻所繫,實爲當務之急。縵雲[3]侍御品學粹正,敝郡之鄉祭酒也。倘執事延請總持志局,必能相與有成,士民亦必悦服。亂後各鄉童蒙,類多廢讀,執事擬設義學,甚善甚善。未知有成議否?尤爲盼切。又行。

[1] "承示"句,事詳見與金安清書第二通注。
[2] 乙丑、丙寅,同治四年(1865)、五年(1866)。
[3] 縵雲,周學濬(1810—1858),字深甫,浙江烏程(今屬湖州)人。道光二十四年(1844)進士,授翰林院編修。歷任廣西學政、山東道監察御史,同治初入曾國藩幕。與周學濂、周學源三兄弟皆有盛名。有《湖州府志》。周學濬曾官山東道監察御史,故稱侍御。

又(二)

前月廿二日肅復數行,附有蝯老所書長對一聯,交信局齎遞,未知何日澂覽,深爲懸繫。前求錄示之件,因楊中丞[1]已抄諸蘇省大府,得以閱見。內所云云,與原稿無甚歧異,惟輾轉謄寫,字多舛訛耳。

漊港一役,爲敝鄉農田命脈所關。己巳[2]開濬,限於經費,時又侷促,僅就數直港開深尺許，并尚有未開者。而橫河乾涸處，概未勘辦；茭蘆叢塞處，俱未剷除；閘板亦未修建。倘因經費未充，不能同時并舉，原可逐年分辦，爲得寸則寸之計。乃承辦之人不明利害，妄思襃獎，遽報一律疏通開竣。大府相距甚遠，遂據情覆奏。愚以爲若不報開竣，尚希冀有重開之日，今已報開竣矣，覆奏矣，則非閱數十年不能遽議重開。事關桑梓，又經目擊，實有不忍不言者，非好爲議論也。不意鍾學士據以入告。然使因此而得加重濬，實事求是，有益農田，則雲雖抱多言之咎，亦所不辭。

公十年舊雨，今辱降臨敝郡，敝郡之人咸託宇下。倘能擇淤淺各要道詳加覆勘，合碧浪湖及溇之橫河直港大加濬治，其亂後各圩岸坍損甚多，即將挑河之泥，督令填築修固，并籌歲修之法，立久遠之規，俾農田水旱有資，永免墊溺，公之造福於敝鄉者無窮，敝鄉之頂戴於公者，又豈有盡哉！行見輝煌綽楔[3]，民不能忘。雲亦當躬執馨香，從鄉耆老後，爲公上福星生佛之頌。惟公加之意焉。

縵雲侍御已由杭歸來否？志局事何時可以開辦？

雲精力年不如年。比於月之初四日到婁東小住，此間民風尚醇，秋收亦較往屆豐稔。惟故家收藏都作雲烟散去，并無解談此道者。

手肅布肊，不宣。

[1] 楊中丞，楊昌濬(1825—1897)，字石泉，號鏡涵，別號壺天老人，湘鄉(今屬湖南婁底)人。同治九年(1870)任浙江巡撫，在任七年。
[2] 己巳，同治八年，公元 1869 年。
[3] 綽楔，古時樹於門旁用以表彰孝義的木柱，明清亦用以稱官署牌坊。

又(三)

再，府志爲闔郡文獻所繫，亂後闡微發隱，表揚忠節，尤爲鄭重。執事志在必辦，聞之喜而不寐。謝城[1]博極群書，復優於記誦，此敝鄉第一樸學之士。執事延攬及之，足徵真鑒，佩甚佩甚。

弟有世好徐小豁[2]孝廉有珂，於書亦無所不窺，人極敦品，爲縵老書院[3]肄業弟子，與謝城亦至交。倘處以襄校之席，必有裨益。以其平日留心時事，兵燹之後頗有紀錄，可資采訪。執事其置之夾袋中，如何？

墨妙亭[4]湮没久矣，其墨拓之存於世者亦不多見，將來復刊數碑，略存前賢遺迹，亦藝林俊事。所望大君子久於其位，則我湖之福耳。

沈菁士[5]兄以彼此作宦在外，雖屬同邑，約記僅識數面而已。鈕壬林[6]兄向有姻世誼，亦不過相見數面，并未熟習。然二君之品學端方，潔廉自矢，則知之甚審。大略居心行事，與黼香[7]公祖同一，老成持重，結實可靠。執事與之共事，當亦知其蘊也。溇港距城較遠，二君未能身親目擊，不能不憑溇上人之方是聽，猶之弟於碧浪湖情形，雖知爲水道要害，并未目驗，亦不過人云亦云而已。事關桑梓利病，既確有所見，亦何肯引嫌自匿，甘類寒蟬。況事已覆奏，若再於覆奏之後，敍勞請獎，則非閱數十年斷難望重濬矣。此真間不容髮也。當仁不讓，竊自以爲言之者無罪，不暇計嫌怨也。

所需裝褙匠，顧子山處舊人年已七十矣，現在蘇開店，不能遠出，此外竟無好手。義塾章程周密之至，乞再寄十分爲荷。

正在封函間，適應敏齋廉訪偕杜舫老同來，即將此書交閱，并出尊函同閱。敏老云於執事相識，并極佩大作倚聲。刻下蘇省委徐蓉亭、吳仲英兩司馬往勘，督辦尚未定人，舫老肯任其事則大妙矣。此事能江浙合力大舉，更難得執事與應、杜二君主持其間，洵千載一時之會也。

[1] 謝城，汪曰楨（1813—1881），字仲雍，一字剛木，號謝城，又號薪甫，浙江烏程（今屬湖州）人。咸豐四年（1854）舉人，官會稽教諭。精史學，兼通音韻、數學、天文、曆法。有《二十四史日月考》《烏程縣志》《南潯鎮志》《四聲切韻表補正》《隨山宇方鈔》《荔牆詞》《歷代長術輯要》《古今朔閏考》《授時術諸應定率表》《古今諸術考》《玉鑒堂詩集》等，大多彙集在《荔牆叢刻》中。

[2] 徐小豁，徐有珂（1820—1878），字韻雪，號小豁，烏程（今屬浙江湖州）人，同治六年（1867）舉人。因母邁不求仕進，曾主講五湖書院。後助宗源瀚修《湖州府志》，負責《輿地》《經政》等門。光緒四年（1878），又修《烏程縣志》。有《湖陰汗簡》八

卷,專記太湖南岸之事。

[3] 縵老書院,指安定書院。周學濬曾主持安定書院。

[4] 墨妙亭,墨妙亭有二。一在太倉北淮雲寺。元浙江軍器提舉官顧信舍宅爲寺,其辭官歸故里太倉時,趙孟頫錄《歸去來辭》《送李願歸盤谷序》相贈,顧信勒石供之,築墨妙亭翼之。另一在湖州衙署。孫莘老知湖州,"作墨妙亭於府第之北,逍遥堂之東,取凡境内自漢以來古文遺刻以實之",蘇軾爲作《墨妙亭記》。

[5] 沈菁士,沈丙瑩(1811—1870),字菁士,歸安(今浙江湖州)人。道光二十五年(1845)進士,授刑部主事,歷官貴州、安順知府等。同治五年(1866),沈丙瑩曾"稟請浙撫開濬烏程、長興溇港,至八年竣工",後屢主杭州詁經精舍、湖州愛山書院等。有《春星草堂集》。

[6] 鈕壬林,鈕福皆,字壬林,烏程(今屬浙江湖州)人。道光十四年(1834)舉人,候選知州。

[7] 黼香,楊榮緒。楊榮緒字黼香。

又(四)

前月辱惠書,敬審道履安勝爲慰。承寄米書近刻石墨領到,謝謝。宋四家遺墨,當日人争寶重,南渡後幾於尺幅兼金。米書流傳較多,僞迹亦至夥。《清芬閣帖》集至數十百册,而僞者居大半。生平見米書真迹,以向太后輓詞小楷爲第一條,係齊梅麓[1]舊藏,今在長沙黄荷汀家。墨刻亮必見過,有新舊二刻,新則徐紫珊屬胡衣谷刻也。尊藏《西嶽華山碑》久已烜赫照世,何不精摹重刻,爲墨林增一劇迹,即爲分書樹一元鐙[2],俾學者藉以取法,有功藝苑匪淺也。

[1] 齊梅麓,齊彦槐(1774—1841),字夢樹,號梅麓,又號蔭三,婺源(今屬江西)人。嘉慶十四年(1809)進士,改翰林院庶吉士。官至蘇州知府。擅書法,精於鑒藏。有《梅麓詩文集》《海運南漕叢議》《北極星緯度分表》《天球淺説》《中星儀説》等。

[2] 元鐙,猶言宗派,淵源。

又(五)

契闊經年,雖魚箋互通,未足解其勞結。一昨奉到手書,展誦之餘,伏審公餘著述，與日俱新，幸甚幸甚。弟體弱畏寒，近屆隆冬，擁爐瑟縮，不復窺户外一步。所幸窗前花木，室内圖書，座繞清香，壁多古迹，静觀自樂，聊代卧游。此亦竊取公家少文先生意也[1]。惟精力日衰，學益荒落，崦嵫景迫，成就毫無。每一念及，輒興老大之傷耳。

清卿昨日抵家。執事但見其奏議有體有要，不知其三載秦涼，軺車所至，於振拔單寒之外，搜羅金石，既富且精，直欲突過燕翁，尤爲難得可喜也。

拙著已梓印者三十餘卷，因乏便尚未寄正。燕翁[2]後人不能繼家學，漸成衰替。尊臧祕碣，渴欲一見。明春有專使之便，能密寄一觀，決不轉示一人，即交來友帶轉，如何？

[1]"此亦"句，《宋書·宗炳傳》："（炳）有疾還江陵，歎曰：'老疾俱至，名山恐難遍睹，唯當澄懷觀道，卧以游之。'"宗炳（375—443），字少文，南涅陽（今屬河南南陽）人。擅書畫和彈琴，漫游山川，屢徵不至。有《畫山水序》。

[2]燕翁，劉喜海。劉喜海字燕庭。

又（六）

前奉還示謹悉。蒙假《華山碑》，留觀五日，愛玩不忍暫離，正與古人三宿碑下[1]同意。杜門息慮，臨摹一過，惜腕弱不能脱此凡骨爲愧耳。謹藉薌艇返湖之便，託其帶繳。承命作跋，已附書數語，未免有污名迹，皇恐皇恐。

阮文達公援正翁氏[2]摹本"王文蓀""文"字作"大"之訛，各家題識均未論及，特爲拈出，備他日泐石取證，亦論世知人之一助也。統希是正。昔年曾據張芑堂雙鈎本鋟版，得尊本詳校，雖神韻未具，而間架結構尚不離譜，附奉鑒賞。不盡之言，疏於另紙。

[1]三宿碑下，《新唐書·歐陽詢傳》："嘗行見索靖所書碑，觀之，去數步復返，及

疲，乃布坐，至宿其傍，三日乃得去。"

［2］翁氏，翁方綱（1733—1818），字正三，一字忠敘，號覃溪，晚號蘇齋，順天大興（今屬北京）人。乾隆十七年（1752）進士，官至内閣學士。能詩文，長於考證、鑒賞金石碑版。曾雙鈎摹勒《孔子廟堂碑》《儀度寺碑》等舊帖，又曾摹《漢西嶽華山廟碑》之華陰本、長垣本。有《兩漢金石記》《蘇齋題跋》等。

卷　六

周縵雲侍御學濬（九通）

（一）

　　昨由文報局交到九月十二日手書，展誦之餘，知九月初間託李筱石二尹[1]帶去寸箋，附有楹聯集帖兩本，拙書條幅四幀，均未達到。不識近日已徹覽否？念念。

　　弟到山逾月，因蕉林赴江北勾當公事，得仍寓三退樓中。江山風月，一任婆娑，誦杜少陵"眼前無俗物，多病也身輕"之句[2]，未嘗不悠然自得也。惟浩劫未消，家山淪陷，每一念及，又不免如王粲登樓有思鄉隕涕之感[3]。我二人雖暌千里，相印一心，身世飄蓬，當亦同此慨喟。猶憶兄當年按試粵西[4]，途次有句云："時清邊塞無烽火，細雨重陽緩度關。"郵書屬弟寫崑崙攬轡圖。當日盛平景象，曾幾何時，而滄海桑田，一變至此。回首前塵，渺如隔世。陶公不云乎："寓形宇內復幾時，曷不委心任去留。"[5]三復斯言，真可萬慮皆空，一切放下，又何必昧去本來面目，自尋魔障哉。

　　近作數首，錄呈省覽。詩雖不工，聊以見志，幸教之。不宣。

[1] 李筱石，李淮，字筱石，鄞縣（今屬浙江寧波）人。幹練有才略，以同知需次松

江,後攝金壇縣令。咸豐十年(1860)太平軍圍金壇,李筱石死難。二尹,明清時對縣丞或府同知的別稱。

[2]"誦杜少陵"句,語出杜甫《漫成二首》其一。

[3]"又不免"句,王粲《登樓賦》有句"悲舊鄉之壅隔兮,涕橫墜而弗禁"。

[4]"猶憶"句,周學濬道光二十六年(1846)出任廣西學政。

[5]"陶公"句,語出陶淵明《歸去來兮辭》。

又(二)

新正兩奉手書,欣審道履康勝。小雲[1]世講於客臘廿三日安抵皖江,想見一堂團聚,伯母含飴之樂可知也。羨慰無量。

揆帥密保[2]時賢,老兄高預其選,聞之歡躍。此日薦舉一途,比比皆是,無足爲兄喜;而所以喜不自己者,以出自揆帥之門耳。揆帥任天下之重,功益高而心益下,不特時帥中無可比論,即求之古大臣,亦罕其匹。郤君章有言:天生俊士以爲民也[3]。如兄之早掇巍科,才兼體用,正當出其抱負,匡濟時艱。此固揆帥之知人,亦由兄之蘊於中者有以結揆帥之知也。顏淵雖篤學,得夫子而名益彰,能不爲兄額慶耶?!

蒙示揆帥屢次齒及鄙人,昨見拙作,謂從前於郭雨三[4]先生處即知賤名。三復來函,不勝慚悚。夫人稍讀詩書,粗具知識,未有不好名者。名爲大賢所知,古人且聞而自喜,況檮昧如弟,而又在廢棄時哉。至承教以出處之際不必固執,致蹈褊衷。此兄摯愛,意在揚不然之灰耳。而弟自知賦命至薄,平生謹守繩尺,乃謗毀之來,每出於匪夷所思。昔歐陽公至於白首而詘不已,卒無所污[5]。弟何人斯,敢援以自解。間常平心自勘,總由性直忤時,遭讒獲咎,皆歸自取。唯有痛自懺悔,或可收之桑榆。比自庚申以後,患難風波,憂畏成疾。至今日正如田光先生所云:其精已銷亡矣[6]。只合一編在手,了此餘年。

前書所陳,蓋不敢昧於己量也,并非矯飾。韓子曰:賢不肖存乎己,禍福貴賤存乎天,名聲之善惡存乎人[7]。存乎己者,吾將勉之。弟今者亦唯以存乎己者,刻勵自勉,以副兄之望。至於披艱掃穢,平滌九區,佐中興之盛業，立不朽之奇功，則弟之望於兄者，亦爇香虔祝者也。行藏雖殊，各宜自愛，伏維鑒察。不宣。

[1] 小雲，周學濬子，應曾做過僉判之類的小官。杜文瀾《憩園詞話》"周縵雲侍御詞"條："惜令子小雲僉判亡於揚州，幼孫繼夭，桑榆之景不佳。"

[2] 撲帥密保，清代進身之階有薦舉一途，它既是在任官超擢的條件之一，也是大吏及科道產生的重要途徑。其出身既有科舉，亦有雜途，不拘一格。爲防私弊，舉保連責，有清一代廉能賢幹之封疆閫要，多出於此。此撲帥者誰，待考。

[3] "郅君章"句，《後漢書·郅惲傳》："惲喟然歎曰：'天生俊士以爲民，無乃違命而亂倫乎？鳥獸不可與同群，子從我爲伊尹乎？'"郅君章，郅惲，字君章，汝南西平（今屬河南駐馬店）人。舉孝廉，官至長沙太守。性剛正，明儒學天文曆數。

[4] 郭雨三，郭沛霖（1809—1859），字仲濟（一作仲霽），號雨三，蘄水（今屬湖北黄岡）人。道光十八年（1838）進士，由翰林擢詹事府右贊善，官至以道員權兩淮鹽運使。咸豐九年（1859）在定遠死難。

[5] "昔歐陽公"句，《宋史·歐陽修傳》："修以風節自持，既數被污蔑，年六十，即連乞謝事，帝輒優詔弗許。……熙寧四年，以太子少師致仕。"

[6] "至今"句，《史記·刺客列傳》載燕太子丹謀國事於田光，光云"今太子聞光盛壯之時，不知臣精已消亡矣"，薦荊軻。

[7] "韓子曰"句，韓愈《與衛中行書》："賢不肖存乎己，貴與賤、禍與福存乎天，名聲之善惡存乎人。存乎己者，吾將勉之；存乎天、存乎人者，吾將任彼而不用吾力焉，其所守者，豈不約而易行哉！"

又（三）

前奉手教，附來丁中丞[1]、錢子密二信，已一一妥寄。曾有數行奉報，未知達覽否？小雲姪過蘇，云兄有滬上之游，不識盤桓幾日？洋味比之淮水如何？一笑。

小雲有投筆之志，蓋急欲捧檄博堂上歡，不爲無見。在此祇留一日，云先到邗上見何廉舫[2]後，即赴節署。其意欲廉舫與弟二人爲之倡，并爲糾合作集腋計。弟已許其力助，且待其見廉舫後，信來如何。此等事亦不可使之視爲容易也。

敏齋信附去。渠頗有振興水利之意，屢承過訪，弟告以浙西與蘇松同原共委，必得通力合作，尤在任用得人，勿存敷衍塞責心，方有實際。現委吳大令恒赴浙省詢商辦法，不知吾鄉當道意見如何。刻下蠶事將興，向停工役。昨聞錢漊等處方欲挑濬，以數里路河道，經費聞不過給發一二十串，實做"敷衍塞責"四字，奈何奈何！兄晤楊太守[3]及沈菁士兄，能勸俟至秋冬之交，通籌全局，寬備經費，然後動工，爲一勞永逸之計。此吾鄉農田命脈所關，尚望兄於各當道處剴論之。至禱至禱。

　　金陵書局想常通信。張嘯兄[4]處史漢已印成否？其精印者固望之甚切，即尋常披讀者，亦須惠我一部。弟已備胡刻《通鑑》爲報，兄聞之定亦欣然也。

[1] 丁中丞，丁日昌。
[2] 何廉舫，何栻（1816—1872），字廉舫（一作蓮舫、廉昉），號悔餘，江陰（今屬江蘇無錫）人。道光二十五年（1845）進士，曾任建昌知府，以城陷奪職。後入曾國藩幕，頗得賞識，官終吉州知府。去職後建壺園（後改稱"瓠園"）爲菟裘之地，創立湖心詩社。有《悔餘庵文稿》《悔餘庵詩稿》《南塘漁父詩鈔》《聞和見曉齋初稿》等。
[3] 楊太守，楊榮緒。
[4] 張嘯兄，張文虎（1808—1885），字盂彪，一字嘯山，號天目山樵，南匯周浦（今上海浦東）人。由諸生保舉訓導。同治十年（1871）入曾國藩幕，督理《王船山遺書》校刊。次年，李鴻章總制兩江，聘周學濬、張文虎參與管理江南書局，又委以金陵書局讎校主事。精校勘，而於《史記》集解、索隱、正義考覈尤深。有《古今樂律考》《舒藝室隨筆》《舒藝室全集》《索笑詞》《史記札記》《周初朔望考》等。

又（四）

　　去冬曾有復書，由信局遞呈，嗣得臘月十九日手教，未蒙齒及，未識前函達到否？深以爲念。小雲世講於何日抵家？悼亡之感，情不能禁，尚能仰體重闈之意[1]，不致過於悲傷否？尤切惦系。

　　書局通鑑已經告成，特爲吾兄刷印一部，配以漢小銅鼓，爲兄補壽。

記得兄昔年按試粵西，書來，云歸裝携有小銅鼓二，一自留，一備贈弟者。差旋泊舟漢口，鹽艘失火，舟亦被殃，兩鼓均爲六丁取去。此二十年前事也。今弟購有重出者，不可不分贈兄也。俟有便舟寄上，或留待面交。至書局價目，弟不甚悉，須問辰田[2]諸君也。局中經費艱難之説，由於當道不善處置之故。江蘇局面果能擘畫得宜，務持大體，區區書局之資，固太倉一粟也。

　　弟去冬忽奉左季帥[3]札子，委辦甘肅捐務，局設金陵，會同江藩司[4]辦理等。因廢棄之材見收匠氏，不無知己之感。惟弟伏處十年，疎懶已慣，不必誓告先墓，而出處之計，固已久决於心。當即繳札力辭，措詞極爲委婉。陶齋[5]恐我掉頭不顧，開罪鉅公。此禰正平、劉孔和之所爲[6]，非所擬於鄙人。況左公賢者，亦非黄高輩比也。

　　承示春間作林屋石洞之游，此誠勝地，大約三月間最爲相宜。由洞庭至光福山，登鄧尉，更有妙境莫妙於司徒廟，清奇古怪，四柏樹真不可不看。去年弟與緣仲諸君冒雨往訪，曾書一對以應寺僧之請，句云：清奇古怪畫難狀，風火雷霆劫不磨。中有一樹，曾遭雷劈，而劈處枝幹更蔥茂，真是奇絶。兄聞之當亦神往。

　　子密信當日即爲遞去。舫老於十八交卸，十五有引疾之稟，兩院均繳還原稟，慰留甚摯，現在尚未銷假。當此名場極順之時，忽思急流湧退，洵有真智慧也。敏老今日赴寧。香巖興會尚好，頗思出游。聞菱湖正月十三日起十八日止有勝會，甚熱鬧，確否？

[1]"尚能"句，謂顧念老母在堂。重闈，深宫，舊時也用來代稱父母或祖父母。何景明《壽羅山侍御》："更喜鄉衣經故里，遥看彩服拜重闈。"由前此兩通書"伯母含飴之樂可知"，周學濬母親尚在。

[2]辰田，錢福昌(1801—?)，原名錢攀龍，字超衢，號辰田，又號實齋，浙江平湖(今屬嘉興)人。道光九年(1829)進士，授翰林院編修，累官至内閣侍讀學士。

[3]左季帥，左宗棠。左宗棠字季高。

[4]江藩司，指梅啓照。光緒三年(1877)，梅啓照擢浙江巡撫、領兵部侍郎銜，兼都察院右副都御史，并兼任兩浙鹽政提督軍務。

［5］陶齋，周作鎔（生卒年不詳），字陶齋，烏程（今屬浙江湖州）人。杜文瀾《憩園詞話》卷四："周陶齋大令作鎔，一字瀟碧，湖州人。……納粟官南河，擢江蘇知縣，一署丹陽。卸篆後因案被劾，人皆憐之。"能詩，工書畫，與吳雲子吳承溥連襟。

［6］"此禰正平"句，《後漢書·禰衡傳》："後黃祖在蒙沖船上，大會賓客，而衡言不遜順，祖慚，乃呵之。……衡方大罵，祖恚，遂令殺之。"禰正平，禰衡字正平。計六奇《明季南略》："孔和，故大學士鴻訓子，澤清初爲其狎客，及後勢盛大，反抑孔和，役屬之。一日，以所作詩示孔和，曰：'好否？'孔和戲曰：'不作尤好。'澤清色變。無何，遣孔和以二千人渡河，忽檄召至，斬之。"劉孔和，字節之，長山（今屬江蘇鎮江）人。好詩，詩風近東坡放翁。有《日損堂詩集》。

又（五）

聞台從赴杭，不知何日言旋，念念。前得宗湘文公祖書，知吾郡漊港現議重開，并云鍾六英學士將弟所議六條入告，聞當道以廷寄有"草率了事"四字，頗怪弟多言。查己巳年所開，止擇數直港中工程之至少而至易辦者，略加挑挖，深不過尺許，費不過萬串，其淤塞處均未履勘。若因經費未充，不能同時并舉，原不妨逐年分辦，作得寸則寸之計。乃承辦之人不顧大局，不明利害，妄思褒獎，遽報一律開竣。當道不察，遂亦以開竣覆奏。弟以爲不報開竣，尚有重開之望，今既奏明一律開竣，且請獎敘，則非閱數十年斷不能遽議重開。弟因關桑梓休戚，目擊情形，實有不忍漠視者。不圖六英遽以弟言入告也。聞當道奉旨後，於此事極爲鄭重。湘翁[1]書來云，與吾兄及同鄉諸公會商，擬合碧浪湖、橫湖直港大治之。果爾，則弟雖受多言之咎，亦何所恤。惟望吾兄力贊成之。漊港淤淺，大抵都在郡城東北，距城益遠，淤淺益甚。恐履勘未必能遍，必得周知水道者相助爲理，庶於事有濟。而各漊董事見不出跬步，又惡勞喜逸，絕少結實可靠之人；城董可靠，又未必肯常駐鄉間。此事恐實費當道躊躇。

貴及門徐小豁孝廉喬梓[2]頗精水學，家居漊上，熟諳情形，又好行善事。倘當道見訪，吾兄可舉薦之。惟小豁讀書不預外事，恐亦只能備顧問，未必肯出任奔走之事也。聞沈協軒[3]在家，其人年壯，能耐勞苦，且新經磨折,倘節取其長,似亦在可用之列。昔年江浙減賦之舉,發端於鄙人,其時馮林一宮允在李相幕府,力贊成之,舉七百年之積困,一旦蘇豁。水利爲農田之本,今當道既有意大治,吾兄又爲當道所敬服,惟望效林一之贊成減賦,爲梓鄉造無窮之利。禱甚禱甚。

[1] 湘翁,宗源瀚。宗源瀚字湘文。
[2] 喬梓,《尚書大傳》卷四《梓材》:"喬實高高然而上"象父道,"梓實晉晉然而俯"象子道,後世遂以喬梓喻父子。
[3] 沈協軒,南匯人。俞樾《春在堂雜文》卷四三有《沈協軒七十壽序》述其家世生平甚詳,可參看。

又(六)

一昨辱手答,知讀禮之餘,不以鄙言爲河漢,强抑哀思,聞之稍釋念忱。承詢喪服各條,大抵先王制禮,必準情酌理而出之,不使太過,亦不使不及。後世禮節繁重,每遇喪禮大事,多致紛紛聚訟,雖名臣大儒,文章蓋世之才,亦各偏執一見,卒無一定之規,昭垂來世。吾輩居家舉動爲鄉里矜式,自不能不格外慎重。《儀禮》《禮記》諸經,家家都讀,而本朝禮制詳載《會典》及《通禮》二書。《會典》卷繁不及寄,特檢《通禮》一卷寄上,以備翻查。擇要摘出,遇便寄還。此外垂問家常服用各層,謹條對另紙,伏祈酌用。

兹乘存齋[1]世好旋湖之便,謹呈祭幛輓聯各一,奠敬一函,敬代芻束,伏乞告存爲幸。

[1] 存齋,陸心源。陸心源湖州人。

又(七)

弟近服自製丸方,大便尚無艱苦,終月杜門,惟以筆墨爲消遣。現撰

《周無專鼎釋文》一篇,頗有發前人所未發。考"無"之爲姓,有舜時無擇,見《莊子·讓王篇》。張未未[1]以魯無駭爲證,似無駭卒後賜姓展氏,此無駭疑是雙名。又《正字通》"無"字注云:無,姓。漢有無且明、無能。此二人,弟未知之。《漢書》浩繁,無從檢查。因記岷帆弟當日曾著有《漢書人名考》,不知此書存否?向兄言及,今已忘却,不識有此人否?乞爲查示。此外有無"無"姓之人見於經史者,并懇示及。

[1] 張未未,張廷濟。張廷濟字叔未。未,同"叔"。

又(八)

前奉手翰謹悉。所論家鄉士子,寒素居多,孝廉計偕,每有告貸無門,遂至裹足秋試;亦有以無資廢然者。現與同人籌議在吾郡絲捐、善後二成一款餘存省局項內,請撥二萬元發典生息,以一萬息錢爲會試公車費,人給五十洋;以一萬息錢作爲鄉試賓興[1],人給十洋云云。此真盛舉。姑無論本有存款可撥,即無存項,亦當設法勸辦,以期必成。往年婁東紳士以賓興無資,寒素無力應試,每至廢讀,呈請籌款。三兒[2]以婁東地方苦瘠,絕少殷富,無從集捐,不得已議定案漕提款,以十二年爲度,悉由官捐,不派地方分文。今已行之五年,上兩屆孝廉計偕及秋試之費,即在此中提取。合計息錢,春闈人給五十千文,秋試人給十千文,通稟立石定案,去年他屬有稟請援案辦理者。今吾鄉以地方所捐之款,辦地方義舉,當道倘有異議,我數人惟有堅持定力,志在必成。存齋已經旋里,現在仲復[3]回家省墓,想必晤談定議也。

承示脾泄之患,服藕粉代點、米仁代茶而瘥,聞之大慰。近日醫生甚庸,服其藥每每受苦。弟咳嗽自去冬至今尚未霍然,不敢輕易服藥,恐爲庸醫所誤也。

[1] 賓興,《周禮·地官·大司徒》:"以鄉三物教萬民而賓興之。"鄭玄注:"興,猶

舉也。民三事教成,鄉大夫舉其賢者能者,以飲酒之禮賓客之。"後遂用以指鄉試。

　　[2] 三兒,即吳承潞。

　　[3] 仲復,沈秉成(1823—1895),原名秉輝,字仲復,號聽蕉,自號耦園主人,浙江歸安(今屬湖州)人。咸豐六年(1856)進士,歷任蘇淞太道、安徽巡撫、署兩江總督和各地按察使等,退隱吳中後築耦園以居。工詩文,精鑒賞。有《蠶桑輯要》《鰈硯廬金石款識》《鰈硯齋書目》《所見書畫錄》《榕湖經舍藏書目錄》《夏小正傳箋》《鰈硯廬聯吟集》等。

又(九)

　　一昨奉到還章,發函領頌,不覺淚之盈睫也[1]。昔王夷甫謂陶公曰:賢子越騎云没,天下盡爲公痛,况在慈父[2]。可見古人遇此等事悲思鬱結,無論聖賢豪傑,亦有不能驟解者。爲今計必得於無可排遣之中,勉想排遣之法。無已其惟俟咏華弟迎柩歸來,經紀觕完,早日買棹出游乎?歲月易邁,混過數月,哀痛漸減,久之自會消釋。否則家庭悶坐,終日呌呌,試問七十之年,尚有幾多老淚爲死者灑耶? 魏舒所謂"無益自損"者[3],不可不引以爲戒也。吳門舊雨咸盼兄來,幸早命駕,禱切禱切。

　　承詢商爲小雲世講分訃領帖[4]應否舉行。考《禮經》有"爲長子稽顙"之文,所以重正體也。今世講服官有年,娶妻生子,領帖一日斷在必行,無可猶豫者。春寒尚甚,千萬調護自愛。臨書依切不盡。

　　[1] "一昨"句,是信應爲周學濬爲子曰"小雲"者報喪之信也。

　　[2] "昔王夷甫"句,《晋書·司馬叡傳》:"時侃子爲峻所害,嶠復喻侃曰:'蘇峻遂得志,四海雖廣,公寧有容足地乎? 賢子越騎酷没,天下爲公痛心,况慈父之情哉!'侃乃許之。"吳雲此言王夷甫(王衍),或誤記也。

　　[3] "魏舒"句,《晋書·魏舒傳》,魏舒子混賢,"年二十七,先舒卒,朝野咸爲舒悲惜。舒每哀慟,退而歎曰:'吾不及莊生遠矣,豈以無益自損乎!'於是終服不復哭"。

　　[4] 領貼,江浙喪儀舊俗,凡在開喪之前,必須遍發訃聞,以告親友。開喪亦稱"開吊",因於是日接領賓客之名帖,故亦稱"領帖",實爲靈柩離家之日,親友來祭吊也。

與絲業同鄉

吾湖每逢開科，合郡應試士子幾有千人之多，內中以館爲生者，殆居其半。省城兵亂以後，貢院左右房屋甚少，間有可賃者，租價極貴。寒士考費無出，有因之輟考者，情殊可憫。

聞嘉興府屬現在集資萬金，在省城貢院附近購地造屋，爲嘉屬士子考寓，其辦法另有說帖，特附寄省覽，吾湖宜亟仿行。惟兩府情形有不同，嘉興集資，分七邑公攤；吾湖如安、武、孝[1]各縣，萬不能派，不如就南潯、菱湖、雙林數鄉鎮絲業中酌提，較爲簡捷可靠。謹特專函奉商。此爲接濟同鄉無力應試者起見，在絲業所出甚微，而寒士受惠匪淺。諸君向有好善之心，成此義舉，將來子弟應試，定必綿綿科第，食報無窮。如果意見相同，望即示覆，當亟達黼香[2]郡尊及總辦吾鄉釐捐之宗湘文太守曁縵雲諸君，妥議規條，以垂久遠。倘諸位能親至省城一行，則經營擘畫得有提綱挈領之人，尤爲大妙。至買地等事，或須省中巨紳招呼，屆時弟當專函致託可耳。不宣。

再，此等善舉，倘出自當道勸辦，則合郡爲之減色矣。同鄉諸親友處不能遍及，均此致意。又行。

[1] 安、武、孝，清時湖州府下轄七縣，安，安吉；武，武康；孝，孝豐。
[2] 黼香，楊榮緒。楊榮緒字黼香，同治二年（1863）出爲湖州知府，在任十年。

陸存齋觀察心源（七通）

（一）

往者辱賜書，錄錄稽於裁報，幸勿爲過。家鄉水利待治久矣，前月縵老過蘇，亦曾論及。此我鄉農田命脈所關，足下蘊負宏遠，定亦注意於此。士大夫居鄉，凡有地方善舉，盡一分心，則造一分福。前得敝族中來書，謂春間疏濬漊港，其深通處可從緩挑者，現在築壩加挑；淺處必不可不挑者，轉置不辦。其所以專辦較深處者，取經費省耳。草率至此，安望實惠及民。雲儼寓吳門，衰病侵尋，老矣，無能爲也。足下年力正富，識略超卓，尚望於當道前劃陳利弊。倘能任用得人，實事求是，成久遠之功，貽數世之利，豈不美哉！豈不美哉！縵老吾省之鄉祭酒也，盍與商之？吾湖善後局中綜其事者，沈菁翁、鈕壬翁之外尚有何人？想無不以桑梓疾苦爲慮。鄙人盲瞽之見，亮諸君亦早計及此也。

姚少垣世兄人頗樸誠，兹挾名書畫多種到城，法家鑒之，當亦心目爲快。

又（二）

別後久未通書，遙祝籌勳楙著，動與吉會，幸甚幸甚。弟衰病杜門，伏案之外，惟養花飼鶴，爲消遣之計。夏初得一曾孫，長成可喜。交秋後則不如意事常八九，又生煩惱。曾作婁東之游，讀東坡《水調歌頭》一闋，離合悲歡固應勘破也。

閩中山川雄壯，足下公務之餘，有無新著[1]？便中望示悉爲盼。拙著《彝器圖釋》雖已付梓，尚須修訂。因老友陳壽卿索觀校本，遂先刷印數部。曾記足下譚及現修郡志，金石一門應有采錄。自文駕赴閩之後，此道少可與談者。夏間曾以一部交小豁帶去，聞志局中專校金石一門者爲丁君，弟未識其人。丁氏向多樸學之士，是否小雅[2]先生後人？吾郡本多墨妙遺迹，屢經兵火，幾於蕩焉泯焉。此時存於世者，亟宜勤加博訪，期免遺珠之憾。拙著乃敝帚自享，本不敢與古人抗衡，然海內著名之品，其文字有裨經史之學者，頗亦不乏。合揚州阮氏、嘉興張氏、山東劉氏各家精華[3]，薈萃其中，似亦藝林中一偉觀也。茲特奉寄一部，伏乞直筆削正。此書尚非定本也。閩中有文字之交否？有鹽大使魏稼生[4]，其人耆古入骨髓，曾晤及否？

[1] "閩中"句，同治十一年(1872)，李鶴年出任浙閩總督，陸心源往投任福建鹽運使。

[2] 小雅，丁傑(1738—1807)，原名錦鴻，字升衢，一字小疋，號小雅，別號小山，浙江歸安(今屬湖州)人。乾隆四十一年(1776)進士，官至寧波府學教授。通經學，精校勘，藏書至數千卷。有《周易鄭注後定》《大戴禮記繹》《蛾術齋詩草》等。

[3] "合揚州"句，吳雲藏品來自其多方搜求，如其兩罍一得之於阮元舊藏，一爲曹載奎懷米山房舊藏。《清稗類鈔》："(吳雲)篤學考古，至老不疲。考訂金石文字，確有依據，一字之疑，窮日夜討索不置。儀徵阮氏、嘉興張氏、蘇州曹氏所藏吉金爲東南最，亂後散失，往往於市肆中物色得之，不惜解衣質錢以買，人以擬之於王元美。"嘉興張氏，指張廷濟清儀閣藏品。山東劉氏，指劉喜海。

[4] 魏稼生，即魏稼孫。

又(三)

前月奉手翰具悉，就審道履清勝，侍庭納福，國恩家慶，萃於一門，羨賀羨賀。弟鍵關養拙，垂暮光陰，盡消磨於故紙堆中。所惜崦嵫已迫，無所成就，時切疚心耳。

承示斗檢封篆文作"鼓[1]錢爲職"四字，愚意竊以爲未安。案錢，《說文》：銚也，古田器，从金兆聲。《詩·周頌》：庤乃錢鎛。毛傳亦訓"銚"，疏引《世本》云"垂作銚"，宋仲子注云：銚，刈也。然則銚爲田中刈器，錢實同之。借錢爲泉，雖古載籍及漢碑中間有之，而泉文則仍從古，如新莽之大泉、貨泉各品及三國六朝至於唐宋，載在志譜，彰彰可考者皆作泉，不作"錢"也。元明以來，字多從俗，不足深論已。且皷[1]、鑄二字連文爲義，今去"鑄"字而曰"皷錢爲職"，於文理亦殊欠順。敝處所收斗檢封不止一器，其作"皷錢爲職"，篆文明顯與《獲古編》[2]所録同，出陝人訛皓[3]也。學問之道，惟推勘乃能發明，亦惟辨析始見真諦。足下淹通群籍，學識兼超，如有所見，尚望直筆見示，幸甚幸甚。

稼孫蒙識拔得以署篆，聞之喜甚。

[1] 皷，文海本作"古"，誤，據石印本改。
[2] 《獲古編》，即《長安獲古編》，所著録之器皆劉喜海在陝西任上搜購，繪圖像，摹銘，以隸書標題器名，無解説。
[3] 皓，同"造"。

又（四）

昨承惠借宋刊《夷堅志》，此夢想數十年，今始得見，大慰平生。晨起草草繙讀，知榮旋在即，不敢久留，謹專人繳上，希即察收。此書雖涉語怪，然中間隱寓勸懲，足垂警誡。況出名賢手筆，爲自來小説中第一烜赫有名之作。足下廣搜祕籍，遠紹舊聞，亟宜授之梓人，以公同好。坊間所傳之本舛訛錯亂，得此書一出正之，豈非墨林大快事哉。鄙人老矣，亟願觀其成也。

再坊本流傳，似亦別有所據，即如甲志卷一《黑風大王》一篇中，有"紹興間陷虜"，坊本改"陷虜"爲"歸北"。此諱忌之筆，必出後人竄改，然則此書在南渡時即有翻刻無疑矣，於此益見原刊之可貴也。物聚所好如是，他日刊成，務乞先寄。應書封面，望示式樣，謹繕以報。

又(五)

　　前日奉十月廿八日手書,并近刻金仁山[1]先生《尚書注》六册,海藏老人[2]《陰證略例》一册,一一領悉,敬謝敬謝。承示擬刊"十萬卷樓叢書"一百本,現在剞劂蕆工,已有四十本先行刷印,俟"十萬卷[3]樓叢書"全竣後,再刊"皕宋樓叢書"一百本,先將草目寄閲。屬撰"十萬卷樓叢書"弁言一篇,循誦至再,頓使垂暮之年,精神爲之一壯。名山祕籍決爲必傳,得掛賤名,附垂不朽,敢不力圖振奮,克日攄豪。一俟撰就,即當寄請是正。

　　我湖自康熙以來,代有傳人。遠不具論,近數十年中,論聞見之博,著述之富,自應首推嚴氏鐵橋[4]。此外諸老或經學詞章,或訓詁箋釋,或演算法輿地,亦能各務專精,潛心樸學。然寒儒伏處蓬門,空山偃蹇,身不出里衖,足不履朝市,既無名山巨川以發其胸中鬱勃之氣,又無奇才豪俠之士相與上下其議論。所見未廣,而又囿於境地,雖同列文苑,視鐵老瞠乎後矣。獨執事畚歲蜚聲,公卿側席,監司久任。遭際正隆,小有怫忤,翩然初服,鍵户著書,絶意不出。兵燹以後,凡故家遺集,宋元精刊,遠紹旁搜,不遺餘力,故大半歸於鄴架。而又不吝重資,廣爲刊布,遂使海内綴學之士,莫不知有吴興十萬卷樓,方之范氏天一,毛氏汲古,真堪鼎峙。吾鄉故多學者,而就目前言之,決其必傳者,亦止執事與蔭老爲可信耳。

　　所論現編《吴興金石存》,屬將敝處勒石、各種墨本開送,并云吴興向多古磚,亦應編入,惟金器流轉無定,故不采録。尊意蓋恐魚目相混,贗鼎貽譏耳。愚見書名"金石",又係專刻,似金器祇須慎選,不必擯去。但必擇其流傳有緒,確可徵信,如仲復處虢尗大林鐘,得於張氏清儀閣;縵老處周敦,得於蔡友石[5]家尊處,新得之卣,爲曹氏懷米山房故物。至敝藏各彝器内,爲阮文達所藏者,已編入《皇清經解》;其爲張尗未藏者,亦屢入名人著録。今編某府縣金石,而遺漏不載,恐海内金石家見之,未免生訝。惟增此一門，成書又須延時日。蓋摹刻鼎鐘文字，不能草草。所望尚須裁定耳。

[1] 金仁山，金履祥(1232—1303)，字吉父，號次農，自號桐陽叔子，蘭溪(今屬浙江金華)人。幼好學，凡天文、地形、禮樂、田乘、兵謀、陰陽、律曆無不精研。有《尚書注》《大學疏義》《論語集注考證》《孟子集注考證》《通鑑前編》《舉要》《仁山集》等。

[2] 海藏老人，王好古(約1200—1264)，字進之，號海藏，趙州(今屬河北石家莊)人。早年博通經史，以進士官教授，兼提舉管內醫學。有《陰證略例》《醫壘元戎》《此事難知》《癍論萃英》《湯液本草》等，其中《陰證略例》專門論述陰證，爲其代表作。

[3] "卷"字原脱，據石印本補。

[4] 嚴氏鐵橋，嚴可均(1762—1843)，字景文，號鐵橋，烏程(今屬浙江湖州)人。嘉慶五年(1800)舉人，官建德教諭，以疾辭歸。《清史稿》稱其"博聞強識，精考據之學"，所輯《上古三代秦漢三國六朝文》，"覆檢群書，一字一句，稍有異同，無不校訂。一手寫定，不假效力。唐以前文，咸萃於此焉"。有《説文聲類》《説文校義》《鐵橋漫稿》等。

[5] 蔡友石，字世松，江蘇上元(今屬南京)人。嘉慶六年(1801)舉人，從現存清人書畫題跋，知其曾官廉訪、觀察、太僕等。道光十七年(1837)以乞養歸隱，建晚香山莊，以書畫自娛。甘實庵《白下瑣言》卷三言其"精鑒別，收藏尤富"。

又(六)

前奉七月十四日手書，并《校定三續疑年録》[1]二部，早經領悉，敬謝敬謝。其時正爲二豎[2]所困，未及裁答。承示安邑志書將成，舊有董斯張[3]《吳興備志》"儲藏徵"一門，擬宗其意，將吾兩家所藏金石、碑帖、書畫、宋元刊本、古磚收入，列爲二卷。彝器與古磚兼載其文，書畫但列其目。甚善甚善。

鄙意敝藏之吉金與尊藏之磚文，一則萃彝器之大觀，一則備吳興之掌故，宋元祕籍，凡經重刻，亦必列入，以裨來學。至於書畫碑帖，吾二家收藏甚夥，恐太煩冗。應將前賢法書分別已否勒石，已勒石者録，未勒石者不録。古碑帖亦如之。書版注明藏某處，碑石同。如此仍可歸入金石、藝文兩門。至古畫，或有關掌故者，間録之。此外，雖宋元精品，亦不便入，以合志書體裁。先以奉商，如尊意謂然，即祈示遵，以便將所臧各種，繕單呈鑒也。

[1]《校定三續疑年録》，陸心源著，十卷，收一千二百餘人。書前陸心源自序云："所録以名臣名儒氣節文章爲主，旁及書畫隱逸之流，而以女士釋道之通文事者附於後。"編撰目的爲補《疑年録》《續疑年録》之不足。

[2]二豎，指疾病。典出《左傳》成公十年。葛洪《抱樸子》："二豎之疾既據而募良醫，棟橈之禍已集而思謀夫，何異乎火起乃穿井，覺饑而占田哉！"

[3]董斯張，董嗣章（1587—1628），後改名斯張，字然明，號遐周，又號借庵，浙江湖州人。監生，耽溺書海，搜集吴興掌故，著《吴興備志》三十二卷，采摭極富，時人評爲"典雅確覈，足以資考據"。另有《廣博物志》《吴興藝術補》《静嘯齋詞》等。

又（七）

月前辱承損書，并惠示大著《千甓亭塼録》。亟取披讀，心服傾倒，匪言可喻。古磚舊抄著録，《詩·小雅·斯干》，傳：瓦，紡塼也。《説文》：瓦，土器已燒之總名。段注：土器未燒爲之坏，已燒爲之瓦。紡塼，瓦之一種也，古未聞有文字。晋陳緝之《東陽記》載：獨公山臨溪古塚，其塼有篆言吉十二字，見《御覽》"塚墓門"，其書不傳。趙宋以後，間有見諸著録者，類皆拾殘綴闕，不得謂專書。國朝昌明，正學名儒輩出。嘉道間阮文達公以當代龍門爲文章司命，敭歷中外五十餘年。巡撫我浙，建詁經精舍，當日知名之士，咸萃於幕下。經術之外，及於金石文字。天右斯文，地不愛寶，鼎鐘彝器豐碑古碣，所産於郡國山川者，日出不窮。學者據其遺文，詮注考釋，以發明經義，糾正史事。論者謂金石之學，至是斯稱大備。文達嘗得漢五鳳諸磚，謂以年紀器，石勒工名，其字可觀隸分之變，其銘可補志乘之遺。因以八磚分題課士。於是耆古之士益知貴重，競起搜訪，互相矜尚。然當日收藏家號稱至富者，積數亦未聞有滿百。

去年就養婁東，太倉陸星農殿撰以所藏舶磚硯數巨册[1]，屬爲弁言。

觀其收藏之夥,抉擇之精,歎爲突過前人,得未曾有。其時聞吾郡繞郭諸山出古塼甚多,好事者爭相購致,從者親往物色,搜羅特夥。今讀大著《千甓亭磚録》,不意所得於兩年中者,竟五倍於星翁。又於數月之間,整齊排比,編輯成書,紀其緣起,詳其出處,考釋其文字,語無鑿空,事必徵實。此人竭數十年心力,皓首而未成者,足下以旦夕間成之,良由學識素裕,精力又足以副之。未及服官政之年[2],而著述之梓行於世者,已高可隱身。積以歲月,將與毛西河[3]諸老并駕藝林,豈僅壓倒嚴鐵老已哉。屈指鄉黨傳人,道咸以來,足下當推首出。屬在世好,語出由中,決不敢以泛詞貢諛也。

抑有商者。塼、甎二字,段氏以許書未收,遂指爲俗字。愚意土器已燒謂之瓦,紡塼,瓦之一也,从土从瓦,合於六書形聲會意之旨。國初陳見桃[4]作《毛詩稽古編》,惠定宇至爲推重[5],阮文達謂其體正以説文,志在復古。蒙嘗讀之,其於"嫥壹"之"嫥",皆作"嫥";而於"紡塼"之"塼",則從瓦。可知从土从瓦合於古義。《玉篇》《廣韻》諸書所以并收,不得與从石之"磚",同以俗字抹之。曩曾以此質諸星翁,不識尊意以爲如何?

承示現擬仿張月霄[6]藏書志例成《藏書志》一百二十卷,來春即可授梓,聞之令人神王。蒙年逾七十,老至耄及,萬事胥忘,所未能恝然者,唯此翰墨結習耳。指日剞劂告蕆,務必先行賜讀。至禱至禱。

[1] "太倉"句,陸增祥藏磚硯量質俱佳,有《八瓊室甎磚硯録》,所藏之磚均在硯端刻隸書編號配楠木底蓋,并有銘記。殿撰,陸星農進士及第,授翰林院修撰。

[2] 服官政之年,《禮記·曲禮》:"五十曰艾,服官政。"陳澔集説引吕大臨曰:"古者四十始命之仕,五十始命之服官政。仕者爲士以事人,治官府之小事也;服官政者爲大夫以長人,與聞邦國之大事者也。"

[3] 毛西河,毛奇齡(1623—1716),原名甡,又名初晴,字大可,又字齊于,號西河,蕭山(今屬浙江杭州)人。康熙十八年(1679)舉博學鴻儒,授翰林院檢討,國史館纂修。一生以辯定諸經爲己任,對方志亦有研究,有《湘湖水利志》《蕭山縣志刊誤》《西河詩話》《西河詞話》等。

[4] 陳見桃,陳啟源(?—1689),字長發,號見桃,吳江(今江蘇蘇州)人。明末諸

生,明亡後專事著述。其《毛詩稽古編》三十卷,成於康熙二十六年(1687),詮釋經旨,一準毛傳,而以鄭箋佐之;訓詁以《爾雅》爲主,草木蟲魚以陸疏爲則。又有《尚書辨略》《讀書偶筆》《存耕堂稿》等。

[5]"惠定宇"句,鈕樹玉《毛詩稽古編札記跋》:"徵君(江聲)云:'先師惠松崖先生言此書好處已到七分。'"惠定宇,惠棟(1697—1758),字定宇,號松崖,學者稱小紅豆先生,元和(今屬江蘇蘇州)人。課徒著述,終身不仕。惠棟一生治經,尤精於《易》。乾嘉考據要分吳、皖兩大派,惠棟爲吳派代表。

[6]張月霄,張金吾(1787—1829),字慎旃,別字月霄,常熟(今屬江蘇)人。家有照曠閣,藏書萬卷,多宋元舊刻。至張金吾,愈以聚書爲事,藏書達十萬餘册。有《愛日精廬藏書志》《續藏書志》,其特點爲詳載鏤版時代,校藏姓氏,備録敘跋,以明一書之原委,俾覽者得失了如。

鍾六英太僕佩賢（六通）

（一）

昨談蔣薌泉方伯有疏瀹湖屬各漊港之議，此於農田水利，大有關係，誠善後事內第一急務也。按湖州百川叢錯，要以苕霅二溪爲綜貫。其源發於天目山，其支流分注各漊港以入太湖。每遇北風，波濤洶湧，湖水挾沙倒灌。水退沙停，易於淤塞。舊制各漊港皆有斗門，門有牐板，視水勢之大小，以時啟閉，旱潦俱有所宣蓄，法至善也。兵亂以後，全行毀廢。兄去冬回家掃墓，由南潯經陸家漾、顧家蕩以至錢漊，迤東至邱家堡，所過之處，凡有支河汊港，無不淤淺。兼之葭葦彌望，雖港面有十數丈之寬，而中間僅可容舠。若不趕緊剗除，循故道而疏瀹之，轉瞬春水將生，一遇霖雨，山水灌注，水無宣洩之路，必致汎濫橫溢，其爲農田之害，不可勝言。

薌泉方伯德澤之在吾浙者甚大，今既欲興此盛舉，還望吾弟寓書贊成，早辦一年，生民早受一年之福。想吾弟同關梓誼，定必切寔轉陳。臨穎翹切不盡。

再前書繕就未發，不盡之言重爲吾弟陳之。去年霖雨未及兼旬，農田已被淹不少。向交冬令，水勢必涸，而刻下瀕河圩岸，水不沒者僅尺許，甚則已有淹在水中者。底水不消，寔由洩水不暢也。設遇勃庚肆虐，不但秋收失望，必致家室田廬盡成澤國。此水利之不可不講，至亟亟也。

查湖郡諸水，固以太湖爲瀦蓄；而太湖之水，則以入海爲尾閭。杭嘉湖蘇松，繡壤綺錯，經聯絡貫，必得合江浙兩省，上下流一律疏治，而後水患可平。昨蘇松太道應敏齋觀察來晤，與之細談。敏齋亦講求經濟，留心民瘼者，慨然任之，擬歸去即行詳辦。倘得交相爲功，則有裨於農田水利者,洵非淺鮮。并望吾弟采擇而轉告之。

又(二)

疊奉六七兩月內三次所發手書,知前肅數函均澈清聽。比者秋氣漸深,寒燠不時,未審眠食何似?伏維萬福。兄詮伏如恒,尠善可述。幸自老母以次,均多平順,堪慰廑注。九兒現赴秋闈,頭場題目甚爲結實。初出觀場,工夫尚淺,場作雖無大疵,離"中"字恐尚遠。今年副主考張香濤[1]先生閎通淵雅,時望所歸,二三場必講究,將來闈墨必可觀也。三兒考簾,題爲"有教無類"兩章。中堂喜其熟於史事,大爲激賞,不可謂非文字緣也。

捻踪飄忽,剿辦迄未得手,轉受挫衄。雖曰劫運未終,恐人事亦有所未盡也。昔東漢羌寇益州,龐參等屢戰不利,虞詡謂任尚曰:使君屯兵逾二十萬。兵法:弱不攻強,走不逐飛。自然之勢也。今賊皆騎,日行數百里,來如風雨,去若絕弦,以步追之,勢不相及,所以曠日無功。莫若汰其冗弱,廣購馬匹,舍甲冑,馳輕兵,尾追掩截,其道自窮。尚用其計,克奏大捷[2]。宋李綱謂金人以鐵騎勝中國,非車戰之法不足以勝之[3]。其說有三:步兵不足以當其馳突,用車則馳突可禦,一也;中國騎兵馬不如敵,用車則騎兵在後,度便出戰,二也;士卒多怯,見敵輒潰,雖有長伎,不得而施,用車則人有依可施其力,部伍有束不得而逃,三也。其時獻車製者甚衆。大抵昔尚弓弩,今仗炮火,造車之法不必泥古,宜虛心博訪,令久列戎行而胸有韜略之人,各抒所見,講求盡善,務使轉圜進退,應變無窮。行則鱗次以爲陣,止則鉤聯以爲營,不必開溝築壘,到處有屹然之勢。兵法:先爲不可勝,以待敵之可勝。捻逆起事多年,擾及數省,曾不能割據險要,分守城邑,狼奔豕突,徒事劫掠,其無能爲已可概見。然其中豈無一二黠者?且多百戰劇賊,東竄西擾,去來飄忽,安知不用吳人疲楚之計,使我應接不暇?似不可不急籌變計也。今賊飽掠三府,輜重纍纍,正犯兵家所忌。此次麕集登萊,賊數多寡,衆所共知。動云數十萬,乃哃喝之詞耳。我軍數倍於賊,果能將士用命,盡力兜截,正可收掃蕩之功。無如錮疾已深,仍恐見賊先奔耳。比因軍務傳聞,令人憤懣,三杯耳熱,忽發狂言。吾弟抱負宏遠,蒿目時艱[4],當亦時深扼腕。

都中得雨後,麥子聞可補種。梟匪已撲滅否?南中惟浙東歉收,此外秋成可望中稔。米價日賤而元氣難望驟復者,鰲捐困之也。此事目前亦没法想,奈何!

[1]張香濤,張之洞(1837—1909),字孝達,號香濤,直隸南皮(今屬河北滄州)人。同治二年(1863)進士,授翰林院編修,累官至軍機大臣、體仁閣大學士,卒謚文襄。張之洞早年是清流首領,後成爲洋務派代表人物。有《張文襄公全集》。張之洞同治五年(1866)任浙江鄉試副考官。
[2]"昔東漢"句,事見《後漢書·西羌傳》。
[3]"宋李綱"句,徐夢莘《三朝北盟會編》卷四九:"(綱)嘗以謂步不勝騎,騎不勝車。金人以鐵騎奔沖,非車不能制之。"
[4]蒿目時艱,語出《莊子·駢拇》:"今世之仁人,蒿目而憂世之患。"蒿目,極目遠眺。

又(三)

前接五月廿三日手教,讀悉種種。時有邘上之行,致稽裁報,幸弗爲過。詳繹來諭,知讀書有得,不爲堅白同異之辨,獨參知白守黑之旨(來書有宦途分紅黑二字)。此由識解本超,而又濟之以學養,深之以閱歷,故能浩浩落落,富貴浮雲。吾儒有自得之一境[1],固非"居常咄咄"輩所能共喻也[2]。然豐城之劍,其光芒終不能久掩[3],聖主賢臣之頌,遭際自有遲速耳。謹拭目俟之。

西捻蕩平,普天同慶。此後漕運舊制,其他善後各事,想當局必次第籌辦。吾弟奏議皆經世宏文,其密疏定必焚草,不敢請觀;其發邸抄者,間有讀過,未能牢記,欲求彙錄一分見寄。人生不必論出處之窮通,但得身滅而名不滅,斯爲不負此生。方今中原甫靖,回逆未平,應言之事正多，吾弟何寂寂也？兹乘汪小樵[4]封翁入都之便，草草布復，諸維珍愛。不盡。

　　[1]"吾儒"句，《禮記·中庸》："君子無入而不自得焉。"
　　[2]"固非"句《晋書·殷浩傳》："浩雖被黜放，口無怨言，夷神委命，談咏不輟，雖家人不見其有流放之戚。但終日書空，作'咄咄怪事'四字。"
　　[3]"然豐城"句，《晋書·張華傳》："華聞豫章人雷焕妙達緯象，乃要焕宿，因登樓仰觀。焕曰：'僕察之久矣，惟斗牛間頗有異氣。'……華問：'在何郡？'焕曰：'在豫章豐城。……焕到縣，掘獄屋基，入地四丈餘，得一石函，光氣非常，中有雙劍，并刻題，一曰龍泉，一曰太阿。其夕，斗牛間氣不復見焉。"
　　[4]汪小樵，汪鳴鑾父。俞樾《春在堂楹聯録存》"汪小樵封翁九十冥壽聯"："小樵汪君，爲余老友，道光戊戌、己亥間，與同讀書於杭州考寓，今歲存年九十矣。其嗣君郋亭侍郎，敬營齋奠，余爲題此聯。"

又（四）

　　芍庭[1]太僕來，奉手書，并蒙以去夏先母大故，厚賻遠頒，謹領告登，感繼以泣。

　　每於邸報中得讀吾弟奏議，經世宏謨，可大可久，敬服無已。往年與吾弟論蘇松嘉湖水利，後王補帆方伯過蘇，殷殷下問，曾疏大略覆之。補翁調粵，遂不得勁。江浙官紳於此事，非不思辨，所以因循未行者，一由於經費之難籌，一由於情形之未熟。七八兩年湖州開濬漊港，一味敷衍草率，實不成事。兹友人有重濬漊港條議，其中頗有可采，寄呈省譽。此但指三十六漊而言，若欲上從天目溯源，下至海口，竟委循其故道，蕩滌滯淤，必使血脈貫通，水無逆阨，此數世之利，非合兩省之力不爲功。昔吳越錢氏設撩淺軍，專治田事，以都水使主之，至爲鄭重。故享國百年，水災罕見。今縱不能復古，而歲修之法，實不可闕。我朝各府縣設有水利，同通縣丞、主簿等官，久已視爲具文。試詢以地方水利，轉詫爲怪異。積習相沿，無足深責。誠能於疏濬之後，嚴飭專管水利官員，各就所轄境内,將河道通塞情形,按月禀報,再由大吏於春秋二季,委員覆查,示以懲勸。此水利之善後,只須申明舊制,實亦久遠之圖也。吾弟其留意及之。

兹因摺弁之便,草此鳴謝,藉布區區,統維心印。不宣。

條議已欽奉頒發,載入志乘,不錄。

[1] 芍庭,彭祖賢。彭祖賢號芍庭。

又(五)

久不通書,正切懷想,一昨接到本月十四日手翰,發函申紙,如獲面談。就審道履綏和,鄉間小住,尤多逸興。二世講天資馴謹,此第一可喜之事。蓋世家子弟,質地稍優,每每習於奢侈,流入澆薄;其長厚馴謹者,縱不能顯揚發達,體用兼賅,亦不失爲保家之子。故聞二世講質地馴良,實爲吾弟喜慶。至讀書之進益,自有步驟,不必十分求速也。吾弟自知下急,往往有忿怒過當云云,此即吾弟學養有得處。人誰無過,特患過而不自知耳。兄今年六十五歲矣,於奴僕輩常因拂意,甚至出口痛詈,詈尚未畢心已大悔,轉欲想法敷衍他。每又自怨有話何不緩言曉諭,必欲如此生氣。痛自刻責,終不盡改。兄正苦變化氣質之難,吾弟下問及此,適觸隱疚,方切愧悚,其何以裨吾弟耶。惟有勉自策勵,各蘄保此晚節而已。

兄自七月中旬小患感冒,并不甚重,乃咳嗽多痰,胃納減少,精神至今尚未復元。蒲柳早凋,一經風露,便不能支。紱翁[1]之謂兄精力健者,因鄭盦月必有書札往還,無非爲金石考證,間亦有索及書畫者。郵筒裁報,必出親書,從無假手於人。彼見兄字迹澤潤,終不信病體至於此也。

[1] 紱翁,潘曾綬(1810—1883),初名曾鑒,字紱庭,吳縣(今江蘇蘇州)人。潘世恩子,潘祖蔭父。道光二十年(1840)舉人,歷官内閣中書、内閣詩讀等。以孝養致仕,不復出。後以潘祖蔭貴,就養京城。有《蘭陔書屋詩集》。

又（六）

前接客冬所發台諭，知紹京兩處信件均已如期送到。一昨又奉續示，欣審崇勳楙績，與日俱新。雲素體惡寒，開春至今，鍵關養拙，無以遣懷。竊不自揆，欲以尺寸之綆，妄思汲[1]古，而心儀往哲，欲從末由，歲月不居，忽忽已逾七十之年矣。方以老至耊及，學業荒蕪，未能仰副吾弟期望，正滋悚惕，來諭欲將雲先後奉致之書，擇其中不談時政者，裝潢成帙，傳之子姓，使知吾二人交誼之深。聞之且幸且愧。古人於文章道義之交，聲氣應求之侶，或并世而未能覿面，或異代而雅有同心，每每繪成圖畫，以當晤言，達之書辭，聊申綣繾。惟雲讕陋，非可比倫，而吾弟深情，實與古合轍也。往年伯寅[2]尚書來書云，將鄙人惡札裝成兩巨册，使琉璃廠多一有名遺迹。語甚涉趣，惜雲不稱耳。愛人者及其屋上之烏，兩君子之謂歟？

今春幸舊疾不發，現將庚申至今二十年中覆瓿之作，次第清理。中間金石考證、書畫題跋較多，尺牘有關政事、文學者，間亦留稿。與吾弟四十年異姓兄弟之交，往來簡尺，奚止數百千通。今檢舊簏，殘稿所存不及十之一二也。書中所論，類多亂後政治，而於農田水利，似尚詳盡。開濬漊港一役，賴吾弟據實上陳，至今歲修不廢，獲益匪淺。他日排比成書，再寄鑒定。

承示俄事已經就緒，此中殆有默佑之者。雲謂雖由天意，實關人事。劼侯[3]爲曾文正之子，平日庭訓所貽，立身修德，不外文學、政事二端。劼侯縱能仰承先志，克紹箕裘，亦不過與范純仁、韓忠彥後先濟美[4]。而乃於家學之外，別擅專門，此所謂豪傑之士也。當其身入詐虞之國，奉命危難之間，事已鑄成大錯，變且在於須臾。而劼侯張弛從心，剛柔互用，徐化扞格[5]就我範圍。惟洞明彼己之情，故卒收轉圜之效。錯節盤根，斯別利器。恐虞升卿處此，亦拜下風，遑論餘子。國家深仁厚澤，涵濡二百餘年，當此時事艱難，必有英偉奇特之才起而爲中流砥柱，繡黻皇猷，方今後起人材，雲伏處山林，見聞狹隘，就所知者，首推劼侯[6]，而家清卿，實爲一時瑜亮。二君年力正壯，其設施已如此，將來所造，當於古人中求之，并世恐少倫比也。吾弟博極羣書，精於衡鑒，所識年少俊材，或有可與二君頡頏者，幸示及之。

[1] 汲古，"汲"字文海本因挖改而莫辨何字，據石印本定。
[2] 伯寅，潘祖蔭。潘祖蔭號鄭盦，又號伯寅。
[3] 劼侯，曾紀澤(1839—1890)，字劼剛，號夢瞻，湖南湘鄉(今屬婁底)人。曾國藩子，襲父一等毅勇侯爵，故稱。曾紀澤光緒年間曾擔任清政府駐英、法、俄國大使，與沙俄力爭，改崇厚擅自簽訂的《里瓦幾亞條約》，更立《中俄伊犁條約》，收回伊犁等地。曾紀澤學貫中西，工詩文、書法篆刻，善山水，尤精繪獅子。有《佩文韻來古編》《説文重文本部考》《羣經説》。
[4] "亦不過"句，范純仁乃范仲淹之子，韓忠彦乃韓琦之子，父子先後濟美，共爲名臣。
[5] 扦格，"扦"文海本作"杆"，據石印本改。
[6] 侯，文海本作"候"，據石印本改。

張屺堂觀察富年[1]（二通）

（一）

前奉手翰具悉，即審攝衛攸宜，順時諧暢。承示都中巨公書來，索取梁天監井闌石刻[2]，詢弟有無重出拓本。敝處臧有兩本，一許贈魏稼孫，一自留。今將兩本全行寄上，一由尊處寄鄭盦，一乞轉寄稼孫。惟令兄韻仲處無可分贈，殊爲抱歉。幸井闌原石尚在句容城北城守學署，後望屬容令先爲物色，再雇人備紙墨往搨。倘能刷洗乾淨，捶搨講究，則字文比此二本當可清楚。此事甚易辦也，幸即爲之。

[1] 張屺堂，張富年，字屺堂（一作棨堂、芑堂），仁和（今屬浙江杭州）人。以附學生員入仕，曾任江蘇按察使。光緒年間，張富年在徐州按察使任上，重修府學，開濬河道。俞樾《春在堂楹聯錄存》"張屺堂廉訪挽聯"："廉訪曾官十府糧道，遷蘇臬。今年大府奏請，赴江北開濬河道。甫回任，值亢旱，偕同官求雨，感暴疾，不一日卒。"

[2] 梁天監井闌石刻，據《陶齋藏石記》：井闌高一尺，橫徑三尺，乾隆時孫星衍任句容校官，於城北城守營署後訪得，上銘"梁天監十五年太歲丙申皇帝潛商旅之渴乏乃詔茅山道士□永若作亭及井十五□"。孫手拓其文，遠貽同好。

又（二）

伻來奉手翰，并附食物多種，對使全登，感與抃會。即晨伏維允升吉座，榮戟增輝，舊部重臨，新猷式煥，幸甚幸甚。

江南大政，不外漕鹽河三端。閣下敭歷三十年，民之情僞，與時之利病，久已燭照數計，洞見癥結，駕輕車而就熟路。此次轉運北上，他人竭其才猶恐叢脞[1]者，閣下精心所運，出其餘伎，已恢恢乎游刃有餘矣。昔賢稱鮮于子駿爲一路福星[2],竊願於閣下見之。

僕年逾七十,眼前有八孫二曾孫,推之人理,得此已爲厚幸。惟崦嵫日迫,蒲柳凋零,病魔纏身,驅之不去。自七月初二在耦園傾跌之後[3],迄今已及半年,未嘗出大門一步,頹唐之狀,可想而知。幸諸親友憐其[4]老病,真率屆會每每移尊敝齋,賴以不廢。

太素公[5]在八月間就醫來蘇,下榻聽楓山館。初到面目枯悴,五日後漸能轉腴,旬日後精神充溢,接見屬僚,應酬朋友,自朝至於日昃,毫無倦容。太素本真率會舊侶,諸老挈榼提壺,絡繹來會。幽賞清言,評詩讀畫,流連匝月,備極文讌之歡。瀕行執別,頗依依不忍舍也。開缺一摺,適得其時。蓴菜秋風[6],同此先幾之見。亦由宦情本淡,始能安之若素也。

陶齋[7]於侘傺槁項之時,忽遂欣欣向榮之願。人生得一知己可以無憾,陶齋於閣下之謂矣,不得以瑣瑣姻婭論之也。已促其早日啟程。據云一俟脚上凍瘃稍愈,得良於行,即可買棹,必不過遲也。

[1] 叢脞,《尚書·益稷》:"元首叢脞哉,股肱惰哉,萬事墮哉!"孔安國曰:"叢脞,細碎無大略也。"

[2] 鮮于子駿,鮮于侁(1018—1087),字子駿,閬州(今屬四川閬中)人。累官利州路轉運判官,升副使兼提舉常平倉事,後任集賢殿修撰,終於陳州知府任上。有《詩傳》《易斷》。鮮于子駿爲官清正,有才幹。秦觀《鮮于子駿行狀》:鮮于子駿任京東路轉運使,司馬光慨歎"福星往矣,安得百子駿布在天下乎"!何良俊《四友齋叢說》:"宋鮮于侁,人謂之一路福星。"

[3] "自七月"句,光緒三年(1877)七月初二日,吳中諸老在沈氏耦園作真率之會,迨至歸去,吳雲下階傾跌,頭面磕傷多處,幸無內損。

[4] 其,"其"下原衍一"其"字,據石印本刪。

[5] 太素公,勒方錡。勒方錡齋名太素,有《太素齋集》。

[6] "蓴菜"句,《晋書·張翰傳》:"翰因見秋風起,乃思吳中菰菜、蓴羹、鱸魚膾,曰:'人生貴得適志,何能羈宦數千里以要名爵乎!'遂命駕而歸。"

[7] 陶齋,周作鎔。

徐少青太守震燿[1]

  別來兩月，馳念實甚。在滬時辱以先中丞公事迹節略，命撰次爲文，以備史臣采擇。雲學識淺劣，烏足以承諈諉，乃固辭，不獲。時正有焦山之行，謹臧行篋。到山數日，又爲兒子婚娶事赴泰州逗留半月，前月杪始得回山。山中江風凜冽，寒沍特甚。筆凍指僵，非就日光不能作字。爰殫數日，力成二千餘言。其體例略仿傳式，不敢遽以爲傳，故標題曰"傳略"。

  伏念中丞公敭歷中外三十餘年，經濟學術卓著於時，而大節昭垂，尤足爭光日月。雲舊忝屬僚，備蒙知遇，大懼於中丞公生平事迹闡揚未盡，負疚實甚。至所示節略中，如按察使任内，令承審官反覆究問，親提研鞫；鹽運使任内清釐積引，戒禁苛索糜費[2]；巡撫任内買米、海運，以及趕造軍械火器等類，皆係分所應辦之事，不必備書，故從删節。長沙守城[3]，厥功最偉，故篇中三見。曾張二軍門[4]有功於吾浙，雖皆没於王事，將來國史未必有傳，故敘其戰績稍詳，仍歸功於發踪指示之人，俾後之論世者有所考鏡焉。史家每有不立專傳，附見於他人傳中者，詳此略彼，似於謀篇之恉尚無悖也。

  方今老成凋謝，可以文字就正者，頗少其人。馮林一宫允，雲所兄事，而與中丞公雅有交誼者也。恐篇中去取或有未當，執事盍持原來節略，與雲所撰者，請宫允再加釐正，如何？

  [1] 徐少青，徐震燿，字光庭，一字少青，徐有壬弟徐有林子，徐有壬嗣子，湖州雙林（今屬浙江湖州）人。以父蔭授知府。

  [2] "如按察使"句，徐有壬道光二十三年（1843）升廣東鹽運使，二十四年兼權按察使。

[3] 長沙守城,咸豐三年至五年(1853—1855),徐有壬在湖南布政使任。

[4] 曾張二軍門,指曾秉忠、張國梁。咸豐十年蘇常之戰,曾秉忠出力頗多,后病卒於軍伍;張國梁戰死。

與馮申之比部芳緝、培之中翰芳植[1]（二通）

（一）

前承惠顧，賫先公遺集，屬爲弁言。自維譾劣，何敢序先公之文！顧竊足下之意，以鄙人託交三十餘年，於先公生平學行經濟，有比他人知之較稔者，故諈諉及之。此其意不專在文字間也。僕雖瞀學，其何敢辭，謹當撰就報命。集稿粗已繙讀。曾記數年前先公與僕書云：現在整理文稿約七百篇，絶少愜心之作。今繹遺文所存，未及其半。《兩疊軒彝器圖釋序》，此必存之文，集中亦未見。未知現在所輯，是否先公手定之本？所恐删削過多，不免遺珠之憾。望賢昆玉留意爲禱。

中間《明紀》一序，先公當日見示初稿，與録本合後改易數字。手書授梓，今照刻本代爲改定。序拙著《古官印考》內有數字與録本異，亦照刻本改定。古印稱紐，見《漢書》。此刻本所未改者，今并改之。凡此皆與文義無其關係出入者也。惟《江蘇減賦記》有"出一赫蹏[2]"云云，必應删去。緣此舉先公當日早與僕言之，此本題中應有之義，實非爲赫蹏所迫始議及也。經世之文，貴在信今傳後，一言不慎，始貽口實，不可不加之意也。

[1] 馮申之、馮培之，馮桂芬二子。民國修《吳縣志》卷六六："馮芳緝，字申之，桂芬長子。同治戊辰（七年，1868）進士。桂芬修府志未竟，殁，芳緝與同人足成刊行之。官刑部郎中，監察御史，記名海關道，以廉平著，殁於京邸。弟芳植，字培之。甲子（同治三年，1864）舉人。光緒間署江西饒州府知府，既歸里中，創設保節局，立義塾，以惠孤寡。尤好結納，有原嘗遺風。"馮芳緝有《馮申之先生日記手稿》。比部，官署名。魏晉時設，爲尚書列曹之一，職掌稽核簿籍。明清時用爲刑部司官的通稱。馮芳植曾官中書舍人，故稱之中翰。

［2］赫蹄，《漢書·孝成趙皇后傳》"中有裹藥二枚赫蹄書"，顏師古注："鄧展曰：赫，音'兄弟鬩牆'之'鬩'。應劭曰：赫蹄，薄而小之紙也。晉灼曰：今謂薄小物爲鬩蹄。"或曰謂素紙染紅以書。

又（二）

屬撰《顯志堂文集》序，謹擬稿奉正。言雖不文，而於先公平生節概，有他人所不能道，序中頗能達之者。以共事之久，相知之獨深也。《抗議》四十篇膾炙人口，今集中删節不全錄，恐滋人議，故爲敘明。妙在先公將拙書留存，不加拉雜，當時必有深意。序中語語從實，無一飾詞也。像贊遵即撰就，一并奉上，恰補序文所未及。均請釐定之後，再行付梓。

薛慰農觀察時雨[1]

　　違侍以來，時殷馳仰。比維勛業宏敷，政通人協。寒家雖隸吳興，距省垣不過百數十里，兵燹之後，民俱無以爲生。賴執事勞來綏恤，起瘝痍而衽席之。東南福星之頌，洵足與鮮于氏後先媲美。雲亦部民，能無額手！惟聞劫後遺黎因流亡過多，荒田無人開墾；嘉湖以蠶桑爲業，桑樹尚存十之三四，而蠶具被賊所毁，小民無資購辦，欲養蠶而束手無計。此二者爲善後中至急之務，倘得各邑父母官督飭紳董，各就地方情形，略用前人發本取息法，勸諭殷富者出資捐注，俟絲穀出售，還繳本息，似亦拯濟之一策。此時十室九空，所謂富者，亦不過彼善於此，且欲避殷富之名，措手匪易。是在任事者之設法經理而已。狂瞽之言，恃摯愛有素，用敢附陳，以備采擇。

　　杭嘉湖減賦之舉已有成議否？三屬地丁至重，湖州則比蘇松爲尤甚，其害在截貼一項，想已早邀擘畫矣。雲日內即擬前赴焦山，兹有寄許仁山舍親一信，懇求飭送。瑣事冒瀆，皇恐皇恐。不宣。

[1] 薛慰農，薛時雨（1818—1885），字慰農，一字澍生，晚號桑根老農，安徽全椒（今屬滁州）人。咸豐三年（1853）進士，授嘉興知縣。太平軍起，參李鴻章幕，官至杭州知府，兼督糧道，代行布政、按察兩司事。去官後主講杭州崇文書院，江寧尊經書院、惜芳書院等。有《藤香館詩刪存》《藤香館詞》《西湖櫓唱》《江舟欸乃詞》《札禮》等。

卷　七

薛覲唐中丞焕

　　違侍以來，裘葛屢更，祇以山河遥隔，末由一通音敬，馳慕實深。昨者許蘭伯過蘇，敬詢起居，伏審頤養之餘，以著述自娱，足不履城市，當道罕識其面，而一時想望丰采者，皆視爲文富諸賢之在林下也。聞之益殷嚮往。

　　雲跧伏菰蘆，讀書奉母，尚能自安其拙。甲子、乙丑之間常寓焦山僧寺，所緝《焦山志》一書，蚤經卒業，現在編輯《兩罍軒吉金圖釋》，已陸續付梓，秋冬可以竣事。惜道遠未能就正。

　　吴中兵燹以後，頻年豐稔，斗米值二百錢，蠶絲亦好，窮黎困苦漸蘇。惟貿易鮮利，闤闠[1]蕭條，總緣釐捐過重，元氣難期驟復。至地方雖稱安謐，而遣撤各勇流落無歸，散處城鄉，終貽隱患。古人創行保甲，實足弭禍未萌。蘇省現議舉行，倘能實力興辦，誠正本清源之良法也。

　　雲結習未忘，比於商周彝器及前賢書畫，頗有新得。蜀中山川文物秀甲寰區[2]，故家所遺定多瑋寶。明公文章勳德遠媲歐陽，集古所録，不知又添多少巨迹，竊願一聞之也。

　　奉上近刻四册、墨拓四種。自知荒劣不足以呈宗匠之前，惟明公眷愛素深，見之或許其腕力精神，尚不至十分衰朽也。

[1] 闤闠,左思《魏都賦》:"班列肆以兼羅,設闤闠以襟帶。"吕向注:"闤闠,市中巷繞市,如衣之襟帶然。"

[2] "蜀中"句,薛焕,四川興文人,同治五年(1866)離任回鄉,創辦尊經書院并任第一任山長。

李雨亭制軍宗羲[1]

　　一昨辱手教，浣薇莊誦，伏審德位并崇，身名俱泰，受天降祉，群類蒙休，幸甚幸甚。

　　雲頻年偃蹇，虛擲光陰，讀書未能專精，爲學一無成就。窳惰自廢，深懼爲大賢所棄，輒增愧悚。乃明公不鄙其愚，損書獎飾，懃懃引古人相勖。此明公之過愛，迨如韓子所云"誘之使至於是"耶[2]？雲雖駑下，敢不勉守桑榆，蕲副箴訓！昔荀慈明得御李君，誇耀於人，以爲榮幸[3]。倘明年天假之緣，屏軀得稍頑健，終當鼓枻白門，晋覿鈐閣，一償此願也。

　　[1] 李雨亭，李宗羲(1818—1884)，字雨亭，四川開縣(今屬重慶開州區)人。道光二十七年(1847)進士，以知縣任用，分發安徽。累官至兩江總督，兼辦理通商事務大臣。

　　[2] "迨如"句，韓愈《與衛中行書》："大受足下：辱書爲賜甚大，然其所稱道過盛，豈所謂誘之而欲其至於是歟？不敢當，不敢當。"

　　[3] "昔荀慈明"句，《後漢書·李膺傳》："荀爽嘗就謁膺，因爲其御，既還，喜曰：'今日乃得御李君矣。'其見慕如此。"荀爽字慈明，荀彧之叔，與兄弟八人俱有才名，時有"荀氏八龍，慈明無雙"之評。

湘陰相國辭繳委辦甘捐札子[1]

敬稟者。竊於仲冬之望接奉宮太保爵憲鈞札，飭辦甘捐分局，即赴江寧，會同江寧梅藩司[2]、前聾秦階金道[3]認真辦理等因。奉此。伏念雲浙右桷材，江東舊吏，以奉職無狀，名注廢籍。鄉土喪亂，致愆歸期。幸值天相國家，篤生良弼，明公秉中興節鉞，雲合電掃，鼓行而東，桑梓殘黎，始能出水火而登衽席。即今湖山光復，耕鑿晏然，兩浙旄倪[4]，孰不頂戴生成，馨香膜拜。矧雲耳熱名德，心儀龍門，高山興仰止之思，滄海切歸往之慕。徒以身遭屛黜，齒偪衰頹，幷世大賢，竟未獲一見顏色。方恨緣慳福薄，願與心違，不圖明公采及虛聲，肫肫延攬，驟邀逾分之知，俾襄一面之任。聞命驚疑，惶感交集。

夫捐輸濟度支之不足，爲軍實所攸關，況合各局以通籌，尤非等夷所能任，必其人有綜覈之才，具潔清之操，既深信於平日，斯委任而不疑。雲自揣生平無寸長表見於左右，一旦以廢棄之材辱收哲匠，此正柳子厚所云"欲使膏肓沈没復起爲人"[5]，宜如何鼓舞歡欣，奮勵思報。惟是雲憂患餘生，夙嬰末疾，十年伏處，藥不離身。重以釁結災迍，上天降割，今歲六月復遭先母大故，痛深罔極，神益瞀迷。雖感激私忱，實願廁執鞭之末；而支離病骨，勢難任案牘之勞。捧檄徬徨，罔知所屆。不得已，瀝披丹愫，上瀆清聽，伏望明公俯垂鑒詧，曲予矜全，另委幹員，襄辦斯役。倘異時得託福蔭，疾或有瘳，定當勉竭駑駘，躬效驅策。即或朽質難回，終身槁項，亦當永矢銜結，誓戴知恩。

方今雲龍際會，景運重新。明公抱牖民覺世[6]之才，展曜日熙天之略，功無憑藉，任實艱難。推腹心以待人，惟堅忍而有濟。一柱作砥，群帥受成。指日西陲氛清，威德駕范韓[7]而上；雲臺紀績，勳名邁耿鄧之先[8]。所願明公於軍書旁午[9]之時，當發踪指示之會，爲國節宣，用副衆望。臨禀曷勝惶恐瞻依之至。

[1] 湘陰相國，左宗棠。左宗棠湘陰人。吴雲與周學濬書第四通"弟去冬忽奉左季帥札子，委辦甘肅捐務，局設金陵，會同江藩司辦理等"云云，即其事也。

[2] 梅藩司，梅啟照。光緒三年（1877），梅啟照擢浙江巡撫、領兵部侍郎銜，兼都察院右副都御史，并兼任兩浙鹽政提督軍務。

[3] 前鞏秦階金道，指金國琛。金國琛同治二年（1862）補鞏秦階道，以母老假歸。曾國藩《徽休防軍索餉嘩噪現擬查辦摺》："請旨將前任皖南鎮總兵唐義訓、甘肅鞏秦階道金國琛先行交部議。"

[4] 旄倪，《孟子·梁惠王下》："王速出令，反其旄倪。"趙岐注："旄，老耄也。倪，弱小倪倪者也。"

[5] "此正"句，語出柳宗元《寄許京兆孟容書》："忽捧教命，乃知幸爲大君子所宥，欲使膏肓沉没復起爲人。"

[6] 牖民覺世，覺醒世人。《詩·大雅·板》："天之牖民，如壎如篪。"毛傳："牖，道也。"

[7] 范韓，指范仲淹與韓琦。

[8] "雲臺"句，永平三年（60），明帝劉莊在洛陽南宫雲臺閣命人繪助劉秀一統天下的二十八員將領圖像，以追感前世功臣，稱爲雲臺二十八將。耿鄧，指雲臺二十八將中排名第一的鄧禹與排名第四的耿弇。

[9] 旁午，《漢書·霍光傳》："使者旁午。"顔師古注："一從一横爲旁午，猶言交横也。"

錢子密吏部應溥(二通)

(一)

六月間，曾肅覆函，由驛遞呈，不知能否達覽。比者暑退秋涼，未審起居何似？伏維萬福。昔蘇子瞻論徐州形勢，謂南北之襟要，河北京東安危之所寄[1]。今撲侯駐節於此[2]，攬全局於掌握，布諸軍於要害，發踪指示，舉群盜出没之地盡入羅罩中。此所謂居高屋而建瓴也。所至捻逆已望風竄遁，賊之伎倆，已可略見。此輩初起，原不過聚衆剽掠，本無大志，積漸而醸成巨患。至於今日撲侯老成持重，謀定後戰，行見簡五省精鋭同時并舉，蕩滌兇氛，廓清賊穴，直如操左手券耳。惟此中迫饑寒而爲盜者頗衆，慈惠之師知必有剿撫并用者。未知現在逆踪竄往何處？還望執事借箸之餘，示知其略。

弟前月下旬到蘇，鍵户讀書，頗能自安其拙。兒子承璐自京來稟，云七月杪出都，覆試、朝考俱忝列一等，甲第亦尚在前。乃謂長安不易居，仍就原班。此亦爲境所迫，未便深非之耳。到後當命晋謁撲侯，并領長者訓誨。蘭坨才華豐豔，因張振翁[3]相招，遂赴徐州，附託帶呈紈扇一握，要使良友千里外，對之如見故人，不以書畫工拙論也。

聞從者有八九月間暨回省墓之説，確否？

[1]"昔蘇子瞻"句，語見蘇軾《上皇帝書》："及移守徐州，覽觀山川之形勢，察其風俗之所上，而考之於載籍，然後又知徐州爲南北之襟要，而京東諸郡安危所寄也。"
[2]"今撲侯"句，同治四年(1865)，曾國藩奉旨督師剿賊，駐徐州。其時錢應溥隨曾國藩督辦直隸、山東、河南三省軍務，深得倚重。
[3]張振翁，張樹聲(1824—1884)，字振軒，安徽合肥人。以稟生而辦團練，編爲樹字營剿捻，累官至總督，通商大臣等。同治四年(1865)，張樹聲以曾國藩保薦任徐

海道。所謂"相招",應在此時。

又(二)

　　前月杪奉到手書,欣喜展讀,敬悉道履安勝,閫寓集慶,樞垣重到[1],兩領班皆同鄉至好,想見水乳交融,古無不利。以執事識學之超,閲歷之久,經綸所裕,謀斷兼長,同人安得不奉爲師法。真除指顧,不久超遷,均意中之事,不足爲公頌也。唯望斧柯早假,宏此遠謨,霖雨之施,草野同溉,是則林下舊雨所飲食必祝者也。

　　弟今秋舊疾發而不甚,在家尚勉可支持,惟精力日衰,酬應禮節概從廢棄。終歲杜門,伏案之外,日唯以金石書畫怡情遣興。香嚴、仲復月必數見,所往來者,惟此真率會中數友而已。來諭已與同讀,一切心印。悟老聞日内可到,同人預約在敝齋作真率之會,重續墜歡。渠亦無多耽閣也。尊函當爲面致無誤。

[1] 樞垣重到,錢應溥初入仕時用爲七品京官,分吏部,直軍機。光緒初,錢應溥重直軍機,擢員外郎。

俞蔭甫太史樾(十四通)

(一)

承惠大著《群經平議》,適小極[1],未及即時裁謝,罪甚。今日體中小佳,亟取繙讀數葉,其釋"夕惕若厲",謂當以"夕惕"二字自爲句,言君子終日乾乾,終夕惕惕也,語有繁簡耳;"若厲"二字爲句,猶若濡若號也。此四字,先儒論説頗多,未有如尊著之簡括明暢,足破千古之惑。又"巛"即"川"字,非古"坤"字。"順"從"川"聲,"巛"乃"順"之叚。《説卦傳》:乾,健也;坤,順也。天行健即天行乾也。乾卦謂之健,故坤卦謂之順。尤爲精塙[2]不磨。雖尚未窺全豹,即此略見一斑,已決爲不朽之盛業矣。所需志書,弟處善本有宋版《新定續志》四册,影宋鈔《臨安志》不全本數册,然止能做古法帖書畫賞鑒而已。近時郡縣志,嘉湖蘇松均有成書,體例亦俱完備。如欲備閲,可飭紀綱[3]來取。

[1] 小極,猶"小疾",小病,困頓。袁枚《挽范我亭孝廉》:"聞君素聰强,偶然遘小極。一朝竟委化,七十還欠一。"
[2] 塙,同"確"。
[3] 紀綱,《左傳·僖公二十四年》:"秦伯送衛於晋三千人,實紀綱之僕。"後遂以之借指僕人。

又(二)

《群經平議》前已讀過,《諸子平議》尚未卒讀,甫讀《管子》數則,已不勝傾倒。此必傳之書也,賤名得附卷端,何幸如之。執事清曠絶俗,抱負宏遠，使得竟其所蘊，則本經術以飾吏治，其措施必有大過人者，豈僅以文章表見已哉。可勝慨唶。

卞中丞[1]屬鈔補聚珍版闕葉，弟處間有數種，如《元和郡縣志》第三十卷至十四葉便止，無二十七葉。《帝範》止四卷。此等書皆外省翻刻，與聚珍京版不符。因邀侯駝子[2]來，屬其訪覓。渠云有數種，俟送到再呈。

完白山人篆書《弟子職》八幀附奉清賞。又另刻四幀，馮林一謂筆意散漫，不及《弟子職》結構謹嚴；而鄧守之[3]見之，則垂涕泣而求，以墨本不得收藏爲大憾。法眼觀之，究如何也？

[1] 卞中丞，卞寶第（1824—1893），字頌臣，江蘇儀徵（今屬揚州）人。咸豐元年（1851）舉人，入貲爲刑部主事，官至閩浙總督，兼管福建船政。
[2] 侯駝子，侯念椿。民國《吳縣志》卷七五："侯念椿，吳中書估，貌寢，身短而僂，人呼爲侯駝子。設肆曰世經堂，多識簿錄舊鈔舊刻，何年何人收藏何省何處，裝訂寫槧先後，題跋真贗，一見紙墨，輒能言之不爽，劉沖生輩皆與往還，搜遺獵忘，四方收藏家至吳門訪古者，莫不造世經堂之肆。"
[3] 鄧守之，鄧傳密（1795—1870），字守之，號少白。鄧石如子，曾主講石鼓書院，又曾在永州爲幕僚。亦工隸篆。

又（三）

頃奉還書，承示"䚎"字從目從人，似可合爲"見"字。"見"字從目從儿，儿即人也，又作"二"，或是"䀠"字。《說文》"觀"，從見雚聲。而"雚"字從萑吅聲，"雚"省作吅，釋爲"觀"字。意義甚新。愚按，觀，國名，又縣名，見《地里志》。又《楚語》有"觀射父"，今釋爲"觀朱"，義亦與虢朱、邢朱同。惟"䚎"形與"觀"字稍遠，似亦嫌牽合，然可備一說也。《字彙補》有"㬍"字，亦作"覒"，同"喚"，與篆文正合。惜此字《說文》所無，又不見經傳，難以援引耳。"⊙工"，或即"日官"，與鄙意合，而援證更確。"⊠"字橫讀之釋爲"四"字，妙妙。中五父敦"⋈"字鄙人釋爲"网"，後見前人釋文謂豎讀即"乂"字。此與橫讀即"四"字同義。執事博極群書，而又天分超卓，故一搖筆即妙緒紛來，傾倒之至。

賤體總不舒暢，昨承顧又不得迓談，深以為歉。"銅尉斗"乃沈西雝[1]丈齋名，蓋臧有魏太和銅尉斗也。少葉謂霱丈所著，殊誤。

[1] 沈西雝，沈濤(約 1792—1855)，原名爾政(一作爾振)，字西雝(一作西雝)，號匏廬，嘉興(今屬浙江)人。嘉慶十五年(1810)舉人，官至江西道員，署鹽法、糧儲兩道。尚考訂，嗜金石，有《論語孔注辨僞》《說文古本考》《銅熨斗齋隨筆》《十經齋文集》《交翠軒筆記》《匏廬詩話》《瑟榭叢談》《柴辟亭》等。光緒修《嘉興府志》卷五〇："(沈濤)生平學尚考訂，兼嗜金石，與歸安吳雲最結契，賞鑒所獲，輒繪圖往詩倡和成帙。"

又（四）

頃奉示，并近刻袖中書一册，謹悉，容詳讀再報。前承惠大著《春在堂隨筆》及《雜文》《尺牘》各一册，病起披讀，仰見學業益進，根柢深厚，油然有經術之光。中間如《烟雲過眼圖記》，布局遣詞，則又別標新穎，令人愈讀之而旨趣愈永，佩甚佩甚。

去年蝯叟云亡，今又林一繼逝。此皆海内靈光，先後傾圮，藝苑牛耳之盟，惟君主之矣。

補帆中丞近體如何？前承詢程公祠舊址來歷，因同人請為撰記，故欲查其緣起云云。按此園在咸豐二年間為桂舲[1]尚書之子號小舲者，售與倪蓮舫[2]方伯。曾記韓履卿世丈（即桂舲尚書之弟）云，此園本名洽隱園，國初韓貞文[3]先生隱居其中，貞文詩文集所以名洽隱園也。弟之所知如此，惟查郡志及長洲縣志，皆不載[4]。《元和縣志》案頭未備，如鄴架有此書，望再一查，以告補翁是懇。

弟病已向瘳，而精神總不復元，辱承惠顧，屢失倒屣，罪甚罪甚。數日内得稍振作，當圖走晤。

[1] 桂舲,韓崶(1758—1834),字禹三,號旭亭、桂舲,別稱種梅老人,長洲(今江蘇蘇州)人。乾隆四十二年(1777)拔貢,廷試一等,分刑部。累官至刑部尚書兼兵部尚書。工詩,問梅詩社成員,政事餘暇未嘗一日廢書,故以"還讀"名其齋。有《還讀齋詩稿》。

[2] 倪蓮舫,倪良燿,字蓮舫,安徽望江(今屬安慶)人,曾官蘇松督糧道、江寧布政使等。

[3] 韓貞文,韓馨(生卒年不詳),字幼明,長洲(今江蘇蘇州)人。十三歲入郡學,有"文兼韓柳,書擅羲獻"之譽。阮大鋮居金陵,慕名以金帛招,韓馨晦迹徐莊。入清購歸氏廢園爲棲隱地,構"洽隱堂",往來觴咏皆明遺民逸士。有《紺雪堂稿》《洽隱園遺墨》等。昭槤《嘯亭雜録》"韓貞文先生":"韓貞文先生馨,長洲人。……至國初,隱居不仕,惟以習學禪定爲事。晚年披髮頭陀,作出世裝。其弟某有習科名者,先生曰:'皇清以義受命,其垂統之誼甚正。然吾儕生於季世,食明之粟已久,不可爲失節之婦,以爲異日子孫羞也。'其没後,門人私諡曰貞文先生。今大司寇崶即先生玄孫也。"

[4] "惟查"句,民國修《吴縣志》卷三九:"洽隱園,亦名惠蔭園,在南顯子巷,少微真人韓馨隱居於此。康熙間毁,園中諸勝,惟小林屋存焉。韓是升有記。後爲皖山別墅,益葺而新之。同治中於其地建程忠烈公祠、淮軍昭忠祠、安徽會館,王凱泰入覲寓此,賞其幽勝,有惠園八景序。"據此,吴雲信中所述洽隱園歷史大體不差。

又(五)

奉手書,承示戴子高[1]兄所著《論語注》見在醵資刊刻,欲鄙人小助其力。子高學問淵雅,經術湛深,爲吾鄉第一樸學之士。弟傾心已久,自應量爲佽助,樂觀厥成。惟當今崇尚紫陽[2],《論語》一書,尤爲取士之則。苟於朱注稍戾,即不能入庠[3]登科。元明以來攻者不乏其人,汔屹然不爲所動。今於七百餘年之後,忽有人焉,欲將家絃户誦之書,自天子以至庶人,莫不奉爲金科玉律者,一旦抹去,特以一家之言,大書特書曰《論語戴氏注》,得毋動人疑駭乎?

弟學淺,性又善忘。前日子高兄出示已刊《爲政》一篇,約略瀏覽,實未窺其妙藴,而心中竊有所未安。欲面貢狂瞽,又知此書子高十年心血所成,不忍以直言逆其意。又陰念子高下榻尊齋,執事必有忠告之進,故遂默而不言。今奉來諭,謂此乃子高一家之言,然筆致古茂,有漢人注經光景。然則執事亦止賞其筆致古茂耳,而於闡發聖言之恉,則未之許也。

人情於專意欲爲之事,旁觀者雖進勸諫之詞,未必遽有轉圜,每每徒取其憎,於事無益。鄙意不如勸其緩出,不必急急付梓。子高天分超妙,將來讀書養氣,加以閱歷,或當自悔其少作之非。即欲付梓,亦應少變其例。

弟因子高力學,心折其爲人,爲同鄉中所僅見,故不憚覼縷[4]。質之高明,如以爲然,還望婉言規之,此書慎毋遽出示人也。

至於佽助之資,子高著述必多,將來有另刻者,弟必當竭力量助,不敢食言。此書既中心不以爲然,而又助其剞劂,是欲息焰而添之薪也,烏乎可!

[1] 戴子高,戴望(1837—1873),字子高,浙江德清(今屬湖州)人。精校勘,通知西漢經師家法。性倨傲,論學有不合,必反復辨難然後已。有《論語注》二十卷、《謫麐堂集》等。
[2] 紫陽,朱熹。朱熹父朱松曾讀於紫陽山,鐫"紫陽書堂"印。朱熹後以"紫陽"自號以示不忘,後人因謂之"紫陽夫子"。
[3] 庠,本作"痒",據石印本改。
[4] 覼縷,詳述。蘇軾《答陳季常書》:"恐此書到日,已在道矣。故不覼縷。"

又(六)

今年五月八日爲家母朱太夫人八秩生辰,慈命以時事艱難,戒匆受賀,雲不敢違。惟念雲六歲遭先妣康太夫人之變,至十歲先府君棄養,蒙太夫人守節撫育,至於成立。太夫人無所出,待子女恩義周至,御婢僕務從寬厚,賙恤宗親,始終無倦色,六十歲以前紡織不離手。今雖年登大耋,衣服仍安布素,子孫以輕暖進,輒藏之篋笥,曰:惜物力所以養福也。

雲薄植窶廢,無以副太夫人教養之恩,每生媿懼。屆期除率子弟循常例稱觴外,恪遵慈命,不敢受賀,惟敬乞至好中有文行者,序文數篇,冀附著述,垂示方來。伏念執事今之韓歐也,畜道德而能文章,且以雲之無似,又常辱摯愛,引爲交契之末,用敢瀝書大概,九頓首門下,伏求撰賜壽序一篇,藉椽筆闡揚,以增光寵,世世感激。

又(七)

刻奉手答謹悉,承惠《東郡懷古詩》石刻,得未曾有,謝謝。其年月署太和某年,與雁塔題名所署之大和四年,同在一時。翁覃溪謂唐文宗年號大和,乃大小之"大",非"太"字,斥諸版書籍之誤,當據石刻爲斷云云。今審此刻,則又明明作"太和",可見考古之難也。

《蕭勝墓誌》載世系而不書子姓,或當日實無子姓可書。誌銘貴簡,遂不之及。況李靖、段志元諸碑,亦書世系,不書子姓,則唐人於碑誌無一定之例,可不必深論。勝爲蕭巖第十三子,列銜大尉、東平王周柱國。按《周書》巖傳附於蕭詧,史稱其性仁厚,善於撫接,歷侍中、荆州刺史、尚書令、太尉、太傅;入陳授平東將軍、東揚州刺史,未聞封安平王。此可補史傳之闕。又按《唐書》,永徽元年褚遂良出爲同州刺史,三年召還。誌書於永徽二年八月,正遂良爲同州刺史之時。墓在萬年縣寧安鄉,考萬年在今陝西西安府,當日或爲同州所屬。以本州刺史書銜,不復繫以某州,止書"刺史"二字,亦未可定。碑誌中有無此例,實未詳考,亦同出臆説也,仍以質之大雅是正。他日當精拓一分奉贈。誌石四邊,尚有細刻花紋,亦當并拓也。

又(八)

頃奉手簡,蒙惠大著《曲園記》并詩,讀之神往。承諭近日吳下諸君欲踵洛陽故事,大治園林,皆以博大雄麗爲勝,獨吾二人分取精、微二字,謬謂弟得"精"字,公得"微"字而已。人謂公謙詞也,而弟則謂"精"字,非鄙拙敢承。至尊園止此三四畝之地,而泉石之雅潔,亭榭之幽静,回環繚曲，令人玩賞無窮。苟非胸具邱壑，結構經營，必不能如此之位置妥帖。此後春秋佳日，鳥鳴花放，太夫人版輿之樂，均於此園中得之矣。此"微"字，乃"精微奧妙"之"微"，非"式微式微"之"微"也。一笑。

又（九）

昨奉還答，謂鄦釋"市"作"𢧵"，較諸家爲近，而尚有未盡。尊意當讀爲"韍"。韍，形作"𢁉"，𢁉象兩弓相背，古即以爲"弗"字，通"拂"，亦通"弼"。弼，所以輔正弓弩者也。此器云"建安廿二年四月十三日所市"。"市"讀爲"韍"，實即"拂"字之叚音，其義爲弼，弼之言弼正也。凡弓弩初成，必弼而正之，殆當時工匠之恒言，後世古語日亡，故不能通曉耳。具見博雅宏通，辨證精確，鄦說因之益有依據。佩甚佩甚。謹將尊札擬屬手民摹刊於後，他山攻錯，永志同心，亦藉光玄晏先生之意也。不盡。

又（十）

不肖不幸，生六歲，先妣康太夫人見背，先府君榮禄公保抱提攜，以嚴父而兼慈母者四年。至十歲，府君又棄養，不肖懵無知識。稍長，補弟子員，又困於場屋。時家業中落，不得已援例入官，雖疊膺煩劇，屢典名郡，而行能無表見，不克有所樹立，以遂顯揚之願。今歲庚辰，距府君棄養之年，已甲子一周，馬齒亦政七十矣。

默念生平交游，尚不爲當世仁人君子所擯棄，而中心膺服、師友兼資者，子貞[1]、林一而外，惟執事鼎峙而三耳。今子貞、林一已歸道山，獨執事靈光巋然，世之推爲蓄道德而能文章者，亦惟執事是歸。不肖譾劣無狀，辱執事納諸交契之末，雅有昆弟之誼。若不及今九頓於大賢之門，哀籲於左右，使府君之厚德楙行，得藉椽筆以信今而傳後，則不肖之罪益無可逭。謹呈先府君事述一篇，泣求俯賜省覽，或傳或銘，俾得掛名大集，附垂不朽，不肖世世子孫銜因佩德，豈有涯涘。

事述不足言文,若以爲可施繩墨,并乞直筆郢削,尤爲感幸。

[1] 子貞,何紹基。何紹基字子貞。

又(十一)

多日不晤,伏想動定納福,著述如意。西湖之游,行期已諏定否？聞杭州書局刻皇朝三通[1],今年可蕆工。此説果確,奉求代購一部,以先得爲快。

此去俞樓[2]小住,尙宜放開懷抱,尋山水之樂。沈香親刻管夫人[3],樓中或有此位,亦宜勘破四相,存沒齊觀,碧海黃塵,少解鬱結。因讀近著哀思幽咽,無非變徵之聲[4]。中年以後,憂樂易傷,用特不憚煩言,一再奉勸。

弟兩年以來家庭亦多怫逆,初甚煩惱,回頭作退一步想,便覺凝滯胥融,觸處皆淸涼世界。近於兩罍軒後落建一小亭,題"適然"二字,後系小跋云:"淸河張夢得謫居齊安,築一亭,蘇子瞻名曰'快哉'。潁濱[5]爲之記曰:士生於世,使其中不自得,將何往而非病;使其中坦然,不以物傷性,將何適而非快。然則人欲求快,當先觀所適如何耳。此亭適成,兒輩請名,爰題'適然'二字。昔李愿居於盤谷,惟適之安。此高隱之適也。司馬公讀書勤禮,自以爲適。此名賢之適也。吾皆慕之,而未敢援以自況也。今之以'適'名吾亭,亦以適吾性而已。必執古人以求之,則所謂適人之適,不自求其適者,膠柱未融,方爲漆叟[6]齒冷,安在其能無適非快哉。"録呈以博一笑,亦見鄙人七十之年,病不離體,而勉能支持,或於潁濱所云"不以物傷性"者,略有所得也。伏願留意采納,爲道葆躬,幸甚禱甚。

附上聯紙二小葉,望携置行篋,遇湖上風日晴明,山水淸麗,心手雙暢之時,乘興一揮,爲適然亭增色。跋中賸義,乞推勘足之。當日快哉亭得二蘇詩文,至今勿替。弟之奉求,猶是此意也。兄得毋哂其名心至老未已乎？一笑。

　　[1] 皇朝三通，《清文獻通考》《清朝通典》《清朝通志》三書的統稱。仿杜佑《通典》、馬端臨《文獻通考》、鄭樵《通志》體例編撰的記述清朝典章制度的史籍，定稿於乾隆年間。

　　[2] 俞樓，同治七年（1868），俞樾出任杭州詁經精舍山長兼管浙江書局，深受諸門下欽仰，名其所住之所爲俞樓，後又斂資爲其單建一樓，仍名俞樓，以便其携夫人共住。

　　[3] 管夫人，蓋指管道升也。趙孟頫夫人，能書善畫，與趙夫妻情篤。此以喻俞樾夫人。"沈香親刻"事不見記載，孟森編《董小宛考編年》收《結鄰集·龔芝麓與冒辟疆書》："《憶語》大刻，鍾情特至，展之不禁雪涕。沈香親刻管夫人不是過也。"所用典與此同。

　　[4] "因讀"句，光緒五年（1879），俞樾夫人姚文玉去世。俞姚伉儷情深，俞樾終身未置一妾，姚夫人逝世後也未續娶，有《百哀篇》追悼之。

　　[5] 潁濱，蘇轍。蘇轍晚號潁濱遺老。

　　[6] 漆叟，指莊子。莊子曾爲漆園吏。

又（十二）

　　一昨接奉手諭，并賜聯句，語妙天下，固不待言，而分書之遒健古懿，亦足凌跨一時，當世無兩。因款跋尚有餘紙，復繫短章，尤爲楹帖中創格。

　　同鄉姻家沈仲復方伯，以重值購得覃溪閣學摘書張瘦同[1]詩句楹對一聯，下有餘紙，瘦同先錄自作，又邀覃老及蔣心餘[2]、程魚門[3]、吳穀人[4]諸公同作，均書於聯紙下方。覃老摘瘦同句云：有情今古殘書在，無事乾坤小屋寬。仲復愛護此對，等於頭目。與夫人少藍君[5]同成和作，至四疊其韻。又屬真率會中諸老同和，鄙人"寬"字韻云：舟雖欲退流偏急，人到無名境始寬。仲復頗擊節，蓋正觸其意也。吾兄此對，寫作均突過前人，韻語尤超妙。紙雖無餘，而四邊界絲之外，尚堪容墨。擬邀同會諸老，如瘦同例，各成和章，如式書之。弟當先貢其醜，以爲喤引。覃老一聯,仲復爲親串某因貧求售,特豐其值,以八十番銀得之。此對更勝於彼,傳之後世,豈止一字一絹[6]哉。

武林之行,幸望早旋。湖上風景雖佳,而時近初冬,寒氣日厲,諸望加意自愛,至祝至祝。吾兄謂望弟如神仙中人,大約因弟前書有現已一切放下,仍向翰墨中尋樂,故自歉爲不如遠甚耶。不知弟之作此語者,所謂强顏耳,豈一時驟臻此境哉。然雖不能驟臻此境,亦不欲爲愛根所縛,鬱結不解,自促其命。甚願吾兄以弟自解之意,引以自喻。此即前諭所謂一老一耆,互相勸勉,各保餘齡之義。書不盡言,諸希心印。

[1] 張瘦同,張塤(生卒年不詳),字商言,號吟薌,又號瘦銅(一作瘦同),江蘇吳縣(今屬蘇州)人。乾隆三十四年(1769)進士,官内閣中書。精鑒賞金石書畫,工詩能書。有《竹葉菴集》。

[2] 蔣心餘,蔣士銓(1725—1784),字心餘,號苕生,又號藏園、清容居士,晚號定甫,鉛山(今屬江西上饒)人。乾隆二十二年(1757)進士,官翰林院編修。精戲曲,工詩文,與袁枚、趙翼合稱江右三大家。有《忠雅堂詩集》《紅雪樓九種曲》等。

[3] 程魚門,程晉芳(1718—1784),初名廷璜,字魚門,號蕺園,歙縣(今屬安徽黃山)人。乾隆三十六年(1771)進士,由内閣中書改授吏部主事,遷員外郎,參與纂修四庫全書。家富藏書,與吳敬梓、朱筠、戴震交游。有《蕺園詩》《勉和齋文》等。

[4] 吳穀人,吳錫麒(1746—1818),字聖徵,號穀人,錢塘(今浙江杭州)人。乾隆四十年(1775)進士,授翰林院庶吉士,編修。以親老乞養歸里,主講揚州安定、爰山、雲間等書院。能詩,尤工詞,駢文頗著稱。有《有正味齋集》。

[5] 少藍君,嚴永華(1847—1891),字少藍,號不櫛書生,浙江桐鄉(今屬嘉興)人。沈秉成繼室,工丹青,嫻詩賦,通音律。有《紉蘭室詩詞》《鰈硯廬聯吟集》等。

[6] 一字一絹,《新唐書·皇甫湜傳》:"(裴)度修福先寺,將立碑,求文於白居易。湜怒曰:'近舍湜而遠取居易,請從此辭。'度謝之。湜即請斗酒,飲酣,援筆立就。度贈以車馬繒彩甚厚,湜大怒曰:'自吾爲《顧況集序》,未常許人。今碑字三千,字三縑,何遇我薄邪?'度笑曰:'不羈之才也。'從而酬之。"

又(十三)

昨奉手翰,并宫箋十番,得未曾有,欣謝欣謝。此箋古雅可愛,擬俟新春和暖，雜臨古帖數種，或録大作數篇，褙成册子，留爲敝帚之珍，兼志良朋雅惠。孫世兄嘉禮早成，此老翁向平之願也，宜其有詩志喜。承示長律兩首，第一首"嘉期好在嘉平月，十六良辰月正圓"。久不見兄有此興會之句，讀之大慰，神爲之旺。惟第二首又微有徵音，何也？言爲心聲，尚望將愁城力破，尋取自在之境，如何？

　　拙聯方抱珠玉在前之愧，乃兄賞其寫作俱有仙骨，此夫子自道也，或亦愛忘其醜耶？聯中徐胡二老[1]，雖年高學邃，然視兄之宏通博雅，恐二老并世亦當遜席，乃謂"不敢擬其學"，此謙詞也，不必論。至謂"不欲得其壽"，此吉語也，敢爲兄賀。從來富貴窮通，科名得失，每每欲之而不得，不欲而轉得之。不必遠論往古，即觀今之世，如此者指不勝數。然則兄之所謂"不欲得其壽"者，正必得其壽之徵也。謂余不信，請將此書交存孫世兄，俟兄七十八十九十以至百歲，每遇酧兕開筵，出此書張之座右，謂爲嘏詞可，謂爲左券亦可。抑更有進者。兄不欲聞壽字，而弟偏刺刺不休，此又不欲而必得之又一徵也。兄聞之或當開顔大笑。

附録太史聯句詩跋

合千古之壽壽公永保用永保享左鼎右彝坐兩疊軒居然三代上

以十年之長長我六十耆七十老望衡對宇隔一條巷有此二閑人

　　愉庭老人篤好金石，所著有《兩疊軒彝器圖識》，余曾爲序之。今年爲其七十生日，而余亦行年六十矣。同寓吳中，其所居曰金太史場，余所居馬醫科巷，前後相望，蘇人所謂隔一條巷者也。因書此聯壽之。

　　書此未竟，適承寄惠百合一筐，因作小詩，即寫於後。其詩云：一紙書來自七鴉，嘐城風景最清嘉。遥知畏壘亭邊路，百歲人看百合花。詩雖不工，亦微寓壽意。時老人就養於郎君廣菴觀詧署中，故在嘐城，觀者勿疑詩意與聯意不符也。光緒六年歲在庚辰秋九月。

又録壽太史聯句并跋

俞樓風月曲園圖書蕭灑似魏晋間人往來越水吳山願春常在

方虎高文朏明碩學淵源溯順康之際陶養群經諸子以壽其身

　　蔭甫太史抱曠代清才，撰著逾二百卷，平議群經、諸子二書尤爲學者所宗。我鄉先哲文鉅學邃,而又年享大耋,名炳史乘,在順康朝當推徐胡兩家。君與同邑,足以後先濟美,照耀藝林。今歲庚辰嘉平吉日爲君六旬攬揆之辰,謹援以爲壽。春在堂、俞樓、曲園皆君居行著書之所,故并及之。

呵手晴牕學畫鴉,寒香詩味劇清嘉。閑人也有閑中樂,萬卷圖書四季花。

今歲小春月,余七十生辰,辱君贈聯,有"望衡對宇隔一條巷有此二閑人"之句,末系短跋,跋後有餘紙,又附七絕一首。名聯雋什,一時傳誦。余此聯既慚形穢,後亦適有餘紙,復不自揆,謹用原均,口占二十八字,書以補空,實做效顰二字。君能略其詞而取其意,釅然爲我晋一卮乎?嘉平朔大寒,抱罍閑人呵凍又識。

[1] 徐胡二老,徐指徐倬(1624—1713),字方虎,號蘋村。康熙十二年(1673)進士,授翰林院庶吉士,官編修,累官至禮部侍郎。徐倬工文,有《蘋村類稿》。胡指胡渭(1633—1714),初名渭生,字朏明,號東樵。曾參修《大清一統志》,撰《易圖明辨》,考定宋儒所謂河圖、洛書之誤。又撰《禹貢錐指》,是研究中國古代地理沿革的重要參考書。另有《洪範正論》《大學翼真》等。康熙四十三年(1704)南巡,御書"耆年篤學"四字相賜。徐胡與俞樾俱德清人。

又(十四)

時已小暑,涼若深秋,不審道履如何?眠食能否增勝?賤體每交夏令,轉得稍健。今屆濕熱薰蒸,頗以爲苦,種種老態,有日增無日減也。比有姻家朱稼甫培仁[1],以明經就職州判,來蘇需次。其人沈静,寡交游。辛酉壬戌間,曾在寒家教讀,今處以賓榻,將庚申後二十餘年未梓拙稿,代爲清理,兩月以來,頗費周章。緣賤性鈍滯,每有所作,輒塗抹竄改,幾於模糊不能句讀。幸稼甫學優心細,又能耐勞,始得排比整輯,漸有眉目。昨有查校數字,向鄴架借取大刻袖中書一册。此書舊有藏本,爲潞兒携去。今於稼甫案頭見之,因取繙讀,見曾文正書中有"一鐙深坐，孤秀自馨"八字。愛其雋峭，欲於時賢簡尺中尋取八字作耦，集成楹帖。將袖中書二卷讀遍未得，却爲校出訛字數處。一卷第九頁劉笏堂書前"由郭中丞"，"由"字誤"田"；第十九葉馮聽濤書"旗幟"，"幟"字誤"識"；二卷第八葉曾文正書"避暑"，"暑"字誤"著"；第十八葉"宗湘文"，"文"字誤"又"。望改正。（尚有雪琴宫保書中"天來飛來"，上"來"字似"外"字、"際"字之訛。）校書例有傭值，弟不敢望，但望爲我撰八字爲文正公二語作耦，即書一楹帖見貽，以當國門之賞[2]，如何？一笑。

[1] 朱稼甫，朱培仁（生卒年不詳），字稼甫。戴禮庭婿，應與吴雲婿朱鏡清同族。張鳴珂《寒松閣談藝瑣録》卷一："戴禮庭德堅，同邑人，諸生，保舉訓導。其女夫朱稼甫州判培仁，予外甥也。"

[2] 國門之賞，《史記·吕不韋傳》："吕不韋乃使客人人著所聞……號《吕氏春秋》。布咸陽市門，懸千金其上，延諸侯游士賓客有能增損一字者，予千金。"

顧子山觀察文彬（四通）

（一）

兩奉手書，并蒙惠賜大著、橫幅，謹已領悉。伏讀尊作，風格蒼老，嗣響唐音，而一種清雋之氣，求之古人，惟高青邱[1]可與抗席，餘子不足數也。佩服佩服。

弟頻年以來專事金石考訂之學，此調不彈久矣。即或見獵心喜，偶一爲之，亦無愜心可以存者。自揣必不能與時賢争勝，遑論古人，故决意輟筆，不復作也。

承示學書進功之難，謬以弟爲識途之馬，詢商筆法，此所謂以能問於不能也。雖然，愚者千慮，或有一得。竊意晉唐以來，各書家凡得盛名者，未有不精熟行草。書蓋篆分真楷，皆有間架依傍，在中人之資，力學有年，便可得其髣髴；獨行草書寓規矩於變化之中，運神明於章法之内，分行布白，意在筆先，然後一氣呵成，心手斯暢。此古人所以有"匆匆不及作草書"之説也[2]。尊書於楷則專精久矣，愚意請將案頭歐褚諸楷帖暫束高閣，公餘另取魯公《論坐帖》、林藻[3]《深慰帖》，每日各臨一通。興到，雜取二王草書、永師千文等帖，隨意瀏覽。再取兩京碑碣，隨大小日臨數十字，擷其古趣，助我腕力。尊書學力本深，再加博取之功，只須一二年，豈但凌跨儕輩，定可獨步江東矣。倘執唐賢諸楷帖，株守不變，即使積久功深，詣臻極至，亦不過在院體中高膺冠軍之號而已，非書臺之能事也。

猥辱垂問，謹獻芻蕘蹄涔之見，不知有裨萬一否。皇恐皇恐。不宣。

[1] 高青邱，高啟（1336—1374），字季迪，號槎軒，長洲（今江蘇蘇州）人。元末隱

居吳淞青丘，自號青丘子。入明以薦參修《元史》，授翰林院國史編修官，教授諸王。後受株連，坐腰斬。高啓才華高逸，學問淵博，精於詩文，與劉基、宋濂并稱"明初詩文三大家"，又與楊基、張羽、徐賁稱"吳中四傑"。

　　[2]"此古人"句，衛恒《四體書勢》："(張伯英)下筆必爲楷則，常曰：'匆匆不暇草書。'"匆匆，下"匆"字文海本作"勿"，據石印本改。

　　[3] 林藻，字緯乾，莆田(今屬福建)人。貞元七年(791)進士，官至嶺南節度副使。林藻以善書聞名，尤長於行書。傳世有《深慰帖》，收在董其昌《戲鴻堂群帖》中。

又(二)

　　客歲底奉到手翰，備悉種切。比日履茲新春，伏維台候與時增福，餘事及於翰墨，所得愈多，古歡益椊，欣慰無量。

　　巨師[1]《萬壑圖卷》，昔年在許信臣姻丈舟次匆匆一見，未及細審，至今嚮往。此李寄雲[2]故物，後爲信丈所得，實一瑋寶。庚申兵亂失去，信丈常常念之，且亦知在某大令處。去年樂泉[3]説起，弟曾屬其於家書中詳述。今爲老親家所得，聞之快極。他日有妥便，望寄來重讀。弟當作一長跋，以定米書之聚訟[4]。

　　弟年來鍵關，伏案讀書，頗有所得，考據鑒賞之學，似亦與年俱進。昨於元旦試筆，題秦"長生無極"全瓦拓本，又題宋拓《張猛龍碑》、唐人書《律藏經》册頁，各數百言，中間駁正江鄭堂所釋"囙"字、王惕甫[5]謂"唐人未有以千字文記數"二條，頗非逞肊妄發，他日當録以就正。

　　兵燹以後，東南巨迹，我二人所得不少，尊處愈多，惟中間尚有致疑可商之件，將來似必歸弟審確而後入録，務使此書[6]一出，有識者擊節稱賞，歎爲一代必傳之書，駕《消夏録》[7]《書畫舫》[8]而上之，方爲墨林快事。抑鄙人更有進於左右者。前人金石書畫之書，每多記其所見，未必盡出家臧。今我二人專記篋衍中珍弆之品，他家之物概不屠入，故選擇尤不可不精且慎也。永師《千字文》[9]，李竹朋著《書畫鑒影》已經載録，弟將尊處新刻拓本寄去。竹朋與陳壽卿爲兒女親家，亦好古博聞之士也。

弟自交春後身體稍健,自十月初至十一月杪五十餘日,足不越戶外一步,酬應久廢。幸親舊亦不以禮節相繩,故得自安其拙。家屬俱各平安,曾孫松寶漸解語笑,此則晚年樂境。我二人皆有此歡,不可謂非蒼蒼者之福佑至深也。

[1]巨師,指巨然,五代宋初畫家,開元寺僧,江寧(今江蘇南京)人。巨然工山水,擅以"淡墨輕嵐"表現江南烟嵐氣象和山川高曠之景,與董源并稱"董巨",對後世影響頗大。存世作品有《秋山問道》《層崖叢樹》(臺北故宮博物院藏)、《烟浮遠岫》軸(日本大阪市立美術館藏)等。吳雲所云《萬壑圖卷》即《萬壑吟松圖》,又名《海野圖》,現藏上海博物館。

[2]李寄雲,李恩慶(1796?—1864?),字季雲(一作寄雲、集園),直隸遵化(今屬河北)人。道光十三年(1833)進士,歷任湖北考官、御史、兩淮鹽運使等。精鑒別,富收藏。崇彝《道咸以來朝野雜記》:"收藏書畫者,當時有'三李'之目,謂李季雲(恩慶)、李西園(東)、李竹朋(佐賢)也。"有《愛吾廬書畫記》《清畫家詩史》《八旗畫錄》等。

[3]樂泉,顧承(1833—1882),譜名廷烈,字樂泉,號駿叔(一作晋叔),元和(今江蘇蘇州)人。顧文彬子。通音律,善繪畫,精鑒賞,好璽印。顧文彬常年宦游在外,建藏畫樓、過雲樓,書畫的收藏、整理主要靠顧承提調。曾集拓新舊印章,刊印《畫餘盦印存》《畫餘盦古泉譜》《百衲琴言》等。

[4]"以定"句,巨然《萬壑圖卷》上題有米芾詩:"江郊海野坡陀闊,林遠烟疏淡天末。……"李佐賢《書畫鑒影》載李恩慶跋《萬壑圖卷》三條,其一曰:"道光乙巳十二月得此,丙午四月望日記。"其三則是與許乃普商榷米芾題字之真僞。許認爲米字真迹,而李恩慶、李佐賢等則認爲米字非真。

[5]王惕甫,王芑孫(1755—1818),字念豐(一作念禮),號鐵夫,更號惕甫,又號楞伽山人等,長洲(今江蘇蘇州)人。乾隆五十三年(1788)賜舉人,任國子監典籍,後曾爲咸安宫教習、華亭縣教諭。辭官後任揚州樂儀書院山長。學問宏博,富藏書,稱爲"吳中尊宿"。有《碑版廣例》《惕甫未定稿》《淵雅堂集》等。

[6]此書,蓋指顧文彬《過雲樓書畫記》。

[7]《消夏錄》,蓋指高士奇《江村消夏錄》,三卷,刊於康熙年間。記所親見法書、名畫,考其源流,記其形式及後人題跋圖記,間加評語。鑒賞精審,爲收藏家所重。

[8]《書畫舫》,即《清河書畫舫》,張丑著,成書於萬曆四十四年(1616),大致以時代爲序,記書畫名迹的流傳、題跋等,共著錄一百四十餘家,作品近二百件。書中引

用文獻頗富，收藏家多據以辨驗書畫真偽。現存版本有十一卷、十二卷和十二卷附補遺三種。

　　[9]"永師"句，《過雲樓書畫記》卷首即載《釋智永真草千文卷》，并述獲得此卷經過："余曩讀吳泰《硯廬帖》，載香光《跋東坡書》曰：'余有永師千文，自"龍師"起，後有薛紹彭印。'往來於心者舊矣。同治庚午，候簡入都，暇輒過松筠菴，與僧心泉談，謂曰：'欲見墨林瓌寶乎？'則永師千文也。……狂喜，傾囊購歸。"

又（三）

　　屬題褚臨蘭亭卷[1]，謹已加墨。推重米老一題[2]，謂裝於真本之後，則贊美在於言外。此兵家避實擊虛之法。緣此卷刻於三希堂帖，筆畫小有未合，着筆頗不易易。米老題句與三希堂同，而宋人著錄亦有異，不必深論。後此三跋[3]，其鄧襄所題，亦從宋人著錄中鈔出，尚有九十餘字未錄。此必後人刪節，仍署鄧襄款，實非原迹也。《書畫彙考》[4]《大觀錄》[5]所載，同是後人鈔本，後有兩印，一"堯封"，一"自得"。今卷中止有"自得"一印，想又是一本耳。餘二跋亦係後人重錄，惟郭雍一題，字法劇佳。老親家擬將三跋另裝，足徵真鑒。

　　樂泉屬題《洛神十三行》亦題就，乞爲轉交。此有目共賞之品，令人愛玩不能釋手。

　　[1]"屬題"句，顧文彬於同治十一年(1872)購得褚遂良摹蘭亭集序。
　　[2]"推重"句，《過雲樓書畫記·米題褚摹蘭亭卷》："褚登善手摹蘭亭廿八行，用硬黃紙本，押尾鈐'紹興'小璽，後有米元章跋云：'右米姓祕玩，天下法書第一。'又云：'此軸在蘇氏命爲褚摹，觀意，易改誤數字，真是褚筆，蓋即蘇才翁三卷之一也。'題後有'熠熠客星，豈晉所得'六十五字贊，并署：'元祐戊辰獲此書，崇寧壬午六月，大江濟川亭，舟對紫金，避暑，手裝。'"
　　[3]"後此三跋"，過雲樓藏《米題褚摹蘭亭卷》題跋，除米芾題跋外，尚有李時勉、吳餘慶、胡濙等八家跋。
　　[4]《書畫彙考》，即《式古堂書畫彙考》，六十卷，卞永譽著。《四庫全書總目提要》："是書書畫各三十卷，先綱後目，先總後分，先本文而後題跋，先本卷題跋而後引

據他書，條理秩然，且視從來著錄家徵引特詳。"

[5]《大觀錄》，二十卷，吳升輯，初刊於康熙五十一年（1712）。錄吳升平生所見書畫名迹，自魏晋至明代各家，每種書畫詳記質地、尺寸、法書并記行數、字數，名畫并叙所繪情狀、畫法，并加以評論，然後錄書法本文、名畫款識，又錄後人題跋。

又（四）

昨奉示，并仇實甫[1]二卷，一仿貫休羅漢，一洛神，皆係的真之迹，而洛神尤爲書畫雙絕，可寶可寶。《瑶臺清舞》[2]在過雲樓中亞於《蓬萊仙奕》[3]，而居於諸仇迹之上，特爲加跋題字，用已退羊穎書，尚有六朝人遺意。法眼許之否？卷中先後題咏，盡是勝國名流，推雅宜山人[4]書爲第一。王弇州論有明書家，首推祝允明，次則謂文衡山與雅宜山人可以并駕齊驅。則當日山人聲價品次，亦可知矣。此《觀舞賦》尤爲清逸古秀，令人拜倒。三卷均繳上。《洛神》一卷，明春尚欲借摹也。

[1]仇實甫，仇英（1498—1552），字實父（一作實甫），號十洲，江蘇太倉（今屬蘇州）人。早年嘗爲漆工、畫磁匠，又爲人繪棟宇，後得文徵明稱譽而知名於時。與周臣、唐寅、文徵明并稱"明四家"。臨摹宋人畫作幾可亂真。擅寫人物、山水等，尤長仕女、界畫。傳世作品有《桐陰清話圖》《右軍書扇圖》《柳下眠琴圖》《蓮溪漁隱圖》《搗衣圖》《松溪橫笛圖》《桃源仙境圖》《秋江待渡圖》《仙山樓閣圖》等。

[2]《瑶臺清舞》，著錄於繆曰藻《寓意錄》、顧文彬《過雲樓書畫記》，據云今藏蘇州市文物管理委員會，徐邦達《古書畫僞訛考辨》鑒考爲畫僞、題真。

[3]《蓬萊仙奕》，北京匡時2017春拍"澄道——古代繪畫夜場"成交一件著錄於《石渠寶笈三編》的仇英《蓬萊仙弈圖》，文徵明跋，文彭引首。據所鈐藏印，知其先爲晚明梁清標、梁清寓兄弟收藏，後入清宫，被《石渠寶笈三編》收錄，并鈐有乾隆御覽之寶、石渠寶笈、乾隆鑒賞、三希堂精鑒璽、嘉慶御覽之寶、宣統御覽之寶等內府印。則顧文彬所藏爲另幅。

[4]雅宜山人，王寵（1494—1533），字履仁、履吉，號雅宜山人，吳縣（今屬江蘇蘇州）人。王寵博學多才，工篆刻，善山水、花鳥，尤以書法名噪一時，有《雅宜山人集》，傳世書迹有《詩册》《雜詩卷》《千字文》《古詩十九首》《李白古風詩卷》等。

潘紱庭京卿[1]曾綬（二通）

（一）

月朔從西圃處交到手誨，讀之如挹言笑。承以養生妙論見勖，可謂對症發藥，正中弟病。欣感欣感。弟交冬後身子尚無甚病，惟精力日衰，稍稍勞動，便覺夜寐不寧，畏風如虎。此其故由於素性好動，雖鍵户家居，除耳目玩好外，終日伏案，手揮心運，勞精疲神，坐是大耗心血。季玉常常規勸，謂人生於此等事過於粘滯則成魔障。其言實有至理。自今以後，擬痛戒之，否則一字未安，魂夢俱爲之不適，真是何苦乃爾。

壽卿精力奇健，每一信來，動至數百千言，無一字訛脱。憶乙巳年弟下榻沈文忠公[2]寓齋，壽卿與老親家同日過訪，是爲三人訂交之始。今皆白髮飄蕭六十以外老翁矣。博身後之虛名，不如尋眼前之樂境爲實惠也。星兄[3]親家近體亮必增勝，畫興如何？弟則交冬便輟筆不畫也。

所需信封書牋，兹託柳門帶上。南中親友近狀，均由柳門詳述，星兄處不另專函，即以此書奉覽。凡此省筆即善體來書所云"大笑亦要傷氣"之意也。不宣。

[1] 京卿，清都察院、通政司、詹事府、國子監及大理、太常、太僕、光禄、鴻臚等寺的長官，概稱京堂，又尊稱京卿，中葉以後，成爲一種虛銜。潘曾綬曾官內閣中書、內閣詩讀，故稱。

[2] 沈文忠公，沈兆霖，謚文公。

[3] 星兄，潘曾瑩。潘曾瑩號星齋，擅畫。

又(二)

  四月初十日手諭，因柳門託便人帶來，故甫經收到。所需藤杖，弟因此物老年人藉以扶持，爲必不可少之品，自杖鄉之年[1]，留心訪覓，所得不少。往年爲同譜縵雲侍御索去二枝，現在尚有餘存。大抵此物以天台山中産者爲最良。俗稱高過於頂者爲杖，齊於胸者爲拐，拐亦訓老人杖也，二者不可偏廢。

  回憶我二人訂交之始，流光如駛，忽忽四十載矣。老親家今年政七十大慶，弟亦六十有九，惜不得萬回師縮地之術，親詣華堂，晋爵稱觴，藉作平原十日之敘。北望燕雲，惟有祝老親家益譽增榮，多福多壽，看膝前調和鼎鼐，整頓乾坤，偉業豐功，焜耀典策，他日宰相世系表中，推爲古今第一福人。是則一瓣心香，竊自謂善頌善禱者也。

  兹因兒子承潞入都引見，賫呈拙作書畫等件，謹以將意，伏乞哂納。

[1] 杖鄉之年，《禮記·王制》："五十杖於家，六十杖於鄉，七十杖於國，八十杖於朝。"

許星叔少宗伯庚身[1]（五通）

（一）

　　前由家清卿處遞到手書，猥荷親家關愛逾恒，銘感無既。雲不肖，不能從俗浮沈，與時俯仰，即應掛冠匿影，跧伏蓬茅。乃見不出此，躊躇躑躅於巇巘之場，妄欲以寸莛之力，冀補時局，竊自笑同河濱之民捧土以塞孟津，多見其不知量也[2]。猶幸防患未萌，每年擴充軍餉，數至百萬，身雖近膩，却早避之若燎，概不絲毫涉手。卷案確憑，得免後累，否則身無完膚矣。

　　比來杜門謝客，日惟與圖書金石相爲周旋，日用所需，半仰給於親友，此外傭書得值，聊爲琴酒之娛。《淮南子》曰：毁譽於己，猶蚊虻之一過[3]。何足抑抑乎？所望天心悔禍，妖氛速靖，俾得歌咏升平，盡此餘年。此飲食禱祝者也。

　　[1] 許星叔，許庚身(1825—1893)，字星叔，號吉珊，仁和(今浙江杭州)人。許學範孫，許乃穀子，許道身弟。咸豐二年(1852)以舉人爲内閣中書，參與撰修。同治元年(1862)進士，任内閣侍讀。曾典試貴州，督學江西，累官至兵部尚書。少宗伯，《周禮·春官》設大宗伯，卿一人，以小宗伯爲副，位次三公，爲六卿之一，掌邦禮。許庚身光緒四年(1878)授太常寺卿，擢禮部侍郎，故稱。

　　[2]"自笑"句，語出《後漢書·朱浮傳》："今天下幾里，列郡幾城，奈何以區區漁陽而結怨天子，此猶河濱之人捧土以塞孟津，多見其不知量也。"

　　[3]"毁譽"句，語出《淮南子·俶真》。

又（二）

　　比日常與叔清[1]親家夜談，每念軺車未得安報，輒深馳想。一昨紀綱到蘇，備述使節已抵江西省垣，長途安順，欣慰無量。黔省闈墨，粗讀一過，具見鑒衡精審。轉眴春榜聯登，有桃李盈門之樂，尤爲豔羨。

兄衰邁愈甚，藥爐茶竈，常與金石圖書雜陳左右，人事放廢，終月不一出門。親友憐其老病，雖屢來不往，亦不以禮節相繩，尚得自安其拙。今夏得一曾孫，取名松寶，即子山之外曾孫也，頗長成可喜。

婁署公事亦尚平順。今夏南中亢旱，幸頻年興修水利，車戽有資，尚可補救。婁東於前兩年開濬屬境，七浦、楊林兩河皆賴應敏齋主持於上，始能獲此利濟。鄙人於江浙水利呼籲多年，無人能應。後經六英學士據以上聞，張子青制軍奏發巨款，敏齋力任其事，遂得次第舉行，至今尚未竣事，實爲百年來水利興廢一大關鍵也。

南中近事以及親友情形，叔清有家報詳達，不復重贅。

[1] 叔清，許潤身（1819—1874），原名禔身、擴身，字潤泉，又字叔清，別號芥舟，仁和（今屬浙江杭州）人。許學範孫，許乃穀子，許道身、許庚身弟兄。咸豐五年（1855）舉人，以捐入仕，曾任代理潮州知府等。同治八年（1869）改省江蘇，歷充海運總辦，奏保道員。有《秋水芥舟軒詩鈔》。

又（三）

昨由相室處交到前月中旬手書，展誦之餘，怳同晤對。欣審道履綏和，動與吉會。江西爲人文薈萃之邦，自汪文端[1]督學之後，中更兵燹，未免風流歇絕。今得老親家振拔而教育之，士習文風可期蒸蒸日上，不特爲文端嗣響已也。

雲偃息菰蘆，日益衰邁，齒牙脫落，鬚髮盡白。鍵户養疴，二三月難得出門一次。在家不過東塗西抹，終日摩挲書案而已。《焦山志》早經脱稿，近承仲復、筱舫、敏齋助以刻資，始付手民，期於明年五月間蕆事。比來手自讎校，又補撰《周鼎釋文》一篇。此鼎爲鎮山重器，烜赫照世，前賢釋文甚多，而於受册鑄鼎之人，訖無定論。鄙人所釋，恐尚不免穿鑿强合，特録呈直筆削正。去冬有拙著《彝器圖釋》一套計四本，由信局寄呈，不知曾否達到？念念。

　　叔清親家之變[2]，聞之泫然者累日。今春金石居握别，切訂秋間南旋，仍來下榻，并將卧室鐍閉，有"無寓人於室"之意[3]。雲亦日盼早來，可以樂數晨夕，不意一別之後，竟成永訣。親友之誼，悲感尚一時難釋，吾弟手足摧傷，鴒原抱痛[4]，其悲感更可知已。然逝者已矣，悲亦徒然，尚望格外達觀，爲國自愛，是所至祝。

　　承諭歸田之思，怦怦於中，詢商進止，屬爲一决。雲意老弟正在服官政之年，歸計似嫌稍驟。且俟學差任滿入都，再作計較，此時應從緩議。陶齋署丹徒，差强人意，臨行授以一字訣，曰：勤。聞其到任後，頗能持此以行，爲官果能勤，則叢脞廢弛皆免矣。然亦要始終不惑爲佳。

　　完白山人《弟子職》現無。搨存者有嚴鐵橋補書琅邪臺刻石，其篆體結構謹嚴，可與石如并駕，特奉去全分。又桂未谷隸書對、黃石齋[5]對，係仲復借刻，并奉清賞。褚書《蕭公墓誌》乃德清徐誠庵[6]祕藏，今由蔭甫和會歸於金石居，并寄一紙，統希鑒納。

　　[1]汪文端，汪廷珍(1757—1827)，字玉粲，號瑟菴，江蘇山陽(今屬淮安)人。乾隆五十四年(1789)進士，授編修，官至禮部尚書、協辦大學士等。有《實事求是齋詩文集》。汪廷珍嘉慶七年(1802)督學安徽；任滿，復任江西學政。

　　[2]"叔清"句，同治十三年(1874)，許潤身因積勞成疾，卒於通州海運差次，年五十六。

　　[3]"有無"句，《孟子·離婁下》："曾子居武城，有越寇。或曰：'寇至，盍去諸？'曰：'無寓人於我室，毁傷其薪木。'寇退，則曰：'修我牆屋，我將反。'寇退，曾子反。"

　　[4]鴒原抱痛，《詩經·小雅·常棣》："脊令在原，兄弟急難。"后因以"鴒原"喻兄弟。

　　[5]黃石齋，黃道周(1585—1646)，字幼玄(一作幼平、幼元)，號石齋，福建銅山(今屬漳州)人。天啟二年(1622)進士，累官至翰林侍讀學士，充經筵日講官。明亡，任南明弘光朝吏部侍郎、禮部尚書，兵敗殉節。黃道周通天文、理數，工書善畫，隸草自成一家。先後講學於大滌、明誠堂、紫陽、鄴侯等書院。有《儒行集傳》《石齋集》《易象正義》《春秋揆》《孝經集傳》等，後人輯爲《黃漳浦先生全集》。

[6]徐誠庵,徐本立(生卒年不詳),字子堅,號誠菴,德清(今屬浙江湖州)人。道光二十六年(1846)舉人,曾官南匯知縣。工詩詞,有《荔園詞》《詞律拾遺》等。

又(四)

月初交偉人姻兄帶呈一函,附有拙著《焦山志》一部,未知何日塵覽。一昨奉到本月初四手翰,欣喜展讀,恍同晤對。去秋尊體違和,初甚系念。嗣晤令姪輩,知已霍然,稍釋懷思。茲聞按試各郡,精神目力均勝於未病之前,從此葆嗇得宜,定必日增強固。

雲交春以後,屢驅尚無不適,至精力之不振,已成習慣。杜門守拙,固已安之有素矣。采香朝夕敘晤,子山大治園亭,眉生[1]已購定網師園,大加修築,四月內遷居。仲復亦買宅蘇州,疏池疊石,廣栽花木。蔭甫亦有曲園,著有《曲園記》一篇,附寄省覽。蔭甫之言曰:吳中林下諸公,仿洛陽故事,大治園林,均以雄麗為勝,貶之以四字,曰:博大精微。我二人止分取精微二字。謬以"精"字屬敝居聽楓山館,而以"微"字歸諸曲園。合二字而言之,亦止形其小耳。執事秋間假旋還蘇,當約諸老作平原十日之飲,特以此書先為喤引。季玉住居,限於地少園林之勝,而膝下有十六孫,此非眾人所能及也。陶齋[2]非得缺,不能補救丹徒之累,渠切望老親老提挈之也。

[1]眉生,指李鴻裔。
[2]陶齋,周作鎔。從吳雲與張富年書第二通,知周作鎔在張富年幫助下得署丹徒令。由此信知其在任上或有虧缺。

又(五)

月前奉到手翰,讀悉種切,敬審道履清勝,并知容臺[1]政務尚不甚煩,惟兼綜度支,不免稍費擘畫,然較之樞垣籌筆,不遑昕夕,其勞逸固有霄淵之分矣。

承賜潞兒書已轉付。婁東任事,十有二年。此次卸肩,託長者蔭庇,得勉隕越。旁觀頗以事育無資、宦囊羞澀爲慮,鄙意若使充足,不特明無以對百姓,亦幽無以質鬼神。與其豐而多疚,莫如嗇而安心。天下事固有在彼不在此者。吾弟識窮今古,更事又多,知必有韙斯言也。端木氏一役,譬諸九轉將成,必有魔擾。風波平後,相室書來,齒及所事,兄復書謂:昔伊川先生講學山中,從游者衆。後嬰黨禍,遍告門弟子曰:"諸君尊爾所聞,行爾所知,不必及吾門也。"[2]三教本來會通,學業初無異致。以伊川先生之賢,當日若無黨議,未必遽能輟講。可知先幾之見,原難概責諸人也。繼自今隨居自樂,閉户專精,嶺上白雲,足供怡悦,何必持贈與人哉。相室天分本高,頗不以鄙言爲謬也。

蓉舫有此波折[3],作何進止?中世士大夫以官爲家,罷則無所以歸。論蓉舫景況,正恐欲罷不能。未知吾弟得其近信否?便中乞示一二,以紓懸系。

[1]容臺,指禮部。俞樾《群經平議·禮記三》:"禮以容儀爲主,故行禮之臺謂之容臺。"

[2]"諸君"句:《二程遺書》附錄:"崇寧二年四月,言者論其本因奸黨論薦得官,雖嘗明正罪罰,而敘復過優。今復著書非毁朝政,於是有旨追毁出身以來文字,其所著書,令監司覺察。先生於是遷居龍門之南,止四方學者曰:'尊所聞,行所知可矣,不必及吾門也。'"

[3]"蓉舫"句:《清實錄》光緒四年七月:"本年六月十三日夜間,山西藩司衙署不戒於火,燒毁住房十一間。雖經即時救熄,究屬疏於防範。署山西布政使河東道江人鏡着交部照例議處。"吴雲所云,蓋其事也。蓉舫,江人鏡(1823—1900),字雲彦,號蓉舫,徽州婺源(今屬江西)人。道光二十九年(1849)舉人。咸豐三年(1853)考授内閣中書,充本衙門撰文方略館編纂。咸豐十年(1860)考取軍機章京,升幫領班。以鎮壓撚、苗、回敘功賞花翎,升内閣侍讀,記名御史。歷官蒲州府、太原知府、河東鹽法道,既而署按察使,累官至兩淮鹽運使。有《知白齋詩鈔》。

彭訥生觀察慰高

前蒙示讀先尚書芝庭公[1]入學試卷，真同景星慶雲。携歸敬誦數過，益歎國家當全盛之時，無一不有興王氣象。即如此卷，題既冠冕堂皇，文亦宏深肅括，持此以擷芹藻，自然秀出班行，聲斐庠序。他日文章勳業，彪炳史策，美哉始基之矣。

顧自二百年來，朝廷設科取士，專憑制藝，士生於世，舍此別無登進之階，遂令畢生精力，盡爲帖括銷磨。竊數歷科鄉會歲試墨裁考卷，中的入彀者，奚止累萬，而場題舉不出《學》《庸》《論》《孟》之中，於是勦說雷同，競相剽竊，以獵取科名，而文風遂因之日下。主試者欲矯其弊，於是有虛縮搭截諸題，割裂經文，詞尚纖巧。雖鈔襲之風少戢，而根本未植，體要不明，古法蕩然，文風遂因之愈下。試舉卷中次題《樂正子從於子敖》全章，授諸今日應試童生，扃門之後，恐捏沙不能成團，半欲曳白而出。文運凌夷至於今日，非一朝一夕之故矣。古者教胄[2]入學，掄秀書升[3]，取士之典，豈專在文藝哉。觀世變者，能無深長思乎？兹因載讀前文，既已書後志慕，復略陳狂瞽，以申跋中所未及。而今昔盛衰之感，吾親家必亦同此情也。

謹先將試卷附便寄還，統俟月初旋蘇，再容詣叩，并鳴謝忱。

[1] 芝庭公，彭啟豐(1701—1784)，字翰文，號芝庭，又號香山老人，長洲(今江蘇蘇州)人。雍正五年(1727)進士。歷官修撰，入直南書房，乾隆間任吏部、兵部侍郎，左都御史、兵部尚書。晚年主講紫陽書院，有《芝庭先生集》。彭啟豐乃彭慰高高祖。

[2] 教胄，《尚書·舜典》："帝曰：夔，命汝典樂，教胄子。"

[3] 掄秀書升，掄，選拔；升，上升。嵩泉老人《周易清言》："升如掄秀書升之升，自下上升，豈不大通乎。"

潘順之侍讀遵祁(三通)

(一)

啟者。自十年分以來，三首縣粥廠停止，程藻安[1]兄力任此事，每至寒冬施粥，經費總形竭蹶。前年由雲幫同募化，得七百千；去年得六百千。前年之七百千，除與駿叔[2]各助一百五十千外，盡是當道所出；去年當道中不便與言，所募之六百千頗費匠心。此諸公所悉知者。滿望得一好善之人，慨捐五千金，發典生息，爲一勞永逸計，以了此心願。否則年年自己解囊事尚小，而向人募化，終覺取厭。適有金香圃之二夫人徐氏來商議家事，因力勸其行善，既可爲死者懺悔，又可爲生者積德，并許以捐款至萬金以上，可以專奏；又屬愷堂、友琴、葦塘輩，與左泉、養齋從旁慫恿，言定捐足錢二萬串，繳呈藩庫，發典生息，具呈請奏，并不邀敘。嗣嘉興人聞之，謂捐蘇州而不[3]及本籍，鄉黨不平，因與筱舫斟酌，以一萬兩捐蘇，另備二三千串捐本籍，由舫老轉達，倪載軒諸君已各允協。有此波折，金宅之捐，欲由紳士具呈，已與商定。茲得覆書，并有奉致一函，連同奉覽。敉閑處業已面商定議，如尊意以爲然，其牒稿由雲請舫老代擬，再送改定。至此中如何濟用之處，悉候諸公裁定可也。

[1] 程藻安，程肇清，字藻安，吳縣(今江蘇蘇州)人。業賈起家，好行善事，有"善人"之譽。
[2] 駿叔，顧承。顧承號駿叔(一作晋叔)。
[3] 而不，二字文海本殘，據初刻本補。

又(二)

奉手書謹悉。承惠大作，佳箑畫仿衡山[1]，所謂入其室而嚌其胾者[2]。詩有奇趣，必如此始與題稱。三絕之譽，斷推髯公。歡喜祇領，感與忻會。敝藏有高鋠嶺[3]指畫鍾馗册十二葉，中有脫帽露頂不擺進士架子者，亦有易紗帽而戴笠者，特送法鑒，請題數行，將大作録後，并乞選定一幅，當仿其大意，作小幀奉報，藉博掀髯一笑也。

[1] 衡山，文徵明。文徵明號衡山居士。
[2] "所謂"句，《論語·先進》："子曰：由也升堂矣，未入於室也。"韓愈《送高閑上人序》："徒業者皆不造其堂不嚌其胾者。"朱熹注："嚌，嘗也；胾，大臠也。《禮》：左殽右胾。"
[3] 高鋠嶺，高其佩(1660？—1734)，字韋之，號且園、書且道人、南村、山海關外人等，鐵嶺(今屬遼寧)人。康熙時以蔭入仕，累官至刑部右侍郎。工詩，善畫，山水、人物、花木、鳥獸，無不簡恬生動。尤善指畫，晚年遂不再用筆。有《且園詩鈔》及大量指畫作品存世。鋠，同"鐵"。

又(三)

前假娑羅花册子，中間佳句不勝搜采，謹已全行鈔出。擬替花寫照，另製一册，圖列於前，詩録於後，每至花時，輒對花高吟一過，以自怡悅。此山居之雅韻，亦暮年之樂事也。閶闉城中，唯我二人共之，而艮老[1]諸君都無此花，此樂不與焉。常熟女史歸懋儀[2]和章最多，警句亦不少，中有"塵世得來原覺少，靈山雖種亦無多"二語，與吾兩家所有恰合，奉去素紙，請兄書成楹帖。如需拙書，亦望摘取一聯見示，即當書以爲報。各加跋語，互爲標榜，以傲艮庵、香巖諸老，不亦趣乎？！

又册中題句之吳某，與册面書籤之吳某，是一是二？留此謎團，以俟五百年後考訂家聚訟如何？一笑。册子繳上。不宣。

［1］艮老,顧文彬。顧文彬晚號艮盦。

［2］歸懋儀(約 1760—約 1832),字佩珊,號虞山女史,江蘇常熟(今屬蘇州)人。與其母并能詩,詩風清婉綿麗,斐然可誦。有《繡餘小草》《繡餘續草》《聽雪詞》,及與母合集《二餘草》。

徐頌閣少司馬郙[1]（三通）

（一）

聞江西風俗，民間好食牛犬，而食犬者尤衆。犬不易制，制必狂噬。制犬之法，以粗竹筒，約長丈許，通其中，貫以長緶。緶之末，手持之；緶之端，繫小鐵鈎，蒙以豬肉等類以爲餌，如釣魚然。伺犬食餌，即將長緶從竹筒中儘力一抽，筒抵犬口，鈎不能脱，雖欲狂噬，不能近身，任其牽之而走，付屠宰割，慘酷之狀，有目不忍睹者。聞之極爲惻然。夫犬能守户，牛能耕田，有功於人，與豬羊不同。諺云：牢字从牛，獄字从犬，不食牛犬，牢獄必免。此亦喚醒愚人之説也。

執事持節江省，按臨各屬，與大吏及府縣必時相接晤，凡地方利害，皆所宜言。此雖細事，亦關陰德，務祈會商大吏，剴諭郡縣，一律禁革，福德無量。

便中乞惠復。不宣。

[1]徐頌閣，徐郙（1836—1907），字壽蘅，號頌閣，江蘇嘉定（今屬上海）人。同治元年（1862）進士，授翰林院修撰，累官至左都御史，兵部、禮部尚書等，拜協辦大學士。徐頌閣工詩，精於書法、山水，喜收藏金石拓片及名家書畫。慈禧謂徐郙字有福氣，晚年作畫，悉命徐郙題志。少司馬，兵部侍郎的别稱。徐頌閣曾任兵部侍郎。同治六年（1867），徐郙出爲江西學政。

又（二）

音問久疎，懷想殊切。比者春融景淑，遥維勳位兼隆，聲聞并楙。弟守拙養疴，馴成老廢，終年跧伏，無非在故紙堆中消磨歲月。崦嵫已迫，學業全蕪，老大自傷，無足爲至愛述者。近刻《漢建安弩機考》一册，不足成書，因有先輩手迹，且欲執事知鄙人七十之年，未忘結習，或可一笑存之。

茲有江蘇候補微員裕森，號書樵，年甫及冠。人既溫文，畫尤工妙，曾得子青[1]先生指授。今隨其尊人常月川都督入都驗看，持其畫册，欲就正於當代鉅公，效蘇潁濱未冠之年願見韓魏公故事[2]。渠非潁濱比，而執事今之魏公也。因給寸箋爲介，并無干求之事，幸賜一見劻教之。月川曾與共事，交契多年，素性耿介。書樵官雖微末，亦是可造之材，畫册如謂可教，儘請存留。不盡。

[1]子青，張之萬，字子青。
[2]"效蘇潁濱"句，嘉祐二年(1056)，蘇轍與兄蘇軾同榜高中進士，十九歲的蘇轍在中進士後給當時的樞密使韓琦寫了一封信，即《上樞密韓太尉書》，希望得到韓琦的接見。韓魏公，韓琦英宗時封魏國公，徽宗時追封魏郡王。

又（三）

裕書巢[1]回南，奉到手書，深荷存注。書巢述在都猥承推愛，曲賜甄陶。俾微員未藝，得見賞於諸巨公，歡欣鼓舞之情，若有不勝其榮幸者。亦足徵大君子愛才若渴之盛意。即日身秉國鈞，進退人材，已於此略見一斑矣。此君年纔及冠，將來多讀詩書，飽觀名迹，積久功深，其所造正未可量也。

所需羊穎，丁友梅自開修梅閣之後，景況艱難，生意枯寂，因之藝亦日退。蘇城著名者，向推楊春華，勒少仲中丞最爲心賞，幾等諸程奕[2]、徐偃[3]之列。其人已故，春華之子繼其父業，雖不能如吳説克紹家法，而在閶閻城中，總算庸中佼佼矣。特檢自用羊毫大小二十枝，屬潞兒先行寄上，中間絕細者，與筆頭較長者，乃潞兒之物，鄙人不用此一種也。如能應手，請隨時示知，當爲續寄。甚便也。

近日有無新得佳迹？極願聞之。吴中時有所見，價極昂貴。大抵香嚴、仲復所得爲多。王黄鶴[4]號叔明，乃所見有寫"叔銘"者。倪雲林號幻霞，乃所見有寫"幼霞"者。無從深考孰是孰非，不識方家有所取徵否？風便示我數行，以當晤對。

　　[1] 裕書巢，當即前信所言裕森字書樵者，此誤爲書巢。
　　[2] 程奕，錢塘人，宋代筆工，爲蘇軾所賞。《東坡題跋·書錢塘程奕筆》："近年筆工，不經師匠，妄出新意，擇毫雖精，形制詭異，不與人手相謀。獨錢塘程弈所製，有三十年先輩意味，使人作字，不知有筆，亦是一快。"
　　[3] 徐偃，《東坡題跋·書魯直所藏徐偃筆》："魯直出衆工筆，使僕歷試之。筆鋒如着鹽曲蟮，詰曲紙上。魯直云：'此徐偃筆也。有筋無骨，真可謂名不虚得。'"
　　[4] 王黄鶴，王蒙(1308—1385)，字叔明，號黄鶴山樵，吴興(今屬浙江湖州)人。元末曾應張士誠聘爲理問、長史；入明，出任泰安知州，因胡惟庸案牽累死於獄中。王蒙乃趙孟頫外孫，山水畫受趙影響，集董源、巨然諸家之長而自創風格，與黄公望、吴鎮、倪瓚等合稱"元四家"。

張子青大司馬之萬[1]（七通）

（一）

　　自違尊範，依戀之忱，無時或釋。雲客秋抱病，纏綿兩月有餘，頗形沈重。後託福庇，至冬月中始得轉危爲安。辱蒙愛注，懃拳損書，垂問至再至三，私衷感激，匪言可盡。曾命兒子承潞肅具稟函，代躬申謝，計邀鑒察。雲體氣本弱，刻下眠食雖已照常，而精神終未復舊。又值去冬奇冷，正如右軍帖中所云"積雪凝寒，爲五十年中所無"[2]。蓋南方雪深至二尺有餘，冰凍歷兩旬之久，實所僅見也。病後遇此，益形瑟縮。所幸胃納頗健，往後春暖，或可比舊稍振。知荷存注，謹手肅布慰。

　　筱舫回禾，頻有信來，鄉居尚爲安適。去冬亦嬰重症，當病勢甚劇之日，正彈章北發之時。人皆謂有此蹉跌，病遂轉機，此簡當作延壽符視之。人生窮通得失，早有定數，亦惟自安義命而已。明公關愛筱舫，故附陳其概。

　　此間諸親友中，惟子山、旭人最爲老健，季玉、眉生亦均安好，獨仲復抱鴒原之痛，意興較減。雲因醫生至切叮嚀，謂筆墨最耗心血，必得蟄輟，庶精力可望康復。比於研削頗疎，即往來書問，亦常倩人捉刀，或遲不作答。茲之瑣瑣瀆陳，墨凍指僵，劣不成字，惟恃明公摯誼，見此惡札，或轉喜其大病之後，尚能搦管作書，愛忘其醜，不以草率見責也。皇恐皇恐。

　　春寒，伏惟起居珍重，不盡馳切。

[1] 大司馬，《周禮·夏官》："大司馬之職，掌建邦國之九法，以佐王平邦國。……以九伐之法正邦國。"應劭曰："司馬，主武也，諸武官亦以爲號。"明清用作

兵部尚書的代稱。張之萬光緒年間爲兵部尚書,故稱。

　　[2]"正如"句,王羲之《十七帖》第五通與周撫信,其中有句:"頃積雪凝寒,五十年中所無。想頃如常,冀來夏秋間,或復得足下問耳。"故此帖又稱《積雪凝寒帖》。

又(二)

　　前月杪奉到鈞函,仰蒙垂注慭拳,愛勖交至。臨風三復,感與抃俱。客冬積雪既深,本年春水又足,運河必可通暢,舟行定無濡滯。唯此後卿雲愈遠[1],侍教未期,倍增惘惘耳。

　　雲新正以來,出門僅止三次,朋儕招邀,間或踐約。魏三野服[2],隨意譠談,無形迹之拘,故病軀勉可支撐。惟每遇聚會,輒以清暉暌隔,合席寡歡。范忠宣詩"座上多佳客,無公衆不怡"[3],偶一諷誦,未嘗不惓懷道範,意往神馳。

　　伏承來諭教以少輟筆墨,護養心神。此真摯愛骨肉之言,謹當永書諸紳,蘄副箴誨。

　　潘季玉親家有奉懇一事,詳於另箋,諸惟鑒察。

　　[1]"唯此後"句,張之萬於同治九年(1870)調江蘇巡撫,九月補授閩浙總督。
　　[2]魏三野服,《宋史·魏野傳》:"野不喜巾幘,無貴賤,皆紗帽白衣以見,出則跨白驢。"魏三,魏野(960—1019),字仲先,號草堂居士,陝州(今屬河南三門峽)人。沈括《夢溪筆談》卷一六:"後忠潛鎮北都,召野置門下。北都有妓女,美色而舉止生梗,土人謂之'生張八'。因府會,忠潛令乞詩於野,野贈之詩曰:'君爲北道生張八,我是西州熟魏三。莫怪樽前無笑語,半生半熟未相諳。'"
　　[3]"范忠宣"句,范純仁《酬安之罷赴真率會》:"席上多佳客,非君衆不怡。詩詞雖有激,誠意在相思。"范忠宣公,范純仁(1027—1101),字堯夫,吳縣(今屬江蘇蘇州)人。范仲淹次子。皇佑元年(1049)進士,累官至同知樞密院事、觀文殿大學士,謚忠宣。

又(三)

　　月之十六日曾具寸箋,附有書籍等件,交常月川帶呈。甫發,接奉孟二兄携到鈞諭，并畫兩軸，莊誦之餘，莫名感幸。敬審福躬安泰，眠食攸宜。謝太傅爲蒼生而起[1]，從此卿雲在霄，爲霖爲雨，薄海咸霑，正不獨林下部民以手加額已也。

　　平山[2]畫名本重，與小仙[3]、三松[4]同派。南方專尚惲、王，遂視北宗爲異境，幾不復寓目。古來儒釋兩途，俱有門户。今之論書畫者，亦存此見，大約風會所趨，雖有一二領袖壇坫者，欲起爲砥柱，亦難挽既倒之狂瀾。然風氣俗尚，會有轉移，如今人作書喜學北碑，亦莫之爲而爲也。偶發狂瞽，藉博一笑。方邠鶴[5]畫全學麓臺[6]，其人出處，容查明奉報。

　　刻間孟兄專人來言，明晨即欲歸去。悤悤無以將意，案頭有甫倩吴香圃[7]所刻圖章，筆力頗爲健勁。内"思言敬事"四字係仿敝藏漢銅印，印石雞血昌化，尚是舊坑。又"千石公侯壽貴"一方。當年阮文達公八十生辰，門下士張叔未解元年亦七十四歲，特携此磚渡江祝嘏。文達大喜，屬邗上精於篆刻者，鎸《眉壽圖》。圖中設有長案，上置齊侯罍，與此"公侯壽貴"磚。師弟相對，白髮飄蕭，詩文咏歌，連篇累牘，至今觀其墨本，猶想見高年豪興，令人豔羨。雲倩香圃依磚文篆法仿刻二印，并以一方奉鑒。

　　雲忝附同庚，雖蒲柳之資，未敢與松柏并論，然七十稱爲古稀，私心自喜，故今年刻印頗多。此三印甫經刻就，適在案頭，乘孟二兄之便，託爲携呈，統希哂納。

[1] "謝太傅"句，同治十年（1871），張之萬以孝養奏請回籍；光緒八年（1882）復召入見，授兵部尚書。謝太傅，謝安（320—385），字安石，陽夏（今河南太康）人。少以清談知名，辭辟命，隱居東山。後出任征西大將軍司馬、吴興太守、侍中、吏部尚書、中護軍等，卒贈太傅、廬陵郡公，謚文靖。

[2] 平山，張路（1464—1538），字天馳，號平山，大梁（今屬河南開封）人。工人物，亦工鳥獸、花卉，以水墨寫意，運筆迅捷，與朱端、蔣嵩、汪肇等同爲浙派名家。

[3] 小仙，吴偉（1459—1508），字次翁，又字士英、魯夫，號小仙，江夏（今湖北武漢）人。畫院待詔，善畫水墨寫意人物、山水，時繪巨幅山水，落筆健壯。亦屬浙派，追隨者甚衆。

[4]三松,蔣嵩(生卒年不詳),字三松,號徂來山人、三松居士,江寧(今江蘇南京)人。約活躍於成化、嘉靖間,善畫山水人物,畫法宗吳偉,喜用焦墨枯筆,亦善用淡墨,濃淡相間,渾然一體。

　　[5]方邠鶴,方原博(生卒年不詳),字亮曹,一字邠鶴,安徽桐城人。活躍於康乾間,曾官泗州學政,以事謫口外。能詩,擅畫,八分書擅一時之能。有《航海生涯集》。

　　[6]麓臺,王原祁(1642—1715),字茂京,號麓臺、石師道人,江蘇太倉(今屬蘇州)人。康熙九年(1670)進士,官至户部侍郎。以畫供奉内廷,擅畫山水,用幹筆焦墨,層層皴擦,與王時敏、王鑒、王翬并稱"四王"。有《雨窗漫筆》《麓臺題畫稿》《罨畫樓集》等。

　　[7]吳香圃,吳全昌(生卒年不詳),歸安(今屬浙江湖州)人。陸以湉《冷廬雜識》卷二"吳香圃詩"條:"少有雋才,稍長,以詩賦受知於學使者阮文達公。入郡庠,屢試不售,轗軻憔悴以老。著有《香草齋詩鈔》。"

又(四)

　　前得陳季平書云,同蘇世嫂有夢蘭之徵,分娩約在三月底邊。明公俟抱孫之後,始行入都。汔逾兩月,而中外望東山之起,不知因何致遲,實深繫念。

　　雲今夏已來,屢體勉可支持,所藉以消遣者,禽魚花木之外,間與諸老作真率會,平賞書畫。此外訓應,概不預也。所望節麾重蒞,雲雖老廢,亦當鼓舞奮興作前驅負弩,以償積愫,明公或亦欣然許之也。

　　兹者晚荷未褪,蚤桂將芬。恭值明公七十攬揆之辰[1],南北暌違,未獲登堂晋祝,奉觴稱壽,遥跂德門,彌殷神往。謹率兒子承潞,檢呈卷册數種,敬代祝嘏。中間石溪[2]、西堂[3]書迹,明公曾云少覯,故特寄呈。又世好張薦甫大令,爲戴文節得意門生,需次江蘇,不善迎合,年未中壽,齎志而没。清祕閣中,凡南中畫家,搜羅無遺。薦甫畫留存絶少,親友中亦無收藏,謹以爲獻。明公觀其筆意如何? 使天假之年,卓然可以成家。尤難得書法亦佳,且有學問。

　　[1]攬揆之辰,《楚辭·離騷》:"皇覽揆余於初度兮,肇錫余以嘉名。"後因以"攬

揆"代指生辰。

［２］石溪，髡殘（１６１２—１６９２），俗姓劉，法名髡殘，字石溪、介丘，號白禿、殘道者，武陵（今湖南常德）人。工詩文、書畫。書法多見於題畫、手札，畫則兼擅山水、花卉，與石濤并稱"二石"，又與漸江、朱耷、石濤合稱清初四僧。

［３］西堂，高翔（１６８８—１７５３），字鳳崗，號西唐（一作犀堂、西堂、樨堂），別號山林外臣。擅畫山水花卉，亦精寫真、制印，與石濤、金農、汪士慎爲友，"揚州八怪"之一。有《西唐詩鈔》。

又（五）

客臘從婁東旋蘇，奉到手諭，浣薇稚誦。猥以馬齒賤辰，隆儀寵錫，當筵羅列，滿室輝煌。玉質金章，盡是珍奇瓌麗；名聯雋句，無非文字吉羊。九頓虔登，百朋志感。流光如駛，比已歲律更新，遥維福躬康泰，潭祉蕃厘，道德文章，與時并懋。指日東山復起，零雨蒼生，凡託帡幪，同深頌祝。

雲跧伏菰蘆，尚能自安其拙。惟素體孱弱，每至冬令，惡冷畏風，益形瑟縮。去冬到家以後，僅於嘉平十九日爲慶東坡生日，應星臺廉訪招出門一次。星翁因雲不赴公庭宴會，移尊耦園。是日主賓十人，可謂極一時之盛。仲復夫人傳示長律一篇，同人各有和章。屬雲繪坡公小象，録和詩於空方，一贈星臺，一留耦園，以後遇公生日，取以懸掛。雲另繪一幅，擬邀同人各書和作，寄呈鑒賞。知明公眷念舊雨，覽之亦可藉得各人近狀也。兹先將仲復伉儷原唱并拙作呈閱，聊以博笑。一俟輪局開行，再將畫象續寄。

雲辱明公過愛，略去雲泥蘿袞之分，引爲文藝交契之末。誼託忘形，不敢自外，凡修箋牘，必出親裁。音敬稍疏，實由於此，計明公亦必曲爲原恕也。

菊兄［１］舊恙聞可漸瘥。同蘇世兄金石書畫定益精進。南中諸老意興均尚如昔。三兒於立春後二日到家，開篆在即，日内即欲回署。去冬曾有稟函，未知遞達否？寒家眷屬均託庇帖順。知荷垂厪，用特瑣瑣布陳。

[1]菊兄,張之京(生卒年不詳),字菊坨(一作菊槎),直隸南皮(今河北滄州)人。張之萬弟。道光十九年(1839)舉人,曾官湖北知府。張之京患腿疾,不良於行。

又(六)

敬肅者。去年春間專肅謝箋,託季平觀察轉寄。稔知明公愛注慇拳,用將近狀縷述,約六百餘言,未識何日得塵鈞覽。流光如駛,不覺又屆一年矣,遙維福德兼崇,身名俱泰,怡情翰墨,樂志林泉,處則爲鄉黨儀型,出則爲蒼生霖雨。古大臣一身進退,實關世運,翹跂東山,仰頌者固不第雲一人已也。

雲自去夏七月初在耦園作消暑之會,下階傾跌,雖無内傷,而精神終不振作。半載有餘,未出大門一步,頹唐之狀,可想而知。聞明公居家,遇鄉社戲會,尚能挈小世兄輩曳履往觀。不獨見精力之勝,亦徵腰脚之健。豔羨之餘,慰與抃會。

此間同社諸老,念雲病體,每遇真率讌會,輒移尊敝齋,聊解枯寂。八月間悟九河帥就醫到蘇,下榻兩罍軒。初到頗有病容,旬日以後,不但面龐加腴,抑且精神焕發。林下諸老皆是知交,悟老又爲真率舊侣,同人挈榼提壺,分番迭至,縱談風月,上下古今,酒酣耳熱,未嘗不北望卿雲,皆有座無車公之感。悟老宦情本淡,在蘇流連匝月,頗有依依難舍之情,引疾一疏,原有深意,并非無病之呻。乃摺差到京之次日,即有豫中京兆一章,中間不少微詞。因業已言歸,遂置高閣。雖美璞良金,無損磨鍊,然總不如泯然無迹之爲愈也。故京中親友書來,謂其先幾之見,不讓蓴菜秋風。惟到家後事多怫逆,尤不得意者,前年甫得一孫,忽又夭殤。胸懷鬱鬱,引動舊疾,數月已來未離牀褥,殊可憂也。此外諸老景況,詳於致菊兄書中,敬祈鑒閱,不復重贅。

南中書畫近益少見,稍可入目,價便不貲。去年得程松門[1]山水小卷。觀其筆意,雅有卷軸之氣。松門爲清湘[2]高足,又爲漁洋[3]詩弟子,麓臺極推重其畫。竹垞老人謂松門工詩,爲畫所掩,則當日名重可知。

乃流傳甚少，未知清祕閣中有其畫否？謹以呈寄。又食物三種，藉以侑函，統乞賜納。

常月川參將，明公之舊部也。其子裕森，以微員需次江蘇。年甫及冠，貌既英發，人尤老成。酷喜作畫，得明公法脈。前年進京驗看，曾爲寓書頌閣侍郎，并以畫册爲介。頌閣亦謂其得明公指授，故筆無俗韻。頻年以來，益能勤學，寫成山水十二幀，裕爲小册，託帶轉呈。又稟一件，想明公知其苦衷，必爲援手，無俟瑣瀆。專肅布臆，語意冗長。因恃明公摯誼，凡有箋牘，從不敢假手於人，音敬之疎，實由於此，亮明公曲爲原恕也。

[1] 程松門，程鳴（生卒年不詳），字友聲，號松門，安徽歙縣（今屬黃山）人，居揚州。乾隆年間諸生。山水學於石濤，幹皴枯墨，運以中鋒。與厲鶚等爲詩畫友。
[2] 清湘，石濤。石濤別號清湘老人。
[3] 漁洋，王士禛(1634—1711)，原名王士禎，字子真，一字貽上，號阮亭，又號漁洋山人，新城（今屬山東淄博）人。順治十五年（1658）進士，官至刑部尚書。工詩文，擅鑒別書畫、鼎彝之屬，精金石篆刻。有《帶經堂集》《池北偶談》《古夫於亭雜錄》《香祖筆記》等。

又（七）

秋間朱道南歸，帶到手諭，備悉種切。并蒙惠賜佳茗四瓶，謹已領訖，敬謝敬謝。辰下伏維勳崇啟沃，德協都俞，位業愈隆，身名俱泰，引詹卿裔，定愜頌忱。

雲蒲柳之質，望秋先零。本年自夏秋以來，病不脫體，竟無旬日之安。幸近日三兒常侍左右，一切勉可支援。昨日許星叔舍親榜後請修墓之假，道出吳門。因邀同社諸老，作杯酒之敘，闔座爭問起居。星叔備述明公精神意興，色色俱佳，公退之餘，間及翰墨，丐求者屨常滿戶，日不暇給。得之者珍若球圖，詫爲異寶。渠曾以扇頭乞畫，恰值明公解衣盤礴之時，信筆一揮，當日即就。星叔謂人求之數月而不得者，彼則以旦夕間獲之，兼且乘興，拈毫擩染，益增精采。同人聞之，莫不豔羨，亦見松柏之質，歲寒彌健，喜甚慰甚。

同社諸老近狀如恒，惟子山爲七月間駿叔抱病不起，大爲悲傷。幸能達觀，二三月後，仍常到園中游玩，尚不至過於凝滯，惟書畫之興大衰矣。仲復、季玉均健，訥生因孫子泰士秋榜高捷，老懷大開。眉生甫逾艾服之年，老態與雲相等。來諭早遍示同人，皆託代爲申謝，請安道戀。

三兒需次省垣，衛中丞[1]相待尚優，兩司俱有淵原，尚可相處。惟人多事簡，亦只有循分從公，守身俟命。知荷師門愛注，謹特附陳。

近刻《印考漫存》一部、趙書石刻一本，敬奉鑒定。同蘇世兄在都否？菊兄腿疾漸瘳否？均念甚念甚。

[1] 衛中丞，衛榮光（1826—1890），字静瀾，河南新鄉人。咸豐二年（1852）進士，選庶吉士，授編修。累官到山西、江蘇、浙江巡撫。光緒七年（1881）十一月，衛榮光由山西巡撫改任江蘇巡撫。

張菊坨觀察之京

去冬陳季平弟來晤，詢悉舊恙漸瘳，已能持杖而行，不必需人扶掖；并知眠食精神，亦多增勝，澆花種竹，饒有家庭之樂，聞之喜慰。

弟衰病侵尋，已成習慣。去年七月初二赴仲復處消暑之會，時正酷熱，許星翁攜有西洋自來扇，置之席上，引動機括，清風徐來，令人心曠神怡，如處清涼世界。迨至斜日西沈，酒闌人散，弟與季玉先行，將欲登輿，回頭說笑，足履階沿，蹈空橫跌，左邊頭面磕在砂石版上，顴、額、眉際、鼻梁均遭破傷。當時諸老驚駭無厝，弟則神魂飛越，惟痛不可忍，而心尚清楚。旋即肩輿歸家，各親友遣醫餽藥，至三鼓仲復伉儷尚有人來探問，其慌急情狀可想而知。所至奇者，頭面傷有四處，左臂與右膝亦各有傷痕，獨腰身竟一無所損。僉謂神明默佑，固當凜感，而褲帶繫有古玉數件，却是三代兩漢原舊神品，爲生平所至愛者，竟得賴以避禍。古人玉不去身，良有以也，豈但庇蔭嘉穀已哉。吾兄夙有同耆，謹特奉告。

承惠春夏蘭十盆，由季玉分來，謹已領到，感謝無已。此皆名種可貴，乃袁意江貿易欠順，失於照顧，遂令十盆宿草，竟無一花。現在加意培養，但望明春有花，當合季玉、仲復處各種，作一名蘭大會，繪圖徵詩，永志嘉貺。

此間諸老，訥生、子山與弟同庚，而精神甚旺；順老年齒最長，步履亦好；季玉素稱健者，今仍如舊；仲復亦有興會，耦園日涉成趣，頗有城市山林之致；香嚴常有病痛，去歲亦大半年不能出門，今已霍然矣。唯筱舫七月間在禾患濕瘟症，其弟筱珊奉差在外，家人信庸醫之言，誤服人參。向來發病，必經筱珊醫治，此次聞信趕回，業已無及。痛兄情切，遂亦病倒，未及半月，相繼云亡。嗣子年輕，身後遺資，不足萬金，半年已來，喪葬各費，已用去十停之三，將來如何支撐，言之於邑。往年吾兄與其手書，筱舫謂獨厚於彼，常形色喜。今成永訣，想兄聞之，定增愴感也。

　　茲乘沈少笙姻兄津差之便，託其帶呈重摹《金閶佳麗》[1]畫卷一件，又玉壺外史[2]《剪出春風第一枝》屏幅一幀。又食物四種，中間花荷包豆二三月下種，至秋間結實。各樣豆子，多在春夏之間，獨此在於深秋。寒家栽植兩年，無不開花結子，味又甘美異常。請廣布珂鄉，傳此佳種，如何？燕菜[3]乃悟九閩中帶來，借花獻佛，并非出資所購。豆脯、洋點，皆是異方風味，謹佐頤養。戔戔表意，藉以伴函，勿以鄙夷叱之，幸甚幸甚。

　　手肅布臆，用當晤對，不敢以一字寒暄習套相溷。詞雖淺率，兄或鑒其語意之誠，亦不忍"拉雜摧燒之"耶[4]。一笑。

　　[1]《金閶佳麗》，謝時臣作，絹本設色長卷，描繪明代中後期蘇州西門閶門至西北虎丘之間，運河附近的郊野風光。此畫曾於西泠印社2011春拍時面世，圖引首有王穉登古隸題"金閶佳麗"，拖尾有王跋。另畫心前後端鈐有吳雲收藏印三方，拖尾有吳雲跋語，知此畫曾為吳雲所藏。謝時臣（1487—1567後），字思忠，號樗仙、樗仙子、虎丘山人，長洲（今江蘇蘇州）人。能詩，工書法，擅山水。所作山水筆勢豪放，縱橫自如，而又結構茂密，描繪細膩。

　　[2]玉壺外史，改琦（1773—1829），字伯韞（一作伯紐），號香白，又號七薌、玉壺外史等，松江（今屬上海）人。工人物、佛像、仕女，筆意秀逸瀟灑，工麗精雅，卓然成家。能詩詞，有《玉壺山房詞選》。

　　[3]燕菜，即燕窩。翁同龢《翁文恭公日記》："李中堂送燕菜等物，固卻不得，甚愧。"

　　[4]"亦不忍"句，漢《鐃歌十八曲》之《有所思》："有所思，乃在大海南。何用問遺君，雙珠瑇瑁簪，用玉紹繚之。聞君有他心，拉雜摧燒之。"

張同蘇司馬嘉蔭（三通）

（一）

　　昨奉手書，并承示唐碑二種，謹已校讀再過。其《懷仁聖教序》爲墨林希有之珍，敝藏本在南中頗尠倫比，與尊本較似尚遜一籌。恭壽老人定爲北宋精拓[1]，洵是真鑒。其李括州[2]《麓山寺碑》，紙墨雖緻，而搥拓已在碑字磨刷之後，故石質平净，字口光潔，無泐蝕碎剥之痕。試取碑中裂文考之，如"法界圖於剡中"之"於"字，"隨品類而得根"之"根"字，"咸以形勝"之"以"字等處皆缺，此爲明證，若明以前拓本皆不缺也。此本若全，恐"黃仙鶴"等字已漫漶莫辨矣。

　　國朝考審碑帖，以王篛林、翁覃溪爲最精，近日張未未繼之，而專門者則沈韻初、程蘭川[3]。自二君去世，頗尠解人。閣下篤耆古碑，淵源家學，將繼翁、王而起。辱荷垂詢麓山兩碑同異之處，屬爲考定，具見審鑒心細，實深佩服。用敢獻其狂瞽，尚望是正爲幸。

　　[1]"恭壽老人"句，王澍《竹雲題跋》卷二："聖教序不知斷自何時。僕在京師，嘗於閩中許氏見觀趙文敏臨本，凡斷處字皆闕，則知自元以前蓋已斷矣，斷者不足言其未斷者，的爲宋拓無疑也。"恭壽老人，王澍號恭壽老人。

　　[2]李括州，李邕（678—747），字泰和，鄂州江夏（今湖北武漢武昌）人。曾任括州刺史、北海太守，故又稱李北海、李括州。

　　[3]程蘭川，程文榮（？—1853），字蘭川，號魚石，又號南邨，浙江嘉善（今屬嘉興）人。道光十一年（1831）進士，咸豐時奉檄權篆江寧北捕別駕。咸豐三年（1853）江寧被太平軍攻陷，殉節。朱蘭有《挽程蘭川（同年之弟）》："莫笑官卑，大節爲江山壯色；群推記博，貞心與金石交輝。"工書法，藏書籍、碑帖甚富，熟於目録學。人譽爲"近日碑帖之學，相知中推道洲何子貞、杭州高叔荃。子貞尤深於碑，叔荃尤深於帖。

蘭州兼而有之，令人傾倒無似"。有《嘉興府金石志》《江寧金石志補》《鐘鼎校誤》等。

又（二）

昨奉還書，并承惠《延陵季子墓碑》一通，敬謝敬謝。此碑歐陽公云：前世相傳以爲孔子所書，而考孔子生平，未嘗至吳。按之《史記》，歷聘諸侯，南不踰楚，不得親銘季子之墓。又其字特大，非古簡牘所容，特以其名傳之久，不可遽廢耳[1]。今距歐陽公所題，又閱八百餘年，雖唐時已一再重摹，而江南古碣，極少此碑，實舊刻可貴，是否爲孔子所書，不必深論也。碑有張從申題記，至"改修季子廟碑"乃別是一石，非碑陰也。

張孝思[2]，號則之，即培風閣主人，弟處亦有其題跋，笪江上[3]極爲推重，乃勝國人也。弟記憶不起，具見閣下閱古心細，實深心佩。遲日當令裱匠顧芸峰往搨張書，分貽同志。

再張孝思題字惡劣，文理亦不甚通。且云唐搨并無翻刻。所謂唐拓者，豈另有唐拓舊本，此即從唐拓重摹耶？抑唐拓即唐石耶？頗爲費解。近人孫淵如[4]、錢竹汀皆有著錄，并無考證。欲乞足下函致劉樸卿[5]兄，取縣志一查，并將九里鎮距城路程開示。（該鎮曾否遭賊蹂躪？在縣城何方？）此碑弟屢訪各任丹陽舊令，均無知者，想必鄉僻，離城不近耳。

又，弟所謂另是一碑，係據前人著錄而言，并非目識。來諭碑陽碑陰之説，是否拓碑人所説？并望轉請樸卿兄確切一查，是爲至懇。

[1] "此碑"句，歐陽修《唐重摹吳季子墓銘》："按孔子平生未嘗至吳，以《史記》世家考之，其歷聘諸侯，南不逾楚。推其歲月踪迹，未嘗過吳，不得親銘季子之墓。又其字特大，非古簡牘所容。第以其名傳之久，不可遽廢，故錄之，以俟博識君子。"

[2] 張孝思，字則之，號嫩逸，京口（今江蘇鎮江，一説爲丹徒）人。善書，喜畫蘭竹。精鑒賞，富收藏，家有培風閣，藏晉唐法書、宋元名畫。

[3] 笪江上，笪重光（1623—1692），字在辛，號君宜，又號蟾光、逸叟、江上外史、郁岡掃葉道人，江蘇句容（一説江蘇丹徒）人。順治九年（1652）進士，官至御史。書、畫名重一時，與姜宸英、汪士鋐、何焯稱四大家。有《書筏》《畫筌》等。

[4] 孫淵如，孫星衍（1753—1818），字伯淵、淵如，陽湖（今屬江蘇常州）人。乾隆五十二年（1787）進士，累官至山東布政使。精研經史、文學、音訓，旁及諸子百家、金石碑版，尤精校勘，輯刊《平津館叢書》《岱南閣叢書》《尚書古今文注疏》等，均稱善本。有《周易集解》《寰宇訪碑錄》《孫氏家藏書目錄內外篇》《芳茂山人詩錄》等。

[5] 劉樸卿，光緒修《重修丹陽縣志·職官》光緒年間知縣有"劉誥，字朴卿，河南滑縣人，辛酉拔貢"。又民國修《重修滑縣志》卷一八："劉誥，字樸卿，城內人。咸豐辛酉拔貢，任江蘇宜興、荆溪等縣知縣。書法清秀，又工畫山水，爲南皮張文達公之萬所賞識。"

又（三）

《九里廟志》謹已讀竟，擴所未聞，獲益匪淺，敬謝敬謝。原書二册繳上，乞詧納轉交。志中有古碑四，内殷仲堪一碑，係晉永嘉五年立，至萬曆十四年重建左碑亭，專樹此碑，似尚未毀。望詳詢該道長，倘有踪迹可尋，則此碑乃六朝遺迹，尤爲可貴。顧雲峰處甫雇工往拓，當飛信前去，屬其并拓數十分，儘趕得及也。此外梁王僧恕等碑，必已毀佚，無可追尋矣。《蕭定碑志》中失錄"前試大理司直張從申書"一行，後又失錄"歲己未八月"以下數十字。碑書"蘭陵蕭定字梅臣記"，志書"潤州刺史蕭定記"。當時或沿舊志，不取證於碑文。前人著書，每每粗舛類如此，不足深論也。

卷　八

潘鄭盦大司寇祖蔭（四十三通）

（一）

　　秋間奉手翰謹悉，續又從恒軒處寄到大著《攀古樓彝器款識》《齊鎛鐘圖釋》各一册，伏讀再過，仰見鑒別精嚴，考證詳確。自序一篇闡前人未發之藴，尤爲推勘無遺。此必傳之詣也，敬服敬服。

　　承詢張氏清儀閣用白芨拓銘之法。叔未丈在日，凡刻石拓墨之事，悉係吳衣谷裕、張受之[1]辛二人。其拓古彝器，亦不盡用白芨，間或濃搨，則取極薄白芨汁，用棕箒略刷器上，使之牢粘不脱，然後搥打匀足，由淡入濃，紙墨又極精究，自與尋常拓本不同。倘遇天氣潮潤，只要紙墨佳，工夫細，不用白芨，亦工妙也。

　　剔字之法。叔未丈云：凡古器篆文爲青緑淹淤，須漬醯旬日之久，或至兼旬，然後洗刷始顯。用油斷不如用醯，用鍼又不如用皂角刺不損銅質。倘漬醯深透，青緑鬆活，則篆文以洗刷出之，尤爲至妙。此二事，舊嘗聞諸叔未丈者，請試驗之。

　　所需邾公鐘銘拓謹奉上。外又一鐘，乃五年前周縵雲兄購自金陵蔡筱石[2]家。甬已脱落，銘詞與孫淵如所藏之楚良臣余義鐘同，而形製特大，篆體亦異，想同時所舖。古鐘同銘而異器者甚多也。曾以拓本寄質簠齋,簠齋以爲佳,并臧有舊拓本。似此鐘在當日亦好事者所爭重也,縵兄以其爲不全之器,不甚愛惜,現歸弟處,特拓寄鑒定。泉範拓四種,附呈清賞。另備一分,乞轉交鮑子年兄。前由恒軒寄示《觀古閣叢稿》《泉說》二册,讀之竊深嚮往。海内同志甚少,南中幾於歇絶。得執事爲之提倡,吾道不孤,亦斯文之幸也。

[1] 張受之,張辛(1811—1848),原名辛有,字受之,浙江海鹽(今屬嘉興)人。布衣,愛金石之學,精摹泐上石,時作篆刻牙石印,古勁有韻,深得張廷濟賞識。編有銅器拓片《丁未消寒集》。

[2] 蔡筱石,蔡宗茂(1798—?),字筱石(一作小石),上元(今江蘇南京)人。道光十三年(1833)進士,選庶吉士,累官至按察使。其父蔡世松精通翰墨,嘗手摹名人墨迹,刊《墨緣堂法帖》。

又(二)

新正十三日奉祀竈日手翰,并承惠吉金墨拓二十四種,謹已領悉。承諭續得郘鐘四枚,合之舊有四枚,得編鐘十六枚之半,恰成一堵,非常之喜,雖萬户侯不易也。聞之不覺抃舞。便中乞將八鐘各拓一分見寄,拓紙稍寬,各題數語於上,俾裝小屏幅四幀,懸之齋壁,晨夕相對,勝古人卧宿碑下者多矣。都中如有會搨全形之友,則更妙也。然郘人以先睹爲快,只求銘拓,其全形請俟異日可耳。楚鐘拓本遵即寄上二分,乞鑒收。

柳門未知何日到京?恒軒何以杳無音信?弟處亦未得其隻字也。簠齋亦有一月不通書。此老收藏之富,復絶今古,而猶孜孜不倦,真可謂好古成癖矣。渠欲將自臧器之佳者,及同志中臧器之佳者,據拓本彙刻,再合古今拓本摹文重刊,加以注釋。本朝刻者汰其僞,不怨;宋元刻者,汰從寬,云云。弟答以此舉甚善,郘人亦有志未逮久矣。乙丑年曾輯《款識》四册,因遺漏過多,欲待重訪,遂致輟業,稿本尚在也。前朝彝器款識諸書,大半舛僞失真。薛尚功石刻,世尠傳本,此外惟王復齋[1]尚有古致,餘則皆係鈔寫描摹,於先秦文字全不相類。不如就所臧拓本七八百種之中,擇字多且精者刻之(積古齋、筠清館[2]所刻較勝前人,其真本簠齋處皆備),字少而有關經術考證者,亦刻之,前銘後釋,彙成一書,略仿薛、阮二書例而遴選必嚴,去取必慎,尋常習見之詞,概從刪汰。此一代必傳之作也,質諸左右,如以爲然,尚乞於通書時,慫恿以堅其志。此事固非簠齋莫屬,剞劂之事,我二人亦可相助爲理,共成盛舉,如何?

[1] 王復齋,王厚之(1131—1204),字順伯,號復齋,江西臨川(今屬撫州)人。乾道二年(1166)進士,累官至知臨安府。修古好學,精思博考,深通籀篆。刻意搜求三代彝器及漢唐石刻拓本,每得一書一器,必校勘整理,考訂簽題,審其真僞,摘其疵謬。有《復齋金石錄》《復齋印譜》《鐘鼎款識》《考古印章》《漢晉印章圖譜》等。
[2] 筠清館,指《筠清館金石錄》,十卷,吳榮光著。

又(三)

前月二十日由輪船局帶呈一函,附有邾公鐘拓本二分,不識何日始達,念念。一昨奉新正十一日所發手翰,并新得金器拓本三紙。其雙魚富貴洗款識篆文甚精,盉銘爲青綠掩淤,漬醋兩句,已有四字可辨,聞之喜甚。必再漬多時,以堅硬棕帚刷之,其字自顯。古器銘由親手洗刷出之者,必更得意寶貺[1]也。

恒軒於臘月廿八日學院署中遞來一信[2],據稱古器一無所得。陝中僞刻最多,近日吳中亦有仿骺者,其人類多認識。然止能仿漢代刻款,若先秦鑄款,一望而知其僞,故若輩不爲也。鮑子年兄寄惠拓本二十紙領到,中多精品,乞爲代謝。

弟於古泉一門向未專力,篋中所蓄刀幣及漢唐以來,約六七百種。因無甚新奇可喜之品,故久不啟視。今夏或清暇無事,當拓一分,寄奉鑒賞。

禾中金硯雲酷耆古泉,著有《古泉考》,上自刀布,下終吳耿[3],分正用品、僞品、不知年代、品外、國品爲四卷,大意在接續洪志[4],故宋金元明較備，其泉數年前由弟和會售與許緣仲親家。《泉考》金氏子孫以有先人手澤，諄懇代爲收藏，勿交他人，是以照錄一分與緣仲，而此書留在弟處。今屬小塏朱平華鏡清帶呈，望轉致子年兄一閱，未知其中或有《古泉匯》正續二書所未備否。閱後望交與柳門，轉交平華帶南可耳。

邵鐘拓本所求全分，未識何日惠寄？竊以先睹爲快也。

[1] 賷，即"貴"。

[2] "恒軒"句，同治十二年（1873）至光緒二年（1876），吳大澂出任陝甘學政。

[3] 吳耿，吳三桂與耿精忠。康熙十二年（1673），吳三桂殺雲南巡撫朱國治，起兵造反。爲了啟動經濟、穩定人心，在湖南、貴州等地鑄"利用通寶""昭武通寶"等。康熙十三年（1674），耿精忠在福州回應吳三桂，殺福建總督范承謨，令官民剪辮留髮，衣服巾帽悉依明制，自鑄"裕民通寶"。

[4] 洪志，洪遵《泉志》，十五卷，收載三百多種錢幣，分正用品、僞品、不知年代品、天品、刀布品、外國品、奇品、神品、厭勝品等九品，基本涵蓋了先秦至五代的鑄幣，"旁考傳記，下逮稗官所紀"，是一部較爲充實可靠錢幣專著。洪遵（1120—1174），字景嚴，饒州樂平（今江西景德鎮）人。紹興十二年（1142）進士，累官至翰林學士承旨、同知樞密院事、端明殿學士。

又（四）

前接二月初五日手翰，并承惠賜邵鐘拓紙八葉領悉，敬謝，敬謝。是月初有奉寄之函，并附金硯雲《古泉考》手稿四卷，交小塏朱平華孝廉帶呈，未知何日澈覽。

弟衰態日增，已成老廢，終日在故紙堆中研尋生活，而讀書善忘，掩卷即懵不省記。崦嵫景迫，毫無成就，甚有愧於同志，如何如何！去年與簠齋論古印，渠云凡有劍士印，皆出僞觛，弟答以昔人謂出於僞觛者，以"劍士"兩字從來未有考證耳。然生平見此印甚夥，詳審制作篆文，其精者必非後人所能僞，且價值甚廉，僞亦無謂。惟向亦以"劍士"二字無考爲疑，遍查歷代官志及各印譜，亦從無證據。後閱《通鑑》，建寧元年宦者王甫使劍士收陳蕃，執送北寺獄。然後知劍士爲當日宫門宿衛之官。此《漢書》本紀、列傳所不載，偶於温讀《通鑑》得之。曾以此覆壽老，而壽老來書，謂有詳説在與子年觀察及與執事書中，他日通書，可以索閲云云。不知壽老如何置論，公暇揮翰，便望示及，不急急也。

又（五）

前奉四月抄手書，謹悉種切。承寄拓本六葉，兩匜篆文一雋秀一奇古，可謂吉金精品，羨甚羨甚。盂鼎中變之疑，聞之悵然；嗣晤季玉親家云，得近報，此鼎已從關中起行，將可到京，不勝抃舞。盂鼎爲海内著名之器，其大者初聞已畀置文廟，今始知出於訛傳也。小字者亦知在宣城李氏[1]，曾託人往索拓本，至今未得。聞李伯盂[2]已作古人，不知其家能終守否。

簠齋爲當代傳人，惟其天性好勝，所作務要出人頭地，刻意求工，轉致因噎廢食。即如彙刻先秦文字一端，若照薛、阮二書之例，選擇器之字多而精確者，得好手影摹刻之，再得我二人相助爲理，此書一出，亦足繼往開來，決爲必傳之作。乃必欲依許氏《説文》部目創例成書，條件既繁，詮證匪易，窮年累月，不知何日得成。來諭謂其刻古金文一事竟不能成，想亦指此也。

尊體偶有違和，近日想已霍然。頭暈一症，大抵國政勞心，肝陽上擾，只須静攝數日，合目調息，便可勿藥而愈。弟終年抱病，稍知癥結，謹以爲獻。惟爲時珍護。不宣。

[1] 宣城李氏，李文翰（1806—1856），字雲生，號蓮舫，别字宗甫，安徽宣城人。道光八年（1828）舉人，曾官岐山令，遷夔州知府，以道員留川中。有文名，知音律，善書畫，尤工戲曲。有《味塵軒四種》《味塵軒詩文詞曲集》。傳李氏爲岐山令時得小盂鼎。方濬益《綴遺齋彝器款識考釋》"盂鼎"二："銘三百九十餘字，可辨者二百三十餘字，合文四，宣城李雲生太守文瀚所藏。"

[2] 李伯盂，李之郇，原名崇鼎，字伯盂（一作伯雨），號蓮隱。李文翰次子。由監

生例仕兵部武選司郎中,廣東候補道。喜藏書,收宋元刻本頗富。

又(六)

奉前月十六日手翰,承寄新得吳方尊蓋拓本,即積古齋所藏之吳彝。當日阮文達公據搨本樞入,故不知爲何器,遂以吳彝名之。今得尊處新收之器證之,足爲考古之助,洵墨林快事也。尚求以棉連紙,多拓數分見寄爲懇。兹寄上董止弢冊鼎拓本一、惠敦蓋一、齊侯匜一,皆漏未拓奉者,適案頭有此數種,先行寄呈,餘容續奉。

又(七)

兩奉手書,并金文拓本五葉,發函申紙,古色古香,溢於几案,歡忻無量。并知南苑貼落至七百餘件之多,書撰屬於一手,在他人必露窘相矣,而執事從容揮灑,游刃有餘,苟非胸儲五車,才周八面,曷克臻此。想當奮袖低昂、得意疾書之際,回顧堂廉,或亦有連呼奇絶者耶? 真令人嚮往不已。

弟病不離身,已成習慣,無足爲左右告者。承示簠齋欲刻古金文,此甚盛事。至渠收藏千種,尊處八百種,合之敝藏六七百種,已共有二千四五百種,不可謂非吉金中之大成也。然以三家所有者一爲校對,則重出者必居其半,再汰其字少而無關考證者,大約所存亦不過精本七八百種而已。此其數比薛、阮二書增十之五六,而又精選精刻,實足繼往開來,爲一代必傳之作。倘簠齋將伯一呼[1],我二人必相助爲理不敢辭也,執事亮亦謂然。

所需秦量拓本奉寄六分,又匭魚符拓本四分,并奉鑒賞。不宣。

[1] 將伯一呼,《詩·小雅·正月》:"將伯助予。"毛傳:"將,請也;伯,長也。"孔穎達疏:"請長者助我。"

又（八）

　　前月初奉手教，欣悉盂鼎指日可到，大喜大喜。昨日恒軒寄到盂鼎拓本二紙，云即左相所贈。此鼎久在袁筱塢閣學[1]寓中，納於文廟之説，或妒忌者故興此謡也。金石洄有前緣，亦由執事耆好之篤，遂使神物不脛而至，真令人健羨無已。將來用絜薄棉料紙，精拓數分見惠；新得之方尊，即積古齋所稱吳彝，亦求用棉紙拓寄數分，是所至感。

　　鮑子年兄來書并拓本均已領到，其論鑒別真贋，謂未見其器不能遽定，可謂卓識。簠齋辨論古印，一看打本便説某真某僞，弟以爲觀彝器拓本，詳審篆法，其真僞可得十之七八，若先秦兩漢以來古鉨印，以能手精橅，可期一絲不走，謂一見印可識其真僞，鄙人實未敢信也。昔朱筱漚之姪號伯蘭者，倩人橅漢印一百餘紐，以印本求售。翁叔均精於治印者也，曾以番餅兩枚購得一部，後筱漚力索此印，伯蘭不得已遂以實告，并出所橅之石與閲，筱漚方信，至今吳中以爲談柄。因子年兄所見適與鄙人相同，偶憶前事，拉雜書之，以博軒渠[2]。

　　瓦文七葉附呈鑒賞，中間有簠齋所未備者。恒軒云：關中有方元仲觀察名鼎録，持贈瓦當拓本百餘種[3]，未知較簠齋所藏如何。瓦文多秦漢字文，比磚文較有古致，可喜，惜近日精緻者亦不易得也。

[1] 袁筱塢，袁保恒（1826—1878），字小午（一作筱塢、筱午），項城（今屬河南周口）人。道光三十年（1850）進士，改庶吉士，授翰林院編修，官至刑部侍郎。閣學，袁保恒曾任内閣學士兼禮部侍郎、户部左侍郎兼管三庫事務。

[2] 軒渠，《後漢書·薊子訓傳》："兒識父母，軒渠笑悦，欲往就之。"袁枚《隨園隨筆》："軒渠，開懷暢適之態。"

[3] "關中"句，方鼎録曾贈吳大澂孫三錫手拓瓦當拓本二册，見光緒元年八月廿九日吳大澂致陳介祺書。方元仲，方鼎録（生卒年不詳），字元仲，號劍漁，一號悟齋，又號董龕，江蘇儀徵（今屬揚州）人。能文，尤工書法，雅好金石。方鼎録光緒元年（1875）任陝西鹽法道。

又（九）

　　客臘奉十一月廿八日手書，并古器拓本十紙、李竹朋兄書籍信件，均已一一領到。雲交冬後常患咳嗽，入春愈甚，裁荅久稽，實深歉戀。近日天氣和暖，精神稍振，嗽亦漸已。每繹來翰，竊見蒐羅日富，考訂益精，惜道遠不得合并一堂，互爲討論。

　　所諭鑒別彝器，不能僅據拓本別其真僞，惟大出大入者，則一見便知。旨哉言乎，非洞見此中癥結，必不能有此語。佩服佩服。至教家童拓邱鐘而爲損碎，爵有陽識者亦碎其一，聞之不勝惋惜。古器中有入土久，銅質鬆脆，大約必用極薄綿連紙，以熟細絹裹棉成小槌，略帶微濕，輕輕按之，待稍乾，以不暈墨爲度，再用絹包蘸濃墨撲之。其精者非撲至四五層，則墨氣不足。故必以彝器四五件同時并拓，則紙之燥濕皆得趁手，不至停待，過費工夫。此昔年聞於叔未丈者，謹述之以備采擇。

　　孟鼎計期應可入都。此器質厚，雖有登登之聲，亦不損傷，雲甚望以精拓見寄也。恒軒想常通音問。都中金石同志，子年、竹朋二兄外，想不乏人。執事主持壇坫，著作日增，令人羨慕無已。竹朋兄處昨有覆信，交與蔡乂臣帶致，不識何日始達。倘晤及，乞道拳拳。不宣。

又（十）

　　月之十八日奉到由柳門處寄來兩次所發手翰，并吉金拓本，謹已領悉，謝謝。一昨又從竹報中附到本月十二日續諭，相距未十日即達，可謂快極。欣審德位兼崇，身名俱泰，此日摩抄金石，即爲異時銘勳勒績之徵，甚頌甚頌。

　　孟鼎久鎮關中，烜赫照世，忌之者謂已納文廟，鼎之輕重未可問也，必無入都之理。今而竟歸清祕，喜可知已。此等瑋寶，非有金石奇緣者，不能遇也。承惠全形拓本，已命工裝裱，懸諸壁間，觀者莫不驚心動魄，歆羨不已。所需拓本，今就案頭現有者先行檢奉，録於另紙，餘俟續寄。

又（十一）

前月下旬兩奉手翰，謹已領悉。承惠寄兩甋拓本，文字均佳，其諸女一甋，想即來書所謂器極精者，惜道遠不得一摩挲也。朱未丈臧有諸女方爵，篆文與此相同，惟多一"司"字，一"彡"字耳。未丈著述僅梓詩集，此外金石考證，必有稿本，十餘年留心訪覓，訖未得見。雲處止臧清儀閣金石拓本十册，皆其自臧之器。內金器二册，自三代鼎彝，以至泉刀古鏡，半有題識，後附磚文瓦當，及唐宋以來殘碑斷碣，甚至象牙、竹木雕刻精工者，亦皆橅拓。當日藉此爲消遣自娱之計，非傳世之本也。

顧、蔡二君皆少年喜事，一時高興，廣收古玩。顧君所收金器爲多，蔡則專收書畫，近則情隨事遷，意興已替矣。簠齋謂好古而存傳古之心，斯爲真好，此非可與尋常人言之也。顧處金器却有數件佳者，然亦非烜赫著名之器，不能望尊臧項背也。吴壺、虢壺拓本，遵即檢奉，外又附拓本三件，統乞鑒定。近刻魏文靖手札[1]已蕆事，特先精拓一分奉寄。信局携帶不便，未及裝池。此與《朱子繫辭注稿》可作延津之配也。

簠齋昨有專信索取朱子注稿墨拓，渠自去年已來，精神大旺，半年之內，一索得女（在去夏），再索得男（在今春），書來謂自二十八歲以後所未有之事，却真可喜。續布不宣。

[1] 魏文靖手札，即魏了翁《文向帖》。

又（十二）

前者兩奉手簡，正抱采薪之憂，未及肅答。刻下疾病雖愈，精神未復，卧室中亦須扶杖而行。蒲柳早衰，一經風露，便不能支，良可自歎。屬書槎客詞句，力疾涂雅，聊副誰諉。其"千載一時"小額，關合雅雋，令人生豔羨之心。南中好事者講求陽羨砂器，不惜重值，而所得時少山[1]、陳鳴遠[2]款者類多燕石。近日并曼生壺[3]亦享重價。其實爲曼生製壺者，即楊彭年[4]，道光年間常至上海，寓瞿子冶[5]家，弟曾相識。其家兒女媳婦皆能製壺，詡爲祕傳。弟因子冶薦，曾定製五十具，亂後毀佚，無一存者矣。米帖近時所刻，惟徐紫珊英光堂二卷出胡衣谷手，較爲精美，特寄一分，以供清賞。

[1] 時少山，時大彬（1573—1662?），號少山，江蘇宜興（今屬無錫）人。製壺名家，所製壺堅致樸雅，在當代即享有盛譽，清時更爲人所寶。

[2] 陳鳴遠，陳遠（1648—1734），字鳴遠，號鶴峰，又號石霞山人、壺隱，江蘇宜興（今屬無錫）人。製陶名家，作品題材廣泛，有壺、杯、瓶、文玩等，且構思設色巧妙，製作技藝嫺熟，極大拓展了紫砂造型藝術的外延。

[3] 曼生壺，陳鴻壽所製之壺。陳鴻壽（1768—1822），字子恭，號曼生、翼盦、種榆仙吏等，錢塘（今浙江杭州）人。嘉慶六年（1801）拔貢，做過知縣、同知一類的官。工詩文、書畫，善製宜興紫砂壺，人稱"曼生壺"。有《種榆仙館摹印》《種榆仙館印譜》《種榆仙館詩集》《桑連理館集》等。

[4] 楊彭年，字二泉，號大鵬，荆溪（今屬江蘇無錫，一説爲浙江桐鄉）人，嘉慶、道光年間以製壺名世，與陳鴻壽（曼生）、瞿應紹（子冶）、朱堅（石梅）、鄧奎（符生）、郭麟（祥伯）等多有合作。弟寶年、妹鳳年，亦擅此道。有鐘式壺藏於上海博物館。

[5] 瞿子冶，瞿應紹（1778—1849），字子冶，號月壺，又號老冶、陛春，松江（今屬上海）人。嘉慶時廩貢生，曾官玉環同知。善鑒別、喜收藏，工詩詞、書畫、篆刻、製壺。有《月壺題畫詩》。

又（十三）

前月初間兩奉手翰，一昨又奉本月初五日續示，并鼎、敦各器拓本共八紙，一一領悉，欣謝欣謝。弟自七月中旬小有感冒，并不甚重，乃二豎作祟，驅之不去。南中醫生絶少，賤性又不喜服藥，直至本月初間始獲漸愈，今已眠食如常，惟精神不能振作耳。承寄各拓本，具見新得之富，令人豔羨。從來敦銘多在腹底，此敦雖止一"𠣤"字形，而在鋬内，實爲僅見，難得之至。又一紙上作泉形，中有穿，匀列七小"〇"，無字，有花紋，未注何器，幸詳示之。長笀臣[1]方伯臧器有絶奇者，他日借拓，乞惠一分，以擴眼界。

前蒙屬書匾額，病中搦管，方愧班門弄斧，貽笑大方，乃辱獎許溢分，非所敢承，皇恐皇恐。往年簠齋來書，謂海内金石之交，止有我輩數人，不可不勉。蓋指執事與竹朋、子年、清卿諸君也。伏念執事年力正富，位望正隆，將來銘鐘勒鼎，自有振鑠今古者在，非衆人所敢冀望也。而乃愛及康瓠[2]，凡鄙人前後奉致之書，悉蒙隨時留積，已付潢池，聞之益增慙悚。弟竊有奉啟者。頻年來承賜手札，無論片紙隻字，必謹收存。惟書尾每每不署年月，將來裝裱，易致舛錯。此後務乞隨署月日，俾作陳孟公尺牘珍藏[3]，永爲家寶。夫文字之交，雖潦草數行，必自有真性情寓乎其中，不僅關舊學商量、奇聞互證始爲重耳。

附去《東海廟碑》殘字墨拓，希鑒定。

[1] 長笀臣，長庚（生卒年不詳），字笀臣，三韓滿人。原爲候補知縣，丁定楨任山東巡撫時任爲蘭山知縣，并以安民有功升爲山東按察使。

[2] 康瓠，空壺，破瓦器。賈誼《弔屈原賦》："斡棄周鼎兮而寶康瓠。"

[3] "俾作"句，《漢書·陳遵傳》："性善書，與人尺牘，主皆藏去以爲榮。"孟公，陳遵字孟公。

又（十四）

客歲杪奉臘月朔日手翰，敬審侍庭曼福，德位兼崇，著作益增，身名俱泰。弟偃息菰蘆，日惟鑽研故紙，消遣懷抱。今年開春以後，天氣奇冷，滴水成冰，瑟縮擁爐，不敢窺户外一步，直至元宵後始稍出謝應。固由老懶，亦因精力不濟也。

承示蒐輯黄蕘圃題宋槧書跋，已得四巨册。此老平生心血所聚，都在百宋一廛之中。此次劫運甚酷，故家收臧書籍，盡入紅羊[1]。獨經復翁祕臧者，當日護如頭目，不惜工本裝潢，務極精緻，錦綾什襲，人人知其爲貴重之品，爭相臧匿。即如弟處收得數種，無纖毫損闕，天壤間絕無僅有之祕册得能保全在世，使後人有所徵考，皆復翁愛護之功也。執事闡揚樸學，擬爲授梓，凡在士林，莫不聞聲感頌，不獨復翁含笑於地下已也。

所詢胡心耘[2]臧書，辛酉壬戌之間在滬時已多散佚，留剩七八十種，盡爲候補縣孫令購去，後又售與許緣仲親家，抵償欠項千數百金。中有影宋鈔本數種，不盡出復翁所臧，求有復翁手跋者甚少。事隔十年，不復省記，然苟有希世祕本足以驚心動魄者，弟與緣仲親情友誼非比泛常，渠雖風雅，於此道亦非篤耆，固不難力索得之也。今緣仲已歸道山，嗣君專務舉業。蘇杭相距四百里，黃壚之感[3]，亦不忍重問信矣。茲將敝臧復翁心賞數種，皆有長跋者，照錄奉上。內如《中興館閣錄》與《吳郡圖經續記》《新定續志》，此三書關係東南文獻，復翁倍加珍祕。《編年通載》雖僅四册，然此書自來收藏家未窺全豹。《內閣臧書目錄》與《絳雲樓書目》所載均止二册，此四册固可與鳳毛麟角同觀矣。惜南北暌隔，相離過遠，不能各出心愛之物，互爲平賞。遙望南公鼎齋[4]，能無馳仰！

外附呈《焦山志》一部，伏求鑒定。

[1] 紅羊，古以天干丙、丁和地支午屬火，地支未對應生肖爲羊，故丙午、丁未年又稱紅羊年。讖緯家稱丙午、丁未兩年多厄運，故又稱此兩年爲"紅羊劫"。吳雲在此以紅羊指太平天國。天平天國雖并未發生在丙午或丁未年，但由於首領洪秀全與楊秀清的姓氏，亦被時人附會爲"紅羊劫"。

[2] 胡心耘，胡珽（1822—1861），字心耘，原籍安徽休寧（今屬黃山），居浙江仁和（今屬杭州）。曾官太常博士。父胡震（字不恐，自號胡鼻山人）喜收宋、元舊本，手自繕錄，積至千百卷，室曰"琳琅祕室"，日事校讎於其中。珽紹其緒，曾取先世遺書，及己所得善本，輯印"琳琅祕室叢書"三十種。有《得即記》《石林燕語集辯》《懶真子錄集證》等。

[3] 黃壚之感，《世說新語・傷逝》："王濬沖爲尚書令，着公服，乘軺車，經黃公酒壚下過。顧謂後車客：'吾昔與嵇叔夜、阮嗣宗共酣飲於此壚。竹林之游，亦預其末。自嵇生夭、阮公亡以來，便爲時所羈紲。今日視此雖近，邈若山河。'"後世因以"黃壚"作悼念亡友之辭。黃壚，一作"黃爐"。

[4]南宫鼎齋,潘祖蔭鑒藏印之一。潘祖蔭於同治十三年(1874)得到大盂鼎後,請王石經篆刻了兩方印,一爲"伯寅寶藏第一",一爲"南公鼎齋"。潘氏晚年多喜鈐"南公鼎齋"白文印。

又(十五)

兩旬以來,疊奉手札四通,附來彝器各拓本,發函申紙,但覺緑字朱文,古香四溢。遙想八囍齋中,定有虹彩祥雲,常常擁護,真令人豔羨無已。中間罴卣、公姑卣,及新得之鬲,字文爲至精。

鬲銘"䘇"字爲作器者之名,無文義可繹。許書"褎"字,艸雨衣,从衣,象形。段氏謂:雨衣。有不艸者,自俗从艸,作"蓑",而衰、蓑遂爲古今字,義亦因之有異。按"䘇"有上下,从衣之形,中"丹"似是"林"之省文,釋爲"衰"字。衰,地名,又人名,見《晋語》及《左氏傳》。今以作器者之名無可審訂,欲求依據,姑定"衰"字(依阮氏釋王子申盞之例,彼定爲楚子西之器,此亦可定爲晋趙衰之器)。仍乞是正。

罴卣銘篆致佳,與阮氏所藏寰盤當是一人之器。銘有"𠂉"字,筠清館引龔定庵説,云或釋作"人"字,重文。又以从人从二,二人爲从,定爲"从"字。竊謂从人从二,明是"仁"字。"仁"與"人"古籍每每通用,指不勝數。因文義未能貫穿,遂舍却毫無疑義之字,另作一字,以實其説。從來説經家每有此病,似於闕文闕疑之訓終未安也。

"粀曰"爵,雲似見過。"粀曰",筠清館釋爲"七月",尚有意義。張叔未曾有釋文,從積古齋釋作"者"字,爲"諸"字省文。此器是否得自李墨緣[1]?竊願聞之。

清卿久不得其音信,比得子年兄書,亦云清卿新得甚夥,不知其何故祕而不宣。關中瑋寶,久推盂鼎,今已歸清祕,其餘皆屬"自鄶以下"矣[2]。

簠齋有同鄉韓偉功,服賈於蘇,年年冬間歸去,至三月中必來,簠齋信件,每由韓兄代遞,故二三月無信尚不在意。今奉來諭,謂都中諸同志不得其音書已有三月之久,聞之頗以爲異。日來常差人至韓兄寓處探問[3],不知何故,至今未到。海內金石之交,落落止此數人,聞竹朋抱病在家,不但手足不仁,近已舌本蹇澀,不能言語。籩齋精神强固,筆墨又勤,三月之久未得隻字,此不能無疑慮者,無怪執事之懸懸也。朱未翁詩集,知執事需閱甚亟,特交濟之令弟帶呈。兵亂版毀,遍覓不得,惟此一部爲碩果之存,請留觀至秋間,再行寄還。當交杏蓀[4]擺印百部,分貽同好。

[1] 李墨緣,李翰文(生卒年不詳),字墨緣,直隸通州(今屬北京)人。光緒修《順天府志》卷一二六:"翰文,字墨緣,通州人。道光十七年拔貢生,官平山訓導。"又曾爲溧陽縣令。光緒修《溧陽縣續志》卷七:"李翰文,字墨緣,直隸通州人。拔貢生,咸豐同治間再知縣事。……工書法,於坡老尤神似。鑒別書畫,具有源流。再任均未及一歲去,士民惜之。"

[2] "其餘"句,《左傳》襄公二十九年:"(吳公子札)請觀於周樂。使工爲之歌《周南》《召南》,曰:'美哉!始基之矣,猶未也,然勤而不怨矣。'……自鄶以下無譏焉。"

[3] 探問,文海本作"探聞",據石印本改。

[4] 杏蓀,盛宣懷(1844—1916),字杏蓀,一字幼勖,號次沂,又號補樓,別號愚齋、止叟、恩惠齋、東海、孤山居士等,常州武進(今屬江蘇)人。秀才出身,同治九年(1870)入李鴻章幕,深得器重,同治十二年(1873),委爲輪船招商局會辦,光緒十一年(1885)任輪船招商局督辦,官辦商人、買辦、洋務派代表人物。

又(十六)

月之初二日,託令弟濟之中翰帶呈寸箋,附有叔未丈詩集。輪船快速,計必即達。嗣於五月初九,連奉前月下旬發來手札三通,次第展讀,一一領悉。新得尹叔敦洵是至寶,其妙處不在銘字之多,而在篆文之美。八囍齋中半年以來所得古器甚富,難得皆是精品。物必聚於所好,然亦惟有緣者能遇之耳。

清卿昨有信到,并寄來先後所收彝器目錄,分列已刻未刻,有八十餘種之多。此外古鏡、骭象、隋唐碑碣,蒐羅亦復不少,不意其用力如此之猛，而金石之緣又如此之深。人竭畢生心力所未能至者，渠於數年間得之。吳中弆藏金石之富，八囍齋外，斷推恒軒矣。昔年劉燕翁藏器多獲於關中，今清卿蒐括於兵燹之後，從此伯樂一顧，冀北群空。幸而八囍齋具大神通，能令盂鼎不脛而至，所謂獨得其龍也。羨羨。

惠書楹帖尚未奉到，柳門信都由蔣莊轉寄，想不日亦可到也。秋水[1]先生爲弟之鄉先輩，年少時常與往還。蒙摘冬青館詩句見贈，實爲感幸。

磚拓及湯氏墓誌寄上三分，望分贈貴及門廉生[2]、石查二兄。清卿有《釋湯志》一篇，特錄上，統祈詧收。

[1] 秋水，張鑒(1768—1850)，字春冶，號秋水，浙江烏程(今屬湖州)人。嘉慶九年(1804)副貢，官武義教諭。於經史、地理、水利、樂律、步算、六書、音韻、篆隸、金石，莫不周悉。有《西夏紀事本末》《烏程詩案始末》《雷塘盦主弟子記》《墨妙亭碑目考證》《冬青館集》等。《冬青館集》是作者的雜著集，分《甲集》《乙集》，收詩、文、釋、議等，共十四卷。

[2] 廉生，王懿榮(1845—1900)，字正儒，一字廉生，山東福山(今屬煙臺)人。出身仕宦世家。光緒六年(1880)進士，選庶吉士。後入值南書房，任國子監祭酒。光緒二十六年(1900)，八國聯軍攻入北京，服毒投井以殉。王懿榮"篤好舊槧本書、古彝器、碑版圖畫之屬"，尤潛心於金石之學，與潘祖蔭、吳大澂多所切磋，是甲骨文的發現者，甲骨文研究的奠基人。

又(十七)

月之中下兩旬三奉手書，敬悉種切。伏審勳德并崇，榮聞休暢。兩部政務殷繁，整綱飭紀，已倍極蓋勞；而南齋[1]有大著作，又非出公手不可。若以他人處此，必有兼顧不遑之勢，獨執事從容擘畫，仍於公退餘暇，蒐羅古器，考訂奇文，每得銘心之品，雖譾劣如雲，亦必在遠不遺，郵書傳示，俾得擴其聞見，共此欣賞。感幸佩服，何可言喻。

中師父敦與守敦二器，字多且精，至爲難得。平安館[2]金石甚富，所集古印尤多，聞楚粵兩處均有散佚，其留在京寓者，乃其中下之駟。虎坊橋鬱攸之厄，大約爲六丁收去者亦復不少。烟雲過眼，無足爲怪。惟東卿師當日竟無著錄，并印譜亦無留遺，遂使一生心血所銖積寸累而得之者，一經散失，渺無稽考。

荷屋中丞所藏不及平安館之富，而《筠清金石録》一書頗爲藝苑所珍，中間三代法物亦藉是而傳。金石之壽不如竹簡，於此益信。

子年書來，謂簠齋收藏豪富，乃諄勸他人刻書，而自己轉無著作。且編纂之書，亦所未見，子年深以爲異。實則簠齋心眼過高，不肯稍稍牽就。前年來信，欲薈萃先秦兩漢以至六朝官私古印，成《印舉》[3]一書。以己之所藏，再合他人所有，彙爲一書，洵屬大觀。雲雖心以爲然，却知其未必能成。蓋簠齋作事，每每精益求精，務欲人人歎爲空前絶後，無毫髮之憾而後已。任此役者，勢必因難生畏，望而却走。今閲三年，鄙言果不幸而中。曩時又商集先秦古器款式，彙刻成書，爲《積古齋》之續。雲允與執事相助爲理，後即奉書左右，果蒙欣然相從。復又專函轉告，一再慫恿，現又束之高閣，不復置議矣。世固有輕率授梓，災梨禍棗，誠屬可鄙；然過於求精，遂至心高手硬，因噎廢食，亦所不取也。執事以爲如何？

先後所贈藏器拓本，現已裝成兩册，俟有便人赴都，帶呈省覽。有未備者，即請增入可也。朱婿鏡清倖獲館選，知又出大賢之門。一子一婿，均辱埏埴[4]，實爲榮幸。鏡婿現留都門，萬望遇事愷教，是所至託。

雨窻無俚，手此布肊，用當促膝之談。聞都中亢旱，近日諒得甘霖。尚望調護起居，節宣善衛。

[1] 南齋，即南書房。在乾清宮西南，本是康熙帝讀書處。康熙時令翰林中"擇詞臣才品兼優者"入值，稱"南書房行走"。初爲文學侍從，進而常代皇帝撰擬詔令諭旨，參預機務。雍正朝自軍機處建立後，南書房官員不再參預機務，地位有所下降。然因接近皇帝，仍被視之爲清要之地，大臣皆以能入爲榮。

[2] 平安館，葉志詵曾在京城虎坊橋寓齋設平安館，收藏金石古泉及歷代官私銅印。據鮑康《續叢稿》，鮑道光二十四年(1844)曾謁葉東卿於平安館。葉氏卒後，平安館於同治十二年(1874)二月遭火劫，遺藏被毀，部分散於市肆。

[3]《印舉》,指陳介祺《十鐘山房印舉》。《十鐘山房印舉》有漫長的成書過程。陳介祺的古璽印收藏始於道光年間,道光二十七年(1847),初輯印譜成《簠齋印集》二册本,咸豐元年(1850)精拓《簠齋印集》十二册本。同治十一年(1872)成印稿數十册,名《十鐘山房印舉》。光緒九年(1883),又輯成一百九十四册本,仍名《十鐘山房印舉》。此版《印舉》以古璽、官印、周秦印、金鐵鉛銀印、玉印、晶骨琉璃匋泥印、鉤印、巨印、泉鈕龍鈕印、五面六面印、套印、兩面印、姓名印、殳篆魚鳥蟲印、吉語印、圖案印等分類編次,一類一舉,共三十舉,存印拓 10 284 件。《十鐘山房印舉》一百九十四册本爲目前所見最後之本,然仍非定本,陳介祺原擬編入的巨鉨、封泥、斗檢封、虎符、龜符和魚符等類目皆闕如。

[4] 埏埴,《老子》:"埏埴以爲器,當其無,有器之用。"河上公注:"埏,和也;埴,土也。謂和土以爲器也。"

又(十八)

吴碩卿[1]太守携到手教、《桂馨堂集》、拙書二巨册,謹已領悉。雲讖劣無似,託公文字交末,方慚形穢,而公愛忘其醜,謂雲前後所上之書,從無寒暄習套,欣賞奇文,辨析疑義,言雖不文,可抵晤對;抑或以金石之交,止此落落數人,而又散處四方,非文字無以達款曲,故雖遇此惡札,亦不忍拉雜摧燒,而又付之裝池,俾得廁於鄴架芸籤[2]之末,其爲榮幸何可言喻!由文章而推及政事,指日得公調和鼎鼐,司用人之枋,天下尚有棄材耶?

謹承命題志數語,藉便繳上。外又寄呈《八囍齋臧器》拓本二册,伏望檢閱。或有未備,懇即補贈,并懇轉屬貴及門石查、廉生二兄各分一册,逐器釋文,并注器之出處。此次張少渠[3]大令解餉入都,俟其出京,必交帶還,是所至禱。

餘言另述,以輪局遞信較快也。

[1]吴碩卿,吴景萱(生卒年不詳),字碩卿,江蘇元和(今屬蘇州)人,以蔭生官山西候補道,署雁平道,曾在工部都水司任職。

[2]芸籤,代指書籍。芸,香草,置書頁内可以辟蠹。

[3] 張少渠，張豫立（1827—?），字少渠，秀水（今浙江嘉興）人。曾任縣丞、候補知縣等，與松江知府應寶時友善。俞樾《右台仙館筆記》："少渠名豫立，光緒元年以縣丞奉檄與海運之役。"又曰："余外姊適周氏者之長女，歸嘉興張少渠大令爲繼室。"

又（十九）

日前寄解餉委員張少渠大令帶去寸箋，并附《八囍齋臧器》拓本二册，又繳還拙書一册。張君由陸路入都，不識何日始達典籤。一昨兩奉手翰，謹悉種切。伏審勳德兼崇，譽聞休暢。清恙想蚤霍然，眠食何似？諸維珍重。

南中今年夏涼如秋，單衣無一日脱體。日來秋暑稍盛，亦尚不過酷，雨暘極稱應時。此後但得調順無愆，收成可望大有。

威酋[1]到滬多時，并無動静，赫德、梅輝里先後至寧，與幼帥[2]相見，不過縱横辨詰而已，結局總得在總署與津沽耳。

火輪車路，乘坐者以爲安穩快速，極口稱揚。此千古未有之奇境。天方啓之，人力焉得而遏之。特時會有後先，遠或在於數十百年之後，近在轉眴之間，未易逆覩也。

所需拙畫，略用李檀園[3]、楊龍友[4]筆意，稍加設色渲染，寄奉法家鑒賞，即請指謬。此間講書畫之友，頗不乏人，獨至金石考證之學，落落少可與言。執事讀破萬卷，勳位正隆，餘事所及，足以領袖羣賢，主盟壇坫，而猶孜孜不倦，虛懷采納，求之古今名臣中，當與歐陽公、阮文達抗席争輝。鄙人老矣，得依末光，附垂不配，實爲榮幸。

前函泐就，正欲緘寄，復奉六月十三、五兩日所發手札三通，孟公尺牘，得之爲喜。當即黏連臧弆，將彙裝成册，永爲家珍。寄來拙書二册，對之生愧。不敢有違台諭，已加墨繳呈矣。八囍齋中臧器拓本二册，前欲求貴及門石査、廉生題釋，今知廉生塲前正欲用功，務望俟至塲後再與言之，切勿因鄙人所求，過事促迫，至懇至懇。

承詢夏氏[5]所臧之大蒐鼎、瞿氏[6]所臧之周敦，亂後不知下落。顧姓收買吉金并非真好,現倩人往拓全分,而其人又因訟事赴天津,將來必欲揭取奉寄。所藏亦止有三四十種,精者不及半耳。比之八囍齋中,猶勝薛之於齊楚,不可同日語也。蔡則專買字畫,近以三千餘金得曾笙巢[7]家藏宋元以來卷冊、立軸十餘件,聞多俊品。丁松生專收舊版書籍,并不講求金石。此三君都非熟習,然其耆好如此,則知之甚稔。夏、瞿兩家所藏二器,必不在此三人處,日內當為函詢老友吳康甫二尹,或知踪迹,再當奉報。

存齋辱執事以文字知愛,遇事關垂,渠甚感戴。此次所遭[8],曲直是非,想筠仙侍郎定必縷述。宦途嶮巇,直可浩歎。

袁氏藏匜拓本領到,銘中"𣆶"字或釋"詠",或釋"昶"。愚意"O"象日形,《説文》:昶,日長也。篆文从日从永,似以釋昶為安。質之法家,以為如何?

[1]"威酋"句,光緒元年(1875)正月十六,英國翻譯馬嘉理(Augustus Raymond Margary)在雲緬邊境蠻允地方被殺,正月十七柏郎(Horace A. Browne)探險隊也在此地受到攻擊,史稱滇案。二月十二日英國駐華公使威妥瑪(Thomas F. Wade)向總理衙門提出了解決滇案的要求。八月二十二日威妥瑪與總理衙門大臣商定翌日派漢文參贊梅輝里(W. F. Mayers)赴總理衙門,并邀請總稅務司赫德參加。威酋,即指威妥瑪。

[2]幼帥,沈葆楨(1820—1879),原名沈振宗,字幼丹,又字翰宇,福建侯官(今屬福州)人。道光二十七年(1847)進士,選庶吉士,授編修,官至兩江總督兼南洋大臣,負責督辦南洋水師。諡文肅,追贈太子太保銜。光緒元年(1875),沈葆楨奉旨進京,升任兩江總督兼南洋通商大臣。

[3]李檀園,李流芳(1575—1629),字長蘅,號檀園,晚號慎娛居士、六浮道人,徽州歙縣(今屬安徽黃山)人。萬曆三十四年(1606)舉人,後絶意仕途。擅詩文書畫,有《檀園集》。

[4]楊龍友,楊文驄(1596—1646),字龍友,貴陽(今屬貴州)人。萬曆四十六年(1618)舉人,累官右僉都御史,兼督沿海諸軍。南明時官兵部右侍郎兼右僉都御史,提督軍務。順治三年(1646)在衢州抵抗清兵,敗退浦城,被俘後不屈殉節。《明史》卷二七七有傳。楊龍友善詩畫,亦"畫中九友"之一。有《洵美堂集》《山水移》《台宕日記》等。

[5]夏氏,夏之盛(生卒年不詳),字松如,錢塘(今浙江杭州)人。諸生,工詩文,有《留餘堂詩鈔》。陸心源《金石學錄補》卷四:"夏之盛,字松如,藏商祖癸卣、周知矩尊、周雷甒、周臣廟彝、周大蒐鼎。"

　　[6]瞿氏,瞿世瑛(約1820—1890),字良玉,號穎山,錢塘(今浙江杭州)人。以藏書聞世,其清吟閣藏書可與八千卷樓、丹鉛精舍競美。亦嗜藏金石,陸心源《金石學錄補》卷四:"瞿世瑛,蕭山人,藏商咸觶、周姪小子惙敦、周囧鼎。"

　　[7]曾笙巢,曾協均,字笙巢(一説字舜臣、號笙巢),江西南城(今屬撫州)人。道光二十三年(1843)舉人,咸豐三年(1853)由中書内閣入直,累官至慶遠知府。曾協均乃畫家曾燠子,家富收藏。

　　[8]此次所遭,蓋指同治十三年(1874)陸心源在福建署鹽法道任上以鹽務損耗,被參去職事。

又(二十)

　　疊奉前月十八、廿一日兩次惠書,知所寄拙畫已塵法鑒,辱荷推許過當,殊增顔汗。

　　南中數月以來爲邪教惑人,妖異四起,傳布甚遠[1],想都中亦備聞其詳。此等事見之正史及説部中甚多,亦不盡關休咎。惟小民無知,鑼聲澈夜,舉國若狂。農費工作,市停交易,甚至借盤詰爲名,攘敓[2]仇報,大爲行旅之害。今年各處皆有偏災,獨江浙二省雨暘較順,不可謂非如天之福也。而乃人心思動,自貽伊戚[3],真可浩歎。日來蘇常漸已平息,嘉湖城鄉各鎮紛擾愈甚。至可怪者,閧傳八月十二日爲九龍山舉事之期,各處皆有奸細埋[4]伏,遂至人心慌亂,遷徙至滬者甚衆,真乃咄咄怪事也。九龍山之謡,所傳已非一日。倘得澈底根查,有無伏莽,不難立見。似亦消釋群疑,以安民心之一道也。

　　寄去古布拓本二分。按《古泉匯》小布止有一品,以有一"商"字,列之商代。今此二布,篆文明顯可識,特拓奉法鑒。另寄二分,乞轉交石查兄一考爲懇。

　　子年兄頻有書來,愛孫時常生病,自己亦常有不適,含飴之樂,甘苦参半云云。并述竹朋兄作古,録示輓詩,讀之不勝愴感。竹老著作已及身刊播,福壽俱已無憾。惟海内金石之交,落落本無多人,今又弱一個,傷逝自念,能無於邑?!

簠齋有三月不得隻字,幼子之殤,心緒已大不佳;兼以東省大荒,濰縣籌辦賑饑,聞簠齋捐金甚巨,又爲衆望所屬,不能不出而任事,身心兼悴,可想而知。此皆濰縣韓偉功所述也。

[1]"南中"句,據《申報》報導,光緒二年(1876)春,金陵城南造長干橋,合龍之際,坊間傳言"石工收人生魂,用以頂戴橋梁……爲所收者,決無生理"。此後謠言迅速向江南地區傳播,其内容也不斷更新,出現紙人剪雞毛、"蓋印"邪術、陰兵過境、"妖物壓身"、剪割婦女乳頭等駭人之説,在江南引起極大恐慌。"男廢耕,女廢織,工廢手藝,市廢貿遷,人之所言者妖邪,夜之所防者妖邪,忽爾鉦鼓齊鳴,忽爾人聲鼎沸"。後江南地方官府進行干預,直至秋季後,妖術謠言才減少直至絶迹。又光緒《善化縣志》卷三四:"光緒二年五六月,省城有翦髮一事,謠爲九龍山教主遣徒收魂爲陰兵,被翦者百日内死。然卒無害。"

[2]攘敓,猶掠奪。梅堯臣《寄永興招討夏太尉》:"守而勿追彼自困,境上未免小敓攘。"

[3]自貽伊戚,《左傳》宣公二年:"宣子曰:'烏呼!《詩》曰:"我之懷矣,自貽伊戚。"其我之謂矣。'"貽,留下。伊,語氣詞。

[4]埋,文海本作"理",據石印本改。

又(二十一)

疊奉前月廿九日暨本月初三兩次所發手書,得悉右臂微有不適,未識近已霍然否?尚望節宣善衛,爲國葆躬,禱甚禱甚。

承示張別駕到京,吉金册子已交貴及門胡王二兄題識,欣幸無既。前蒙諭及凡八囍齋臧器,皆有收藏圖記,無則係他人之物。此書到時,册子已經裱就,致有屢錯。今得王胡二兄題注,弟當再將尊翰附裝於後,并加一跋語,叙明流傳,後世考古者不難一望而知,轉覺趣味之雋永也。一笑。

簠齋八月中、下旬俱有書來,云人皆以爲不知如何享受,而不知身心焦勞，有人所不能堪者。其情緒可想見矣。造物付人，絕少全美。人腹中有數卷書，負世清名，則處境恒多抑塞。豐於此者嗇於彼，古今人遭際，殆不甚遠。善養生者，即境自遣，再作退一步想，無往而非坦途矣。

柔齋豪情逸興亦復損減，亮竹報中備詳，不瑣及也。平華留京，託師門之庇，得以長承訓誨。渠於經史亦頗涉獵，工夫雖淺，而敏速却有微長，倘師門有筆墨譌委，儘可隨時傳喚。好在師生之誼，疵纇[1]處可直筆教削，藉此指導，亦得增益所未至，尤爲感幸。

恒軒聞十月內可以動身。多年不見，此次到家，有數月之留，可與縱觀收藏，上下議論，亦一大快事也。

[1] 纇，瑕疵。《淮南子·説林》：“若珠之有纇，玉之有瑕。置之而全，棄之而虧。”

又（二十二）

昨肅寸箋，交敄間艸堂[1]轉寄，知尚未發，刻從濟之令弟送到台諭，并吉金款識册子多本，謹即繙讀。廉生兄有鑒古之識，故筆墨雅馴，斷制精確。石查兄册尾題跋文亦峭絜，所釋空首幣文"品阝"爲"鄭氏"二字（子年兄所釋亦同），尤有意義，欣佩之至。此非案頭現存拓本二三種所能報，容擇敝藏吉金器中較爲精美者，多拓數種奉寄，望先爲道謝。

外有致子年兄一書，懇即飭送爲荷。

[1] 敄間，指潘曾瑋。敄，同"養"。間，同"閑"。

又（二十三）

比來正以輪船凍阻，郵書不便爲慮，乃一朵郇雲從空飛下，歡喜展讀，知係前月廿二日所發，相距止有旬日，可謂至快。子年兄書已收到，渠云清祕閣中又新得古泉，類多精品，聞之嚮往。簠齋頻有書至，現在賑務已經過去，古興仍濃。

弟處拓器皆屬盛觀者經理。其人僅十數歲時由汪嵐坡教以捶搨之方，適吳門無解此道者，渠遂獨擅其利。敆閑主人見其勤謹，留爲照料書房。乃三四年以來，因販鬻古董得利，遂不屑經營此事，屢唤不至，故胡王二兄處金器拓本尚未報命。容另覓人拓寄，以踐前諾，特不如此君之速就耳。

簠齋欲重拓濃墨秦詔版六十分，意謂即日可就。昨書來，頗以未即應爲訝。不知兵燹後，講書畫者，隨聲附影之輩甚多，收買銅器亦不惜重值，真僞并納，而考證之學絶無人講，故拓手亦不易逢也。閣下主持壇坫，及門多務樸學，洵足遠繼歐陽，近亦當與翁、阮頡頏，企服曷已。

後周布泉笵，背有篆文，頗饒古致，亦見當時制度，特奉鑒賞。

又（二十四）

去冬十一月杪曾寄寸箋，坿致貴及門王胡二兄金器拓本各一分，未知於何日澈覽。嗣於歲底奉到手書二通，并泉幣拓本三十三紙。新正八日復奉續示，并古泉拓本十八紙，又新得李方赤[1]先生臧器拓本，一一領悉，敬謝敬謝。伏審德門豫順，福禄蕃厐，勳業文章，與時并楙，玉牒總裁，本朝非道高望重之賢，罕充其任。想見兩宮眷注之隆，亦由執事平時竭忠盡禮，有以結廟堂之知也。弟蘿袞分懸，金石契密，逖聽聲聞，能無額手！

南中新正以來天氣晴明，風日清美。去冬雨雪應時，頗有豐亨之兆，差足坿述。賤體畏寒，新正半月僅止出門一次。茲因偉如[2]姻兄入覲之便，託帶上《彝器圖釋》二部，乞分致貴及門石查、廉生二兄，以踐夙諾。

[1] 李方赤，李璋煜（1784—1857），字方赤，一字禮南，號月汀，山東諸城（今屬濰坊）人。嘉慶二十四年（1819）進士，授刑部主事，後輾轉多地，歷官司郎中、知府、按察使、布政使等。李璋煜在京城金石學界頗有影響，乃陳介祺岳父。有《愛吾鼎齋藏

器目《續增洗冤録辨證參考》等。

[2]偉如,潘霨(1816—1894),字偉如(一作蔚如),號韡園居士,吳縣(今屬江蘇蘇州)人。初習儒,科場失意而改習醫。以監生入仕,官至貴州巡撫。輯有《韡園醫學六種》,著有《園醫學》等。

又(二十五)

疊奉前月杪[1]、本月初九手札二通,坿來古器拓本共二十六紙。仰蒙垂念老朽,不遺在遠,吉金樂石,絡繹見貽。每讀來書,輒覺滿紙古香,溢於几案,歡欣感謝,匪言可喻。承示右臂稍有未順,或因風濕所致,抑或作壁窠過多,亦有此患。稍稍静攝,即占勿藥,刻下亮已霍然。尚祈節勞善衛,加意珍重。

恒軒時相過從,縱談甚樂。秦涼三載,搜羅吉金即富且精。地不愛寶,關中時有新出古器,亦惟有緣者遇之耳。拓本想必隨時寄鑒,故不復及。昨見兕觥一器,其制如爵,上有蓋,作兕形,極精。篆文數字,亦佳。此器恒軒借到,現擬仿製,以公同好,可爲兕觥之證。一俟竣工,必當首先馳寄也。兹先奉去古鏡銘拓一百二十種,伏乞鑒納。

廉生宏通博雅,洵是雋才。海内樸學之士,盡在公門,曷勝豔羡。有復書一通,敬求飭送。

[1]杪,文海本作"抄",據石印本改。杪,歲月或四季之末。

又(二十六)

月初奉前月廿四日手書,昨廿一日又奉廿五日續示,并刀幣拓本五十餘紙,領悉,敬謝。兩書止隔一日,而達到遲至半月以後,局遞每有如此,不足責也。恒軒到京,想已暢晤,南中近狀,定必備悉。比日正患蝗孼,幸自十七日得雨,至廿四日始止,農田各處霑足,飛蝗亦銷歸烏有。

此大慶也，謹以報聞。

近得張從申書《延陵季子廟碑》，特寄鑒賞。此碑弟訪問歷任丹陽令，竟無知者。兹因張同蘇公子見贈一分，根詢來歷，始知廟在丹陽九里鎮。該鎮去延陵鎮九里，故名，與句容交界，距縣城尚有三十餘里，地頗迂僻。此廟自漢至明，屢圮屢建。廟貌崇宏，正殿象祀季子。相傳墓在其下，古碑不少，今不知存否。現專人前往，將廟中所有碑碣全行拓至，再當續寄。此碑在獻殿甬道右，有亭覆之，住持道士與地方紳士護愛甚力，尋常不准人搥拓，故字文完好，尚如新發於硎。從來著錄家，皆以十字碑與張從申季子廟碑分而爲二，錢竹汀、孫淵如亦沿其說。實則重摹孔書十字鐫在碑之陽，張書改修廟記在碑之陰。事非目論，往往舛錯如此。恒軒處因無副本，尚未寄與。如渠來晤，乞先示之。此寒宗祖典，不可不知也。

簠齋來書，因災鴻事焦灼萬分。捐資勞力，功德却不淺也。

又（二十七）

昨奉六月初六日手書，知前函并張司直碑[1]已塵台鑒。焦山《瘞鶴銘》自陳滄洲[2]移置山寺之後，建亭覆護，石亦堅緻，故字較百年前尚無甚損，遵諭拓寄。又有摩崖數行，并後人臨本兩種，一并坿贈，統乞鑒收。

恒軒到京後想極忙碌。簠齋爲賑濟災黎，勞倦之極。然損貲出力，實事求是，亦真難得可敬也。

[1] 張司直碑，即上言張從申書《延陵季子廟碑》。張從申，吳郡（治今江蘇蘇州）人。活躍於大曆（766—779）年間，官至大理寺司直，故又稱"張司直"。善真、行書。

[2] 陳滄洲，陳鵬年（1663—1723），字北溟，又字滄洲（一作滄州），湘潭（今屬湖南）人。康熙三十年（1691）進士，累官至河道總督。有《道榮堂文集》《喝月詞》《歷仕政略》《河工條約》等。康熙五十一年（1712），陳鵬年任蘇州知府署布政使，募集工人歷時三個多月，將墜入長江的《瘞鶴銘》斷碑打撈上岸，在焦山定慧寺伽藍殿南面建亭以保護，陳鵬年爲作《重立瘞鶴銘碑記》。

又(二十八)

旬日來連接前月十七日暨廿九、三十兩日所發手札,展誦之餘,如親聲欬。承惠示各拓本,中間陽識"一"卣最爲精美,鈐有珍藏小印,知爲八囍齋新得。先秦彝器中陽識極少,此卣字雖不多,却甚難得,可寶也。鐘搨似非真龍,法鑒何如?此間市肆亦有一編鐘求售,銘與敝藏郊公牼鐘同,拓本坿閱,似亦非開門見山之品也。

古玉册拓本二分,敬呈考賞。此册製琢精良,玉質粹美,册文與《史記》封爵之誓正合;其陰隸字二行,亦有兩京筆意,文曰:定册帷幕,有安社稷之勳[1]。按漢宣帝本始元年春,詔有司論定册安宗廟功,大將軍光益封七千户,車騎將軍安世以下益封者十人,封侯者五人。建武十三年,功臣增邑受封者三百六十五人。兩漢當年勳臣膺帶屬之盟者,正不知凡幾。此二册文義與史漢所載悉合,他日尚欲求哲匠題平也。

篢齋三月間連得其來書,古興甚濃,殘磚碎甓,搜掘至二千六百餘種之多,登登[2]之聲,昕夕不輟。承其念四十年老友,以全分見寄。草草繙閱,已須竟日之長。現擬分爲數類,以一字、二字、三字者各爲一類,四字以上者爲一類,陽識爲一類,其模糊莫辯似字非字不忍汰去者,統歸一類。其中精者約有一半,洵古文字中一巨觀也。渠因執事以泉拓屬題,欲圖報命,轉致疏於書問。海内同志甚少,拳拳之意,常溢於語言文字間也。

恒軒聞到京一轉即赴津沽,此次晋省辦賑,勞苦倍常,活人不少,造福實多[3]。黄魯直謂交游間得一國士[4],若恒軒者當之,洵無愧色。

[1]"古玉册"句,中國國家博物館藏一玉册,青白玉,一面中部陰刻"使河如帶,泰山若厲,國以永寧,爰及苗裔"四行篆書,一面陽文"定册帷幕,有安社稷之勳"兩行隸書。正面篆書見《史記·高祖功臣侯者年表》,與吳雲此處所述玉册正合。

[2]登登,《詩·大雅·緜》:"度之薨薨,築之登登。"鄭玄箋:"登登,用力也。"此

蓋指捶拓之聲。

　　[3]"恒軒"句,吳大澂光緒二年(1876)陝甘學政任滿後,回家鄉作短暫停留,回京仍官編修。光緒三年(1877)吳大澂接上諭,會同丁壽昌、黎兆棠等籌辦山陝賑務。

　　[4]"黃魯直"句,黃庭堅《題少章詩卷》:"少章別來文字疊疊日新,不唯助秦氏父兄歡喜,予與晁、張諸友亦喜,交游間,當復得一國士。"

又(二十九)

　　前月廿四日奉到手札二通,附有吉金拓本十四紙領悉,敬謝敬謝。頃又奉續示,展誦之餘,欣悉都中甘霖疊霈,晋豫各省亦均普霑,插種無愆,人心大定。從此雨暘時若,中外騰歡,太平之樂,不特林下蒼生額手稱慶已也。

　　惠示各墨拓中有古劍,其篆體似較世傳吳季子之子劍[1]爲勝。吳季子之劍當年藏在嚴子通[2]家,其劍匣有竹垞老人長歌一篇,鎸刻頗精。子通故後,此劍不知仍在嚴氏否。前承寄來邾公華鐘拓本,此間亦有一器求售,兩鐘銘同而字在兩鼓間稍異,與《積古齋》所載紀氏器篆文悉合,惟"忌恝樂"三字阮本極明白無損,此已剥蝕,却又非因擦碰所致。鐘甚舊而銘文不無致疑。特將拓本寄上,乞法家審定示知。

　　昨濟之令弟出眎尊劄,所需《焦山志》《彝器圖釋》,遵寄各二部。又張未未《桂馨堂詩集》一部,一并寄奉,統祈詧收。近京出土古幣,尊處收羅甚多,必有重出,望擇其青綠燦然者見寄數品。數千年之物,自有一種古色古香,兼以生朱活翠,置之案頭,足以袚俗也。簠齋述執事藏古泉幣甚富,未知已編録成書否? 子年西逝,都中談古者尚有幾人。海内金石同志本如天上晨星,落落可數,今子年又棄世矣,言之慨然。恒軒經李相留辦賑務各事,能常通信否?

　　[1]吳季子之子劍,《積古齋鐘鼎彝器款識》有"周吳季子之子劍"條:右周吳季子之子劍,銘十字,鳥篆文,據舊藏摹本編入。程易疇云:胡生得孫退谷所藏吳季子之子劍,劍銘搨本遂以遺余。其篆爲鳥蟲書,十字二行,退谷手書釋之曰:吳季子之子保之

永用劍。又爲跋尾,手書之,其略云:昔季子有劍,爲徐君所愛,此則其子之劍。吾見三代諸器款識多矣,鮮有及此者。舊在睢陽袁氏,曾向余言,買時一字酬以十金。

[2] 嚴子通,嚴達(生卒年不詳),字子通,仁和(今屬浙江杭州)人。官江蘇海州直隸知州。

又(三十)

前月託濟之中翰代寄寸箋,坿有《彝器圖釋》二部、《焦山志》二部、《桂馨堂詩集》一部,又向杜小舫轉索《平定粵匪紀略》《古謡諺》等書,未識何日始達,深以爲念。一昨郋亭[1]來函,附到手翰,敬悉種切。當此帑藏支絀之際,贍軍濟賑,無一不仰給於司農。執事重莞度支,綜籌出納,固已倍煩擘畫,而朝廷遇有大著作,又非公莫屬。文章政事,一時交集,其勞勩當可想見。尚望節宣善衛,爲國葆躬,是所至祝。

承詢顧湘舟偕韓履卿丈撰《江南金石志》有無存稿。查此書當日艸稿甫定,尚待續輯,實未成書。庚申之變,藝海樓書籍無隻字獲存,履丈之子又不能克家,當日曾與恒軒論及此書,竟無可踪跡。執事現爲履丈刻題跋數十篇,雖非全豹,亦可藉見一斑,甚盛舉也。工竣後務望從速惠寄。此間尚可從各親友搜羅,弟處臧漢東海廟碑殘字,有履丈長跋。此跋有關掌故,特錄上。又題襖序一跋,又題鐵硯數行,先錄備采。《何義門集》版已遭劫,印本亦祇存一部,他日擬爲重刊,或專刻題跋。朱未丈《桂馨堂集》原版現已修補完好,前日寄去一部,尚可續寄也。頌鼎拓本[2]一紙,李香嚴以重值得之者,坿奉法鑒。

[1] 郋亭,汪鳴鑾。汪鳴鑾號郋亭。
[2] 本,文海本作"木",據石印本改。

又(三十一)

九月初間奉到惠書,知所寄各書籍并拙作楹帖均未達鑒。兩月已來因心緒鬱悶，又患齒疾，致疎音敬，亦未奉手畢，箋訊之稀，頗爲近數年中所罕有。懷想之忱，無日不縈繞左右也。辰下伏維道德文章，與時并茂。

吉金樂石有無新得之品？竊願聞之。南中浮慕風雅者多，前所云兩鐘，其一周公華已爲吳江沈姓者，以五百緡購去；一邾公牼編鐘價廉，已以書畫博易留存。倘法家鑒賞，儘可移贈，俟明春潞兒入都，帶奉師門。散氏盤銘當一并呈上也。

恒軒抱喪明之痛[1]，又殤愛女，無怪其心灰。然年力甚壯，造物或別有權衡，只有委心任之而已。弟八月間喪一孫女，年十八歲，紫陽《綱目》已讀完，詩筆爲香嚴、柔齋所賞，贊爲閨閣中僅見。字南屏[2]之子，尚未出閣，二三日微疾去世，真令人痛心不能已也。賤體自八月初至今常常不適，意興殊蕭索。

昨日高嫗送來彝器拓本十數種，云係松江鄉下金姓者倩拓，拓竟携之而去。中間贋鼎居多，特檢四種奉上。内冗彝較精，與積古齋所臧相似；虢篹亦爲可觀；一敦似是陜刻；亞形卣亦平平。弟最服尊論古器銘有至精極壞，大開大合者，不必看器，可决其真僞；若此種銘文，必得一見原器，方可定其是非也。

簠齋有月餘無信。恒軒常晤否？

[1] 喪明之痛，《禮記·檀弓上》："子夏喪其子而喪其明。"後遂以指喪子。
[2] 南屏，彭翰孫（1834—1886），字南屏，長洲（今江蘇蘇州）人。彭慰高長子。以副貢入仕，曾任嘉應、惠州知府。彭翰孫之子彭泰士與吳承潞之女吳毓蓀訂親，不幸吳毓蓀遽然病逝，彭翰孫向吳雲索取吳毓蓀詩稿，在刊印《師矩齋詩録》時附刻妻吳清蕙《寫韻樓吟草》二卷、吳毓蓀《意蘭吟賸》一卷。

又（三十二）

前者兒子承潞南歸，奉到賜書，并蒙惠頒《滂喜齋叢書》[1]三函，謹已領悉，敬謝敬謝。伏審德勳昭著，如日方中，朝野具詹，聲聞益楙。兒子备述在都時荷師門飲食教誨,眷愛殊恒,并述南齋領袖,凡有大著作,非公莫辦;兼以部務殷繁,巨案疊出,盤根錯節,措置綦難,稍一失當,百喙齊起。而公精心卓識,酌理準情,不參成見,一以大中至正爲歸,衆論推服,中外翕然。此外兩館鴻裁,三庫重任,一身兼顧。他人處此不知若何叢脞,而公從容擘畫,猶得以政事餘暇,不廢著述,方諸古人,雖以五官并用之劉穆之,尚當遜席,遑論時賢。

大刻叢書業已卒讀,凡有一材一藝之士,槁項蓬廬[2],窮老而湮没無稱者,悉得采録授梓。復以皇甫椽筆序其簡端[3],使之附青雲而傳後世。不獨發潛闡幽,見愛才之切,此中陰德,亦匪淺鮮。無怪海内孤寒,篤學無遇者,奔走恐後,咸欲皈依龍門,以爲榮幸也。

弟終歲杜門,不離故紙,深愧崦嵫已迫,學業無成,惟有遥祝公家福德綿延,恩慶稠疊。至於執樞秉軸,繩武繼聲,乃意中指顧間事,不足爲公頌也。久欲肅函報謝,因知國政正冗,未敢以文字瑣屑,率溷清聽,匪同糇嬾,想邀亮詧。

[1]《滂喜齋叢書》,潘祖蔭匯輯刊刻,共四函五十種。所收多與潘祖蔭并世通儒遺著,或世所罕見而内容具真知灼見者,同時還專收有《京畿金石考》《吴郡金石目》《寶鐵齋金石跋尾》《日本金石年表》等幾種有關金石的著作。

[2]槁,文海本作"稿",據石印本改。

[3]"復以"句,潘祖蔭爲《滂喜齋叢書》中諸如《炳燭編》《橋西雜記》《惠西先生遺稿》《張文節公遺集》《亢藝堂集》《陳比部遺集》《西凫殘草》《春秋左氏古義》等多種著作寫序,説明刊刻緣由及著作特點。皇甫椽筆,《晋書·左思傳》載,左思《三都賦》成,初不爲人知,後得皇甫謐爲之序,遂致洛陽紙貴。

又(三十三)

月朔奉前月廿三日手諭,并蒙惠寄金石墨拓卅五葉,謹已領悉,謝謝。方今海内金石家弆臧之富,濰縣[1]外惟八囍齋,洵稱雙峰并峙。恒軒真力彌滿,考鑒俱精,足爲繼聲。弟年老氣衰,跧伏菰蘆,古器物絶少遘遇,幸親友中得有佳品,必持以見眎,因此常得寓目,聊慰饞吻。

徐鐘初到吳門,香嚴、仲復皆以爲贋,顧駿叔就質鄽人,告以周末文字有此一派,似非僞觕。駿未以五百洋購之。恒軒甚以爲佳,簠齋謂真而不精。現在駿未聞恒軒贊美,益加寶護,幾同頭目[2]。鐘角已脫佚,銅銹指剔即落,有篆文處捶撲稍重,文即受傷損缺,人因以贋鼎目之。所需拓本,謹奉二分,尚是初到時所拓,近則祕不眎人矣。不識正法眼藏以爲如何?

外古鈢印五紐,係敝篋所藏,簠齋屬王卤泉[3]摹刻中間"左譽桃枝"四字,文可識而義無考。餘四鈢爲上古奇文,未易辯釋,特奉省閱,伏求考示。另附一分,如恒軒未行,乞賜轉交。

承惠各造象殘石,拓本中有"定七己朔"四字,筆意勁挺,爲唐初歐褚二家所自出。"定"上半字似是"武"字,武定七年爲東魏孝静十六年,其時去唐初不遠,風會所趨,固應如是。此必當時名手所書,非出工匠也。尚乞再寄十紙,加一二收藏鑒賞等印,因欲分貽同好也。此殘石未知是造象抑是殘碑?并乞示悉。

[1] 濰縣,指陳介祺。陳介祺爲山東濰縣(今山東濰坊)人。

[2] 頭目,文海本作"頭日",據石印本改。

[3] 王卤泉,王石經(1831—1918),字君都,號西泉,濰縣(今山東濰坊)人。善書篆隸,尤精篆刻。與陳介祺、郭麟深、王懿榮、盛昱等往從甚密,朝夕觀賞臨摩商周秦漢之器,所刻石印,筆畫均從古印中來。有《甄古齋印譜》《西泉存印》等。卤,即"西"。

又(三十四)

前月杪奉望日手翰,并蒙惠寄古金拓墨十六葉,一一領悉,感謝無已。十布拓本,重出者五,其中僅少𣎴布一種,次布已殘缺。𣎴布是否原缺,抑係漏未彙入?念念。方尊知是俊品,惜相睽道遠,不能各出所藏,互資平賞。海內收藏吉金既富且精者,簠齋外斷推執事,恒軒繼之。此後或有聞風興起，而天地精華之祕發洩將盡，徒以魚目相混而已。

近日僞作者愈出愈奇，滬上已專有此一種人，廣收無字舊器，合數人之力，閉戶覃精，僞胎成文，比之宣和仿古，實能遠勝。蓋器本原舊，文又工致，目前已不易識，數十百年後，恐巨眼者亦不能辨矣。

現在同好有沈仲復、李香嚴與子山喬梓，皆好之而又有力者，見愜心之品，便不惜重值購之。偶有遺珠，或沈霾鄉里，未登市肆，鄙人亦間有拾得者；爲數較鉅，即便縮手不敢與角也。近得一師田父卣，却甚快心。此器從嘉定而至婁東，爲三兒購獲之。銘文極精，器尤奇古。謹將拓本奉鑒，另縮一圖，繪於另紙，統乞考示。平華處拓本因係師門命寄，格外鄭重，託的便帶來，轉致遲滯，故至今未到也。

又（三十五）

月之初六日肅奉寸箋，附有鐘卣各拓本，交輪局帶呈，計必即達。嗣於十五、六兩日奉到手諭二通，廿二日又從竹報中交來續示三函，一一領悉。委致簠齋一函，當即轉交韓偉功兄確寄。韓兄爲簠齋同鄉友，冬去春來，在蘇貿易，來往信札，皆渠經手，從無遺悞也。

承諭於無意中得陽羨砂器數種，又得時少山一壺，銘款絕佳，聞之鄉往。時壺在兵亂以耑[1]，已極難遇，今日更同星鳳矣。八囍齋中本有舊藏精品，益以新得，想見清簟疏簾，爐香茗椀，公退之餘，藉爲游息，可勝豔羨。

垂詢北嵐趙氏與陳漢侯，未悉其人。楊彭年業此數世，後起凋落，恆產已成絕響。瞿子冶之後尚有一二在庠者，然亦衰薄之至。附奉《月壺題畫詩》[2]一册，子冶踪跡，略見於此。執事愛才若渴，人有偏長薄技，唯恐表揚之未盡，遠媲韓歐，近則與阮文達并駕。無怪海內之士，皆願委身國士，定價龍門也。

再，正在封函，又接本月十六日手書，知初六一械[3]已達籤閣。古金拓五紙領到。錞于，前人皆係諸周，鄙人非之，曾引貨泉文爲證，匪敢逞臆也。今執事題曰"古錞于"，具徵鑒古卓識，佩甚佩甚。諦審此錞，陽識,弓矢形奇古,上作凸,中三,下5,絶似泉刀,背文,上穿乃刀柄倒形,以此證之,恐非先秦以後物也。法眼以爲如何?

陽羨砂器,精此技者,勝國以來,落落可數。大約近人吳兔牀《陽羨名匋録》[4]、張文魚《陽羨匋説》[5]最爲詳備。文魚《陶説》附見於《名匋録》中,未見專刻。此書計槧架早有,故不復寄。昨訪諸陽羨舊令,知縣志所載甚略,却得一異聞,可資捧腹。同治間有毘陵太守履任,勤求民隱。有宜荆某董事,撫拾地方利弊十數條,呈請出示興革。中有一條,謂陽羨砂器每每雕刻書畫銘詞,大非敬惜字紙之道云云。某太守依樣胡盧,轉行下縣。縣又胡盧示禁,從此陽羨茗壺不復有字,數年來遵奉不敢違,蓋畏官法受累也。此人亦幸而不生於三代之上,使生於三代,則湯盤孔鼎,皆在應毀之列矣。兵戈以後,每生怪物,此亦一種也。公何法以處之?

所需古鉨印本附奉四分,乞以一分贈廉生太史。

[1] 歬,古"前"字。《説文》:"不行而進謂之歬。從止在舟上。"
[2] 《月壺題畫詩》,瞿應紹詩集,其子瞿小春輯刻,收題畫詩一百七十九首。
[3] 械,同"函"。
[4] 《陽羨名匋録》,吳騫著,成書於乾隆年間,二卷。上卷分原始、選材、本藝、家溯四部分,重點介紹製陶的基本工藝和製作家;下卷分叢談、文翰兩部分,叢談是有關製陶、用陶、品茗的雜記,文翰則列舉有關宜興陶器的著述、詩文。吳騫(1733—1813),字槎客,號揆禮(也作葵里),別號愚穀,又號兔牀山人,仁和(今屬浙江杭州)人。喜詩擅畫,搜羅金石和宋元刊本。輯刻有《拜經樓叢書》,撰有《拜經樓書目》《兔牀山人藏書目録》《愚谷文序》《拜經樓集》《陽羨名陶録》等。
[5] 《陽羨匋説》,張燕昌著,亦是有關宜興紫砂藝與人的專著。張燕昌(1738—1814),字文魚,號芑堂,又號金粟山人,浙江海鹽(今屬嘉興)人。嘉慶元年(1796)舉人。擅書畫,精金石篆刻、勒石,亦精竹木雕刻,有《金石契》《飛白書》《芑堂印存》等。故宮博物院藏有張燕昌刻梁同書銘紫檀書筒。

又(三十六)

仲秋接奉手示,時家庭多故,意緒少寧,屢欲拈毫,輒復中輟,因之裁報有稽。方深歉悚，乃晤季玉親家，述及執事關念甚懇，垂問至切，情肫語摯，竹報縈詳。聆音興感，匪言可宣，惟有永銘心版，不敢套詞鳴謝。比日一陽初轉，霜氣漸深，伏願啟沃之餘，順時攝衛。

弟於八月間就養婁東，晌將兩月。差喜屬境平安，公私尚順，仍得以圖書金石解悶消憂，孱體亦託庇帖適，足紓存注。

前屬搜訪陽羨匋器著錄，知已梓各種鄴架俱備，茲鈔清儀閣所臧《時少山方壺題咏彙集》一冊，并拓壺底款字，兼摹全形，寄塵清賞，伏祈鑒入。餘俟旋蘇後，再行續報。

又（三十七）

月之初旬連奉十月廿三、廿七兩次手諭，并各種彝器拓本，謹已領悉，遵即分致同好，屬為道謝。

弟杜門守拙，垂及廿年。歲月不居，學殖日落，修名未立，老大徒傷。方以不足副執事文字之知是懼，乃以犬馬賤辰，寵加獎餙[1]，捧函循誦，感愧交縈。伏念執事以振今爍古之才，膺旋乾轉坤之任，安危所繫，中外具瞻。值此時局孔艱，盤錯迭出，論議紛起，張弛綦難，惟執事洞明彼己，見徹始終，識盞運於幾先，慮必周乎事後，堅持一是，力破群疑。從古運會遞嬗，屈申倚伏，犁庭掃穴[2]，會有其時。正當嘗膽臥薪，伺隙觀變。橫磨雖利，似不必急試其鋒；狂瞽率陳，亦不出執事紆籌默運中也。伏惟加訾。不宣。

[1] 餙，同"飾"。
[2] 犁庭掃穴，《漢書·匈奴傳》："固已犁其庭，掃其閭，郡縣而置之。"

又（三十八）

前奉正月廿二、廿八兩次手書，并金器拓本三紙、太和造象石刻一紙,均謹領悉,謝謝。流光如駛,改歲以來,倏又暮春之初矣。遥維勳德兼崇,身名俱泰,調元贊化,中外蒙庥,幸甚幸甚。

雲杜門不出,日益衰憊。昔朱晦翁七十後始以野服見客,雲則早效魏三,束帶久置高閣。閑與林下諸老仿洛陽故事,作真率之會,月舉一二次。此外酬應,概行謝絶。蒲柳易凋,竟成老廢,言之祇堪自愧。

承詢南中有無新出金石。近來絶少俊品,好事者多,偶出中駟,即不惜重值購去。然此中亦各有金石之緣。去年師田一器,簠齋與公均歎爲希世之珍。此器初出已入市賈之手,流轉於蘇滬二處,無人顧問,幸爲寒齋所得。當日若有力者見賞,鄙人安能與争。此猶小品也。盂鼎久鎮關中,爲宇宙大寶,非左相之力不能得,亦非公之力不可致。可見數千年法物合歸何人,固有一定也。現在敝鄉新出古磚頗多,類皆孫吴六朝遺物,年代尚有在太和之前者。如合鑒賞,當覓數件寄贈,聊備清祕閣中一種而已。磚多出於古塚,似亦不宜多積,雲素來不甚措意者,爲此。

簠齋今年未有信至。恒軒小試其鋒[1],已遭側目,安得不令人扼腕。俄事竟得轉圜,真普天之慶[2]。方今聖明在上,衆正盈朝,鑒及前車,擇能而使,遂令彌天荆棘,悉化康莊。從古得人則治,如劼侯者,庶無愧專對之才,克副行人之選矣。真西山[3]有言,幸安之謀不足持[4],乘此勵自强之志,恢立武之經。三城之築[5],會其有時,草莽幸民,正當擊壤而歌,式觀景運也。

祝年[6]現赴滬局。近來閱歷漸增,作事極爲謹飭。憲眷既優,同寅亦協。此外近事,想竹報備詳,故不瑣述。

[1]"恒軒"句,光緒六年(1880)吴大澂隨吉林將軍銘安辦理寧古塔、三姓、琿春等東陲邊務,旋即改爲"督辦",於整頓軍吏、守邊强邊等方面多有建樹。

[2]"俄事"句,光緒四年(1878)欽差大臣崇厚赴彼得堡與俄談判,至光緒五年崇厚在沙俄脅迫下擅自與沙俄簽訂《里瓦幾亞條約》,將霍爾果斯河以西和特克里斯河流域割讓,朝野大嘩。光緒六年(1880)曾紀澤兼任出使俄國大臣,與沙俄談判修改崇厚擅訂的《里瓦幾亞條約》,事情出現轉機。

[3]真西山,真德秀(1178—1235),本姓慎,避孝宗諱改姓真,字景元,後更爲希

元,福建浦城(今屬南平)人。慶元五年(1199)進士,授南劍州判官,累官至參知政事,謚文忠。真德秀立朝有聲,學宗朱熹,慶元黨禁後,程朱理學得以復盛,他與力爲多。有《西山文集》《讀書記》《四書集編》《大學衍義》等。

[4]"幸安"句,《宋史·真德秀傳》:"國恥不可忘,鄰盜不可輕,幸安之謀不可恃,導諛之言不可聽,至公之論不可忽。"持,當作"恃"。

[5]三城之築,景龍二年(708),張仁願在河套黃河北岸築西、中、東三受降城。三受降城的修築使唐王朝對漠南有了更好的控制。

[6]祝年,潘祖頤(1849—?),字祝年,號竹岩。潘祖蔭堂弟,吳雲壻。

又(三十九)

前者連奉三四兩月所發手諭,附有金石各墨本,捧函展誦,仰蒙垂注勤拳,優加存問,感幸無量。承惠示古匋拓多種,中間塤器字最明顯,而陽識一種,尤爲精絶。簠齋積至四十餘種,欲求如此者,亦未易見,洵古匋文字中至爲精美可寶者。此塤已有考否？鄙見當是"命司樂作太室塤"七字。釋文書於另紙,仍乞鑒定。

古磚出土每多殘損,兹擇其完善而字文較爲精整者,敬奉四種。先將拓本附呈,磚交令弟濟之中翰暫存,遇便再寄。師田父器,簠老定名傳卣,恒軒亦有釋文寄來。此器兩耳高聳,形制甚奇,爲從來彝器圖中所未見。擬照摹全形,專刻單本,簠齋、恒軒釋文附録於後,執事前書歎爲希世之珍,擬將尊札一并刻入。此即借重玄晏先生之意也[1]。老至耄及,學益荒蕪,所藉以自遣者,正此結習未忘耳。

一昨又荷頒到葉氏《百三十家詩選》新刻二部,其一寄付潞兒祗領,謹拜師門之賜;其一粗已繙讀。中間舊識甚多,類皆槁項菰蘆,侘傺里巷,縱使潛修力學,仰屋著書,而遭際匪附青雲,姓氏烏能傳後。葉氏雖有此書,無力開雕,仍不過爲蠹魚所飽。今得執事爲之剞劂,遂使孤寒之士,一生心血所積,賫志而没者,得於張爲《主客圖》[2]中,略見文采。昔人謂收人遺稿授之梓,人其福德比之哺養棄孩、掩埋骸骼,尤爲無量無邊。他日韓范功名文富壽考一身兼集,敬預爲執事操券頌之。

自春徂夏，屢疆勉可支援，惟當此暑濕司令，每每筋骨酸痛，牽及手腕，故握管頗艱。家無元瑜、孔璋之徒[3]，親知箋訊，必出手削，因之滯於裁報。惟執事摯愛，定能原之也。

[1]"此即"句，皇甫謐爲左思《三都賦》作序，左賦爲世所重，後因用"借重玄晏"指稱請人題品詩文。玄晏，即皇甫謐。《三都賦序》李善注："謐自序曰：始志乎學，而自號玄晏先生。"

[2]《主客圖》，又名《詩人主客圖》，張爲編，收中晚唐詩人作品，以主客編次，分廣大教化、高古奧逸、清奇雅正、清奇僻苦、博解宏拔、瑰奇美麗六類。原書早佚，現存清人輯本。張爲，約唐僖宗乾符初前後在世，閩中人。工詩。

[3]"家無"句，阮瑀字元瑜，陳琳字孔璋，與王粲、應瑒等并稱建安七子。曹丕《典論·論文》："琳、瑀之章表書記，今之俊也。"徒，文海本作"徙"，據石印本改。

又(四十)

六月間接奉手諭，并塤拓五種。展誦之餘，深紉存注。久欲肅函報謝，因七月初二日在耦園沈氏作真率之會，藉以消暑，評書讀畫，頗得清涼之趣。迨至斜日西沈，始各趁涼歸去。鄙人與季玉先行，將欲升輿，下階傾跌，頭面磕傷至四處之多，幸託遠庇，得免内損，然已危險之至。旬日後創痕始平，又患腹疾。蒲柳之姿，連遭揉搓，遂至十分困頓。今雖小瘳，而精神終不健旺，亦老境使然，委心任之而已。

簠齋、恒軒均有書來，極羨尊藏土塤之精。簠齋謂王廉生得其一，執事獲其三，稱道不置。可見鄙人前書所云，簠齋雖藏古匋至五千種之多，視此亦當遜席，似非虚諛。愚見，塤本土器中不堅之物，難得遇此流傳，亟應摹其形制，專刻一圖。前人所稱八孔、五孔，與雁卵、雞卵諸説，有此圖説，足爲經史考據之證，豈非墨林一大快事哉！尊意以爲如何？

又(四十一)

昨奉八月廿六日手諭，并医[1]、幣、匋三種拓本，謹已領悉，敬謝敬謝。伏審勳德并崇，古歡益栐，秋審甫竣，又奉恩旨辦減等有數千起之多。想見仁心所運，倍極蓋勞，而祥刑種德，慈惠澤民，感召天和，休徵普慶。遥望卿霄，可勝額手。

雲自前月初勒悟九中丞就醫來蘇，下榻寒齋，數日之後，病體漸愈。老友相逢，樂數晨夕，林下諸老，時來談讌。順兄[2]久不赴席，亦破格而來，可謂極一時之盛，盡盍簪之樂[3]矣。悟老志在京職，宦情雖淡，精力甚充。買山無資，尚難家食，明春病痊，得就京職，此爲如願以償。凡事自有一定，非人力所能轉移也。

屢軀時有不適，旋亦向瘳。久成習慣，不復措意。附呈敝拓八葉，此得自石門蔡氏者。敝藏古鈢，前已摹刻數鈕，近因簠齋敦促，將所藏十鈕悉數摹刻竣事，并呈考定。

趙惠甫喜蒐羅金石拓本，因將尊藏太室塤轉贈一分，告以塤質脆薄，不能多拓，此鄭孔諸儒所欲見而不可得者。渠得之甚喜，著有長跋，其辭頗辨，録奉鑒正。

餘維爲道爲時，節勞善護。臨穎馳切。不盡。

[1] 医，同"簋"。
[2] 順兄，指潘遵祁。潘遵祁字順之。
[3] 盍簪，《易·豫》："勿疑，朋盍簪。"王弼注："盍，合也；簪，疾也。"孔穎達疏："群朋合聚而疾來也。"後用以指士人聚會。

又（四十二）

十月二十日奉到手札，正抱采薪之憂，以致閱時五旬，報章缺然，歉悚無已。弟自七月初旬以後，訖今半載，尚未出大門一步，衰苶[1]之態，可想而知。近因左足患濕瘡潰痛，舉動需人扶持，終日憑几枯坐，令人悶損。

前蒙寄示古尊拓，屬爲考釋其文。此器篆文奇古，中間"𩰫𡉙"二字尤妙至不可思議。謹就管見所及，詮釋另紙，仍求釐定。

[1] 荼,同"熱"。疑爲"茶"誤。茶,疲憊貌。

又(四十三)

前月抄奉是月二十日手書,頃又奉到廿四日續示,一一領悉。敬審道履安勝,侍庭曼福,惟日内釐定減等刑政過煩,蓋勞彌甚。伏望節宣善衛,爲國葆躬,是所至禱。

漢光和銅斛拓本,欣謝欣謝。來諭謂字多而未能精,雲以爲此器久霾於污泥之中,文字致遭剥蝕,然一種樸茂之氣,自不可掩。且字數多至二百,尤爲漢器中所僅見。當日芝齡[1]先生得此器,寶愛甚至。此雲聞之許珊林丈者。著録於《筠清館金石款識》,敝鄉徐君青中丞與陳頌南[2]侍御,考證俱極博辨,可爲一代斗斛制度之證。古器物莫徵於世者,每得金石流傳,據爲準則,此豈徒供耳目玩好已哉。此斛與太室塡可爲八喜齋中金石雙璧。惟器之形式,是以微橢,抑爲正圓?器質薄,君青中丞謂或因頑損其圓致成微橢,可謂精識。

雲素性畏冷,近日南中已穿重裘,屖軀愈形瑟縮。

附呈莽新十布拓本全分,伏乞鑒定。

[1] 芝齡,李宗昉(1779—1846),字静遠,號芝齡,江蘇山陽(今屬淮安)人。嘉慶七年(1802)進士,授編修,累官至左都御史、禮部尚書。工詩文,究心金石學,有《聞妙香室詩集》《聞妙香室文集》《經進集》《黔記》等。

[2] 陳頌南,陳慶鏞(1795—1858),字乾翔,號頌南,晉江(今屬福建泉州)人。道光十二年(1832)進士,選庶吉士,累官至監察御史。精研漢學及金石學,有《籀經堂文集》《三家詩考》《説文釋》《古籀考》等。

卷　九

陳簠齋太史介祺（四十六通）

（一）

　　憶乙巳年都門聚別，忽忽二十又七年矣[1]。道路間隔，世事遷變，不但良晤無由，即一紙之書，亦無從寄達。前年，有章君牧三從山左來蘇，購求古銅器。詢訪左右近狀，云執事家居，不常出門，收藏并未罹劫。偶到省城，遇愜心之品，亦仍收買。聞之稍慰。

　　弟入官後雖一行作吏，而簿書之暇，日仍與翰墨爲緣。癸丑[2]、庚申兩遭兵燹，舊臧散失過半，而亂後搜羅，新得頗亦不少。積古齋中齊侯罍之外，如師酉敦、禄康鐘、臤尊、虎卣等器，載於《款識》[3]者，約二十種，盡在寒齋。嘉興張氏清儀閣中漢印四百紐，沈匏翁[4]古鏡百餘面，亦均爲弟所有。自念學殖淺薄，舊時師友，盡已凋謝。雖朋儕中如馮林一、俞蔭甫輩，皆卓然負宏通淵雅之才，而爲學同途，所好各異，欲求可與商訂金石文字者，同志絶少。默溯平生膺服、心儀不置者，四海雖遥，獨執事有同道之契耳。方以關河修阻，執訊難通，北望齊雲，莫解勞結，忽於本月十二日奉到三月十三日手翰。亟取展讀，勤拳之誼，溢於言表；歡喜之情，真出望外。敬審林泉多福，頤養攸宜，名山著述，日新富有，幸甚幸甚。

弟跧伏菰蘆,鬚髮全白。去年以來,精力益復頹茶,伏案稍久,便覺心火上沖,頭岑岑痛,指臂又時時作酸,作字逾五百便欲輟筆。行年六十二歲,老邁至此,真堪愧歎。

承詢拙著,庚申之變,已梓者固片版無存,所有叢殘稿本,及臧書五萬餘卷,亦全陷賊中;金石書畫約存十之四五,合之新得,尚足自娛。十年以來,專注者惟《兩罍軒吉金圖釋》一書,其中頗有所發明,或希冀可以傳後。目錄排比已定,尚欲改竄,遲日先寄教正,然後授梓。此外已刻者六七種,皆不成片段,不足以塵大雅。

毘陵被陷,虢盤汔不知下落,或傳在劉省三[5]軍門處。曾經晤詢,唯唯否否,或祕不肯宣也。舊有《虢盤考》一冊,曾錄大著,特寄省覽。兩罍銘在腹內,極不易拓。曹氏一罍[6],世間拓本尤少。弟因友人紛紛來求索,曾刻有模本爲塞責計。今特爲執事精拓一分,先奉鑒賞;其餘各器銘,容後拓出續寄。罍文間有漫漶難識者,乃器之剥蝕也。《圖釋》中止錄陳頌南侍御考釋二篇,大著望即寄下,即當刻入。尊臧各器拓本,務即速惠。弟寓蘇州省城金太史場,宅居不廣,却小有花木之勝。終日偃仰其中,絕不預户外事,亦聊以自守其拙也。

海内知交零落,惟我二人健在,又復臭味無差,耆好如一。惜相距過遠,奇文疑義不能面相質證。此後惟有憑管城君代宣款曲,以當晤對。

兒子承潞現任太倉,長孫家楨今年已完姻,近况尚託庇平順。

執事庭階蘭玉,想已森然? 大著已梓未梓,共有若干種? 尊齒今年似甫及六十,來書亦有衰老云云,不識氣體何如? 并望一一詳示,以慰馳念。

又附去漢永始銅鼎拓本。此器尚未纂録,乞於著述之暇,撰考釋一通,俟寄到即當編入《虢盤考》。恐函封過厚,郵寄不便,是以抽出,容後再奉。

[1] "憶乙巳"句,道光二十五年(1845),歲在乙巳,陳介祺登進士第,時吳雲亦因謁選進京,陳氏造訪吳雲居處,并貽以"玉枕蘭亭",是二人訂交之始。越二十七年,

即同治十一年(1872),陳介祺從友人處得吴雲消息,即刻書函:"平齋尊兄左右:別來廿餘年矣……手此上問著安,臨風懷想不具,弟期,陳介祺頓首。同治壬申三月十三日丁酉。"此爲簠齋致吴雲書牘最早一通,吴雲以是信做答,亦吴雲致陳介祺書之第一通。

[2] 癸丑,咸豐三年,公元1853年。是年年初太平軍連破九江、安慶、蕪湖、南京、鎮江、揚州等地。

[3]《款識》,指阮元《積古齋鐘鼎彝器款識》。

[4] 沈匏翁,即沈濤。沈濤號匏廬。

[5] 劉省三,劉銘傳(1836—1896),字省三,晚號大潛山人,合肥西鄉(今屬安徽)人。團練出身,以功官至巡撫,加兵部尚書銜。有《劉壯肅公奏議》《大潛山房詩稿》等。同治三年(1864),劉銘傳率部收復常州,住原太平軍陳坤書護王府,發現王府所用馬槽即西周青銅重器虢季子白盤。

[6] 曹氏一罍,同治三年(1864),吴雲收得蘇州青銅器大藏家曹載奎"懷米山房"舊藏銅罍,并將收藏文物之"抱罍軒"改爲"兩罍軒"以志。

又(二)

五月十六日接初二日手答,相距二千里,越十三日即到,可謂至快。歡喜展讀,如抱笑言。即審道履康和,古歡益楙。承示齊侯罍銘釋一篇,"𦉢"字釋"㝵",連下讀,定爲通篇綱領。引《論語》《春秋》爲證,筆法謹嚴,直使奸雄心事,三千年後,昭然若揭,甚快甚快。謹當附刻於册,聽後之人參考。

寄到漢永始鼎拓本,按銘文作於三年,爲數第二百八十;敞器則作於二年,數第一,當爲創造之始。一年之間,流傳可考者,其數已如此之多,亦略見當時制度焉。銘首第一字似是"乘"字,或釋爲"廉"字。"乘"與"廉"皆地名也。十,成數;"十湅"者,言其煉冶之精也。執事必有考釋,望即録寄。至尊藏器有三細字,兩"酉"一"鼎"。諦審兩"酉"字筆畫軟弱,似是後人以錐畫之,與器無涉;一"鼎"字勁挺有力,或當時作器者用以爲記,未可知也。法鑒以爲如何?

廿八將李忠[1]後人墓門題字渴思一見,乞便中惠寄。索觀書畫目録。弟所藏卷册立軸,自北宋以逮國朝,約三百種。其中愜心之品,不過三四十種而已。目録無副本,遲日當繕一分奉寄。惟秦漢六朝以來碑碣造象收藏不下三千種,久欲彙編目録,因循汔未能就。尊藏前賢字畫及古拓碑碣,望將心賞者示知一二,以廣見聞。貞兄[2]處已將來翰送閲,渠欲得韓勑《禮器後碑》一觀,未知尊藏碑目中有此一種否?翁覃溪云:金陵鄭汝器曾手拓其本以遺朱竹垞,見《曝書亭集》,何至數十年間便湮晦不見其石?屬桂未谷遍訪,亦竟不得。云云。究不知東省有此石否?抑所謂鄭汝器手拓之本,或係數百年前舊拓,而原石已佚,竹垞翁誤紀之耶?不然何前碑屹然無恙,而後碑竟無踪迹?如有所聞,并望示悉。

弟所輯《吉金圖釋》皆一家之器。本欲仿《嘯堂録》體例,將古印附刻於後,嗣因卷帙稍多,考例較詳,意欲另編成集。止在遲疑未決,適得手教,遂決意另編矣。其中官印頗有志書所未見者。此書已成,秋間當先印刷寄上。外吉金拓本四種,有阮書所未録者;又一册器係敝親家潘季玉所藏,皆懷米山房[3]故物,統望詧收。季玉甚念左右,屬先道意,遲日再通箋啟。

弟自前月二十間忽患采薪,眠食大減,至月之初二日精神得以漸復,而胃納尚滯。裁覆稽延,職此之故。承詢各事,疏答另紙。

伏維爲道善衛。不宣。

[1] 李忠(?—43),字仲都,東萊黃縣(今屬山東烟臺)人。隨劉秀滅王郎、平河北,封中水侯。雲臺二十八將列第二十五位。
[2] 貞兄,指何紹基。何紹基字子貞。
[3] 懷米山房,曹載奎齋名。曹載奎(1782—1852),字秋舫,蘇州(今屬江蘇)人。性嗜古,鑒別頗精,瓷器、玉器、石器無所不好,而於吉金尤甚。有《懷米山房吉金圖》等。

又(三)

十月十六日奉布數行,交韓偉功轉寄,不識何日始達典籤。邛上專足信件直於前月杪由畢紀差人送到，先將來函二通展讀，并亟取箱籠檢閱，内附手翰十紙，反履紃繹，怳在寶彝齋中，促膝晤對，上下議論，欣慰無已。來書用竹紙寫，恐出入披玩，墨渝紙敝，已命工褙托，可期經久。尊藏目錄一册，印集十二本，讀之咋舌。收藏之精且富，固一時無兩，即裝釘紙墨之妙，亦令人愛不釋手。後附燕庭方伯所藏唐龜符及巡魚、交魚[1]各符，竊幸皆在弟處，吾兄聞之必喜也。承惠竹垞、冬心[2]各楹對拓本，謝謝。

本月初八日又接偉功兄交來續示，并與鮑子年觀察書稿，又附與邗上張錫五兄書，均悉。邗信當即寄去。蘇揚寄信甚便。

弟常多疾病，精力萬萬不逮吾兄。拙著《彝器圖釋》雖已刻竣，而銘篆正須修削。南中自兵燹以後，手民之劣，以及紙張刷印，無一可以入目。兼之各省書局、輿圖局皆選良工，稍有本領者，皆爲羅致而去，迥非亂前可比。兄眼界過高，倘不肯降心相從，必欲如從前之精益求精，轉恐有因噎廢食之患。大約刻金器首重篆文，此外皆可從略也。

承詢各事，疏對別紙。天寒晷短，未及詳盡，容隨時續覆。惟望吾兄加意頤養，爲道自珍，有可節勞之處，亦不必過費心血，總以恬適爲宜。我輩雖不敢以古人自期，然後之視今，亦由今之視昔，正不容妄自菲薄也。海内知交零落，三十年中，老友屈指，正無多人。相見未期，臨書但有惆悵。冬心對既兄見賞，謹以爲贈。

[1] 巡魚、交魚，唐代魚符分爲三類，其中一類用於出入憑證，稱交魚符、巡魚符，其中交魚符用於宫門出入，巡魚符用於官員與軍隊出入京師城門。

[2] 冬心，金農(1687—1763)，字壽門，號冬心先生等，錢塘(今浙江杭州)人。嗜奇好學，精篆刻、鑒賞，善畫竹、梅、鞍馬、佛像、人物、山水，揚州八怪之首。有《山水人物册》《月華圖》《携杖圖》《東萼吐華圖》《墨竹圖》等傳世。著有《冬心詩集》《冬心隨筆》《冬心雜著》等。

又（四）

去冬交偉功帶奉信件，數月來常欲續布數行，以申契闊，因臂疾時作，艱於握管；又以良友遠暌，每遇通書，雖盡十數紙尚未能罄所欲言，坐是轉稽音候，幸勿爲過。本月廿五日偉功來蘇，携到二月廿四日手書，并《古泉匯》二套，富貴吉羊圖、齊刀范、建武范、綏和雁足鐙、太康盫、漁陽郡瓿、漢李夫人墓門字、魏"金沙泉"三字各墨拓，内惟寶六化土範拓本未見，想必漏入，餘俱收領，謝謝。

竹朋兄《古泉匯》一書，搜集之富，實古今所未有。自顧氏[1]以來，此書洵爲大觀。兄謂其鎸刻未善，誠是，然已成必傳之作矣。剞劂一事固不可草率，然必精益求精，轉至因噎廢食。前書勸兄降心相從，將應刻之書，早早付梓，實有所爲而言也。竹兄所著續集刻竣，務望代索見寄。《古泉匯》去冬已由家清卿太史寄到一部，今得重出，一到即爲友人攫去矣。

《書畫鑒影》，不必觀其書，即此書名四字，已足令人心動。第不知如何立説？弟於此中致力三十餘年，略知甘苦。收藏名迹，自北宋以來，頗多精品，亟欲一聞《鑒影》體例也。望兄先示其旨，如何？

《十鐘山房印舉》尤願先睹爲快。前人流傳印譜，收集既隘，考鑒未精，無一愜心者。弟藏漢魏六朝官私印千紐，中間官印頗有海内罕見之品。嘗取官印及私印姓名之有考者，著《兩罍軒古印考藏》十卷，雖刊刻已成十之七八，因欲校改，且有續增，故尚未藏事。今先將草印稿三册奉寄備采，即乞指訛，并將官印另印一分，附奉鑒賞。倘有可類入《印舉》者，望兄指出注明，即將空白印格發下，由此間印就寄上，彙入裝釘最妥，道遠難借寄也。

南中古物不獨金器爲有力者收括殆盡，即碑帖、書畫、磁玉等類，稍可入目者，價便奇貴。未翁[2]所藏虢未鐘後歸蔣生沐，辛酉年[3]曾留弟處三月，諧價未就，去冬已爲敝姻家沈仲復以重值購去。兄欲於南中物色古器，其可得乎？吴侃叔[4]《商周文字拾遺》久訪未得。徐籀莊[5]《從古堂款識學》聞毁於火，無從輘迹。筱漚兄殉節後，嗣君穀甫亦相繼棄世，現遺一孫，今年已十七歲矣，尚能讀書。賴其母賢能，主持家務，舊時田産俱已興復。當亂離轉徙之時，收藏散失過半，幸珠寶衣飾等類未失，此時之得能過活，亦正賴此也。子貞兄今年正月間大病，甚危。弟新正謝絕詶應，直於元宵後三日出門，首先到彼，在卧榻相見，執手嗚咽，涕泗滿頤，謂呃逆不止，眠不安枕，食不得味，與其病而生，不如速之死。想兄聞之，定亦同唤奈何也。

李夫人靈門題字已交去，承屬轉索書件，未知何日始能報命也。哲嗣二世講暨文孫别號望示知，擬作書畫扇頭爲贈。仲飴[6]兄令姪與兒子承潞有乙丑同榜之誼，子苾先生之後得附世末，聞之甚喜。從前翁朱均示我毛公鼎拓本，云此鼎在尊處，今查寄示收藏目録，無此器，究竟世間有此鼎否？竊願悉其輾迹，祈示知。兹先遵寄庚羆卣拓本十分、秦度殘字拓本二十分，又所需雙鈎化度寺殘字，有現存十六册，益以雙鈎《温虞恭公碑》四册，共二十分，乞檢收。拙著《彝器圖釋》儘月内必可刷印，再當馳求是正。箋紙羊穎，當一并奉寄無誤。

[1] 顧氏，指顧烜。顧烜（生卒年不詳），字信威，吳郡（今江蘇蘇州）人。曾任建安令，贈侯爵，乃孫吳丞相顧雍之後。顧烜有《錢譜》，見於《隋書·經籍志》。洪遵《泉志》："（古泉）歲益久，類多淹没無傳。梁顧烜始爲之書。凡歷代造立之原，大小輕重之度，皆有倫序，使後乎此者可以概見。"

[2] 朱翁，指張廷濟。張廷濟字叔未。

[3] 辛酉年，咸豐十一年，公元1861年。

[4] 吳侃叔，吳東發（1747—1803），字侃叔，號芸父，又號耘廬，海鹽（今屬浙江嘉興）人。諸生，屢試不第，遂廢科舉，致力於金石考據。嘗從錢大昕游，又受知於阮元。有《群經字考》《讀經筆記》《經韻六書述》《商周文字拾遺》等。《商周文字拾遺》無刻本行世，現存中國書店據石印本之影印本，分上中下三卷，收商器七、周器十四，其中見於宋人著録者二十器，見於清人著録者一器。

[5] 徐籀莊，徐同柏（1775—1860），字壽臧，號籀莊，嘉興（今屬浙江）人。張廷濟之甥。貢生，究心於金石、古文形義，舉證經史，時有所得。有《從古堂款識學》。《從古堂款識學》，十六卷，考釋三百六十五器，以考核精博見重藝林。

[6] 仲飴，吳重憙（1838—1918），字仲飴，號蔘舸，晚號石蓮老人，海豐（今山東濱州）人。吳式芬子，陳介祺婿。同治元年（1862）舉人，累官至護理直隸總督、北洋大臣、江西、河南巡撫等。有《吳氏文存》《吳氏詩存》《世德録》等。

又（五）

　　八月中奉七月廿九日手翰，并周秦金石墨拓三十二紙，《傳古小啟》[1]四本，一一領到。拙著《彝器圖釋》知已塵鑒，蒙許爲久而愈傳之作，慚悚慚悚。承示中有可以酌汰數種，益徵老友直諒，絕不作周旋牽就語，必如此方爲文字至交，感幸無已。

　　內中庚鼎、商盤二器，道光末年得於揚州某商家，銘文爲銅鏽所蝕，曾經刻入《二百蘭亭齋金石記》。此次重刻，即從《金石記》中影摹。本未愜意，執事致疑，洵是真鑒，當即汰去。此書雖已刷印數部，版未鏟淨，原待參訂增減，非定本也。

　　冊冊父乙鼎當年與齊罍、師敦同得，鼎腹底鎸有"阮某寶用"四字，製作精妙，朱綠燦然，篆文亦極古懋。雖積古齋中亦容有未精之品，然此器實無疑義。大約古器中一二字者易於仿造，每每器真而字訛，收藏家以所見類多贋作，未免生猒，但觀拓本，未見真器，概以僞刻目之，良有以也。尊諭一二字者，不妨少刻幾件，所見誠是。惟一家所藏，與集錄諸家所有者，稍有不同，溺於所愛，往往不忍割舍。拙著中實不免亦有此病也。然敝篋尚有商周觶、爵、戈、矛、泉笵之屬二十餘種，以其字文相類無甚意義，故未錄入。銅鼓本可不錄，因考據家多言銅鼓鑄自諸葛，或言出自馬伏波，其實伏波之前，已先有之矣，錄之亦聊以備一說也。

　　岑妃敦前年章牧三到蘇廣收古器，欲得字文較多者，託敝同鄉姚少垣再三來說，以重值購去。此器現今在李君處，以弟觀之，實非陝刻。兄如進省，可向李君索觀，真贋立判，不必言其原委也。

　　鑒別古器，但觀拓本，十可得其七八，然有一二，必與原器參觀并審，方無冤屈遺濫。此中竅奧，應惟兄知之，固未可一二爲世人言也。承惠秦金各拓，已彙裝小冊。惟檢敝篋舊藏元年殘詔版拓本，與此次所寄者校，殘缺形制相同，而舊本第三行"襲"字、第六行"功盛"字、第七八末"左""使"字，多模糊莫辨，今則極爲清楚，豈將銅綠剔淨，故文字明顯如此？抑別有一器耶？舊本有陳粟園[2]小印，必出尊藏也。秦量今得見全形，直欲喜心翻倒。惟所拓全形止有周圍圈口與一柄耳，其廣狹深淺，及邊底之存否，均未及知。意當日侈張功德，制詔之刻於器物者非一。易代之後，必遭毀廢，是以後世無傳焉。詔中有"度量"二字，故從歐説以度量名之，亦明知度是度，量是量耳。向於秦金殘詔未見全器，久蓄疑團，亟欲一廣見聞，尚求詳示。

南中舊時同志均已凋謝，近日好事者但能出重貲搜羅，而欲講求古文奇字者，實少其人。有世好沈均初[3]中翰，壯年力學，酷耆漢魏已來碑碣。鑒別精審，考據詳核。今春已謝世矣，爲之慨惜者累日。子貞兄之病竟至不起，想兄聞之，定亦抱慟。貞兄書名蓋世，詩文經學以及金石題跋，莫不工妙，在國朝當推第一流人物。自去年以來多病，手顫艱於握管，弟屢出執事來書與閲，每每閲不終篇，即欲欠申而起。代索楹聯，總答以待我腕力稍强再寫，即弟嘗索其作數行書，亦如此説。且作運腕欲書之勢，輒自欺其心手不能相應。蓋爲知音者落筆，不肯率爾操觚，尤不肯令群從子弟捉刀訹應也。自其没後，遺迹人爭購藏，聲價益重。韓子云：用功深者，收名也遠。學者精神命脈所注，發爲文章，傳不傳身後必有定評也。

曹氏器"中𠂤"。"中"字本有疑義，"𠂤"字，《書序》作"仲虺"，《史記·殷本紀》作"中𠂤"，陳頌南侍御亦引及之，惟謂"𠂤"爲齊侯名，不應於其臣稱桓子之謚，而於其君稱名，故不從虺從𠂤。子貞兄則以從虺爲是，𠂤爲非。然"《春秋》《論語》在此𠂤"，阮文達句也。貞兄爲弟作小齋匾，後有短跋，襲用其詞則云：《論語》《春秋》在此𠂤，吾師諏考集群才。則又未嘗不從"𠂤"字也。許珊林丈云：《詩·終風》"虺虺其雷"，傳：震雷之聲虺虺然。《易象傳》"山下[4]有雷，小過"，《繫辭》：斷木爲杵，掘地爲臼，取諸小過。《史記索隱》：齊景公名杵臼，虺其字也。器爲景公受天之命，命陳桓子嗣文子爲工正，桓子用作文子之廟器。得曹氏此器證之，景公名杵臼，字中虺，尤無疑義。其説亦本《書序》與《史記·殷本紀》也。總之，銘在腹內，篆文極不易識，言人人殊。鄙人之宗陳説，亦躊躇而未能滿志者也。

[1]《傳古小啟》，陳介祺爲傳所藏金石拓本而定的收資啟示，始刻印於同治十二年(1873)。

[2]陳粟園，陳畯，字粟園，海鹽(今屬浙江嘉興)人。與其父陳克明俱拓墨高手，曾館於劉喜海處，又爲陳介祺推重，《簠齋印集》和毛公鼎初拓本即其手筆。陳粟園去世後，陳介祺在給吳大澂的信中云："追憶粟園，豈可再得。"

[3]沈均初，沈樹鏞(1832—1873)，字均初(一作韻初)，號鄭齋、養花館、漢石經室等，江蘇南匯(今屬上海)人。咸豐九年(1859)舉人，官內閣中書。工書法，精鑒別，收藏金石書畫甚富。曾與趙之謙合撰《補寰宇訪碑錄》。

[4]下，當作"上"。

又(六)

前書寫就，尚未緘寄，又得八月廿四日手翰，展誦之餘，恍如晤對，慰幸無量。貞兄《東洲草堂集》伊家無現存者，俟韓偉功行時，當以弟處所有一部先行寄上無誤。印泥弟所用者，均向蘇城雲藍閣[1]、松茂室[2]購買，以自製總不得法，轉不如此二家所製也。每兩有二千四百文者，一千六百文者，有八百文者，印於另紙，注明價目，欲購來書可耳。

辨識古官印，但觀釘本，比之彝器，尤難遽定真僞。古有專掌治印之官，秦書篆體，五曰摹印[3]。然建武間篆法已舛訛滋甚。"馬伏波所稱""伏"字"犬"外嚮，"成皋令""皋"字白下羊，丞印四下羊，可證也。至一時出於倉卒封拜者，更無論矣。承示可疑各印內有實實無可疑者，不特金塗燦然，而篆文亦的真原舊，不復置論。外其"兼平北司馬印""平原徒丞印"，弟因亦未翁所藏，瞿木夫[4]輯入《集古官印考證》，又盛稱之，故亦入錄。"穎川西湖之長後人印"誤廁官印中，兄一見即指出，具徵目光如炬，無微不燭，尤爲心服。"西鄉侯印"篆文填金，故難辨識。此"鄉"字非"都"字也。"楨翰寧部司馬"，尊釋引《傳》"平板榦"《正義》："《釋詁》：楨翰，榦也。"當是軍中掌築壁壘之官。殊爲精確，已采入印考。弟按《一切經音義》及《釋文》，榦通作幹，又作翰。前書《地里志》上郡有楨林，莽曰楨榦，榦通翰。是楨翰即楨榦也。顧氏[5]《集古印譜》有"常山漆園司馬"印，常山亦地名也，似即同義。此亦一説也。司馬印流傳甚多，"漢假司馬"，此爲僅見，或疑不應"假司馬"上加一"漢"字。然弟讀《通鑑》，建武二十一年賜莎車王賢西域都護印綬及車騎、黃金、錦繡。敦煌太守裴遵上言：戎狄不可假以大權。因詔收還都護印綬，更賜賢漢大將軍印綬。此又與"漢假司馬"同義，可援以爲證也。

"劍士"印藏積頗多，所見更難僕數。觀其制作、篆文，其精者必非後人所能僞，且價亦甚廉，僞亦無謂。向以"劍士"二字索解不得爲疑，遍查歷代官志及各印譜，亦從無考釋。後讀《通鑑》，建寧元年，宦者王甫使劍士收蕃，執送北寺獄。此陳蕃本傳及本紀所不載，而於讀《通鑑》得之。劍士當即宮門宿衛之官也。謹以質諸左右，尚望鼇正爲幸。

[1] 雲藍閣，蘇州、揚州、上海均有"雲藍閣"，以經營書畫藝術、文房器具爲主。鄭逸梅《點石齋石印書局和吳友如其人》："吳友如生年約在 1840 年左右，從小生活清貧，很是孤苦，由親戚介紹在閶門城內西街雲藍閣裱畫店當學徒。"可知蘇州雲藍閣至遲在道光年間即掛牌營業，至民國時期仍以水印信箋而知名。

[2] 松茂室，初名萬松茂室，清中期至民國早期位於蘇州閶門內，是經營製作各類紙箋，從事書畫裝裱的文房箋紙店。

[3] "秦書"句，許慎《說文·敘》："自爾秦書有八體：一曰大篆，二曰小篆，三曰刻符，四曰蟲書，五曰摹印，六曰署書，七曰殳書，八曰隸書。"

[4] 瞿木夫，瞿中溶（1769—1842），幼名慰劬，字木夫，又字鏡濤，號空空叟，嘉定（今屬上海）人。嘉慶十九年（1814）進士，官湖南布政司理問。錢大昕女婿。精金石考據，富藏漢鐙、銅像、古泉、古鏡、漢磚瓦等，擅書畫刻印。有《集古官印考證》《集古虎符魚符考》《古泉山館金石文編殘稿》《漢武梁祠畫像考》《漢石經考異補正》《奕載堂古玉圖錄》《錢志補正》《錢志續》《古泉山館彝器圖釋》《瞿木夫自訂年譜》等。《集古官印考證》，十七卷，道光十一年（1831）成稿，同治十三年（1874）由其子瞿樹鎬校刊。是書將楊遵《集古印譜》、顧從德《集古印譜》、羅王常《秦漢印統》、汪啟淑《漢銅印叢》等傳世印譜中的漢魏至宋元官印，加上何元錫、張廷濟、劉喜海、吳式芬等所贈之品，共九百餘鈕，按官職分類，逐一摹刻印蜕，寫明出處、印材、鈕首，并詳加考釋。

[5] 顧氏，顧從德(1519—1587)，字汝修，別號方壺山人，松江(今屬上海)人。《集古印譜》隆慶六年(1572)年刻，署爲太原王常延年編，武陵顧從德汝修校，收古玉印百五十有奇，古銅印千六百有奇。所收古印，多由顧家家藏，輔益以友朋所蓄，以朱砂、墨泥鈐拓於事先鏤版刻印好的稿紙上，是我國第一部原鈐印譜。

又(七)

前月初三日託韓偉功兄帶上紈扇、書箋各件，未知何日始達。嗣奉十月十八、十一月初三先後所發手函，并《書畫鑒影》一部，祇領，謝謝。南中自前月十二日以後奇冷，滴水成冰，河道凍阻，不通行旅至七日之久，近十數年所未有，至今餘寒尚厲。弟入冬後鍵關不出，偃息之所，因玻璃不能避寒，悉用漂白洋布畫着色花木爲幔，或卷或垂，收放隨意，甚爲和暖，且又亮爽。親友見之，紛紛仿行，咸稱盡善。聞兄亦甚畏寒，故詳告以備采用。

承示許印翁[1]釋"夌"字，謂"丮"即"廾"，"既"字，從彐，象人舉手，從手既聲，乃"概"字省"皀"，定爲"撫"字。所釋甚確。"㠭工"，子苾學使釋爲"日壬"，引日乙、日庚、日辛爲證，亦有依據。已悉如來翰，録入拙著。惟末"𠃊"字似"班"，未解其義。雖已并録，尚望明示。未未丈臧一器，定爲商班尊，阮氏載入《積古齋》。中有三點，阮氏失摹。其釋"班"字爲從玉，《説文》以爲分瑞玉也。此從竝者，謂古文作"辨"，"辨"爲古"竝"字繁文，而從玨之字，又其後起。此器辛酉冬間有金蘭生[2]者，得自滬上廢銅鋪中，後售與李眉生廉訪鴻裔，弟博易得之。其時江蘇故家收藏爲賊匪兵勇所擄者，轉輾售賣，皆以滬上爲尾閭，是否即顧湘舟所藏，無可考也。

尊藏董山臤𤔔鼎，與阮氏器銘同而器異，將來能以全形拓本見寄否？甚盼甚盼。

李竹朋兄所惠《書畫鑒影》已讀一過，書中間有評斷，并敘述畫中景狀，莫不曲盡其妙，欽佩之至。第一卷所載永師千文，墨迹在敝親家顧子山處，前有闕字，實從"龍師火帝"起，應改正。又董跋[3]亦有數訛字應改。子山嗣君駿未茂才亦酷耆收藏,此卷已勒石,惟郭蘭石[4]跋尚未刻完,今先將已刻者搨寄,望轉交竹朋兄。其李春湖[5]侍郎一跋不刻,正與竹翁之不錄同意也。

弟於書畫一門究心三十年,家藏自北宋以至國初,卷册立軸真且精者,約四五十種,頗堪自信。平日未論及者,因書畫與吉金不同,金有銘文可證,書畫非親見,莫定真贗。子山收藏至富,尤喜四王惲吳,類皆以重值得之,惜道遠不得吾兄與竹翁同爲平賞也。弟所藏畫件,子青制軍大半過眼,他日相遇,可詢其略。青翁念執事甚勤,并云與竹翁舊交至熟,謂書畫棋琴金石篆刻,竹翁無不工妙,聞之令人嚮慕。

所需挈刀范拓本,茲先寄上十分,大泉五十范前已奉寄二十分,不復再寄。外日壬壺拓本二分,五銖貨泉、大泉五十、挈刀四范拓本各一分,贈仲飴兄;又一分,致竹翁,統祈詧收轉交。

[1] 許印翁,即許瀚。許瀚字印林。

[2] 金蘭生,金纓(生卒年不詳),字蘭生,浙江山陰(今屬紹興)人。輯有《格言聯璧》,其自序云:余自道光丙午歲(道光二十六年,1826),敬承先志,輯《幾希錄續刻》。刻工竣後,遍閱先哲語錄,遇有警世名言,輒手錄之。積久成帙,編爲十類,題曰《覺覺錄》。惟卷帙繁多,工資艱巨,未能遽付梓人。因將錄内整句,先行刊布,名《格言聯璧》,以公同好。至全錄之刻,姑俟異日云。咸豐元年辛亥仲夏山陰金纓蘭生氏謹識。

[3] 董跋,世傳智永千字文刻本中有明《戲鴻堂法帖》翻刻本,卷首缺字數十,自"龍師"二字起,故又稱"龍師起本"。其卷尾有董其昌跋。吳雲此處所言顧文彬藏墨本,楊守敬《書學邇言》亦有記載:"千字文,鬱岡齋刻之,三希堂亦刻之。元常安得有千字文傳世?或以爲右軍所臨,右軍亦安得有千字?此帖墨迹,余於蘇州顧子山家見之,紙墨皆古,大抵唐、宋人所爲。"

[4] 郭蘭石,郭尚先(1785—1833),字元開,一字伯抑,號蘭石,龍田(今屬福建莆田)人。嘉慶十四年(1809)進士,累官至光禄寺卿、大理寺卿。有《增默菴文集》《增默菴詩集》《使蜀日記》《經筵講義》《芳堅館題跋》《芳堅館印存》等。郭尚先善書,以工八法名嘉道間。鑒别甚精,有舊拓輒重價購之,論書亦有獨到見解。

[5] 李春湖,李宗瀚(1769—1831),字北溟,一字公博,號春湖,臨川(今屬江西撫州)人。乾隆五十八年(1793)進士,選翰林院庶吉士、編修,累官至工部侍郎。有《静

娛室偶成稿》《杉湖酬唱詩略》等。李宗瀚以文名受知嘉道兩朝，喜金石文字，建柘園以藏之，書法尤爲世重。

又(八)

正以久不得芳訊爲念，適奉二月朔日手函，浣薇展誦，欣悉去冬託韓、譚二君轉遞各信件均已達覽，抃慰無量。承惠寄琅邪臺秦拓二紙，其一雖已漫漶不能辨識，尚有筆畫隱隱可尋，已付裝池，懸諸壁間，詳細審繹，或有數字可識，亦未可定，所契當在臭味酸醎之外也。秦漢瓦拓二紙亦領到。弟於古磚瓦向不搜羅，所藏無多，且乏精品。敝鄉親友中頗有專門於此者，不知亂後尚存否，容訪之再報。鮑子年觀察處，曾以敝鄉金硯雲《古泉考》手稿六册寄鄭盦轉交，稿中泉文皆硯雲手拓。其書意在接續洪志[1]，故宋元明錢較備，不知有一二爲《古泉匯》中所未有否？

二世講何病？刻下定已全愈。深爲記念。竹朋翁小有風疾，正與鄙人相同。此由老年血分不足之故。弟二月初爲風濕所苦，不良於行者半月，今雖小愈，精神總不能振作。崦嵫景迫，一無成就，無以副良朋期許，每一念之，輒形愧汗。

臤冊鼎止存殘銅一片，何以知爲方鼎？乞示知。緣弟所藏阮氏積古齋之臤冊蓋乃圓鼎，非方鼎，故亟欲一聞其詳也。永師千字文與宋拓不同者，當日所書，前人皆言有八百本之多，世必不止一本，容有不同處耳。子山所得者，即李寄雲舊藏，竹翁載入《書畫鑒影》，故將石刻寄閱。鄙人於此卷，止斷爲宋元人所書，子貞兄所見亦同。而信臣[2]中丞大不爲然，謂卷中草書或尚有知其妙者，若楷書之妙，當世必無人能識。傾倒心醉，幾欲五體投地，所謂各有一是非也。子青制軍處已將尊函交閱，函中論畫數行，以爲六法三昧，屬道拳拳。手此布復，統容續陳。不一。

[1] 洪志，即指洪遵《泉志》。
[2] 信臣，許乃釗。許乃釗號信臣。

又(九)

　　前月偉功兄來，奉到手翰，并承惠寄金石文字各拓本，敬領，謝謝。秦漢瓦文一百九十四種當付裝池，褙成四册，洵爲大觀，歡欣寶愛，非言可喻。月之八日，又奉三月廿八日續示，藉諗[1]道履康勝，著纂如意爲慰。

　　弟自交三月以後，病不離身。齒病有二十餘年不發，前月下旬忽然大作，竟至籲地呼天，手足無厝。現已逾月，尚時作疼，咀嚼極爲不便，飯食非極爛者不能下咽，爲之悶損。終日静坐内室，看書亦擇淺近者隨便瀏覽，不能稍用心思。聞尊體亦小有不適，或亦操心過度所致。著作誠不朽之事，文人結習，斷不能除，然大耗心血。季玉常常規勸，弟感良友箴言，雖不能盡從，因而輟筆者有之。謹以轉勸老兄，筆墨一門，可已則已，可節則節，加意調護，勿過勞心，是所至屬。

　　平生文字知交，頗不乏人，然得失寸心知，欲求實在心折者，四海雖遥，屈計不過三數人耳。自媛兄去世，同譜老友，吳中止有馮林一兄而已，今又於四月十二日召赴修文[2]矣。此外惟老兄一人，而又遠在千里以外，祇憑書問往還，相見不知何日，言之殊惘惘也。前書擬刻先秦文字，鄙意總不如仿薛阮二書之例，就現有拓本，增補其未備而精刻之，此亦一代必傳之作。若必刻意求工，轉恐因噎廢食。吾兄於金石之學，在今日實爲海内靈光。收藏之富，尤爲夐絶古今。先秦文字之傳，斷惟執事是望，翹盼翹盼。

　　棉料紙，特先將紙樣寄上，如合式，可以照購，價遵來諭，與偉功算取可也。先後所惠手札均已粘裱成册，容屬敝友録出再寄。承詢各件，病中未能條對，統俟續陳。外黃忠端公[3]楹帖墨拓一聯，乃仲復舍親借刻者，附寄鑒賞。鰈硯廬，仲復齋名也。

[1] 諗，同"審"。

[2] 召赴修文，《太平廣記》卷三一九引晋王隱《晋書》，蘇韶死後現形，對其兄弟言："顔淵、卜商，今見在爲修文郎。修文郎凡有八人，鬼之聖者。"後因以"修文"稱文人之殤。馮桂芬卒於同治十三年(1874)。

　　[3] 黄忠端公，黄尊素(1584—1626)，初名則燦，後改尊素，字真長，號白安，餘姚(今屬浙江)人。黄宗羲父。萬曆四十四年(1616)進士，累官至都察院御史。忤魏忠賢，下詔獄，受酷刑死。崇禎初，贈太僕卿。福王時，追謚忠端。有《忠端公集》。

又(十)

　　月之望日曾肅寸箋，寄輪船局遞至惠豐典當譚藜堂兄轉交，未知何日得達爲念。一昨由偉兄處送到浴佛日[1]手書，知前患已愈，眠食增勝。弟兩月以來，病不離身，痔疾雖小作，却無大苦，而苦在大便燥結，非七八九日不解，解則非大半日不得了。遇此一日，百事俱廢，而身子亦因之狼狽不堪，種種暮年衰象也。

　　棉紙前曾寄去紙樣，如合式當續購。此紙在吴中已推上駟，若再要細絜，揉之無聲者，不可得也。承示新得秦百二十斤鐵權，斯相書詔則刻於銅版，鎔鑄合一。此平生所未聞者。拓本字雖漫漶，其明白可識者，則皆遒勁秀逸，自是斯相手迹無疑。吾兄古福洵爲不淺也。能刻一全形，加以注釋，俾好古者獲此創見，尤爲藝林快事也。

　　翁叔均并無《官印續考》，不過叔均在日見有古印，便乞印本，所收亦止唐宋元明官印數十方而已。弟所知如此。胡氏《泥封目録》不知其詳[2]，尚乞明示，以便轉索。所需秦金九字詔版，容拓就另寄。

　　[1] 浴佛日，即農曆四月初八日，是日釋迦牟尼誕生。
　　[2] "胡氏"句，陳介祺甲戌浴佛日與吴雲書曰："胡氏琨《泥封目録》乞代致一册。"胡琨，字美中，號次瑶，仁和(今屬浙江杭州)人。道光二十四年(1844)進士，候選教諭。咸豐十年杭州陷於太平軍，投水死。其所著《泥封目録》不存，吴式芬《古印泥考略》曾引其説。

又(十一)

前接五月十三日所發手書,辱承垂念拳懇,臨風三復,感不去懷。秦鐵權拓本二紙領到,細審制作實爲創見。當日必以鐵質之粗,細字難刻,特稍凹其地,而以銅鎔之,仍磨平鐫刻。可見秦時制詔,凡刻於器用者,其鄭重多如此,迥非後世出於工匠手比也。物必聚於所好,吾兄愛相斯篆迹,搜羅秦金,不遺餘力。今又得此瑋寶,金石信有奇緣,真令人健羨不已。

瞿木夫《古官印考證》,昨得伯寅書,知其嗣君瞿經孳[1]樹鎬已在西安授梓。去年經孳曾回里門,或覓得原稿,真快事也。因兄念之甚切,特將馳告。考證頗爲詳覈,然半從顧譜影摹,所釋亦本諸顧譜及《山左金石志》等書居多,以兄之眼力,他日見之,未必歎爲傑作也。載籍極博,傳世者大抵多醇疵互見,欲求毫無遺憾,豈易得哉!

胡氏琨[2]《泥封目錄》容詳訪再復。當今刻印,能者絕少,白文尚有漢文可仿,朱文則古篆不可識。宋元宗派,專尚工秀,學之頗不易見長。敝鄉丁、黃、奚、蔣及曼生諸君尚不失古意[3],而近日治印者畏難取巧,其朱文全學鄧石如一派,惡俗難耐。倘尊臧泥封與子苾先生處所收合刻行世,俾學者奉爲楷模,則嘉惠藝苑,洵非淺鮮。

四月望日之書,係託惠豐典轉交,乃已及一月未達,或遭浮沈,現向信局根查。幸弟先後奉致之函,即隨意拉雜不屬草者,亦必於緘封時交子弟或家人董錄出,然後發行。蓋我二人相距既遠,年又均在六十以外,凡有書札往來,非勘析文字,即琢磨道義,從無寒暄貢諛之語。縱使筆墨潦草,此中亦自有真性情在,故不忍棄而不錄也。前書大約已失,特命家人照錄奉寄。

弟交五月後屠軀稍好,然稍一勞動,即有不適。長夏無事,焚香執卷之外,聊以書畫爲消遣而已,亦不敢以著述之事耗心血也。手此布肊,千萬爲道保護。不宣。

[1]瞿經耈,瞿樹鎬,字經耈(一作經耔、京之),嘉定(今屬上海)人,瞿中溶子。咸豐年間曾在陝西孝義、寧陝、漢陰地等任同知,後又候補直隸州知州。有《吉羊鐙室詩鈔》。吴式芬、吴大澂先後在陝爲官,得交瞿經耈,知瞿氏遺稿《集古官印考證》尚存。在二吴幫助下,此書終於同治十三年(1874)開雕付印,并延請王子萱摹印於石。

　　[2]琨,文海本、石印本均作"緄",據《簠齋尺牘》改。

　　[3]"敝鄉"句,丁,丁敬,字敬身,號龍泓山人,亦號研林,晚號鈍丁,又署名無不敬齋。黄,黄易,字大易,號小松,又號秋盦。奚,奚岡,字純章,號鐵生,又號蝶野子、蒙泉外史、崔諸生、散木居士。蔣,蔣仁,原名泰,字階平,號山堂,又號吉羅居士、女牀山民。曼生,陳鴻壽,字子恭,號曼生,又號種榆道人。以上諸子皆杭州人,以製印名家。其中丁、黄、奚、蔣,亦稱西泠四家。或以丁、黄、奚、蔣、陳五子,及陳豫鐘(字濬儀,號秋堂,杭州人)爲西泠六家。

又(十二)

　　前月初九日專肅數行,附有古瓦當文七種,計十四葉;又《彝器圖釋》二部,託偉兄轉寄,未知何日達覽。一昨奉前月十九日所發手翰,欣悉道履康勝,動與吉會。弟交秋後屢體又常有不適,已成習慣,委心任之而已。吾兄篤耆古學,精力又足以副之。此殆天欲成全吾兄爲一代傳人,必非尋常儕輩所能跂望也。

　　所示叔未丈舊臧古鉨文。此鉨在弟處,其餘之印因未得印文,無從檢寄。特將弟之得於清儀閣者,另印二分寄上。倘欲入《印舉》,須借原印,望示知,當交偉兄帶上,即由偉兄帶還。統候進止。

又(十三)

　　前月十九日惠書,偉功兄親自携來,其時正赴家鄉省墓,順便就醫,故未把晤。昨歸,又奉廿二日續示兩函,開緘雒誦,知先後所寄各件,均邀鑒納。承寄三代古鉨文五十紐,又子振[1]兄所摹本二十六紐,瓦文題字七紙,盂爵拓本一紙,均已一一照領,謝謝。子振所摹各鉨,雅有古趣,

"兩疊軒"三字尤妙（軒字確）。南中自家讓之故後，絕少解人。從前翁叔均喜用鐘鼎文字，章法頗合，惜太稚弱，無古致，不逮子振遠甚。弟有青田印石，與此大小相似，當託偉兄帶上，奉煩如樣刻之，印文一紙，後信附還，不遺失也。

博易古物，昔蘇米諸公常爲之，蓋一轉移間，各愜所愛，亦翰墨快事。惟弟藏古印不及兄四分之一，此數鉨當日得自清儀閣，頗自珍惜，不輕示人。因兄編《印舉》，弟處藏印以道遠不能寄，止此數印携帶較便，而又有偉兄之穩實可靠，故擬託其帶上，明春偉兄南來即可携還。將來兄處多印出數十百分，與已藏無異也。硜硜之性，與友朋交，雖極不要緊之期會，亦從未敢失諾，況與我壽卿老友三十年文字至誼，安有渝約之理。偉兄到，古鉨亦到，請毋懸慮也。

🅾️瓦當，爲轉索數分奉寄，何處出土，亦當詢之。所需秦量拓本，遵奉二十分，又兩齊疊精拓各一分，又唐黽魚符四種，并呈清玩。古私印印本一時未能報命，明春擬將古官私印印出二三十部，必當首先寄呈鑒定。賤名古印中常見，從前筱漚兄曾贈一紐，往年何伯瑜[2]亦有一紐，均非精品；承示之朱文印，亦未愜心。此等辟邪紐失子存母印，弟有十數紐，其中劉勝姓名者屢見。按，劉勝，漢時已不止一人。此印又似非兩京物。兄有考證否？

弟自交秋後常常生病，不出戶庭四旬餘矣。近日咳嗽尚未已，而大便又極燥結，七八日一更衣，艱苦異常。承示蒼朮丸不敢輕服，職此之故。每讀兄來書，深佩好古之情，老而彌篤，筆下亦洋洋灑灑，滿紙精神。尤難得首尾無一率筆，與弟較真有松柏蒲柳之别，且羨且愧。

盂鼎聞左相特製一車，從關中送來，此可爲伯寅慶也。尊臧古鉨五十鈕，洵爲奇麗之觀。惟內有一二印如🅾️，似非三代文字，兄以爲如何？前人論印輒曰秦漢，今兄以三代古鉨另編成集，固由卓識，然非收藏之富如兄者，則亦不能成也。

《宋史紀事本末》七十二卷，建炎三年，金粘没喝欲殺洪皓，旁校曰：此真忠臣也。目止劍士，且爲皓請，得流遞冷山。可見劍士一官，在唐宋尚沿其制。

　　[1] 子振,陳佩綱(生卒年不詳),字子振,陳介祺族弟。從陳介祺學治印,陳介祺稱其"刀勝於筆,臨摹尤長";又爲陳介祺椎拓古器。後陳介祺將其推薦給吳大澂做幕僚,不久猝發疾病而卒。

　　[2] 何伯瑜,何崑玉(1828—1896),字伯瑜,廣東高要(今屬肇慶)人。性嗜古,喜收藏古銅印,善篆刻。輯有《吉金齋古銅印譜》。曾客陳介祺家,參與《十鐘山房印舉》的編次鈐拓。陳介祺致吳雲信:"高要何崑玉携潘氏看篆樓古印、葉氏平安館節署爐餘古印來,方出舊藏,闓以東武李氏愛吾鼎齋藏印、海豐吳氏雙虞壺齋藏印,子年(鮑康)、竹朋(李佐賢)各數印,名曰《十鐘山房印舉》。"

又(十四)

　　前奉九月廿三日手翰,展誦之餘,如承謦欬。所論璽印篆法刀法,於古人精神命脈所寄,可謂洞見癥結。曾出來箋與張子青尚書及潘季玉、李眉生、杜小舫諸君觀之,無不擊節稱善,咸謂名下果無虛也。佩甚佩甚。

　　弟月初赴婁署小住半月,中間又病四日,幸無大害。歸來適天氣驟寒,瑟縮窩居,孱弱之軀,頗不能耐。欲以書畫消遣,又苦手指僵澀,令人悶損。茲乘偉功兄吉旋之便,託渠帶上桂未谷《説文解字義證》三十二册。此兄去年所要者,久無以報,茲將舊存一部先行寄上,祈查收。齊罍拓本四十紙雖用棉聯紙,而搨工未精,不足以備投贈,倘得如子振兄其人重模一通,必有可觀。家讓之兄手橅相斯二十九字,特檢寄二紙,鑒其優劣如何。青田印石一方,篆文一紙,敬乞子振兄鐫刻。古印六紐,又蛇紐一印,共七紐,託偉兄面致。望兄屬世講輩多印出數百紙,明春仍交偉兄帶下是荷。

　　又蛇紐一印,似是漢魏六朝之物,篆文尚易辨,苦於無考。"㯬"字或釋"檮",或釋"柛"。砮,毒石;檮,惡木;柛,則訓爲木之自斃。皆非美名。而制作奇古,繹其字義,又似是官印。特寄求考示,至感。古鉨鉥,印即鈽,無疑;跽,釋"都",亦有意義,"都"之古文如是也。此外二篆皆作"艹",形甚奇,殊不易釋。如有所見,知必示我也。

南中自兵亂後,各項皆劣,所需箋紙樣,屬將弟所用者各寄數葉。兹特檢呈大小百葉。其交魚符長壽鈎紙,因見兄來書所用絜白可愛,特倩鋪肆照印。初次尚好,第二次便不如前矣。非刻刻棒喝,不能振其聾聵也。如是如是。

竹朋兄所著《續泉匯》如已刷印,乞轉索一部,兹先以拙著《彝器圖釋》四册奉寄,望致竹翁鑒正。所寄各件開於另紙,統希查照點收。

又（十五）

尊論辟邪紐子母朱文印,以臧有張遷、李翕,爲漢時著名之人,此印似非漢以後物云云。惟弟生平所見,此一種印形式既大,制作篆文俱少古楙之氣。兩漢去周秦未遠,流傳各印,間有朱文,具存古致,與此一種印迥不相類。古今人同姓名者甚多,即如劉勝一人,見於《漢書》者有三,不能不以漢實之。然考其形式、制作、朱文,不特未必是漢,恐出六朝以後,亦未可定。故鄙人於此一種印,另歸一類,向不深取。未知尊臧張、李二印形制如何？弟臧有辟邪紐數印,或塗金,或銀質,紐制精妙,篆體白文古整,形式大小不及此一種朱文印之半,似一望而知爲兩京遺物也。惜道遠不能各出所臧,互爲印證。聊借管城,用當晤對。不一。

又（十六）

去冬韓偉功兄旋里,託帶上一函,附有古印、書籍等件,不知何日達覽,殊切記念。流光如駛,倏又節近清明,遥想道履安和,瀛潭集福。弟冬春以來,常患咳嗽。近日天氣和暖,精神稍振,嗽亦漸已,但得入夏後不增他疾,如天之福矣。聞兄每届隆冬嚴寒,便深居内室,不出户庭,豈效東坡先生,冬至前後蟄伏四十日,爲養生妙訣耶[1]？竊願聞之。偉兄何日來南？自其行後，我二人尺書罕達，落月河梁，相思縈切，想彼此定有同情。茲姑以此書交應敏齋廉訪，用官封發遞，託東省大吏衙門轉致。如得速達，則辟一郵書之境，亦殊便當。大約封裏稍厚者，須防爲驛站乾沒，不可附入也。

竹兄去冬書來，以全集見惠，始知昔曾在蘇州顧湘舟齋中讌集數次。事閱三十年，回首前塵，竟似隔世。昨已有覆件徑遞都門矣。

[1] "豈效"句，蘇軾《答秦太虛》："吾儕漸衰，不可復作少年調度。當速用道書方士之言，厚自養煉。謫居無事，頗窺其一二。已借得本州天慶觀道堂三間，冬至後當入此室，四十九日乃出。自非廢放，安得就此？"

又（十七）

前月廿五日寄奉數行，交輪局轉遞，未識能否速達。發信甫三日，偉兄已到。晤談別況，備悉兄去冬體履甚健，惟值國有大事，地方官造門就教，諸增勞勩。比屆暮春，想眠食起居，定益健適。承惠寄洋法照册石印刻版銅印，及古玉各件，均已領到。古印七紐，俟夏間妥便寄下，謹如來命。子振兄摹刻木版可謂精絕，石印三字饒有古致，代購石價容匯繳。王鹵泉兄治印，全仿漢法，洵爲近時能手，比諸翁未均，有過之無不及也。薄具潤敬，後便匯寄。古玉二件，容當留意報命。

承示用洋法縮照彝器及書畫各圖。此事南中已數見不鮮，倘因古碑碣字大而欲縮小刻之，則此法甚妙，工省而又能一絲不走，比之賈師憲門客刻玉枕蘭亭，有難易之別矣。惟不能耐久，久則西洋藥水之力漸化，將成没字之碑。兄如作游戲筆墨借爲消遣則可，倘欲藉以垂遠則不可。附去縮照《麻姑仙壇記》數葉，乃何子登太史所贈者。太史精於此道，初頗着魔，聞近亦意興漸衰矣。此數紙閱時不過三四年，字文已大不如前，再閱四五年，必更模糊也。

孟鼎居然爲伯寅所得，獲此瑋寶，洵稱奇緣。

弟近日身子尚無不適，惟精力不振，伏案稍久便思輟筆，故作答稍遲。知在垂念，特先泐數行達意。不盡之言，統容續布。承賜名印未能滿志，留之無用，竟如尊指繳上。老年至好，肺腑相傾，博易投贈，凡可割愛者，不妨推陳出新，各適其願；其不忍舍者，亦當直告，免得蟾蜍硯去，淚滴老顛也[1]。

[1]"免得"句，傳米芾藏有李後主研山，宣和間奉旨入貢。米芾賦詩抒懷："研山不復見，哦詩徒歎息。惟有玉蟾蜍，向余頻淚滴。"老顛，即米芾。米芾人稱"硯癡""米顛"。

又(十八)

前日從滬上歸來，奉讀手翰，并蒙惠寄南北朝殘石拓本十二種，又三種各繫題識。不但殘石妙迹得未曾有，尤難得吾老友手書親題，當即命工裝池，褙成橫幅，懸諸齋壁，如見故人。歡欣寶愛，匪言可盡，敬謝敬謝。

弟之赴滬，欲就西醫修補動搖未落及蟲蛀牙齒，因舍親龐君治之有效，故特仿行。不意徒勞往返，全無益處。大約老年牙跟已鬆，不比少年，修補難期有效也。蒲柳之質，望秋先零，渾身是病，無從醫起。幸此次到滬，往返旬日，勉可支援，已爲大慶也。老兄去秋得女，今春得男，數月之内，適符一索再索之占，非精神十分康健充足，曷克臻此！洵福壽之徵，不特天上麒麟降生公家爲可喜賀已也。弟膝前現有五孫兩重孫，終歲杜門，筆墨之外，日與孫曾調笑取樂，此亦晚年愉快之境，不敢不知足也。

朱文公《易繫辭本義》殘稿六十行拓奉法鑒。此後輪船局帶信殊爲快便，酒資例給之外，多寫另加二三百文，則必首先投送，決無遺失；若函封過厚，則千文亦不爲多也。前函有老友手題各拓本在内，雖再多，數千文亦欣然不吝，幸勿爲慮。

又（十九）

月之中旬接四月廿八日手書，并六朝石拓四種，碑陰殘拓一種。石拓字法既精美，人物畫工尤妙到極處。世傳武梁祠畫石及各造象，從無見此秀麗之筆，比之前此所惠十二種，更覺可寶。亟付裝池，懸諸座右，覺一種古色古香盎溢几案，令人玩味無窮，歡欣感謝，何可言喻。

承諭朱文公繫辭注稿石刻住筆處似力稍弱，秀韻多而嚴正意略少，疑鈎刻或未盡善，具見法眼。弟於初藏工時亦曾與奏刀之錢君言之，渠云由於捶搨未精。另易綿聯紙精拓，一經裝裱，頓覺筆力增勁，與原本竟無差異。茲特另拓五分奉寄，望以二分轉贈卤泉、子振，務屬付裱，精神自能煥發也。又金器拓本二紙，其篆文有未識者，乞爲考示，一決真贗。另具白金八兩，以二金償子振石價，餘六金分致卤泉、子振，聊爲尊酒之資，不足當潤筆也。

弟交夏以來，總算健適。賤軀本來羸弱，廿餘年浮沈宦海，遭遇多故。憂能傷人，此日傑然獨存，已屬倖事。且人之秉賦厚薄，各有不同。敝親家顧子山新從寧紹歸來，不特精力健舉，鬚亦無一莖白者。渠長弟半歲，衰旺之不同如此。偉功述兄往年交冬畏寒，常在內室，獨去歲體履康強[1]，神明增勝，不復深居謝客，聞之實深抃慰。李竹朋兄四月間來書云末疾未愈，右臂不能握管，信由令郎偉卿二世兄代筆。海內同志本無多人，三十年舊雨尤不可得。相見未期，只有憑管城君通意代面而已。餘續布。不宣。

[1] 強，文海本作"疆"，據石印本改。

又（二十）

六月廿八日奉是月十三日手書，并六朝石刻精拓十種；越四日，又從偉功兄交到十七日續示，一一領悉。前後所惠石墨多種，隨到隨付裝池，懸諸齋壁，挹其古趣，足爲運筆之助。非良朋見愛之深，安能在遠不遺，有加無已，欣感欣感。

弟向不畏暑，今夏南中奇熱，爲數十年來所未有，數月已來，不出戶外一步。賤體尚無不適，精神之不振已成錮疾，調攝得宜，蘄少病痛而已。欲求如兄之老健，非所敢望也。

所需敝藏各金器拓本，秋涼必照來單，拓以報命，決無遲誤。尊藏魏正光曹望憘造象[1]，欲乞再惠二分。子貞兄所書聯句，類摘前賢五七言長律中偶語。丙辰、乙丑下榻敝齋，或取涪翁[2]詩集，或取復初齋[3]集，隨繙隨寫。自云生平所書楹聯，從無重出之句。蓋古人詩集中偶語取之不盡也。其集禊帖、坐位帖，弟曾代爲付梓，僅有一册，遲日可以寄上。順之兄有《説文蠹箋》二册，係榕臯[4]先生所著，屬呈左右，容一并另寄。輪船局包封過厚，不能携帶也。

尊論治印之法，確是名言。卤泉兄擬爲弟刻"䲜尊千金，後世善寶，毋以與人"十二字，聞之喜極（止須刪節，用此十二字，孝王句不必用也）。已備大小二石，連同前書三册，交存偉兄處，遇有便人帶上。兹奉去近刻魏文靖《文向帖》墨拓，又蘇州《上方山寺塔盤銘》分書巨字拓本各一分，均乞鑒定。

[1] "尊藏"句，造像全稱"襄威將軍柏仁令齊州魏郡魏縣曹望憘造像"，刻於正光六年(525)。曹望憘，北魏時爲襄城將軍、柏仁令，齊州魏郡魏縣人。此爲曹氏所造的彌勒像佛座之石刻綫畫，四面刊刻，三面爲畫像，一面爲題記。光緒年間在山東臨淄桐林莊發現，後爲陳介祺收藏。

[2] 涪翁，黄庭堅。

[3] 復初齋，翁方綱齋名。翁方綱(1733—1818)，字正三，一字忠敘，號覃溪，直隸大興(今屬北京)人。乾隆十七年(1752)進士，官至内閣學士。精金石、譜錄、書畫、詞章之學，有《粤東金石略》《蘇米齋蘭亭考》《復初齋詩文集》等。

[4] 榕臯，潘奕雋(1740—1830)，字守愚，號榕臯，又號三松、水雲漫士，吴縣(今屬江蘇蘇州)人。潘祖蔭叔祖。乾隆三十四年(1769)進士，官户部主事，善書畫。有

《説文蠡箋》《三松堂集》《水雲詞》等。

又（二十一）

前月初五日肅覆寸箋，附有近刻魏文靖《文向帖》、《上方山寺塔盤銘》墨拓二分，交福興潤輪船局逕遞，不知何日達到，深以爲念。弟自前月中旬感受風寒，初患瘧疾，繼復咳嗽大作，至痰中帶紅。雖即漸愈，而嗽仍不止，胃納減少，氣體因之大困，在卧室中亦須持杖而行。日來雖覺稍健，精神終未復元，故此一月中未修尺素。兹奉去順之兄屬寄《説文蠡箋》二本，拙刻《楹聯集帖》一本，外又附上印石六方，均交存偉功兄，俟有便寄上，否則由渠冬間帶呈也。印石乞轉求卣泉兄刻，或分一二石交子振兄刻亦可。大抵治印之法，仿漢則必求章法整密，饒有書味爲佳；若仿先秦文字，則又必古致歷落，如鼎鐘彝器款識。一經兄指定，未有不臻妥善。薄潤另奉也。

所需金器各種拓本，一俟病體爽健，即當監拓寄上，不遲誤也。

又（二十二）

前奉九月廿七日手書，欣審道履康勝。弟自七月中旬偶患采薪，并不甚重，乃二豎作祟，驅之不去。南中無好醫生，平生又不信服藥，遷延至本月初間，始獲漸瘳，現已眠食如常，惟精力不能振作耳。知蒙愛注，謹以奉聞。

印石重寄大小二方，其"䎽尊千金"一方，請轉致卣泉兄刻邊款敍明此十二字兄所刻贈，以志友誼。金器共拓奉二百廿七分，計紙三百七十二葉。連同各書籍及寫對筆，詳開另紙，望照帳點收。南中雖不乏好事之人，然浮慕風雅者居多，迥非亂前可比。尋常搥拓器物，止有兩人，一李錦鴻[1]較爲擅長，已作古。兹之齊罍六分，煞費工夫始成，中間紙破字滅，拉雜摧燒者居大半。至於搥拓方法，鄙人於此中亦頗講求。叔未丈當日所有拓本，皆出張受之、胡衣谷之手。此二君弟俱熟識，衣谷館在弟處多年。大約拓銘欲求精緻，非工夫到家不可；此外考究紙墨而已，無他道也。此次奉寄兩罍軒拓，即令張受之輩動手，亦未必能再精於此矣。

前所寄印石，或有裂紋不易奏刀者，儘可將原石擲還。其"乙亥改號愉庭"（用此章法，六字較易）一方，務乞卤泉兄刻之。附奉白金八兩，懇酌贈卤泉、子振二兄，聊爲歲暮尊酒之資，不足云報也。楹聯"中清在亦"，"亦"字與"掖"同，論字體，本象人左右兩掖形。若必依《説文》改爲篆體作"夾"，則真篆相雜不類，故不遵改。《東洲草堂詩集》，當日貞兄分贈各友無多，南中無覓處，特將弟所藏者奉寄。《何廉昉集蘇詩聯對》二冊，一并附贈。廉昉已故，此書無處可索矣。

唐鼎拓如有副本，望惠一分，無則亦可作罷。世間希有之珍，弆感[2]者不能不祕。即以敝藏兩罍，亦可謂烜赫於時，爲世大寶，且銘在腹内，拓極艱難，兼之器有微損，尋常親友來求，每每以無應招怪。然二三同志如竹朋、鄭盦、子年諸君見索，則固未嘗拒也。至我簠兄所需，則一再應命，亦欣然不靳也。執事常云：天地間寶器，其銘識皆古人精神命脈所寄，守之者能精拓傳世，則器傳人亦與之俱傳。弟深服此言。蓋吾人之傳與不傳，雖不繫此，而所論實爲通達至確也。順之、季玉均屬筆道念，順兄交到《説文蠡箋》兩部，《西圃詩集》二册，統登另紙。

承許製聯見贈，欣感欣感。敝居東墅小有花木泉石之勝，倘蒙撰言書寄，懸諸亭館，此間來往親友觀之，亦略見我二人卅餘年金石文字之誼也。海内能擘窠書者頗少其人，亦欲藉此以覘吾老友腕力，奉爲模楷也。附去宣紙，如不能應手，請易之可耳。兹乘偉功兄旋里之便，手此布肊，用代促膝之談。

[1] 李錦鴻，李墨香，字錦鴻，江蘇陽湖（今屬常州）人。徐康《前塵夢影録》："陽湖李錦鴻亦善是技（指全形拓），乃得之六舟者。曾爲吳子宓、劉燕庭、吳荷屋、吳平齋諸人所賞識。"

[2] 感，或爲"臧"之誤。

又(二十三)

前月二十日,因偉功兄遲久不至,特肅數行,託勒少仲廉訪用排單附驛遞達。甫發,而偉兄至矣,交到手札十八葉,古鏡拓百七十三種,臧古目録一册,周距末拓,瓦字拓,鹵泉刻印,并擲還古印七紐,一一照數收領,感興無既。敬審道履沖和,閫潭納福,孫世兄高擷芹香[1],此鵬程初桄[2]也。轉昀秋闈聯捷,大小阮同步木天[3],韋平世業[4],克繼家聲,允堪預賀。而弟尤有以手加額者。吾兄年逾六旬,兩年之間連賦弄璋,不但添丁可喜,亦足見精神充滿,福壽是臻。此子年、鄭盦書來所以嘖嘖稱道不置也。

清卿年力富强,好古既專,用志又銳。此次視學秦涼,正當兵燹之後,金石之散置於人間者,未必有人過問。而清卿軺車所至,校試之餘,四出蒐羅,三年之中所得如此之富,此固金石緣深,造物特以所處之境玉汝於成也。關中金石自燕庭先生搜括之後,閱三十年,而清卿繼之,從此冀北群空矣。

至蘇氏弟兄[5]所作,或不免有羼混(聞近有張姓者[6],亦善作僞),弟僅見拓本,未覯原器,未敢遽下斷語也。

尊藏古鏡至一百七十餘種,閱之令人咋舌。弟藏古鏡一百四十餘種,自以爲豪,故有《古鏡録》之刻,今成遼東豕矣,現已輟業。昨日寓書清卿,因渠藏鏡亦有七十餘種,將來合三家所有,選其文字之至精者刻之,亦可以補金石書中專刻所未備。此事當屬清卿成之。鄙人學淺見寡,精力又不濟,不能卒業也。

鹵泉鐵筆精絶,而"乙亥改號"一印,尤爲盡善盡美。現屬友人縮摹二小印,僅得其形似而已。此外各印并皆佳妙,望先爲道謝。承示撰贈聯句,欣感之至,務乞書就寄下。契闊過久,相見未期,手翰遥頒,俾懸座右,聊當晤對,慰此懷思。此昔人鑄金繪象之意,不僅在筆畫之工拙也。

弟近狀如恒,前月廿三日至斐東小住半月,署中均託庇平安,足紓垂注。蘇寓花木不能久離主人，故初十左右即欲歸去。先此布復，敬鳴謝忱。

　　[1]高擷芹香，《詩經·泮水》："思樂泮水，薄采其芹。"毛傳："泮水，泮宮之水也。"鄭玄箋："芹，水菜也。"後世遂稱入學爲游泮，考中秀才爲采芹。

　　[2]桄，車船梯床上的橫木稱桄。

　　[3]"大小阮"句，阮籍、阮咸叔侄并列竹林七賢，人稱大小阮。木天，本義指宏敞高大的木結構建築物，後借指祕書閣或翰林院。此指翰林院。陳介祺官至翰林院編修，此吳雲祝陳介祺子孫亦能入選翰林也。

　　[4]韋平世業，韋指韋賢、韋玄成父子，平指平當、平宴父子。韋賢漢宣帝時爲相，韋玄成漢元帝時爲相；平當漢哀帝時爲相，平宴王莽時遷太傅，爲四輔之一。

　　[5]蘇氏弟兄，清代中後期，秦中古玩做僞者層出不窮，當時最有名的爲蘇兆年（俗稱蘇六）、蘇億年（俗稱蘇七）兄弟，或曰二人在京城亦開有古玩店，號"永和齋"。

　　[6]"聞近有"句，張姓，或指張二銘，又稱鳳眼張。蘇氏兄弟、張二銘等俱擅長在夏商周三代青銅器上鏨刻僞銘以增其值。聞，文海本作"問"，據石印本改。

又(二十四)

　　月之廿四日奉到八月廿四日所發手翰，并楹帖、爵拓、款識册子，一一收明。齎書人促取回信甚急，當即肅復數行，交給帶轉，不審何日達覽。一昨又奉八月十二日來函，附有范拓百六十紙，但覺古色古香，溢於几案，謹即分裝四册，并將手校目錄，裝於每册之前；爵拓另裝一册；先後惠寄瓦當文、古竟拓均已裝池，共成十册；連各款識拓，共十六册。將來尚擬託韓兄帶呈，求題數語，永爲家寶。

　　昨復鄭盦書，論海內收藏之富，如吾簠齋兄者，不特當世無匹，直欲空絕前後。至難得者，心思縝密，精神又足以副之，即觀所寄范拓百六十紙手定目錄，何等詳細，洵福壽之徵也，可喜可慶。

　　竹朋兄故後，聞嗣君枚卿比部推秋審處能手，此鄭盦書中所述。後起有人，可無遺憾。子年頻有書至，云舌本木强，而著書之興尚好。清卿年內可以到家。渠雖在壯年得意之秋，而功名之心頗淡，大約在家有三四月之留，可以縱觀新得，上下議論，亦一大快事也。

所需印稿、鏡拓等件，容緩圖報命。因兵亂以後，吳中講此道者甚屬寥寥，稍有薄技，便赴滬上。該處最號繁盛，覓利較易也。貴省今年亢旱，知兄捐貲濟賑，并籌辦施粥撫恤各事，備極辛勞。幸後得甘霖，間有補種收成。刻下想人心安定，兄亦可釋此仔肩[1]，仍事著述矣。尚望勤加頤養，為道自珍，是所至禱。

[1] 仔肩，《詩·周頌·敬之》："佛時仔肩。"鄭玄箋："佛，輔也；時，是也；仔肩，任也。"

又（二十五）

月之初八日接九月廿八日手翰，附來六朝石刻、漢磚瓦鉢拓紙七番。此書相距旬日即至，可謂快極。一昨又奉本月十七日續示，附有秦詔圖刻十六紙，瓦鉢一紙。展誦之餘，足徵關念舊雨，不遺在遠。臨風三復，感幸交至。

秦金文字，世不多見。阮文達藏器之富，而積古齋中止有陳秋堂[1]拓本，欲求一器而不可得。今尊藏至十數器，且多精品，洵可謂集斯文之大觀矣。謹已另裝一冊，不以他文羼入。常置案頭，晨夕披對，亦翰墨中一快事也。敬謝敬謝。

所需敝藏秦詔十二字重墨拓本，因拓工赴嘉興未回，久待不至，致未報命。

清卿年內計程可以到家[2]，晤時必以兄眷念雅意詳告，兼出尊書示之。渠企傾左右，屢有書至，必殷殷述及佩服甚摯，將來或繞道奉訪，未可定也。

後周布泉笵，背文篆書兩行，頗有古致，附奉一紙。以視尊藏，所謂泰山一塵也。"二百笵齋"與"二百竟齋"印早已刻就，以未愜意，故不寄閱。今觀鹵泉所作，果不逮遠甚，姑奉省覽。

金器各拓、古印稿本必有以報，不敢失諾。

[1]陳秋堂，陳豫鐘（1762—1806），字濬儀，號秋堂，錢塘（今杭州）人。金石世家，精墨拓，彙集碑版拓片多達數百種。收藏古印、書畫、硯甚富。摹製商、周款識，意與古會。有《求是齋印譜》《古今畫人傳》《求是齋集》等。阮元著《積古齋鐘鼎彝器款識》，許多器物的銘文係據陳豫鐘所藏拓本摹入。

[2]"清卿"句，光緒二年（1876）十月，吳大澂卸學政任，具摺請假三月回籍省親，於臘月到家。

又（二十六）

客歲底奉嘉平五日手書，并匋篆各拓，謹悉一一。獻歲以來，遥維慶集德門，棫膺多福，吉貞之契，金石同堅，幸甚幸甚。匋鉢文字奇古，似是三代之物。"巨公侯"三字則與兩京碑額相類，當是漢刻。地不愛寶，日出無盡，惟有緣者遇之。執事收藏雄富，复絶古今，而猶博訪廣搜，孜孜不倦，遂使墨林瑋寶，不踁而至。固由古福，亦有前緣。所惜暌隔過遠，不獲一拭老眼，摩挲共賞也。

清卿歲底到家，新得甚富，且多精品。渠大約四五月間北上，執事拳拳之意已爲轉達，彼時或迂道奉訪，飽觀清祕，亦未可定。

弟交春後咳嗽大作，至今未已。屠體素來畏寒，瑟縮擁爐，不敢窺户外一步。修牘有稽，職是之故。所需秦詔殘字，奉去拓本五十葉，乞詧收。印稿三四月間必可以成，成則即日奉寄。稔知兄之盼望早至，一如弟之望栗拓[1]也。

鄭盦想常通書。子年舌本不良，亦屬老態。前寄清卿書同日收到。渠現赴松江探望親戚，所獲各器，其精美者，知必寄鑒，故不瑣及。

[1]栗拓，陳栗園之手拓。陳畯字栗園，其拓工爲陳介祺推重。鮑康《觀古閣叢稿》卷上《爲石查題劉燕庭泉册》："乾嘉時老輩拓泉，但取寫意，往往不致。自陳南叔栗園輩出，乃日臻精審，燕庭諸拓，率出栗園手也。"又《簠齋尺牘》："録六字可以易栗拓否？一笑。"

又(二十七)

　　月之初四日奉到七月十六日手翰，展誦之餘，稍紓勞結。敬審道履綏和，闔潭納福。承惠齊刀、磚范三紙，已付潢池，張諸壁間。挹其古香，如對良友。量拓四紙，當與古匋文字合裝入册。先後所惠古匋止有三百餘種，今示得有八百種，聞之神往。不敢請全分，望擇其篆文明顯者賜寄，俾得擴所未見爲幸。

　　弟於四月二十日奉寄一函，託偉功兄轉遞，附有郵筒六百，此件似未徹覽。嗣因偉兄來書云，欲暫返東省，往還不過兩月。故奉到五月八日書，汔未作答。然於都中知好通書，及南方親友敘會，固未嘗不拳拳於左右，輒道念吾簠兄不能置也。兹有舍親沈仲復方伯欲求法書小額楹聯，備有宣紙，託爲轉懇。附呈虢鐘、頌敦全形拓本二分，統希鑒入。傳古盛事，甚盼覆音。海内金石同志，莫不推崇執事，如衆山之有華嶽，不可尚已，牛耳之執，吾簠齋亦無容讓也。南中親友，欲得窺尊臧全豹，同於饑渴。來書以加印注字爲難。此本最費心力之事，能得將金器印注一分，其一分即可照録，此後并可依樣傳寫，無須再煩手腕矣。印或見寄一二紐，或由此間從印本倩人仿刻，均尚易辦也。

　　清卿到京甚快。鄭盦古興尚濃。惟子年兄舌蹇不能説話，止能筆談。今年接其三次來信，而晚景頗不適意，幸著書尚有興會。或所患可以望瘳，亦未定也。

　　江南丹陽縣屬有張從申書改修延陵季子廟碑，訪之數十年，近始得之。碑在丹陽縣境之九里鎮。該鎮距古延陵鎮九里，故名。離縣城三十餘里，地極紆僻，歷任丹陽令皆未知之。季子廟建自東漢，極其崇宏。有晉殷仲堪、梁王僧恕碑記，惜已佚。而唐人殷仲容重書孔子題墓十字碑，則巋然獨存。張氏此碑書於十字碑之陰，孫淵如、錢竹汀皆本省博雅通人，既不將碑之地名詳注，又誤將碑分列爲二，而不知實止一碑也。該鎮鄉民以碑有神護，關係地方災祥，從不許人捶拓，故得字文完好如新發於硎。此次倩人往拓，固已大費周章也。附寄二分，又古玉册拓本兩分，均乞詧納。玉册尚求考示。

又（二十八）

久不通書，想念之忱，彼此當有同情也。新春以來，遥想福躬安泰，著作日新，世講輩文章舉業，益臻精進如頌爲慰。弟自去秋九月初抱恙，當病勢危劇之際，諸醫束手，幾無生路。纏綿至兩月有餘，始得託庇漸瘳。刻下眠食早經如常，唯精神總未復舊。客冬積雪凝寒，真爲五十年中所無。賤體本弱，病後值此奇冷，擁爐偎熱，寒縮如蝟，不能一親硯削。韓兄回里，僅以印稿十本，託其帶呈，未附尺素，想韓兄定必面陳，亮邀原鑒。比來春寒尚甚，不出户庭已有半載矣，親朋過我，概未一答，馴成廢物，真可自欺。

尊體知必康健。清卿自晋省來書[1]，云兄搜得古匋器先後有二千種之多，并有完器數種。此真發千古未有之奇。渠欲作《古匋釋文》四卷，已屬其早日繕清寄來，擬爲授梓。此間李眉生廉訪鴻裔，欲得尊臧金石各拓本，前曾專函奉求，未知近日已拓齊否？中間或有參差，亦無妨礙，惟金器爲正宗，不可少耳。弟因醫生至切叮嚀，謂筆墨最耗心血，必得暫輟，庶體氣可望康復。念平生別無耆好，舍筆墨無可消遣。但能不效前人苦思力索，嘔心挖肝，則亦無損天和，奚事輟爲。質諸左右，定以爲然。

[1]"清卿"句，光緒四年（1878）九月，吴大澂奉旨前往山西辦賑。

又（二十九）

月之初九日韓兄至蘇，奉到手札三通：一爲二月十七日書，一十八日書，一廿三日書。附來古匋拓本三總包，計二千三百卅三種；又瓦量十字拓正副二紙；又古鉢拓二，古印一，葆調拓一。浣手展誦，但覺古色古香，迸溢几案，以千古未有之奇文，擴千古未聞之眼界。喜心翻倒，感幸非常。正欲肅箋報謝，越七日，又奉三月初六日續示，附來新獲古匋三百餘種，合之前拓，通計二千六百餘紙，中有文字奇古，妙至不可思議、不可稱量者。陽識各種，尤有古趣，愛玩不能釋手。現擬酌分四類，用清儀閣、石鼓亭[1]裝款識拓本之法（如訂書籍式，下用襯紙，挖嵌取平，最便觀閱，工費亦較省），以篆文明顯，一二字者爲一類，字文較多者爲一類，陽識者爲一類；其模糊莫識、筆畫難分、似字非字不忍汰去者合歸一類。如此分別存留，使閱者便於瀏覽，亦易於考訂。否則件數過多，披閱一過，已非盡竟日之長不能終卷，轉恐因多致猒，負此奇珍。

清卿所謂以式分，不知如何分法，竊願聞之。渠正月十七日自晋省來書，所辦鳳、陽二屬[2]賑務，餓殍滿路，屍骸橫陳，傷心慘目，有耳不忍聞者。關外之行[3]，設竟不能免，則必先送家眷回南，四五月間云可把晤。家有老母，此行非其所願，且俟歸家，再與商行止，自以不去爲是。恪靖[4]相待甚優，婉言辭之，必邀體貼。好在大功告成，此去亦不過爲善後事宜耳。

鄭盦二月間頻有信至，以都中亢旱，望澤甚殷，米薪翔貴，饑寒倒斃者不少，心殊焦灼，古興亦因之而減。南中自前月下旬至本月既望，勃屃彌空，簷漏如瀉，田稍低洼者，盡已淹没。幸五六日來天氣朗晴，底水漸退。就此開霽，年收尚有可望——以江南農事，重在秋成也。如天之福，但祈雨師早稅[5]西北之駕，普天同慶矣。

所需唐龜符，兹先寄去三分。櫺[6]拓容續寄，以無現存者。印稿謹當再贈。去冬所寄者，因欲趁偉兄之便，草草裝訂，病中并未一看，現在次序稍有移易。去冬僅先成二部，一寄兄，一自留。吳門本爲風雅薈萃之所，亂後迥非昔比，不但好手難覓，即降格以求，亦不易得。每承兄見寄者，搥拓之工緻，印章之精整，紙張之潔净，莫不各臻其妙。更難得者，先後所惠書問，洋洋數千言，從無奪字，亦無訛筆。此不獨壽徵，兼關福澤也。昔孫退谷[7]八十餘歲猶爲《尚書》作集解，論者謂其隱然以伏生自喻。今吾簠兄年亦六十餘矣，久以傳古是任，所藏先秦彝器，富甲海内，茲復於荒郊瓦礫之中，淘掘殘磚碎甓，遂使數千年前古文奇字，爲祖龍[8]所未劫，許氏所未録，歐陽、趙、薛所未得見者，一時并大顯於世。天之未喪斯文，特畀公以康强聰吉之年，以擴此繼往開來之學，此又非退谷所能同日語也。弟年衰學落，讀書掩卷輒忘。柳子厚云：每讀古人一傳，數紙以後，再三伸卷；復觀姓氏，旋又廢失[9]。弟學不逮古人毫末，而善忘則過之，如之何其有成也。言之徒增愧歎而已。

　　[1] 石鼓亭，指張燕昌。張燕昌有藏書室并藏書印曰"石鼓亭"。
　　[2] 鳳、陽二屬，指鳳臺、陽城（今皆屬山西晉城）二縣。
　　[3] "關外"句，指調吳大澂赴吉林幫辦屯邊、練兵、邊界等事務之議。光緒六年（1880）吳大澂奉調赴吉林。
　　[4] 恪靖，指左宗棠。光緒三年（1878），左宗棠以收復除伊犁外的全部新疆地區，由一等恪靖伯晉封二等恪靖侯。
　　[5] 稅，《爾雅·釋詁》：稅，舍也。注：舍，放置。《史記》卷八七《李斯傳》："我未知所稅駕。"注：稅駕，猶解駕。
　　[6] 櫺，同"疊"。
　　[7] 孫退谷，即孫承澤。孫承澤號退谷。孫承澤有《尚書集解》二十卷。
　　[8] 祖龍，指秦始皇嬴政。《史記·秦始皇本紀》："因言曰：今年祖龍死。"裴駰集解引蘇林曰："祖，始也；龍，人君像。謂始皇也。"
　　[9] "柳子厚"句，語出柳宗元《寄許京兆孟容書》："往時讀書，自以不至抵滯，今皆頑然無復省録。每讀古人一傳，數紙已後，則再三伸卷；復觀姓氏，旋又廢失。"

又（三十）

　　前月廿一日手削專函，託偉功兄轉遞。是日奉到尊諭，蒙詢善治嬰孩寒嗽驚風等方。舍間及親戚家嬰孩，小有病痛，必先用搜驚法。其法以手推運，此間有專門倚此爲活者，大抵穩婆、薙髮匠一流人耳。此外治之法，一無流弊。又有《婦嬰至寶》《保生彙編》二書，中間古方甚多，亦有屢試必效者。諸證皆載，無方不有，家置一編，獲益匪少。特奉寄各一部，用備采擇。近時醫生庸者多服藥，萬不可不慎。弟去年秋冬大病，若信服若輩方藥,早從蝯叟、景老[1]諸公在奎宿宮中聽使喚矣。順之兄令孫鶴庭孝廉志窠[2]由河南歸來,到家僅半月,以傷寒誤投藥劑,於前月廿九日去世。順之兄七十之年,值此逆事,其嗣莘芝在河南以道員需次,止此一子,前科新貴。山谷老人序《謝師復遺稿》云:方行萬里,出門而車軸折,可爲實涕。數語可移作鶴庭誄詞。幸遺有二子,此則親知中可引爲解勸者也。

清卿已到保定,回南之説尚未能定,因賑務未了。渠本與天津道同辦轉運,不必定赴晉省。去冬小有感冒,爲庸醫所誤(柴胡每劑用至二三錢),元氣大傷,至今尚未康復。益見醫藥之不可不慎也。

[1] 蝯叟、景老,蝯叟指何紹基,景老指馮桂芬。何紹基晚號蝯叟,馮桂芬號景亭。

[2] 窠,古"松"字。

又(三十一)

疊奉六月十三、廿三兩次手翰,欣悉種切。承惠匋拓八幀,磚拓二幀,謹已領訖。匋拓精絶,目所罕覯,得未曾有,令人愛不能釋。立付裝池,褙作條幅,張掛座右,感幸無已。辰下敬維道體綏和,全堂納福。

南中夏熱爲近數年所無,弟每至長夏,以書課爲消暑計。比來屢體尚屬頑健,雖揮汗如雨,而書課未嘗輟也。此間金石同志,歇絶幾二十年矣。近有親知沈仲復秉成、李眉生鴻裔,均由廉訪引退,現居林下,頗能閉户讀書,酷耆金石字畫,收藏不少。遇有著名之品,不惜重值購之。頌鼎眉生所得,虢鐘則在仲復處。歐陽公云"好之而有力,則無不至者"是也[1]。弟自以數十年心力所積,奉臧雖不逮吾簠兄之富,却亦可據以自豪,故斂手已久,亦力不能争也。間遇巧宗小品,偶得一二,亦頗欣欣自樂,聊以解嘲而已。眉生先繳傳貲八十金。因兄書來云,各拓未齊,爲數至一千多種,恐非旦夕可蔵;故收到金拓二百餘種,特先寄前數,并非不欲窺全豹也。現請將金器各拓,先行補寄;其餘各種,儘可從容續至。一俟寄到，則傅貲隨時匯交韓兄可耳。

前函示有拓圖之友，將古匋器完者廿餘，不完者卅餘，補圖作小幅共五十紙，工資每分若干金云云。此寒士生涯，應請先寄三分，以二分交沈、李二兄，其一分則弟所求也。五十幅中乞檢取一幅惠題數字，署一雙款，得者尤喜。仲復行四，前四川梟司；眉生行五，前江蘇梟司。仲復則爲執事同館後輩，二君皆立品有學，甚慕吾簁兄者也。弟之一分，只須完好者廿幅，其不完者，擇銘字較精，再得十幅，共減爲卅幅，而拓資照送。沈、李二兄處亦可減爲四十幅。寒士多一分則費一分之工力也。弟之一分，務求擇十幅或八幅詮題數語，俾知器名及出處也。至懇至懇。

屬書所撰楹聯，句甚雅切，可作座右之箴。謹當書就另寄，不敢遲誤。將來并欲求賜書一聯見贈，勿訝其拋磚引玉也。

秦權乃仲復所得，特拓一分奉上。此虞山趙家[2]之物，法鑒以爲如何？

暑熱正盛，伏惟著述之餘，順時保衛。

[1] "歐陽公"句，語出歐陽修《集古錄序》："凡物好之而有力，則無不至也。"
[2] 虞山趙家，或指明末常熟藏書家趙用賢、趙琦美家族。趙氏父子網羅古今載籍，銓次題識，勘誤校讎，有《脈望館書目》。收羅典籍之餘，趙氏父子對金石古物亦有涉獵。

又（三十二）

月之初十日肅寄寸箋，託韓兄轉遞，計必即達。頃又奉到本月初三日手書，欣悉近體增勝，考訂金石之餘，問及前人書畫，屬覓梅道人[1]竹石小軸。南中重元四家遺迹，收藏家不惜重值，多方購取，以不得爲俗。其中真贋雜出，生平所見真迹頗亦不少，愜心者亦止十數件而已。執事主盟壇坫，風雅所宗，尋常之品不必置論，即鄙人以爲致精，而彼一是非，此一是非，總以目見爲準。謹當力爲搜羅，倘一時不得，亦必向親友力索一二件，以副諈諉。俟韓兄北旋時，託其帶呈法鑒。合則付價，或易全拓，否則仍將原件携還，至妥辦法也。

寄園[2]石拓，乃張萃山[3]所刻，即玉斧之尊甫也。亂後石已殘缺不全，現惟玉斧有全本四十幀——畫三十八，題跋二——尚係亂前萃山手拓，至精極妙。中間惲畫十四幀，殿以華秋岳[4]二幀，餘則元明人遺迹，風枝露葉，宛然如生，可謂神伎，玉斧致爲珍祕。執事欲得，請以移贈。

撰聯書就奉正。深佩語意簡質，可作箴銘。凡真能讀書好古者，皆可懸之座右。因用鐘鼎文字，重書一聯博笑。前書有抛磚引玉之訂，想亦不忍却我耶！

印稿因玉斧又病歸，尚須稍遲再寄。

[1] 梅道人，吳鎮(1280—1354)，字仲圭，號梅花道人、梅沙彌，又署梅道人，嘉善(今屬浙江嘉興)人。工詞翰、草書、山水、竹石，俱臻妙品，與黃公望、倪瓚、王蒙合稱"元四家"。

[2] 寄園，應即陳式金之適園。陳式金(生卒年不詳)，字以和，號寄舫，江蘇江陰(今屬無錫)人。善畫山水，亦善鑒賞，有適安齋以藏歷代名家字畫。咸豐年間，陳式金特聘張萃山將其所藏精品刻石嵌於廊壁，累年乃成，後大半毁於戰亂。

[3] 張萃山，張玉斧之父，亦名刻工。

[4] 華秋岳，華嵒(1682—1756)，字德嵩，更字秋岳，號白沙道人、新羅山人、東園生、布衣生、離垢居士等，福建上杭(今屬龍岩)人，後寓杭州。工畫，善書，能詩，時稱"三絕"，揚州畫派的代表人物之一。

又(三十三)

前信肅就未發，適奉七月晦日及本月初四日手札二通，古印拓三紙，又法書楹帖一幅，一一領悉，欣謝欣謝。法書古趣橫溢，卷軸之氣盎然，得之甚喜。惟無厭之求，尚欲乞重惠行書一聯，加以題款，以志四十年金石至誼。想不我靳也，至爲盼切。

所示古印，不知兄從何處得來，竟至層出不窮，此間絶不易見。清卿所得玉印，篆文勁整，正開小篆先路。清卿審爲六國文字，不爲無見。"痄"字鄙人釋爲"痤"，人名。魏有公叔痤可證。《說文》从土从甾，省作㙜，古文作㘂，今篆从北，正與㙜㘂省合，乞兄釐訂教之。前次所云傳古之助，因兄書來，有年來拓費爲日用一大事云云，故擬小小補苴。蓋爲此等事者，多係寒士，意在稍予潤色，或得歡顏，并非以阿堵相溷也。此間字畫價值雖昂，尚可物色；近人小品，篋中亦頗不乏。如有所需，望即指示，當圖奉報。若由弟檢寄，或不合尊意，徒增此投報形迹。昔子貞兄喜收字畫，或以趙、董及惲、王諸迹見贈，一笑置之；若以黃石齋、倪鴻寶[1]、傅青主[2]諸迹相貽，如獲異寶。蓋人各有偏嗜也。粟拓先睹爲快，報瓊不敢食言，至刓印[3]之喻，非敢測賢者也。一笑。

[1]倪鴻寶，倪元璐(1594—1644)，字汝玉(一作玉汝)，號鴻寶，上虞(今屬浙江紹興)人。天啟二年(1622)進士，官至户部、禮部尚書。書畫俱工。有《倪文貞集》。

[2]傅青主，傅山(1607—1684)，初名鼎臣，字青竹，改字青主，別號濁翁、觀化，陽曲(今屬山西太原)人。工書善畫，博極群籍，有"學海"之稱。有《老子注》《莊子注》《管子注》《荀子注》《列子注》《鬼谷子注》《公孫龍子注》《淮南子注》等。

[3]刓印：《史記·酈食其傳》："(項王)爲人刻印，刓而不能授。"後因以喻人吝於賞賜。刓，同"玩"。

又(三十四)

疊奉四月杪五月初所發手翰，并龜魚符精拓，又新獲古匋拓一百二十七紙，一一領悉，感謝無既。惟續寄寸箋附有白銀八十兩，託韓兄轉遞，未蒙示及，不識何日始達，深以爲念。韓兄云今年東省雨暘應時，大有康樂之象。我輩高卧林泉，全在年豐歲熟，始得筆墨怡情，心無罣礙。南中眼下光景尚佳，惟江寧及淮揚等處蝗蝻萌動，挖掘收買已有二三十萬斛，但得梅雨連番，始可殲此遺孽也。

清卿督辦河間賑務暨挖井事宜，約八月間可期竣事。事竣李相[1]當有事奏留，塞外之行，定可邀免。但恐因此改外，轉嫌過速。執事關愛清卿至深,不識以爲如何?

眉生方伯望補寄金拓,能以秦金先寄否?仲復亦望惠書匾額甚勤,皆託切致也。頌鼎拓本一紙,乃人以重值得者,特寄尊鑒,不識許可否?匋拓續獲者中有奇妙之品,■字筆畫細挺,絕似三代古幣,即照此傳形仿刻一印,極有古趣。此惟君家獨擅,他人不能有也。■字亦佳,然似兩漢人書,且不能作印,以末筆太長也。寄來龜魚符已取一分粘於紈扇,即用尊書中語題數字,頗爲別致。弟曾將舊龜魚符、秦詔殘字粘於紈素,親友一見,愛不釋手,都爲豪奪。冬間韓兄北旋,當以一柄奉寄,兄見之亦必欣喜也。

[1] 李相,指李鴻章。

又(三十五)

韓兄言旋,曾肅寸箋,附有《古銅印存》十二册,元人畫一軸,未知何日澂覽爲念。前月廿七日畢芬[1]來,奉到手書,謹悉一一。金石各拓及匋拓均已領到,補交傳古之資八十兩已代收,另入買物細帳計算。惟所開傳古目錄一千五百餘種,檢點止一千三百餘種,特將原帳寄核,無須補贈。眉老好古甚篤,欲求尊藏小品拓本,如龜魚、虎符、鉨印、泥封、善業泥象等等,惠寄若干種,以副所請爲感。

屬購物件,無一不交內眷們遴選過目。無如兵燹之後,百物皆非昔比,有未能如式者,非辦理不善,苦於無可揀選耳。五色帶却可定製,然要半月之久。畢芬留住七八日,每日着本地家人同至市中。好在家家認識,多取到廥[2]次,送上房挑用也。

弟抱恙至三月有餘,尚未出至外齋。終日聞經懺之聲,營齋營奠,不得清靜,令人悶極。姚君符兄三十金,又諷卣泉四金,又另備六金,統入另帳,以省冗叙。卣泉所需金器拓本,必有以報。印稿恐須遲遲,因玉斧自六月患病歸去,至今未到,貧病交困。石畫弟早助以醫藥之資,業經過割,前册幸勿寄還。所致玉斧信件,容爲轉交,先代致謝。

此次畢芬來，滿謂粟拓必至，愈我頭風，詎又失望，爲之一歎。兄自云若再不往，迹同臧氏之以防[3]。弟不敢以此測大賢，然四十年金石老友，忍令其望眼之穿？恐兄一爲念及，當有不忍出此者耶！至弟投報之物，因金石、古印兩門，尊臧之富，振古鑠今，泰山一塵，未免自媿。思欲以書畫小品爲獻，又不知兄之所好。若如前年所需之冬心楹帖等類，則敝臧頗不乏絶致之品，可以移贈也。

天已嚴寒，病後力疾肅復，惟爲道保重。不盡。

[1]畢芬，即前信所稱"畢紀"（畢姓綱紀），陳介祺同鄉，亦其常用信差之一。
[2]厲，同"寓"。
[3]"迹同"句，《論語・憲問》："子曰：'臧武仲以防求爲後於魯，雖曰不要君，吾不信也。'"朱熹集注：防，地名，武仲所封邑也。要，有挾而求也。

又（三十六）

不通音問三月有餘，計韓兄日内當可來南，盼念芳訊，翹勤彌切。一昨韓兄友人某君專人送到台諭，并匋器三件，畫軸、石刻、印石、銀兩各等件，一一領悉。執事網羅散佚，仔肩斯文，海内學者，奉爲山斗，咸謂靈光，巋然爲吾道之慶。瓦量二件，於先秦古器之外，別有古致，歡欣寶愛，立即與瓦登一器，命工製座，作案頭陳設，香華供養，日把清芬，不啻與我簠兄坐對也。

弟年來每至秋冬之交，輒嬰痰嗽之症。去冬因心緒拂鬱，遂爲二豎所祟，纏綿反覆，直至今年立春以後，始得漸次向瘥。現在眠食一切照常，足紓愛注。三兒承潞已於月之初九入都引見，乘輪往返，不過兩月有餘。知荷關念，謹以附陳。

此次所惠匋拓三百餘種，中間有傳形半兩，爲前番所無。又有橢形壽字，可摹一起首印[1]者，能得卤泉爲我一刻，感荷無已。其印石無論長方俱可，每見方石刻圓印，皆用刀琢削而成，此可仿製也。前後寄賜匋拓,計已三千二百種,一一編次成書,中間略爲分類,已詳前信。

　　清卿觀察河北一年[2],以後必可及於著述。蓋荷署關防公事外,別無他騖,轉可專心爲學。年力正壯,其所造未可量也。

　　奉上古泉拓文十四種。承潞喜收古泉,所藏七八百種。此數種得自海昌親友家,聞係孫古愚[3]舊物。中有數品爲《古今泉志》中所未見,羅氏《路史》[4]謂爲上古之幣,竹朋兄《古泉匯》則列入周代,應求考定。又《三家彝拓本》即《積古齋》所載之器,舊在吴中某家,亂後流轉至滬,爲粤賈購去,客冬復出,適承潞至滬,訪得之。無人搥拓,此紙乃稚孫輩散學後所爲,他日當另拓奉鑒也。

　　[1]起首印,鈐蓋於字畫的起首處,一般爲齋館印、成語印等。
　　[2]"清卿"句,光緒五年(1879),吴大澂接河北道篆。
　　[3]孫古愚,孫懷邦(?—1862),字承寵,號古愚,鎮海(今屬浙江寧波)人。咸豐二年(1852),由監生補蔭,應朝考列二等,以通判選籍。同治元年(1862),太平軍陷定海,死難。左宗棠《左文襄公奏疏》初編卷八:"孫懷邦,鎮海縣人。該員在鎮海縣大雷地方集團,會約官軍進攻寧郡。適於同治元年二月二十四日賊犯定海舟山時遇賊,搜出公文,被戕。"
　　[4]《路史》,羅泌著,四十七卷。《路史》之名取自《爾雅》"訓路爲大",意謂大史。分前紀、後紀、餘論、發揮、國姓衍慶紀原、大衍說、國名記等。記述了上古以來有關歷史、地理、風俗、氏族等方面的傳説和史事,取材繁博龐雜。羅泌(1131—1189),字長源,號歸愚,吉州廬陵(今江西吉安)人。弱冠好讀書,精詩文,一生不事科舉。除《路史》外,還有《易説》《六宗論》《三匯詳證》《九江詳證》等。

又(三十七)

　　前由韓兄處交到手書,并古匋量器三種,又近得匋拓等件,當即專函肅謝,託節署加封驛遞,不知何日始達典籤,甚以爲念。賤體交夏後精神雖未能振作,而眠食已一切照常,足紓愛念。前寄古泉拓本,手工至拙,大非真面。兹特另拓一分奉上,伏求鑒定。敦拓亦奉寄一分。"𢓜"字釋"㱃"。《廣韻》《集韻》皆音億;《玉篇》,快也,爲"意"之古文。并乞考示。

此器爲方大令濬益[1]所臧，罷官出售，爲兒子承潞購得之。制作極精，滿身水銀裹，其黑如漆，光可鑒人。字雖無多，亦敝帚之一也。

承惠古瓦量已配座，置之几案，滿插榴葵諸花，感念嘉貺，如對良朋。恐前書遲達，再肅寸箋鳴謝。

[1] 方大令濬益，方濬益（？—1900），字子聽（一作芷汀），一字謙受，又字伯裕，安徽定遠（今屬滁州）人。歷署南匯、奉賢知縣，江蘇候補同知，被沈葆楨奏議"聽斷糊塗"免官。善畫花卉，書法六朝。與兄方濬頤、弟方濬師俱喜收藏，弄金石書畫甚富。有《定遠方氏吉金彝器款識》《綴遺齋彝器考釋》等。

又（三十八）

不奉手書幾及半載，屢次專人至韓偉兄處詢問近狀，據稱接到家信，述知兄赴山中經營葬事，指揮料理，必出躬親，約須九十月間始得告蔵。并知體履康強，起居健適，聞之稍釋馳繫。茲於月之初三日接到九月十五日來諭，亟取展讀，附有古匋拓三百廿四種，又十布六泉二十六紙。得未曾有，歡喜無量，敬謝敬謝。屬代致鄭盒各件，即交伊家書中附寄，必可即達。

承示春秋間家庭小有怫逆，中年以後之人，每有此種傷感，六如四相[1]，一作如是觀，便覺胸次灑然，稍一凝滯，便損天和。此弟頻年親歷之境，想兄亦早見及也。

十布[2]見於前人著録者，贗品居多，即近日翁氏《金石記》摹載㠶㐬百丁此亽，疑亦是僞。當日清儀閣合自藏及各處搜訪，始得拓成十布全分，其難如此。未丈云：自小布以上，各相長一分，相重一銖，文各爲其布名，直各加一百，至大布長一寸四分，重一兩，而直千錢矣。此布貨十品也。每欲得十布，一證其說，親知中迄未遇有收藏十全者。敬求取尊臧十布考示其詳，禱切禱切。

本日韓兄專人來，云一二日内即欲歸去，狀殊怱促。茲託帶呈《古官印考録》兩册，尚是甲子年舊稿，寫樣之人已早物故，不及將續得者編入。

因紐數無多，去年趁彙錄官私各印之便，姑印十部，謹以一部求正。古泉一門，向不留意，近因竹朋、子年兩兄篤嗜，鄭盦、清卿復又同好，遂亦稍稍討論。欲求如尊藏之十布六泉，在南中雖出重值，亦無從購覓也。呈上拓本五册，兒子承潞得自同郡德清徐氏者。泉既不多，拓又未緻，兄試取一閱中有可以存錄者否。圜幣多種，頗爲罕見，審其青緑篆文，似非僞造。他日當以數枚寄請目驗定之。《劍俠傳》刊本係故人任渭長[3]所繪，筆力古勁。其人已歸道山，附贈一部，用供雅玩。

[1]"六如"句，《金剛經》以夢幻泡影露電喻世事之無常，稱"六如"；《金剛般若波羅蜜經》又以我相、人相、衆生相、壽者相概括衆生所執錯念，稱"四相"。
[2]十布，王莽時鑄幣，即小布、么布、幼布、厚布（或序布）、差布、中布、壯布、弟布、次布、大布，合稱布貨十品。李佐賢《續泉説》："莽十布、六泉，除大布、大、小泉外，俱不易得。余收十布，向缺三品，前歲壽卿贈以次、弟兩品，仍缺壯布。"
[3]任渭長，任熊（1823—1857），字渭長，一字湘浦，號不舍，蕭山（今屬浙江杭州）人。善山水、人物、花卉、翎毛、蟲魚、走獸等，筆力雄厚，氣味静穆。與弟任熏、子任預、姪任頤合稱"海上四任"，又與朱熊、張熊合稱"滬上三熊"。《劍俠傳》係王世貞輯錄劍俠小説集，任熊於咸豐年間據《劍俠傳》繪成《三十三劍客圖》，吴雲所謂《劍俠傳》蓋指此。

又（三十九）

自去冬韓兄言旋，久不得芳訊，懷想之忱，縈於夢寐。月之十八日，欣值韓兄南來，獲奉手翰，雒誦回環，恍同晤對。承惠各種拓本，一一領到，敬謝敬謝。中間古泥封五百餘紙，得未曾有，尤爲感幸。立即用紙挖嵌編次成籍，便於繙閱。蒙諭粘貼之法，雖可耐久，而貼處高起不能平帖，故仍用挖嵌也。

漢魏六朝傳世之印，類多白文，治印者每刻朱文，輒學宋元。并非不欲師古，實以古印中朱文罕覯也。泥封爲古印之笵，可與漢魏白文相輔而行，然非吾簠齋兄積四十年心力，冥訪旁搜，斷不能萃此大觀。倘得廣爲傳布,實足爲印學津梁,不第供一時玩賞而已。《泥封考略》尊處如有副本,乞借鈔錄。

未均棄世,兩嗣君相繼云亡,殘篇斷簡,盡化烟雲,言之可慨。

張玉斧相從十餘年,於金石篆刻頗肯究心,人亦甚有氣骨。近年來病不離身,至今春二月中遽赴修文。家貧如洗,上遺七旬老母,續弦未滿三年,一子方在繦褓。有孤寡之累,無期功之親。經紀附身,皆賴戚友,蕭條苦況,聞者酸心。現擬集千狐之腋,希綿一綫之延。幸同人解囊,已略有成數。撫育有資,或不至流入餓殍,然亦要看張氏家運也。執事誘掖後進,寄渠書件已不及領,其子尚無知識,謹將拓本售得十二金,代封素紙,簽書"生芻一束"[1],連同手札寄去,俾志高誼;且使孤雛長大,知乃父在日,曾受當代大賢所知,生通音書,没寄賻贈。死者有知,必當銜感。亮兄不以爲謬也。謝信寄到,再當附達。

古匋積至四千餘種,聞高屋三間,業已儲滿,抱殘守缺,洵爲斯文之宗,不得以物聚所好論也。古鈢承爲摹刻拓墨見寄,欣幸無已。因檢取原印,印於上方,反正相生,朱墨互暎。分貽同好,莫不叫絕。昨已寄清卿數紙。渠於前月十九在大名舟次來書,謂吉林根本重地,從無以漢人參贊。今者遭逢異數,膺此重肩,不敢不殫竭血誠,以身許國。并謂中國虛實,彼族纖屑皆知。當此防餉短絀,自强之道在實際不在虛聲。即此數語,已操知彼知己之算。知在悋念,故附陳之。

卤泉兄惠寄節墨刀一、仿古匋文壽字小印一,領到,懇代道謝。青田石舊坑本少,近益難覓。弟愛蓄田黃、青田兩種,篋中尚剩十餘方未刻,以閒章佳句甚少也;至名號齋閣收藏各印,已刻者百有餘方,石質精粗互見。讀來函有印石難求之語,因檢舊藏六面方各種青田石四枚奉贈,中間白色青田一對,頗自矜愛。石有暈紋爲青田之證。另有老青田一方,本來成對,曾以一寄卤泉鐫刻,兄以爲佳,故一并奉上,伏希哂納。南中兵亂以後,百物翔貴,骨董尤甚。即如印石一門,所出者盡是新坑,石質粗糙,不堪厝目。無論田黃、青田,近并壽山石之佳者,亦漸少矣。

寄上《漢建安弩機考》一冊,鄙說"市"字,亦未敢自信,敬乞釐定示改爲懇。外李申耆[2]先生《養一齋文集》甫經刷印,又馮林一《顯志堂文集》《說文解字均譜》,俞蔭甫《群經平議》(蔭甫著作甚富,先寄此種),陸存齋《三續疑年錄》。此南中親知舊友近刻,特奉鑒閱。此外經史子集重刻頗多,如有所需,望示悉。卷帙若多,當俟韓兄吉旋託帶可也。又《金石屑》四本,爲世好鮑少筠[3]刻。少筠爲淮北鹽官,住居海州,隘於聞見。往年持此書就正,業已刊刻竣事,所費不貲,不復置喙。茲特寄呈,聊佐長夏玩賞。論其弆臧,廁諸高齋,直等遼東豕耳。

[1] 生芻一束,《詩‧小雅‧白駒》:"皎皎白駒,在彼空谷,生芻一束,其人如玉。"朱熹集注:"賢者必去而不可留矣,於是歎其乘白駒入空谷,束生芻以秣之。而其人之德美如玉也。"後因以之代弔喪之禮。

[2] 李申耆,李兆洛(1769—1841),字申耆,晚號養一老人,陽湖(今屬江蘇常州)人。嘉慶十年(1805)進士,選庶吉士,充武英殿協修。官鳳臺知縣七年,以丁憂去職不復出,主講暨陽書院幾二十年。李兆洛精輿地、考據、訓詁之學,有《歷代地理志韻編今釋》《養一齋集》《舊言集》等。

[3] 鮑少筠,鮑昌熙(生卒年不詳),字少筠,嘉興(今屬浙江)人。工治印,富藏金石。《金石屑》四卷,另有附編一卷,光緒二年(1876)刻本。是書收秦至宋金石珍品,摹刻器型、紋飾、銘文,并錄原拓紙間名家觀款題跋、考釋,以諸家手書摹刻上板,卷尾有"新安吳怡生鈎金陵柏繼倫鐫"字樣,刊印頗佳。鮑昌熙《金石屑自序》:"昌熙少從鄉先生張叔未解元旂,竊親炙其緒論。……其後閣中藏物,散布人間,半爲昌熙所獲。庚申寇擾,出避倉皇,獨抱斯篋,從居滬上,得以未付劫灰。維時沈君韻初、楊君石卿,日相欣賞,共勸付梓,以時事恩卒未果。壬申歲,之官淮北,閑曹多暇,摩挲舊匭,因感二君之言,爰事句樐,付諸手民之良者。……夫金石著錄,前代以逮國朝諸老輩,搜羅宏富,薈萃菁華,不知凡幾。自維拿陋,尠學寡聞,今之所集不過片金碎石,零星猥璅,故以《金石屑》名之,蓋從實也。"

又(四十)

前奉七月二十日手書,箋逾廿葉,情足千秋。雒誦回環,恍同晤對。并承惠寄各種金石拓本,一一領到。古匋文字,愈出愈奇。本年七月間所收與王念庭[1]㐁字一器,尤爲古文中希世之珍。此外泉鉨泥封各拓,類多緑字朱文,精采炫目。摩挲賞玩,足以移情。久欲專函申意,祇爲家庭多故,不欲以拂逆[2]之事,上塵清聽,亦恐累吾良友遠道懷思,代爲眉縐。因之報章久缺,亮荷原鑒。辰下一陽初轉,秋去冬來,遥念著述之餘,起居安吉。弟於八月間就養婁東,小住署齋,晌將兩月。差幸秋收豐熟,屬境敉平,公私無恙,對膝下孫曾,撫案頭金石,藉此自悦,聊以解憂。知兄垂念必深,謹布區區,用紓存注。

師田卣得蒙鑒賞,益增寶重。"䝵"釋"傳",作器者之名,甚確,遵即改爲傳卣。"十𪔅"是"甲子"二字,"子"與召伯虎敦"𪔅"筆畫雖小異,而字形極相似。古篆籀筆畫每有增損,無足疑也。"𡇯",阮釋"商",象星形。按《説文》:𧶀,行賈也,從貝,商省聲。《玉篇》作"賣",參以籀文,"𧶍"字釋"商"似合,惟詞意難通。或釋作二字,上從籀作"商",下爲"貝",如何?抑從尊意作"賞",其義亦順。"𪭵𣆪"二字所釋,尚有未安,還求考定。

承示新得漢鏡拓本。弟於前年亦獲一面,較尊藏鏡多四字,制作之工,兩鏡可稱雙絶。謹奉拓本二紙,搥拓非易,幸此隽品。此二紙其一尚[3]是玉斧手搨也。《重刻天一閣北宋石鼓文》再呈一分,以踐前諾。署中無可檢寄,有蘇元妙觀亂後新訪得石畫數種,頗有古意。觀基創始在晉咸寧中,此畫不知作於何年,志書失載。特寄二紙,列諸高齋,直同遼東之豕,閱後一笑置之可也。兹聞韓偉功兄即欲北旋,草草布肊,未罄之言,切託韓兄面述。

[1] 王念庭,王希祖(生卒年不詳),山東東武(今屬濰坊)人。王錫榮長子,王緒祖之兄。承家學,於金石文字頗有研究。
[2] 拂逆,"拂"文海本作"佛","逆"文海本缺,據初刻本改補。
[3] 尚,文海本作"同",據石印本改。

又(四十一)

客冬交韓兄帶呈寸箋,流光如駛,倏又殘春,懷想之忱,無時或釋。

一昨紀綱畢芬來，賫到手諭，亟取展讀，語重情長，溢於紙墨。承惠寄金石各拓一百一十四紙，一一領到。匋文九十四種，中間如師周京數種，其文法又爲四千餘種中所創見。地不愛寶，古匋固層出不窮，而老兄亦篤耆靡已，遂使物聚所好，愈積愈多，亟宜類輯成書，以詔來學。闢千古未有之奇，亦不朽盛業也。所示圜泉，文曰"共屯赤金"。敝藏亦有二種，銅亦近赤，文極細勁，篆法小異。"共"古文㠯[1]"䒑"，此省㠯"䒑"，尤見古義。特將舊藏圜泉十八種，全行拓呈，中間有未識之字，乞爲考示。傳卣拓現存止有二紙，昨倩友人拓數紙，因天氣潮濕陰雨，墨暈失神，斷不能登大雅之堂。姑附數紙，容再補寄。此卣形制奇古，弟擬如拙刻虢盤之例，摹繪全形，專刻一冊，後繫考證。謹將尊釋首列，請重錄一通見寄，以便授梓。又坿奉各金石拓十種，登於另紙，統望鑒收。

　　所來樣筆一支，當屬楊春華之子如式趕製五支交來紀帶上。楊子雖不得爲善工，尚能如吳説之不失家法[2]，在南方已推庸中佼佼。惟事成於促迫，恐未必能得心應手，特檢篋中自用者，得大小羊穎八支，羊紫穎二支，共十支。李君實云：書家得一好筆，如壯士獲一寶刀；得一良墨，如統軍者受千鍾之餉[3]。此筆雖非寶刀，或差勝於鉛，請姑試之。又十萬杵墨[4]二挺，係與勒少仲選烟，合製模範，參用李廷珪金涂龍法[5]，頗費匠心，閱年餘始成墨數觔。坡公云：茶欲其新，墨欲其陳[6]。此墨待至三百年後，得遇好事，或不惜以黄金十笏相易，未可知也。一笑。

　　墨不能驟使之陳，茶則時值穀雨，剛正出山。蘇浙品茶，以杭之龍井山爲第一。亂後茶樹遭踐，所產無多，盡爲土富某君，隔年付值，購送官禮。茶户既得善價，又可歲底濟貧，故皆樂爲之用。大抵市肆所售，皆近龍井山數十里所產，買王得羊[7]而已，然價已極貴矣。弟處有舊僕家在龍井山麓，每年必分得數觔，特寄贈二瓶。試以在山泉水烹之，其色香味當有異於尋常者。弟素性耆茶，常笑蔡君謨暮年多病，愛而不能飲，則烹而玩之。乃自六十歲後，飲已漸減，近五六年來，日僅飲三四小杯，尚欲用武夷山茶間之。南中山水清嘉，每飲龍井山茶，必先觀其色，次把其香，玩賞移時，再辨其味。雖所欲無多，亦閑居之韻事也。仰蘇樓花露[8]，亦南中著名之品。以一滴入茶，香滿齒頰。玫瑰平肝，薔薇清肺，不獨適口，亦於高年頤養爲宜，并可遇便續寄也。

田子正兄鏤錯金銀[9]，可稱絕伎，必當廣爲揄揚。來件收存，即作到處説項之用。附去足紋銀十兩，乞轉交田兄。除去價值，外望寄文房中筆筒、筆架、墨牀、書鎮、書尺、印規各一件，不敷之價，示知補繳。古鈢近有吴蒼石[10]可任此役，當屬摹刻再寄，不敢忘也。

清卿到防以後，因感受殊遇，頗有國而忘家之志。去冬隻身行冰天雪地之中數百里，直入金匭頭目韓邊外[11]老巢，與同卧起，感化來歸。此多年勞師費餉所未獲者，一旦挈之而出，民間歡聲雷動，朝廷亦知其忠勇可倚。乃名重招忌，動受齮齕。曾經陳情乞退，未蒙俞允。舟中敵國[12]，日履危機，頗亦時深惴惴也。知在塵念，用特附陳。

[1] 乍，即"作"。

[2] "尚能"句，吴政、吴説皆製筆能手，家法相繼。《東坡題跋·書吴説筆》："筆若適士大夫意則工人不能用，若便於工書者，則雖士大夫亦罕售矣。屠龍不如履豨，豈獨筆哉！君謨所謂：藝益工而人益困，非虛言也。吴政已亡，其子説頗得家法。"其下又有《試吴説筆》："前史謂徐浩書，鋒藏畫中，力出字外。杜子美云：書貴瘦硬方通神。若用今時筆工，虛鋒漲墨，則人人皆作肥皮饅頭矣。用吴説筆，作此數字，頗適人意。"

[3] "李君實"句，《硯山齋雜記·書紀》："書家得一好筆，如壯士拾一寶刀；得一良墨，如統軍者受千鍾之餉；得數行古迹，如行師佩玄女兵符。"李君實，李日華（1565—1635），字君實，號九疑，別號竹懶，嘉興（今屬浙江）人。萬曆二十年（1592）進士，授九江推官，累官至南京太僕寺少卿。李日華擅繪畫，有《恬致堂集》《紫桃軒雜綴》《味水軒日記》《竹懶畫賸》《六研齋筆記》等。

[4] 十萬杵墨，製墨需將調好的墨泥放在墨墩上用大錘翻打，翻打次數越多，墨的品質就越好，甚者有"輕膠十萬杵"之稱。陳仁錫《潛確居類書》卷八九"其堅如玉"條："廷珪墨每松烟一斤，真珠三兩，玉屑一兩，龍腦一兩，和以生漆，搗十萬杵，故堅如玉。"

[5] "參用"句，陸友《墨史》："江南黟歙之地有李廷珪，墨尤佳。廷珪本易水人，其父超，唐末流離渡江，睹歙中可居造墨，故有名焉。……（所製墨）其堅如玉，其紋如犀，寫逾數十幅不耗一二分也。……蘇子瞻爲顔魯繹作集引，其子復以廷珪墨遺

之,金塗龍及銘云'李憲臣所屬賜墨也'。"

［6］"東坡"句,曾慥《高齋漫録》:"司馬温公嘗曰:'茶與墨正相反:茶欲白,墨欲黑;茶欲重,墨欲輕;茶欲新,墨欲陳。'子(蘇軾)曰:'二物之質誠然,然亦有同者。'公曰:'謂何?'子曰:'奇茶妙墨皆香,是其德同也;皆堅,是其操同也。譬如賢人君子,妍醜黔晳之不同,其德操韞藏,實無以異。'公笑以爲是。"吴雲謂"新陳"之說乃東坡語,誤記也。

［7］買王得羊,張懷瓘《書斷·妙品·羊欣》:"時人云:'買王得羊,不失所望。'今大令書中風神怯者,往往是羊也。"王,王獻之。羊,羊欣。羊欣乃王獻之外甥,隨王獻之學書,人以爲"最得王體"。

［8］仰蘇樓,在蘇州虎丘天王殿東。況鍾任蘇州太守,命定慧寺僧人赴陶淵明故居,將蘇東坡書《歸去來辭》原碑拓回,復刻於定慧寺内,又在虎丘天王殿東建"東坡樓"以資紀念,後改稱"仰蘇樓"。花露,蘇州特産,尤以仰蘇樓產著名。袁學瀾《吴郡歲華紀麗》卷三:"至於春之玫瑰,夏之珠蘭,茉莉,秋之木樨,所在成市,爲居人和糖熬膏,點茶釀酒煮露之用,色、香、味三者兼備,不徒供盆玩之娱,尤足珍也。"又顧禄《桐橋倚棹録》卷二:"仰蘇樓自僧祖印創賣四時各種花露,頗獲厚利。"

［9］"田子正"句,陳介祺嘗聘濰坊銅器首飾藝人姚學乾爲其收藏的古鐘、彝、鼎、磚、石等配製底座和撑架。姚學乾參考漢錯金銀器,與陳介祺雇傭的拓裱藝人田雨帆一起,創製了在木質器具上鑲嵌金銀絲的工藝。陳介祺又令田雨帆二子田子正、田智緡拜在姚學乾門下,學習嵌銀漆器的製作技術。田氏兄弟悉心鑽研,嵌銀技藝日益精湛,至光緒年間,濰坊嵌銀漆器的製作已相當普遍。

［10］吴蒼石,吴昌碩(1844—1927),初名俊,又名俊卿,字昌碩,又署倉石、蒼石、倉碩、老蒼、老缶、苦鐵、大聾、缶道人、石尊者等,孝豐(今屬浙江湖州)人。同治四年(1865)秀才,曾就學詁經精舍,從俞樾習小學及辭章。詩、書、畫、印均有很高造詣,與任伯年、蒲華、虚谷合稱"海派四大家"。有《苦鐵碎金》《缶廬近墨》《吴蒼石印譜》《缶廬印存》等,詩集有《缶廬集》。光緒六年(1880),吴昌碩曾寓吴雲兩罍軒。吴昌碩《吴雲傳略》:"余始來吴,封翁假館授餐,情意甚摯。因得縱觀法物,於摹印作篆稍有進境,封翁之惠居多焉。"

［11］韓邊外,韓憲宗(1819—1897),登州文縣(今屬山東文登)人。道光年間因欠賭債逃至吉林夾皮溝金礦爲采金工,後被推舉爲"當家的",成爲當地"金匪"首領之一。又因久居"柳條邊"外,又稱"韓邊外"或"邊外大哥"。光緒六年(1880)吴大澂赴吉林協辦邊務,"改裝易服,單騎入山"見韓憲宗。韓憲宗爲吴大澂誠意打動,隨吴大澂出山以示歸服。

［12］舟中敵國,《史記·吴起傳》:"若君不修德,舟中之人盡爲敵國也。"

又（四十二）

前月韓兄到蘇，奉六月十九日手翰，并漢器屏拓[1]八幅，各種金石匋瓦拓本，又青田印石、嵌銀木合等件，一一遵示領收，感謝無已。弟杜門守拙，除與二三親友真率會之外，不復窺户外一步。前七月初二日，姻家沈仲復循舊作會，時正天氣酷熱，藉以遣暑。爐香苔椀，讀畫平書，幽賞清談，頗饒佳趣。昔人所謂"縱有紅塵赤日，不到松下林邊"[2]，彷彿有此妙境。迨至斜日西沈，始各趁涼歸去。鄙人先行升輿，時但顧迴頭説笑，忘却下有臺階，遂至失足傾跌，頭面磕在砂石版上，左顴、左額、眉際、鼻梁均遭磕破。衆皆大駭，鄙人雖極疼痛，而神志尚清。歸家後合目靜憩，知無内傷。少頃醫來，所説亦同。旬日後創痕漸平，逾月始得脱痂。七十以外之年，遭此蹉跌，若非遠託蔭庇，兼得天神默佑，恐將與吾四十年金石老友，遽成永訣矣，思之心悸。刻下眠食一切均已照常，精力之不振，乃老境使然耳。

清卿戀慕左右甚至。前將尊翰摘出數語寄去，今接其六七兩月來信，一并録呈。文字道義之交，形骸雖隔，心性自孚，固有如是其摯者。鄭盦所獲太室壎早有拓本寄來，其陽識者，尤爲精妙。土質脆薄，竟得流傳於二三千年之後，爲漢唐已來鄭孔諸儒所未得見者，一旦大顯於世，亟宜肖繪圖式，授諸梓人，以公藝苑。業已移書諄勸之矣。古鉨摹本，奏刀者以木刻爲難，適有親戚送來福建印石數十方，始得刻就，即託韓兄寄上。急索解人不得，以視兄處先後所寄之件，搥拓之工緻，紙印之雅絜，無一不精妙絶倫。海内龍門，惟兄是皈；繼之者，吾家清卿其庶幾乎？泉幣拓本十紙，内有數品罕見，附呈鑒定。田子正兄釦器之精，真欲空前絶後。承寄筆筒，置之案頭，無人不擊節歎賞。所來珠翎二合，謹當留存，惜老醜不配用耳。

弟自六十歲即以野服見客，去年七十歲，除元旦四五日外，冠帶束諸高閣，久之已成習慣。人亦憐其老病，往而不來，亦不以禮相繩，自慚亦自笑也。

[1]屏拓,不詳。《吴愙齋尺牘》卷一與陳介祺書:"十鐘全形屏拓求一分……費陸續奉繳,并乞。"或即指全形拓。

[2]"昔人"句,語出馬晉《滿庭芳》:"侵晨騎馬出,風剛暴横,雨又淒然。想山翁野叟,正爾高眠。更有紅塵赤日,也不到、松下林邊。"

又(四十三)

數月不通書問,懷想形於夢寐。比届冬令,氣候嚴寒,遥維福履綏和,全堂集慶,珠蘭玉樹,益譽增榮如頌爲慰。弟自七月初二日在沈舍親園中傾跌之後,迄今已及半載,尚未出大門一步。體中雖無内損,而蒲柳之資,難禁風露,稍有感觸,病即隨興。交冬後左足又患濕瘡,舉步須人扶持。近日痛楚少已,而濃水未盡,迄未收功。終日瑟縮擁爐,憑几静坐,除却觀書,竟無一事可爲。每念兄康强純固,縝密無間,常取先後惠書細繹,洋洋數百千言,始終無一字奪訛。固由壽徵,亦關福澤。昔蘇子瞻稱文潞公:綜理庶事,雖精練少年有不如;貫穿古今,有專門名家所不逮[1]。敬以此言,移贈於兄,洵可謂千秋濟美,奕世同符矣。兹因韓兄專人知照廿三日即欲北旋,無物伴函,案頭有親友近刻數種,藉以呈上。惟兄不讀三代兩漢以後之書,恐不足以供瀏覽也。外竹垞老人分書屏幅一幀,詞義吉祥,奉爲老兄期頤之券。統希哂納。

[1]"昔蘇子瞻"句,語出蘇軾《德威堂銘》。契丹使者入覲,殿門外見文彦博,却立改容。蘇軾曰:"使者見其容,未聞其語。其綜理庶務,酬酢事物,雖精練少年有不如;貫穿古今,洽聞强記,雖專門名家有不逮。"文潞公,即文彦博。文彦博封潞國公。

又(四十四)

四月十八日接三月廿三日手書,并金石名拓三十六紙,一一領悉,敬謝敬謝。伏審道躬清豫,瀛潭納福,欣慰無量。弟衰憊日增,終歲杜門,亦惟在故紙堆中消磨時日,乃崦嵫已迫,迄無所成,言之愧汗。現將庚申以後拙稿稍稍清理，字迹潦草，叢殘散漫，校閱殊費周章。適舊友朱稼甫別駕來蘇需次，因留處賓榻，屬爲編輯。數月以來，稼甫爲之分類排比，稍有眉目。中間尺牘一門，亂後各當道類多舊雨，知弟足迹不履公庭，每遇地方利弊，謬謂識塗之馬，訪及芻蕘。凡有所陳，頗承采納，見之施行，似可垂遠。此外與同志知交，或考論金石遺文，或評騭前賢名迹，亦頗有不拾牙慧，獨抒己見。檢閱親友來書，不少佳札。吾兄與清卿尤爲洋洋灑灑，不特情誼肫然，而詮釋古文，辨正字義，引經據史，足以裨益來學。擬各另列一卷，并刻於後，俾後人知先世切磋問學，其淵源有如此者。此書與金石書畫跋尾，今冬可以繕稿，再當請正。

　　弟年來精力益憊，雖終日不離書案，而用心稍過，便覺泛泛欲嘔。故每有所作，輒復中輟不能卒業。曩承尊諭，屬將兩罍考釋彙刻專書。弟久蓄此意，因多病未果。其實此事尚不甚難。當日文達公獲此器，已在《積古齋》成書之後，門下多有釋文。然其時世間止知有阮氏一器也。後文達見蘇州曹器銘文，謂奇物有耦，大加欣賞，屬陳頌南侍御并釋其文，何秋濤[1]取以授梓，名《齊侯罍通釋》，分上下二卷，上釋阮器，下即釋曹器也。此書出，於是耆古之士知齊侯罍有二器矣。弟就所見諸家釋文論之，陳釋至爲浩博，已刻於《金石記》，再刻於《彝器圖釋》。由是兩罍之名，遂并顯於世。顧各家所釋，止有阮器，都不及曹氏。今刻專書，則所有釋文，皆應錄入勿漏。弟處臧稿，大著外衹有朱椒堂倉侍[2]與叔未翁二篇。子貞兄曾云子苾閣學與許印林、龔定庵皆有釋文，弟未之見。兄與吳、許至戚至交，應有稿本，務望錄示，至懇至懇。

　　清卿遠在吉林，弟熟聞其練軍設防，措施精當，事事以古人是期。弟因未悉北地情形，未有補助。吾兄答其書詞，於屯墾事宜有所指陳，正可匡其不逮。清卿傾倒左右，不第在金石考訂之學，得書必異常欣感。方今烽烟雖靖，邊塞未寧，亟望英才繼起，幹濟時艱。就鄙人所知，當今清卿外有曾襲侯[3]劼剛副憲，文章經濟，與清卿洵稱一時瑜亮。求之古人，當是富鄭公、虞雍公[4]一流人物。天佑斯民，篤生賢雋，爲國家斟元調運，砥柱橫流。我輩老居林下，大亂之後，獲享太平，從容以著述自娛，已屬厚幸。他日擎天巨掌出自同志之士、文字之交，尤足爲吾黨吐氣。亮兄亦同此額慶也。

近日南中古器，所見盡是贗鼎，欲求如兄新得之大泉鉛範、新莽連帥虎符，胡可遇哉。比以久不奉書，知兄念我必至，因詳述近狀，以當促膝之談，遂不覺言之冗長也。鄭盦云清卿得一器，有二百餘字，弟未之見。確否？

[1] 何秋濤（1824—1862），字巨源，號願船，福建光澤（今屬南平）人。道光二十四年（1844）進士，官刑部主事，擢員外郎，懋勤殿行走。長期究心北疆形勢，考訂俞正燮《俄羅斯事輯》、魏源《海國圖志》、徐繼畬《瀛環志略》疏失，補輯《魏書·地理志》。有《北徼彙編》（後咸豐賜名《朔方備乘》）、《王會篇箋釋》、《一鐙精舍甲部稿》等。何秋濤乃陳慶鏞弟子，陳慶鏞有《齊侯罍銘通釋》二卷，道光二十六年（1846）一鐙書舍刊。一鐙書舍乃何秋濤齋名。

[2] 朱椒堂，朱爲弼（1770—1840），字右甫，號椒堂，又號頤齋，浙江平湖（今屬嘉興）人。嘉慶十年（1805）進士，授兵部主事，遷員外郎，累官至漕運總督。朱爲弼通經學，精研金石之學，尤嗜鐘鼎文。有《椒聲館詩文集》《續纂積古齋彝器款識》《吉金文釋》《鉏經堂集》《古印證》等。倉侍，道光十三年（1833），朱爲弼擢兵部右侍郎，權倉場侍郎，尋實授總督倉場侍郎。

[3] 侯，文海本作"候"，據石印本改。

[4] 虞雍公，虞允文（1110—1174），字彬父（一作彬甫），隆州仁壽（今屬四川眉山）人。紹興二十四年（1154）進士，通判彭州，累官至禮部郎官、中書舍人、直學士院。乾道八年（1172），封雍國公，卒諡忠肅。

又（四十五）

前奉六月初十日手翰，亟取展讀，語重情長，無殊骨肉。敬審道履綏和，瀛姥[1]納福，慰如臆頌。承惠金石各拓，通計十九葉。楮墨精工，印章整絜，自是當今獨步。更難得蠅頭細字，逐葉詮注，尤令人愛玩不忍去手。

清卿所得之器，諦審器與蓋墨本，銘文既多寡不同，筆畫又舛訛疊出。器爲師⿰𠭯匕，銘中屢見。乃第一行忽增"師穌"十餘字，第三行"南"字作"⿴囗⿱丷十"，亦太不成字。此外經兄一一抉出，謂蓋字真，器字可疑處甚多，或出訛刻。洵是正法眼藏，心服心服。至洋照之法，無論放大縮小，原可一絲不走，然用以刻版則可，若留藏則西洋照法皆用藥水，數年之後漸澹漸滅，久之便成没字碑矣。

兩檻擬刻專書，久蓄此願，實因精力不濟。現將庚申至今叢殘草稿清理排次，中間散佚者甚多。南方交游中，金石書畫著名者，類經鄙人題評，彙鈔成帙，一時未易集事。故兩檻專刻，未暇顧及。吾兄目光如電，敏速絕倫，倘幕中有解人能任此事，經兄指點，即可成書。只要心細耐煩，似克期可就，寄南剞劂。其繕寫修資，必當從豐致餽。屬在摯愛，敬布願忱，匪敢固請耳。

清卿所得龍節，兄歎爲獨出冠時，擬集吾三家所臧虎符、鈎符、龜魚符，合裝成册，互爲珍賞，聞之神王[2]。現出敝臧鈎符各種，約二十件，拓就奉寄，并以一分寄清卿也。近得古銅印二紐，其篆文制度，實出一時。一蛇紐，一魚紐。前年曾寄一蛇紐印，乞爲鑒定。兹復將三印印本一并奉寄，如有證佐，懇即詳示。

拙輯《古印考》一書，未經卒業，張玉斧遽赴修文。繼其事者無人，遂將已鋟之版，束之高閣。去冬從敝友林海如之議，就已成之九卷，先行刷印。此本敝帚自享，無取其全，亟欲就正，特先草釘一部呈上。版未收拾乾净，印工愈形其劣，他日再當續寄一部。請先就此部，直筆指謬。外又寄上同鄉陸存齋觀察所著《千甓亭磚録》二本，藉以見近日古磚出土之多。陸君己未孝廉，年壯學贍，在敝鄉後起中罕有倫比。且好古而有力，故收藏宋元書籍頗富也。師田匋拓本奉去五分。此器已有損處，雖已修補完好，究不敢多搥。又三家彝、啚敦、方觶拓本各一分，統希鑒定。

近日南中作訛者鈎心鬥角，愈出愈奇，秦詔尤可亂真。故流傳有緒、確可徵信之器，好事者不惜千金重值，以必得爲快，此真好古而有識者。與其價廉而獲贋鼎，不如價重而得真龍也。

手肅布臆，不盡之衷，匪言能罄，惟祝著述之餘，加意調護。秋闈伊邇揭曉，倘得兩家子弟添一重譜誼，則千里外白頭老友，當必一齊拍手同笑呵呵也。

内印文三，魚紐一，虺紐二。考經傳維虺維蛇，每每無甚區別，且蛇爲地名，又爲姓，爲人名，又上應玄武之宿、虛危之星；虺亦爲姓爲名。古時取以爲紐，必有意義，究應名爲虺紐，抑爲蛇紐，望考定示知。

簠兄再鑒。近日訛刻秦詔甚多，因檢尊藏鐵權全形拓本，褙作橫幅，寄請題明出處與購獲歲月，懸諸齋壁，以際同好，俾知廬山真面如此。仍乞早日付還爲盼。

前詢許少珊[3]兄現在就養蜀中，久不通音問矣，附復不具。

[1] 瀛嫢，猶"仙眷"，對别人家眷的敬稱。嫢，同"眷"。
[2] 王，通"旺"。
[3] 許少珊，許誦恒（生卒年不詳），字少珊，海寧（今屬浙江嘉興）人。許珊林子。道光十七年（1837）進士，曾供職翰林，又出爲長蘆鹽運使等。有《壽石齋詩存》。達受《寶素室金石書畫編年録》"翌日訪何子貞、吕堯仙佺孫、陳壽卿介祺諸太史……并吾鄉何白英主政國琛、許少珊中翰誦恒"，知其與金石人物多所交往。

又（四十六）

九月中旬由韓兄交到八月抄手書，發函申紙，語重情長。附來金石各種墨拓，莫不精妙絶倫，邊題皆蠅頭細字，無一懈筆，具徵目力之佳，腕力之健，良由神明完足，氣志充盈，故得整暇如此。歡欣領謝，慰幸無已。

秦權已褙成橫幅。造象八葉，原宜裝册，因有尊書題注，又以屏幅可懸座右，時挹清芬，足抵晤對，此即古人鑄金圖像之意也。他日能再惠一分，與舊藏善業各胎象彙裝入册，永作珍祕，尤爲感禱。

方今老成凋謝，講求樸學、考證古義者，未易其人。獨老兄旁搜遠紹，翼教扶輪，卓然爲海内靈光，多士宗仰。回思都門訂交之時，年俱壯盛。流光如駛，忽忽已皆七十成翁矣。弟本蒲柳早衰，又多疾病，馴成老廢；兄則松柏之姿，凌冬愈健。此秉賦厚薄之不同，未能倖致也。承示前後所寄書札，多有未存稿者。弟則與君家孟公尺牘同珍，并無一通遺失。現在兒姪輩將庚申後與親友往來書問，繕清授梓，俾後人重世講之誼者，藉此知淵源所自而已，覆瓿飽蠹不計也。原擬將親友來書，擇其有關問答者，酌附數通於後，因檢閱尊翰，竟美不勝收，無一不可傳後。他如馮、勒、俞、吳諸君，或論時政，或講古學，文章經濟，多能實事求是，有裨來學。遂思改刻同人尺牘，異時必將惠書先行鈔寄，決無遺誤。

古銅印虵紐取義，引《秦本紀》"始皇推終始五行之傳，以爲周得火德……方今水德之始""更名河曰德水"，虵則釋魚，自是魚龍之族，秦帝璽以龍爲紐，官印以虵爲紐，自是水德之義，定爲秦制。援證精確，足補史乘，拜倒拜倒。中司馬印之魚紐，尤可爲水德之證助。此數印若不自兄發之，斷無有知其爲秦制者。緣今人不知有先秦之鉩，但以古文難釋者，皆屬諸嬴氏。其實秦書有摹印之體，漢承秦制，不應遽分逕庭。然非兄篤耆古鉩，考證由來，謂三代之印尚有流傳人間者，人亦莫之信也。當今主盟壇坫，洵非兄莫屬，無可讓也。

兹因韓兄吉旋，附呈鈎符拓二十紙，趙書石刻一册。又補寄《印考漫存》一部，統乞鑒正。前寄之印考，甫經刷樣，遽行馳呈，中間訛奪甚多，目錄舛誤，尤爲可笑可憎，望兄代爲改正，留作贈人可耳。

卷　十

家清卿奉常大澂(二十二通)

(一)

　　八月上旬接手書，并秦鼎拓本，嗣沈問梅[1]來，又接續示，并定磁畫碟、套紅烟壺、青田印石各一件，一一照字收明。套紅烟壺精絶，南中照此者竟無覓處。青田石亦有俊品，舊磁畫碟尤不易得，建窰盃子亦佳。此皆老阮台[2]割愛見寄，感謝胡可勝言。

　　前日朱笙甫太史過此，曾屬其帶上濟紅小印盒一件，均窰小盃一隻，拙畫紈扇一柄。舊磁印盒近日極少，若康熙濟紅色澤鮮明者，南中視同球璧。此件係案頭之物，移贈雅玩。均窰小盃，向種金錢菖蒲，置之案頭，配以小靈壁石，饒有清趣。惜道遠菖蒲不能并寄也。拙畫比昔日有進否？法家鑒之。

　　賤體今夏尚健，杜門伏案，手稿約積四寸有餘，此十年來所未有。《兩櫑軒吉金圖釋》已經卒業，其款識篆文間有未合者，現屬玉斧細心收拾，冬間必可刷印。兹將序文寄閱，俟剞劂全竣，當先將印本就正。非閱全書，不能悉其底藴也。所需拓本先寄去十六種，一樣兩分，其一分贈鄭盫少農，望爲轉致。

　　羧、瞿二器，自來經學家皆無確證。我輩幼讀經書，即知其名，今竟於古器見之，更爲難得。二器均藏篋衍，此非真有金石奇緣者，恐難猝遇也。另附一分送王廉生農部。承許作小印見贈，喜甚。擬請作"論語春秋在此罍"七字。秦鼎拓本，其篆文極細者，不必看器，而知其爲真龍也。釿，從金從斤，釋"釿"爲安。《說文》：釿，劑斷也。從斤金，宜引切。"全"爲"金"之省文，方寶甗"金"作"全"可證。齊侯罍銘中有"釿"字，陳頌南謂釿爲饗器，又謂鬻爲烹煮，因而取以名烹煮之器，猶釿爲劑斷，因而取以名劑斷之器。其言甚爲辨博。從陳說則此鼎亦當定爲饗器。"釿"釋爲"釿"，自無疑義。敝藏有簋蓋，銘曰：釿叔作旅簋，子子孫孫永寶用。"釿"字未詳，或釋爲"則"字。則，古文作"鼎刂"，亦作"鼑刂"，作"䚞"，篆形近似，疑是"則"字。愚按，篆從二口從貝，似是"員"字。"員"與"圓"同通"鄖"。鄖，地名，又姓也。鄖未與虢未、邢未同義。古篆文惟變所適，其筆畫每有移易，不足異也。然不免涉於牽合，尚望鼇定示知，即當附錄入考。不宣。

[1] 沈問梅，疑指沈錫華。沈錫華(1808—1879)，字問梅，號疏景，浙江海鹽（今屬嘉興）人。歷官常熟、吳江知縣。工書法，與潘遵祁交游甚密。

[2] 阮台，阮籍與阮咸并負盛名，後遂以"小阮"爲姪輩的代稱。台，敬辭。

又（二）

月之望日接前月廿一日交彭壽臣帶來手書，并惠寄《長安獲古編》一册，又鄭盦司農藏器拓本一册，均已領悉。《獲古編》去年均初[1]贈我一册，爲友人攫去。今承見寄，甚妙。鄭盦藏器，觀其拓本，類多精品，他人極畢生心力，亦未必遽能得此，此中固自有金石緣也。晤時望爲道謝。戴文節《古泉叢話》[2]刷印後望寄我三分，因欲以一分轉贈張子青制軍。青翁生平服膺文節也。拙著《彝器圖釋》剞劂已竣，因銘篆尚欲照拓本逐筆修整，偏偏張玉斧又患吐血，近雖全愈，而擱筆又一月有餘，大約須得冬底始能刷印。

“”字尊釋爲“部”，以上“”爲“合”，下“”爲“邑”，極有意義。鄙人所釋爲“郥”，自覺牽合太甚，已削去。俟此書印就後，先行馳正，老阮台試閲一過，其中必有豕亥之訛，即爲指出。

海内同志零落，壽卿始以我爲海外東坡矣[3]，今春方知健在，頻有書來，商訂金石文字。此近日魯靈光[4]也。渠收臧金器拓本有八百餘種，古興甚豪。年紀小僕二歲，觀其議論古今，精力正好，令人羡慕之至。鄭盦書中謂翁尗均有手輯吉金拓本一千餘種，并無其事。尗均所臧不過三百餘種，不及壽卿之半，亂後散失殆盡。今次孺[5]已歸道山，即有敗鱗殘甲，亦無從問津矣。

承寄辟雍明堂竟拓本，不必看器，而知其的是廬山真面。色如黑漆，光彩熊熊，此尤漢竟中至精之品。不知都中如此竟者尚易得否？價目若干？倘遇有年號者，望留意物色，極願得之。敝臧古竟一百三十餘面，有年號者絶少也。中有百面爲沈匏廬[6]丈舊臧，精品居半，乃匏翁一生心血所積，兹擇其精者，彙刻三卷。惟古竟花紋字迹極爲細勁，現雖摹刻，非精心修整不可。此必俟《彝器圖釋》與《古印考》次第完竣後，始及此書，恐刷印須在明年夏間也。

套料烟壺近有張菊槎[7]見贈一枚，共有兩枚，可以不必再購。廉生農部所需拓本特寄上十四種，望轉交。

[1] 均初，沈樹鏞。沈樹鏞字均初。

[2]《古泉叢話》，戴熙著，四卷，收家藏古泉三百六十餘種，除記個人研錢心得，亦録各家所藏及泉界軼事。潘祖蔭《古泉叢話》序：“戴文節公《古泉叢話》，道光戊申季父嘗從假觀，墨本皆手自椎拓，案語以瘦金體小行書録之，精甚。亂後恐未必存。今此本以鮑丈子年、胡石查農部手鈔本合校，吴清卿編修欣然願爲手録，於同治壬申一月刊成。”吴雲信中所云，當即此咸豐十一年(1872)刊本也。

[3]“壽卿”句，《東坡志林》卷一“東坡升仙”條：“吾昔謫黄州，曾子固居憂臨川，死焉，人有妄傳吾與子固同日化去。……今謫海南，又有傳吾得道，乘小舟入海不復返者。”

[4] 魯靈光，王延壽《魯靈光殿賦》序：“魯靈光殿者，蓋景帝程姬之子恭王餘之所

立也……遭漢中微,盜賊奔突,自西京未央、建章之殿皆見隳壞,而靈光巋然獨存。"後喻指碩果僅存的人或事物。

　　[5] 次孺,翁大年子。莫友芝《宋元舊本書經眼録》卷三"舊館壇碑考":"尋來吴門度歲,識叔均之子次孺,謂其先公於此碑用功最深。……次孺講訂金石有家法,他日當精書善刻,若汪退谷鶴銘考卷,以惠海内好古之士,亦善述之一端也。"

　　[6] 沈匏廬,沈濤。沈濤號匏廬。

　　[7] 張菊槎,張之京。張之京號菊槎。

又(三)

　　昨奉六月二日手書,欣悉起居納福,著述如意,指日榮膺簡命,持節衡文,尤願在東南數省,可藉圖良晤,實所翹盼。五月下旬託王永義轉寄《彝器圖釋》四册,古鏡拓本二册,未知何日達到。鄭盦處并寄一部,諒必同到。渠得齊鎛一器,文至百七十有餘之多,拓本并未寄來,急欲一觀也。鄭盦曾寄來河南侯獲[1]雙鈎本,讀香濤[2]太史題跋,定爲侯獲刻石,一正翟氏、吴氏稱名之誤[3],甚善甚善。惟中有辨明"次元"二字,謂"次"非姓氏;東漢禁雙名,此二條未敢附和。荆有次非者,得寶劍於遂。見《吕氏春秋》、《荀子·勸學篇》楊注所引同其人,不得謂非姓氏。至東漢禁雙名,王弇州[4]早辨之,且引鄧廣德等九人爲證。就僕所聞,奚止九人。香翁博雅,或偶未深考耳。

　　來函有吉羊小印,甚精,乞爲僕照刻一方。"吉羊"二字宜横列,羊形應略縮小五之一。敝藏有玉羊二枚,一紅一白,將來當分贈一枚爲報,如何?

　　[1] 河南侯獲,當作"沙南侯獲"。碑刻於東漢永和五年(140),道光十五年(1836)薩湘舲發現并始拓。碑三面以隸書紀沙南侯獲事,爲漢刻;其西面左端、正面又有楷書刻字,分别爲唐刻及漢刻。潘祖蔭藏有其拓本,并請吴大澂等多人題跋,張之洞有釋文。

　　[2] 香濤,張之洞。張之洞號香濤,時在翰林院供職。

　　[3] "一正"句,翟雲升《隸篇續》、吴式芬《攈古録》均言及沙南侯獲碑,而名之曰

"沙南侯碑"。

［4］王弇州，王世貞。王世貞號弇州山人。

又（四）

本月十二日奉寄一函，適得簡放陝甘學政之信，匆匆附致數行申賀，計此書月底可以澂覽。旋於二十日接七月廿三、八月初十日先後所發兩函，展誦之餘，一一領悉。秦涼山川雄厚，自古帝王所都，兵燹之後，正宜振興文教。風俗之醇漓，視乎士習。學政有三年久任，與主考不同。老阮台素有澄清大志，正可及時展布。德行道藝，政事文章，參觀并訪。舉一人而衆人勸，黜一人而衆人儆。維持風化，培養人材，此中關係治術甚大。詞章之學止能潤身而已，尚非探本之務也。幕友聞已延定四人，觀人觀友，知必學行兼優之士。小豁現在湖州郡志局，館況尚好。篆香[1]歸去鄉試，昨已飛信前往，力爲勸駕。篆香近日未能靜坐用功，觀其儀表，似是功名中人物，與乃翁大不相同。此行似甚合宜，惟重闈在堂，不知能否遠行，且待覆到再達。

關中金石固多贗品，然沈霾於荒邱廢堡者，亦時有呈露，金器無文字者，僅與廢銅同價。鄙意倘得式樣奇古，朱緑燦然者，亦大可收羅，作爲案頭陳設，饒有古致。瓦當關中最多，若得全瓦皆具者尤妙。敝藏有秦"長生無極"全瓦，頗爲罕見，拓奉鑒賞。古竟及邾公鐘、齊侯匜各拓，均容續寄。海内同志甚少，壽卿收藏之富，复絕今古；鄭盒作事精專力猛，所得邱鐘、齊鎛，均屬古今瑋寶，將來授梓之後，必可傳遠。壽卿轉因收藏過多，不知何日始能成書。昔人謂鐘鼎之壽不如竹簡，此言頗有至理。

聞老阮台榮發之期，諏吉出月中下旬，眷屬偕行。途次望格外珍重。誼卿[2]、柳門[3]廿七日前往婁東，三兒專舟來迓也。培卿[4]今年身子較健，可喜。

此後通書較難，必得有一捷徑爲妙。

［1］篆香,徐鳳銜,字篆香,烏程(今屬浙江湖州)人。舉人,精測繪之學。曾參預編撰《烏程縣志》。徐有珂子,與徐有珂一起輯有《湖陰詩徵》。有《思敬室稿本偶存》。

［2］誼卿,吳大衡(1839—1896),字誼卿,號運齋,吳縣(今屬江蘇蘇州)人。吳大澂弟。光緒三年(1877)進士,選翰林院庶吉士。官至二品銜直隷補用道,誥封資政大夫。

［3］柳門,汪鳴鑾。汪鳴鑾字柳門。

［4］培卿,吳大根(1833—1899),字澹人,號培卿,江蘇吳縣(今蘇州)人。吳大澂兄。吳縣附生,後報監生。選用縣丞,員外郎銜分部主事。有《澹人自怡草》。

又(五)

春間曾奉手書,久欲作數行奉報,始因腿疾,繼又牙疼。牙疼本係舊恙,有二十餘年不發,三月底忽然大作,痛至呼籲無厭。越兩旬始得漸已,至今尚有餘患,飯食非極爛者不得下咽,令人悶損。幸交五月以後,精神稍稍振作。晤誼卿,詢悉持節衡文,教養兼株,慰如所頌。僕衰病侵尋,已成老廢。惟平生筆墨之外,別無耆好。長夏無事,焚香執卷,以讀書爲樂。間取商周彝器,置之几席,摩挲賞玩,與古爲歡。子青尚書好畫,香嚴、筱舫、仲復、駿未喜收藏,凡有名迹,莫不折衷於鄙人,大約一月之内,必見宋元以來名書畫一二種,尋常之品,則所見尤多。千金市駿骨,此中固有不踁而至者也。

惟年來朋舊凋零,平生師友兼資者,一蝯叟,一校邠,未及一年,先後殂謝。蝯兄宏通博雅,世無儔比。其最擅勝者,詩與書耳。詩已授梓,字亦必傳。此外未刻者古文百數十篇,題跋亦有可傳之作,而隨時散棄,存稿無多,不知伯源[1]世講回籍後能料理及之否。校邠去年來書,謂古文七百餘篇,絶少愜心之作,則其稿本固已及身整輯,此外小學、算學均有述著,家道又好,非伯源比,想申之、培之在家守制,正可料理此事也。四海之遥,學者甚衆,求如何、馮兩兄之根柢樸茂,無書不覽,一時實乏其人。韓子云:用功深者,收名也遠。身後論定,二公已爲一代傳人矣。

　　當今金石之學,定推壽卿。收藏之富,复絶今古,尚猶孜孜不倦,廣爲搜羅。僕月必接其一二書,商及橅刻三代文字。僕諄屬其就收藏之彝器拓本八九百種,選擇其字多而精確者,仿薛、阮二書之例,倩好手精刻,即爲阮書之續;其字少無關考證者汰之,亦足繼往開來,決爲必傳之作。乃其必欲依許氏《説文》部首創例成書,窮年累月,正不知何時始得告蕆。鄭盦謂其刻意求工,轉致因噎廢食,有以哉。然僕平生心折之友,何、馮二兄去世,如壽卿者,亦真是直諒畏友,不可多得也。鄭盦自去年以汔於今,無月不通書。昨日又寄到新得拓本十紙。渠用力猛鋭,自香濤與吾恒軒先後出京[2],賞奇析疑,頓少同心,想不免有索居之感。

　　關中有盂鼎二器,乃海内烜赫著名之品。壽卿先有信到,謂左相移贈鄭盦。正欲函問,而鄭盦信亦到,遂知確有其事。後聞沈仲恬説,此鼎已置諸孔廟,恐不能動。尚有小者一器,爲徽人李伯盂弄臧。伯盂已故,其家寶守甚祕,已屬其求拓本,不知可得否。關中之鼎如真在孔廟,務望老阮台倩人精拓二三分見寄,擇其一紙題數行於上,好裝池張掛也。僕臧有拓本,紙墨粗劣,字之大小,與散盤相似。止此一紙,不知其爲大字本否也。聞小字者更精,尊臧有否?關中古器作僞者甚多,由來久矣,不從近日始也。然地不愛寶,新出土者,亦常常有之,特價已不貲,甚不易得也。

　　有瞿經籽者,乃木夫先生之子,聞爲木翁刻《集古官印考證》,甚善甚善。前鄭盦書來述及,并屬略助刻資。僕因現在鎸刻拙著,又加刷印,各費正多用之際,故不能豐助,擬助白金二十兩,望老阮台代爲墊給,其銀俟信到當即匯付家用可耳。至託至託。

　　潞兒今年三月間又得一子,署中公私平順。馥綏孫去今兩年,連舉二子。僕筆墨之外,頗有家庭之樂,此可遠慰吾恒軒垂念者。南中近事、親友景況,有誼卿家書縷詳,不復瑣贅。

[1]伯源,何慶涵(1821—1892),字伯源,道州(今湖南永州)人。何紹基子。工

書,楷書師顏真卿、歐陽詢,行書宗李北海,晚年書風近似其父。有《眠琴閣遺文》。

[2]"自香濤"句,同治六年(1867)七月張之洞充浙江副考官,九月簡放湖北學政。

又(六)

久不通書,每晤誼卿,詳詢近狀,備悉按試各郡,衡文校士之外,見地方利弊,莫不周諮博訪,發滯振幽,事事以古名臣自期。文章潤身,政事及物,可謂兼之矣。幸甚幸甚。孱體去秋常病,交冬以後稍健,春來亦勉可支持。終歲杜門,人事久廢,日惟於故紙堆中消遣懷抱。頗有近刻,惜道遠不能寄正。《焦山志》早已蕆事,《周鼎考釋》一篇特屬鶴笙弟用極薄東洋紙錄出,寄請斧削。《山志》現已刷印,將來擬將焦山金石另刻專書,尊意如何?

前月二十二日,吳縣所屬之橫山浜忽陷露古墓,鄉人紛紛往掘,得太元五年、九年各磚,閧動一時。順老、駿卡輩俱乘轎往觀,於是隨聲附和之徒,出資爭購,甚有以番銀數餅得一殘缺者。後經官府封閉。聞墓道深邃,棺柩未見也。惜不得埋幽之文,不知爲何人之墓。按太元有三,一孫吳,一前涼,一東晉。孫吳太元止一年,前涼在西北,此太元定爲東晉孝武無疑。兩晉古磚,道光間吳興山中出土至多,蘇則罕聞。同時又有鄉人掘得磚墓志一塊。凡古磚初出土,質地極鬆脆,久之自堅。鄉愚無知,因洗刷淤泥,用力過重,致將文字刷壞。細審爲"湯府君之墓",又有"咸通六年吳縣"等字,可辨者尚有十之七八。咸通乃唐懿宗年號(志中"唐"字甚明白),距太元甚遠。雖同在一地,却又是一古墓也。寄去拓本四紙,乞考定。古磚字文多在側邊,此有書於正面者,頗爲創見。此等殘碑斷碣,秦涼至多。周漢吉金有無新得?竊願聞之。

鄭盦古興甚濃,春來已連接其三信。子年、竹朋亦時通書,壽卿老而彌健,去年得一子一女,來書云相隔廿八年之久,忽叶一索再索之占,甚以爲喜。誼卿北行,吳中近事,想培卿時有家報,不復冗及。

又(七)

月之初六日，由臬署交到手諭，發函申紙，如獲面談。承惠金石各拓，一一領到。欣知試事將竣，可以專心著述，幸甚幸甚。詳讀尊藏古器目錄，分別已刻、未刻，通計八十種之多，而又汰僞存真，選擇精審，想見金石緣深，古福匪淺。將來大刻一出，必能爭傳藝苑，紙貴長安，可以預決。竊願先覩爲快也。

周畃形制篆文與敝藏之器正合。肅彝，"肅"字鄙見似"敕"字。《說文》"專"作"敕"，古文作"𢑚"，又作"𢍀"。今此字筆畫雖有移變，而篆文相似。仍乞法家訂定。六月間有便人南歸，務將新得各器拓本寄我全分，善業泥舩象如有覓處，尤欲得之。亂前沈文忠公贈我一象，雖小有殘損，而字尚完好。兵亂佚去，至今惜之。當日文忠督學秦涼，關中金石頻有出土，尚易蒐羅。虢盤之歸徐傳兼[1]，僅以廢銅償之。自燕庭方伯蒞陝之後，不惜重貲四出搜訪，人爭寶重，價亦騰貴。東卿先生所得之敔啟諆鼎，原舊款識本止兩行，其餘篆文，聞爲蘇氏弟兄[2]僞刻。此說翁叔均常言之，蓋聞諸燕翁、壽卿諸君也。此鼎東卿師送置金山，山寺爲賊所毀，鼎爲寺僧埋藏，得免於劫。僕守鎮江，廉得踪跡，時因山寺未建，僧眾四散，無可弆藏，暫置焦山方丈。後以金山初修竣工，僧亦歸來，鼎遂還於原處。現在金山大加修葺，殿閣巍峨，煥然一新，此鼎居然與無專鼎并峙，深惜儈父漁利，以字多可得價，添此蛇足，使三千年重器，魚目相混，言之真堪痛恨。僕以師門故物，不便深言。故此鼎雖在焦山多年，志中不著一字，良有以也。來諭存而不論之説，恰與鄙意相合，佩服佩服。

尊處新得古竟，漢魏六朝以來共有七十餘種，令人豔羨不已。壽老寄來藏竟拓本一百六十餘種，合三家所有，已在三百以外（前云沈仲復廉訪有古竟百面，謂琉璃廠某肆言之確鑿，非也。實是沈西雍觀察，非仲復也）。倘能選擇其字文之至精者刻之，亦可以補金石專書所未備。《西清古鑒》[3]多內府奇珍，不敢比擬，此外如《宣和博古圖》，及世傳各種金石書,附刻古竟,皆不過數十種。僕自以所藏一百三十餘種頗足自豪,於是有《古竟錄》之刻,工將及半。後知壽老藏竟之富,因遂輟業。今吾恒軒又有七十餘種之多,其中如元興竟有年號者,尤為希有之珍。地不愛寶,日出無窮,此蓋作者精神命脈所寄,造物亦不忍終閟,歷久必洩,亦理數之常也。僕老矣,體又多病,伏案稍久,便覺心火上升,時有不適。今夏將《古印考》一書補錄續得各印,務欲克期蕆事,中間頗有出瞿氏《集古官印考證》之外者。至古竟之刻,惟望吾恒軒成之,剞劂之費,僕當力任。

吳中談書畫者,如子山、香嚴、筱舫、仲復及張子青先生,頗不乏人,獨金石考證之學,落落寡儔。大抵三四同志,多在數千里外。壽老月必通書,亦常提及恒軒、鄭盦。近三四兩月連得其手札五六通,去冬得金器不少,內有精品數種,想搨本定已寄閱。竹朋係三十年前舊雨,得其來信始憶及之,現在臥病在家。子年今春共接其三信。海內金石之交,止此數人,而吾恒軒年力最富,學識至優,文章政事,遠可追歐陽文忠,近則直繼阮文達,蘄為一代大儒,非老朽所能望肩背也。

僕於月之廿五日到婁東小住,旬日即欲歸去。署中公私平順,眷屬俱安。鶴笙下榻帳房之西間,人頗倜儻,亦尚靜穆。手此布復,用當晤對。

[1] 徐傳兼,徐燮鈞(生卒年不詳),字傳兼(一作博兼),號閩賓,武進新河(今屬江蘇常州)人。道光六年(1826)進士,曾官郿縣令。有《溫經堂詩鈔》。《清稗類鈔·鑒賞類》"劉壯肅藏周虢季子盤":"周宣王乙酉正月三日所制之虢季子盤,以銅為之,大如盆,長六尺弱,廣三尺強,中深一尺許,高亦如之,四足八環,凡古篆百十有一字,皆有韻之文也。盤故在陝西鳳翔府寶雞縣之虢川村。寶雞,即古西虢地也。道光朝,常州徐傳兼明府燮鈞知郿縣時,聞而購之,以專車載之至南。粵寇擾江蘇,合肥劉壯肅公銘傳帥師克常州,得盤,因築盤亭以庋之。"又徐燮鈞弟徐星鉞《虢季子盤記》:"虢季子盤,傳兼先兄自陝得之也。其時由郿縣兼理寶雞縣篆,先君湘漁公偕往訪得斯盤,百金相易,兄携以歸,名震一時。"

[2] 蘇氏兄弟,即蘇兆年、蘇億年。

[3]《西清古鑒》,四十卷,附《錢錄》十六卷。收清宮所藏商周至唐代銅器(包括銅鏡)一千五百餘件,由梁詩正等奉敕纂修,乾隆十四年(1749)始纂,乾隆二十年(1755)完書,武英殿刻本。

又(八)

　　四月廿八日在婁東署中寄去復函，仍由臬署排單轉遞，未知何日澈覽。辰下遥維寢興協吉，著撰攸宜。三載以來，教養兼施，甄拔必多佳士，竊願聞之。僕在署耽閣半月，因家中不能久離，旋即回蘇。署中公私尚屬平順，承潞前年蒙大府會保，以道員在任候補，今春又蒙沈幼帥[1]明保，上司知遇，不可謂不深。思所以仰副，計惟有盡此心力，不騖虛名，實事求是。大約官盡一分心，民即有一分益。此中消息，固有潛移默運於不自知者。

　　今歲年成，就目前觀之，可謂雨暘應時，大有豐稔之象。惟北地亢旱，亟盼甘霖，而閩省水厄，真是非常奇災，淹斃人民，不計其數。想該處大吏必有文報，亮已悉其底細也。

　　誼卿回家後常晤，功名遲速，自有一定，不可強也。朱頻華婿鏡清，上兩屆均堂備[2]未售，今科出朱研生[3]房，頭場未薦，因二場擊賞經文，遂補薦獲雋，得與館選。研生乙丑同年，又係親戚，與誼卿論及此事，極嗚得意。蓋重閱頭場文字，實是遺珠，若二場略過，則屈抑到底矣。可見風簷寸晷中，衡文者不能不慎之又慎。然此中得失，亦大半繫之於天也。

　　新得周鼎，第一字"𠂤"爲作器者之名，無文義可繹。尊釋"启"字，謂启、合二字意相對，合字从口从亼，象三合之形；启字从口从亼，象合之半，如器之有蓋，合則口在下，启則口在上。所釋殊有意義，非專騖博辨者比。應即定爲"启"字，於通篇文義斯合。薛氏《款識》南宮鼎中有"𠂤"字，篆形頗相似，薛氏釋爲"括"字，并無依據，徒以古人有此名，遂以"括"字實之，不足取證也（"師"即"帥"字，启乃帥衆見者。當時抱器歸周，必有隨從三人，启乃帥衆見王，王爲賜貝云云）。"𠙴"，鄙意似是"見"字。鐘鼎文字中"𠙴"多釋"見"，如阮氏戊寅父丁鼎可證。此字有"𠙴"形，特文有繁省，稍不同耳。"𡆥"釋"窆"，甚是。承潞謂或竟釋"客"字，亦是一說。"帝考"罕見。商時尚質，帝王以十干爲名，莫不加一帝字，如帝乙、帝辛之類。此器以"帝考"二字，定爲微子之器，詞義甚合，惜道遠不及瞻觀摩挲耳。

先後惠寄拓本無多，思欲得一全分裝潢成册。壽卿、鄭盦所寄者已付裝池矣。附去玉册拓本，此吉祥文字，與尊藏玉造象均爲不可多得之品也。又新出湯墓誌二分，玻璃東洋紙十葉，統望檢收。玉册拓本所用印章，其十二字者，壽老屬伊友王西泉刻贈也。

[1] 沈幼帥，沈葆楨。光緒元年(1875)，沈葆楨升任兩江總督兼南洋通商大臣，督辦南洋海防。

[2] 堂備，清時科舉，主持考試者有主考、同考，主考稱堂官，同考稱房官。根據科場程式，考生試卷先經同考官選擇，選中者稱"出房"；出房後尚需堂官再酌，而堂官在選擇時，除正卷外，一般還會備選若干試卷，以備寫榜時正卷中察出紕繆用以遞補，稱"堂備"。

[3] 朱研生，朱以增，字禮耕，一字念孫，號研生(一作硯生)，江蘇新陽(今屬蘇州)人。同治四年(1865)進士，選庶吉士，授編修。朱研生乃顧文彬女婿。

又（九）

昨所商輯三代款識，愚意就現在各家所有彝器，并收藏款識拓本，擇其篆文精美者，仿《積古齋》例，鈎摹鋟版，即爲《積古》之續。計算新出各器，與舊時著名之品，及器逸而拓本存者，大約至少可得八百種，其一二字而無關考證者汰之，比《積古》所錄，已加倍之多(《積古齋》止四百餘器)，亦可謂集一時古文之大觀也。鄙人蓄願未償，今得老阮台同有此意，實爲至幸。特將昔年與讓之諸君商輯殘稿奉閱。此稿無甚考釋，不能有所裨助，姑作喤引而已。請即從速屬草，先將拓本選擇，標明目錄，次第鈎撫[1]，釋文有考者錄之，疑者闕之，不必穿鑿，總以傳古文爲主。將來剞劂之資，鄙人獨任。此書成後，署曰某某同輯。敝鄉嚴鐵橋著述目錄，與淵如觀察同輯者不止一二種[2]，此其例也。

書之成否，自有一定。往年壽卿欲作此書，鄙人再三敦促，許以相助爲理,而狃於體例未果。今僕精力日衰,心思益拙,伏案過久,體便不適,此願終難望償。故前日一聞老阮台竟有同志,喜幸真難言喻。至云樵取鐘鼎文字,編韻成書,俾學者易於繙查取證,此雖盛舉,似可從緩。緣明錫山朱氏有《金石韻府》,國初林朱臣又有《廣金石韻府》,即此體例[3]。惟彝器之書至乾嘉以後始大盛,林氏所輯不免轉輾傳摹,有失廬山真面。然當時經周櫟園[4]諸老商訂,鎸刻既工,篆文亦緻,特將原書附覽。竊謂前人既已先有成書,似不必急急踵行;且恐分心,不能專力於一書也。尊意以爲然否?

[1] 撫,當爲"樵"字之誤。樵,同"摹"。
[2] "敝鄉"句,嚴鐵橋,嚴可均;淵如,孫星衍。孫星衍與嚴可均同輯的作品有《平津館金石萃編》《孔子集語》《三禮圖》《謚法》等。
[3] "緣明"句,唐作藩《語文文字學人物》:"林尚葵,字朱臣,莆田(今福建少莆田)人。清代學者。曾與同郡李根共撰《廣金石韻府》五卷。《金石韻府》爲明朝朱時望所編,把小篆與各種金石文字依韻排列,以便於檢索,并注有切語。有嘉靖間刻本。《廣金石韻府》就是林、李二人根據朱書而增廣者。……今傳於世,有《四庫全書》本。"朱氏,朱雲(生卒年不詳),字時望,江蘇無錫人。《金石韻府》南禺外史豐坊序:"錫山朱時望氏,寓雨月先生澄江草堂,得縱觀古金石文……敦雅靜默,不逐時好,每坐一室終日如守閨女,故能萃成是編。"林朱臣,林尚葵(生卒年不詳),字朱臣,莆田(一説侯官)人。
[4] 周櫟園,周亮工(1612—1672),字府亮,一字減齋,號櫟園,祖籍河南祥符(今開封),後移居金陵(今江蘇南京)。崇禎十三年(1640)進士,官至浙江道監察御史。入清後歷任福建按察使、右布政使、左副都御史、户部右侍郎等。博極群書,工詩文、繪畫、篆刻,有《賴古堂集》《讀畫録》《因樹屋書影》《印人傳》《賴古堂印譜》等。《廣金石韻府》前有周亮工序。

又(十)

新莽虎符繳上,又東洋紙一束,比舊時所用者不逮,而比油紙則勝。現在滬上如此紙者已賣罄,將來只有託駐東洋人購買,當易易耳。《續積古齋款識》，鄙意深盼速成，務必將目錄編定，酌分若干種歸鄙人相助爲理，鈎樑脫稿，即可付刻，約二年可期藏事。傳三代文字，以裨來學，此不朽之盛業也，幸勿視爲緩圖。至禱至禱。

趙粹翁[1]邀修府志，聞甚諄切。足下重違其意，不得已應之。然鎮江遭亂以後，兵制、忠義兩門，采訪記載，已極煩重；又兼設關通商，華洋交涉，事係創例，頭緒尤爲紛冗。南北相距三千里，恐有鞭長莫及之慮。前日知無齋來書，欲足下襄辦《續畿輔通志》[2]，尊論謂修志必得本地人爲之，見聞較確，毅然以必辭爲斷。僕述諸同人，莫不欽服。今鎮江雖屬本省，而路隔太遠，共事之人不能面承指授，窒礙殊多。愚意粹翁之意不可却，或爲酌議體例，俟成書之日，將全稿寄至都中，重加校訂，亦足以誧其意。潞兒現修《太倉州志》，本專待足下來綜其成。後知即欲進京，因與分纂諸君商議，書成之日，寄京請爲鼇定，撰序弁首。同局諸君咸以爲然。似鎮江事亦相同也，幸詳酌之。

常鎮道沈彥徵兄求題《話山草堂帖》[3]，望於舟次一揮。濰縣韓偉功求書楹聯，一并送去，想啟程之前必欲清理筆墨，趁便書之，如何？吕鼎銘隨意書數字可耳。

[1]趙粹翁，趙佑宸(1827—?)，字粹甫，號蕊史，鄞縣(今屬浙江寧波)人。咸豐六年(1856)進士，任翰林院庶吉士，累官至大理寺卿。同治十年(1871)起趙粹甫任鎮江知府三年。

[2]《續畿輔通志》，指同治十年始修的直隸府志。清時官修省級地方志，常薈集篤學之士，廣徵博采而成。畿輔，指京都周邊地區，在清代是直隸省的別稱。直隸省志首部始修於康熙十九年(1680)，第二部始修於雍正七年(1729)，第三部三百卷，始修於同治十年(1871)，直隸總督李鴻章監修，蓮池書院主講黃彭年任總纂，光緒十年(1884)完稿，光緒十二年(1886)刊行。

[3]"常鎮道"句，沈彥徵，沈敦蘭(生卒年不詳)，字彥徵，鄞縣(今屬浙江寧波)人。道光二十六年(1846)舉人，歷官户部郎中、陝道御史、江蘇常鎮通海兵備道、兩淮鹽運使等。沈氏爲甬上望族，官宦世家，沈彥徵父沈道寬(1772—1853)，字栗仲，在湖南爲官多年，興文重教，政績蜚然。去官後辟話山草堂爲書齋，有《話山草堂文鈔》《話山草堂詩鈔》等。

又（十一）

晤五叔及培卿，悉賢昆季在京近狀，稍慰馳念。運齋[1]高雋，本在意中，而昆玉聯驤，同蜚翰苑，此吳中佳話，近數十年所僅見也。屬在宗末，交託忘年，歡喜之忱，能無額慶！南方蝗孽情形，想家報自詳，不復瑣述。

雲交夏以後，杜門習靜，不窺戶外一步。比來書課較密，雜臨古帖，積有尺餘。兒輩取付裝池，謂可貽後。他日相逢，尚當出以就正也。張司直延陵季子廟碑，訪之數十年，未得踪迹。顧亭林《金石文字記》止載重出孔子題墓十字碑，而不及張氏廟記。潛研堂、平津館[2]但云碑在丹陽，而不詳注其地名。故詢之歷任丹陽令，皆屬茫然。前月張同蘇公子忽以拓本見贈，亟叩所從來，始知碑在離丹陽城三十里之九里鎮季子廟中。當即雇工往拓，歸述該鎮與句容交界，地頗幽僻，距古延陵鎮九里，故名。九里鎮廟創建在東漢，晉殷仲堪、梁王僧恕皆有碑記。自唐以來，屢廢屢興，有《九里廟志》可考。廟貌崇宏，幾有元妙觀氣象。髮逆雖至，尚不十分蹂躪。碑在獻殿前甬道之右，有亭覆護。碑之陽面刻殷仲容重摹孔書十字，碑之陰刻張司直《改修季子廟記》。孫淵如、錢竹汀分為二碑，誤也；顧亭林止載十字碑而不及張氏廟記，漏也。相傳季子墓在正殿之下。廟有百井，內沸井四，至今尚在。所謂沸井者，因泉有湧沸聲，故名。該鎮之人愛護此碑，不許人捶拓。此次丹陽令先差家丁前去，未能應手；後派幹役前往，始能如願。大約此碑字文完好如新發於硎，由於該鎮人愛護之力也。千年古刻，歷劫不磨，實為難得。此吾家祖典，獲之尤幸。謹以全碑兩幀奉寄，另有一幀，望轉交潛泉手收。

鄭盦書來，謂老阮台遷居甚忙。不知喬遷何處？便中示知。

[1] 運齋，吳大衡。吳大衡號運齋，光緒三年（1877）中進士，選翰林院庶吉士。

[2] 潛研堂，指錢大昕《潛研堂金石文字跋尾》；平津館，指孫星衍、嚴可均輯《平津館金石萃編》。

又(十二)

　　前月接到正月廿四日澤州所發手書[1]，發函雒誦，備悉鳳、陽所屬荒災，道殣相望，餓殍滿野，疾苦顛連之狀，比之鄭監門[2]《流民圖》十倍慘目，真有不忍卒讀者。吾恒軒籌賑籌款，煞費苦心。去歲底體履小有違和[3]，仍復力疾從事，起死人而肉白骨，存活不可以計數。天道好還，報施不爽，不特他日勳位可與富鄭公比烈，而行道有福，尤必使身名俱泰，到處逢庥。昔湘東王製三等筆[4]，凡記忠孝兩全者用金筆，德行清操者用銀筆，文藻華麗者則以湘管書之。論恒軒平日文章金石，合用湘管；而今日在數千里外，廁身餓丐之中，艱苦倍嘗，不遺餘力，直當以金銀二筆并書之而不勝書也。香嚴慷慨解囊，力任巨款，交託得人，功歸實用，尤均可敬。韓子云：殃慶各以其類至。將來得子增壽，可操左券矣。

　　去年九月初間，賤體抱恙，幾至不起，纏綿兩月有餘，始得轉機。交春以後，眠食早經如常，惟精神尚未復舊，杜門習靜，終日在故紙堆中消磨歲月。遇勞精敝神之件，輒暫閣不辦，恐搆思耗心血也。香嚴得古吉金多種，頗有佳品。仲復以去冬乃弟之變，鴒原抱痛，意興稍減。子山、季玉、旭人精力彌滿，豪興如常。少仲護撫名途，可稱順利。承示夏初回南，可以圖晤，聞之老懷頓開，眉宇喜溢。自念年衰學落，曩時金石之交，零落已盡。得與我恒軒考論舊學，商酌新知，雖一席之談，直抵十年之讀，豈特如蘇子瞻所云"一日如兩日"哉[5]。

　　誼卿爲健帥[6]十分倚重，現在署理三江，必欲相邀同去。此固義不容辭者。誼卿以本籍而居賓師之位，地方情形自較他人熟悉。幕府借籌利弊興革，得以見之行事，此中裨益良多，造福亦非淺也。

　　南中雨水過多，旬日以來勃戾彌空，陰霾殊甚。若不即日開霽，恐成水厄。南方望晴，北邊待澤。蒼蒼者盍一轉移，以拯民困乎！

　　簠齋連來三信，千數百言，無一懈筆。大著《古匋說文》四卷，亦已述及，極深佩服。郘亭天分既優，學識俱臻絕頂。近復精究六書，篤耆金石。幸同心之有侶,喜吾道之不孤。僕老矣,尚思執鞭弭以隨諸君之後,惜力薾氣餒不能振奮爲可愧耳。

手削代面,不覺言之冗長。諸惟爲時爲道,節勞善衛。臨書馳切。不盡。

[1]"前月"句,吳大澂光緒二年(1876)陝甘學政任滿,請假回籍省親,次年四月回京仍官編修。九月接上諭,會同丁壽昌、黎兆棠等籌辦一切賑務。光緒四年(1878)春吳大澂由山西致信吳雲,吳雲以此信作覆。

[2]鄭監門,鄭俠,福清(今屬福建福州)人。《宋史·王安石傳》:熙寧七年春,天下久旱,饑民流離。"監安上門鄭俠上疏,繪所見流民扶老攜幼困苦之狀,爲圖以獻,曰:'旱由安石所致。去安石,天必雨。'"

[3]"去年"句,據《愙齋自訂年譜》,吳大澂光緒三年歲末"往來風雪中,感受寒氣,遂患傷寒,臥病十餘日"。

[4]"昔湘東王"句,《佩文韻府》卷一六"忠孝全":"《全唐詩話》:昔梁元帝爲東湘王時,筆有三品,或以金銀雕飾,或以斑竹爲管。忠孝全者用金管書之,德行清粹者用銀管書之,文章贍麗者以斑竹管書之。"

[5]"豈特"句,蘇軾《司命宮楊道士息軒》:"無事此静坐,一日似兩日。若活七十年,便是百四十。"

[6]健帥,指吳元炳。吳元炳(?—1886),字子健,河南固始人。咸豐十年(1860)進士,從團練大臣毛昶熙回籍辦團練,累功超擢侍講學士,官終安徽巡撫。光緒年間,吳元炳署兩江總督者三,兼署江蘇學政者一。

又(十三)

春間曾具報章,託郎亭轉遞,不識何日達覽,深以爲念。聞督辦河間各屬工賑事宜,錯節盤根,倍極勞勩。幸畿輔各省普渥甘霖,十分霑足,插種可望,子黎得有生機。惟死亡已多,流離未集,農具籽種,諸多未備。即使天心悔禍,雨暘無愆,措手已大不易。恒軒負海内重望,爲鉅公交推,當此無米爲炊之際,力籌起死回生之策,定必勞心擘畫,大費周章。尚望節宣善衛,勿過焦急,爲國爲時,加意調護,是所至禱。

賤體交夏後尚稱順適。馥綏孫與堂姪承濂今年從篆香讀書，倖已同入邑庠。承濂幼失怙恃，教養十餘年，至今相依。得擷芹香，較爲可喜。六英學士述龔閣學之言，近日世家子弟，官多秀才少。雖戲言，亦見世風之所趨，而斯文之不振也。

　　南中目前雨水調勻，惟上江兩縣[1]及丹徒所屬，蝗蝻萌動，江以北尤盛，挖掘收買已有三十萬斤。此事先盡人力，再看天意，所關係者甚大也。

　　簠齋頻有書來，念吾恒軒甚切。近日頗傳合肥相國欲薦恒軒以監司之任[2]，未知確否？論眼前人才，欲求學識兼全，體用俱備，又肯實心任事，不辭勞瘁，四海雖廣，如吾恒軒者，實未易覯。倘由監司而早膺疆寄，興利除弊，爲地方生民艁福，比之文學侍從，更有實濟。歐陽公云：文章止能潤身，政事足以及物[3]。即此謂也。至於學士頭銜之晉，不足爲恒軒賀也。

　　河間工賑事宜，何日可以竣事？昨偶閱周草窗《癸辛雜志》[4]，載"北方開井"一條，言北方鑿井，動輒十餘丈之深尚未及泉，爲之者至難；或泉不佳，則所費不貲矣。後有一術者云，凡開井必用數大盆貯水，置數處，俟水氣明朗，於盆內觀所照者，星光何處最大而明，則地中必有甘泉，試之屢驗。録寄備采。

　　婁東諸事安謐，僕終日杜門書課，尚不間斷。一月之中，作真率會一二次，每集總以恒軒遠隔爲憾也。暑氣正盛，萬望格外保重。臨書依切。不盡。

[1]上江兩縣，指上元、江寧二縣，現俱屬江蘇南京。
[2]"近日"句，吳大澂辦理山西賑務有功，李鴻章爲其具摺請功。光緒四年(1878)五月上諭，升吳大澂翰林院侍讀學士。
[3]"歐陽"句，《宋史・歐陽修傳》："學者求見，所與言，未嘗及文章，惟談吏事，謂文章止於潤身，政事可以及物。"
[4]周草窗，周密(1232—1298)，字公謹，號草窗，濟南(今屬山東)人。曾官義烏令、兩浙運司掾屬等。入元不仕。以詞名家，與吳文英齊名，稱"兩窗"。有《武林舊

事》《齊東野語》《癸辛雜志》等。《癸辛雜志》分前後續別四集，凡四百八十一條，記遺聞軼事、典章制度、都城勝迹、風土人情等。

又（十四）

七月廿四日接六月三十日寧津賑局發來手書[1]，展誦之餘，得悉近體安勝爲慰。吾恒軒以文學侍從之臣，任此艱鉅，良由慈羊愷惻蘊蓄於中，見人饑溺，但思拯救之方，一切成敗利鈍，概不暇顧，遑論勞逸。此種胸襟，求之古人，是范文正、富鄭公一流人物。鄭盦目空一世，平騖人才，絕少當意。日前書來云：恒軒作事縝密無間，所造未可限量。此國家之福，不第吾黨之光。其傾倒可謂至矣。簠齋亦頻有書至，輒拳拳於左右，并有"念念在心而不能一日釋然者，惟愉老[2]與清卿而已"。僕崦嵫已迫，紅不多時，何足與恒軒并論。然古人同術同方，氣求聲應，雖隔世猶愛慕不能已，況生在并時，而又交契之深也。來諭若仲秋事竣，入都乞假南旋，可以圖晤。聞之喜躍，特恐際此時艱，處處願借寇公[3]，一時未必能抽身耳。思之輒增嚮往。

承示新得古玉印，的是俊品。篆法勁整，已開小篆之門。審爲六國時物，甚是甚是。"𠂇"字鄙見從广，中"氺"乃"坐"字省文，釋爲"痤"，人名。魏有公叔痤，正六國時人也。"𦥯"似是"𠬝"字。若據阮氏釋王子申盞爲"楚子西"之例，則此印直可定爲公叔痤之印矣。蓋"痤"之名於史罕見，且古人每有一人而單名雙名互見者，如吳人專諸，《國策》作"專諸"，《左傳》作"專設諸"。如此類者甚多。然則公叔痤安知非即公叔𦥯痤乎？（《說文》：𠂤，從土從囟，省作𠂤，古文此𡈼。考其篆形，是"氺"字爲𣎳、𡈼省文，釋爲"痤"字，似可無疑。）惟考《史記·秦本紀》獻公二十三年與魏晉戰於少梁，虜其相公孫痤（《魏本紀》亦作"公孫痤"）。二十四年獻公卒，子孝公立。又考《商君傳》，鞅好刑名之學，事魏相公叔痤。聞孝公修穆公之業，下令求賢，遂西入秦，說孝公變法修刑。事在孝公三年，去獻公之世甚近，又同是魏臣，似公孫痤與公叔痤疑是一人，此讀史者所當知也。應請考示。

秋風多厲,伏望爲國爲時,加意自愛。臨書依切。不盡。

[1]"七月"句,吳大澂辦完山西賑務,李鴻章再委以河間春賑,至八月始蕆事回津。
[2]愉老,即指吳雲。吳雲號愉庭。
[3]"處處"句,《後漢書·寇恂傳》:"即日車駕南征,恂從至潁川,盜賊悉降,而竟不拜郡。百姓遮道曰:'願從陛下復借寇君一年。'乃留恂長社,鎮撫吏人,受納餘降。"後遂以"借寇"喻官員有才幹,爲民所愛。

又(十五)

屢晤運齋,并得郎亭書,獲悉行旌出都之期。惟履新[1]以後,未得續音,殊增勞結。聞豫省春來雨水無愆,豐年有兆。然凶荒後民困究未全蘇,專賴撫綏休養。今得福星照臨,起溝壑而登衽席,禁害興利,次第施行。新猷甫發,定已頌聲洋溢,口碑載道矣。幸甚禱甚。

賤體已託庇安健。三兒蒙中丞保奏,以道員引見,已於初九日自家起程,乘輪北上,到京後自有信專達,聞即下榻郎亭齋中也。運齋爲健帥倚重,接署督篆,又堅邀同行。此亦誼無可辭也。

三兒購得古泉六七百種,近又從親友家訪覓多種,特寄拓本十四紙,中間有數種爲古今《泉志》所未見,竹朋《古泉匯》列入周代,羅氏《路史》謂爲上古之幣,乞爲考定。又三家彝本在禾中故家,亂前笙魚知其踪迹,曾許重值未諧,辛酉年流轉至蘇,嵐坡已爲鄙人作合,乃爲龔孝拱[2]替粵賈陳朗亭[3]加價買去。後陳某作古,器遂歸與孝拱。去冬孝拱棄世,三兒至滬訪得之,篆文秀逸,青綠亦佳,自是雋品。又一敦,乃方芷汀[4]故物。并各拓一紙奉鑒。"龖"或釋爲"龍"。按篆形當是"嗇"字。《廣韻》,依力切;《玉篇》,快也,爲"意"字古文。統望訂正。

節署關防向嚴,除公事外別無旁騖。計數月以後,一切應辦事宜部署漸清,即可以暇晷從事著述,聞之欣慰無量。往後惠書,只須用馬封遞，由撫、藩署轉交，既快且穩。向寄江蓉舫信皆託少翁加封，從無浮沈也。

［1］履新，光緒四年(1878)十二月，吳大澂由李鴻章保奏，升授河南河北道。
［2］龔孝拱，龔橙(1817—1870)，字公襄，號孝琪(一作孝拱)、半倫等，仁和(今浙江杭州)人。龔自珍長子。爲人放浪不羈，於藏書無所不窺，喜收藏古籍。
［3］陳朗亭，陳廷照(生卒年不詳)，順德(今屬廣東佛山)人。方濬益《綴遺齋彝器款識考》所收彝器多有陳廷照舊藏者。如卷一"師𩰚夷則鐘"下注："順德陳朗亭廷照舊藏，今歸螯屋路山甫大令。"
［4］方芷汀，方濬益。方濬益字芷汀。

又(十六)

月之十三日接六月廿九祥河行館手書，展誦之餘，如獲晤對。敬審駐節工次，河勢順平，惟聞南岸里堝險工疊出，幸北岸物料預儲，藉得挹注，轉險爲夷，厥功甚偉。此皆吾恒軒實事求是之明效，無怪河帥之傾倒也。行館軒爽，几案清絜，早晚赴工督辦廂埽之外，得以暇晷從事翰墨，鉤摹彝器文字，一半月間可得一二百種。秋冬事簡，明春可期成書，寄南付刻。此蓄志三十年未得遂願之事，今可覘厥成功，聞之老懷頓開，直欲距躍三百。謹當預覓良工，購版以俟。鄙意此書卷帙不少，非旦夕可藏，將來鉤出若干種，應即寄下，以次授梓，不必待成書之後，始鋟版也。鄙人年老多病；篔齋牽於家務，斗米尺帛，俱欲親自理料，耆古雖篤，不能專心著述，海內一代作家，斷推恒軒實至名歸，欲退讓而不可得者。然此乃歐陽公所謂"文章止能潤身"也，若論政事，則又心精力果，縝密無間，入粗入細，才周八面。方諸往哲，足以媲美韓公；近絜時賢，亦可齊驅阮相。僕閱人頗多，默觀十年以來吾恒軒經術吏事，寸心佩悅，遂不覺若自口出，萬不至以兩世至交，誼同骨肉，貢諛獻媚，語不由中。此亦恒軒所深知，而決其必不至是者。所願遇事節勞，爲國善衛，敷歷展布，益擴遠謨，是則鄙人所飲食必禱者也。

南中初慮亢旱，後得甘霖，尚可補救。往後得能雨暘應時，收成可望中稔。

潞兒於前月廿五日赴寧謁見制府，大約月底初可以回任。渠自去冬以來，精神頗能振作，體貌亦漸豐腴。在京與郎亭盤桓兩月，酬應忙碌，古器物一無所得。惟清儀閣所藏之建安弩機，求之二十年，今竟得之。銘中有"帀"字。吳侃尗釋爲"帀"，謂：帀，就也。《周官・典瑞》注：就，帀也，又遍也。造弩機有郭工，有牙師，無弗備具，然後弩成，故曰帀。古者兵器不鬻，釋"帀"爲非云云。《山左金石志》釋爲"吏"，引顏師古注前漢《百官公卿表》訓爲"理"。"帀""師"同見《成陽靈臺碑》[1]，謂建安廿二年，當塗之勢已成，所統千五百師應屬丞相府，未必天子之六師也。《積古齋》云："帀"字或以爲"第"字，或以爲"制"之半文。《兩漢金石記》[2]於"帀"字闕疑未論。前輩所釋，似俱未協，侃尗作"帀"，亦殊穿鑿，義亦欠順。愚撰有《建安弩機考》，現擬授梓，錄奉考定。《印譜》已就十二冊，如有便人到蘇，即可交託帶上。

順頌政祺，萬萬珍重。

[1]《成陽靈臺碑》，漢碑之一，立於建寧五年（172），碑文記頌堯母功德。原碑不存，現僅可見宋翻刻拓本。

[2]《兩漢金石記》，翁方綱著，二十二卷，計收吉金碑碣二百八十餘種，標明釋文、款式，并分條考證，號爲賅博。

又（十七）

前月奉到手翰，并承寄到篆書"晚香草堂"齋額，謹已領悉。小篆筆力遒上，洵爲當今獨步。濠叟[1]以側筆取勢，遂此古勁。已擇其兩分中篆體較小者鉤刻，後附小跋，敍明題此四字之由，另錄奉鑒。

南中雨暘應時，現正收穫，天氣朗晴，尤爲難得。婁東棉七稻三，今年木棉究爲夏旱所傷，收成致歉，冬漕不能不力求減免。三兒前月抄到省,本可在家多住三四日,因代理嘉定縣劉泖生[2]忽於初二日自戕於署,報稱是日清晨衆家人因本官未起,排闥而入,駭見倒在牀前,滿頸是血,業已氣絕,身畔遺有剪刀一具。現由本州委員覆視詳查,并經紀其身後各事。泖生人極至誠老實,筆下亦好,不意有此變事,可爲浩歎。恒軒亦與交好,聞之定亦駭詫。

運齋初二日赴偉如[3]中丞之招,約住一月,歸途再到柳門處。惟小樵翁[4]之病有日增,無日減。今日培卿來晤,云柳門眷屬只好留住在家,但得樵翁之恙轉機,明春再行赴任,已有信致柳門云云,可稱卓見。

孱體今秋託福,咳痰舊症發而不甚,在家尚可支持,惟往來酬應禮節,概行廢棄,馴成天地間一贅物,亦無可如何耳。吾恒軒勵精圖治,以監司大員清理州縣詞訟,下車數月,審結至二千餘案之多,解去糾結,斷絕葛藤,使無辜拖累之人,魂夢得安,身家克保。此中陰德非淺,聞之直欲喜心翻倒,不獨佩服才識精力之過人已也。

簠齋爲經營遷葬,有五月不得其音書。直至本月初二始接來札,附來續得匋拓,共已積成四千餘種矣。書中云與左右亦久不通問,謂尊藏秦權全銅非鐵,有銅版二,後有大字者乃爲異品云云。可見天下奇物,層出不窮,惟有緣者遇之耳。去年得古竟一面,制作精絕,拓寄雅賞。佀鏡室中漢竟頗多,求如此竟之范鑄工細,通體色澤所謂水銀裹,其光可鑒,實未多覯。質之法家,以爲如何?

序值冬令,萬望爲政保重。

[1] 濠叟,楊沂孫(1812—1881),字子輿(一作子與),號泳春,晚號濠叟,江蘇常熟人。道光二十三年(1843)舉人,官至鳳陽知府。治周秦諸子,耽書法,尤致力於篆籀。有《文字解説問僞》。

[2] 劉泖生,劉履芬(1827—1879),字彥清,號泖生,江山(今屬浙江衢州)人。喜藏書,精版本,詞作甚佳。光緒五年(1879),劉履芬代理嘉定知縣,任中剪喉自盡於官署。

[3] 偉如,即潘霨。潘霨字偉如。

[4] 小樵翁,汪小樵,汪鳴鑾父。俞樾《春在堂楹聯録存》:"回思明聖湖邊,六十

八年前，鐵硯互商文字；遥想大羅天上，九洲三島客，玉樓同拜神仙。——祀汪小樵封翁九十歲冥壽"下注："小樵汪君，爲余老友，道光戊戌、己亥間，與同讀書於杭州考寓，今歲存年九十矣。其嗣君郋亭侍郎，敬譽齋奠，余爲題此聯。"

又（十八）

客歲仲冬，曾接手翰，始因天寒指僵，繼因右臂作痛，遂稽裁答。流光如駛，忽又歲律更新，遥維道隨日栠，福與時增，著述攸宜，身名俱泰，禱甚幸甚。

僕韶華虛度，不覺屆古稀之年。蒲柳早衰，病不離體，終歲杜門，無非在故紙堆中消磨時日。而崦嵫已迫，學術無成，老大之悲，烏能自已。伏念吾恒軒年力方强，功名正盛，文章經濟，寰宇交推，從此益擴遠謨，霖雨天下，此七十老人所飲食必祝者也。《建安弩機考》一册寄正。"市"字似較前説稍長，然未敢自信，還乞考定示我。至盼至盼。鐘拓附呈。此器簠齋謂周末文字，非古篆之精者，所見固不能齊也。

三兒重尋舊壘，公私尚屬平順。人生功名遲蚤，境遇窮通，求之不來，推之不去，循理而行，委心任運可已。吾恒軒道德淵深，事理通達，與鄙言或有印合否？郋亭遭此大故[1]，譬如江海之中風颸正利，忽遭波折。此亦人世常有之事，旁觀者覷得分明，而當之者總痛莫能釋耳。一切想運齋必有專達，不復瑣贅。

[1] "郋亭"句，蓋指汪鳴鑾父汪小樵去世。

又（十九）

月之初九日，接大名府舟次手書，欣悉種切。當即專人詢問，知瀛眷平安抵家，諸臻順適。聞新姬已兆蘭徵，天上石麟[1]，不日誕降，洵堪預賀。辰下計必由津晉都，入覲天顔，晝日三接，千載一時。想吾恒軒當日身在膠庠，每每顧念時艱，已早負攬轡澄清之志。今者遭逢盛世，膺茲重任，正宜宏展素抱，爲邊防建萬里長城之業，即爲國家立千秋不拔之基。

吉林爲根本重地，金匪新附，不下數萬，趨向甫定，易於轉移，撫馭得法，不特安其反側，且可收爲勁旅。來書云：非恩信相孚，不足以固結其心而作其氣。可謂片言扼要，獨得驪珠。至謂防餉短絀，不宜過於張大；中國之虛實，彼族纖悉皆知；自強之道不在虛張聲勢，而貴實力操防。旨哉言乎，可謂洞見癥結，曲中事機。即此數語，已操知彼知已之勝。昔韓魏公患西夏之強，議刺義勇，謂諒祚方桀驁，驟聞益兵二十萬，必然震慴，斂戢兇鋒。蓋欲以虛聲㗁喝耳。司馬公力疏其非，魏公弗聽。厥後王安石枋國，變易初制，卒貽陝西之患[2]。可見事當創始之際，全在虛心延訪，慎始圖終。以魏公之賢，尚有千慮之失，今觀吾恒軒所論，貴寔際不貴虛聲，數語不特爲一時自強之要，亦實爲千古不刊之論。他日豐功偉業，書於竹帛者，直將邁越前賢，誰謂古今人不相及哉！僕老矣，猶當拭目觀化，飲食祝之也。惟海內金石文字之交，止此數人，此後相距既遠，隱顯殊途，王事正煩，想亦無暇置論。尚望不遺在遠，隨時惠我數行，以紓饑渴。郵信無便，可由鍾六英弟轉交，必無遺失。都中親知雖多，而四十年老友終始如一日者，惟六英一二人耳。

承寄晉劉韜碑陰[3]，因有椽筆題識，亟付裝池。近於聽楓山館添築數楹，懸掛新齋。真率會中諸老見恒軒手書，莫不歡賞，謂不啻晤對也。往年張子青先生臨別留贈山水一幅，屬於讌會時張掛，以當促坐。此王宣徽欲預洛社之意[4]。蓋先生亦真率會中舊侶也。吾恒軒軍政之暇，能寫數筆見寄，消此座無車公之憾，其喜幸豈止僕一人已哉。

仲復以外症未愈呈請展假，譚序翁[5]已爲轉奏。運齋留館之後未必即能假旋，渠握別時曾云：此去恰與恒軒相會，真是意外之慶。想見軾轍聯牀，倍常歡喜，南中近事，定已縷述無遺矣。

諸惟節宣善衛。臨書依切。不盡。

[1] 天上石麟，《南史·徐陵傳》："年數歲，家人攜以候沙門釋寶志。寶志摩其頂

曰:'天上石麒麟也。'"

〔2〕"韓魏公"句,事見《宋史·司馬光傳》。韓魏公,韓琦。唒,《玉篇·口部》:"唒,妄語也。"枋,同"柄"。

〔3〕劉韜碑陰,劉韜墓誌,隸書,五行,行十三字。張彥生《善本碑帖錄》:"石河南偃師杏園莊出土,後歸武億,又歸吳大澂,又費念慈。後從費氏出,藏上海博物館。"方若《校碑隨筆》述石之流轉大體相同。然亦有人認爲歸吳氏、費氏者非原石,原石早佚。

〔4〕"此王宣徽"句,元豐五年(1082)文彥博留守西都(今河南洛陽),與富弼共商仿白居易"香山九老會",組織洛中致仕官員的聚會。據司馬光《洛陽耆英會序》,"一日悉集士大夫老而賢者於韓公之第,置酒相樂,凡十有二人,圖於妙覺僧舍,仍各賦詩,時人謂之洛陽耆英會"。時"宣徽王公方留守北都,聞之以書請之潞公曰:'家亦洛,位與年不居數客之後,顧以守不得執卮酒在坐席,良以爲恨。願寓名其間,幸無我遺。'"王宣徽,王拱辰(1012—1085),原名王拱壽,字君貺,咸平(今屬河南開封)人。天聖八年(1030)進士,通判懷州,入集賢院,累拜御史中丞、武汝軍節度使。王拱辰曾任宣徽院南使和宣徽院北使,故稱。

〔5〕譚序翁,譚鈞培(1828—1894),字賓寅,別字序初,鎮遠(今屬貴州凱里)人。同治元年(1862)進士,選庶吉士,授翰林院編修,累官至雲南總督。光緒五年(1879)譚鈞培護理江蘇巡撫兼管蘇州織造。

又(二十)

夏秋間從六英太僕處先後寄到手札二通,備審安抵吉林,動定如意。久欲作數行申臆,祇爲家庭多故,懷抱不開,每至握管,輒復中輟,因之裁答有稽,幸勿爲過。比者一陽初轉,秋去冬來,遙想威德并施,身名俱泰,選材練士,經畫攸宜。所願同舟有腹心之助,遇事無齮齕之形,俾得出胸中無數甲兵,爲邊塞樹屹然不拔之基。偉業豐功,遠駕韓范,此七十老人於五千里外所飲食必祝者也。惟時交冬令,北地苦寒,雖貴體精力彌滿,素稱健者,尚望稍節勞勩,加意自護,尤深切禱。

雲於八月間偕老妻同至婁東署齋小住,已將兩月。差幸秋穫尚豐,民情安謐,公私無恙,仍得以翰墨自娛,藉抒鬱抱。知在愛注,用以附陳。

前示新得龍節拓本,恰與漢虎符作配。古時符節本爲徵調左驗,此特爲吾恒軒秉鉞之兆，不僅以獲古爲可慶也。雲於夏間得師田父卣，兩耳高聳，形制奇古，銘文精極。《積古齋》據舊藏拓本編錄，歸入敦類。曾縮摹其形，并以拓本寄鄭盒，歎爲希世之珍，惟謂此器是尊非卣。又寄質簠齋，謂兩耳似有提梁，式是卣，與鄙意合。并謂近年所見彝器文字，求其確可徵信者，此爲第一。首行"十𣪘（古'子'字，象形）"釋爲"甲子"，引召伯虎敦"𣪘"字爲證，甚確。第三行"𤔲"釋爲"傳"，謂作器者之名。"𣎴"，阮釋"析"，簠齋謂非析木形，疑爲"𣎴"字。第四行"里"釋"里"，未定。第五行"𧘇"，阮釋"商"，簠齋釋爲"賞"。第六行"早"，簠齋釋"甲"，未安。謹將拓本奉寄，乞於軍政之暇，考示及之。

蘇城元妙觀新出古石畫，大有武梁祠筆意，特拓兩紙附閱。尚有吳道子畫象，已倩人往搨，遲日再寄。觀基初建於六朝，應有此等古迹。右軍帖中所稱漢時講堂，畫三皇五帝，備極精妙，古今同致也。

又（二十一）

前月下旬接三月十九日手書，展誦之餘，深慰馳念。敬審朝眷崇隆，倚任優重，不特練軍籌餉多煩擘畫，舉地方一切利弊，斟酌損益，必使措置悉洽，因革攸宜，始能仰副殊遇。吾恒軒素志恢奇，抱負宏遠，及時展布，斷無因循息緩之虞。惟事會艱難，動多棘手，求治毋急，徐圖轉機。以恒軒之經濟文章，而年力又正強壯，他日勳侔韓范，世之所謂出將入相者，僕雖老，或尚及見之。惟邊塞風土異宜，諸望節宣善衛，護此柱石之躬，此則老朽所望風切祝者也。

承示入春以來，杜門五十日，考訂籀文，多有創解。所撰《說文古籀補》[1]一書，約千餘字，重文數百字，舊釋不可信者，概從闕略，附於卷末，則別爲一篇。此書若出，不獨篆籀之學藉爲依考，而於許君之書，亦實有匡益，洵不朽之盛業也。剞劂之事，僕當任之。

昔年與恒軒及讓之兄商輯《先秦古器款識》，擬爲阮氏《積古》之續。所約已逾十年，汔未能踐。總之，此事過欲求精，必致因噎廢食。鄙意一經脫稿，請即寄來。附去東洋紙三十頁，以備繕寫，即以原字上版，籀篆非盡人能寫也。

簠齋兄念及恒軒甚摯，茲將其春間來書摘錄另紙，亦見文字之交，形骸雖隔，心性自孚有如此者。

師田卣簠齋釋文與恒軒所釋大致相同，惟第三行"北"字，簠齋釋爲"北"字，謂彡入合也。鄙見似是"北"字。筠清館周望敦"宰朋父右望入門立中廷北鄉"，"北"釋"北"，與此"北"字合。彼云"入門立中庭北鄉"，此云"小臣傅北"，古文簡質，"北"即"北鄉"也，繹其文義亦合。質之恒軒，以爲然否？"里"字簠齋疑爲"里"字，亦自知未確。尊釋於此字闕疑，是極，佩甚。"賞"釋"賞"字無疑。此器銘文精美，兩耳高聳，形制尤奇。擬摹其全形，專刻一册，尊釋與簠齋所釋均刻於後，亦古器圖中僅見之品也。

鄭盦見獵心喜，蒐羅古匋殘字亦有數百種。昨日寄到有塤器，七字精絕，恐簠齋四千餘種之中，亦未易多覯。僕爲考釋其文，乃"命司樂作太室塤"七字。如尊處尚未寄至，可即函索。其陽識者，尤妙也。簠齋寄來圜化拓本，摹於另紙。此則不及鄙藏之精且多矣。此老收藏夐絕今古，行將以此傲之。

孱軀交春以來勉强支持，終年杜門，不離伏案。聽楓山館日涉成趣，真率之會常集於此。偉如、柳門間亦把臂入林，煮茗清談，評書讀畫，尚是山居韻事。惟恒軒遠隔，未免座無車公，令人不樂。

婁東公私均尚平順，蘇寓亦叨安吉。此外近事，運齋自有竹報詳述，故不瑣瑣。

附去圜化拓本十三紙，中有"共"字，或作"共"、作"共"作"共"，又有省作"共"、作"共"、作"共"。按《說文》"共"作"共"，古文作"共"。今以各字互證，則"共"之定爲"共"字，似可無疑。伏求考示爲懇。

[1]《說文古籀補》，吳大澂著，集錄古鐘鼎彝器、石鼓文、古幣、古陶器文，按《說文解字》體例編排。光緒九年（1883）初刻本收三千五百餘字，光緒二十一年（1895）

重刻又增一千二百餘字。其編撰體例，所收字俱據墨拓原本摹寫上板，同一字見於不同器物、筆畫小有差異者亦錄出，注明器名，字下加訓釋；凡經轉抄隸定字形不收，較重要而無原拓的，只錄字形，不釋字義；不可確識的字，另編一卷爲附錄，以待考證；已可確識而《説文》未錄者，作爲新附字，附在各部首字尾。《説文古籀補》體例對後代字書編寫具有較大影響，近代《甲骨文編》《金文編》《古璽文編》等皆依其例。

又（二十二）

久不得手書，屢次晤詢培卿，備聞近狀，并於邸報中見所上奏議，凡練軍籌餉，設官置防，以及墾荒屯田，訓農立學，發奸摘伏，化莠安良，種種善政，莫不慎終於始，次第弛張。尤難事雖著效，功不自居，推肝膽以待人，俾猜虞之悉化。用能民情悦服，僚屬傾心。求之古大臣中，唯韓魏公有此局度氣魄。他日吾恒軒出入將相，卓然爲社稷名臣，必能與魏公後先輝暎，非僅以盤根錯節與虞升卿董度絜短長也。所以不常寓書於左右者，因壽老來書，謂恒軒身膺重寄，吾輩林下閑人，不必以筆墨之事相溷，致分其爲政之心。僕韙其言。

今春壽老復有書至，謂恒軒有專弁到濰，詢得民間愛戴，刻石頌功。屏棄僕從，往來於冰天雪地之中，勞苦有人所不能堪者。不意江南書生，乃能如此。屯墾之事，曾有所陳，不知略有補助否。傾倒之忱，不覺口出。壽老不輕許人，亦由吾恒軒實至名歸，有以致之也。僕春間得鄭盦書，云恒軒得一古器，銘文有二百字，尚未見拓本。後因壽老書偶及之，壽老寄到拓本二紙，云即尊處所貽器、蓋。任無[1]蓋字真，器字刀痕太生，文首加一"穌"字，此外尚有可疑數字，恐出訛造。僕諦審拓工未緻，紙墨亦劣，一有"賣經義齋"金石印，一有"謝邨所臧"印。此二紙必友人投贈，還望精拓數分見寄，壽老處并無副本，尚欲寄還也。

雲老矣，終歲杜門，聊借金石書畫爲自遣之計。間作真率小會，承諸親友垂憐衰病，每每移尊聽楓山館，頗極文讌之歡。韡園、郘亭奉諱居家，亦常把臂入林，共談風月。想郘亭到京後，必有書述也。潞兒交卸婁束到省，曾赴白門一行，兩院頗另眼相待。至遭際窮通，功名遲速，自有一定，循分守身，委心任運，一聽造物之位置可已。想恒軒定亦爲然。

《古印考》尚未卒業，今從林海如之意，姑就已成者先爲刷印，因急欲就正，先釘一部奉寄，仍託六英弟轉遞，免致留閣，至祈鑒納即付還音。

南中近事想培卿竹報常通，無庸瑣述。聞運齋考差卷甚佳，學差喜音，當在指顧間矣。引領望之。

[1] 任無，意不可解，疑有誤。

李香嚴廉訪鴻裔（五通）

（一）

今歲新正，普天率土，遏音樂，絶酬應，一切繁文縟節，屏除殆盡。我二人別無耆好，杜門謝客，與古爲徒，覺一種冷淡況趣，別有在臭味酸醎之外者，非道中人未易領會也。

今年元旦試筆，口占二十八字，用孫雪居[1]元韻，題自畫秋色小幀，又題宋拓《黃庭經》、《深慰帖》、潁井雙璧[2]，連録前賢舊題約千言。既竣，自審年來書學，略有所得。憶幼在家塾即喜臨池，初從趙董入手，弱冠楷書學《靈飛經》，行草學顛米。至壯，覺所學都無是處，遂棄舊業，專學蘭亭。往來蘇滬，遇有善本，固不惜典衣質賣，即近世復刻本，亦搜羅不遺，積至二百餘種。先後所臨，或展爲擘窠，或縮如累黍，雖不能如趙魏公之日臨一本[3]，而所臨實亦不少。然慮書格爲古人所束，思欲由平正而追險勁，於是學魯公《論坐帖》，旁及《書譜》《自敘》《聖母》各帖。自是以後閱十年，與南中所謂書家者結納往還，每每尚論鍾張，高談羲獻，自矜翰札不甘讓人，人亦謬相推許，書名寖盛，索書者又常屨滿户外，遂乃予智自雄，初不知已成爲井底蛙也。庚戌年奉檄赴淮[4]，儊寓揚州，晤同宗讓之兄，一見如舊識。其年子貞兄由南入都，亦便道來訪，三人同處，上下議論，講求執使轉用之方，博究篆分真行之祕，漸窺奧頤，始悔乖違。其時鞅掌奔馳，未能專學，悠悠忽忽，又逾十年。迨至罷職家居，始能一心翰墨，取家藏鐘鼎碑版，上自先秦兩漢，下逮魏晋六朝，挹其菁華，助吾藻采，專工博涉，無間晨昏。自壬戌迄今，又歷十三寒暑矣。雖往收垂縮[5]，粗識指歸，而變化神明，未臻絶詣。嗟乎，歲月不居，崦嵫已迫，大懼垂老光陰，無能成就，惡札留在人間，徒飽蠹蝕，或供摧燒，空負此數十年之心力，抑可悲矣。

　　執事年力正盛，聞道又早，劬學工書，久爲藝苑推重，近益專精篤耆，將來必成一代書家，可操左券。間嘗論本朝書家，前推汪、姜，後推張、劉[6]。退谷從河南入手，故風神獨絶，而魄力未具。湛園小楷學晉帖，功候頗足，饒有古致，行草書似非所長。張文敏書格宏整，有大家風範，惜爲繩墨拘束，又限於年壽，未入化境。劉文清如紫袍玉帶之士，雍容揖讓於廟堂之上，而風度自勝，洵足領袖羣英；然生平見文清書毋慮數十百種，而合作十無一二，或中有贗迹羼雜耶？此四賢爲本朝書家正宗。傅青主、鄧石如或精行草，或善篆隸，皆能業久功深，自張一幟。此外王篛林、翁覃溪、山舟[7]、夢樓[8]、未谷、冬心輩，或恪守古法，或自立機杼，亦各風流自賞，輝映書臺。包愼伯、何子貞起，則又雄視楚淮，各踞一席。子貞氣骨足媲四賢，遑論餘子。其他道咸間精於書律者，代不乏人，未能悉數。孫虔禮云：偏工易就，衆善難求[9]。欲其志定神閑，心手雙妙，言忘意得，矜躁胥平，所謂不激不厲，而風規自遠者，晉唐以後，絕詣空懸。下走雖老，竊不自揆，思與執事共勉。詩云：雖不能至，然心嚮往之。執事其亦同此意乎？

　　新正杜門，拉雜代面。狂瞽之言，亦非賞音之前不發也。餘惟爲道葆重。不宣。

[1] 孫雪居，孫克弘(1532—1611)，字允執，號雪居，華亭(今上海松江)人。以蔭授應天治中，官至漢陽知府。工詩文、書法、繪畫，人物、山水、花鳥無所不精。

[2] 潁井雙璧，高澤生《潁上風物志》：“潁上南關井，明萬曆年間，時有白光如虹。淘井得石，鐵錮其外，啟之，碧綠濕潤，面《黃庭》，背《蘭亭》，旁有‘思古齋石刻’五篆字、‘蘭亭序唐臨絹本’七楷字。”石已殘，現藏安徽省博物館。

[3] “雖不能”句，傳世蘭序摹本有趙孟頫十三跋本，乃趙孟頫至大三年(1310)九月由湖州乘舟北上舟中所作。一月有餘之舟行中，趙孟頫逐日臨書蘭亭，并先後題十三跋。其第一跋曰：“蘭亭帖自定武石刻既亡，在人間者有數。……獨孤長老送余北行，携以自隨。至南潯北，出以見示。因從獨孤乞得，携入都。他日來歸，與獨孤結一重翰墨緣也。至大三年九月五日，跋於舟中。”其第四跋曰：“河聲如吼，終日屏息。

非得此卷時時展玩,何以解日。蓋日數十舒卷,所得爲不少矣。廿二日邳州北題。"

[4]"庚戌"句,道光三十年(1850),吳雲以權寶山知縣自賑有功,攝泰壩監掣同知,後侍郎雷以誠駐師揚州,調吳雲總理營務。

[5]往收垂縮,米芾《論書·答翟伯壽》:"無垂不縮,無往不收。"即要求運筆時,筆鋒在點畫盡處或虛或實地作收縮、回鋒。縮,文海本作"緞",據石印本改。

[6]"前推"句,汪,汪士鋐(1658—1723),字文升,號退谷,又號秋泉,長洲(今江蘇蘇州)人。康熙十八年(1679)進士。汪士鋐書法有奇勢,縱橫自放,而分間布白自有分寸。有《瘞鶴銘考》《秋泉居士集》《全秦藝文志》等。姜,姜宸英(1628—1699),字西溟,號湛園,又號葦間,浙江慈溪(今屬寧波)人。明末諸生,康熙三十六年(1697)進士。康熙十九年以布衣入明史館任纂修官,又從徐乾學在洞庭山修《大清一統志》。中進士後授翰林院編修。擅書法,與笪重光、汪士鋐、何焯并稱爲"康熙四家"。有《湛園集》《葦間集》《海防總論》等。張,張照(1691—1745),字得天,號涇南,亦號天瓶居士,謚文敏,江南婁縣(今上海松江)人。康熙四十八年(1709)進士,歷官至刑部尚書,供奉內廷。擅長行楷書,天骨開張,氣魄渾厚。主持編纂《石渠寶笈》《祕殿珠林》等。劉,劉墉(1719—1804),字崇如,號石菴,謚文清,安徽碭山(今屬宿州)人。乾隆十六年(1751)進士,累官至體仁閣大學士,以奉公守法、清正廉潔聞名於世。劉墉爲帖學大家,時稱"濃墨宰相"。

[7]梁山舟,梁同書(1723—1815),字元穎,號山舟,晚號不翁、石翁,錢塘(今屬浙江杭州)人。乾隆十七年(1752)特賜進士,改翰林院庶吉士,散館授編修,累官至翰林院侍講、日講起居注官,賜加侍講學士銜。工楷書、行書,有《頻羅菴遺集》《頻羅菴論書》《直語補正》《日貫齋塗說》《筆史》等。

[8]夢樓,王文治(1730—1802),字禹卿,號夢樓,丹徒(今屬江蘇鎮江)人。乾隆二十五年(1760)進士,授編修,擢侍讀,官至雲南臨安知府。工書法,以風韻勝。有《夢樓詩集》《論書絕句三十首》《快雨堂題跋》等。

[9]"孫虔禮"句,孫過庭《書譜》:"然消息多方,性情不一……是知偏工易就,盡善難求。"孫虔禮(646—691),字過庭,富陽(今屬浙江杭州)人。曾任右衛冑參軍、率府錄事參軍,以書法知名於世。有《書譜》,溯源流辨體,品評名迹,兼述筆法,在古代書法理論史上有重要地位。

又(二)

昨奉還答,見尊書已有得心應手之妙。想五指齊力,必已申屈如意矣。慰甚慰甚。比連得壽卿三信，洋洋數千言，無一懈筆。中有一函，爲答閣下所需全分拓本，特送閱以慰懸望。此老重信，必可如期而至也。許靖甫赴戍需費[1]，以家藏第一寶器董武鐘求價。正月間屺堂曾説及，詢價，欲二千金。告以物雖著名，值恐過貴，大江遠隔，舁運不易，須得減價，或可作合，否則徒費説話周折而已。其意託介於懷新閣[2]、過雲樓也。屺堂云：靖甫若非萬不得已，必不肯抱此器以求售。無已以一千金立腳，多一金則受一金之惠，千金之内勿議也。兹將信及拓本奉覽。當日珊林先生得此器[3]，奉爲異寶。在蘇時曾邀韓履丈、楊芸老、翁夫均與鄙人酌酒評賞。審其篆文，尚在西周之前，而銘在兩欒之中，亦與他鐘有異。如合鑒賞，望即示知，惟價恐不能減少也。

　　旬餘日陰霾鬱寒，令人悶損。涪老[4]云：蹙眉終日，爲百草憂春雨耳。我輩所憂，尚有在彼不在此者，奈何奈何。

[1]"許靖甫"句，潘衍桐《兩浙輶軒續錄》卷四二有許靖甫小傳："許誦宣，字靖甫，海寧人。咸豐壬子副貢，官江蘇江寧知縣。著有《雪浪齋詩剩》。"又《翁文恭公日記》言其"似是許珊林之子"，翁氏言是。其與許少珊爲兄弟。吳雲信中所言事不詳，或因故謫遣戍邊，不得已而出售乃父舊藏也。

[2] 懷新閣，戴景遷齋名。戴景遷（1845—1908），字滄林（一作滄鄰），蘇州（今屬江蘇）人。齋堂名鄰古閣、懷新閣。喜金石書畫，藏舊瓷器尤多，精治印。

[3] "當日"句，許楗有《董武鐘跋》："咸豐乙卯九月，偶經淮陰市上睹一鐘，知爲古物，亟以數金易歸。土華繡蝕，諦視幾無一字，以酢漿浸拭十餘日，全文始顯，乃儀徵阮文達師《積古齋款識》所載董武鐘，從宋王復齋搨本編入者也。然以復齋原本比校參稽，形制大小截然不同，文字偏傍亦多訛異。因入市，叩鬻者所自來，云：'某向客豫中，今夏蘭儀廳所屬之筒瓦箱决口，倉卒言歸。時下游斷流可通車馬，行至筒瓦箱東南數十里之小王家莊，人衆喧呶，就問知前數夕每夜分河中輒放光丈餘，疑有窖鏹，聚掘獲此，正相諮嗟。若先某以四緡取之，寄肆中無過問者，幸遇君得倍值耳。'余恍然悟其不同之故。蓋此鐘宋時已淪入河中，好古者或得舊拓本，以意仿鑄，復齋不察，著之於錄。後人轉相摹刻，莫敢訾議，而不知其非廬山真面目也。神物不肯終閟，而出光怪以自顯，又偃蹇不遇，待賈塵肆。余頻年養痾，今春復出，仍綴班鵷鷺，偃蹇與鐘等，而鐘適落余手，殆以慰長謌遠望之懷乎。因縷敘顛末以示同好。東南多事，聽鐘聲而思老臣，覽者勿以閑情別致可也。是歲嘉平十日，海寧許楗記。"珊林

先生，許梿號珊林。

[4]涪老，黄庭堅。黄庭堅晚號涪翁。

又(三)

　　暑氣正盛，伏想順時保養，動止攸宜爲頌。

　　前承以召鼎拓本屬題，謹題就奉正。近日考訂家詮釋古文，每每逞肊穿鑿，引文就義，不論筆畫之相去近遠，生吞活剥，硬作某字，以實其説。其弊昉於漢儒之説經，而末流遂至於此。閣下釋第二行"旉"字上一字，謂左半猶有闕筆在隱約間，或釋"下"，或釋"敬"，皆當存疑。泂稱具識，佩服佩服。鄙人細審未剔本，此字不特左半尚有闕筆，即右半一直作"卄"，亦連而不斷。惟已剔本則作"卝"，右筆已斷，故諸家皆釋爲"卜"字。當時秋帆尚書開府關中[1]，主持風雅，海内名流，咸歸幕下。此鼎獲於西安，銘字爲土花所掩，亟欲考釋其文，鏤剔銅緑，不免能事受迫[2]，工未盡善。觀於篆文字口鑿痕顯露，則與廬山真面不無有損。

　　雲甍臧彝器拓本垂四十餘年，雖遭亂散佚，而篋中所存尚復不少，惟召鼎未剔本今日始見，亦翰墨中一大快事。特作長跋，以副誰諉，藉資商榷。曩者偲老爲敉閑草堂題竟寧雁足鐙，曾爲鑿易筆畫以就其義，敉閑爲損傷愛物，至今猶以爲恨[3]。兹之"卜"字筆之連斷，得無類是？

　　拙作本應書於原幅，因見有漬迹可憎，故録於另紙，只須以此紙付裝池家挖嵌重裱，其幅式之廣狹短長，皆可授意爲之也。豹在穽中，日飼以肉，惟擲之於地者則不食。蓋自護其文彩，恐或受污致穢也。閣下得勿哂其矜惜太甚，不免有同於豹耶？附及之，以博一噱。

[1]"當時"句，錢咏《履園叢話》："鎮洋畢秋帆先生巡撫陝西時得此鼎，高漢尺二尺四寸，周四尺八寸，兩耳，三足，中有銘文二十四行，共計四百又三字。……先生既得此鼎，久置經訓堂之東樓。余嘗請於先生，盍送曲阜孔廟，供奉殿庭，垂之千古乎。卒未果，惜哉！"秋帆，畢沅。畢沅字秋帆。

[2]能事受迫，杜甫《戲題王宰畫山水圖歌》："能事不受相促迫，王宰始肯留真

迹。"此反其意而用。能事，擅長的事。

　　［3］"曩者"句，方濬頤《三知軒詩續鈔·爲潘季玉曾瑋題漢竟寧雁足鐙拓本》："五十五字原分明，好事山僧翻剔損。"下注："釋達受剔鐙圖記以考工爲寺工，莫子偲斥爲非是。"莫友芝《邵亭遺文》卷四有《漢竟寧雁足燈考略》。

又（四）

　　昨奉還答，所論兩家銘心之品，必須互爲傳觀，方爲有味，正與鄙意相合。昔米襄陽好古成癖，嘗謂驟得一名迹，喜心翻倒，寢饋與俱；久之漸亦淡漠，恒數月不復取觀。故寶晉齋珍異之品，每每與人博易，推陳易新，以快心目[1]。此正與人"互爲傳觀"一鼻孔出氣也。惟定章不得逾三日之限即繳，爲期太促。緣我輩非專事賞鑒，遇有佳迹，必須辨析毫芒，推勘盡致，甚或臨仿大意（必嚴禁印橅，此禁必應從嚴），宜展至半月爲限。定章之後，務各遵守毋違。

　　兹將開皇十八年本稧帖呈鑒，生平未見過第二本，頗自珍祕。當年沈文忠極賞重之。文忠篤耆金石，收藏稧帖亦幾及百種，於此門雅稱當家。兹於二十年後重遇蘇鄰[2]，竊喜吾道不孤也。

　　［1］"故寶晉齋"句，米芾《畫史》："余家晉唐古帖千軸，蓋散一百軸矣，今惟絕精只有十軸在。有奇書亦續續去矣。晉畫必可保，蓋緣數晉物，命所居爲寶晉齋，身到則掛之，當世不復有矣。書畫不可論價，士人難以貨取。所以通書畫博易，自是雅致。今人收一物與性命俱，大可笑。人生適目之事，看久即厭，時易新玩，兩適其欲，乃是達者。"

　　［2］蘇鄰，李鴻裔退居吳中，築網師園，因近蘇子美滄浪亭，遂自號"蘇鄰"。

又（五）

　　前者草草復謝數行，因天寒指僵，未盡欲白。越日拜《説文校議》[1]之贈，感荷[2]無已。此書嚴氏子姓欲重刊，屢議未果。今姚氏刻於蜀中，兩家之盛衰判然矣。敝鄉頗多樸學之士，道咸以來，首推鐵老。鄙人幼時曾與相見。此老名士氣極重，其子名六孤[3]，性亦近癖，雅有父風。天不永其年，家藏碑版古籍，盡散失無存，此最可惜也。

吳秋伊[4]治印，實爲名手，難得其錯落配搭，極合古鐘鼎款識。尊名"裔"字，《說文》所有，若仿漢印，應從《說文》；今仿古篆，應用古文。此"𠈇"乃古"裔"字也，於此見其落筆之有根柢。此外"柱下史"諸字亦俱有意義，非率爾操觚者比，以視近日吳下諸君，皆瞠乎後矣。閣下昔不經意，今極嘉賞，蓋由金石之學深也。

賤體雖免於病，而懷抱抑塞，勉藉伏案爲排遣。此強制之法，俟過年後必得想解悶之方，計閣下亦大致相似也。

今日稍暖，手此代面。嚴寒，諸惟加意調護。不宣。

[1]《說文校議》，姚文田、嚴可均撰，十五卷，同治十三年姚氏刊刻。《說文校議》是校勘《說文解字》的專門著述，援據廣博，徵引鉅富，對小篆字形多有改訂，對文字的音韻、訓詁亦多所發明。姚文田（1758—1827），原名加佘，字秋農，號梅漪，歸安（今浙江吳興）人。嘉慶四年（1799）進士，授翰林修撰，累官至禮部尚書。博學多識，著述甚多，長於考據。有《說文聲系》《古音諧》《四聲易知錄》《易言》《廣陵事略》《邃雅堂學古錄》《邃雅堂文集》《春秋經傳朔閏表》等。

[2] 荷，文海本作"何"，據石印本改。

[3] 六孤，嚴可均子。《清稗類鈔·姓名類》"嚴可均名其子曰六孤"條："烏程嚴可均字鐵橋，有一子，初墮地，自卜子六齡當孤，因命名曰六孤。"喜賭博，嚴可均卒後，賣圖書金石以償賭債，"亂後不知所終"。

[4] 吳秋伊，吳重光（生卒年不詳），民國修《杭州府志·人物·藝術》引《再續印人傳》："吳重光，字秋伊，錢塘布衣。博學工詩，精篆刻。早歲與陳鴻壽游，故學有根柢。嘗得新坑花乳石，兩面摹漢印二千餘方，惟妙惟肖。客京師，夕久無所遇。光緒紀元，重光年七十餘。一日碎所摹印，徒步出都門去。越十餘年，有人遇諸峨嵋，鬚髮紺碧，已易服爲黃冠云。"

沈仲復廉訪秉成（八通）

（一）

　　委書各件，先將橫額及長聯書就奉正；尚有堂匾，并仲恬弟索書各件，稍遲數日再繳。前者以巨紙六幅，屬書羅氏《鶴林玉露》所載《山居篇》，久未報命。茲特書於便面，并與林海如合作一圖，奉贈清賞。此篇寫山林恬適之趣，讀之悠然意遠。出入懷袖，隨時觀玩，足以袪塵慮而怡心性，或亦有當尊意也。希哂納。
　　筱舫昨日歸家。《南浦》一闋附正。前日張玉斧回江陰，屬其詢問吳冠英，不識能否離家。如得到蘇數月，爲尊園繪圖，可稱韻事。怡園圖冊較拙政園圖大分優劣也。楓橋晚眺亦不可無圖。鄙人當先以寫意爲之，如何？

又（二）

　　頃奉手翰，具悉一一。承示新得舊拓《曹娥碑》，爲橋李徐玉卿女史臧本，叔未丈跋云玉卿爲徐貞木[1]處士之妹，屬查徐氏出處。按貞木字士白，號白榆，嘉興人。工書及篆刻，著有《懷古堂集》。想見一門風雅，令人嚮往。遲日乞連尊藏《瘞鶴銘》見眎一讀，以資眼福。秦權必有精拓，亦乞惠二分，擬以一分寄壽老也。
　　盛暑涼暖不時，諸望加意調護。

[1] 徐貞木（1615—？），字士白，號白榆，秀水（今浙江嘉興）人。工詩文，善書法篆刻，葉爲銘《廣印人傳》評價其篆刻"爲海內宗仰，出程邃、許容上"。有《懷古堂集》

《對山草堂印譜》。

又（三）

　　盛暑不識起居何似，伏維萬福。賤軀尚無不適，科頭跣足，解衣盤薄，以書課爲遣暑之計。雖揮汗如雨，而筆墨固未嘗少輟。想執事北窗高卧，當亦同此趣也。稍涼再作真率之會。

　　《鬱岡齋帖》[1]係初拓精本，應重裝，以兩卷爲一册，共成五册。配一外匣，以類帖最易遺失，故以臧匱爲宜。屬題數語，書於另紙，中間極論王右軍書《千文》之謬。語雖過激，却有所見，非敢妄發也。執事博通群籍，近益究心金石之學，請加詳審，或有所教，幸即示我，俾獲琢磨之益。是所感禱。

[1]《鬱岡齋帖》，十卷，王肯堂編次，收魏鍾繇至宋蘇黃等法書，管駟卿鐫刻，萬曆三十九年（1611）刊印。楊守敬《書學邇言》："王氏收藏頗富，故所刻有不常見者，今原拓亦希矣。"

又（四）

　　秋暑之酷，爲近年所未有，不審眠食如何？前患熱痾，想已全好。諸望珍重。

　　承屬題晉唐小楷六册，其第一册十三種，皆是銘心絕品，中有數種，敝藏及親友中所見，俱不能及，深佩鑒別之精，又喜各帖之妙，遂爲逐種題記，後綴總跋，伏乞是正。

　　鄙意此十三種匯成一册，另裝楠木外匣。其五本雖多舊拓，然不過出於二三百年間類帖之中，并非至精之品。將來另覓數種，照十三種式裝成一本，以補成六本，仍裝一匣，如何？

　　南海吳荷屋中丞有《帖鏡》[1]一書，稿成，尚未授梓，中丞已歸道山。

此書翁叔均見過，弟欲一見不可得。後聞爲故友程蘭川別駕購得。蘭川爲北捕通判，殉江寧之亂，收藏全失。此書果在伊處，必已付劫火矣。一歎。

[1]《帖鏡》，六卷，吳榮光著，據考證當是記錄吳榮光鑒碑帖見解的專著。

又（五）

大火逢金，秋暑奇酷，幸得甘霖渥沛，人既受澤，物亦回生，真可喜慶也。尊體所患外症，定必以次霍然，禱甚念甚。弟往年凡遇長夏，轉覺體氣較健，小有著述，大抵成於春夏者居多；今年畏熱殊甚，竟至百事俱廢。

前爲尊藏晋唐小楷逐本作跋，實以此冊所集，無一非宋拓致佳。物聚所好，收藏家偶得一二種，已慶難遇，此冊計十三種，可謂富矣。另五冊中如裴耀卿[1]書，及《丙舍帖》[2]，亦俱精本。尚有祕閣數種，皆鈐有兩罍軒小印，均不易得。此外雖屬習見，然皆二三百年紙墨，未可輕棄也。弟現擬將五十歲後所作金石書畫跋尾，繕成清本（庚申前所作詩、古文詞無隻字獲存）。緣手稿塗抹過多，非靜心細閱，雖自己亦看不清楚，他日倩人鈔寫，必致模糊一片。菊鄰[3]訂秋間來蘇，此事即可託其相助爲理。親朋中名迹，凡有題跋，即可以次入錄，約計成書十二卷。菊鄰年力正壯，切磋之功，似亦彼此交益也。

平生於友道頗不敢儕於薄俗，汪嵐坡共事三十年，現在林海如即嵐坡之埒也。惟居家之道與衙署異。衙署等於傳舍，官既不作久遠計，幕亦遷徙無常，賓主皆以一"暫"字橫亙於中。若居家則必互爲體諒，事事關懷，方能持久。吾兄内行肫摯，鄉黨中弟所心服者，故以此家常瑣碎之言，爲促膝談心之助。

新雨之後，几案清涼，拉雜布肬，千萬加意保重。不具。

[1]裴耀卿（681—743），字焕之，絳州稷山（今屬山西運城）人。以童子舉任祕書

省正字、相王府典簽,累官至尚書左僕射。頗有政績,《全唐詩》收詩兩首,《全唐文》錄文十四篇。

〔2〕《丙舍帖》,又名《墓田丙舍帖》《墓田帖》,鍾繇書(一説王羲之書),小楷六行,共七十字。用筆嫻熟,兼含行意。

〔3〕匊鄰,胡钁(1840—1910),一名孟安,字匊鄰(一作鞠鄰、菊鄰),石門(今屬浙江嘉興)人。同治八年(1869)秀才。工詩詞,善書畫篆刻,治印與吳昌碩齊名;又善刻竹,所刻扇骨不下蔡照。有《晚翠亭詩稿》《不波小泊吟草》《晚翠亭印儲》《寄寄廬印賞》《晚翠亭藏印》《閑閑草堂隨筆》等。

又(六)

護院代奏之摺,不知何日北發。聞月摺尚未發,何以尚欲補稟? 深以爲念。

弟新築因樹亭,書一聯云:樹静風停便是清涼世界,花香鳥語居然城市山林。人當樹静風停,方能外物不撓,翛然自適,此境固未易言也。前承贊賞拙作"和均詩人到,無名境始寬",所謂會心不遠也。昔人有言,嗽名不如逃名,逃名不如無名。語雖見道,談何容易。司馬公高卧獨樂園[1]中,屢徵不赴。嘗賦述懷詩云:早避喧煩真得策,未逢危辱即收功[2]。論者謂温公當熙寧間眷禮正隆,尚欲避煩畏辱,揣其詩意,必不復出。乃晚節迫於朝命,應召入相,卒之相業未終,以身殉國,不能如范蜀公[3]之以長嘯名堂,賞花飲酒,長樂餘齡。温、蜀爲異姓兄弟,進退猶未能一致,可知人生出處,蒼蒼者早爲安排,非人力所能主也。隨遇而安,委心任運。春秋佳日,不廢游讌之歡;筆墨精良,且尋圖書之樂。一聽造物位置,不必預設成心。質諸左右,或以爲然。

三春已過,花事將闌,惟階前芍藥,架上荼藦,尚能爭妍鬥馥。初八九日間,擬續真率之會。未知何日可以出門,乞預示知,以便訂期約同社諸老也。

〔1〕獨樂園,李格非《洛陽名園記》"獨樂園"條:"司馬温公在洛陽,自號'迂叟',

謂其園曰'獨樂園'。園卑小，不可與它園班。其曰讀書堂者，數十椽屋；澆花亭者，益小；弄水、種竹軒者，尤小；曰見山臺者，高不逾尋丈；曰釣魚菴、曰采藥圃者，又特結竹杪落蕃蔓草爲之爾。温公自爲之序，諸亭臺詩，頗行於世。所以爲人欣慕者，不在於園耳。"

[2] "嘗賦"句，司馬光《初到洛中書懷》："早避喧煩真得策，未逢危辱好收功。"

[3] 范蜀公，范鎮。范鎮哲宗時贈封蜀郡公。范鎮反對王安石變法，劾青苗法擾民，變法乃殘民之術，神宗時以户部侍郎致仕。哲宗即位，廢新法，用舊臣，拜范鎮端明殿學士，提舉中太一宫兼侍讀，范鎮未就職。

又（七）

深秋天氣，風日晴和，想林泉清養，枕藉攸宜，籬菊綻金，霜螯融玉，高吟對酒，逸興遄飛。羡慕羡慕。弟就養婁東，已逾匝月，静參四相，不設三心，聊以翰墨自娱，不爲塵緣所縛，眠食無恙，堪以附陳。

前承屬題散盤、召鼎、虢盤、盂鼎全形拓本四幅，知爲閣下珍愛之品，特先題就奉正。召鼎一幅，兩邊稍留空紙，備閣下自記數行也。尚有畫卷三件，容緩圖報命。再前辱垂問彝器銘中有"癸子"二字，時因束裝匆匆，未及即答。按古文款識，如癸子、丁子、乙子等字，屢見於上古文字。先輩謂合兩日言之，癸子者癸亥甲子也，丁乙可以類推。偶憶前事，謹特附復，統乞鑒定。不具。

又（八）

前奉手書并彝器拓本，屬爲考釋其文。按此敦銘十七字，第二字"糵"從子，"矣"有"聿"形，釋爲"犍"字。犍，郡名，古者因國爲氏，或爲名。第五字"𥁋"釋"盌"。《説文》：安也。從它在皿上，人之飲食器，所以安人也。依篆從宀從心從皿省女字，作盌。兩字皆人名，無義可繹。銘若曰：白犍父作盌寶敦其萬年子子孫孫永寶用。謹就篆文詮釋，用副諈諉。仍乞大雅釐訂，禱甚禱甚。

卷十一

李質堂軍門朝斌[1]

　　別來又屆暮春矣，遙維位業兼崇，軍民并協，戎政之餘，勤加嗇衛，敬頌敬頌。弟交春以後孱軀尚無不適，惟蒲柳早衰，精神總不能振作，終日杜門，人事久廢，日惟於故紙堆中消遣懷抱。香嚴、季玉及青帥諸公常來敘晤，小舫新從白門歸來，每有讌集，未嘗不神往於九峰三泖之間[2]，輒興座無車公之感。聞制軍[3]四月中旬可到，不識屆時騶從來省否？念念。
　　茲有切懇者。弟家住湖州烏程縣所屬太湖濱錢漊，先君墳墓即在錢漊迤東約半里路之邱家堡。髮逆之亂，鄉鎮住宅盡遭焚毀，獨墳墓松楸，幸得保守無恙。前年失去墳上柏樹數枝，遍查未獲；去年復又失去柏樹三枝。當[4]請分防巡檢密訪，暗中派人偵緝。據稱係炮船水手所爲，盜取作槳柄及木棍家伙等用。是否確實，未敢遽信。然不設法嚴查，以儆將來，則勢必盜斫不已。五十年栽成之古木，出兵劫復入盜劫，言之能無沈痛？！因思統帶炮船太湖營游擊梁靜颿兄，人極正派，聲名甚好，或則遠隔太湖，一時耳目所未及，事所恒有。敢懇執事函致靜颿兄，轉飭炮船總哨陳增林、哨官孔星塘、哨官梁高發，嚴束各水勇，毋向先塋作踐；并求靜颿兄給一簡明告示（告示只須説此係吴宦墳墓，無論軍民及水勇人等，毋許作踐。如敢不遵，定當拏究），交給舍姪承泠號朴堂實貼墓道。已往之事，無須查究，只求此後得能保全無恙，實已感且不朽。執事骨肉之愛，休戚相關，用敢專布區區，九頓瀝懇，尚望即賜函託。前事并無確證，萬萬不必深究，以後務求轉飭各炮船，代爲就近照拂，尤爲心感。

　　[1] 李質堂，李朝斌（？—1894），本姓王氏，繈褓育於李氏，遂改姓李，字質堂，湖南善化（今屬長沙）人。行伍出身，累功擢至參將、總兵、江南提督。軍門，清時稱實授提督爲軍門。同治三年（1864），李朝斌偕程學啟會攻嘉興，克之，實授江南提督。

　　[2] "未嘗"句，九峰三泖乃松江名勝，吳雲與李朝斌曾共同參預松江保衛戰，故言。

　　[3] 制軍，清時稱總督爲制軍。此蓋指李鴻章。同治四年（1865）四月，兩江總督曾國藩奉調赴魯督師，李鴻章以蘇州巡撫署兩江總督。

　　[4] 當，通"嘗"。

方蘭垞[1]太守德驥（三通）

（一）

辱手書所以慰誨之者，至深且厚，感感。僕廿載風塵，一官匏繫[2]，疊膺頃劇，兼事戎旃。竊不自揆，頗願有所建白，一吐白面書生之塚[3]。乃昌黎之生日正躔於南斗[4]，樂羊之謗書遂屢及中山[5]。卒之影中含沙，網遭文致。自喜塞翁失馬，且作天外冥鴻。賴鮑叔之相知，免袁安之僵臥[6]。室人雖非易安[7]，却能拔釵佐酒；兒子雖非邁過[8]，亦頗識字知文。金石圖史，足吾所好；名山覆瓿，一聽後人。此鄙人末路之結局，敢以附告知己。

秋風多厲，珍重。不宣。

[1] 垞，文海本作"宅"，據石印本改。
[2] 匏繫，《論語·陽貨》："吾豈匏瓜也哉，焉能繫而不食。"劉寶楠正義："匏瓜以不食，得繫滯一處。"
[3] "一吐"句，鍾惺《鄴中歌》"書生輕議塚中人，塚中笑爾書生氣"，批評妄議曹操的後人不過是不解英雄的書生。
[4] "乃昌黎"句，韓愈《三星行》："我生之辰，月宿南斗。牛奮其角，箕張其口。牛不見服箱，斗不挹酒漿。箕獨有神靈，無時停簸揚。無善名以聞，無惡聲以謹。名聲相乘除，得少失有餘。三星各在天，什伍東西陳。嗟汝牛與斗，汝獨不能神。"是詩作於元和二年（807），韓愈時爲國子監博士，爲人所議，十分苦惱，遂請求分司東都。
[5] "樂羊"句，《史記·甘茂傳》："魏文侯令樂羊將而攻中山，三年而拔之。樂羊返而論功，文侯示之謗書一篋。樂羊再拜稽首曰：'此非臣之功也，主君之力也。'"
[6] "免袁安"句，《後漢書·袁安傳》李賢注引《汝南先賢傳》曰："時大雪積地丈餘，洛陽令身出案行，見人家皆除雪出，有乞食者。至袁安門，無有行路。謂安已死，令人除雪入戶，見安僵臥。問何以不出。安曰：'大雪人皆餓，不宜干人。'令以爲賢，

舉爲孝廉。"

[7] 易安，李清照。李清照號易安居士。

[8] 邁過，蘇軾三子，長子蘇邁，三子蘇過。蘇邁"文學優贍，政事精敏"，蘇軾《與陳季常書》亦稱："長子邁作吏，頗有父風。"蘇過則書畫之勝，克肖先人。能文，有《斜川集》二十卷，時稱小坡。蘇轍曰："吾兄遠居海上，惟成就此兒能文也。"

又（二）

韻石來，奉手書，伏蒙以太夫人行狀見示，屬爲鼇定。敬誦一過，不禁感觸於心，涕淚交下。老弟純孝，此文字字從性分中流出，愈質樸，愈沈痛，讀之鐵石人亦當腸斷，況如雲者憂患餘生，同抱鮮民[1]之戚耶！文已毫髮無憾，無可參酌，間有一二字句可商處，謹遵諭一一詮注，仍望是正。

惟查《會典事例》載：命婦受子孫封者加"太"字，若已故或曾祖、祖父、父在，不加。世俗行狀墓誌多有"太"字，古人文集中亦屢見。歐陽公《瀧岡阡表》三代皆稱封某國太夫人。往年許太夫人喪，蕉林昆季鐫刻行狀，亦曾以此見詢，當援前説爲答。去夏先母大故，墓碑銘旌皆書封太夫人，校邠諸老以爲然。今伯母行狀似亦以加"太"字爲安。

再篇首既引朱太宜人節孝爲發端，則中間宜將節孝事實略醒一筆，更爲周匝，於章法亦合。

統望裁定。不宣。

[1] 鮮民，《詩·小雅·蓼莪》："鮮民之生，不如死之久矣。"毛傳："鮮，寡也。"即父母已喪而獨留人世之人。

又（三）

辱賜書謹悉。蒙詢世俗撰狀類稱"行述"，而前賢文集則稱"狀"。今撰次太夫人行狀，應否從俗，屬爲鼇訂。查昔人纂金石體例援據但有行狀，罕見行述。梁氏玉繩[1]曰：行狀亦碑版文字之一，而高僧尤多，以行述刻碑，或直謂之墓狀。黄氏梨洲[2]謂：行狀、行述，名異實同。前賢文集，大都皆稱行狀，間亦有稱行述者。全氏[3]《鮚埼亭集》標目有《先太孺人行述》，其言曰：古婦人之有行狀，始於六朝江淹、任昉，宋儒譏之以爲非。其非之，良是也。然誠有聖善如吾太孺人，而又出不肖之自敘，則固不同於一切假諛墓之文以欺人者云云。全氏宏通博雅，一代宗工，其集亦炳若日星。今吾弟爲太夫人撰狀，正與全氏之自敘同例，似亦以稱"行述"爲安。至"欽旌節孝"上加"皇清"二字，必不可少。

辱承垂問，謹就所見爲報，仍望是正。不宣。

[1] 梁氏玉繩，梁玉繩（1754—1819），字曜北，號諫菴，又號清白士、無心子，錢塘（今浙江杭州）人。梁同書嗣子。屢試不第，專心著述，有《史記志疑》《人表考》《誌銘廣例》《吕子補校》《蜕稿》等。

[2] 黄氏梨洲，黄宗羲（1610—1695），字太沖，一字德冰，號南雷，別號梨洲，餘姚（今屬浙江紹興）人。明末復社成員，入清拒仕，著述以終。於史學、經學、地理、律曆、數學、詩文多所著述，有《明儒學案》《宋元學案》《明夷待訪録》《孟子師説》《葬制或問》《破邪論》《思舊録》《易學象數論》《行朝録》《今水經》《大統曆推法》《四明山志》等。

[3] 全氏，全祖望（1705—1755），字紹衣，號謝山，自署鮚埼亭長，鄞縣（今屬浙江寧波）人。乾隆元年（1736）進士，選翰林院庶吉士。次年辭官歸里，講學著述。有《鮚埼亭集》《漢書地理志稽疑》《古今通史年表》《經書問答》《句餘土音》等。

彭南屏太守翰孫

　　客冬奉手書，久稽裁答爲歉。嗣又接三月十三日續示，欣審榮涖循州，勳與吉會，新猷丕煥，政協人和。慰甚幸甚。

　　弟交春以來，屢軀尚無不適，惟精神不能振作，性又疏懶，終月杜門，日維與孫曾董調笑取樂，王逸少所謂一味之甘，剖而分之，以娛目前[1]，亦晚年自得之趣也。

　　婁東去歲木棉大歉，催科竭蹶，辦公經費亦坐是支絀，幸地方民情均屬安謐。二月間幼帥舉劾摺內，潞兒倖廁明保之列，有"不敢指保升階，惟就各該員才品政事，略舉大概，俾姓名得達天聽"云云。姑無論將來升階有無實際，而知己之感，不能不慎益加慎，勉益加勉，以期無負知遇。閣下誼關休戚[2]，用特附陳，通書時幸有以策勵之也。

　　循州在唐宋則以蠻荒視之，勝國以來，風俗漸改，至本朝日益繁盛，惟民氣獷悍，撫馭匪易。然盤根錯節所以別利器，大府之借重吾南屏親家正在此也。

　　附去拙作《午瑞小景》一幀，聊贈疥壁。將來有便人旋蘇，如嬌鳳墨蘭，凡關花鳥，爲江浙所罕有者，乞代覓數種。此等物事價目不貴，却最能怡情悅性。墨蘭奇香，或產閩中，記憶不清矣。

　　[1]"王逸少"句，《晉書・王羲之傳》："羲之既優游無事，與吏部郎謝萬書曰：'……頃東游還，修植桑果，今盛敷榮，率諸子，抱弱孫，游觀其間，有一味之甘，割而分之，以娛目前。……君謂此何如？'"王逸少，王羲之字逸少。

　　[2]"閣下"句，吳承潞與彭翰孫爲兒女親家。吳承潞女吳毓蓀許嫁彭翰孫子彭泰士，惜未嫁而亡。

趙粹甫太守佑宸

　　一昨奉到還章，讀之惶恐無地。伏念雲識荊在三十年以前，遭時多故，執訊久絕。回首軟紅舊事，如塵如夢，恍同隔世。嗣幸節麾南來，方冀良覿有期，可紓積愫，偏值屢罹多病，杜門謝客，遂致高車惠顧，屢失倒屣，私衷眷慕，耿結至今。前乘張別駕之便，謹通尺素，附呈拙著，藉布區區，不復加以莊備，亦恃託交有素也。不意執事賜答，竟忘卅餘年舊雨，棄譜誼而加以謙稱，抑何不爲受之者地也？使弟前書草率冒昧之罪，何以自解耶？恭將全函拜璧，倘承不我遐棄，許列交契之末，今後惠書，只須草書數行，刪去形迹，黜華存實，方不見外。切懇切懇。

　　弟十載杜門，鬚髮全白，瘦同病鶴，狀似枯松。他日賁臨，已預戒閽人，必當掃徑以迓。惟衣冠久束高閣，魏三野服，愧對尊嚴，此則尚求原恕也。所需重橅李北海《岳麓寺碑》、張司直《元靖先生碑》，各奉上拓本一分。此少仲、筱舫借刻，揚存尚多，續有所需，再當寄上。

楊見山[1]太守峴

  養疴杜門,久以未見丰采爲念。一昨奉到手翰,并示哲兄性甫司馬遺集[2],及大著《遲鴻軒存稿》。雨窗披覽,謹已讀竟。哲兄詩文皆雋雅可誦,《今文説》一篇議論尤爲警闢,古人傳世文字正不在多也。尊作擬古各篇,詞旨淵懿,寄託遥深,有漢魏人遺韻。《庸説》一篇,如蘇長公初讀《莊子》[3],發爲文章,便有彈丸脱手之妙,讀之叫絶。不意鄉黨中有此俊才,平日并居咫尺,竊歎知之未盡,得毋等於井底蛙耶! 慚愧慚愧。

  弟精力日衰,每念老至耄及,學益荒蕪,景迫崦嵫,毫無成就,殊滋内疚耳。拙著《彝器圖釋》一部,又《焦山志》一部,附奉鑒定。志中《周鼎考》一篇[4],間有發前人未及者,乞正是[5]。

  [1] 楊見山,楊峴(1819—1896),字庸齋,一字見山,號季仇,晚號藐翁,自署遲鴻殘叟,歸安(今屬浙江湖州)人。咸豐五年(1855)舉人,曾入曾國藩、李鴻章幕參佐軍務,官至松江知府、鹽運使。精研隸書,過眼漢碑無數,名重一時。亦能文,有《庸齋文集》《遲鴻軒詩鈔》等。

  [2] "并示"句,《兩浙輶軒續録》卷四四收楊寶彝詩詞三首,有小傳:"楊寶彝,字性甫,號抱山,歸安諸生。著《抱山草堂詩存》。"據吳雲此書,則楊寶彝遺集尚有詩文合集。

  [3] "如蘇長公"句,《宋史·蘇軾傳》:"讀《莊子》,歎曰:'吾昔有見,口未能言,今見是書,得吾心矣。'"

  [4] "志中"句,同治二年(1863),吳雲應親家、常鎮道許道身之請編修《焦山志》二十六卷,其中涉及金石者七卷。

  [5] 乞正是,下疑有脱文。

吳晉壬[1]太守唐林

前者奉手翰,并近刻《陳所安先生遺集》[2]一册,早經領悉。兩月已來,屢欲作數行鳴謝,祇因屢體多病,時交暑濕司令,肩背常作酸楚,牽及指腕,握管頗艱。家無元瑜孔璋之徒,凡有牋啟,必出手裁;且以至好通問,亦不欲倩人捉刀,寒暄塞責。因之契闊多年,音訊闃然;猥辱損書,又未即報,懷歉負疚,非言可喻。

雲菰蘆跧伏,衰病侵尋,終歲杜門,馴成老廢。方以學殖荒蕪,愧對良友,乃荷獎飾過情,推崇逾分。在執事抑然自下不擇細流,其何以爲受之者地耶?皇恐皇恐。亂後各省書局刊刻典籍,實大有造於士林。而吾浙一局,尤推首屈。此固大府嘉惠來學之盛意,亦由諸君子襄助之力。聞皇朝三通一書,不日可以藏事,定當首先備價購置全部,頗思早覩爲快也。惠定宇所著《後漢書補注》十九卷、錢大昭《三國志辨疑》三卷,此三書曾否鋟版?乞示知。

承詢近著并新得,無以報命,姑附《漢建安弩機考》一册,古圜化及幣布各拓共十頁,又古鉥印拓五頁,似爲海内收藏家所希有者,幸鑒收考定。

管敬伯[3]曾否通書?知其踪迹否?甚繫念不能置也。

---

[1] 吳晉壬,吳唐林(生卒年不詳),字子高,號晉壬,一號蒼緣,陽湖(今屬江蘇常州)人。咸豐十一年(1861)舉人,曾任兵部武選司郎中,浙江候補知府。工分隸,擅詩詞,有《橫山草堂詩集》《姓氏通》《毛詩説文音韻異同》《揚州春詩》等。譚獻《復堂詞話》稱其詩"如虹之氣,不屑爲滴粉搓酥語"。

[2]《陳所安先生遺集》,陳泰(1279—1320),字志同,號所安,湖廣茶陵(今屬湖南株州)人。劉詵《天馬歌贈炎陵陳所安》:"所安名泰,甲寅以《天馬賦》領薦,下第,頗不遇,故以此歎之。泰才氣縱橫,頗多奇句,有《所安遺集》一卷。"

［3］管敬伯，管晏（生卒年不詳），字敬伯，武進（今屬江蘇常州）。曾參左宗棠、閻敬銘戎幕，官河南知縣，署運河廳同知。有《山東軍興紀略》。管晏與弟管樂（字才叔）與吳唐林爲文字友。

趙惠甫刺史烈文(六通)

(一)

奉手書,欣審枕葄攸宜,順時諧暢。

蒙示官印各條内,"越青邑君"本是蠻夷君長之印,釋載敝著《官印考》。"立義行事"(北魏《官氏志》立義將軍居第三品)實係官印。此印見沈氏《欣賞編》[1],而拙著考釋較詳。"劍士"流傳甚多,從未見之著錄,即拙著《官印考》中援引,亦無確證。後讀《通鑑綱目》建寧元年分注,宦者王甫使劍士收蕃,蕃拔劍叱甫。而《漢書·陳蕃傳》中轉不載。是劍士當與宮門宿衛之士同類,如騎士、衛士、劍戟士,見之史者可數也。《綱鑑》一書,讀數過矣,而"劍士"兩字,甫於去年得之,可見平日讀書之不能經意也。

台從卜居究定否？念念。屬書條幅塗就,奉正。

[1] 沈氏《欣賞編》,沈津編,八卷,收錄宋元明人游藝類著作如《古玉圖》《漢晋印章考》等,萬曆年間刊刻。沈津,字潤卿,蘇州(今屬江蘇)人。家世業醫,正德中充唐藩醫正。有《吏隱錄》等。

又(二)

前辱枉臨,藉得暢談,稍解勞結。別去奉手教謹悉,因來使不能待,未及即時裁答,至今耿仄。所需拙著各種,謹奉去《焦山志》一部,《彝器圖釋》一部,雙鈎漢唐各碑另開清單,望查照納入,即乞鑒定。

承示金石之學羽翼經史,謂鄙人從事於此,久宜將王氏《萃編》[1]一書,校正其舛訛,有裨於來學者匪淺云云。弟菲學不足當此,然平生喜蓄古碑，昔年得晚唐吳承泌墓志，係宋元精拓，愛其書法秀韻，因未悉書人閭湘事迹，欲作長跋笶考。繙查《萃編》，不特碑文顛倒脱訛至數百字之多，即後繫考證，亦復舛錯。如"中和"乃僖宗年號，誤爲昭宗，所引《昭宗本紀》"是年十一月蔡賊秦宗權圍許州，十二月詔河東李克用赴援"，亦係僖宗時事，不知當日何以失檢如此。蘭泉司寇博聞精鑒，大約此書卷帙繁富，多出幕下士手，不復細審，故舛訛甚多，不勝枚舉。弟思作《萃編糾誤》，以斁掌麼寧，卒卒未果。亡九兒承漙，自幼喜讀金石考訂之書，年未及冠，所作篆隸，殆有夙慧。曾取家藏碑拓，擇字文清晰者與《萃編》對勘，又約仁和魏稼生[2]爲助(稼生現在閩省候補，搜羅碑文作《萃編補録》，未成)，數月之間，摘其誤處數十百條，旋以秋試暫輟。不意出場後一病不起，弟悲痛致疾，不親硯削者逾年。兒輩檢其詩文遺稿，無論片紙隻字，皮藏不令寓目，蓋恐見之增痛也。

　　兹因尊諭所及，棖觸前事，遂觀縷上陳，亦以執事有同心之契也。

[1] 王氏《萃編》，指王昶所編《金石萃編》。王昶(1725—1806)，字德甫，號述庵，又號蘭泉，上海青浦人。乾隆十九年(1754)進士，授内閣中書，協辦待讀，累官至大理寺卿，都察院右副都御使。精考證，擅文學，有《春融堂集》《金石萃編》等。《金石萃編》收商周銅器及歷代碑刻拓本一千五百餘種，很具資料價值。

[2] 魏稼生，即魏稼孫。

又(三)

　　昨奉手翰，并荷以家園新笋相餉。嘉蔬遠錫，助[1]我加飡，祇領之餘，感抃交會。當此風和氣淑，草木自馨，虞山風景之佳，足供雅人游眺。惜弟衰病侵尋，跧伏内室，不能離家，未獲曳杖奉訪，相與徜徉於山明水秀間，縱談風月，討論古今。每懷及此，輒殷神往。

　　附去彝敦二拓本。近日贗鼎雜出，稍稍有名者，值便不貲，千金猶非上駟價也。此二器兒子承潞去年所得，尚是巧遇，拓奉鑒賞。拙作紈扇一握，聊供拂暑，不足當一笑也，統希詧納。殷君聞年力正壯，得與濠叟[2]及閣下周旋，苟能虛衷受益，其詣何患不精。孔北海云：今之後生，喜謗前輩[3]，一藝未成，已經自滿。大抵今人坐此病者多。殷君或能自拔於佼佼中乎？草此復謝。不盡。

[1] 劻，同"助"。
[2] 濠叟，楊沂孫。楊沂孫晚號濠叟。
[3] "孔北海"句，語見孔融《論盛孝章書》。

又（四）

昨奉前月二十八日手書，并大著《齊曑長歌》一篇，伏誦至再，具見考證奇文，辨析疑義，字字的當，擲之洵有金石之聲。佩甚佩甚。此器篆文奇古，阮文達得之最晚，不及編入《積古齋款識》，而著錄於《挈經續集》。文達一再題咏，及門知名之士多有詮釋，而以陳頌南之篇爲最著，何秋濤專刻行世。"曑"字文達釋爲"曑"，頌南從之，於是器之爲曑，其名益著。而何子貞兄與許珊林丈皆釋爲"虺"，與鄙意恰合。按《書序》"仲虺"，《史記·殷本紀》作"中曑"。"中"即"仲"省；"曑"，即古今字。《詩·終風》"虺虺其雷"，傳：震雷之聲虺虺然。《易象》"山下[1]有雷，小過"，《繫辭》：斷木爲杵，掘地爲臼，取諸小過。《史記索隱》：齊景公名杵臼。古人字由名生，仲曑即景公字也。曹氏器"𣜩"上有"中"字，尤足爲證。珊丈謂此器蓋齊景公受天子命，命陳桓子嗣爲工正，用作文子之廟器也。因銘中有"鈃"字，兩公皆釋爲"鈃"，老友陳壽卿太史亦釋作"鈃"，均與尊見相同。鄙人亦久從此説，特以兩曑之名昭著寰區，文達又爲一代大儒，故刻本仍沿其名。即如貞兄雖辨其爲"鈃"，而作詩有"《論語》《春秋》在此曑，吾師諏考集群才"之句，亦仍其名也。雨牕肅復，謹達佩忱。

管敬伯現在何處？有消息便中示知。才叔近通書問否？

[1]下,當作"上"。《周易·小過·大象傳》:"象曰:山上有雷,小過。"

又(五)

昨奉手翰,附到濠叟書件,一一領悉。濠叟筆力古勁,篆分真行,莫不精妙,所謂博涉多優也。乃復謬推鄙人,抑然自下。昔昌黎之重皇甫,歐公之讓子瞻,古人學益至而心益虛,在濠叟洵無慚往哲,惜不佞匪其倫比耳。愧甚愧甚。晤時乞致肊并謝。

所需古鏡拓就,篋中拓存者先行檢奉,中間兩京之物居多,其練形神冶一鏡,制作精良,文辭華豔。張君房《麗情集》載[1],前蜀秦州節度使王承休妻嚴氏有殊色,後主王衍幸之,造鏡以賜。證以銘詞,即此是也。其雙魚一鏡,活潑潑地,雖有寫生妙手,亦恐未易臻此絶詣。此外篆分相間,各有古趣。計贈十六葉,合裝成册,明窗展玩,亦足怡情。屬在同好,竊附素心,知必得之則喜,同此愛護也。

[1]張君房,字允方,若州安陸(今屬湖北)人。景德二年(1005)進士,官錢塘令、集賢校理等。編次道籍四千五百六十五卷,又撮其精要,成《雲笈七籤》。另有《乘異論》《野語脞説》《科名分定録》《麗情集》《潮説》等。《麗情集》,以風月情愛爲主題的小説集,南宋《祕書省續編到四庫闕書》著録於總集類。明後原書已不可見,《類説》《紺珠集》中保留了一部分文字。

又(六)

一昨奉手書,并大著《太室塤考》。援證精確,仰見鑒古有識,讀書得間,心佩之至。此器出土有四,王廉生庶常得其一,鄭盦尚書得其三。形如雁卵雞卵,有孔六,土質脆薄,乃得流傳於二三千年之後,爲漢唐以來鄭孔諸儒所未得見者,一旦遇之,豈非墨林一大快事哉。已寓書鄭盦,勸其肖繪圖形,亟授梓人,以裨來學。便中擬將尊作録副寄去,同爲欣賞。

前承寄還古鉨印本,字多難識,間有明顯可辨者,而文義又難貫串。

與其穿附,不如闕疑。濰縣老友陳壽卿太史,今之劉原父[1]也。其臧古印之富,敻絶今古,但決爲三代所遺,而文字亦置闕疑之列。弟舊臧共有十紐,今將印本一并檢呈,或與濠叟共考釋之,如何?

[1] 劉原父,劉敞(1019—1068),字原父(一作原甫),臨江新喻(今江西樟樹)人。慶曆六年(1046)進士,累官至集賢院學士。《宋史·劉敞傳》言其"學問淵博,自佛老、卜筮、天文、方藥、山經、地志,皆究知大略","嘗得先秦彝鼎數十,銘識奇奥,皆案而讀之,因以考知三代制度"。

汪柳門侍讀鳴鑾(三通)

(一)

前奉手翰,并承惠寄石鼓文精拓,敬謝敬謝。從前李芝齡尚書編校太學金石遺文[1],許珊林丈亦預其事,有印文曰:奉敕編校國子監金石。所成之書,外間不易得見,未識尊處有無印本? 石鼓文爲天下古今第一瓌寶。弟臧有南宋精拓,弟八鼓"散"字尚存,爲陸謹庭[2]舊物。秋間星韶南來,或得把臂,當出以共賞也。欽頒十器,外間拓本罕有,如其可拓,幸以數分見寄爲懇。

恒軒新得古金至富,關中自劉燕翁後,恒軒繼之,所謂伯樂一顧,冀北群空矣。

[1] "從前"句,嘉慶間李宗昉官工部、吏部侍郎,兼管國子監、順天府尹,參與修撰《國子監志》。《國子監志》六十二卷,其中《金石》五卷,"冠以《欽頒彝器圖説》、御制諸碑,并元以來進士題名碑,而殿以《石鼓圖説》"(《四庫提要》)。李宗昉在《校刻金石存序》中亦提及此事:"暨官國子祭酒,太學石鼓,手拓其文,與大興翁氏(方綱)所得略同……"
[2] 陸謹庭,陸恭(1741—1818),字孟莊,號謹庭、緑扶,吴縣(今屬江蘇蘇州)人。收藏碑帖、書畫極富,擅畫花卉。潘世璜岳丈,潘遵祁外祖。喜王維"山中習静觀朝槿,松下清齋折露葵",以"松下清齋"名其室。

又(二)

前月奉手書,以至好牋啟往來,必欲親裁,雅不喜倩人捉刀,以寒暄相涸,每每報章久缺,職此之由。一昨又從何性泉世兄處交到續示,承屬硯孫世講館事一節。日內潞兒即欲晋省謁送健帥，必當力爲推轂，再擬託少仲一言，以期必諧。雲間[1]太守大約不日亦可到省也。

弟養疴杜門，新正以來出門止有三次，朋儕招邀，稍遠則專舟來迓，魏三野服，尚無形迹之拘，然已勉强支撑矣。去冬南中雨雪過多，底水甚大。開春常常陰雨，半月以來勃戾彌空，簷溜如瀉，恐成水厄，輒喚奈何。刻下南中盼晴，北邊望雨，蒼蒼者苟一轉移，則普天蒙福矣。

所需散氏盤拓本，弟在邘上覓得三種。一孫淵如臧者，自留；一爲秋谷要去；一贈恒軒。去年鄭盦書來，謂在恒軒處見有贈本，屬向笙魚[2]購求。笙魚初索五十金，後聞都中來訪，則不但高其價目，且效石獃子之寶摺疊扇[3]，雖重值亦不售矣。鄭盦處尚未有報，惟吾郎亭既究心於十五篇[4]九千數百字，今復精研籀史，詳考奇文，博取先秦款識，靨而飫之，將卓然爲一代傳人。昔賢所謂交游中得一國士者，舍郎亭其誰當之。敢不仰副所需，必圖報命。茲先寄上師酉敦二器共拓本四葉，庚罷卣拓本二葉，封敦拓本二葉，臥尊一，魯伯俞簠一，王子申盞一。此就案頭所有篆文精而較多者，先奉鑒賞。外頌敦二，一爲季玉臧，一爲仲復臧。季玉所臧者其蓋向在兩罍軒，後贈季玉，索作延津之合。兩器字多，特一并寄奉，統希檢入。

兩櫑銘在腹內，極不易拓，未有現成，稍遲當連同散盤銘，由潞兒面致，不爽約也。

[1] 雲間，清時松江一帶文人對松江的雅稱。
[2] 笙魚，李嘉福。李嘉福號笙魚。
[3] "且效"句，事見《紅樓夢》第四十八回"濫情人情誤思游藝，慕雅女雅集苦吟詩"。
[4] 十五篇，傳成書於春秋戰國之際的《史籀篇》，分十五篇，九千餘字。其字體與秦系金文及石鼓文相類，稱大篆。

又（三）

前奉七月廿七日德安行館所發手翰，展誦之餘，欣審福滿星韜，動與吉會。江右人文薈萃，冠絕東南，非得如執事之績學，濟以藻鑒之精，終恐有遺珠之憾。今者秋闈榜發，衆口騰歡，彼都桃李，已慶盡入公門矣。乃復寵命繼頒，榮膺督學[1]。歐陽公云：文章止能潤身，政事可以及物。主考與學院雖同操斯文之枋，然主考專於内簾取士，縱使燭照無遺，真才迭出，總不如學院任有三年之久，觀風問俗，使節所至，不獨拔幽振滯，爲朝廷儲有用之材，抑且革薄從忠，爲地方造無疆之福。文章政事，宏此遠謨，將與往哲後先濟美，非時賢所能度絜短長也。屬在世好，實有榮幸。

弟景迫崦嵫，學慚荒落。今秋舊疾尚不大發，惟年邁氣衰，終歲杜門，伏案之外，一切往來禮節，概從謝絕。間作真率之會，同集者亦止林下五六人而已。馴成老廢，無足爲知己述也。恒軒頻有書來，勵精圖治，以監司大員，爲州縣清理詞訟，半年來審結已有二千餘案。解糾釋紛，陰德非淺。仍能於公事之暇，不廢翰墨，其精神才力，尤爲夐絕過人，與吾郘亭洵稱一時瑜亮。間嘗與真率會中諸老論及當代人才，欲求有猷有守，體用具備者，亦惟以郘亭與恒軒是推。此衆論所歸，非一已阿好也。

拙著《古官印考》二册，尚是甲子年舊稿，謹以一部附奉鑒定。敝居聽楓山館，花木漸已成林，簠齋、恒軒、鄭盦皆撰句爲贈，獨少郘亭佳迹，殊爲缺典。敬乞惠書楹對一聯，條幅四幀。江右產紙，定多宜筆之品，故不復購寄。且有無厭之求。懇物色陳年宣紙十數番見賜，即作爲齊紈佳讖之報何如？一笑。

[1] "乃復"句，據錢實甫《清代職官年表》，汪鳴鑾光緒五年（1879）任江西鄉試正考官，遂即留視學，任江西學政。

家子恭明府念椿

　　昨接月之初一日寄到手書，附有猴頭菌、葫蘆乾，領謝。遜志齋[1]文集、詩稿，雖所作無多，然中間如《論分家》一篇，文言道俗情，最足感發人心。家書數則，亦略見讀書修身生平節概，皆可傳之作。詩中《和晚香別墅九月紅梅》三絶句，讀之怳如隔世。當日與二兄[2]倡和篇什及往來書札，庚申之變，盡付浩劫；平生著述稿本，及已梓各書版，亦全陷蘇城。現已刊刻各種，皆庚申後所著。罷官以來，杜門伏案，已歷十三寒暑矣。讀書養靜，於心稍有所得，盡在此十三年中，未始非天之玉汝於成也。遲日擬爲《遜志齋》撰序一篇，手書寄上，附於卷端。倘楚北刊工少好手，或當託書局一刻。如其爲難，則由蘇刻亦可，以行書不比宋字之易刻也。《年譜》第十六頁有"浙省得而復失"句，似有訛字，抑或詞意未醒。按是年杭城旋復，或改爲"時浙省屢爲賊擾，湖城戒嚴"，上句虛寫，亦無不可。照此改易，只須挖補，不必重刻也。

　　四弟精於鐵筆，難得難得。家臧漢魏六朝古印約千紐，曾有印譜，俱爲友人索取殆盡，適案頭有唐辛生[3]摹古印三册，特寄上。又《彝器圖釋》一部，朱文公《易繫辭稿》，魏文靖《文向帖》，《重刻東海廟碑》，又《重刻岳麓寺碑》（此勒少仲廉訪所刻），張從申書《元靜先生碑》（此杜筱舫弟刻），共五分；又《上方山寺塔盤銘》一分，統望檢收。另以裱好者共四分，分贈椒坡[4]、秋谷，祈即轉交；其未裱者，即付裝池，以免散佚。

　　平華以明年四月間即欲散館，現已留京。俟留館後請假南旋，較爲從容次第也。

[1] 遜志齋，方孝孺齋名，取自《尚書·說命下》："惟學遜志，務時敏，厥修乃來。"後人因爲其著作定名《遜志齋集》。此或爲吳念椿爲其父吳熊所編詩文集。

〔2〕二兄，應指吳念椿父吳熊，吳雲族兄。吳雲與雷以諴信第二通有"族姪念椿，係湖北候補知縣。初歷仕途，諸未諳練，茲屬渠晉謁，尚望吾師頒以治譜，俾有遵循。念椿自朴安族兄殉難後，尚能耐苦曉事，還乞吾師於諸當道前噓拂而提挈之爲懇"云云。

　　〔3〕唐辛生，咸豐同治年間制印好手，與徐三庚、吳大澂等俱有交集。咸豐九年(1859)，與徐三庚合作(徐三庚篆唐辛生刻)"舊書不厭百回讀"及"文章自娛戲"印；吳大澂《愙齋日記》咸豐十一年(1861)三月初五日亦記"與唐辛生鑒賞古官印"。

　　〔4〕椒坡，潘介繁(1829—1893)，字穀人，號茉坡(一作椒坡)，又號桐西，吳縣(今屬江蘇蘇州)人。咸豐二年(1852)舉人，候選國子監學正，出任咸寧、麻城知縣，直隸、茶陵知州等。潘世璜孫，潘希甫子，潘祖蔭從兄弟。富藏書，家有藏書樓"桐西書屋"。有《桐西書屋詩抄》《桐西書屋文抄》。

吴冠英貳尹儁[1]

　　春來想道履安勝。刻接李春生兄來書，上海道馮竹儒[2]兄欲請吾兄到滬月餘，未知能否前去？特將原信奉覽。弟思月餘之留不爲過久，二百之餽不無小補。屬在至愛，用敢爲介，幸即賜覆，以便轉告。

　　再有懇者。弟最喜《鶴林玉露》中所載"山靜似太古"一篇，寫山林恬適之趣，令人神往。特摘録其中語意，分爲六段，乞兄暇時依句繪圖，上留空地，弟擬逐幅書之。賜款署於末幅，欲令百年後好事者珍爲二吴書畫合璧也。一笑。素箋六葉附呈，鵠候還玉，諸維心印。不具。

[1] 吴冠英，吴儁，一作雋，字子重，號冠英，江蘇江陰（今屬無錫）人。寫真得古法，亦工篆刻。嘗客京華，爲戴熙、何紹基等重。貳尹，即二尹。

[2] 馮竹儒，馮焌光。馮焌光字竹儒。

彭苟庭中丞祖賢（二通）

（一）

奉花朝日所發手書，敬審道體綏和，順時諧暢，步履小有不良。按摩之法，行久必效；其次用桑寄生研末，陳酒沖服。王道無近功，久之亦必有驗。特不可輕投疏風祛濕之品，致損本元。近日良醫甚少，每每極平淡單方，轉有奇效。老友周縵雲侍御，自去秋患脾洩之症，歷四五月未愈。正氣漸傷，百藥無效。昨接來信，云有人教以藕粉代點心，米仁代茶水，服半月，霍然而止，現已精神如常矣。弟深佩偉如中丞每勸人不輕投藥，良由精通醫理，洞悉此中甘苦艱難，故有此論，斷非目下時醫所能道也。

恒軒大約四五月之交進京，誼卿得雋，則行期或稍羈遲，亦未可定。訒兄[1]親家昨曾晤敍，風采甚好，頷下留髯，尤有飄飄欲仙之致。現赴山中掃墓，即欲回來，無多耽閣也。三兒奉中丞委赴海塘驗工，因值學台按臨，怱怱即旋。從前明保人員超擢極速，近以存記人多，簡放不易。蒙諭云云，具見關愛。去年保奏以江蘇道員在任候補，部中來文，調取引見，明年擬進京一行，開缺與否，屆時再定。未知長者以爲如何？偉翁[2]赴鄂，想必取道吳門，刻下當已出京。渠三令郎高擷芹香，此執事之快婿也，尤堪額手。

纂修《續畿輔通志》不知何日開局？兹事體大，倍勞宏才擘畫也。

[1] 訒兄，彭慰高。彭慰高號訒生。彭慰高乃彭祖賢長兄（彭祖賢行四）。
[2] 偉翁，潘霨。潘霨字偉如。

又(二)

　　每晤鈍舫[1]親家，敬問起居，備稔勳德并崇，身名俱泰，稍紓馳仰。久欲作數行道肊，因聞節署政煩，蓋勞彌甚，不欲以林下閑文，上溷清聽。曩承遠惠素心蘭蕙，敬領之後，亦未專函報謝，皆由眷愛素深，知不責其疏慢。兩載已來，音敬久闕，而惓念丰采，正切遐思，一咋又辱不遺在遠，手書存問。發函諷誦，語重情長，并審近履安和，眠食皆勝，按摩之功，定無間斷，用能精力日增，康強逢吉。欣聞淑況，喜慰交縈。弟交春後體氣雖勉可支持，而精神終不能振作，鍵關養拙，恒數月不出一門，伏案之外，間與鈍翁及三四親友作真率小集，評詩讀畫，尚不失林泉清趣。惟以喬輝遠隔，坐無車公，每一念及，輒深神往。亮鈍翁竹報中當亦詳及之也。

　　附呈濰縣老友陳壽卿寄來古匋器全形拓本四幀，似比鐘鼎彝器別有古致。又六朝石畫艁象橫幅一幀，敬奉疥壁，藉以伴函，統希鑒納。

　　族姪念椿，渥荷栽植，銘感無既。婁東署中，公私均託庇平順，堪以附告。

[1] 鈍舫，彭慰高。彭慰高別號鈍舫老人。

潘譜琴太史祖同

　　昨奉手書,并示大著。詩文謹已誦悉。四韻詞意高古,非雕繪月露風雲者所可比擬,洵推絶構。《介君小傳》尤妙到不可思議,文格從韓蘇二家以上溯司馬氏,惟浸淫於古者深,故雖游戲文章,而雅絜勁峭,自有古音古節。循讀數過,實不勝其傾倒心服。此由中之言,非敢貢諛也。乃辱不鄙老朽,損書勤問,商質醇顙,此所謂以能問於不能也,能無慚悚!大稿想有副本,謹已留存,時出諷咏,比之讀毛中山傳[1],更覺新穎可喜。佩甚快甚!

　　[1] 毛中山傳,指韓愈《毛穎傳》,其首句曰:"毛穎者,中山人也。"

王廉生農部懿榮

　　前月杪奉到手書，敬審道履沖和，著述如意。尊卷詳繹至再，三藝[1]有先正典型，不可與揣摩時墨者并論；經文注疏體裁，而新義層出，具徵根柢；五策[2]崇論宏議，不特學術之邃，亦足見經濟之宏，訓詁考證之精猶其餘事也。欽佩實至。

　　恒軒歸家後時相過從，縱談甚樂。關中新得古器既多且精，此中真有金石奇緣，非能浪獲也。近見咒觥一器，其制如爵，蓋作咒形，目所未見，可爲古器之證。已擬如式仿製，工蕆可公同好也。

　　[1] 三藝，明清科舉，以四書、五經中的文句做題目，要求考生依照題義闡述其中義理，措詞要用古人語氣，即所謂代聖賢立言，稱制藝。此蓋指由詩、書、易等所出題目。

　　[2] 五策，明清科舉，頭場制藝外，還有策問，一般爲五題，稱五策。如李慈銘《越縵堂日記戊集》十月十一日："見題紙第一道策問經學，第二道問《史記》舛誤，第三道問歷代田政，第四道問歷代兵制，第五道問歷代雜稅。"

江蓉舫觀察人鏡

　　清和十九日接三月望日發來手翰，展誦之餘，如挹言笑。蒙賜潞兒一函，謹已轉付。伏審道履安勝，并知正月間有弄璋之慶。天上石麟，人間英物，三多[1]之祝，原與福壽同徵。遥望德門，彌殷額手。

　　弟體本孱弱，去冬大病之後，幸託樾庇，精神眠食，已一切如常；惟衰邁日增，疎嬾愈甚，杜門却掃，衣冠久束高閣。昔朱子晚歲常野服見客，弟於朱子德業文章未能望見一二，獨野服見客一節，頗自詡善學朱子。附及之，聊博捧腹。

　　去年旱魃爲虐，晋省罹此奇災，每閲邸報，不禁心惻。後接清卿書，備陳飢餓倒斃，積屍橫陳，種種苦狀，尤令人不忍卒讀。賴沅浦[2]中丞主持於上，吾親家左右輔成[3]，於無可措手之中，籌肉骨回生之策，上能推廣皇仁，下則激勵僚屬，賑恤兼施，存活麋數。此中艎福，良匪淺鮮；將來位業，當與富鄭公比隆，盤錯別利器不足爲親家言也。

　　南中二三月之交，大雨兼旬，簷溜如瀉，彌空勃庋，大有水災之象，人心慌亂，報災請勘，紛紛而起。幸望日以後，連得晴霽。比來雨暘應時，春收除低田被淹外，尚有六七分收成，民情已定，米價亦平。

　　雨田爲英茂文[4]所誤，始謂海運津差操券可得，轉將巡查差預辭不就。詎揭曉失望，至今尚在賦閑。少翁相待甚優，數次晋見，俱不以佐雜視之，現在護院，亦竟無以位置。宦途之升沈遲速，非人力所能主。婁東所屬四縣，去冬至春數月之間，嘉寶、崇明俱以事故出缺，均委留太佐雜代理。去年雨田從晋省歸來，倘竟赴婁東聽差，則此數缺中必可得一，縱或處膏不潤，而暫握正印，亦足解嘲。此權操自己者尚不能必得，遑論求人。每與兒輩并雨田論及，未嘗不欷歔啄自有定也。守身自勵，循分從公，以俟機緣遇合而已。

弟現有六孫兩曾孫,長孫翊周今年幸入邑庠;次孫小名官保,十一歲,讀書天資尚好;三四兩孫暨曾孫松寶,甫經入塾;此外眷屬皆託賴平安,足抒愛注。瑣瑣上陳,聊當親戚情話。
　　伏望節勞善衛,加意自珍,是所至祝。

　　[1] 三多,指多福、多壽、多子。
　　[2] 沅浦,曾國荃(1824—1890),字沅浦,號叔純,又名子植,湘鄉(今屬湖南婁底)人。咸豐二年(1852)優貢生,隨兄曾國藩籌建湘軍,以功賞太子少保銜,封一等威毅伯,累官至兩江總督兼通商事務大臣,加太子太保。光緒二年(1876)調山西巡撫,光緒七年(1881)升陝甘總督。
　　[3] "吾親家"句,江人鏡同治九年(1870)授山西省蒲州知府,繼任太原府知府,署山西按察使。江人鏡女適錢塘許庚身子,而許家與吳家亦是姻親,故稱。
　　[4] 英茂文,英樸(?—1879),字茂文,滿洲正藍旗人。由監生捐納入仕,咸豐五年(1855)授福建汀漳龍道。同治十年(1871)至光緒年間任蘇松督糧道。

陳季平觀察晫

別來二十餘年矣，世運變遷，人事厄氒，恍夢入羅刹國中，雖已醒覺，至今猶心悸也。昨奉手翰，展誦之餘，敬維道履綏和，動與吉會。前者得三兄噩耗，爲之泫然者累日。祇以一江遥隔，不獲盡寢門之哭，謹備輓章，聊當努束。正深歉悚，乃辱教言下逮，情肫語摯，而一種友愛之忱，尤流溢於字裏行間。至三兄生前政績，以及立身行世，得以備載志乘，列入祀典。雖云誠無不格，實至名歸，然非棣台[1]苦心經紀，則古今負屈淹没者，胡可勝數，安見有功必報，一無遺憾哉。三兄一生愛好，九原有知，當亦含笑無已也。

雲今年亦六十有九歲矣，崦嵫景迫，衰病日增。兩年以來，每交初冬，嗽痰大作。去歲又值家庭多故，心緒怫鬱，二豎遂乘隙作祟，纏綿翻覆，直至今年交春後，始得漸次向瘉。現眠食雖已如常，而精神總不振作，衣冠酬應，謝絶多年，來往禮節，久經廢棄。幸親舊憐其老病，不以形迹相繩，尚得杜門守拙，摩挲金石，讀書自怡。膝前有七孫兩重孫，長孫已游庠，眷屬亦尚平順。潞兒於閏月下旬乘輪入都，月朔以道員驗放。因有明保在先，此次進京，又蒙中丞附保，例由軍機進單。惟因京察人衆，雖進單而簡放者絶少也。月内即可到家。

知承愛念，謹縷晰以陳，用當晤對。

[1] 棣台，《詩經》有《常棣》："常棣之華，鄂不韡韡，凡今之人，莫如兄弟。"後人遂以棠棣喻兄弟。此代稱陳晫。

沈彦徵觀察敦蘭

遞中辱惠書，欣審安抵節署，動止清勝。慰甚慰甚。連日謹將先光禄公《話山草堂遺集》反覆詳讀，竊見先生於學無所不窺，而才與識又足以副之。故發爲文章，用能陳言務去，獨抒真詮。詩中咏史紀事諸篇，警句如"堅持白梻防民口，廣散黃金買士心"，確有所指，而又包羅群有，涵蓋古今。使持此以贈張魏公[1]，亦可謂詩史矣，不獨揭夫己氏[2]之隱已也。《論書絶句》五十首，由漢魏至今二千餘年中，豐碑巨碣，書學源流，推究授受，闡發無遺，與漁洋山人[3]論詩諸作可以并駕薮苑。文中如論熊孝感[4]《學統》二篇，謂此是講學家之統，非洙泗之統，可謂一語破的。至駁詰"雖敗猶榮"與"立雪近禪"二端，持論中正透闢，堅確不磨，皆必傳之作也。《八法筌蹄》一卷，學者能與《論書絶句》細加參讀，自有領悟。蓋先生於《書學至深》一篇之中所以反覆致意者，實欲以金鍼度人，寶筏導路。此誘掖後進之苦心，非漫然發之也。《六書糠粃》三卷，凡於形聲訓詁之學，莫不剖析入微，推勘盡至；而於審音切韻、俗體訛書，尤能援據古籍，精心辨正，不獨爲《玉篇》《廣韻》之諍友，亦可爲許君之功臣矣。雲尤服膺《論語比》一書，謂講學家推崇程朱過當，致肇門户之禍，洵是至理名言，與世之尊漢學而薄宋儒者迥不相侔。

至論張濬爲人，附黃潛善，逐李忠定，斥岳忠武，殺曲壯愍[5]，富川、符離之敗，遂使南宋天下，從此一蹶而不能復振。此真名教罪人，乃講學家變亂黑白，顛倒是非，把持清議，至於如此。可稱千古快論。雲嘗謂從古負虛名而釀實禍，無逾張濬其人。今讀先生之文，辭無虛發，語必透宗，如雲讕劣，竊附同心，敬服之忱，不自知其首之至地矣。此外《操縵易知》一卷，《詞鈔》二卷，愧未專學，不敢妄及。謹疏蠡測，用答諈諉，仍乞加察釐訂。不宣。

[1]張魏公,張濬(1097—1164),字德遠,漢州綿竹(今屬四川德陽)人。政和八年(1118)進士,歷樞密院編修官、侍御史,累官至同平章事兼知樞密院,都督諸路軍馬,封魏國公。

　　[2]夫己氏,猶言某人,不欲明指其人時之稱。《左傳·文公十四年》:"齊公子元不順懿公之爲政也,終不曰公,曰夫己氏。"杜預注:"猶言某甲。"此未知影射何人。

　　[3]漁洋山人,王士禎。王士禎號漁洋山人,有《戲仿元遺山論詩絕句三十二首》,品評歷代詩人。

　　[4]熊孝感,熊賜履(1635—1709),字敬修,號青嶽,晚號愚齋,漢陽孝感(今屬湖北)人。順治十五年(1658)進士,選庶吉士,累官至東閣大學士兼吏部尚書。曾任《平定朔漠方略》和《明史》總裁官。潛心理學研究,有《經義齋集》《閑道録》《學統》《澡修堂集》等。《學統》,五十六卷,將歷代儒學人物,按其對聖學的貢獻劃分等級,具有強烈的尊朱黜王、嚴辨儒釋傾向。

　　[5]"至論"句,黄潛善,字茂和,高宗時居相位,因循苟且,構陷李綱,爲軍民所憎。《三朝北盟會編》卷一九九引《秀水閑居録》:"(李綱)建炎初首拜輔相,再閲月繆戾乖剌,大拂衆心,以黄潛善作相。殿中侍御史張濬,潛善所引用,力攻綱,至貶海南軍車駕。"李忠定,李綱,謚忠定。岳忠武,岳飛。岳飛初謚武穆,理宗時改謚忠武。曲壯湣,曲端(1091—1131),字正甫,鎮戎(今寧夏固原)人。高宗時拜威武大將軍,統率西軍。被張濬以謀逆罪下獄,酷刑致死。後追復宣州觀察使,謚壯湣。

曾劼剛襲侯紀澤

每於懷新閣[1]敬問起居，備聞偉略。竊謂聖朝積累至深，於今二百餘年。值此時艱孔亟，中外洶洶，天爲社稷，必有命世英才，起而爲國家斟調元運，砥柱橫流。元侯[2]以中朝一人，適膺重寄，遠歷詐虞之國，奉命危難之間，力排群疑，獨衷一是。大錯業已鑄成，而轉圜終收實效。凡此回瀾障海之宏猷，實爲振古鑠今所罕見。他日宰相世系表中，史臣秉筆，必於范純仁、韓忠彥之外，別志奇勳。古之所謂豪傑之士，非常之人，今於元侯遇之矣。山居歲月，實託帡幪[3]。遠聽聲聞，能無額祝！

雲崦嵫已迫，學業無成，守拙杜門，馴成老廢。惟此叢殘編簡，結習未除，每與遠近同志，考論古文奇字，偶有新得，或遇異聞，欣悦之情，輒不自已。曩閲某君乘槎筆記，載泰西埃及國有古王陵三座，北陵最大，洞中有古石棺，洞口橫石刻字十行，如古鐘鼎文，可辨者十之二三云云。查埃距英法甚遠，摹搨必不易易。唯念頻年使節往來，似此地已成要道，謹將原記一則鈔呈，乞元侯俯賜留意，倘遇人便，得將海外上古遺文，携傳中國，使好古之士擴此眼界，亦墨林一大快事也。

[1] 懷新閣，龐元濟《虛齋名畫録·黃秋庵山水册》第十二幀下録有吴雲題跋："册爲懷新閣李氏所藏。……香嚴即懷新閣主人也。"李鴻裔曾長期爲曾國藩幕友，與曾家頗有交誼。

[2] 元侯，《左傳·襄公四年》："三夏，天子所以享元侯也，使臣弗敢與聞。"杜預注："元侯，牧伯。"後泛指重吏大臣。

[3] 帡幪，帷帳，在旁曰帡，在上曰幪。此猶言庇護。

彭雪琴宮保玉麐[1]

前者榮戩東臨，猥承賜顧，祇以末疾纏身，艱於動履，不獲爲明公執鞭負弩，一盡積年戀慕之忱。乃辱垂念衰朽，損書存問，私衷感幸，匪言可喻。比日節逾霜降，六橋三竺之間，紅樹青山，別有殘秋景色。明公襜幃暫駐[2]，撫此十里明湖，差比剡溪一曲。遥想軍政之餘，感今懷古，都入名篇；範水模山，悉成畫本。從古名勝之地，得大賢瞵顧，即一亭一樹，亦必因人而重，遂成不朽之名。粤考志乘，歷歷可指。溯自狂寇肆虐，東南陸沈，蘇浙繁華，盡化焦土，明公應運崛起，投袂從戎，虎踔龍驤，身經百戰，掣鯨障海，力砥頽波。合羊杜[3]之謀，建渾濟[4]之業，樓船東下，以次肅清。此日風景不殊，河山無恙[5]，民安耕鑿，士復弦歌，再造之恩，揆所由致，何莫非明公相輔而成；而乃推功讓能，持盈戒滿，薄海爭傳奏議，域外亦慕清忠。昔李衛公[6]，功高百辟，名震四彝，削平吳越，率兵南巡。所過之處，延見父老，存恤窮黎，宣布德威，遠近歡服。迹其勛業，先後同符。晚年以足疾陳情，太宗謂自古身居富貴，知足者鮮。今允所請，非直成公雅志，亦欲藉公爲一代楷模[7]。後儒讀史至此，竊歎君臣遇合之隆，斯爲極則。然考衛公當日功績雖高，猜忌實甚，讒構交作，數陷禍機。安得如明公之不矜不伐，一德一心，倚畀日益崇隆，舉措愈形謹慎。虛懷接物，力疾任公，口不言勞，事無不集。此求之古大臣中所罕覯，遑論當世哉。

雲峘嵫已迫，學殖全蕪，辱盼睞之優加，欲趨承而未遂。附驥心切，登龍願違。謹手肅寸函，虔抒戀悃。伏望明公退食之暇，爲國葆躬，節宣善衛。附呈趙書石刻一册，敬呈鑒定。臨穎馳溯。不盡。

[1] 彭雪琴，彭玉麐(1816—1890)，字雪琴，號退省庵主人、吟香外史，衡陽(今屬

湖南)人。家貧，投衡州協標營充司書以養家，補附學生員。咸豐三年(1853)受曾國藩邀入湘軍，與曾國藩創辦湘軍水師，賞同知銜，并賞戴花翎。官至兩江總督兼南洋通商大臣，兵部尚書，封一等輕車都尉。詩書畫俱佳，以畫梅名世，有《彭剛直詩集》《彭剛直公奏稿》。麐，同"麟"。

［2］"明公"句，《清史稿·彭玉麟傳》："自設長江水師，東南無事，將士漸耽安逸，事多廢弛。(同治)十一年，詔起玉麟簡閱，疏陳整頓事宜，諷提督黃翼升自退，薦李成謀、彭楚漢二人，即以成謀代之，劾罷營哨官百數十人。入覲，命署兵部侍郎，復陳請開缺，仍命巡閱長江，專摺奏事。……自築別業於杭州西湖，曰退省庵。每巡閱下游，事畢，居之。自是水師皆整肅，沿江盜踪斂戢，安堵者數十年。……光緒七年，命署兩江總督，再疏力辭，乃以左宗棠代之，留督江海防如故。……九年，擢兵部尚書，以衰病辭。"

［3］羊杜，羊祜、杜預。二人先後鎮襄陽，皆有政績，後人因并稱之。曾鞏《和張伯常岷山亭晚起元韻》："更追羊杜經行樂，況有風騷是謫仙。"

［4］渾濬，王渾、王濬。兩人率軍攻吳，一舉攻下建康，孫皓歸降。

［5］"此日"句，《世說新語·言語》："過江諸人，每至美日，輒相邀新亭，藉卉飲宴。周侯中坐而歎曰：'風景不殊，正自有山河之異！'皆相視流淚。"此吳雲反其意而用之。

［6］李衛公，李靖。李靖效力李唐，南平蕭銑、輔公祐，北滅東突厥，西破吐谷渾，封衛國公。爲凌烟閣二十四功臣之一。

［7］"晚年"句，《新唐書·李靖傳》："會足疾，懇乞骸骨。帝遣中書侍郎岑文本諭旨曰：'自古富貴而知止者蓋少。雖疾頓憊，猶力干進。公今引大體，朕深嘉之。欲成公美，爲一代法，不可不聽。'"

潘偉如中丞霨(三通)

(一)

前以陶鳧薌[1]先生所著《紅豆樹館書畫記》，屬爲弁言，謹已撰就奉正。讀是書始知公之詞藻工雅，書法秀雋，其來有自。昔董思翁[2]嘗云：余家曾祖母爲高房山[3]尚書孫女，故余得烟霞之氣，實從血脈中來。今復於公見之矣[4]，可勝羨慕。惟拙筆恐貽佛頭着糞之譏，是否可用，尚乞鼇定。

[1] 陶鳧薌，陶梁(1772—1857)，字寧求，號鳧薌(一作鳧香)，長洲(今江蘇蘇州)人。嘉慶十三年(1808)進士，改庶吉士，授編修，官至禮部侍郎。有《紅豆樹館詩稿》十四卷，詞八卷，補遺一卷，逸稿一卷；又有《紅豆樹館書畫記》，光緒八年(1882)潘氏韡園刻本，前有潘霨、潘曾綬、吳雲等序。
[2] 董思翁，董其昌。董其昌號思白。
[3] 高房山，高克恭(1248—1310)，字彥敬，號房山，色目人，占籍大同(今屬山西)。由京師貢補工部令史，官至刑部尚書。博覽經史，畫山水，亦擅長墨竹。有《房山集》。
[4] "今復"句，陶梁乃潘霨舅父。

又(二)

前者辱以手書稧序見贈，又倩令姪孫斗如姻兄繪蘭亭圖，稍成長卷，允稱書畫合璧[1]，感幸無已。惟此卷本爲自怡之品，今因節麾榮發，遂作留別之贈。昔賢有互易書畫，以慰相念之忱者，於公復見之矣。雲雖老朽無似，敢不自呈其醜。謹取摺疊便面，書稧序一通，并繪脩稧大意爲報。尊書得河南[2]妙腕,奄有神龍、潁上之長;拙作略宗率更[3],竊取定武遺意,未免有珠玉在前之愧。外檢帖一聯,因公愛此對句,故特書贈,并乞賜納。

[1] 璧,文海本作"壁",據石印本改。
[2] 河南,褚遂良。褚遂良封河南郡公,世稱褚河南。
[3] 率更,指歐陽詢。歐陽詢曾官率更令。

又(三)

奉別以來,曾接手翰二通,一由滬發,一係八月間由都門遞到。展誦之餘,一一領悉。恭審九重心簡,三接恩釀,外領兼圻,內襄密勿,明良際遇,如日方中,引睇卿暉,彌殷禱頌。

雲老至耄及,日益衰憊。交秋咳痰舊疾時愈時發,又加大便艱苦,真是諸病百出,終歲不出戶庭。幸三兒常侍左右,藉可支持一切。同社諸老皆健飯如常。仲復有長媳之喪。此貞孝節婦,過門已十七年矣。隨園老人詩云:未亡人去轉心安[1]。故仲復尚不至於悲傷,現已爲之請旌矣。訥生曾抱病旬日,秋榜揭曉,其孫頡林獲雋,老懷大開,恙亦霍然。香巖甫逾艾服之年[2],而老態與賤子相似。子山因駿叔之變,不無哀感。幸能達觀,仍在怡園游賞,尚無凝滯。星臺瀟灑自樂,前有長律六首奉寄,想早塵覽。此同社中第一福人也。西圃、柔齋亮時有竹報詳達。來諭已遍示同人,均屬筆道念。知關綺注,謹縷晰附陳。

潞河之行何日吉旋?時交冬令,北地多寒,諸望加意調護,爲國葆躬,是所至祝。附呈近刻趙書一册,敬乞鑒定。

[1] "隨園老人"句,袁枚有《二月十六日蘇州信來道孀女病危,余買舟往視,至丹陽聞訃》:"獨活草生原命薄,未亡人去轉心安。只憐白髮無兒叟,再喪文姬影更單。"
[2] 艾服之年,《禮記·曲禮》:"四十曰強,而仕;五十曰艾,服官政。"後因以"艾服"代稱五十之年。

周陶齋明府作鎔

　　昨日海如述榮行已諏吉初十日，不再遲改[1]。所需與季平書特繕就，又與屺堂一書，均附有零物，開明另單。菊甫處不另作書，有新刻《三續疑年録》望爲帶交。川資四十金，聊佐行裝，幸哂納。《弩考》一册，紈扇一柄，并奉鑒賞；又十萬杵墨共四挺，中有玉册一挺，最爲珍祕，模範之精，可稱獨絶。鄙人細字兩行，雖精於小楷之勒悟九中丞，亦歉爲不及。此墨因製範費力，杵又加工，歷兩年始成，從未贈人，要留至數十百年，有蘇子瞻、王晋卿其人，懸黄金訪求[2]，然後行世。今因蕡榭風雅，善書工畫，故以一挺爲贈。蕡榭其與黄魯直古錦囊中所藏之半挺承宴同珍[3]，慎勿輕出示人，爲好事豪奪之也。一笑。

　　到淮後如何景狀，即來一書以慰記繫。淮揚舊雨，詢老人近況，示以此書，即知其概。惜乎子湘墓木已拱矣。

　　[1]"昨日"句，其事參見吴雲與張富年書第二通："陶齋於侘傺槁項之時，忽遂欣欣向榮之願。人生得一知己可以無憾，陶齋於閣下之謂矣，不得以瑣瑣姻婭論之也。已促其早日啟程。據云一俟脚上凍瘃稍愈，得良於行，即可買棹，必不過遲也。"

　　[2]"有蘇子瞻"句，蘇軾《書黄泥阪詞後》："明日得王晋卿書，云：'吾日夕購子書不厭，近又以三縑博兩紙。子有近書，當稍以遺我，毋多費我絹也。'"

　　[3]"其與"句，陸友《墨史》："蘇子瞻云黄魯直學吾書，輒以書名於時，好事者争以精紙妙墨求字。嘗携古錦囊，滿其中皆是物者。一日見過，探之，得承晏墨半挺，遂奪之。"承宴，即李承晏，南唐歙州制墨名家李超孫，李廷寬子。

許星臺方伯應鑅(二通)

(一)

　　昨者辱承惠顧,倉卒治具,深以見慢爲罪。而明公清言霏屑[1],吹氣如蘭,飲公瑾醇醪[2],已足令人心醉,文字相交,切磋道義,固不在酒食間也。蒙携存各種珍品,既適於用,復適於口,歡欣拜受,愧乏瓊報,而亦不敢拘於形迹,以套儀相將,轉致自外。案頭有菖蒲、壽石二種,似邀明公盼睞,敬以移贈。盆爲哥窰舊磁,以養菖蒲,或不至以養非其器見誚於東坡也[3]。靈璧[4]小峰舊有座子,只因遷徙失去。此石橫看成形,側可架筆,雖不逮寶晋齋中有天劃神鏤之奇[5],而敝帚之享,頗自珍祕,謹潔誠奉贈。葵向甚虔,實出至意,非比楊次公豪奪,納袖遽去也。一笑。菖蒲壽石語取吉羊,不敢媵以他物,敬爲明公徯[6]祉延庥之券,非所云報也。統布哂納。

　　正在效米顛頓首奉書,適奉手畢,明公果有楊次公之疑,前書所云,正符蠡測,可謂貴相知心矣。萬勿麾却,致涉見外爲幸。所需拙著各種,容檢齊奉正。

[1]霏屑,劉義慶《世説新語·賞譽》:"胡毋彥國吐佳言如屑,後進領袖。"劉孝標注:"言談之流,靡靡如解木出屑也。"王惲《琉璃肺》詩:"四筵談屑霏餘烈,一縷冰漿濯素襟。"

[2]"飲公瑾"句,《三國志·吴書·周瑜傳》:"(周瑜)性度恢廓,大率爲得人,惟與程普不睦。"裴松之注引《江表傳》:"普後自敬服而親重之,乃告人曰:'與周公瑾交,若飲醇醪,不覺自醉。'"

[3]"或不至"句,蘇軾《石菖蒲贊并叙》:"余游慈湖山中,得數本,以石盆養之,置舟中。間以文石、石英,璀璨芬鬱,意甚愛焉。顧恐陸行不能致也,乃以遺九江道士胡洞微,使善視之。余復過此,將問其安否。贊曰:清且泚,惟石與水。託於一器,養非其地。瘠而不死,夫孰知其理。"

[4] 壁,當作"璧"。

[5] "雖不逮"句,《宋稗類鈔》:"米元章守漣水,地接靈璧,蓄石甚富,一一品目,入玩則終日不出。楊次公爲按察使,因往廉焉。正色曰:'朝廷以千里郡付公,那得終日弄石?'米徑前於左袖中取一石……以示楊,曰:'此石何如?'楊殊不顧。……最後出一石,盡天劃神鏤之巧,顧楊曰:'如此石,那得不愛!'楊忽曰:'非公獨愛,我亦愛也。'即就手攫得之,徑登車而去。"寳晉齋,米芾知無爲軍時,得王羲之《王略帖》、謝安《八月五日帖》、王獻之《十二日帖》墨迹,遂名書齋爲寳晉齋。

[6] 徯,《廣韻》:"有所望也。"

又(二)

頃間正在午餐,適奉手畢,未及吐哺作答。承示敝齋陳設虎錞一器,與貴宗祠中所藏二器相類,欲弟見讓,以成鼎足。此義不容辭者。昔東坡見鄉人墾地,得一銅器,審其形制,正是周錞,詫爲異遇。事載蘇氏《志林》[1]。當日之難覯、寳重如此。自趙宋以來,地不愛寳,古器之沈埋於土中者,日出不窮。即錞于一器,生平所見,奚止二三十種,特未有如此之重至今秤六十觔,逾合抱而大者。現在甫經出蠟,留玩旬日,一准奉贈,決不食言,即以此書爲息壤可也。

抑有陳者。古人如蘇米諸公,每每於書畫玩物,互爲博易,各適所好,然必彼此合意。米家之硯山,易海嶽庵地基[2]。一雅一俗,曾無所嫌,此即其例。將來弟有所需,自必直説求取,萬勿遽思瓊報,方是心腹至交。預懇預懇。

[1] "事載"句,今本《東坡志林》不見吳雲所言之事。

[2] "米家"句,蔡絛《鐵圍山叢談》:"江南李氏後主寳一硯山,徑長逾尺,前聳三十六峰,皆大如手指,左右則引兩阜坡陀,而中鑿爲硯。及江南國破,硯山因流轉數士人家,爲米元章得。後米老之歸丹陽也,念將卜宅,久勿就。而蘇仲恭學士之弟者,才翁孫也,號稱好事。有甘露寺下并江一古基,多群木,蓋晉、唐人所居。時米老欲得宅,而蘇覬得研山。於是王彥昭侍郎兄弟與登北固,共爲之和會,蘇、米竟相易。米後號'海嶽庵'者是也。"

高篔漁[1]觀察長紳

別久思深，末由圖晤，正殷翹跂，忽奉朶雲，展誦之餘，欣知台從已抵滬江。舊地重游，墜歡再續，金迷紙醉，意興正濃。三復來書，以手加額。兄自別後杜門守拙，日惟與翰墨爲緣。魏三野服，久成習慣，人亦不之訝也。今年七月初二日在親戚沈仲復園中作真率會消暑，席散下階，失足傾跌，磕破頭面。當時危險萬分，諸老亦驚慌失措。幸無内傷，數日後旋即平復。體素孱弱，小有感觸，病即隨興。故自七月至今，已閱半載，尚未出大門一步，衰苶之狀，可想而知。近日左足又患濕瘡，潰膿作痛，舉步需人扶持。終日憑几枯坐，除却觀書，百事俱廢。賴眠食無恙，大約交春後可以望瘉。

吾棣今年政七十耶？知體氣常佳，此大慶也。承屬爲侑觴之文，兄雖譾劣多病，念四十年同譜七子，今惟吾二人在，古人有以言爲壽之義，敢不搜索枯腸，勉圖報命。約計初十左右，必有以呈教也。

寶大哥究於何年作古？其世講有登拔萃科者，是否在京？敬邨、麓溪後起如何？（麓溪之子聞有登科甲者。）便中望一一詳示。

人生不能有順無逆。吾弟現有五孫，二已食餼，二亦游庠。子舍雖凋，孫枝正茂。燕山五桂之榮，可爲預祝。兄膝前有八孫兩曾孫，長孫游庠，次亦可以出考，餘皆在塾。惟別後喪去七、九兩子，此最痛心之事。九兒未及冠已青其衿，金石刻畫篆隸分行，宿學耆碩如何子貞先生與家讓之茂才，皆引爲小友，以可畏目之。場後被黜，一病而亡。兄悲感過度，氣體遂因之不振，言之不忍盡也。三兒久任婁東，晌已十有二載，公事尚無隕越。惟連遭儉歲，出入之間，勉可敷衍而已。知念附述。

［1］高篙漁，高長紳（1813—1893），字篙漁，米脂（今屬陝西榆林）人。道光二十五年（1845）進士，歷官江蘇荆溪、南匯、元和等縣知縣。工書法。有《琅環仙館吟稿》。民國修《米脂縣志》收録有《高長紳墓誌銘》。

徐花農太史琪[1]

　　昨承惠顧，得聆麈教，清言霏屑，吹氣如蘭，令人欽挹靡已。吾老友曲園先生胸羅萬卷，學究天人，平日盛道左右不啻口出有以也。暮年獲交英才，快幸何似。刻間奉到手翰并竹餅墨拓，又紈扇，遵當涂就報命。《千甓亭塼錄》上下卷，分年紀器，體例未能一致，尊見甚是。此所謂一家之言也，中間應加校正者尚多。僕書辨明"塼"字，亦因其所錄皆作从石之"磚"也。方今崇尚樸學，文壇牛耳之執，斷推吾曲園老友，而蘇門高弟，首屈秦黃，他日相繼而起者，其惟吾花農太史乎？承惠《名山福壽編》[2]，已有者早寄婁東，適副所需，謝謝。外奉上《三賢帖》三冊，雙鈎本四冊，希詧收鑒正。餘俟訂期暢晤。

[1] 徐花農，徐琪（1849—1918），字花農，一字玉可，仁和（今屬浙江杭州）人。光緒六年（1880）進士，改庶吉士，授編修，歷官山西鄉試副考官、廣東學政、內閣學士，署兵部右侍郎。俞樾弟子，工詩詞、書畫，善繪花卉。有《日邊酬唱集》《粵軺集》《雲麾碑陰先翰詩》等。

[2]《名山福壽編》，俞樾弟子在杭州法相寺發現一塊刻有"福壽"二字的古磚，獻以賀壽，俞樾因作《福壽磚歌》，一時和者如雲。徐琪將唱和之作輯爲《名山福壽編》。

魏槃仲郡刺彦[1]

前者辱賜書,并承惠《古微堂内外集》[2]全部,謹已讀悉。伏審籌勛楸集,撰著攸宜,欣慰無量。令伯默深[3]先生文章經濟,冠絕一時,憶咸豐元二年間,弟總辦淮南鹽務,先生正任淮北分轉,爲北鹽南運一事,謝默卿[4]狃於成見,頗有齟齬,弟與徐海年[5]兄力爲排解。當日往來書札,留積成帙。惜皆公牘文字,并無及於問學者。回首前塵,怳如隔世,而先生已成不朽之人矣。弟雖僅然獨存,而老大自傷,學無所就,言之徒增顏汗。

《古微堂集》粗已卒讀,知其浸淫於兩京者深,用能淵懿樸茂,氣息深醇,敘事論斷,一以賈董班馬[6]爲宗,不徒以馳騁縱橫見長。亭林以後,經世之文,此爲嗣響,洵一代必傳之詣也。敬服敬服。中間外集卷四《書遼太祖事》引元好問《夷堅志》一條。按《夷堅志》係洪容齋所著,見《四庫全書提要》子部小説類。他日續印,或釐正之。此涉筆偶誤,無關體要,或仍而不改,亦無不可。

昨託稼甫別駕攜奉《印考漫存》九卷,伏乞鑒定。前日軍門兄見顧,正抱采薪,匆匆數語,未盡積懷,乞代道歉戀之忱。不宣。

[1] 魏槃仲,魏彦(1834—1893),字槃仲,金潭(今屬湖南邵陽)人。魏源之姪。曾官江蘇直隸州知州,入江南提督李朝斌幕。治漢學,擅行隸書。有《重刊宋紹熙公羊傳注音本校記》。郡刺,州郡刺史之省,漢時爲監察官,後代指州郡最高行政長官。

[2]《古微堂集内外集》,即《古微堂集》,魏源撰,十卷,分内外兩集,内集爲《默觚》三卷,外集録有序、記、議論等七卷。

[3] 默深,魏源(1794—1857),名遠達,字默深(一作墨生),又字漢士,號良圖,金潭(今屬湖南邵陽)人。道光二十五年(1845)進士,官至内閣中書,晚年知高郵,後棄官歸隱。魏源曾助江蘇巡撫陶澍辦漕運、水利諸事,學識淵博,著述甚豐,有《聖武

記》《海國圖志》《元史新編》《書古微》《老子本義》《古微堂四書》等。

　　[4] 謝默卿，謝元淮(1784—1867)，字鈞緒，號默卿，松滋(今屬湖北荆州)人。嘉慶七年(1802)捐監生，後長期在蘇州一帶任職，沉淪下僚。嘉慶二十一年(1816)，調任太湖東山巡檢，協辦海運，後奉派參預陶澍主持的淮北票鹽改革，後又主持淮南票鹽改革，官至廣西桂平梧鬱鹽法道。工詩文，有《養默山房詩稿》《養默山房散套》《養默山房詩韻》《碎金詞韻》《詩韻審音》《雲臺新志》《鈔貫説》等。

　　[5] 徐海年，徐瀛(生卒年不詳)，字海年，黄陂(今屬湖北武漢)人。道光十六年(1836)進士，翰林院庶吉士誥授朝議大夫，同治初年以揚州通守兼權泰州。時兩淮鹽運衙署設在泰州。

　　[6] 賈董班馬，賈誼、董仲舒、班固、司馬遷。

徐篆香孝廉鳳銜

前示《湖陰詩鈔》[1]三册，屬爲弁文，謹已卒讀。三卷中類皆親知故舊師友淵源，外此亦有瓜葛者居多，誦其詩，想見其人，賴此《湖陰詩鈔》所録，使兵火之後，寒士一生心血所寄，得以略存其梗概，昔人比之掩埋骼骴，謂其功更大，非罔言也。卷中録自乾嘉，乾嘉以前，不復置論，大爲有見。惟第一卷首列吴振纓、沈榮[2]二家，均係勝國時人，詩止二首，鄙意必應删去。緣不録二人之詩，則乾隆以前可置不論，一録此詩，則順康三朝百年之久，豈竟無可録之詩？未免適形其陋，桑梓大爲減色矣。望酌之。

鈔本三册先繳上，弁言容報命。

[1]《湖陰詩鈔》，即《湖陰詩徵》，三卷，徐鳳銜及其父徐有珂輯，光緒六年(1880)刻本，收録太湖以南浙江籍詩人詩作。

[2] 吴振纓，字長組，號儉育，歸安(今屬浙江湖州)人。天啓二年(1622)進士，授中書舍人，官至巡按御史。有《顛石齋詩集》。沈榮，雙林(今屬浙江湖州)人。據同治修《湖州府志》卷九五，沈榮廣有家産，於明末參加復社，倡爲勤王。魯王在紹興監國，沈榮獻銀三千兩充餉，遥授翰林院檢討。後因家人告發，順治十六年(1659)與次子沈重熙(金聖歎婿)等先後死於南京。

卷十二　庚辛拾遺

薛覲唐中丞焕（四通）

（一）

頃接曾允堂[1]軍門專弁來函。前此奉參之總哨三員，欲乞憲臺先行開復。其意實以本係暫行革職，故欲求請先爲開復。惟不善措詞，致有"參錯"字樣。殊不知既名總哨，則所轄之人犯事，無論知與不知，失察之咎，總不能免，何錯之有？此皆不善措詞之故，諒憲臺汪洋之量，必能包涵，不與計較也。至此總哨三員可否先行開復，抑俟結案時聲請，均出自憲臺恩施，雲不敢代求。

再曾軍門添造炮船五十號，其槍炮篷纜篙錨，俱由自備，惟口糧無着，欲懇憲臺籌給。雲深知此中爲難情形，且船數益多，約束益難，憲臺覆軍門書中數語，可謂言婉多諷，而軍門未之知也。特將原函呈請鈞核。倘因其船已造就，稍示通融，略予津貼，以後不准再擅添一船，此憲臺格外之恩，尤非雲所敢代籲也。

巴將軍[2]未悉此間民團實在情形，恐以遲誤事機爲慮。昨藩司[3]屬雲另加一信，謹將信稿附呈詧覽。

[1] 曾允堂，曾秉忠（1816—1863），字允堂，吳陽（今屬廣東吳川）人。咸豐四年

(1854)入伍，以功先後任把總、千總、參將。咸豐十年(1860)以總兵簡放，又任江南水師提督，轉戰兩廣、湖南、福建等地，在上海保衛戰中多所建功，署江南全省提督。同治元年(1862)於洙涇爲太平天國所敗，褫職發往兩江總督曾國藩軍營差遣，終卒於軍伍，着加恩開復革職。

[2]巴將軍，巴棟阿(？—1861)，隸黑龍江正黄旗。咸豐十年(1860)琦善組建江北大營，巴棟阿以寧古塔副都統署鎮守江寧等處地方將軍，簡稱江寧將軍。江寧將軍與兩江總督同級，會奏時列銜在總督前。

[3]藩司，咸豐十年(1860)五月，薛焕遷江蘇巡撫，毛鴻賓任江蘇布政使，九月吴煦署任。

又（二）

頃奉鈞答，命即轉飭俞守[1]添雇炮船十隻，以備小沙嘴之用。并蒙洞悉賊匪窺伺狡謀，示以姜營[2]目前不可出隊遠攻，并已由憲臺札飭姜參將挑選得力奮勇，由吴淞口坐海船，護軍火糧米至金山接濟滕營[3]。仰見憲臺智燭機先，帷籌縝密。雲遵即飛函切囑姜參將趕緊遵辦。

再，伏查金山海塘西至乍浦不過五六十里，乍浦海口較深，輪船可以近岸。廿二年夷兵炮子直進城中[4]，刻下乍城民房盡毁，無復遮蔽。此時既不能駛近金山海塘，或以輪船轟擊，乍城賊必回顧巢穴，勢可解鬆，兵法所謂攻其所必救也。且金山、乍浦相距甚近，輪船往來，晌息可至。頃已會商藩司，是否可行，伏祈鈞裁示遵。

[1]俞守，疑即前吴雲與應寶時信中所提俞斌(俞乃舟)。俞乃舟咸豐同治間爲題補江寧督糧同知。

[2]姜營，寶山參將姜德所率之營。《清實録》"同治元年乙未"："以江蘇太倉禦賊不力，革參將李恒嵩職。……予寶山守城參將姜德等升敘。"《吴煦檔案選編》第二輯有"姜德稟"一則，其職位全稱爲"管帶勁勇游擊銜江南督標中營中軍都司"。

[3]滕營，滕嗣林所率部隊。《清實録》"咸豐十一年庚寅"："諭内閣。薛焕奏官軍分路剿賊疊獲大勝，金山肅清一摺。逆匪由乍浦分股，直撲江蘇金山衛城。經薛焕飭令副將滕嗣林等帶隊迎剿，進偪賊巢，擊斃黄衣賊目二名，擊沈賊船十餘

隻。……金山境内，一律肅清。"滕嗣林，湖南麻陽人。初爲薛焕招募之勇，後被曾國藩截留，編入淮軍，成爲林字二營，以功授花翎提督，歷蘇松、雷瓊、崇明三鎮總兵。

[4] "廿二年"句，道光二十二年（1842）五月，英國攻陷鎮海、乍浦後，大舉進犯長江，攻打吳淞口，寶山、上海相繼失陷。

又（三）

頃奉鈞答，恭悉壹是。適接周莊來禀，謹呈憲閱。又馮佐乾一信，内爲濟送火藥糧食一層，已蒙憲臺籌畫，由輪船航海運送，今日可抵該處。業經致履，并將原函附呈，統祈鑒詧。姜參將處已遵諭切囑嚴備。至吳在田[1]所云一節，昨渠來見，亦曾説及。雲細察，該把總與隴西[2]近來不甚融洽，此中傳説，或尚有未盡然之處。而此間總應防其叵測，必得加意備豫，故未敢遽允所請。鈞意以爲如何？

[1] 吳在田，《吳煦檔案選編》第三輯有"吳在田探報"六則，其中兩條下注時間，一爲"咸豐十一年五月"，一爲"九月廿二日申刻"；一條下注"把總在田謹禀"，則此吳在田正《吳煦檔案選編》中之"吳在田"，乃負責探報的低級軍官。吳在田六則探報中一則云："竊把總昨奉鈞札，遵即於十九日巳刻起程，行抵閔行，謁見張參鎮鳳祥"云云，或即吳雲信中所言之事。

[2] 隴西，太平軍二破江南大營後，薛焕即在上海成立"撫局"，以吳雲及代理蘇州知府楊靖總司其事，專辦對太平軍的顛覆活動。咸豐十一年（1861）薛焕曾制定過一個龐大的計劃，多地舉事，多方配合，欲一舉將江浙地區的太平軍肅清。終因薛焕患得患失，計劃未能付諸實施。吳雲是策反活動的主動支持者與執行者。此處"隴西"應即吳雲策反人物之一，應係駐守蘇州的太平軍將領，因事關機密，以"隴西"代稱。

又（四）

刻接寶山姜參將來函。據探寶山軍情尚爲安静，惟探勇禀報，劉河地方近日外來之人甚多，裝扮在兵勇百姓之間，深屬可疑。密行探訪，究係何項人民，抑是賊匪混冒，俟偵探確實，再行稟達憲轅。除函覆囑其認真偵探，加意嚴防外，特將原函并另單呈上，敬祈鑒核。

王雨山漕督[1]

　　接奉鈞答，謹稔前肅蕪函早登籤閣。雲魚鹿從公[2]，慚無報稱。此間軍餉籌措綦難，青浦、嘉定之賊東竄西擾，出沒無定，調防兵勇疲於奔命。日前蘇城大股逆匪糾合崑、太四州縣之賊分撲松江等處，幸爲我軍扼住。賊又從間道擾至泗涇、真如、大場一帶，距滬僅二十餘里。雖經擊退，而蹂躪已不堪言狀。且撫轅武巡捕方連三帶勇輕進，致爲賊挫敗，兵帶傷而歸。適又馬自明麾下兵勇騷擾店鋪，爲彝兵所辱[3]。同日有此兩驚，城外居民一時荒亂，紛紛遷移。旋知賊退，該酋亦出爲安輯，人心始定，照常安堵。法酋頗肯助防，惟英酋尚在觀望。滬上華洋錯雜，而市肆繁盛，則十倍於前。洋涇浜女閭[4]三百，徹宵皆絲竹之聲，良可慨歎。

　　洞庭東山聞於本月初一日失守，太湖形勢又爲賊占。江浙失此險要，以後籌議進攻，更難措手。雲以駑駘下劣，猥蒙大府見信，委辦釐捐總局及營務各事宜。蒿目時艱，徒增於邑。聞淮徐一帶倚恃碩畫，得以掃蕩妖氛，大江以北尚是樂土。

　　僧邸[5]南下之説有無確耗？便祈賜示爲禱。屺堂本係親戚世好，遇事無不心印，請毋藎慮。

[1] 王雨山，王夢齡（？—1861），字雨山，海康（今屬廣東雷州）人。以監生補沭陽知縣入仕，曾任江蘇知縣、淮安知府、蘇州知府、徐州兵備道、江蘇按察使、江寧布政使等。咸豐十年（1860）閏三月，自江寧布政使署漕運總督，五月，再兼署江南河道總督，六月，裁江南河道總督，仍任漕運總督。

[2] 魚鹿從公，黃庭堅《雜詩七首》："此身天地一蘧廬，世事消磨綠鬢疏。畢竟幾人真得鹿，不知終日夢爲魚。"用《史記·淮陰侯列傳》"秦失其鹿，天下共逐之"及《莊子·大宗師》"且汝夢爲鳥而厲乎天，夢爲魚而没於淵"典，言追求榮華富貴之虛妄。

[3] "適又"句，馮桂芬《顯志堂稿·上海紀事》："咸豐十一年春二月，賊大舉犯上

海松江寶山，中丞恭公檄馬德昭守上海，城署方伯吴君。縣令劉君謂德昭以不戢士聞，持不可。議未定，德昭以六日初更統兵八百至東門外董家渡兵登岸，叩市門强買物雜，以馬數十，多紅襆首。時賊距城三十里，是日亭午，提右營方某兵敗逃歸，民因已凶懼，及是訛言賊至，則皆走，嘷號徹數里。渡有天主堂法夷所謂神父者主之，聞狀撞鐘召夷兵，驅數卒肩之堂中乃息。"馬自明，馬德昭（生卒年不詳），號自明，四川閬中人。行伍出身，咸豐初年調處江南軍務，薦升直隸大名總鎮，後改授總兵陝安，以鎮懾秦中，隨即再補甘肅提督。李鴻章《朋僚函稿·復丁稚璜中丞》："惟德州空虛無人，已商調豫軍馬自明六營來替吴小軒之防，而令吴軍來德，就近迎剿。"彝，通"夷"。

［4］女閭，《戰國策·東周策》："齊桓公宫中七市，女閭七百，國人非之。"鮑彪注："閭，里中門也。爲門爲市於宫中，使女子居之。"後世用爲妓院的代稱。

［5］僧邸，僧格林沁。

巴秀田將軍（二通）

（一）

月之中旬交鞠列三協戎來弁帶奉手緘，未知何日達覽。昨日兩奉鈞函，并悉一切。弟自去冬到滬，歷碌居諸[1]，毫無善策。現奉憲札委辦釐捐總局事務，當此餉需吃緊之時，情形拮据，籌措彌艱。兼之青、嘉之賊依舊負嵎，省垣恢復之期毫無把握。昨馬自明來滬，晤談良久，亦以時事爲憂。此間兵勇現有三萬，分布松江寶山各處，僅能堵禦。薛帥欲俟長龍水師齊備，會合進攻，實出慎重之意，并非稍任遷延也。彝兵助順之說，尚無就緒，不知何時得有轉機，言之但增於邑。

蒙囑一節，當即切致方伯。方伯於尊事無不竭力關切，據云苟可如命，斷不任書吏從中播弄。弟詳思此事，當時鎮江收復之際，少一附奏，遂使有司衙門拘定從前原奏"凱撤"二字，不能給發。爲今之計，若俟奏明，亦屬緩不濟急。再四與方伯熟商，所有報捐二千金，業由中丞入奏，將來竟支京口副都統廉俸抵繳此款。現在各處廉俸本不照發，此係通融辦理之法，如再不敷，則作爲預支。至於新紅馬乾一節，當時既少此附奏，此時礙難辦理，尚非書吏之弊也。

[1]歷碌，象聲詞，象車輪聲。后因代指忙亂。居諸，《詩・邶風・柏舟》："日居月諸，胡迭而微。"孔穎達疏："居、諸，語助也。"后以居諸代指日、月，即光陰。

又（二）

前託金眉生廉訪由泰州轉寄一函，計已塵鑒。前日平乍大股賊匪竄踞張堰，圍困金山。滕副將營盤逆氛猖獗，其嘉善、青浦等處，亦出賊窺伺洙涇，牽制我師，圖逞其進犯浦東之計。曾軍門、李參將[1]已親督水陸各軍隨機堵剿，中丞飛調馮副將一軍往解滕營之圍，并飭輪船裝載兵勇軍火，由海接濟。但望滕圍即解，則張堰之賊亦易於剿退矣。聞皖省於朔日克復[2]，此真非常之慶，聯珠合璧之徵。從兹發軔，則天心來復，賊不足平矣。西北兩路近日信息何如？伏祈隨時賜示。

　　承詢密辦之事[3]，囑勿再事遷延，坐失機會。比來蘇城時通消息，聯絡漸多，伺有間隙，即可訂期舉事。聞陳逆[4]有率黨援皖之説，能得該逆遠離，便可乘機而動，成敗利鈍，全在天心悔禍也。尊處已爲預備協助，當將來諭轉達中丞方伯，同深欣感。

　　[1]曾軍門，曾秉忠。李參將，李恒嵩。李恒嵩（？—1876），字翯堂，長洲（今屬江蘇蘇州）人。咸豐三年（1853）以監生應招募加入薛煥隊伍參與鎮壓"小刀會"。咸豐十年（1860）華爾組建洋槍隊，後又改爲"常勝軍"，李恒嵩任副領隊，以功授三品參將銜，官至衢嚴鎮總兵。
　　[2]"聞皖省"句，咸豐十一年（1861）八月初一日，湘軍攻陷安慶。
　　[3]密辦之事，即策反太平軍將領裏應外合事。
　　[4]陳逆，陳坤書。陳坤書（？—1864），廣西桂平（今屬貴港）人。隨李秀成轉戰皖蘇，咸豐十年（1860）攻破蘇州後即留守於此，主持太平軍蘇福省軍民事務。

喬鶴儕中丞松年

　　頃奉手諭，蒙垂詢軍情。浦東自川沙、奉南同爲賊陷，完善之區，蹂躪殆遍。松江、寶山雖尚固守，而賊氛大熾，勢甚岌岌。滬城風鶴之警，幾無虛夕。薛帥憂憤至廢寢食，奈各軍錮習太深，挽回無術。雲力請乞師皖南，猶恐緩不濟急。幸西人有助順之意，雲偕子山、玉泉諸君與巴酋晤商定議，在洋涇浜設立會防局，中外合力拒守，當可保此彈丸，以待滌帥援軍之至耳。

　　熊、李反正已成畫餅[1]，當忠逆[2]竄浙時，能選得力兵將，糾合内應，攻其不備，無論蘇事果否得手，杭圍必可立解。而乃遲回却顧，坐失事機，可勝太息。

　　[1]"熊李"句，咸豐十一年(1861)十一月間，李秀成率部攻打杭州，陳坤書亦率部過江"掃北"，留守蘇州的李紹熙、熊萬荃乃薛焕等策反之人，雙方於十二月中旬"密約舉事"。後因行事不密、熊李被調攻杭、李秀成攻杭返蘇等諸多原因，計劃流產。熊，熊萬荃，湖南長沙人。封巍天豫，任忠殿左同檢，協守蘇福省，累升謹天燕、謹天義至忠謹朝將。熊萬荃後於同治二年(1862)以乍浦、海鹽降清，改名熊建勳。李，李紹熙，又名李少卿、李兆熙、李文炳，廣東嘉應(今屬梅州)人。在上海經商，曾爲上海小刀會起義首領之一。後降清，參加江南大營，官至道員。江南大營潰敗，在蘇州投降太平天國，封敬天安，任江南文將帥管理崑山縣事。獻城計劃失敗四個月後被李秀成處死。

　　[2]忠逆，李秀成。李秀成(1823—1864)，初名李以文，廣西藤縣(今屬梧州)人。參加太平軍後，以戰功很快從普通士兵晉升爲將領。天京變亂，他與陳玉成等力撑危局，取得了二破江北大營、三河大捷、二破江南大營等勝利，并建立蘇福省、天浙省，被洪秀全封爲忠王。同治三年(1864)湘軍攻陷天京，李秀成被害。

吴曉帆方伯煦(八通)

(一)

余蓮村來信,并《長毛圖》四紙附覽,頗可與《解散歌》[1]相輔而行。鎮海衛千總黄鳳楷從烏鎮來,携有浙江僞文將帥何姓[2]禀帖一件。何姓與該千總向來熟識,本年正月間遣人賷書致該千總,面稱嘉興陳炳文[3]與忠逆有隙,渠與陳姓至好,可以説合反正。該千總在蘇州時雲曾給過差使,人本舊識,彼時又偕楊徽猷[4]同來,是以代請尊處給發湖州偵探軍情札子。今於本月十七日從烏鎮動身回滬,賊中情形,言之頗悉。特令晋見,聽候面詢一切。所有禀帖係鈐僞印,應否轉呈中丞閲看,留爲後日張本;或先與劉松翁[5]一談,統乞鈞裁。該千總在賊中,知湖州十四日得一勝仗,殺賊不少云。

[1]《解散歌》,曾國藩於咸豐十一年(1861)刊刻并廣泛分發的歌謠,詣在瓦解太平軍軍心。陳龍昌輯《中西兵略指掌》收《解散歌》一首:"莫打鼓來莫打鑼,聽我唱個解散歌。如今賊多有緣故,大半都是擄進去……"

[2]何姓,指何培章。何培章本爲江南大營之幕僚,候選縣丞。江南大營潰敗,他與李紹熙在蘇州投降太平天國,被封爲太平天國天朝九門御林開朝勳臣萊天福兼浙江省文將帥,再升爲忠萊朝將。同治元年(1862)正月,何培章鎮守桐鄉,乞降。

[3]陳炳文,原名冬林,后名虎臣,廬江(今屬安徽合肥)人。咸豐三年(1853)加入太平軍,隸李秀成。咸豐十年(1860)隨李世賢攻克浙江嘉興,奉命守嘉興郡,同治元年(1862)調守杭州,兼領嘉興軍政事務。陳炳文在咸豐十一年(1861)鎮守嘉興時,就向吳雲表示"情願投誠",薛焕答應他投誠後奏請恩獎二品頂戴花翎。同治二年(1863),陳炳文又分別向李鴻章、左宗棠求降,均未果,最後在江西金溪投降。

[4]楊徽猷,字子芳,廣東人。時以知府銜與吳雲辦撫局。

[5] 劉松翁，劉郇膏。劉郇膏字松巖。咸豐十年（1860）劉郇膏任上海縣令，後以知府用，擢海防同知，又超署按察使，尋實授；又命署布政使，尋命護理江蘇巡撫。

又（二）

密啟者。刻接金令函稟，有綢客從盛澤來云，渠目覩本鎮及蘆墟、黎里各處賊匪均做夷人衣履，意欲假扮夷兵四竄，似與昨日所傳相同云云。雲昨以傳聞之詞面請察辦，究未知施行與否？今據金令所稟，更爲確鑿。逆謀如此狡譎，不但各營須防，即夷場亦屬可慮。除請中丞分飭水陸各營嚴防外，各國夷官處似亦須照會，俾一體嚴防，較爲周密。

又（三）

十五竟日未得手諭，正切焦盼，刻由松府交到鈞函，謹悉一切。蘇事得永昌[1]信，已於昨日戌刻專函馳布，限本日辰刻到，計已達覽。已往之事無可置喙，惟有浩歎。木子之於海寧早有成約[2]，此話猶在杭城未失以前，茲徐老六來信，則謂忠逆有回蘇之説，現託少卿前去探聽，然則海寧之説，亦係託詞矣。杭城陷後，海寧豈能獨存，何待内間耶？總之大局已萬分岌岌，全恃蘇事轉圜，察看光景，已成騎虎，乃遲遲未發。雲疊次去信諭以禍福，如能即日舉行，則松滬之賊不擊可退。此釜底抽薪之法也。輪船兩隻，務乞飭令前來，一泊荳腐浜，一泊泖塔，一俟永昌信到，即可長驅直進，而於松郡仍有關應，較爲穩妥。

華爾以洋槍隊協守松郡之説，事至無可如何，亦是一法，然亦須曾允堂軍門與李藹堂二君均以爲然，始克有濟。雲處距松城有五十里路，藹堂、芸樵[3]均不及晤，無從諄致。伊二人保守松城，責無旁貸，還乞執事賜函與之熟商爲妥。緣華爾雖勇，祇此數百新練之兵，與久練之西兵不同，既任保守郡城，又云如廣富林、泗涇等處有警，只須賈太守知會，伊必分隊往助；設逆賊間道來圖郡城，伊即回救，如或有失，惟伊是問等語。

所言原屬壯往動聽，第恐視賊太易，萬一行不掩言，華爾之肉其足食乎？此管窺之見所由，乞執事與曾、李諸公熟商而審處也。難在要將本有之兵調出城去一層。倘令華爾一軍作爲策應之師，似爲最妙，否則協守郡城亦極妥。若以一人而兼任戰守兩事，恐有顧此失彼之患。兵勇得力者少，惟望西人協助，庶滬上或可以保。

水師提督[4]曾否回來？前議滬上兵勇，直同兒戲，錮習已深，無可挽回，擬於洋涇浜設立會防公所。此必不可少者。承商條款，亦皆是應辦之事，中間略參管見，以期周密。滬上安危繫於此舉，望先與敏齋諸君籌商速辦。雲俟此間稍可抽身，即當飛棹旋滬，聽候驅策。至禱至禱。

[1] 永昌，指徐佩瑗。徐佩瑗（1824—1862），字少蘧，長洲（今屬江蘇蘇州）人。監生，捐候補道。咸豐初與弟徐佩璋、徐佩瑞、徐佩英等在長洲辦團練，號永昌團。後投降太平天國，封撫天侯，升撫天豫，後升撫天燕。陳乃吳雲策反的重要人物。同治元年（1862）駱國忠降清，永昌團遂公開叛變，旋被慕王譚紹光處死。

[2] "木子"句，木子，暗指李紹熙；海寧，則指李秀成之婿蔡元隆，時鎮守浙江海寧。蔡元隆，畢容（今屬湖南嶽州）人。咸豐四年（1854）參加太平軍，從李秀成西征，封主將，晉爵仁天義，又封會王，鎮守海寧。同治二年（1863）降清，改名蔡元吉，號巽伯，以三品道員致仕。

[3] 芸樵，賈益謙。賈益謙字芸樵，時任松江知府。

[4] 水師提督，指英國海軍司令、少將何伯。

又（四）

十七日申酉刻兩次專函，計呈鈞鑒。頃張應顯從永昌歸來，携有楊子芳信，特呈省詧。信內云云，極爲明晰，而少蘧處來書概從簡略，故其中細情未能詳悉。又據張應顯云，察看城內各舉動，實已聯爲一氣，惜動手稍遲，致有中阻。今各鄉賊卡、賊館均已逃散，忠逆豈無聞見。徐氏亦已豫備如有他變，定以旗鼓相當，其志甚屬可敬，而其事甚爲可慮。忠逆到後，定有一番舉動。賊中頗傳夷酋至金陵，暗通綫索[1]。此亦意中之事，或賊中欲用離間，亦不可知。總之，無論夷人可靠與否，我處只有極力敷衍，看來即欲來犯，賊必先與夷人說通，與他處總有區別，此至要關鍵也。雲因子芳未能去見木子，已另囑曉事之人前往偵探逆情。至云忠逆欲赴江北，此說恐未能確。再少蓬託爲轉稟，倘木子爲僞令偪迫欲到上海，決不爲賊出力，其家屬萬不可害。此說頗爲有見，用特密陳撫憲前，均此稟知。

[1]"賊中"句，咸豐十一年(1861)正月，英駐華海軍司令何伯率艦隊抵天京，與太平天國談判，要求太平軍不得進入上海、吳淞周圍百里以內地區。四月，美軍司令司百齡乘艦至天京，從太平天國取得了長江自由航行權。

又（五）

頃楊徽猷來信，備述李紹熙之姪李兆梅，屬陳墓鄉董吳承郊來滬，一切詳細情形，均載楊董信內，特將原信呈覽。雲奉委辦此事，大受訾議，雖家置一喙亦無可分辯。今李紹熙亦因此送命，則其心似亦可以共白矣。現在陳墓董事到此，并備有槍船兩隻，應否請尊處轉商中丞，先派一二穩幹之人，偕同該鄉董到崑蘇一帶察看情形，爲將來進攻地步。無此本地熟人爲伴，則賊中未易去也。或再令張千總應顯同往更妥。倘中丞以爲可行，即請飭傳楊徽猷與張應顯赴營，聽候中丞面詢酌示可也。

又（六）

本屆辦捐，出力各員銜名現在趕開清摺，今日彙齊，明日當與徐守躬送鈞核。抑再有切懇者。雲於去年正月間奉委赴局，三月間秉承執事指授，督同金、閔二令，與在事各員，創辦貨捐。一載以來，雖犬馬微勞，或有可録，但雲近日以來，常多疾病，精神不振，漸已成廢。此次彙保辦捐各員，雲斷不敢仰邀甄敘。言出至誠，并無絲毫矯强，應乞執事於詳文内聲敘某人堅稱不敢仰邀議敘，故未列保。本欲另具公牘，恐與同寅或有窒礙，特肅函瀝陳，伏祈照察。臨書惶悚。不宣。

又（七）

頃奉手答，謂請保清摺内雲名首列，若不獎敘，何以處同事諸君，囑勿過存成見云云。此執事提挈之盛意也。然雲自伏處海門，實立志不願再出。因蒙中丞函札并頒，專弁敦迫，力疾赴召。奉差以後，又因執事與中丞謬加信託，承辦之事過多，賤性率直，不免以一身爲叢怨之府，故自書小額曰"勿三齋"。所謂"勿三"者，一不經手銀錢，一不要保舉，一不擎印把子。以此自警，藉以見志。此執事之所知也。三十年同譜至誼，尚不見諒，使雲何以厝此身乎？務請仍照前懇，粘一紅簽，注明鄙意。士各有志，不必盡同也。

又（八）

頃沈董來云，啊繙譯[1]又爲畫策，所有迎師船價，分四個月歸繳，但每名需銀二十兩；擬於明日再往面説，每名極多十五兩，其銀分六個月歸完。如能答應，可否定見，望即示知。以十五兩一人核算，計共需銀十三萬五千，首期約須三萬有零，以後此款即可由防局與啊繙譯籌捐按付。似此通融，啊酋實爲出力，可感。

又鄧聯升事今日又催沈董爲之周全，照覆中詳敘屢次訊供，再三刑嚇，委係合夥。在前林姓爲匪，在後實無通逆憑據。惟究有不合，既准領事行追賠款，當罰繳數百金以示薄儆，祈爲原諒等語，當可了結。又前曾託雇巡捕，久經募定，而公所總以無處租屋爲詞，意在延宕。而啊繙譯已令巡捕頭在寶文洋行西首，看定新造屋三樓三底。房東係開謙記棧之高姓,每年討價四百八十兩。啊意辦公之所,祇給半租,不准抗違,請即委員帶差前往,曉諭即日搬住,不能再遲。諸候酌行。

　　[1] 啊翻譯,顏世卿輯《約章成案匯覽》乙篇卷二九《蘇撫李奏隨同戈登出力洋弁等給獎片》附錄等第清單有"翻譯官啊喳哩",或即此"啊翻譯",洋槍隊翻譯。

張璧田軍門玉良（二通）

（一）

　　兄自去秋移家江北，祇以世故多艱，賤軀病不任事，擬賦遂初[1]，藉圖將母。乃蒙大府念舊情殷，再三函促，又於松江克復案內，奏請開復原官。仰承憲意，至優且渥，自分駑駘，無以報稱，遵即渡江來滬，勉力支撐。現奉委辦釐捐總局、軍營事務，目擊餉需支絀情形，不得不悉心籌畫，以濟軍儲。惟是賊勢鴟張，青浦、嘉定一帶，依舊負嵎，省城恢復尚非指日可圖。昨馬自明來滬，晤談良久，亦以時事為憂。此間兵勇現有三萬，分布松江、寶山各處，僅能堵禦。薛帥欲俟長龍水師齊備，會合進攻，能否有濟，全在天心悔禍耳。彝兵助順一舉，尚無把握，日復一日，兵單餉乏，不知何時得有轉機。

　　浙西門戶幸得福曜照臨，倚為屏翰，凡我同鄉，無不矢誠感戴。所望浙省一律肅清，大兵乘勝進剿，自浙而吳，漸圖掃蕩。此兩省士民所共引領。如有佳音，尚希示我，以慰望歲之私。

　　暮雲春樹[2]，兩地依依，未識何日得親帷幄，抵掌而談，以伸積愫。尚望吾弟於軍政之餘，順時保重，至禱至禱。

[1] "擬賦"句，《晉書·孫綽傳》："綽字興公。博學善屬文，少與高陽許詢俱有高尚之志。居於會稽，游放山水，十有餘年，乃作《遂初賦》以致其意。"後遂以"遂初"喻歸隱。
[2] 暮雲春樹，杜甫《春日憶李白》："渭北春天樹，江東日暮雲。何時一樽酒，相與細論文。"

又（二）

　　接奉二月望日賜箋，知前寄寸函已塵虎幄。承示師久財匱，餉饋不時，軍中竭蹶情形，實爲目前通病。而浙省官民當此萬窘之時，恃以無恐者，誠以軍門去年三月初提一旅之師，驅除劇賊，克復杭城[1]，救災黎於水火，是用家頌户祝，上戴福星。刻下民力告殫，游氛未殄，仍仗神威英略，轉危爲安。不特固浙省之藩籬，抑且可聯絡江南，爲恢復蘇常之計。所望捷音稠疊，迅奏膚功耳。

兄黽勉從公，愧無報稱。二月初蘇城賊首率衆萬餘，挾從逆彝匪三百餘人，由青浦竄撲松郡。嘉定之賊同時分股四路犯滬，幸爲松營所敗，殲斃彝匪數十兵，彝酋一名，賊乃遁去。旋犯石門、平湖，亦爲官軍所敗。昨聞海鹽被賊所陷，頃得曾允堂信，知已克復，新埭、中埭兩鎮，亦無賊踪矣。

金陵賊於二月初起圍攻鎮江，逆氛甚惡。十九日官軍出戰大勝，獲其賊帥僞丞相一名，乃解圍而去。刻下滬城安靖照常，彝商因漢口馬頭爲賊所阻，有合兵剿殺之議。此事果成，大爲我利也。

抑再有密陳者。吾弟爲江南重望宿將，紀律極嚴，軍心甚固。惟部下兵勇衆多，領隊官間有照應不到之處，不免易起浮言。尚希隨事隨時，密爲留意，以成大功。兄辱荷知愛，逾於手足，用敢貢其愚悃，伏祈鑒詧。

[1] "誠以"句，咸豐十年(1860)正月天京合圍，李秀成爲解圍率部入浙江，克杭州。三月和春派張玉良往援，李秀成圍魏救趙之計已售，即離杭州返天京。

曾允堂軍門秉忠(五通)

(一)

　　初七日布覆一函，計已達覽。頃奉初八日辰刻、亥刻兩次惠函，詳示一切情形，謹已紉悉。此次平、乍賊匪大股突出，竄陷張堰、金山，圍撲滕營，逆氛猖獗，意在浦東。而嘉善踞匪，又復同惡相濟，窺伺洙涇、松江，以圖牽制。賊衆我寡，節節須防以他人，處此未免大爲棘手。棣台智珠在握，應變出奇，激勵士心，機宜神速。是以連日堵剿，迭挫賊鋒，殲擒無算，雖古來名將，何以加兹。此時攻剿張堰，傾其巢穴，絶其下竄之路，實爲至要。而滕營一旅緊扼海塘，若有蹉跌，賊可沿邊東下，無復後顧之憂。是此軍安危，關係浦東全局，急宜設法援救。尊函所云，洵爲確論。至需用火藥米糧極急，此間亦深知之。中丞已飭備輪船兩隻，趕速運濟，今明先後可到。并又派勇航海應援，趕緊啟行矣。馮佐乾已抵南橋。渠在滬時，兄與談棣台謀勇，渠亦心服。今得麾下授以方略，會同各隊馳援滕營，定當内外夾攻，痛加掃蕩。衛城一復，則張堰亦將聞風而遁。遙望紅旐，曷勝額祝。

　　另箋所示均悉。際此軍政倥傯，猶縈懷淀山湖一案[1]，足徵心思縝密，佩甚佩甚。至棣台天性勇毅，身爲大帥，仍復親冒矢石，爲士卒先。此趙順平、常開平之遺風[2]。惟以朝廷柱石，東南億萬姓託命之身，尚祈爲時自珍，以慰衆望，是所禱切。華庭[3]青年英發，貌似留侯，竟能每戰先登，立功甚偉，真不媿將門，深爲欣羨。

[1] 淀山湖一案，即下第三通信中所言夥劫絲船案。
[2] "此趙順平"句，趙順平，趙雲(?—229)，字子龍，常山真定(今河北正定)人。

本屬公孫瓚，後追隨劉備近三十年，戰功卓著，後世贊爲有大臣局量的儒將。景耀四年(261)，劉禪追謚趙雲爲順平侯。常開平，常遇春(1330—1369)，字伯仁，號燕衡，南直隸懷遠(今屬安徽蚌埠)人。隨朱元璋力戰克敵，明立國後官至中書平章軍國重事，兼太子少保。洪武二年(1369)，北伐中原，暴卒軍中，朱元璋用宋太宗喪韓王趙普故事，追封開平王，謚忠武。

[3] 華庭，曾秉忠姪，時爲游擊。

又(二)

接奉初十日亥刻捷書，忻紉一一。逆賊盤踞張堰，輒敢分股攻陷干巷，四出焚掠，直逼後岡、洙涇，真堪髮指。麾下從容布置，安慰民心，飛傳水陸各軍嚴加防剿，當將賊衆擊回干巷。旋即分派馮佐乾、李參戎等各軍，分路進攻張堰，四面合剿；并親督師船，由後岡攻張堰之西，環炮轟擊，斃賊多名，生擒長毛，奪獲槍船。因天雨泥濘，始行收隊。而令姪華庭游戎，會同徐、龔諸將，收復干巷，掃蕩賊穴，其截擊明珠庵之師，亦同時獲勝。具見勝算全操，士氣猛鋭，足以破賊之膽，而絕其内犯之機。干巷肅清，洙涇可以無慮。計張堰賊巢掃除，亦必在頃刻間矣。翹望之至。

聞滕營日前亦獲勝仗，昨中丞飭大小輪船兩隻載軍火米石前去接濟，今早又開天平輪船前往援剿。滕營固守多日，轉危爲安，實由麾下力剿於西，故賊不敢并力以東也。慰甚慰甚。續盼大捷，諸維珍重。

又(三)

淀山湖夥劫絲船，謀害客商一案，頃上海縣將尊處飭發草勇李得勝審訊案情，録摺通送前來，謹將原摺寄呈台覽。據該犯草供，本有首犯陳盈，係花旂隊舢板船上充當哨官；并有花旂隊的副總哨官，是五品藍翎，名叫辛勝等語。承審官因其牽涉水師，諸多不便，商之於兄，概行删去。現在陳盈等全夥要犯，都在松江、洙涇一帶，所劫絲包裝載蘆墟船四隻，尚未分散銷變，供係陳盈收管。務懇棣台飭委妥幹弁勇，趕緊密行緝拏，俾兇犯不致漏網，則王法可伸，幽明同感。一俟贓犯并獲，解送前來，所有出力弁勇，應給獎賞若干，悉聽尊處酌給。各商感泐威嚴，決不吝惜，必當惟命是從。

再此次李得勝之獲，若非麾下着力，斷不能迅速挐到，所有陳盈各犯，無論是在水師，亦已斥革，將來與貴營總使絲毫無礙也。

又（四）

十三日爲淀山湖一案馳布寸函，計已達到。兹接是日辰刻惠書，承詳示十一、十二等日分路進剿張堰獲勝，毁賊頭卡，并各路截擊均有斬擒等情，聞之曷勝忭慰。張堰踞匪屢經麾下督率雄師，逼壘攻剿，已足振我軍威，阻其出竄，想掃穴擒渠，大捷即在目下矣。企祝之至。滕、梁八營[1]，待援甚迫，而輪船又因水淺，遠隔二十餘里，炮力不及，無從入圍接濟，益形危殆。馮佐乾移師往援，誠是急其所急，乃連日陰雨沾濡，不識能否用兵，中丞極深焦盼。頃又飛調奮勇，坐海船往救，以必達爲主。能得因大潮汛水陸夾攻，以解重圍，庶不致礙大局。賊匪狡謀百出，亭林僅有李、章兩隊，尚形單薄。麾下保障東南，運籌周密，知必有以備之矣。青、嘉、劉河、羅店等處偵報潛伏多賊，專候張堰、金山消息。逆謀叵測，防不勝防，必得迅解滕圍，克復張堰，庶足絕其覬覦耳。

[1] 滕、梁八營，滕指滕嗣林，梁指梁勝章。光緒修《金山縣志·名宦傳·覺羅昆禄》："十一年四月從副將滕嗣林、參將梁勝章屯金山衛城西王家衖堵剿。八月四日大股賊竄至，昆禄與滕梁二將協力固守。賊悉銳攻營，潛分一旅由小路陷張堰，遂四面攻城，城陷。"

又（五）

接奉十六日惠書，承示連日堵剿，并派調將弁炮船攻打廣成，截賊後路，此眞無上妙策。兄即將尊函轉呈中丞、方伯，均各忻然，并以保舉一案加函禀陳，已奉回書，寄呈英盼。兄於麾下公事，理應竭力關照。此案保舉，早經議及，現在正當激勵戎行之際，必當隨時禀懇，總期月内出奏，以副雅廑也。

正泐覆間，接李藹堂來信，駴悉滕梁兩營已於十六四鼓潰圍而出，賊從此無後顧之虞，松郡東南處處可竄，亭林尤爲吃緊。藹堂現帶小隊前赴該處料理，而靑賊又復至鳳凰山一帶游奕，松郡亦須嚴防。馮佐乾紮營堵截龍橋，不知能擋禦賊氛，綏輯潰散與否。情形如此，浦東萬分可危。浦東設再不保，大局去矣。棣台智謀忠勇，扞衞南疆，雖亭林、柘林陸軍非由麾下調遣，刻下緊急如此，棣台必能籌畫全盤，趕爲布置。馮佐乾、李藹堂均服棣台謀勇，儘可商調扼紮。但能剿退賊氛，保全大局，則聖主褒嘉，軍民戴德，而勛業威名，亦莫與倫比矣。

李藹堂協戎恒嵩(十通)

(一)

前接初八日惠函，曾泐寸牋布復，諒已登覽。茲奉手緘，具悉布置周詳，軍威益振。所示北簳山一路，向爲賊踪出没之地，今得麾下兵勇移營進紮，挖掘濠溝，聲勢更爲聯絡。此時扼要以圖如屋建瓴，并與鳳凰山各營互相呼應，雖經該逆大股衝突，正如撼山不動，益徵識力超越尋常，曷勝欽服。惟我軍聲威愈壯，該逆詭計愈多，聲東擊西，賊情叵測。諒閣下料賊如神，必能預爲整備，徐圖攻剿。則踞青之賊，不難一鼓殲除。倘有捷音，即祈飛示。

此間擴充釐捐，漸有就緒，市面亦極安堵。所望天心猒亂，得有轉機，省城早復一日，則民困早蘇一分耳。允堂軍門爲怡和洋行之事，頗受委曲，幸有芸樵、聽香[1]幫同辦理，或可消弭。

[1] 聽香，胡震(1817—1862)，初名企鷟，字聽香，後改名震，改字伯恐、不恐，號鼻山，富陽(今屬浙江杭州)人。諸生，僑寓上海，靠賣字畫爲生。後應寶時邀入幕，擔任文書兼顧問一類的職務。

又(二)

早間布覆寸函，計已遞達。茲接昨晚手示，以金山衛城爲海塘通衢，浦東門户，關係全局非細。刻下大股賊匪圍撲甚急，滕協戎孤單固守，勢極阽危。因與馮協戎會商，抽派勁旅，先解金山之圍。即派得力員弁帶隊，由柘林、南沙一路而進，并由馮協戎飭派將領丁勇，會合大隊，盛張聲威，間道進援云云。傾耳之餘，曷勝喜躍。金山一城，祇恃滕營撐拄。昨聞被圍緊急，中丞、方伯以次同切焦憂。正在函請設法應援，乃已承足下灼照幾先，與佐乾協謀馳救。奇兵突進，懾以先聲，計鼓銳而前，不但城圍可解，且與滕軍兩面夾攻，正可殲除醜類。英謀勝算，深合戎機。中丞因念滕營火藥米糧需用極急，已飭備輪船，由海接濟，屬先馳聞。

又（三）

昨申刻覆奉一函，計已遞到。茲接初八亥刻手緘，以日前青浦踞賊出擄民船，并有由嘉善而來千餘賊進城，恐其別有奸計，已照來示，分飭各營嚴防矣。此時張堰賊匪尚未剿退，復又添賊，顯係詭謀，得足下加意防維，定可無慮。至張堰固須進攻，而金山營盤關係浦東大局，尤須急救。今午已由輪船兩隻，載軍火米石前去，本日可到；隨後再發勇船，由海赴金。吾兄已與曾軍門、馮協戎諸軍會同進援，能數面夾攻，大爲懲創，則張堰不攻自遁矣。

又（四）

初九日申刻復奉一函，計可邀覽。頃接初十日惠書，并抄馮佐乾信一紙，詳悉種切。當將來函轉呈中丞，并將章令所帶保勝勇[1]調回松防一節，稟商辦理。茲奉復諭，以該軍現赴柘林堵剿，當俟張堰得手，即將章令之勇調防洙涇云云，特照錄奉覽。惟軍務情形不能一定，誠如來示所云早晚異宜，中丞亦囑轉致麾下，斟酌緩急辦理，總期於張堰、洙涇兩面兼顧，俾逆賊不致橫竄，而衛防無疏忽之虞。吾兄智珠在握，定能調度周密，以維全局。

初十日亭林之役，佐乾約同李游戎由後岡、楊胥浦兩路進攻，已經衝進頭卡，該逆尚在死拒。值此陰雨，未識能一鼓剿退否。惟後岡、干巷等處亦有賊踪，該逆聲東擊西，情形叵測，不識佐乾能否分頭堵剿，不致使賊蔓延，深爲盼念。

至所示桐石邨及北幹山一帶吃緊情形，此時各路徵調，正在分撥派援，尤恐青城踞匪乘間窺伺，松防實不可不加意嚴密預爲布置。

近日探報，務望隨時飛示，是所禱切。

[1] 保勝勇，太平軍起，八旗軍、綠營軍不堪大用，地方漢族地主紳商出錢組建之練勇成爲中堅力量。練勇各營或依地名，或以管帶之名，或取字意，均有名目，如勝勇、德勇、仁勇、潮勇、直勇、博白勇等，保勝勇及下信所及"德勇"皆地方練勇。

又（五）

昨酉刻覆奉一函，計已登覽。晚間接曾軍門初十亥刻來信，今早又接馮佐乾差弁賫函，得悉初九、初十兩日會兵進攻張堰，幷剿復干巷情形。茲又承詳示李游戎移知帶隊，由後岡進攻，殺賊奪旗，已獲勝仗，因驟雨收隊等因。謹已聆悉。賊匪突踞張堰，圍困滕營，輒又西出竄擾，逆謀極爲可惡。茲先力攻張堰，以掣賊勢，已挫其銳氣。昨聞滕營亦獲勝仗，加以火輪飛炮，即可擊散游氛。但期數面合攻，痛加懲創，永絕其窺伺之心。殊所盼禱也。

刻接九江輪船來信，八月初一日，安慶省城西南隅地道轟發，官兵乘之而入，長髮殲除净盡，大快人心，曾帥於初二日乘炮船進城矣。前此十二日之信，係桐城克復，訛傳安慶，此次的係確音。是日正逢五星聯珠，日月合璧，天示休懲，從此泰運亨通，逆渠授首，普天同慶也。附以馳達，鵠盼大捷。不具。

又（六）

十一、十二兩日疊寄寸函，已先後塵覽否？刻奉十三日兩書，謹悉一一。佐乾昨日來信，以進攻張堰未能得手，即遵批移師，進解滕營之圍。

雖是正辦，然將梁、金各營全行帶去，亭林祇留李游戎一軍，未免太形單薄。設或逆匪伺隙衝突，何以禦之？中丞、方伯亦因此同爲焦急。兹吾兄已將章令所部調回亭林，協同堵剿，具徵布置謹嚴，防維鞏固。但願佐乾疾趨鼓鋭，迅解滕營之困，則軍威大振，賊膽可褫，張堰逆屯，或不難剿退矣。姚仁儀奮勇越濠仰攻，頭面受傷，深堪嘉尚。希囑其加意調養，報捷時定請大憲優奬也。至方家窰賊踪游奕，姚參戎派隊往擊，賊即屯聚劉夏地方，伏匿不動，逆情甚爲叵測。麾下現已多派探丁分投確偵，以資準備，賊應不敢肆其狡譎也。

又（七）

昨日奉覆一函，已入覽否？兹接十四日惠函，承示章令禀報十三日迎剿衛城出擾之賊，設計埋伏，奮勇衝鋒，將賊擊敗回巢，斬馘甚多，足以慴賊之膽；幷稔佐乾及梁、金各軍均抵柘林，軍威甚壯；章令已移師亭林，協同李游戎安營布置等因。遜聽[1]之餘，深爲忭慰。計即日潮信甚大，輪船亦可傍岸，兩面夾攻，尤爲得手也。

[1] 遜聽，遥聞。含恭敬意。遜，遠。

又（八）

接誦十七日手書，驚悉滕、梁兩營已潰圍而出，從此賊無後慮，東南處處可虞。麾下已馳赴亭林，悾偬布置，忠勇之概，足感人心。此時但期保住亭林、柘林等處，俾賊不致接踵而來，則浦東大局尚可支持。總惟麾下與曾軍門之力是望。青賊近塘橋游奕，亦須嚴防。中丞本擬以泗涇之德勇一千名，前赴軍前，聽候調遣，其原紥之處，另行填紥。昨曾面諭函商麾下。今因泗涇亦在扼要，一時尚難抽調。弟復力爲代請，以尊處防轄之處甚廣，必得於無可抽調之中，爲之設法。奉諭俟滕、梁二營潰圍兵勇見數後，或將此項潰勇，安頓防務稍鬆之地；另行抽出若干名，馳赴麾下聽調等因。至所需鳥槍二百枝，已轉請方伯如數給發，業已允許照辦無誤。

又（九）

早間得亭林警信，未稔吾兄所在，愁繫萬分。茲奉專勇手書，始知麾下已回至松郡。此時賊勢猖獗，東南有累卵之危，且恐賊匪窺伺松江。賴有麾下駐紮，專力鎮守，以固上海南路，再圖進取之機。辰刻聞馮佐乾在南橋被圍，此刻仍無信息。不意軍情一變至此，倘能退紮奉賢，固守縣城，亦是不幸中之幸耳。然天雨[1]如此，光景實難逆料。

來信已轉呈中丞閱看，奉諭添兵一節，此時實無兵可撥，只好就現有兵力，暫爲妥籌嚴防，且看青、嘉兩處逆賊如何舉動，彼此互爲援應等因。現在事勢危迫，所恃爲唇齒者，惟寶山與松郡耳。閣下智珠在握，非諸人所可抗行。松郡爲閣下駐防之地，定必專力顧此。弟關至愛，用特上陳，尚希鑒詧。

軍事方殷，諸維持重珍護，以紓衆望。不一。

[1] 天雨，《呂氏春秋·慎大覽》：“武王勝殷，得二虜而問焉：若國有妖乎？一虜對曰：吾國有妖，晝見星而天雨血，此吾國之妖也。”

又（十）

飛啟者。刻知馮營退回南橋，賊已跟踪而至。聞信爲之駭絕。此時祇有力保奉賢，以冀存浦東完善。調兵救援已來不及，應如何應變出奇，設法抵禦之處，想閣下自必不遺餘力。所慮賊衆兵單，深爲焦急。本日軍情如何？特發專探走詢，望即飛示。不一。

某協戎（三通）

（一）

十五日飛布一函，計已遞到。正在盼切萬分之際，接專足來信，係十四日發，直至十七送到。前日中丞因滕營危急，吾棣赴援遲遲，極爲焦憤。兄再三婉稟，始稍解釋。今特飛札飭令麾下速速進兵，許以重賞。在憲意顧全大局，何等着重，不意來書不及救援滕營一字，祇在近處紮營八座，作相持之計，讀之不勝駭絕。

現在浦東大局，祇看滕營；滕營安危，祇靠足下。自中丞、方伯以下，至軍民人等，無不側耳以聽，翹首以俟。殊不料尊處信來，竟出意計之外。中丞、方伯之待閣下，不啻有國士之恩；兄與吾弟，亦情若手足。所以優禮相加者，原以吾弟英才卓犖，將來可爲中興名將。今滕營如此危急，救兵如救火，豈可稍涉遷延，東瞻西顧。爲今之計，惟有激勵將士，懸以重賞，奮勇進兵，迅解滕營之圍。滕營解，則賊可不攻自退。此爲一定辦法。若憑探報之詞，畏賊之衆，遲延不進，則中丞震怒，兄雖有百口，亦不能爲吾弟分解也。

現在此間已派炮船三十餘號，并由輪船拖帶，裝載軍火糧食，共選奮勇約二千名，由海前進。萬望麾下念滕、梁二營數千人性命，速速進兵，萬勿再延，是所至禱。

至事權歸一，誠是行軍要着，倘若吾弟要進而諸將不從，兄可力說。今來書未及滕營隻字，不便將原信代陳，恐愈觸怒也。

又（二）

頃覆十四日一函，因中丞盼解滕營之圍甚急，而人言紛紛，是以措詞不無過激。茲接十五亥刻羽書，讀悉爲之焦灼萬狀。當即將原信面呈中丞，閱看同深憂憤。奉諭賊勢如此鴟張，滕營倘萬不能解圍，得將滕、梁二營兵勇接應出來，亦是萬不得已中之一策。勢至無可如何，則麾下一軍，務當擇其尤爲吃緊之處，相度形勢，權其輕重，扼要堵剿。軍務時刻變幻，憲意亦未能遙制也。至軍火口糧等件，已由方伯另覆不贅。允堂軍門於松屬地勢情形最爲熟悉，足下能就近稟商，於軍事必有裨益，即中丞聞之，亦定以爲然也。

又（三）

昨寄三信，想先後呈覽矣。前以中丞盼解滕營之圍甚急，而兄謬承知愛，情如骨肉，念望尤殷，措詞之間，不無激切。嗣悉連日陰雨，軍行艱難。吾棣冒雨出兵，泥塗傾跌，以致體履違和，曷勝惦念。茲接十七日寅刻手書，得悉滕營已沖圍而出，計已陸續到營，不知散往何處？人數有無大損？如晤滕、梁二君，望爲致意，安慰一切。并希查明各營弁勇，商同綏輯安插。此不但維持大局，亦盛德之事也。惟是兩營既失，賊益鴟張，勢必乘機四竄，堵剿萬分爲難。曾軍門、李藹堂均在松日久，熟悉地勢，一應機宜，就近與商，扼要設防，督率弁勇，着力堵賊。各弁勇如能奮勇摧破賊鋒，截賊內犯，保全完善之地，中丞定必立加重賞。此時浦東大局危於累卵，必須并力支撐，有進無退。總盼棣臺出奇制勝，以副中丞知遇，軍民願望，無任禱切。

承囑轉商飭委孫刺史幫同帶勇一節，已爲婉稟，奉中丞諭覆，可以照辦。

姜誠齋參戎德（六通）

（一）

　　昨聞逆匪竄撲月浦等處，經閣下督率兵勇，迎頭痛剿，該逆望風而遁，斬獲甚衆，聞之不勝欣躍。此間於初八日接周莊初五所發探報，知蘇城逆首糾集匪黨，欲由青浦窺伺寶山；嗣於十四日又接周莊初八探云，該逆由常州、無錫調賊數千，現住蘇城葑門外，欲竄寶山及石門等語。且海鹽、乍浦相繼不守，今日又報乍浦收復，未知確否。賊勢鴟張，四路分竄，意在牽制我軍，情甚叵測，不可不嚴爲防範。陸路兵勇經老弟整備周密，自無可乘之隙；其水路要隘，倘有急應籌備之處，務望詳示情形，轉達憲聽，以便加意嚴防。此次賊志覬覦浦東，較之往常沖撲，尤爲可慮，總祈格外小心。是所至禱。

又（二）

　　昨奉一函，計可達覽。所有尊處保舉一案，中丞已於前日出奏，想閣下亦已奉到行知，所開清摺一扣[1]，業已代呈，并爲轉陳將士奮勇情形，中丞亦深嘉尚。前日派援之帶領官甚爲得力，憲意尤爲欣喜，具見老弟調度有方，用才各當，不勝欽服。

　　再，刻得近探，知蘇城賊目陳坤書現分水陸兩路，有欲竄洙涇、寶山之說。今日中丞亦曾提及。想老弟聲威所播，久寒賊膽，該逆未必輕爲窺伺。惟此次賊黨人數衆多，尚望加意嚴密，多爲設法，庶幾有備無患，俾狡賊不得逞其詭計。特此布聞。

　　前來清摺，祇有一扣，已爲轉呈中丞。尚望另繕一扣，交存兄處，是所切禱。

［1］扣，量詞，用於捆紮成束的文件或帳摺等。

又（三）

接誦手書，以探報劉河地方頗多外來之人，形迹可疑，已派令妥探前往密偵。具見隨事留神，防禦謹慎。現在金山竄匪尚未剿退，難保該逆不暗中聯絡，施其詭謀，必得加意防範，絕其覬覦，庶爲周妥。探確後仍望示悉爲要。除將來示及另單各層代稟憲聽外，專此布復。不宣。

又（四）

頃奉手書，所示海塘互調一節，已將吾弟來函轉呈中丞，閱看即爲酌辦矣。頃聞劉河一帶逆船甚多，深恐水陸并進，尚望嚴爲防範，預備一切；且多置偵探，以防窺伺。所有軍務情形，務祈隨時詳示。只須草書數行，不必紅單楷書。是所切禱。

又（五）

飛啓者。頃奉中丞面諭，賊勢猖獗，亭林、南橋各營業已站立不住。昨調尊處奮勇五百名往紮南橋，刻下無須前去，仍歸麾下軍前，以資調遣。逆情詭譎，寶山亦萬分吃緊。務望加意布置，嚴爲防守，是所至禱。專函奉達，即候回音。

此後軍務信札往還，祇須草草數語，不必再用手版爲囑。

又（六）

敬覆者。頃奉飛函，以奉撫憲面諭，姜營所調奮勇五百名，無須前往南橋等因，特馳信關照尊處，未識已接到否？茲展來書，敬悉此五百名已無須調動，仍歸麾下防次可也。亭林已潰，南橋營盤被圍，南路軍務甚壞，浦東危險萬狀。焦悶已極。草草布覆。不一。

楊憩棠觀察坊

別逾兩旬，想素履清綏，諸凡順序。弟終日栗鹿[1]，仍無寸閑。日前平乍嘉善賊匪大股東竄，占踞張堰，圍撲金山營盤。逆氛猖獗，浦東頗爲震動。現經曾軍門督率水師進剿，中丞亦飛調兵勇前往援應，并得李藹堂、馮佐乾會派將士防堵南橋、亭林，一面馳救滕營，布置周妥，可望得手。祇聞賊數極多，浦東路徑歧雜，倘一時未能剿退，殊覺可憂。浙省軍務得雪翁[2]中丞書，知近日稍鬆。金蘭有佳音否？寧郡定安謐照常也。前得金眉生書，云鹽事小辦，已部署楚楚。王秋恬刻下定已趕到，所有南北資本，共合前議成數，伊等亦公請穩實司事二人，與王秋恬、周星橋二君，公同經理銀錢。此番所辦，頗爲核實。歸經愚見官場祇能出面辦事，不能涉手銀錢也。

台從何日來滬？終七之後必祈命駕，不特方伯望眼將穿，即中丞亦無日不盼念也。

[1]栗鹿，俗語，又寫作栗六、栗陸，忙碌。
[2]雪翁，王有齡。王有齡號雪軒，時爲浙江巡撫，兼顧江蘇、太湖軍事。

周韜甫主政騰虎[1]（二通）

（一）

辱手書，深荷勤注，感感。承示蕪湖、太平均已克復，狗逆[2]就擒，撲帥[3]大軍前鋒已指東壩。此高屋建瓴之勢也，聞之鬱抱爲之一開。撲帥遂謀深算，超邁古今。其嚴肅堅定如周亞夫，識拔將帥如郭汾陽[4]，理學文章如王文成[5]，集思廣益如諸葛忠武[6]。四公皆一代偉人，撲帥獨奄有衆長，用能軍聲所至，丕建崇勳。天下之士，望之如泰山北斗，欲見顔色而不可得。而閣下親被拂拭，登諸薦剡。顔淵雖篤學，附驥尾而行益顯[7]，其遭際爲何如耶！

弟患難之後，積憂傷心；風波之間，怖畏成疾。近復右臂發一外症，精神益不能支，乞假杜門已逾兩旬。自揣蹇劣，加以多病，必不堪再任馳驅。所望閣下籌筆之餘，爲時保重。尤願閣下益加砥礪，宏此遠謨，以副巨公薦拔。昨見足下於稠衆之中，呵斥某君，責其不能約束子弟。盛氣相陵，旁觀且爲難受，而彼默默無語，怨毒之於人甚矣。幸足下留意焉。

[1] 周韜甫，周騰虎（1816—1862），字韜甫（一作弢甫），江蘇陽湖（今屬蘇州）人。曾入雷以諴、徐有壬、曾國藩幕，幫辦鹽務及釐捐，頗得曾國藩賞識。工詩文，有《餐苈華館詩集》《餐苈華館遺文》《餐苈華館隨筆》《先德小識》《蕉心詞》等。主政，舊時各部主事的别稱。周騰虎咸豐十年（1861）入資爲部郎，故稱。

[2] 狗逆，指陳玉成。陳玉成（1837—1862），原名陳丕成，洪秀全賜名玉成，藤縣（今屬廣西梧州）人。隨叔父參加金田起義，逐漸成爲太平天國重要將領，任前軍主將，封英王。兩眼下有痣，遠望如四眼，被誣稱爲"四眼狗"。咸豐十一年（1861）八月安慶失陷，陳玉成退守廬州，同治元年（1862）爲苗沛霖誘捕，解送清營被殺。

[3] 撲帥，指曾國藩。

［4］郭汾陽，郭子儀。郭子儀封汾陽王。

［5］王文成，王守仁。王守仁謚文成。

［6］諸葛忠武，諸葛亮。諸葛亮被後主追封爲忠武侯。

［7］"顏淵"句，語出《史記·伯夷列傳》："伯夷、叔齊雖賢，得夫子而名益彰；顏淵雖篤學，附驥尾而行益顯。"司馬貞索隱："按：蒼蠅附驥尾而致千里，以譬顏回因孔子而名彰也。"

又（二）

一昨奉手書，猥辱詳詢軍情，謹將近日所辦各事，略陳大概，惟執事察之。

自僞忠逆竄陷杭省以後，乘逆熖方張之勢，率其醜類，馳回蘇州。而永昌徐氏兄弟與李、熊、錢[1]三人密約之舉，遂不得行。當忠逆竄圍杭州之時，李、熊均奉僞令往杭，至十一月初四、六兩日先後託故回蘇，即與徐氏兄弟密約舉事。徐董[2]於初九日動身，十三日至滬，力陳忠逆在杭，陳逆赴江北（即陳坤書。曾至東西梁山，復折回竄撲鎮江，現聞在丹陽。此悍賊也），蘇城黨類大半李、熊心腹，正可乘隙進攻，必能得手。惟欲先籌軍餉十數萬，以備臨期舉事爲各項經費。大府[3]持重，決意覆絕。徐董留滬旬餘日，再四懇求。其時杭省接濟不通，萬分危迫，有援伐魏救趙之策，向大府慫恿。因發軍火銀二萬兩，徐董即匆匆購備，於廿七日回去，出吳淞口，由常熟進口（此錢姓所踞之地）。風逆，直於十二月初五始到。當即齊集民團，添募槍船，逐日冠帶點名（可謂大謬，作事之粗疏如此），毫無顧忌。人數過衆，既需時日，而又不能慎密，事機大露，以至無錫、崑山、蘇州一帶各賊卡、賊館、僞官逃匿一空（時已得杭州被陷信，謬謂忠逆必不能即返）。原約十二月十九日舉事，旋得李、熊信，云忠逆即欲回蘇，改於十六。夜間傳單甫發（傳單爲調各路民團），而忠逆前隊已於十六清晨趕到矣，事遂中阻。忠逆到蘇，即發僞諭到各卡，凡永昌徐氏船隻過往，一概拏解（陳墓鄉董昨有密稟到來，故知其詳），遠近民團，無不驚駭，謂大禍即在頃刻矣。乃越日忽又有僞諭，謂徐某之剃頭赴滬，係爲采買軍火解往杭州(其時杭州未陷),以備攻打之用。早經禀明辦理,各卡館未悉根由,見徐某剃頭,誤會有異志,以致群相疑懼。現已查明,無庸再究,徐氏船隻,仍照常放行。此絶大破綻,居然瞞過。此必熊、李從中播弄,然忠逆豈竟形同木偶,爲熊、李玩弄股掌之上耶?此中實在底蘊,未能盡悉。惟聞熊、李、錢聯爲一氣,合四人所部,實有三四萬人,忠逆見其人衆,亦未敢輕以下手。此説亦似近情。

總之此事一誤於遷延,再誤於不密,而原其致誤之由,有非筆墨所能盡者。當賊衆久頓杭城之時,果能遴選一將,統水陸萬人,糾合内應,乘虛襲之,兵法攻其必救,無論蘇事能否得手,而杭圍之解,似有操券之望。乃遲疑不決,坐誤事機。此既往之事,不必再説。徐氏兄弟心頗可嘉,惜才識不足以副之;熊、李、錢非真有忠肝義膽,徒以見賊中所作所爲,將來必致滅亡而後已,因之欲脱身來歸,并欲借獻城之功,以博取名利,其居心實只如此(李某與楊子芳云:倘此間果像成事樣子,則衆人亦即住下,不作他圖矣。此是實話),并非"得當報漢"[4]有古人風也。今事不成而機已露,雖能瞞過一時,而後患終屬可慮。成敗關頭,全繫天意耳。

至西人助順一節,前日巴酋[5]到滬,介見蘇紳,旋約鄙人與敏齋同晤,央渠相助。巴云:中國有諺語,成則爲王,敗則爲寇(巴酋一口官話,於中國情形,無不周悉)。今觀此賊實是寇,非王。唯寇勢已大,欲就掃滅,斷非一年半截,即能了事。我外國人與彼無隙,今欲克復寧波,保守上海,非用武不可。一經用武,即啓釁端,中國人作事每每有頭無尾,將來開釁之後,萬一撩在我外國人身上,如何處置?今欲幫同剿賊,必須預籌一綫到底之法。請大府先行入奏,伊亦禀明駐京公使,聽候示下辦理等語(用意本在寧波、上海,而不能不統及金陵,即巴酋所謂一綫到底也)。蘇浙紳士公呈内所稱"借兵克復蘇常金陵"之説,蓋曲從巴酋之意也。事勢至無可如何,不得不委曲遷就。兄視滬城無西人其能屹然否耶?言之可歎。

所至憂者,川沙、奉南俱爲賊陷,浦東完善之地,遍爲逆賊蹂躪。松江、寶山雖有曾軍門秉忠、李參將恒嵩、姜參將德駐守(曾、李守松江,姜守寶山。曾每戰必身先士卒，故所向有功；惟馭下過寬，所部每多犯法，未能約束。李於安營設壘頗善布置，而未能與士卒同甘苦。姜樸訥不識字，而敢戰，有謀略。三君固鐵中錚錚矣。此外亦尚有可用之才，在乎司命者識拔耳），而賊勢過盛，亦大有炭炭之勢。

上海稅捐兩絀，餉無來源。即能苟延，亦將坐困。大府焦心急慮，寢食不遑。奈軍務錮習已深，一時竟不能挽回。至於鎮江、湖州兩郡，雖尚固守，逆賊闚覦已久，欲得甘心。若無外援，恐難久持。此數處爲克復蘇城根本，設有不虞，則東南全局愈不堪設想矣。此江浙官坤士商所由飲食禱祝，延頸以望滌帥大兵之早到也。

緣奉諄詢，特撥冗拉雜奉陳。筆凍手僵，語不能盡，臨穎皇恐皇恐。

[1] 錢，指錢桂仁。錢桂仁（？—1866），又名德勝（一作得勝）、安邦、百順，安徽桐城人。李秀成部下大將，咸豐十年（1860）以忠殿承宣、慷天燕代守江蘇常熟、昭文，管理民事。在薛煥策動下，與熊萬荃、李文炳、徐少蘧等密謀反叛，未遂。同治三年（1864）在杭州降清，任都司。

[2] 徐董，指徐佩瑗。

[3] 大府，指薛煥。

[4] 得當報漢，語出《漢書·李陵傳》："群臣皆罪陵，上以問太史令司馬遷，遷盛言：'……彼之不死，宜欲得當以報漢也。'"

[5] 巴酋，巴夏禮。哈里·斯密·巴夏禮（Sir Harry Smith Parkes, 1828—1885），英格蘭人。長期在中國、日本從事外交工作。咸豐十一年（1861）巴夏禮到上海，通過楊坊找到應寶時等，吳雲、顧文彬、應寶時、潘曾瑋等約見巴夏禮，決定借用洋人力量保全上海。

永昌徐少蘧、戊卿兄弟

昨日專布一緘，計塵英照。李、熊二君已回來否[1]？其念甚念。賢昆玉抱不世出之才，行將建非常之業，出生民於水火。此不獨爲東南半壁計，實爲天下全局計也。惟事機已露，遲則生變，竊爲賢昆玉危之。蓋辦此等大事，貴密貴速。今舉動已將旬日，凡有從蘇州、無錫一帶來者，紛紛藉藉，衆口共傳。比聞賊中已半多知覺，而賢昆玉號召槍船民團，冠帶點名，亦已衆目昭彰。并聞蘇城附近各賊卡、賊館均已聞風逃匿，如此光景，固已勢成騎虎，欲罷不能。弟固願事之早成，而心服賢昆玉之忠肝義膽，苟有所見，不忍緘默。所望賢昆玉統籌全局，默察情僞，詳加留意。萬一忠逆到蘇，事有中變，應如何預爲地步之處，必須先事籌備，保家保國，盡在頃刻之間。此弟肺腑之言，實爲賢昆玉身家計，不僅爲大局計也。尚祈加察爲幸。

昨得蘇信，謂僞忠逆已由杭起程，各僞官均於初五日，即今之十六日[2]，赴平望迎接，想係確音。如能因其傾巢而出，乘虛直搗，亦一策也。李、熊二君何以尚未回來？一切還望隨時密示，是所至盼。松滬防守尚嚴，附此告慰。嘉興陳炳文聞在杭炮斃[3]，未知確否？時事艱難，諸望賢昆玉保愛慎重。臨穎不勝依繫之至。

[1] "李熊"句，李秀成圍杭州，李文炳、熊萬荃均奉令往杭，遲遲未回到蘇州。

[2] "各僞官"句，"初五日""十六日"之不同，因一以太平天國曆法計，一以傳統夏曆記也。太平天國所用曆法又稱"天曆"，馮雲山創制，於辛亥(1851)頒發，壬子(1852)實行。1858年洪仁玕作了改進，是太陽曆的一種，曾在長江流域實行了十六年餘。

[3] "嘉興"句，清軍軍報中曾兩次報稱將陳文炳"陣斬"，都係誤報。

楊子芳太守徽猷

　　十五日馳寄一信，計必達覽。日來松滬防禦尚嚴，上海洋涇浜已設立會防公所，西兵已議明協守，當可無虞矣。所事有無消息？李、熊何以尚未回來？少蘧昆玉任此大事，忠肝義膽，令人心敬。惟勢成騎虎，遲則有變。且忠逆聞已由杭啟程，即日可到，而熊李不歸，能否從速舉行，殊難預決，令人盼念之至。尊處曾否有信？望即示知。

蔣梅坡直牧懋勳[1]

前得秦郵所寄惠書,具悉壹是。緣天熱事叢,遲遲作答。嗣聞榮篆沭陽,不禁心喜。并聞轄境逼近捻氛,又深爲之憂。下車伊始,正值艱虞,抑何事會之不巧湊也。既而思之,殆所謂錯節盤根,乃别利器者,非耶?光景之窘,不待言矣。差幸吉星拱照,罿宇乂安,一時撫輯籌防,必有一番施展。但希自寬懷抱,勉節辛劬,以俟苦盡甘來,升遷善地。皇天不負,上憲亦不負也。

弟綜理各局,釐捐已形栗鹿,加以委辦招撫等事,軍書旁午,昕夕籌思,時事攖心,精神頗形疲憊。以海隅蕞爾,養兵三萬有餘,又須接濟鎮餉軍需,甚苦其多。而寶山、上海、松江、金山、奉賢,處處賊踪環伺,防不勝防,兵勇又尚覺其少。坐困非策,是以半年來密通綫索,增益勁兵,攻其腹心,以爲克復蘇垣之計。乃近日平乍大股賊匪竄踞張堰,圍困金山營盤,志在浦東。浦東危,全局尚可問乎?現在曾軍門督師堵剿,中丞飛調精鋭前往援應,并用輪船濟師。但期即刻剿退,庶不爲所牽掣耳。

八月朔日,日月合璧,五星聯珠,爲千百年難得之瑞。是日關係皇上登極,而安慶省城確於是日黎明克復。麻祥發靭,當可重覩承平也。笠山人安頓釐局帳房,聊且敷衍,亦不免忙碌。禮庭仍在弟處。知念,縷縷布陳。不盡。

[1]蔣梅坡,蔣懋勳(生卒年不詳),字梅坡,海寧(今屬浙江嘉興)人。以江蘇補用直隸州知州署沭陽縣知縣。工詩,有《西湖漁莊集》等。直牧,直隸州候補知州稱直牧。

雷儀甫直牧鳳翥[1]

奉展七月廿八日惠書兩緘，承示鎮城軍務及籌餉情形，備悉一一。鎮營將士奮勇，屢挫賊鋒。此由將軍督辦，拊循激勵，孚輯軍心，故能衆志成城，力摧強寇。但冀餉源日裕，士馬健騰，斯立功尤易耳。弟滬上趨公，衹形栗鹿。日前平湖、嘉善賊匪大股東犯，竄陷金山、張堰，圍攻滕協戎營盤，勢甚猖獗。曾軍門親督各軍堵剿，中丞亦調馮協戎帶勇會剿，并發輪船前往，以解滕營之圍，光景即可擊退。惟中丞亟思進取蘇垣，而平乍、嘉善、青浦、嘉定之賊三面環伺，時刻蠢動，周遭三四百里，水陸大小徑路糾紛牙錯，處處可虞。以目前兵力，設防尚形單薄。因此深入之計，不能不加意慎重耳。滬上安謐照常，師竹庵[2]之事，遵當極意關照可也。

[1] 雷儀甫，雷鳳翥（生卒不詳），字儀甫。據《清實錄》，雷鳳翥曾與吳雲同在雷以諴幕中幫辦勸捐發餉事務。咸豐十年（1860）馮子材以提督銜督辦鎮江軍務，雷鳳翥又在馮處幫辦營務。咸豐十一年（1861）以挪移公款遣戍，旋"以江蘇鎮江府城防堵出力"獲免。

[2] 師竹庵，師榮光，字竹庵，陝西韓城人。蔭生，咸豐十一年（1861）授鎮江知府，光緒五年（1879）署江安督糧道。光緒修《丹徒縣志·雜綴四·紀聞二》："是年（咸豐十年）歲暮，守軍缺餉，士卒將嘩。郡守師竹庵榮光乃從民訛言府堂前有賊遺窖，揚白於衆，集兵開掘，軍心稍定。明年春躬赴上海乞餉……各營得濟，窖工始停。"吳雲信中所言事不詳。

金山陳百倉[1]大令紹本（四通）

（一）

接誦手書，謹悉一一。此次平乍賊匪，竄陷張堰衛城；嘉善踞匪，又復逼近洙涇。逆謀狡詭，股數衆多，必仗尊處竭力提防，分頭堵禦，賢勞可想。昨接曾軍門、馮協戎來函，知已水陸會合，堵剿并施，并先救滕營，以固大局。中丞亦知滕營危急，用輪船先運火藥米石前往，并即調勇，航海應援。計數面會攻，定可得手。洙涇陸路乏兵，弟當轉請中丞擘畫，一面函致軍門，迅爲添設防堵。至金邑各鄉慘遭賊掠，剿退之後，光景豈能如前。畝捐一層，目前斷難舉辦。賊氛稍平，上臺自有章程，弟亦必力爲關照，不必過縈清慮也。

仍希隨時飛示好音爲盼。

[1]陳百倉，陳紹本，字百倉，順天大興（今屬北京）人。咸豐十一年（1861）接替周紹濂任金山知縣。《清實録》"同治元年甲寅"："諭議政王軍機大臣等。薛焕奏，水陸各軍收復洙涇一摺。據稱曾秉忠分撥師船，進攻洙涇。并調已革副將馮日坤等帶領陸隊，直搗賊巢。知縣陳紹本帶領練勇民團，隨同進剿。於三月十四日，將洙涇收復。"

又（二）

前復一函，計已入覽。兹接惠書，承示洙涇防務緊急，及張堰情形，謹悉壹是。此時賊氛四出，處處戒嚴，吾兄綏輯巡防，賢勞樅著，甚慰甚念。

惟昨今曾軍門、馮協戎、李參戎先後疊次信來[1]，曾軍門信云：初九日由營至洙，安慰百姓，并將由干巷出竄之賊擊回；初十四路攻張堰，小有斬獲，干巷已經肅清，因雨收隊。其所述極詳。而來書則云：尚未動手。馮協戎於初九紮亭林，初十即與李游戎各軍進攻張堰，搴旗馘耳。松江李參戎信所述亦同，已差弁來滬馳報。而來書則云：尚在葉榭。殆傳聞異詞耶？不勝系念之至。

　　洙涇、金山等處均關全局，中丞時刻廑懷。弟將來書所云，婉爲轉陳，已荷飛致曾、馮各營力剿賊氛，以固門户；即曾軍門及馮、李諸軍，亦必督率將士，實力堵剿，不致貽患地方。此後洙地光景及軍務賊情，仍望隨時示悉。

　　至疊奉來函，既無官封，信尾又不記時日，不知何時所發。務希惠寄時，詳記日子時刻爲囑。

　　[1]"惟昨今"句，曾軍門，曾秉忠。馮協戎，馮日坤，曾秉忠麾下副將。同治元年李鴻章代薛煥爲江蘇巡撫，以與賊人相通、販運軍火、侵吞糧餉、越獄等罪名將馮日坤處決。

又（三）

　　初十日覆寄一函，已遞到否？兹接來書，仍不注明時日，不知何日所發。細揣述示情形，大約係十一二日間事，已具悉矣。午間接曾軍門十三日信、松江李協戎十四日信，已知張堰、亭林、柘林近日軍務一切。馮協戎昨由柘林進援滕營，連日陰雨，不知能否得手，深爲焦急。中丞頃又飛調寶山奮勇航海援應矣。廣成、張堰一帶賊匪蜂聚，固藉官軍堵剿，亦賴鄉團攔截，庶賊不致乘隙闌入。聞後岡勇歷著戰功，最爲卓卓，尚望吾兄激勵而獎勉之。一俟克奏捷音，弟當轉請中丞，優加獎賞也。

　　此後來緘，務希注明日時，以便核對，不致茫然是荷。至承囑云云，當代爲切陳。

又（四）

二十日己刻接十七日手書，承詳示軍務，均係實在情形，曷勝悵悶。刻下亭林、南橋均失，賊匪即將東竄，浦東萬分阽危。而楓涇賊聚益多，逼近洙涇，亦甚險極。惟有足下會同營局，設法堵禦，以固松城屏蔽，是爲至要。軍事墮壞至此，雖曰天數，豈非人謀不臧？吾兄乍莅新任，適值艱難，不因錯節盤根，何以別利器耶？半月來殫竭忠誠，支撐險要，固結人心，上臺亦極知之。足下之功，定垂不朽。

前囑轉請借給道餉四千一節，已承方伯允行，昨已專函奉覆矣。軍務情形，仍望隨時飛示爲盼。

張恕齋[1]大令興詩

頃奉八月二十日大移[2]，內開本月十六日有晶頂人[3]手持名帖，爲收復招降事宜過境，缺資借助盤費。查閱藩憲諭內印文模糊，比較亦略小；又另有一諭，查係會防處關防。訊名錢慶昌，安徽懷遠人，本是旗丁，與湖州高花農熟識。因友人李際蕃在上海招降，信知伊去辦事，奉有藩憲及吳、趙[4]諭單。現在賊首汪、費、魏均在溧陽地方，伊都認識，擬從焦山對渡，來署想借盤費等因。查此事在湖城未陷之先，有同鄉同寅章月樵[5]明府乃登，偕同錢姓者來滬，爲宜興所屬之烏溪口，有管帶炮船賊目，與錢姓認識。該賊目志願投誠，請給諭前往招降，爲援解湖州賊圍之計。其時弟與趙吟蕉爲桑梓情急，正在無法可想之時，姑應其請，給諭令其趕辦。至藩憲曾否給諭，一時記不清楚。

今湖城已陷，事隔半載，該旗丁所辦之事，毫無成效，亦不禀覆，乃持諭到貴署借取盤川，實屬不安本分，難保無藉端招搖情事。且其中有無影射冒混，亦不可知。應請閣下就近將該旗丁解赴常鎮道衙門訊明，如果即係前此章明府所保之人，應如何訊釋發落之處，由常鎮道核奪。是否有當，仍請裁示。原諭仍繳還，以便一并送道也。

[1] 張恕齋，張興詩（生卒年不詳），字子持，一字恕齋，號經佘，歸安（今浙江湖州）人。咸豐元年（1851）舉人，咸豐三年（1853）考取景山官學教習，期滿選授泰興知縣。

[2] 大移，同級衙署間互相送達的文書稱"移"。

[3] 晶頂人，清五品文官頂戴爲晶頂。《清史稿·輿服二》："文五品朝冠，頂鏤花金座，中飾小藍寶石一，上銜水晶石。吉服冠頂亦用水晶。"

[4] 吳、趙，吳，即吳雲。趙，趙吟蕉。趙時任常鎮道。

[5] 章月樵，章乃登（1811—?），字月樵，浙江烏程（今屬湖州）人。貢生，咸豐八年（1858）署宜興縣令。咸豐九年（1859），以賊竄江蘇荆溪縣境應援不力，革職。

覆李某[1]

　　雲山、秋帆來，兩接手書，均已心悉。閣下所犯過重，非他人可比。前此覲憲[2]將閣下被陷苦情，現在糾集同志血誠反正，并辦內應各事，代為詳晰密奏，昨已奉旨一一允准，并根公[3]亦有轉機矣。現在根公喜甚，想閣下得此信必更喜不可支也。從此去逆從順，有出頭之日，建功立業，流芳百世，脫水火而履康莊。屬在素好，亦為眉飛色舞。

　　惟尚有心腹之言，為閣下告之。前此令郎南官到滬，此間留住，而覲翁與曉翁[4]即囑弟善為看待。當為延請業師，在撫恤局中教讀。恐一人寂寞，并令張順之子作伴。每日另給菓子茶點，故南官甚為快活，不願他往。繼而尊堂到滬，即囑張順迎至伊家，供給豐備。前此尊堂欲向閣下討金鐲頭，覲翁即囑曉翁代打一雙交用，故尊堂亦甚快活，不願他往。此詢來往熟識人，即自知之，非好看話也。乃閣下屢次來信，欲請送出。雖係假話，而并無另信聲明，無怪動人之疑。弟從旁力剖，始為釋然。

　　現在蘇城夥黨屢出竄擾，雖經預先密報，屢被我軍擊退，而地方百姓大遭荼毒。閣下既在彼處，自應設法勸阻，免得生靈受害。此日積一分陰騭，將來自有一分報應。倘袖手不為設法，則不免有造孽之處，良可寒心。至通商本錢，弟處向不絲毫涉手，另有涉手之人，可詢城北公[5]自知也。尊處兩次會用，已有一萬數千兩，業由城北公處會劃交付其經辦。此中銀錢，乃楊太守與二徐[6]專司之耳。此後總得小有效驗之處，弟好向上司進言。目前雖為說項，亦無益也。見字望將彼中各處情形分別明示。通商之舉固不能性急，究應如何入手，尊處現在如何安排，吳保勝曾否與約，金二戈[7]處既已扣定，有無生法之處，一一詳晰示知。總得使上司看見來書，實心為國家辦事，自然相信。曾滌帥一到蘇常，不但尊處之功不顯，即我輩皆落人後矣。乘其未到之先，必須預為布置，得有小小效驗。通商本錢，當爲稟商，自無不可照辦也。城北公近在咫尺，一切尚望就近與商，彼此呼吸相通，均有裨益。尊堂及令郎相見之日，必得閣下建功之後，否則豈特不能見而已哉。閣下心地明白，自能領會也。尚有未盡之言，囑雲山、李三面述。不宣。

[1] 李某，應即李紹熙（李文炳）。
[2] 覲憲，薛煥。薛煥字覲堂。
[3] 根公，何桂清。何桂清號根雲。何桂清以太平軍破常州時臨陣脫逃，被革職拿辦。
[4] 曉翁，吳煦。吳煦字曉帆。
[5] 城北公，隱語，具體指何人，待考。
[6] 楊太守，楊徽猷。二徐，徐佩瑗兄弟。
[7] 金二戈，當爲一錢姓策反對象，或即指錢桂仁。

溯自咸豐庚申金陵大營潰散，三吳兩浙相繼淪陷，東南處處賊踪，祇留滬上一隅，四面受敵，兼瀕大海，談兵家皆視爲絕地。平齋丈與中丞薛公、方伯吳公，支持危局，共濟時艱，兩載辛勤，爲後來恢復根本。如擴充釐捐，則軍營飽騰所自資也；密辦招撫，暗設內間，則蘇逆獻降所由致也；募洋槍隊，立會防局，則中外合力，彝兵效順之明驗也；備火輪船，遠迎楚師，則又時局一大轉圜，而爲中國製艦之先幾也。當夫艱難籌畫，志切匡時，目論者震其才猷，甚或所求不遂，從而訾議。迨賊氛告殄，業定中興，凡向所經營創始之方，卒一一見諸施行，以助成偉烈，然後知嚴光、鄧禹異其出處，初不異其經濟也。其時珥筆襄贊者，爲今太僕吳清卿丈家外舅戴禮庭先生。仁嘗從先生游，因得備聞緒論。竊觀丈籌餉治軍，與中丞、方伯往來書札，每每公事旁午，筆不停披。凡有酬答，隨揮隨發，都不留稿。此一卷爲哲姪樸堂主政，從叢殘紙麓中掇拾而存，實不過什伯之一二耳。仁爲幕中舊侶，越二十年得預參校之役，重讀是錄，猶恍在鼙鼓聲中，佇憶完繕時焉。光緒八年壬午四月上浣，姻世愚姪朱培仁謹跋。

輯　　錄

致澹廉(1854年6月11日)

澹廉三哥大人閣下：

　　三月間曾肅數行，未知上塵荃照否？久不得芳訊，想念之私，形於夢寐。即辰伏維籌筆勳崇，起居祜集，引詹卿裔，曷勝慰頌。

　　弟自病後，頗厭煩囂，乃三月間，郭都轉強令出來，而囑辦鹽務，各事無一不形棘手，直至四月中方有頭緒，亦不過抑令各商納些錢糧，以應軍需而已。是月杪應司寇之召，束裝赴營。現在團練捐輸，奉旨責成司寇經理，而里下河只此地方，頗難專恃捐輸，於是有推廣捐釐之奏。刻下復欲勸捐銅斤，鼓鑄大錢，委弟總司其事。弟自揣於錢法并未講求，且此中弊竇極多，亦未深悉，是以未敢承辦。而司寇堅令獨任其難，於即委札，不得已舉薦數友襄辦，俟工匠一到，即擬開鑄矣。

　　瓜洲無多逆匪，而揆帥老成持重，不肯輕進。聞有奮身前往者，亦屢以後無應援，不能得手。潤城情形亦復如此。金陵爲逆首所踞之地，雖真賊亦無多人，大抵防禦自較嚴密。皖省最爲決裂。惟北竄之賊連受大創，高唐克復，幾至殲殺殆盡。連鎮真賊無多，現爲大兵環攻，指日當可報捷。倘得天心厭亂，北兵下來，大局或可轉機。滬上屢有機會可乘，皆以垂成失之，正與去年邗江情形相似。我輩束髮受書，以古爲鑒，頗思稍有樹立，不負初心。乃自調赴軍營，始知措施之難。傳有之曰：師克在和不在衆。今之用兵者，無一事不有成見，甚至暗相傾軋，置軍務於不顧。時事至此，能無憤歎！回憶吳淞署齋，與閣下縱論古今，三杯耳熱，每議及當世之事，未嘗不慷慨激烈，擊缺唾壺。今則彼此皆在戎行，目擊時艱，想亦同此悲鬱耳。海上收復，想在指顧。弟因老母在家盼念甚至，渴思回南，就近可以省視。惟滬城至今未復，殊切隱憂耳。

　　冗次拉雜手書，用代面談。順祝勳安，諸惟心印。不宣。

　　　　　　　　　　　　　　　愚弟吳雲頓首
　　　　　　　　　　　　　　　五月二十六日

致吳煦(二十四通)

(一)(1855年8月3日)

曉帆三哥大人閣下：

自去臘至本年初夏，先後奉寄四函，迄未得復（寄蔗兄五信，至今未接一復），實切焦思。茲於邵伯差次，接本月初七日手書，欣喜展誦，藉悉籌筆勳崇，精神煥發，升階疊晉，不次超遷。引領望風，可勝額手。承抄示之件，於此中癥結已見大概，惟祝鐃歌早唱，地方靖平，若輩之異志亦可潛消未萌也。

鎮城聞連日接仗，我軍疊勝，紥營摩旗山，距城益近。居高臨下，深得地勢，克復當不遠矣。瓜洲地處低窪，離賊壘十數里之內，溝坎紛歧，埂塍錯雜，馬隊既難於進攻，步兵復不能展布，兼之賊營望樓頗可眺遠，自揚城收復以後，屢次進剿，逼近賊壘，輒爲該逆預先準備，或用埋伏，或用地雷，防不勝防，遂受大創。勇將瞿鎮軍之陣亡，亦正因此，良可歎也。各勇兵數，除去江浦、六合等處外，所存實形單弱。揚州防戍袤斜五六十里，移營前進，既無險可扼，而各弁兵安土重遷，又皆非所願。前者土圍之築，弟曾力陳其害，蓋地廣兵單，顧此則失彼，瞻前而遺後，非全策也，不如另籌步步爲營之法。其時諸帥狃於成見，必欲行之，後果爲賊所創。現在先於新橋太平庵一帶分紥九營，水陸諸軍可以聯爲一氣，且從此逐漸進逼，前後左右既有策應，當可無慮挫失。竊謂自攻剿瓜洲已來，惟此次添紥各營最爲得算也。

蕪湖聞已收復，東西梁山亦有爲我軍所據之信。如果確信，則長江形勢爲我所占，只須將金山攻克，則瓜洲之賊成釜底魂矣。弟意此時入手要着，似以先取金山爲上算。潤洲，劇賊吳如孝所踞。該逆人數雖不甚多，然皆百戰之餘，亦正未可輕視也。

弟雲頓首
六月廿一日

又（二）（1858年10月2日）

曉帆三哥大人足下：

　　疊奉十二、十六日手書，展誦之餘，欣悉崇勳丕煥，榮譽昭宣。西事得蒙溫旨，鑒悉爲難情形，從此敷衍完篇，暫可相安無事。此真如天之福也。吾兄借箸之謀，實出苦心孤詣，今得上邀聖主之知，凡屬任事之人，皆當聞風興感。至好兄弟，得此消息，其能無手之舞之足之蹈之耶。

　　浦、六逆賊愈集愈多，十三日之戰，陳玉成（即四眼狗）率領悍賊數萬，從皖省前來助虐，同時九里山、九洑洲各賊會合來撲，我軍小挫，鄭協戎、張都閫均力戰捐軀。統帥突出重圍，督師復戰，轉北爲勝。此後數日，無日不戰，均有斬擒，至二十五日賊始斂戢。然浦、六一帶逆壘甚堅，爲固守之計，吾軍營盤雖已紮定，一時竟未能剪滅此而朝食也。比聞該逆已將悍賊抽調，意欲乘淳、壩空虛，糾衆內犯。幸大營得信之速，業已飛飭嚴備，但精銳多赴江北，亦頗吃重也。時局尚無把握，所望天心厭亂，始得普慶升平耳。

　　蔗兄在蜀信息，係得之蕭笠仙。迢迢萬里，音信難通，只好相印以心而已。手此布復，即頌勳安。統希爲政保重。不盡。

弟雲頓首
廿六

又（三）（1858年10月17日）

曉帆三哥大人足下：

　　知兄爲稅則事操心。弟處自前月廿二日以來，風鶴頻驚，籌防撫循，一身兼作，仰承俯注之難，苦衷更無可告人。儀徵廿八日失守，天長廿五日失守，廣陵初三日失守，鎮江一河之隔，情形可以想見。張總統於初八日渡江。揚城內外，逆匪雖有數千，尚非劇賊，當易撲滅。所恐將城垣拒守，則垣高池深，不無多費時日。六合已於初六日得大勝仗，當可無慮。總統過江，旁竄之患已可無憂。鎮郡水陸防範尚爲嚴密，當不致有意外之虞。

　　知念，專此馳布。即頌勳安，統維珍重，心印不盡。

　　　　　　　　　　　　　　　弟雲頓首
　　　　　　　　　　　　　　　十一日

又（四）（1858年12月9日）

曉帆三哥大人足下：

　　頃接廿七日手書，謹悉一一。承囑云云，具見至好兄弟關切，深感。弟前得小翁及吟蕉諸君回書，知憲意未允所請，只好作爲緩圖，俟新年進省，再行面求；此時不再瀆陳，堪慰記注。

　　夷艇於前月十一日駛抵焦山，因擱淺耽擱，直於十五日清晨開行。在鎮數日，安静之至。弟并不往見，悉由水師周鎮軍、鞠協戎（二君與弟至好，人均精明可靠）與彼接談。因渠有路過金陵，欲見紅頭之説，阻之至再，似允非允。是以囑姚縣丞（姚縣丞現回上海，望飭速來爲盼）管帶防江小輪船，明爲伴送，實則觀其舉動。該夷本蔑視粵逆，揚帆直達。駛過下關之後，時在申酉之間，該逆即開炮轟擊，夷船亦即還炮。十六日黎明，夷艇復開炮轟打，粵逆遂不還炮，并插白旗。夷船望上流駛去。此後聞夷艇停泊東西梁山，修整家伙，係屬上流水師來信，究未知如何，不得確耗也。十五六日英夷、粵逆蚌鷸之爭，大營已經入奏。特將片稿抄閱。外陳鎮軍致周愛山書，并附一閱。

　　夷艇轉棹，該逆肉袒牽羊，知所不免。而夷人受此意外之創，未必墮其術中。弟處俟夷艇回來，略備食物，由水師鎮將致送，道府均不預名。

羈縻之中，以不見面爲妙，彼來我則無法矣。禀商宮保，深以爲然。

津門之役，集九州之鐵，鑄成此錯。幸賴覲憲素爲夷人所服，再得宮保及雪憲知人善任，俾吾哥得盡其才，將此住京一層挽回轉來。其餘各條，聞有未合內廷之議，將來總可完結。然此事根子既壞，後首波折正多，不能不時刻抵防也。此番若非與粵逆接仗，互爲轟擊，則入江一層，議者必以通賊爲詞，以撓大局。殊不知江海通流，從何攔截？且夷人志在通商，又安能阻其不入江耶？如果入江無利，則入而自止矣，烏用阻耶！此固非鈍報人所可共議也。簡翁已赴袁江，大約投簪之局。山谷恐又有風波，被議之旨，另紙錄上。園公畏葸虛憍，江北之人思欲食其肉而寢其皮，乃尚忝顏爲三軍司令，真可浩歎！

手此布復，即頌台安，諸維保重。

弟雲頓首
初五日

又（五）（1858 年 12 月）

密啟者。昨通事陳德潤來云，夷艇於廿五日過金陵時，曾在下關停泊，即有粵逆駕小舟來見。夷人責以因何開炮，粵逆告以誤認助剿之船，是以轟擊，今知爲通商而來，此後往還，斷不攔截。并餽送食物，給予旗子兩面，此後來去，只須扯起此旗，則經過賊卡，可無阻隔等語。夷艇隨即開行，昨過鎮江，仍到焦山略泊片時，即駛赴上海。粵逆有無餽送銀錢等事，無從［下缺］

又（六）（1859 年 1 月）

曉帆三哥大人足下：

昨得榮篆之信，喜慰不可言，賀禀已另發申矣。

茲有密啟者。昨奉宮保六百里釘封，以米國不候照會，擅欲載貨入江，飭即會同水師，遴派幹員，前往迎探，俟渠入江，上船勸阻；如該夷不遵，即陳列戰艦，開炮轟擊，伊必轉棹回滬。係據覲憲所稟，轉行到府。

弟思此事關係甚大。該夷長江往來，我之虛實，彼已熟知。且渠船堅炮利，無論上下游數百里江面，僅此百數十號師船，四處分泊，即令聚在一處，亦斷不能與夷艇爲敵。前此水艇鎮將曾赴大輪船會該夷領事官，言及艇船傍列夷輪船邊，高低相去幾至二丈以外；至其船身家伙、炮位（炮子及遠，比艇船炮子幾遠三分之一。前在金陵與夷船一同開炮，故知之）無不結實精利，言之互爲咋舌。

此其可慮者猶淺。設或勸阻不住，激成事端，該夷竟至金陵停泊，逆賊誘以重利，夷與賊串同一氣，夷船在前，賊船繼後，分擾沿江，將何以善其後！此雖未必有之事，而不可不作萬一或有之防。

總之，此事根子辦壞，目前恐一時難得收拾。然依違不決，所慮不過遲緩之咎。即使入江貿易竟阻不住，亦只得請星使據實陳奏。雖格於廷議，而勢處無可如何，惟有和盤托出之一法。縱有不合，亦不過辦理不善。彼夷人知我獲咎，或有轉圜。倘不統算前後，設啟釁端，將來不可收拾，必歸咎於建策之人，則爲禍何堪設想。弟與兄愛同骨肉，覲憲向亦知愛，故不揣分量，上貢一得之愚，還望此信到後，將現辦情形即付示知。

現在已派船圖山關等處瞭探，如有夷船，即由水師營弁前往勸阻，而轟擊一層，甚躊躇也。［下缺］

又（七）（1859年3月31日）

曉帆三哥大人足下：

疊肅數行，均由驛遞，計登青覽。即辰伏維興居佳勝，丕煥勳猷爲頌。江北軍務自易帥後壁壘一新。惟該逆首恐斷絕金陵接濟，各路劇賊紛紛來援，浦口復爲所擾。幸統帥督兵在彼，十九、廿一兩日連得勝仗，逆氛始挫。然麇集至七八萬之多，急切未易殲滅。六合爲我軍圍攻甚緊，倘能先期得手，則浦口之賊膽落矣。大局轉圜，正在此日也。

西事聞漸可定議，近日有無來説？還望惠示數行，是所至感。

靜山中丞於昨晚抵潤，今日泊舟江口，明日邀赴焦山一游，暫作六月之息。真高見，亦真難得也。篷窗率此，即頌台安。未盡百一。

弟雲頓首
二月廿七舟次

又（八）（1859年5月7日）

曉帆三哥大人青鑒：

三十日曾寄數行，計可達覽。六合軍務甫得廿八日捷音，而廿九、三十日四眼狗糾合大股悍賊前來助虐，醜類實有五六萬之多，其氛甚惡。我軍整隊迎剿，自辰至酉，鏖戰六時之久。天色將晚，馬隊忽奔，大軍亦因之不支。博臺護陣亡，富臺護身受九傷，張璧田軍門落馬被傷，裹創復戰。各營間被踹毀，獨璧田營壘獲全，軍無損失（若無此君，又是去秋覆轍）。嗣得大營援兵到來，勉將大局固住。

儀、揚城中，因馬隊敗退到境，居民本驚弓之鳥，遂又遷徙一空，渡江來鎮者晝夜不絕。此間瘡痍未復，易起驚疑；日來又值屆試，應考生童紛紛到郡，巡防撫輯，更費周章。潤州北倚大江，西接金陵，寇氛在二三百里之內，存城旗綠營兵，汰去老弱，實數不過二百餘名。本有練勇三百八十名，嗣因口糧無着，寧國鄭軍門麾下朱都閫招去一百餘名，現在裁剩二百名，所持爲防堵者，止此而已。所堪自幸者，文武和衷，水陸聯爲一氣，南北大營亦均聲氣相通，弟惟有盡此心力，勉副職守，不願言難也。

前此奉乞吾哥佚宮保暨雪憲到滬，代爲一言，原以署事一年期滿，例得懇請瓜代。今六合軍務又變，想距僅一百二十里，正當籌防吃緊，此說又只好暫行中止。奈何奈何。

星使到滬定必異常忙劇。西事有無就緒？念念。星軺有北旋之期，萬望飛示，以便飭縣預備一切，是所切禱。手此。即頌台安，統維照察。不盡。

弟雲頓首

初五日巳刻

再，正封函間，適接張璧翁來書，所有六合交仗情形，歷歷如繪，特照錄一分奉覽。倘宮保暨雪、覬二憲詢及北軍近耗，即以此稿呈閱可耳。信間所云初二日夜，大股賊匪由陳家旁竄一層。刻得儀徵縣稟，謂該處係六合天長交界（在儀邑西北，亦屬連境），而今日未得天長警信，或該逆聲東擊西，仍竄回浦口，蓋料我必撤浦口之兵來援六合，伊可乘虛攻撲，未可定也。弟又啓。

又（九）（1859年5月10日）

曉帆三哥大人足下：

啓者。六合軍務大局站住，賊見不能搖動，遂率領醜類徑撲真州，業已初六日被陷。（尚未據縣通報。該縣尚屬能事，而無兵無餉，如何能支。）刻得探報，該逆已竄至泗源溝江旁（在儀徵），與我龍梢快船及艇船對開槍炮，并有押令難民捐扛木料，在內河紮牌，意欲渡江來擾等語（該逆聲東擊西，詭計百出）。該逆四眼狗兇狡異常，見浦口大軍不能撼，遂擾六合；又見六合亦不能撼，遂欲肆意奔突。且知我江南大營十分空虛（此是目前大害），已生覬覦之意。此時情形與去秋不同，鎮城兵勇止有四百名，而餉需一無所有。昨已會稟，請派賈芸樵撥銀若干，賚帶前來，一切仍由渠一手經管（弟已稟明，不管銀錢，專顧防務），望於晤見藩、臬二憲暨晉謁宮保時，便爲回明。鎮江爲蘇常門戶，亟應趕緊添撥兵勇，以期有備無患（糧臺查少翁向來手緊，現在軍需支絀，固應如此，然亦有緩急之分也）。弟從不作張惶之語，而事實緊迫，若誨[諱]賊作粉飾語，我誰欺乎！天不厭亂，時事正無把握，奈何奈何！手此。

即頌勳安，唯查照不具。

弟雲頓首
初八巳刻

　　總統以三萬數千精鋭羈守江浦孤城。該處本爲斷絶金陵接濟，今接濟既不能斷，而猶羈守在彼，致使逆匪四出蹂躪，殊非勝算。大局殊可憂也。

又(十)(1859年5月15日)

曉帆三哥大人足下：

　　昨接浴佛日發來手書，展誦之餘，一一心悉。六合援賊見我大營不能撼動，忽於初六日燒營而遁，由儀竄揚，其氛甚熾。鎮郡相隔一江，烽烟在望，人心不免驚慌。且去秋儀、揚百姓遭賊屠戮，其倖免者固已心膽俱碎，此次渡江來鎮者，日數以千計。時或傍晚，恐奸細混雜，不便濟渡；而該難民蟻聚江干，呼渡無應，號哭之聲，聞於隔岸，可慘之至。連日到來共有一萬五六千人，其中非盡無衣食者，而無衣食者，約計十之五六。原應撫恤，無如經費一無所有。昨經一再禀請，始蒙發銀貳千兩，而勇糧雜支，一切防費皆出其中（只好擇其至苦者，量爲撫恤，所有銀款出入，已禀請委員經手，弟實不能兼顧）。

　　前此賊匪竄至儀徵四源溝，與本地龍梢快船及艇船對開槍炮，其時適大營盤詰難民，詢得該逆欲仍踞瓜洲，圖竄鎮江，以擾我大營後路。弟接到此信，特於沿江一帶，日則遍插旗幟，夜則演放大炮（去年所紥營壘，幸尚未撤）。嗣得儀徵縣信，謂據逃出難民供稱，該逆知南岸有備，遂向東北竄去，直撲揚城。賴安鎮軍先一日帶兵馳到，該逆見城内有備，遂又分赴四鄉，見人就捉，百姓爲所擄者甚衆。旋得張軍門、馬鎮軍先後馳往，該逆見大兵來援，遂退竄揚城西北鄉一帶，距城二三十里，現尚盤踞，不知旁竄何處。該逆四眼狗狡獪無比，其踪踪[迹]飄忽無定，慣用搗虛之計，故所向之處，均遭其荼毒。昨晤張軍門，知渠現掌大旂之人，即係四眼狗之先鋒,投誠過來,云及四眼狗僅只二十四歲,其名"四眼"者,因兩眼下有黑痣二塊,形如雙目,故得此綽號。亦天生惡物也。外壁翁信及探報一紙,此江北軍務確耗,特附閱。又,皖省新又招撫張元龍一摺,一并摘録附云。此事關係中興全局,然受降如受敵,駕馭正非易易耳。

丹徒停徵三年,苦累不堪言狀。轉眴星使北旋,承應大差,實屬萬分竭蹶。弟近在同城,設小有貽誤,何能辭咎。此等苦衷,真欲憂急煞人也。

撥冗手覆,敬請勛安,統維保愛爲禱。

弟雲頓首
十三日

再,内子病已稍好,舍姪不赴蘇亦可,昨已由蘇寄信矣。知念附及。

又(十一)(1859年5月22日)

曉帆三哥大人足下:

十六日手布數行奉復,想可達覽。比來餐宿何如?伏望節勞珍衛,是所至祝。

廣陵逆匪竄擾天長,勝營失挫於汊澗,蔣壩危急,清江戒嚴。而賊蹤飄忽,詭計百出。現在高郵河西尚有逆匪盤踞,故高郵、邵伯居民遷徙一空。廣陵所恃者,惟以璧田爲長城,今創痕甚重,力不能支。若毛鎮則年邁不能約束部伍,其標下士卒,見賊即跑,已成習慣。萬一高郵有警,則此軍萬不足恃也。

鎮郡避難居民因賊氛稍遠,麥收在即,連日備舟,資遣回籍。現所存四千餘名口,一時尚不得歸,蓋係極苦之人(且有揚城西北鄉人,與天長接界)。正無法想,乃荷中丞捐廉,并首郡各處湊捐錢三千串,委員押解前來。又蒙方伯撥銀千兩、米五百石,一并前來。撫恤資遣,仁心惠澤,足以召天和而被妖氛。弟自當督飭印委,悉心經理,以期實惠及於災黎。此中固關陰騭也。

弟之苦況，得蒙三哥代達，昨雪憲手諭中亦曾提及。弟手稟覆謝，有前因署事一年將滿，託曉翁謹達下忱；現在揚州賊氛未淨，鎮郡尚未解嚴，遵當徐俟交替，斷不敢存急求瓜代之心，稍涉畏難避險，辜負栽培云云。措詞如此，計吾兄亦以爲然也。弟之得有交替期約，若非三哥剴切上陳，斷不能動聽。雖至好弟兄，不敢以套言道謝，而私衷銘感，實切肺腑也。

西事有無頭緒？此事本來智勇俱無所施，但得敷衍完篇，便是至妙文章。一切望勿過焦急，至囑至囑。

手此，即頌勳安。不盡。

　　　　　　　　　　　　　　　　弟雲頓首
　　　　　　　　　　　　　　　　二十日

鶴翁已於今日到沙頭渡江。

又（十二）（1859年10月12日）

曉帆三哥大人足下：

在蘇動身時曾寄一信，并附寄"福庇滄瀛"匾額；嗣於毗陵舟次又寄數行，想均達覽。弟奉委會辦關務，到此半月，親駐關口，此中利弊，業已見其癥結，正在設法整頓。而逆氛告警，廣陵百姓遷徙一空。此次捻粵合爲一氣，勢甚鴟張。自十三日蔓延至於距城二十餘里之甘泉山，十五日直至離城數里之菱橋。曾於十三、十五日見一小仗，互有勝負。廣陵既爲馬鎮軍德昭駐守，援軍雖已到不少，而四眼狗聞在天長，欲圖東竄。此賊非常狡獪，恐馬鎮軍非其敵手，殊爲可憂。有此一變，關務無從措手。年來凡事動遇角張，奈何奈何！

惟兒子承潞秋闈揭曉，僥倖獲雋，稍堪自喜。吾兄期望素深，用特馳聞。而全錄未出，不識橋孫同登一榜否？深爲盼切。雲間有此一摺，亦出意外。

西事如何定議？念念。

手此布臆，即頌勳安，伏維愛照。不盡。

弟雲頓首
十七日

又(十三)(1859年11月30日)

曉帆三哥大人：

　　前月杪曾奉數行，計登青覽。昨得手簡，欣悉宏勳楙焕，餐宿馨宜，慰如所頌。西事本來棘手，加以津門之役，根子更壞，此時挽回，無怪倍難。從來外夷之與中國，駕馭原非易易。昔匈奴在漢，契丹在宋，當國家全盛之時，尚爲所擾，而金繒玉帛，饋供不絶於道，甚者以公主和親。此非季世始然，當漢文帝、宋太宗時，固已萬分牽就羈縻也。今日之事如何結局，難以逆料，而目前能得敷衍過去，便算大妙。倘當軸者不顧前盟，狃於成見，設啓釁端，後患愈速，不堪設想矣。刻得省信，奉寄諭有方伯及覯翁暨老兄三位中，以二位赴滬隨辦夷務，俟辦妥即隨星使入都等因（如何定局，望即示知，以慰懸盼），未知確否？方伯操心過度，聞痰中帶血，暫假一層，憲意已准，特不能就此抽身，有首郡代行代辦之説，想尊處亦必得信矣。

　　江北自江、浦二口收復，逆賊恐金陵斷絶接濟，各路劇賊均來救援，浦口復爲所占，現在麇集五六萬之多。總統急欲剪滅此而朝食，無如該逆亦甚兇悍狡惡，雖屢得勝，尚未能大得手。南營精鋭多赴江北，未免空虚。所望天心厭亂耳。吾兄弟均處此危難之地，身心無一刻稍寧（論事之難，滬甚於鎮；論地之危，則鎮甚於滬，均非久處之鄉）。逋累愈積愈重，而旁觀尚豔羨不已，且有從而生妒嫉心，真可發歎笑！蔗兄聞又避難蜀中，想更困苦也。

　　匆匆手布，即頌勳安，諸維爲時保重是祝。

弟雲頓首
初七

又（十四）（1859年12月6日）

曉帆三哥大人足下：

　　初六日於丹陽舟次奉寄一信，因謁見宮保，謂英法兩酋欲照美國徵收船鈔。兄處屢次具稟，所以不批發者，非不准也，只欲該酋備照會到道，道中即據情轉請，便可照辦。譬如兩造交易，彼此無便宜吃虧，便可隨意辦理；我便宜，彼吃虧，則應我去求他；彼便宜，我吃虧，則應彼來求我。今船鈔一事，係我吃虧，彼便宜，自應由該酋照會，請援照美國辦法，未便由兄處代爲聲請等語。弟聞諭後，當於舟次專函馳布，係由丹陽縣官封發遞，未知能否速到。恐前信有遺誤，載泐奉聞。

　　弟定十七八日回省。此間關務頗有成效，倘得逆氛平靖，則已確有把握矣。

　　六合之敗，幾至全軍覆沒。主將李軍門若珠，真庸才也。浦口周軍門天培血戰陣亡。兩次敗厥，傷去大小將官數百員，兵勇一萬數千名。精銳失亡過半，賊勢益張，近又有欲撲大營長濠之計。總統與璧田均在浦口，守此一隅，遺却金陵大營及廣陵、淳、壩等處，大失士卒之望，民心更慌慌矣。惟聞楚師東下，池州克復。但得如雷如霆，早早得手，則該逆分賊回援，此間軍情可鬆。全在天心，人力實不足恃也。知念附及。

　　比聞西風又起波瀾。南方想無意外。運事如何？真棘手也。

　　撥冗手布，即請勳安，諸維珍重。不宜。

弟雲頓首
十三（冬月廿日復）

又（十五）（1860年3月15日）

曉帆三哥大人足下：

　　前得復書，得悉種切。湖郡廿一日來信，逆匪仍踞青草塢一帶，距城三十餘里。四鄉爲賊擄掠，得有進奉，或免踩躪；郭西灣百數村莊已爲賊踪到遍。城中官兵約計萬人，羅希賢已到，大局當可支援。然賊踪詭譎，正不可一刻懈也。

杭城自十八日至今，并無文報往來，傳說不一。大抵賊已近城，城門緊閉，故消息不通，其爲急迫可想而知。張都堂援兵於十六日到昱陵關（此宮保得張都堂諮文也），計程尚趕得及，然已危極矣。至此外傳說湖熟民間失火，將軍誤以爲賊（并非真賊），開炮致傷百姓，以致土匪乘機搶劫。此說恐難盡信。

聞星五一軍本擬留駐平望，俟璧翁到後再定進止。今晨見方伯，聞又馳援杭城。此固正辦，第恐杭城緊閉，無人接應（又無鄉導），長驅直前，萬一小挫，此大營精銳，關係甚大。當請方伯飛致星翁，囑爲偵探確實，再行前往，以期周妥。

璧翁今日可到。此軍萬難他往。賊踪飄忽，根本重地，不能過示空虛也。

弟奉委會同首郡及紳士辦理團防，自辰至於日仄，無片刻寧息。心亂如麻，實不能從容展布。此限於才力也。唯有竭此寸誠，冀有萬一之裨。成敗得鈍，非能逆計。

清江賊已退去，聞在桃源一帶；北路亦未一律肅清。時事至此，惟有浩歎！

所來洋炮，此制勝之技，未知尚能購買否？

西事只能羈縻延捱。頃見宮保致雪翁函，謂廷議亦主撫局，或不致意外之變云云。所恐犬羊之性，得步進步耳。

冗次拉雜手布，即頌勳安，諸維節勞保重爲囑。

如弟雲頓首
廿三日巳刻

又（十六）(1860年6月)

曉兄台鑒：

十三日之變，想惟有撫膺痛哭。初十日無錫師潰，十一日逃兵潰勇潮湧而來。正在堵截間，張璧田馳到。原議不准潰兵進城，緣城內防禦雖未能周密，而兵勇已有五千餘人，加以民團，似尚可暫支，以待外援。乃許信翁堅説兵勇守城之好；璧田亦剴切詳陳，且以如不令進城，恐變在頃刻以恫嚇之。於是中丞、方伯没法，姑令於城上駐紮，越日細查，亦防其有奸細混雜也。詎此項逃潰兵勇中，竟有無數長毛在内，帶兵大員俱已陣亡，無從查其來路（此亦璧翁所説）。即璧田亦以麾下精鋭俱盡，只剩百數十疲殘之兵，彈壓不住；且和、張兩帥之兵勇，亦不服其鈐束。此十二日三鼓璧田與弟所説之事（長毛於十二日巳刻即到），聞之直欲急死。猶冀十三日江良臣兵勇到來，合之存城兵勇，聲勢稍壯，即可將逃兵潰勇分别去留，如其不服，以威脅之。不意十三日黎明，弟在署中聞人聲鼎沸，正欲遣人查探，適所發之探勇回報，長毛已闖入閶、胥門矣（大半皆是潰勇，殿翁麾下居多）。天乎，尚何言哉！弟即肩輿出署，正遇長毛從署西趕來，舍轎徒行，種種萬死一生，難以殫述。

弟於十二日助順之事，奉中丞委赴滬上商同辦理，是以到周莊一日即來此，以圖面談。連日風色不順，弟又左股受微傷，起立不良，現住□姪處。

手此代面，臨函不勝悵然。

弟名心叩

覘翁何時好到？中丞殉難，小翁出葑門，筱翁未知下落。

又（十七）（1860年6月10日）

敬復者。昨晚奉手書，蒙囑雇槍船二三百隻。前弟奉中丞札委統帶，計已雇到費秀元一百號，陳玉山六十號，趙錦魁六十號；尚有嘉興閔都司處一百號，原議初十日動身，嗣因聞警折回。所已到者二百二十號而已。刻下陳、趙兩幫不知散往何處，據稱在嘉興自衛；惟費秀元之船尚在周莊，所屬亦不[過]七八十號（可以雇足一百號）。周莊爲元和所轄，該處幽僻，且居水鄉，各紳士大半避居在彼。（前到周莊曾勸諭民團聯結,故尚未散。)弟爲助順之事,未便遽離,擬委馮小雲前去管帶。小雲尚得民心,就近聯絡民團,亦甚相宜。除弟札委外,可否請老兄加札飭遵,以昭鄭重之處。(札內聲敘督同都司銜費秀元,必須申明紀律,嚴加管束云云。)望即裁示,或作爲弟稟請加札亦可。費秀元亦須給一諭帖也。

此外各路槍船,昨已切請雪師多多雇募,遽委幹員管帶。(江浙本爲一氣,能得浙江雇來,大妙大妙。)一俟助順之事停妥,即請飭令各槍船移縶吳江上下(炮船亦須到彼),以便進攻。當從水關入手。該逆驕盈已極,水關無賊看守(十五日探來),或可得手也。至於如何懸賞,以示鼓勵,且至彼時再定。雪師接到弟信,定必照辦。此間應否另招,請由兄處函詢雪師後再辦,以爲如何?

費秀元前日到此,老兄公忙,故不令進謁,昨已回去。小雲一節,如荷俯允,應請發給經費銀二千金,交彼帶去。以一百號計,每只每日一千五百文,則一月四千五百千。尚有頭目坐船等項,總共五千千之數。此外陳、趙之船則照費秀元,要加每只五百文。費秀元感弟援救之恩,本擬稍盡報效也。

手此,即頌捷安。

弟雲頓首

再,槍船因各處招募,故船價加長,本來不過一千文至千五百文而已。火藥所用不多,稍發數百斤可也。

再,助順一節,原知事已萬無可爲,必不得已而出。此策發端於老兄,而於各憲前一再剴陳,謂舍此別無法想者,惟弟而已。茲聞觀梅公即欲到來。此公自毗陵之退,官民無不切齒,聞已爲人指摘,將來必站不住(蘇撫一席,必是覲翁),但得蘇城收復,則前愆悉消矣。且助順之事,亦非渠到不可。唯弟此來,只有中丞致覲翁諮文與尊處信耳,恐此公動醋念。記得前此有空白二件在尊處,此時已無用,望即發還,擬即備一分,以爲何如?

再,助順一節,如果說妥,則克復大有可望。緣四眼狗自破長圍之後,即赴皖省,此時丹陽、常州、無錫各處俱有賊踪,分置勢單,故蘇城現在實無多賊。昨在周莊，各槍船多願告奮勇（十三日清晨，曾四次入城，救出被陷槍船十一只），弟告以且到上海商定，必得佐以精兵，方好動手。弟所統帶共有二百多號，均有火槍器械，現無經費，業已散去，只剩八十號。此項船隻（每只每日二千文）如欲留下，望另派一員管帶，或即交馮令亦可，弟仍統帶可也。如欲遣散，則乞籌給銀三百金，弟處備領存案，即便遣散。（即不遣散，亦須籌給三四百金。弟此間略住，即擬與雪翁去商辦一切。）此事本不便奉瀆，實緣無人可找，不得不與老兄商辦。望即示知。再，弟各家人跟隨至此者，尚有十人。現在有欲赴江北者，種種開銷，不得不累及吾兄，祈籌付洋錢二百元爲感。患難生死之間，一切自必心印，無俟曉及也。閱後丙之。

　　頃肅復數行，適有客至，未盡所言。槍船一節，似宜馮令趕速前去，就近作爲偵探；一面鼓勵民團，勿使渙散。況潘、韓、彭諸紳均在彼處，諸可商辦也。至閩臺司槍船得力，即請發札交馮令帶去，能發經費千金固妙，否則略發五百金，恐各船開行，或需開發，大約五百金亦可，不宜多也。馮令之船係停泊周莊，且經費久缺，故必得多付些也。應發若干，由弟督同馮令具領可也。

　　以局勢論之，只須助順一節辦成，克復或有把握。若專靠水師，欲圖僥倖，事必不諧。賊狡獪已極，況當大得志之時，豈得蘇州遽行舍去。如果如此，亦豈無從城中出來紛紛報信者耶。此不必智者，而知其說之不確也。惟賊之不多，實足深信。專盼助順之事，早早成功，否則賊日增添，將難措手矣，奈何！至以水師扼堵平望，實爲要着，泊在此間無用也。統祈會商各憲，迅賜施行。

　　載請勳安。不具。

　　　　　　　　　　弟雲頓首曉兄大人足下
　　　　　　　　　　　　廿一日辰刻

　　再，除却助順之舉，別無僥倖之方。萬望老兄堅持定力，切勿惑於城中無賊之說，稍有他冀。昨日覲翁已切詢槍船及水師能否往攻，弟亦以舍借夷一節，萬不能振作人心，決絕復之。蓋與鬼爲伍，人人不願，況受挾制耶！然左右盤算，非此不足以挽回，故只好專心盡力，辦此一事。賊勢大極，姑無論蘇城已爲賊踞，即使僥得，賊或反顧，仍歸不守。今日之事，實非鬼不可也。或請宮保先給弟一札，弟奉札後即可稍參末議矣。閱後丙之。

又(十八)(1860年8月9日)

讀另示，爲之一歎。當此時勢，用人之方，只求承辦之事不錯，有小功無大過，球圖赤刀矣，底下閑文，盡付之"不癡不聾，難作家翁"之一語得矣。乃必欲使人人怕我畏我（爵位操生殺之柄，誰能不怕），殊可不必。況張、孫二公俱悻悻而去，今又欲將此公壓倒，使之觖望，將來必致江、浙兩撫，漸成芥蒂。老兄曲予幹全，堅不肯從，囑弟從中解勸以免決裂，可謂良工心苦。但此公粗率之人（近亦漸驕，稍折其氣，亦無不可，惟題目明明爲難，殊不正大耳。或因渠水勇在松時，登岸擄人衣物，責渠約束不嚴，因飭回本任，似比之無緣無故爲得。若爲敏齋事，又焉能形諸公牘耶），先與之言，轉恐多生周折。且俟公文到時，察看光景，并傳述老兄從中幹全之意，或即以手書給看，相機鍼砭。然此公人雖粗率，在今日委員中已算難得之人，以其與鬼戲稍解一二也。九皋一無主意，每每取決於此公。刻下用人之際，似不宜放其即走也。近來性情既驕且躁，稍折其氣，亦似相宜。弟一片孤衷，專爲大局起見，毫無他意。此時全家寄居上海，爲公事即爲私事也。

再，廿二日寅正開仗，至廿三日辰刻尚未收隊。天又大風，危險實爲萬分。九皋爲夷酋所嬲，刻刻專人來說。此公但知叫跳，搔頭抓耳，無法可施；弟亦束手。緣夷人言語不通，且信[性]情下急而執，華爾太勇，黃胡太取巧，恐此後艇船與夷人將成水火。即是各民夫受夷人鞭打，并刀背斫者，叫苦連天，昨日下午，全行逃散。趕囑廖令重雇，每人許日給千文，始雇到數十名。唇焦舌敝，苦況非身親者，未悉其詳也。

弟本多疾病，今日忽左下唇生一小瘡，極爲腫疼，恐成疔瘡，且再停一二日，如能漸消爲妙；頸核又時時作痛。蒲柳之資，真不堪爲世用矣。惟念荷老兄知愛，迄今首尾十六年矣，不意時事變遷至於如此。綜觀大局，恐已病入膏肓，雖施人力，江蘇全省止此上海一隅矣，而逆賊窺伺之心未嘗忘也。前此詳詢逃出難民，謂逆首之意，只須上海得來，此外傳檄可定。今觀渠死守青浦，占踞南翔，其用意已可概見。況難民到上者已有萬五六千，此中豈無奸細混雜？設有萬一之變，則内外交乘，何以禦之？言之真可寒心。

此時撥亂反正，以位望而論，專屬覲憲。乃自嘉定小挫，聲威不無稍減，幕中又無解人，凡有奏章，半係意爲出入。昨伯喈處有人來云，謂被譴之人，多爲居州所害。此説原出憤激，不足爲準，而其專顧自己鋪排，不爲屬員地步，此皆幕中執筆者之故。吾兄朝夕相見，能微諷而婉導之，造福無量。弟荷覲憲青目，有異恒常。所獻愚忱，亦實因公要好，并無有所干求也。請閲後即付丙丁，至感至感。

廿三日巳刻

又（十九）（1860 年 11 月 12 日）

曉帆三哥大人足下：

月初奉到手翰，適有便羽，草布數行奉報，未識已達典簽否？辰維勳猷丕著，德位兼崇，引領望風，莫名馳仰。

津門和議已定，閲其新增各條，尚無非分要求。然則三月間助順之議，當軸果肯虚懷采納，當時實大有轉圜。乃一誤再誤，至於潰敗決裂，仍歸城下之盟，伊誰之咎耶？興言及此，不禁擊缺唾壺。

江蘇各屬久爲賊踞，自揆軍務，揣彼賊情，正恐扁鵲再生，亦難措手。蓋病在膏肓間也。爲今之計，惟有仍宗前説，借彼族之力，以毒攻毒，或則天心厭亂，可睹中興。不識制府肯降氣與言否？（此事恐非啖以重利不可。）其實契丹助宋，回紇援唐，事到無可如何，古人亦不能不從權辦理。所謂兩害相形，則取其輕也。老兄爲此事心血嘔盡，弟從旁呼號，亦唇焦颖秃，卒无以应。机会一失，遂至不可收拾。此时老兄砥柱沪江，虽辛苦艰危，而恩纶优渥，勋业烂然，足为宗族交游光宠。弟则建言不用，乞退不从，会逢厄运，命也如何！执事之议，则南事可期转机，北患亦可消弭，何至有城下之辱耶！

比闻恭邸不即见彝人，遂为绕蹕淀园，楚人一炬。此真千古大变之事。鸾舆有由雁门入内，驻蹕西安之议。此后时事，尚可问乎？

前闻尊体亦小有违和。数月以来，未奉芳讯，想公务倍极劳勚，深为驰念。还望节宣自卫，是所切祷。

宁国闻又被陷，徽州吃紧，滁帅如何能来。李、吴二镇军师船已抵瓜镇，镇江人心略定。而皖捻数万，饥寒无食，窜扰徐邳韩庄一带，亦心腹之患也。闻江阴贼退，常熟亦无贼，均不知确否。嘉禾近日贼情如何？倘军政之余，随示数行，殊为感望。外件附闻，未知与沪上所闻合否。

草草布臆，即颂勋安，统维心印，不尽驰切。

弟云谨状
三十日肃

又（二十）（1861年1月18日）

晓帆三哥大人足下：

初五日张布一函，未知何日达到。初六日接冬月晦日手书，谨悉一一。夷轮行驶甚快，如不停泊，则发信必趋不及。大约马递六百里，总须首尾四日，始能自镇达沪也。议者以入江为害，其实当此时势，果能羁縻得法，该酋未始不可为我所用。古来藉外夷之力，以成中兴之局，历观史策，指不可数。况刻下中原多故，强弱之势已灼然而明，倘得鹬蚌启争，于中取利，则转圜正在于此。然时事至今日，真跋胡疐尾，有智勇俱困者，良可浩叹。

江北悍贼全趋西路，六合以东尚可暂安。淳、壩两防，均有严备。皖南賊勢又已趨重南陵、涇縣,意欲抄出寧郡之後。鄭軍門於上月二十五由高淳赴宣城,布置寧郡西路。都將軍撤圍,安慶之師退守宿松,該逆隨襲吾師之後,幸被創敗回,湖北門户可以固住。水師楊軍門聞已退至小姑山矣。江寧之賊尚無動静。

手此布復,即頌勛安。

夷事仍乞將籌辦情形隨示數行爲盼。

弟雲頓首

十二月初八

又(二十一)(1862年2月4日)

再,昨有家人王榮(此人即尊處家人所薦)之弟,於初三日從南匯城中到滬。因全家陷於南匯,該僕詭言上海有兵勇五百人,可以説令投誠。賊首信以爲真,遂將伊母留住,給予路照到滬。雲詳詢賊中情形,據該僕云,南匯僅有賊匪數百人,四門僅賊館四所。周、浦賊匪不及百人。該僕現在雲處,可以面詢。

照此光景,似乎浦東各縣亟宜設法進攻,可冀克復。僞照兩紙附電。此中即可激勵兵勇,扮作投誠之五百人,出其不意,可望得手。如鈞意以爲可行,望即刻轉商撫憲,并乞立傳李聽香到來面議。劉松巖如在此,亦可與之籌商。雲下午趨聆清誨。

雲謹禀

初六日巳刻

又(二十二)(1862年12月2日)

兩奉手書,謹悉一一。白門督師之行,昨發兄來談始知之。青蓮胸少定識,事至無可如何,不得不藉重常勝軍。既欲藉重常勝軍,而又恐憩棠一人不能壓衆,於是要老兄前去。若疑其作調虎離山之計,藉此爲交卸地步，鄙意竊以爲不然。蓋渠果有此見，則必商諸南豐。既有參劾之案，只須以聽候查辦二字撤之，不必作此轉折。況此行煞有關係，亦斷不能因出差而遽易人也。惟動身之後，接手何人？聞汾陽有同去之說，此亦甚妙。汾陽去後，只有江夏在此（捐務或趁此請江夏會同琅琊督辦）。而關道一席，芸翁曾任松江，若欲令代辦數天，亦屬合格；否則差非出省，帶印前往，亦無不可。（或則藩司衙門事交臬臺代拆代行，道署事交海防代拆代行，交涉夷務由會防局代辦；此外悉用包封，以一小輪船送信。如此辦法，似亦周妥。青蓮未任外官，須稍示端倪，否則恐不合格也。）此等處要青蓮定奪，然欲昭威重，則兩印必得帶一在肘爲是。兄意如何定見？念念。（行止兄不能自主，旁人或可以此間大局言之。）此番俄酋到來，有多少事要辦，豈能走開！況此行有憩棠足矣，何必要本省藩臺同去。現在忠逆率賊衆親往，蘇城慕逆踞守。此次往解雨花臺之圍，非比小敵，常勝軍人數不多，亦須格外小心，不可輕敵。能得借數百鬼子前去（恐辦不到，奈奈），則大妙矣。解圍以後，曾九先生是否退紮寧國，亦係仍駐雨花臺，此亦解圍後之第一要義也。

承示諸文，已由橋孫帶去。將來小兒進京，當至三口通商衙門周琳粟處走領可也。小兒因動身以後，家眷無人照料，現須料理清楚，方能脫身。來信云準在初十左右啟程。日內風色得順，當可即到矣。蒙長者關垂期望，感泐同深。

專肅。敬請勛安。

名心叩
十一日

前日江夏君曾云，中堂處有人爲兄說好話，適爲一人沮之，渠又從旁爲緩頰者幫腔。弟詢緩頰者爲誰，渠云曉翁自知之。此何人也？閱後丙之。

如以代拆代行之說爲然，只須淡淡着筆，謂向來兩司因公出境，如此辦法；現應如何定局，候示定奪。未經外任之人，倘一味委之裁酌，不露端倪，恐有出格也。丙之。

又(二十三)（1862年12月9日）

　　敬啟者。頃承潞於十三日從泰州至鎮江趁船歸來，據述十六日晤見香圃，云雨花臺之圍已解。惟同船有一武弁，係從上游來，則云雨花臺之營雖獲勝仗，尚屬喫緊。究不知何如。緣仲書中有云，現在都帥派撥五千人往援雨花臺，趕辦鍋帳等件。又添意外之費。而承潞臨行時則聞，此項援兵已可中止，因業經解圍之故。未知尊處近日有探報否？

　　輪船曾否備齊？聞英國有不欲統帶常勝軍之外國頭目前去，此即暗有掣肘之意。節相於助剿一事，所有復摺，該酋豈無所聞。事急而求，亦無怪其作難也。

　　承潞定廿五六日間啟程，至時再令晋叩，懇賜給信與三口通商衙門周琳翁往領諮文，并求於雇車進京等事，託爲關照是感。

　　聞公出後，藩、道兩署日行公事，聞一交臬署代拆代行，一交荷翁。此固妥當，但荷翁無印人員，不知如何辦理？念念。

　　前囑轉託漕巡周陶齋所辦京報，疊次去信詰查，刻始得復。特將原信送上。大約所託非人，抑不知別有舛錯，容再索歸原物也。

　　專肅。即請勳安。

　　　　　　　　　　　　　　　　　　雲謹啟
　　　　　　　　　　　　　　　　　　十八

又(二十四)（1863年1月23日）

曉帆三哥大人足下：

　　別後無時不念，未識眠食如何？伏維萬福。汰勇一層，辦理能否順手？何日可以吉旋？尤爲馳繫。

　　常熟錢貴仁於廿九日獻城，我輩似可告無愧。木子之被戕，亦可以原其心矣。人情嶮巇，無可以言。所望吉人天相，此後一路康衢，攸往咸宜，是則私心所切祝者也。

　　茲因吳見心之便，率此敬頌起居。諸維保重。不具。

　　　　　　　　　　　　　　　　　　　　弟雲頓首
　　　　　　　　　　　　　　　　　　　　　初五

　　如言旋尚須時日，望將近事賜示一二，以慰懸念。

致曾秉忠（1861年12月）

允堂仁兄大人麾下：

頃專弁來，奉到手書，承示據關王廟巡查委員林國楨、董事趙廷彩稟稱，初三日三更時，接準李都司恩彪來函，有蘆堰船三隻、大快蟹一隻，由爛路經過關王廟，因見形迹可疑，須爲盤查。今日未刻，果有蘆堰船三隻、大快蟹一隻前來，當即會同曾守備、李都司上船查看。先查小蘆堰船一隻，內有洋槍數箱，火藥二十箱，銅帽子數箱，紅黃湖縐、洋布數箱，并零星違禁物件不少。當即詢其船主徐貴清。據云，係馮鎮臺飭派前往蘇州、崑山一帶交納等因。聞之實深駭異。

查逆賊正熾，軍火係嚴禁之物，且關王廟以西遍地賊踪，私帶軍火前往，顯係接濟賊匪，毫無疑慮。至該船戶供係馮佐乾飭派前往，尤堪詫駭。佐乾係專閫大員，應知國法。誠如來諭所云，未必有此曖昧之事。兄亦料其必不出此以身命爲漁利之計。

茲蒙賜商，兄思此等事既已緝獲，則惟有將貨物酌提充賞，此外或留備打仗出力口糧，完結了案。至船戶扳定馮佐乾，或有匪徒借名佐乾，抑或佐乾部下實有隱情，則非鄙人所得而知，應請麾下就近酌核辦理。至船戶是否鄉愚無知，閣下一望即悉，或釋，或辦，兄尤難預斷也。我弟兄關愛佐乾，自問無微不至，乃平日行事頗失檢點，言之可爲浩歎。未知近日如何？此等勇往之材，年又正壯，若不奮志向上，真爲可惜！尚祈老弟時加規益之。

專此布復，即請勳安。不一。

——以上輯自《吳煦檔案選編》

吴雲家書（二十三通）

（一）

論源兒、楨孫、官孫知悉：明日月朔，家祠拈香，吾當親詣。老不能跪，長揖而已。往後遇朔望，爾等以一人輪往，拂拭座埃，置一雞毛帚。夏季只須長衫，冬秋春常服，換一紅帽子可也。事期持久，禮節應簡也。源兒現病未痊，准予給假，馥綏代行。馥綏或遇有事，官孫代行。朱子家訓所云"祖宗雖遠，祭祀不可不誠"，即此事也。六月三十日愉白。

又（二）

《多寶塔碑》一本，付福叔臨寫；又《靈飛經》一本，付爾臨寫。以兩人筆致近也。外《餐霞閣帖》兩本，留在案頭，隨時觀看，則楷書自有長進。

又（三）

吾生平所到之區，無論闤闠之中，與夫茅第湫溢之地，必設一書桌，否則身無歸束。自十數歲至今，五十餘年如一日也。前日囑爾在䬅鏡室設一書桌，藉可與篆香先生周旋受教，何以至今不設耶？讀書人家不擺書桌，一味閑散，尚得謂之讀書人耶？此紙試質篆香先生，以吾言爲如何。廿六日晨初，愉老人示楨孫悉。

又（四）

盛暑體中或小有不適，則新鮮藿香葉泡茶，聞些行軍散，磨服揚州紫金錠，再服藿香正氣丸（南潯大全藥店尚可靠，鄉下店靠不住）。此至穩至妙之□。□□輕易服藥，以醫生極少能人也。此紙宜置案頭，不可拉雜。

此等確切手諭，惜爾等年輕，不解珍重。他日學與年進，閱及之，當知寶貴也。己卯六月初五日手書。

三伯父已於初四日巳刻抵滬，明後可以到家矣。又花椒袋三隻，其交福叔。

又（五）

七兒覽：吾今日午刻到署，署中均好。昨在唯亭發一信，想必收到。福綏曠課過久，我臨行囑其不可作輟，課文并試帖詩望隨時寄來爲盼。爾無正經應酬，亦不可出門，均此切囑。六妹方子，潘宅禮單（初七八必要送）開於另紙，可照辦。京靴記得有新者，可找之。欽韻珊倘又不在家，只好稍從緩辦。凡借出物事，須要有記認，免得歸還時舛誤。初六日父字。

平華、懷庭均此，并付福綏同閱。

又（六）

作文之道，須要知行并進（錄出窗課，送幾篇與朱姑夫加批亦可），全在平日讀文時用心體會。"人有雞犬放"題本不難做，而題旨不清，又無書卷，便難着筆。"夫聞也者"題，忽中間夾入突起"夫達也者"四字，此豈作者所未知耶？皆由粗心之故也。脫字仍有，尤宜留心爲囑。

又(七)

　　文理非不清疏，特以思路不開，故但粘定題面四字立說，須待先生改後，玩其所用書卷，及層次意思，久之自有領會，惟不可輕心掉之耳。以後題一到手，即須趕做，庶無來不及之患。蓋場屋中風簷寸晷，稍縱即逝，不可不趕緊耳。切記切記。十月三十日退老人書示。

又(八)

　　三、六、九課題取來在家作。福姪可進來同作。天涼後再作試帖。每日錄文一篇，或窗課，或陳文皆可。讀文二十遍。溫經傳拾葉，只須朗誦兩遍。讀試帖詩一首（要熟背）。凡經傳詩文有未曉者，必須詢問。依此功課，倘肯上緊勤習，不過半日可了。了後准予出書房漸息，特不准出大門。八月廿一日愉老人定。

又(九)

　　手書已悉。窗課八篇寄還，望查收。兩生於書義題旨每欠講究，且別字亦多，須囑加意留心。轉瞬赴考，以期撥幟而登。墨俟八月間到家面付可也。亮甫墨色亦壞極，皆宜切究。世家大族，每每聯得鼎甲詞林者，其用墨用筆，皆有家授也。新聞紙檢上。即問懷庭賢姪刻佳。初七日愉老人手書。

　　松寶並無病痛，前日不過體弱，沒筆力而已。

又(十)

　　屢次命爾抄錄窗稿，不啻舌敝唇焦。觀爾之意，全不領會，殊堪怪異。今與爾約，從今日起，除文期外，每日將錄出窗課送吾閲看，并可分出若干篇交福叔代抄。只須十日工夫，兩人合抄，便將從前所作，全行抄完。凡抄窗課，大有益於文思，故福叔亦可抄也。此付馥綏收目。初八日。

又（十一）

馥綏覽：來稟并功課單均悉。功課似嫌太密，望請先生酌減另定，定後仍錄出寄來爲要。外寄去天津蘋果十二隻，以四隻轉送先生可也。七月二十日愉老人手示。

觀所來各件，字迹頗有進功，此第一要事也。勉之。

又（十二）

馥綏覽：凡讀書子弟，其上者早起晚息，孜孜用功。文期三、六、九，限定功課，終年不輟。其次者，平日即不能埋頭用功，每遇場前，亦必奮發有爲，人一己百，期於一擊而中。斷無有悠悠忽忽，全不着緊者。爾天資并非愚笨，特不肯用心研磨耳。爲今之計，只有多讀多做，凡遇字有不識（批改本，行草書尤爲甚），句有不解者，務必詢問。前後所做窗課，釘成一本，讀得爛熟。此外讀考卷，讀試帖。爾資質尚好，如此數月，保爾必大有長進矣。記之記之。退老人字。十月二十。

遇文期，無論好歹，總得交卷，爲考試地步。

又（十三）

馥綏覽：爾自道考以後，能否認真用功？何以窗課從未送來？當此長日如年，正宜奮發有爲，轉瞬秋冬將至，又屆考期矣。明年縣府試豈能不往？年已及冠，全在自己刻刻在念也。退老人手示。

又(十四)

馥綏孫覽：爾到館已兩月，并無隻字到家。凡事必先難後獲，即作書修稟，亦須時時習練，不可因其吃力而畏難廢棄。人生隨筆數行，同於布帛粟菽，不能須臾離者，豈可不加之意乎！爾與福叔共思之思之。

到館詩文共作幾篇？可寄一閱。食物四種，祖母所寄，可查收。伯父十六日乘輪北上。閏三月十八日愉老人手示。

又(十五)

起比出句"是詩之所必到處"，對句忽少一"之"字；中股出句"斯時研求之心苦矣"，對句忽多一"之"字。此非關乎文理之優絀，直是粗心浮氣，全不用心檢點，以至如此（爾試自問，於心安乎？）。以後脫稿，謄寫完畢，須要細細點句勾股，斷不可草率了事（寧從容，毋急遽）。此為至要。

觀爾楷書，愈寫愈壞，無一筆整齊，且甚潦草（文字欠佳，楷書能好，亦可爭勝。今字又惡劣，奈何奈何！）。爾字本尚可觀，今忽改樣，可恨之至。

又(十六)

到城後距考尚有十日，每日功課必不可間斷，為至要。每日作六韻詩一首，無論如何，總要立限交卷。此外或做一開講，做一前八行起比，或間日一做亦可，惟六韻詩不可少也。

摘錄典故，溫習四書，默識窗課，量力為之。院考畢後，方可疏散。此時真一刻千金也。勉之勉之。

又（十七）

　　文似漸有進機，而中間別字之多，與平仄不諧處，竟有匪夷所思者。倘場屋一遇此疵，雖錦繡文字，亦必遭斥，豈可不牢記牢記乎！凡事總要用一番苦功，始能與人角勝，全在自爲之也。九月初一日退老人示付福綏收目。

又（十八）

　　楨孫收目：十二由家動身，廿四必到。初至西湖，如入仙境，游覽之後，必須靜坐。錄遺，第一要字體整齊，務與福叔格外小心。題目萬萬不可有訛，試帖謹防失韻。前寄還之八韻詩，中間奇謬，吾不欲顯斥其非，故寄爾自看。乃接爾回稟，并未刻責引咎，蓋不甚經心也。刻下正在要緊關鍵，故諄諄告誡。七十老翁，力疾揮汗，不憚煩勞。爾須仰體此意。福叔亦同此知照也。

　　前所需《毛詩疏證》各種書籍，因卷帙太繁，故不寄上。然此等書近日庠序中不但從未寓目，甚有不能舉其名者。爾能索及此書，吾雖未寄，心頗喜之。昨沈笏山兄到杭，吾檢爾應用紈扇二握，又寄爾縮臨《鄭文公碑》，此中頗寓獎借之意也。

又（十九）

　　計爾早日到省，甚盼稟至也。正在寫此，適值篆師信，欣悉廿二錄遺。千萬小心，與福叔互爲檢點閱看，至囑至囑。即呈篆師一閱。十九日愉老人手示。

又（二十）

楨孫覽：前寄爾信并食物，曾接爾覆稟，此後多時杳無續稟，蓋動筆艱難也。凡事先難後獲，畏其難輒向後退，則無形而□□□□，不特寫信一端已也。秋闈將屆，既進場屋，則必奮發有爲，期有萬一之想。爾太岳丈欲看爾近課，望即錄出寄來（前囑爾六月初寄來，想未忘）。餘詳與先生書中。家内均安，勿念。六月初三日愉老人手書。

叔福均此。寄去揚州紫金錠四枚，自留二，以二枚呈送先生。真戴春林紫金錠，爲治痧聖藥，必須隨身佩帶。另一錠可交福叔，共五錠。

又（二十一）

毓楨覽：近日新聞紙寄去，望與先生同閱。此中大有見聞，不可不熟看也。前教爾用墨之法已領略否？凡事皆要用一番心也。窗課至十月必寄。設或先生未批，即將未批者寄來。是爲至囑！福姪亦照此辦理。

家中長幼俱各安好，無須寄念。并呈先生一閱，不另書。七月初二日愉老人示。

又（二十二）

楨孫覽：昨交柯僕帶去方罩子一隻，望問姨婆取烟膏六七兩（可用秤數），裝在磁缸内（務必封好），恐其翻側，故用方罩，以便手提。再取桂元膏一瓶。倘嫌瓶高，裝不下蓋，則另換蓋碗（小樣）亦可，不必定要滿瓶也。又鞋店來收帳，可付錢二千文（鞋已收到）。餘由杭局另信再示。廿六日愉老人手書。

又（二十三）

　　楨孫覽：來稟已悉，辦帶收到（松仁、青果均收明）。昨來松子糖，食之甚佳。吾到署身子頗健，惟大便竟至半月始解，艱苦可想而知。松子糖最相宜也。

　　七嬸母與長弟均已全愈，聞之甚慰。小兒第一要緊，在撙節食物，阿松與桐弟、奎弟皆要小心爲囑。阿英稚幼，尤在保攜之人當心也。大伯父到後，坐船即放至署，因伯父即欲動身到家料理一切也。

　　鶴笙鈔件，索性待至喜事畢後再行動筆。望將已鈔、未鈔，將洋布包好，收存在海如處。是爲至要。

　　爾每日作家稟，借此練習行書。老人家信，雖隨手拉雜，苟得其二三，便可將就應酬矣。十五日愉老人書。

　　篆師、海如、笙卿均此。鶴笙即此致意。前稟"寥寥數家"，"寥"字誤書"了"。

　　　　　　——輯自《古今》第 32 期周越然《吳平齋家訓》

致吴承潞家書

　　昨閱運齋書，始知恒軒因李、涂保奉，故有此命，將來功名在西北矣。伊家家運正隆，恒軒如能培養元氣，目前猶是一時之榮，將來徑綿世澤，亦在意中。即是運齋此次攜銀一萬，親致李相，必能大悅。此又結契報好之機會也。

——輯自《古今》第 40 期沈美芹整理《吳平齋家訓》

致潘柔齋(二通)

(一)

　　明日飯後如不公出，擬奉詣面談心曲。再尊藏彝器，望囑順官將銘文各件拓出四五分，專拓銘文，不費事也。此布，即請台安。不盡。兄愉庭謹上柔齋大人足下。廿七日書。
　　倘不暇，則後日亦可。統候進止。

又(二)

柔齋主人足下：
　　現在清理舊稿，有釋格仲尊、大官鐘各條，稿字塗抹，看不清楚。尊處有裱好掛屏，兄曾題寫，乞檢付一校，校畢即繳無誤。此送潘親家大人。愉庭頓首。

　　　　　　　　——輯自《小莽蒼蒼齋藏清代學者書札》

致吴煦(十四通)

(一)

敬禀者：

　　頃接覆諭，謹悉一切。輪船攻乍一節，法國不肯越境剿賊，此是該酋故智，恐難以口舌曉諭。然事在眉急之際，或設法以利相誘。所可希冀者，無須登岸，亦無須接仗（相距僅數十里），只要駛近乍城，對城開炮，賊知後路有警，勢必回顧巢穴，而滕營之急，或以鬆解。頃稟覆撫憲信內亦曾述及，并聲明稟商憲臺，轉請施行。至馮佐乾師由柘林進解滕營之圍，如果有意遷延，直比禽獸之不如矣。且賊勢雖猖，亦未至如火之不可遏，竊料必有轉折，容即遵示飛致。即刻李藹堂來信，據章令稟稱：昨晚收隊回柘，知梁、金、馮各隊俱到，會商進攻，聲勢甚大等語。所慮天又陰雨，行軍殊難，心甚焦急也。肅復。即請勳安。

　　　　　　　　　　　　　　　　　　　　雲謹稟
　　　　　　　　　　　　　　　　　　　　中秋節

　　吳君如來謁見，乞囑至總局見金令，已爲位置矣。

又(二)

敬禀者：

　　頃奉覆示，謹悉一一。答曾云云，誠如憲諭，若據理而說，則馮處又要見傷。鄙意或云馮雖勇敢，惟此次援師欠利，俟將來立功之後，再畀以統領之任，庶足以服人心。此信可以從緩，且俟中丞如何覆法，再行照辦可也。夷助一節，法水師肯借我們炮船，每船派添夷兵偕往督剿，聞之大慰。此皆憲臺煞費苦心，庶克臻此。蒼蒼佑祚，浦東或可保全，誠萬幸也。惟炮船夷要一二十只，只撥十只，未免太少。可否轉請中丞，再撥十只前去（無論如何，總須抽撥十只爲妙）。

專此禀覆，即頌勳安。

雲謹禀
二十日酉刻

開築濠牆一節，即刻金令來見，現與秦峰諸君擬辦，惟夷人僅雇二十一名，未免過少，已切囑與各董商量去矣。

又（三）

敬禀者：

頃奉覆示，恭悉種切。馮佐乾禀報勝仗，誠不免張大其詞，然據吳在田所述，昨日與賊數次接仗，確係血戰。并云若非張五奮勇上前，佐乾手刃退後之人，則馮營亦站不住矣。爲今之計，只要大局能站得住，所報稍過其實，似亦不足計也。即刻金蘭生來見，云及王芹薌之子新從盛澤鎮出來，該處本是長毛地界，有僞官踞守，親見趕做鬼子衣服（所做不少，黑色居多）。查該逆狡計百出，安慶已爲我兵克復，恐其以皖省不能再爭，注意於江浙二省，冒充夷人作爲頭陣肆竄，而以悍逆居後以逞逆謀，實亦意中之事。今既確見確聞，應如何防範之處，務乞憲臺想一善法，照會夷官，一面知照各處，即浙省似亦應知照也。

今日憲臺籌商夷人協助之事，有無就緒？此事深費藎畫，真亦甚難其慎。蓋毫無捏手，全在夾縫裏做文章，故比別事倍難也。

肅此寸禀，即請勳安。

雲謹禀
十八日燈下

又（四）

敬禀者：

　　頃奉鈞諭，讀之令人焦急欲死。馮佐乾退赴南橋，但願與梁、李各勇扼住數天，以待添兵協堵，俾奉賢不致有失，或可補救。算來南橋兵勇，連佐乾名下并姜德五百名，合之原紮各營，爲數似亦有三四千人（中丞添調去德勇未知到否）。惟賊勢過熾，能否抵禦，真難逆料。所盼梅君到來，得與法酋商通，保全浦東，則爲萬幸。事已急迫，楊憩棠又遠在寧波，應否飛信前去，囑其星夜來滬？渠家業俱在上海，得知此信，或能趕緊前來，況受憲臺知遇之深耶。此説明知非能救目前之急，看賊勢恐非數日間能了，迫其到來，總有益也。

　　肅復，敬頌勳安。事已至此，尚乞寬懷自琛爲禱。

雲謹禀
十八日夜

　　乞發偵探前去（南橋），俾常川得有信息，此爲至要。今晚端營明日五鼓即可動身。

又（五）

敬禀者：

　　頃邀楊子芳來寓，告以軍務之壞，囑其赴城外與廣幫人籌議，凡在夷人處作夥，如吳南皋之類，均囑轉告夷人，趕爲防範，并慫恿協力助剿，能得兼顧浦東，尤爲大妙。又邀金蘭生來，囑其趕赴元豐莊與周篆濤、張織雲等商議，速雇夷兵保守南市。

　　此番變起倉卒，各人尚未周知，子芳、蘭生得此警信，均已分赴各處矣。吟蕉處亦已去信，囑其邀同席華峰諸君商議，於夷人處告以利害，竭力慫恿，緣恐該酋以爲數見不鮮，視作尋常之事。全在群策群力（華人告夷人，俾夷人去向領事説），使知賊勢之大，趕爲布置，則憲臺與商，亦較易辦。

刻下無兵可調，既往之事，亦無從説起。但得藹堂部下尚有二三千未潰之兵，得將松江守住，已爲萬幸。藹堂有消息，懇即示知。

雲謹稟
十九午初刻

又（六）

敬稟者：

頃接李藹堂昨晚之信，知其現回松郡，爲之一快。詢據來人，高林之賊皆扮作百姓，又新剃頭（如此狡詭，可慮之至）。藹堂甫到高林，才坐定吃茶，忽報賊到，倉卒衝出，尚是不幸中之大幸。廣富林、塘橋營盤，均尚無恙。爲今之計，唯有囑其力顧松郡。若欲面面俱到，則其兵力單薄，勢必不能。應請憲臺覆書，將此層切實諄囑。難得藹堂尚在，松郡當可以保；至寶山有姜德全軍在，似亦可固守。此二處與上海爲唇齒，比之別邑，尤爲喫要。浦東各郡固亦萬分緊要，然目前力量恐難兼顧，但看天意如何。

英、法之事有無回音？盼念之至。藹堂請添兵，大約無可以調，已將原信請中丞示矣。厄運未終，天地變色，淋雨如此，爲唤奈何！

順請勳安。

雲謹稟
十九日西初刻

又（七）

敬稟者：

昨晚金令來見，云及已雇定鬼子五十名，均係花旗人，由公平洋行保募。所請憲札一層,應請俯准,即委金、閔二令(本在辦理貨捐),就近會督紳董,辦理城外防堵巡查事宜。又請委佐雜二員,巡查十六鋪、二十七鋪。該委員劉九疇、蔣勳章均尚麻力可用,已由局代繕委稿,如可以用,即請印發。

至由大南門外開築濠牆一事,據金令所述,却是於南市大有鈐束,統容面稟中丞。前雲尚未稟及。

今日見夷人如何說話?念念。中丞欲以炮船保周、浦,亦是一法。

專此寸稟。敬請勳安。

雲謹稟
二十日未初刻

奉南川偵探消息今日到否?念極念極。

又(八)

敬稟者:

頃接李藹堂信,所云夷人欲改内應爲明攻,此事如何可行。逆賊長於踞守,休說數十鬼子,即再添二三百鬼,亦未必能得手。看來此事似以中止爲是。請鬼已花本錢,恐不肯歇手,欲攻不能,欲止不得,無法可想,惟有向松營糾纏,亦屬不成事體。應如何辦理之處,尚望賜商憩翁爲禱。

王秋田定明日前往,所有銀錢出入,悉歸王秋田、周星橋經理。此說前已信致眉翁,切實說定,眉生亦決不肯涉手銀錢也。記得大人去信,亦將此層提明,即刻乃舟來述憩棠之意,雲復函致許、杜二君,再申前說,所有銀錢之事,可以放心矣。

永昌領款爲數較鉅,此番酌發若干,未知渠領狀一切如何寫法,亦未知報院否。數目過大,恐起浮議,不能不鰓鰓過慮也。

肅此。稟請勳安。

雲謹稟
廿三日巳刻

又(九)

敬禀者：

頃華而見夷人回來，云内有黑鬼，以不得現洋，僅有每名五十洋票紙，是以欲回上海，當囑通事與華而言之。華而言，此項黑鬼總要逃去，聽其逃走，另有比此較好之七十名在滬，伊坐快船到滬，趕雇前來云云。此事雲實未悉底裏，萬望轉致憩棠兄速爲料理。總之松江既已克復，而酬謝亦係現錢，何以華而僅付票紙？據通事云，共付票紙兩張，每張五十洋，一係現兑，一係俟青浦克復後再付。因黑鬼但知吃用，現錢到手便要花完，不肯出力打仗，故給伊票紙；而黑鬼不服，故欲散夥。鄙意松江既收復，無論如何，總應給發現錢爲是。

知關厪念，載肅布陳。只請勛安。

　　　　　　　　　　　　　　　　雲謹禀
　　　　　　　　　　　　　　　　初五日未刻

乃舟、九皋附請鈞安，不另具禀。敏齋已赴泖漻去矣。

郡城武官務祈轉請速速發札，俾有責成。并求專遞，以免遲之。

刻又囑張德華與黑鬼排解，其票紙擬交乃舟，其現錢亦由乃舟般承，數日内即兑。有此轉灣，使華而亦過得去，而黑鬼或可不散。未知能説得妥否。將來克復城池，鄙意賊贓一節，寧可多給些銀錢，萬不可歸於鬼子（兵勇擄掠必不能免）。緣克城之後，聽鬼子搜括，將來必有指摘者，一片苦心轉受不白，殊不犯着，非怕事也。望轉致憩翁爲荷。

　　　　　　　　　　　　　　　　雲又禀
　　　　　　　　　　　　　　　　初五日申刻

又(十)

敬禀者：

昨奉寸稟，計已鑒及。華而於今日巳刻到九峰橋，因天熱舟窄，是以即同乃舟赴朱家角，擇寬闊房屋住下，略爲休息，并將新到之鬼，整齊步伐，俾得臨陣不亂。即日移紮近城，相度地勢，大約十四五日可以動手。夷性卞急，無俟催促也。

民團已到，可得六七百人，其餘聞鑼始集，助我軍威。六里橋派艇師十八只泊守，截斷該逆赴朱家角之路。

初十日，廖令等率領鄉團壯勇，到大西門開放數炮，該逆伏而不出，我兵勇遥爲吶喊，無從着手。且俟華而想法，當可一鼓而登也。

內患深以爲憂，恐土匪與粵人勾結。聞春間縣中曾有訪拏之案，不可不防耳。

耑此。即頌勳安，統維賜鑒。

卑府雲謹稟

六月十一日未刻，青浦九峰橋舟中肅

友琴兄均候。

又（十一）

曉兄大人足下：

前得覆書，謹悉一一。戈登可謂做臉，常勝軍破福山而解常昭之圍，厥功已偉；旋又攻克太倉。此次恐不能不歸功於發踪指示之人，不識尚存公道否？翹望示悉爲盼。

會試總裁何人？此間尚未得音信。但得場後早日歸來。照此時勢，即能得中，京官亦無可駐足，況騎馬賊出沒不定耶。

緣仲引疾，各當道皆不允准，亦屬進退維谷也。江北局面殊爲可慮，都、富兩帥與漕帥大有意見，聞十五有一摺已經揭穿，則此後各事掣肘，而糧臺益難措手矣。鶴老恐督辦糧臺，先請暫假。此老真狡獪也。

弟到此月餘，當有人來兜搭，以鎮江關務在山冠，蓋絡繹往來，殊爲討厭；出月中下旬，當理歸棹矣。

杜小舫從滬歸來，云兄抱恙未見，想即齒痛耶？甚念！
即頌勳祉。不具。

弟雲頓首
廿三日

又（十二）

敬稟者：

頃沈殿魁、勇魁於十二日自周莊動身回來面稟，沈勇魁與葛繼洪同赴蘇城，面會吳得勝，已將憲札交付。時因隴西回崑山不在省中，見隴西之管文案者僞軍政司范姓（係隴西心腹）。此人籍隸蘇州，曾充中軍營稿書，與沈勇魁認識。說及隴西確有反正之心，常與范姓私議。所以遲疑不決者，一則因省城踞賊尚衆，其大股有三：一兩湖人，一兩廣人，一巢湖人。內維兩廣人可以通氣，然亦祗廣東人，而廣西則尚多隔閡。此外兩湖人率皆陳盲心腹，至巢湖人亦不相屬也。恐衆寡不敵，未敢輕舉。此隴西遲疑者一也。又恐出來之後，撫憲不能相容，疑懼之心終總不能釋，并以孔方曾有諭單，而其具稟之後未荷批發，傳聞之詞更多不一，是以進退游移，此隴西之遲疑者二也。以上兩層皆出之范姓之口，似亦有情有理。其時雲欲使吳得勝與隴西見面揭穿，密機又不便形於紙筆，故將隴西寄來"平齋珍賞圖書"印二小紙（陷在城中，爲隴西所得，凡往來書信皆用此印），囑吳得勝持此紙往見隴西，現在一留范姓處，一仍在吳得勝處，俟隴西回蘇，由范姓引進與隴西會商。據范姓云，能得巢湖幫聯結，則隴西膽子愈壯，事必可成等語。吳得勝又約結一柴姓，亦係巢湖人，現守葑門，手下亦有二千多人。并云另有數起，當再約會。熊姓現赴盛澤寫捐（此次竄松之賊，係是平乍之匪），陳盲要往海寧，其時尚未起身。以上云云，似非虛揑。

雲意，隴西欲請撫憲給其一諭，即令沈殿魁帶至周莊，與葛姓同去，雲再加一信去，以安其心（前撫憲曾詢隴西之稟是否要批，雲但據馮、朱諸人所言隴西一意反正，毫無疑懼，是以未請給諭）。吳在田與隴西頗有芥蒂，其意以隴西今年無一信與他，前次截留阿男之時，致隴西書中（信皆張順出名，實則東西代辦，現在皆由雲處代寫）云，係郭振瑞密稟撫憲，派人在吳淞口一帶密緝等語。措詞未妥，經雲批評，而吳在田云，讓他着急數日，再用信去安慰他亦好。蓋所辦皆偏鋒文章也。如憲意以爲然，務乞轉請撫憲給隴西一諭，措詞即據前稟立説可也。

肅請勛安。

雲謹稟

十四日未刻

常熟之董正勤亦曾到周莊，其人與葛繼洪皆是東壩鹽販，且均巢湖人，現與葛姓同赴孔方處會議去矣。

又（十三）

敬稟者：

即刻余蓮村之高足勇君來見，面詢錫金情形。據稱該處逆首爲配天義，其人籍隸江西南昌府，從前在江陰城内爲道士，與勇君認識，向來不甚安分。本姓汪名照，後改姓王，因賊中不准姓王，遂改姓黄。去年曾遣人訪詢勇君住處，却未晤見，曾通過兩信。現欲與該賊首見面，惟有約渠出城，尚屬不難。因該賊目常到各鄉講道理也（即是中國鄉約等類）。若欲進城，勇君係謹飭人，不願去也。至該賊目能否反正，勇君云只好迎機開導，未能云有把握。雲意請憲臺給一諭單，只説據錫金董事勇方來轅面稱，該○（此人道士出身，或稱該員，或稱該生，實無確切稱呼也）素懷忠義，雖陷賊中，常思反正。大略照以前各諭，不過將來優獎云云。此亦無關緊要之事，成則大妙，不成亦無損也。勇君去後，擬囑渠無論成否，回來報信，故擬送川費二十元。如憲意以爲然，則諭單定於明日午前發下，勇君定初九日清晨動身也。

江陰鼇天豫（朱姓）與趙玉堂同譜至好，確有反正之心，惟常州新派一賊首某天安，帶賊五千到江陰住守（因聞有常州紳董在鎮江募勇，故有此預備）。其職分較大，朱姓要聽節制，恐心有餘而力不足云云。

并以附陳。敬請勳安。

　　　　　　　　　　　　　　　　　　　　　雲謹稟
　　　　　　　　　　　　　　　　　　　　　初七日燈下

又（十四）

敬稟者：

頃勇目王鴻（永昌已賞渠五品軍功，想尚能事也）自蘇回滬，述悉徐戊卿業已動身，日内即可抵滬。熊萬全已授僞前軍主將（熊姓到蘇，沿路皆香燭迎接，以其不擾害百姓也），僞職在陳逆之上。寘湖之賊爲我兵勇擊敗（本月初四日事），失去賊船三百餘號，聞尚欲糾黨前去。

淀山湖劫案疊出，現有陳墓董事與王鴻同來，情願想法保護。約明日午初來見，俟見後再行面稟定議。撫憲處擬明日銷假往謁，不另稟。憲臺如有信去，乞爲代陳。

肅請勳安。

　　　　　　　　　　　　　　　　　　　　　雲謹稟
　　　　　　　　　　　　　　　　　　　　　十三日酉刻
　　　　　　　　　　——輯自《吴煦檔案中的太平天國史料選輯》

致陸心源（十四通）

（一）

存齋世仁兄足下：

　　縵老信奉閱。聞蔭老即欲赴杭，可否即由閣下擬一呈稿交下，由弟轉交仲、蔭二兄閱看，即便舉行。事關栽培寒士應試起見，亮同人無不樂從也。至盼至盼。

　　順致著安。不盡。

世弟雲頓首
初二

又（二）

存齋世仁兄足下：

　　頃奉手答具悉。賃屋之事，深荷盛意，至感至感。惟年近歲偪，顧勞尊處□磚收拾，心竊不安。明年正月望前，弟有舍姪到城，再行面定，目前請無須遷移，以省周折。

　　承示新得右軍《行穰帖》、大令《送梨帖》、黃鶴山樵滌硯圖，聞之嚮往。明春願望携示爲盼。手此布復鳴謝，即請署安。不盡。

世弟雲頓首
嘉平廿日呵凍書

又（三）

誠齋世仁兄大人足下：

　　一昨奉到手答，謹悉壹是。棉衣事弟因事屬善舉，故不矜辭，於滬上同鄉中寓書敦勸，幾於手腕欲脫，乃應之者鄭重遲疑。至初九日始得集成三千件。而湖州一府之廣，若過少則面子既過不去，此心亦有所未安。爲時已促，不得已先行墊辦，共計新製衣六千件，原捐者四千件，合成一萬，以了此一重公案。海珊由潯來書，謂到城與足下商辦。親友中能勸募，酌量捐助，固屬大妙；如十分爲難，亦不欲勉強。人之願善，縱不如我，多寡之數，在人之發心。設竟一毛不拔，亦付之無奈而已。惟鄙人力薄，已墊之款，歸補爲難耳。集腋爲裘，不能無望於二三至好，爲數固不計多少也。嗣又得李相照會，知已定真照米捐給獎。業經奉旨，將來各捐戶銜名當匯列轉遞，并希轉告爲荷。

　　示知，草草布復，即請台安。不盡。

　　　　　　　　　　　　　　　　世愚弟吳雲頓首
　　　　　　　　　　　　　　　　　　十三

　　再漊港□路，承示開濬，并奉中丞面諭，聞之欣然。史公祖何處人？蔭翁屬謝謝。綢莊在蘇抑在湖？祈示知。即海珊弟頓首，不另。

又（四）

存齋世大兄大人足下：

　　屢以賤疾，數辱垂問甚勤，感謝不勝。石田册必有以報命，惟甫經重裝，病後正藉前賢書畫爲消遣計，容稍遲一二月奉上，決不食言也。

　　黼香公祖書已收到，因病未能即答。所屬商水利善後章程，遵當擬就寄去，乞於晤時先爲道意，是所至懇。此事關係桑梓利害，將來尚須足下力爲扶持也。退樓前日左臂疼至不可開交，今尚酸無力，精神亦委頓之至（至今未能出上房），因知台從明日言旋，特力疾手報數行。

順請台安。

退樓頓首
初九日

又（五）

誠齋世大兄大人足下：

榮旋過促，不能多留數日，深切繫憶。秋間重臨，當圖暢晤。蘇省水利得應方伯主持，二三年內必可修舉，當遠過近數十年來敷衍之局。吾鄉宗湘翁向肯任事，得足下相助爲理，實事求是，必能一洗積年陋習。吾人持躬涉世，正有出處兩途，出則生民受福，處則桑梓蒙庥。能如是，是亦足矣。退樓老矣，此不能不有望於老世台者，幸弗厭煩，生退卻心。禱甚禱甚。

外與縵老信一件，幛、聯各一件，信中有答覆要語，懇即日飭送，是所至感。

手此代面，恕不躬送。即請台安。不盡。

退樓謹報
十一日

外近刻三種，附請法教。

又（六）

存齋世大兄大人足下：

獻歲發春，伏維台從萬福，著述益富爲頌。溇港事聞初欲以壩工椿材費貫入方價，人夫畏沮，幾蹈往屆敷衍草率之習。賴執事與楊、史兩公祖力言，遂得轉圜。甚善甚善。此等事與其吝費而草率，毋寧擇要興工，費不足則留俟下屆再舉。質之高明，定亦意見相同耶？

棉衣捐墊款已收十成之八。此外不復再募，即解囊報捐矣。所有郡中代募之一千件，前曾奉託轉致開示，昨又致書縵老托其轉囑樹軒開來，因元宵後即欲彙報，其不敷請獎者（或寫□翁名，或寫的名，或寫隱名均可），亦必按□呈報。事關善舉，特不便移獎、并獎耳。仲復亦力主此議，緣禾中有一典而捐至千件者。吾湖捐數即微，再欲移獎（非據呈請示不可），未免太爲梓邦減色。故鄙意不願爲也。草草。祇賀年禧。不盡。

世愚弟吳雲頓首
十二

延盼惠復，又行。海珊弟晤時祈致意。

又（七）

誠齋世仁兄足下：

　　往者辱賜書，錄錄稽於裁報，幸弗爲過。比來眠食何似？伏維萬福。家鄉水利待治久矣，前日縵老過蘇，曾與評論。此我鄉農田命脈所關，足下蘊負宏遠，曾亦注意於此否？士大夫居鄉，凡有地方善舉，盡一分心，則造一分福。前得敝族中來書，謂春間疏濬婁港，其直港深通處可從緩挑者，現在築壩加挑；橫港因爲泄水要道，淤淺處爲必不可不挑者，轉置不辦。其所以專辦較深處所者，取經費省也。草率至此，安望實惠及民？雲儱寓吳門，衰病侵尋，老矣，無能爲也。足下年力正富，識略超卓，尚望於當道前愷陳利弊。倘能任用得人，實事求是，成久遠之功，貽數世之利，豈不美哉，豈不美哉！縵老吾省之鄉祭酒也，盍與商之？吾湖善後局中綜其事者，沈箐翁、鈕壬翁之外尚有幾位？想無不以桑梓疾苦爲慮。鄙人盲瞽之見，亮諸君亦早計及此也。

　　姚少恒世兄人頗樸誠，茲挾名書畫多種到城，法家鑒之，當亦心目爲快（雲亦日維於此爲消遣計耳）。

　　草草布肊，即請台安，惟珍重不盡。

世弟吳雲頓首
廿二

潞兒另有專函，其居官近狀不復報陳，侍筆請安。

又(八)

存齋世仁兄足下：

　　退樓自前月廿六日得緣仲高州噩耗，不禁慟甚。暮年愁感，最易傷人。一病旬餘日，近始漸愈，故前得手書尚未裁復。嗣又接續翰，并寄示大著六册，擁爐繙讀，□然經世之文，不特經術湛深，考訂精確已也。其中《論長興無業疾民》一篇，惜當道未能采用，至今遺禍未已。適君青中丞之任蘇撫，論及減賦，與鄙意上何根雲制軍書不謀而合，後之真辦，仍發端於鄙人與潘季玉、郭筠仙書，其稿尚存篋中也。

　　年內台從到蘇否？棉衣事乃係善舉，眉老過事推求，甘作怨府，亦殊費解。至讓與伊捐之説（亦不便如此説，却亦不能止其不捐），并無其事，特不願與之爭。蓋其所望，非盈萬不可，鄙人則隨緣相助而已。禾中各典，聞所捐已不少也。承示千件由海珊匯寄，此時專望歸墊（每件七百文），未知何時可以寄到？念念。手此布復，即請著安。不盡。

　　　　　　　　　　　　　　　　　世弟退樓頓首
　　　　　　　　　　　　　　　　　　　廿五

晤海珊望道念。

又(九)

誠齋世仁兄大人足下：

　　前奉手書，盡悉種切，皆伏維道覆安勝，著述如意。入夏以來雨暘應時，東南數府州有豐年之慶，惟聞蔚州府有盜數百人進城劫獄，爲協佐拒退。省中派兵往剿，係本月初八之事。一波未平一波又起，想見伏莽之多。地方官實心爲民者頗不易覯，雖號稱能幹者，初到未專事研削。前摘唐人詩，寫作柱聯，句云：生逢堯舜無爲日，許作羲皇以上人。不知蒼蒼者其終許我否也。

台從何日來蘇？深爲盼念。縵老百日後出門否？便中頻示數行，以慰饑渴。草草布復，即請台安，并問闔第福祉。不盡。

退樓手報
廿五

又（十）

存齋世仁兄足下：

前承示三畫卷，連日瀏觀。其《十同年圖》，誠如法鑒，圖真跋僞，然亦是前人所橅，非近時作手（重裱或分爲上下二卷，展玩較易）。"文信國"三字卷首，明初諸老題識，將來載入書畫譜，又增一掌故。朱澤氏卷尤爲精品，題跋亦佳，洵宋元真迹，實無疑義者。

草復，即請台安。

退樓頓首
初四

又（十一）

存齋世大兄大人足下：

前月奉手翰，欣悉道履佳勝，侍庭納福，國恩家慶，萃於一門，羨賀羨賀。弟鍵關敉拙，垂暮光陰，盡消磨於故紙堆中。所惜崦嵫已迫，無所成就，愧對同志，時切疚心耳。

承諭斗檢封篆文作"鼓錢爲職"四字，愚意竊以爲未安。桉，錢，《說文》：銚也，古田器，從金戔聲。《詩·周頌》：庤乃錢鎛。毛傳亦訓"銚"，疏引《世本》云垂作銚，宋仲子注云：銚，刈也。然則銚爲田中刈器，錢實同之。借錢爲泉，經古載籍及漢碑中間有之，而泉文則仍從古，如新莽之大泉、貨泉各品，及三國六朝至於唐宋，載在志譜，彰彰可考者，皆作"泉"，不作"錢"也。元明以來，字多從俗，不足深論已。且鼓、鑄二字連文爲義，今去"鑄"字而曰"鼓錢爲職"，於文理亦覺欠順。敝篋中斗檢封不止一器，其作"鼓錢爲職"者，篆文明顯與《獲古編》所録同，出陝人訛舺也。鄙人所見如此，質之左右，以爲如何？仍望鼇定。學問之道，惟推勘乃能發明，惟辨析始見真諦。足下淹通羣籍，學識兼超，如有所見，尚求直筆示我，幸甚幸甚。

稼孫劬學，非足下識拔，未必有此遭際，聞之喜甚。草草布復，即請勳安。敬叩堂上福祉，餘維爲政保重。不盡。

世愚弟吳雲頓首
甲戌三月廿五日蕭

此後惠書，務於其尾寫月日爲囑。同日又行。

建蘭有龍眼素者爲至佳。今春孫華山、去冬潘偉如帶來者，皆非真品。弟年來伏案之外，專以花木爲消遣，倘蒙覓購二盆，附輕見寄，感逾百朋，亦當有以奉報也。

稼孫久在閩中，或知真龍、真素之出處，望詢託之如何？尋常買者，皆僞而非真也。

弟又懇

同日附懇。

又（十二）

存齋世仁兄足下：

獻歲發春，伏維道履綏和，侍扈納福，吉貞之契，金石同堅，幸甚幸甚。弟守拙廠門，無可告述。昨得葦塘書云，在高齋飽觀收藏，至富且精，聞之嚮往。未知何日作吳門之游，便中乞多携數件前來，共相欣賞如何？此次秋試之早，爲自來所少有，小孫毓楨輩匆匆動身，未及奉書，倘舍姪晉謁奉商借撝等事，想至愛相關，必蒙心照。如其不至，則必另有同伴相邀，應請置之作罷可耳。

再此間吳中丞聽公車過客之言，謂湖郡災民漫無管束，四出乞食，光景苦極。於是囑杜小舫方伯，會同弟與仲復，公函奉致。此中恐有傳聞之誤，務祈詳細惠復，以便將尊書轉呈閱看，至禱至禱。

順請台安，并頌年禧。不盡。

世弟雲頓首
元宵

又（十三）

存齋世仁兄足下：

昨奉手翰，謹悉大著爲杜筱舫要去，將來尚欲乞惠一部也。近刻朱文公《易繫辭本義》殘稿，拓奉鑒定。前假趙卷洛神十三行，先行繳上。墨林□大卷再留觀數日。茲檢奉文待詔《赤壁勝游圖》，後有行草書前後《赤壁賦》，畢氏經訓堂曾經勒石，亦待詔極經意之作也。又石濤書畫卷《大人頌》，似爲僅見，法家能爲一考否？詹君之才，似不在華、周下也。能勒石傳世，亦墨林一快事也。餘質如先生卷，前聞贗本甚多，此廬山真面也。文待詔水墨山水卷共四件，統祈詧入。如合鑒賞，請擇其一以易石湖圖卷，爲仇氏《北湖圖》作配如何？（或未愜意，亦不妨另議。然此四種在閶闠城中亦非尋常之品也。法眼自知之。）至於宋元以來□刊書籍，他日請尊處書目一觀。中有未備而敝藏或有者，儘可援博易之例。弟處無目，因係家人所鈔，舛訛甚多。今春擬屬柳質卿孝廉代爲整理，再行奉覽。然孝廉亦非專門，弟又恐蕪煩，總不能免方家哂之也。弟所不忍遽舍者，亦不過七八種而已。此等文玩之好，凡遇博易，不妨齗齗争辯，一涉推讓，轉覺沒趣。（此等物事，得推陳出新，互爲易玩，最足奕心悦目。他日或欲收回，仍可各適其願。大約初入手必有多日喜快，久之又不免束之高閣矣。）東南止我輩數人耳，後世視之，或不讓蘇米諸賢耶？！一噱。

即請著安。

世弟雲頓首
乙亥四月廿三日書

再所事底蘊，盡在洞鑒之中，此時若勸今士錢與金處，固屬爲難。若捐助善舉，得將不韙之名洗刷，此真幹蠱之大義也。湘文公祖苟欲訊斷此案，大約舍此亦無善法。緣公呈才被屈之人，聞尚有繼聲也。

名心叩

又（十四）

存齋世仁兄足下：

惠山之游，想已轉棹。弟因痔疾又發，不克走唔爲歉。僦居已看定否？大約租不如典之得宜，望酌之。

前示五種墨寶藏迹，筆力沈雄，直透紙背。兼之墨光如漆，滿紙古香。此開門見山之作，洵推壓卷。虞迹謂出永興妙腕，無人肯信。然筆亦娟秀，風韻偪人。弟幼在書塾，即喜臨此帖，今已五十年矣，睹此墨迹，不覺怦怦欲動。且替閣下真買王得羊之喜。懷仁《聖教》，較之敝藏本稍遜，然在今日亦不可多得矣。《岳麓寺碑》爲生平未見之本，詫爲眼福。顔柳向未匯册，雖係雜帖凑合，却令人愛玩不能釋手。前日閣下有欲效蘇米二先生與王晋卿、李公麟輩博易文玩，推陳出新，各適所好云云。故處宋刊精本頗有海内無第二者，如此四種之中（除王《聖教序》）可以割愛，弟當以宋刊祕册爲酬（東南藏書之富斷推閣下，弟自知不及也）。此風雅之事，不嫌斫斫計較，海岳庵之易硯山，其故事也。此外有可博易者，或以面談爲嫌，彼此倩管城君作介可耳。

草此布肫，即請台安。

世愚弟吴雲頓首

乙亥二月初八日書

凡博易之物，先問能否割愛，然後互爲指請，彼此相稱爲安。

——輯自國家圖書館藏稿本《吴平齋太守尺牘》

致鍾佩賢（三通）

（一）

鹿因仁弟大人手足：

　　前接五月廿八日手書，謹悉一一。欣審道履安勝，闔寓納福爲慰。六弟尚未過蘇，或徑赴需次。近日子弟稍稍高明者，每多外騖，父兄之教，不過居十之三而已。而正所謂三分人事七分天也。與其高明而多外騖，莫若沉潛而安於質樸。況所謂高明者豈真高明耶，不過虛有此表而已。此關係一生之升沉，無從挽回（年輕人一經回頭，便登彼岸，特不可沉迷耳）。吾弟無書不讀，想早見及於此，不必鰓之過慮也。

　　俄事但得敷衍，目前便是大幸。劼侯與英狎熟，或可相助消彌，十萬橫磨劍不可輕試也。

　　江都之出總署，未知因何而起？外省奉中旨召醫，此間以潘偉如、馬培之爲薦，未知兩宮所患得已勿藥否？此關係國運時局至鉅也。浙中舊事風波漸平，然地方受累已經不小，聞中丞拒客甚峻，性又愎，諫諍言不入，任用非人。吾浙欲求如蔣薌泉、王補帆二公之汲汲以民事爲心，竟不復再見，言之可歎。

　　手此布復，順請台安，諸維加意自衛。不盡。

　　　　　　　　　　　　　　兄雲頓首
　　　　　　　　　　　　　　六月廿九日書

　　再峴帥到任後，三兒尚未往謁。蒙長者提挈，銘戢於心，遇事加勉。曾子固所謂報之以蒙也。請封一事，渠原配龐氏已故，不知可否附請。論理覃恩例得封典，今止請外祖父母一代，再爲本生妻室請封，似無不合。用特專函奉商。如可以行，即乞補請。先後代應紙墨之費，統求示知，綜繳爲荷。

兄雲又行

三品銜江蘇候補道太倉直隸州知州吳承潞覃恩爲本生妻室原配龐氏請贈三品淑人

是否如此開呈？本生（身）應否并請，統求改定。煩七弟一寫。

再，承愛注鄒報，詢及有何佛逆之事。兄前年殤一孫女（已將出閣，平日最偏愛者），逾月其母又因哭女身亡；甫及一年，次媳又於去冬逝世。老年値此，頗難爲情。幸隨時擺脱，每每回顧譬解，退步自喻，故得事過即融，尚無凝滯。但求如康節先生所云四方平定干戈息，樂此餘生，如天之福矣。昨閲少侯與某公書，謂廢約決裂，其禍速而小；如從而啟各國輕侮之心，其禍緩而大（并有即使決裂，亦無大害。謂英人斷不肯任俄人得志於華云云。似視事太易）。此漢景制七國之策。然今昔情形有異。且雖得有堅忍不拔之真將軍以任此重肩，故戰之一事不可不策其萬全。來諭謂言者衹其阿諛洟沘。就鄙人所知，少侯非阿諛之人，特恐誤信英人太過耳。幸其書中有廢約則伊犁暫不索回一層，此中迎距輕重，我既有詞可措，彼亦有利可占。兩可斡旋，不致啟釁，洵爲民生國計之福。當日所謂削則禍速而患小，以七國皆屬親藩可削可滅也（既使□勝亦不能加以削滅，況素勝耶），今之俄國能削與滅耶？兵端一開，後患方長，安在其能速而小乎？事勢値艱難之會，雖以韓范重望，於西事亦未能措置盡善，況在今日，其難百倍於當時哉。所願任此事者以小心敬畏，凡事預爲籌計，謹慎出之，切不可謂彼内憂外患（忌輕視啟釁在此），自顧不暇，恃十萬橫磨劍，輕於一試。吾弟遠謀卓議，更事又多，當有應詔上陳，極願一聞其略也。緩索伊犁之説，聞賢藩與張香濤皆主此議。

兄又啟

新派利澤行軍裝局候選（補）通判張敬甫，係兄之外甥也。找其招呼，當可賓至如歸，攸往咸宜矣。逢源呈□日回鄉所，銀款即囑其帶去也。

八月既望愉庭又字

再婁東一席，雖同雞肋，然覬覦者不少。且鄙意爲從前補缺時書於

□□□特旨，大爲失望，後以百金酬勞，又爲中間人乾没，并未到□，故若輩催索甚至。前年入都，若非崇少宰與寶中堂維持，幾不能以道員引見。空勞跋涉。今參□結案（十二月初□□），在我處原不急求交卸，然部中一紙文來則轉不能再留。況聞開缺之後，另行真補，又是若輩一炷大財餉。與其挨至下半年去任白賠鉅款（甚大），不如見幾而作（三月内必交卸）。且撫藩相待素優，必無觭觎。承潞在任十餘年，謹慎小心，頗爲上游所□。愚夫歸七十之年，只要家庭之間順遂，承潞得一中等差使，便已滿足，此外無奢望也。江蘇錢糧、地丁照應無欠，雜款若婁東——解清，惟漕項向欠四成，近年解至九成以上，乃胡杏樵來信，謂有四討俸處分（不足一分）尚未查銷，例須假升（此間并無交卸之説，而若輩已先爲計及如此），顧想招呼。雖所望不奢，亦殊討厭。答以實升與候補不同，委蛇處之。紙餘特詳告。

同日燈下又書

又（二）

鹿因吾弟大人如見：

　　昨接平華信，得知前函已澈覽。吾弟負經世之才，直聲久著於寰區，原缺坐補，本意中事，不足爲吾弟慶。從來蓄愈久者發愈鋭，行見超遷不次，位業崇隆，爲朝廷整飭綱紀，爲臺諫樹立風規，宗族交游，同叨光寵，本知之。承代付紋銀貳百兩，是否歸入存項，將來綜算，抑須匯京歸款，望即示遵爲盼。平華甥館多年，其爲人頗能謹飭自愛，館選留京，倘有需用，懇吾弟隨時接濟。阜康與濟元亨亦有交往，或竟由該莊匯兑，至南照付，亦無不可。

　　兄近狀如恒，身子尚無不適，足紓愛注。都中久旱不雨，恐多疾病，飲食起居，尚望格外保重。至囑至囑。手此布肊，順請台安，并頌閫居均祉。不盡。

如兄雲頓首
兒孫特叩
五月三十日書

此陸存齋信并議單（曾任南詔道福建鹽道），姑附一覽，以見其作事之縝密，閱後寄還可耳。

友利長年一分？初開必不能到此，往後則或有盈餘，亦未可知。吾弟總仍照前款（不爲他管）歸兄函算無誤。元亨（將創始之申梅高唆去而踞其位）總管賬也。是年荔老逝世。蓮甫乃一猾村爲人，在吳□呈控，公議將渠辭退，歸吳景和接手。景和乃清卿胞妹，極本分古厚人也。此茆望吾弟檢查信札，壬申歲利是否兄處代收，抑係荔老經手。兄約記是荔老經手也。事隔六七年，荔老已故，頗難稽查。幸蓮甫尚在（蓮乃嘉定人），且在王耕餘大樞典屬內管事，或可向其詰問。可來一信，云此款既係潘蓮甫經手，究竟交與何人，望向前路查取寄下云云，不必屢入別事。此定要專人持問潘某説也。都中已得透雨。公事何日可竣？念甚念甚。即請台安。不盡。

　　　　　　　　　　　　　　兄雲頓首
　　　　　　　　　　　　　　　初六

正欲封函，適接高小坡兄帶來廿七日手書，并口蘑四斤，妙到不可思議。欣謝欣謝。三十兩即當照付。此次糧道到係熟識否？冬間欲爲平華求一差也，不知葆慎與彼交情如何，便中詢之，不要緊也（近來各事，都要中丞專主，此不過襯筆而已）。

　　　　　　　　　　　　　　同日申刻又啟

又（三）

鹿因仁弟大人如見：

去冬曾肅復函，約在十一月底緘發，不識何日達到。嗣於臘月下旬得手翰，敬悉一一。紹郡百金，早經寄去，不然中正計算□時，已有竹報矣。流光如駛，忽又杏花時節。遥維道履清勝，閫寓納福爲頌。兄因元旦以後天氣奇冷，爲近十年所無，瑟縮蝸廬，不欲窺户外一步，直至元宵始稍出應酬。近又杜門謝客矣。固由老懶，亦迫於精力之不濟也。公帳房息利代爲收存，壹千一百五十兩零三錢三分，除已寄紹興百金，今屬平華帶上五十兩三錢三分，净存銀一千兩。此筆因去冬典中生意清淡，莊息甚微（不過三釐），且十二月至正月莊上無甚交易進出。其不知根柢者如不願存至正月二十日，始移交與大有恆錢莊，每月九釐息，至三月底可以改存。益濟典當（春當秋贖，故至三四月間典中尚可存放）亦是九釐息，存莊之款言明隨要隨有。此莊兄處向與往來，爲盛旭人所開，將來歸與往來折上總算，故不復取券（即以兄此信爲憑），亦因隨時要取，若一立券，則言明若干年月，轉多不便當矣。吾弟都中有可安頓，望來一信，即當匯上可耳。統候進止。兹禀。平華入考之便（平華本定十一月内由陸路計諧，因乃弟足疾，改由輪船同行），手此布肊。順請旅安，萬萬保重。不盡祈切。

年如兄雲頓首
兒孫侍叩

世講讀書，想益精進。念念。

杏月朔
——輯自國家圖書館藏稿本《吴平齋書札》

致默雲

默雲仁兄大人閣下：

手畢謹悉，烟臺裝就奉去，即芹塘所贈之烟。劉君一節，緣局中書識已有十人，萬難再添。倘將來公事忙，再當令渠進局耳。弟接家信，於前月二十二日忽遭回祿，燒去樓房三進，衣箱什物十去八九。幸老母無恙，眷口平安，稍可自解，然已不堪回首矣。此復。即請升安。

弟雲頓首
——輯自國家圖書館藏稿本《吴雲胡澍吴大澂等書札》

致汪鳴鑾（十四通）

（一）

柳門世大兄大人至誼

　　昨事當即致書，休隨覆信。稿件已於初二日發行，容竭力設法。即刻來晤面商，以爲公牘難行，擬由督辦賈芸翁處，仍按月照造薪水，尊處仍照常行事，不必置議。俟局面稍定，再補公牘。否則瀆請之例一開，必無往而不可瀆矣，來者必多，殊難料理。此亦實情也。

　　專此希達，即請著安，并頌堂上萬福，不一一。

　　　　　　　　　　　　　　　　　　退樓頓首
　　　　　　　　　　　　　　　　　　初五

外面有人詢及，亦可不明言爲荷。

又（二）

柳門世仁兄至誼

　　前辱惠顧，以傷風頭疼，未及倒屨。此日慘風正烈，雨勢全消，近數十百里秧未栽種（案扯已栽，聞約五六成），望澤正殷。敝郡却已種遍，真如天之福也。

　　昨季玉親家云足下爲唐孝廉託渠致書方都轉，渠意鼎言必無推諉，惟聞都轉別有門徑，故不屑與言。時李杜二公在坐，弟因唐孝廉亦曾見過（老而善忘，記不起別號，榜名則尚記得，係己未同年），人極謹飭，特向李杜言之，亦均與季玉所見相同。聲望如此，恐難久安其位矣。唐世兄帶有前後漢批本（李笙魚所述），又《吳天發神讖碑》及古玉等件，來此求價，昨曾與李杜言之，或可代爲和會，晤時望爲致意。餘俟賤體稍健，再當趨謝。

即請著安惟鑒，不一一。

世弟雲頓首
廿一日肅

堂上萬福。

又(三)

柳門世兄大人足下

徐燮堂來，奉手書，并承兩次寄惠玫瑰餅，又承代買雕毛扇。領悉之餘，莫名感謝。欣審旅祉綏佳，侍庭萬福，慰如臆頌。

弟俛息菰蘆，亦頗以文墨自慰。三兄調署太倉，近狀想另有信達。該處詞訟清簡，又無過往酬應，可以盡以民事。刻下雨暘應時，地方極爲安謐。

馬制軍之變，想都中得信亦爲震駭。凶身似是回教中人。此古刺客之流，恐熬審亦難得口供。制軍人極和平，不意罹此橫禍，可慘之至。清卿定偕西平到都。祖太夫人之喪，聞待清卿到家，再行擇日贈帖，未知能否南旋。培卿及景和前往作吊，均晤談，望晤清卿時轉告之。

草草布覆，鳴謝。即請著安，諸維珍重，不一一。

退樓手報
八月初六

尊大人精神想必康健，望爲請安。晤芍翁望道念爲荷。

又(四)

柳門世大兄至誼

示來，知明日榮發，仍圭江陰，與漕帥同行。甚妙甚妙。此次大冷信已過，恰好啟程，可稱攸往咸宜矣。喜慰之至。漕帥昨來辭行，退樓竟不及往送。多年同在閶閭城中，往還多次，竟未一登薇垣之堂，故從未謀面，疏懶至於如此。然此公胸懷坦白，却頗以敬也。

仲復昨來晤談，告以台從有到滬附輪之意，故擬面謝，其後若走江陰，則爲其致書也。渠正惦念，因亟欲回滬爲竹帥備□帶，輪舟匆匆歸去。來書即日遞去，明日可達。

今日滴水成冰，呵凍手復，即請韜安。千萬與誼卿同爲保重，并望到清所後，先惠數行慰念。不盡。

退樓頓首

十三

又(五)

柳門世兄大人足下

昨奉本月朔日手書，具悉種切，即審署祺楙集，侍福駢臻，清譽日隆，動臻康吉，慰甚慰甚。

方略館纂修之舉，是否專編髮捻兩逆案？倘得擇其緊要處摘錄成書，使讀者易於翻覽，此亦必傳之盛業也。第恐卷帙繁多，編纂已極忙勤，無此晦暑耳。

誥軸承代領存，謹謝之至。月川南旋如尚需時日，望交椒坡或許□蓉親家帶來(名恒身，謁選即欲南歸)，總求從快爲懇。三兄仍權茂苑，一粟事可期有成。此番任事，正在萬分忙劇之際。屆試兼春祭，又兼撫藩交替，尚能一月之間審結詞訟五十餘起，精神轉增，尚無隕越，此則可爲左右告，計亦聞之喜慰也。承辱充骨肉之愛，誼同休戚，凡可爲力，無不心照，無須論及。萬一屆時不能挽回，亦必與承潞同爲設法彌縫無闕可耳。金蘭千字文附奉三分詧收。

手此，即請台安，不盡。

退樓頓首

廿七

尊大人前請安道念敬禮，至都一切想必面及，退樓曾爲左右先容也。

又(六)

潛泉主人足下

五日寄兩信，并有奉煩瑣事。苦次拉雜，計摯愛必不爲罪。此維侍庭曼福，史席凝釐，定如臆頌。前辱寄米氏蘭亭原石，已舁置焦山。茲檢去拓本一分，紙墨均劣，他日當另拓奉寄。外汪氏藏本蘭亭，此吳攘［讓］之手摹，與原本絲豪不爽，并奉清玩。"鶴林玉露"橫幅一幀寄贈尊大人，望轉呈。前托買物件，倘一時無便，或即交金燕山世兄帶下。又帽子頭寸恐不合，特寄帽樣一頂，請照此大小爲懇。

專此，即請著安，餘由承潞詳述不贅。

退樓稽顙

十九

又(七)

柳門世大兄足下

前奉贈墨拓一本，初以爲米老書，及閱署款，有"廷筠書"三字。按金泰和間翰林修撰王黃華名廷筠者，法二王及米元章，刻前賢墨迹古法帖所無者，號《雪溪堂帖》十卷，世尠傳本，今此碑則無所書，置之米老碑版中，亦稱佳構。雲臧有李山《風雪松杉圖》卷，後有黃華老人題語，墨林至寶也。他日當出以共賞。宋金以來，善學米書而形神畢肖者，雲壑居士、黃華老人，論者謂黃華尤勝。前贈之碑其碑額已不省記，乞錄示。大約已遭毀不傳，故訪碑錄諸書不載也。今日婁東之行准解纜否？念之。

即請著安，敬頌侍福。不盡。

世弟吳雲頓首

廿八日

又（八）

柳門世大兄大人足下

　　敏者信附去仲复書，中止蘇子卿所牧五十隻，亦奇。此君非慳吝者，或以例餽爲限，請姑存之。其餘連同潞兒百金，明後日送上可也。香翁刻來，以百金爲餽，又敖閒主人知治裝支絀，以百金托購物事，所購皆不急之物，其用意良厚。

　　便道請過我一談，有京信須商定。或帶或另寄也。此請台安。

　　　　　　　　　　　　　　　　退樓頓首
　　　　　　　　　　　　　　　　　初二

又（九）

潛泉世大兄大人足下

　　前奉正月十八日手書，發函申紙，如獲面談，歡喜無量。辰下敬維道履綏和，動與吉會。承寄中州闈墨，業已詳讀，想見衡鑒精當，故所取多知名宿學，他日論得士之盛，當與歐陽公後先輝暎，健羨曷已。

　　弟養疴杜門，幾成老廢，衣冠酬應，早已謝絕。近得恒軒歸來，時相過從，縱談甚樂。恒軒三載秦涼，所得金石至富且精，此中固有翰墨奇緣，非尋常可以浪獲也。運齋到京，南中近事亮必詳述。大魁之望，飲食爲祝之。偉如兄常見否？見時務祈致聲道念。潞兒昨有專奉之書，不識即達否？

　　手此布復，順請著安，統維爲時保重。不宣。

　　　　　　　　　　　　　　　　世弟吳雲頓首
　　　　　　　　　　　　　　　　二月廿六日肅

　　運齋均此，不另。

又(十)

柳門世大兄足下

　　客臘奉手書，昨又奉到續示，附鄭盦一函，書尾不署月日，不知何日所發。子年《泉匯》亦未收到，均深縈念。流光如駛，倏又杏花時節，□維道德文章與時偕進。去冬聞得麟之慶，喜心翻倒，非言可喻。弟踤伏蝸廬，每逢元旦，試筆必作五六百字。今年奇冷，爲近十年所未有，炙硯呵豪，僅書翁氏讀書樂四篇而已。瑟縮擁爐，未敢窺戶外一步，元宵後始稍出酬應，近又杜門謝客矣。固由老懶，亦實因精力不濟也。

　　兹因平華計偕北上，草草布臆，順請著安。完白山人篆書《弟子職》拓贈，并希鑒納，餘由平華面述不贅。

　　　　　　　　　　　世弟雲頓首
　　　　　　　　　丙子杏月初二日

　　鄭盦處昨有一書，業已緘好，交與平華，此次復函容另寄。晤時道意。

又(十一)

柳門世大兄大人足下

　　去冬榮發之後，正值風雪交加，長途冰阻，改道滬上乘輪舟渡江。想見舟車水陸，倍常勞頓，馳系之忱，實無一刻不縈懷抱也。滿望安抵都門，必有惠音慰此饑渴，乃閱時半載之久，而芳訊杳然。幸時晤景和、竹林，及與堂上相見，詢問起居，得悉到京後近況，略釋翹勤。此亦因關念過深，不免以音問過闊爲訝也。

　　昨者平華南歸，接奉手翰，真不啻一朵郁雲自天邊而降。發函申紙，歡欣無量。藉審道履綏和，闔寓集福。承遠寄食物，足饜老饕，感謝之至。弟偃息菰蘆，病不離體，人事放廢，已成習慣，亦只有委以任之而已矣。鄭盦耆古之興正濃，月必通書。恒軒遠隔秦涼，無輕船之便，郵遞正不易達也。誼卿在家常常相見。三兒於前月中旬到家一轉，署中公私尚屬平順，賤眷亦俱安好，堪紓綺注。南中近事想竹報常通，誼卿亦時有函達，不復瑣贅。惟葦塘爲嗣子虧空數至盈萬，令人代爲悶損。

　　草草布復申謝，即請著安。秋氣漸深，諸維加意調護，不一一。

　　　　　　　　　　　　　世弟吳雲頓首
　　　　　　　　　　　　　八月即望日書

兒孫侍叩。

又（十二）

郘亭世仁兄足下

　　昨於潞兒案頭得讀手翰，雖寥寥數則，而同譜昆弟之誼，流溢於紙墨間，論交道於今日實爲僅見，可愛之至。即辰伏維道躬安樂，聞譽攸崇，政務文章，與時并楙如頌爲慰。雲賤恙交春後始得漸愈，現已眠食如常，足紓綺注。拙作數種，由潞兒帶呈。其散氏盤銘尚是道光甲庚乙巳間海鹽陳粟園所貽，割愛移贈，往後廬山真面，亦無從物色矣。統乞哂納。潞兒由茂苑以之婁東，晌將十載，茲奉中丞保薦以道員引見。功名通蹇遲速，均有一定，非人力所能參。循分守己，一安義命，以聽造物之位置可已。惟此次到都有郘亭是恃，事無巨細，悉以相諮，必能裨補闕失，攸往咸宜，則喜慰交集者也。筱舫望衡對宇，可以晨夕談心，尤爲難得。

　　手此布臆，即請台安。并頌闔寓均祉。不盡。

　　　　　　　　　　　　　世弟期功雲頓首
　　　　　　　　　　　　　閏三月初九日書

又（十三）

郘亭世大兄大人足下

　　前月奉手書，以至好賤啟往來，必欲親裁，雅不喜倩人捉刀，以寒暄相溷，每每報章久缺,職此之由。一昨又從何性泉世大兄處交到續示,展誦之餘,欣審攝衛攸宜,順時諧暢。承屬硯孫世講館事一節,日內潞兒即欲晋省謁送健帥,必當力爲推轂,再擬託少翁一言,以期必諧。雲間太守大約不日亦可到也。

雲養痾杜門,新正以來出門止有三次,朋儕招邀,遠則專舟來迓,魏三野服,尚無形迹之拘,然已勉强支撐矣。去冬南中雨雪過多,底水甚大。開春常常陰雨,半月以來,勃戾彌空,簷溜如瀉,恐成水厄,輒喚奈何。黄涪翁謂"蹙眉終日,爲百草憂春雨耳",而我輩所慮則有在彼不在此者。刻下南中盼晴,北邊望雨,蒼蒼者苟一轉移,則普天蒙福矣。

所需散氏盤拓本,雲在邗上覓得三種,一孫淵如藏者自留,一爲秋穀要去,一贈恒軒。去年鄭盦書來,謂在恒軒處見有贈本,屬向笙魚購求(亦係恒軒所說)。笙魚初索五十金,後聞都中來訪,則不但高其價目,且效石獸之寶摺疊扇,雖重值亦不售矣。鄭盦處尚未有報,惟吾亭郘既究心十五篇九千數百字,今後精研籀史,詳考奇文,博取先秦款識釁而飫之,洵卓然爲一代傳人。昔賢所謂交游中得一國士者,舍郘亭其誰耶。敢不仰副所需,必圖報命。

兹先寄上師西敦二器,共拓本四葉,庚羆卣拓本二葉,封敦拓本二葉,㲃尊一,魯伯俞簠一,王子申盞一,此就案頭所有篆文精而較多者,先奉鑒賞。外頌敦二,一爲季玉藏,一爲仲復藏。季玉所藏者其蓋向在兩罍軒,後爲季玉索作延津之合,遂舉以爲贈。兩器字多,特一并寄奉,統希檢入。兩罍銘在腹内,極不易拓,未有現成,稍遲當連同散氏盤銘由潞兒面致,不爽約也(祕之)。手肅,即請著安,并頌閤寓均祉不盡。

世弟雲頓首
戊寅三月初十日書

外發恒軒要函,懇留存確交爲荷。

又(十四)

郘亭世大兄大人足下

日前奉致一函,附有各種拓本,又與恒軒一書,不知何日澈覽。辰下伏維道履安勝,閫寓納福爲頌。聞恒軒□到京三日,即赴天津。此説刻晤尊甫小樵老兄,云得郎亭家報也。廿二日見培卿,正以不得消息爲念(并云許久不得書信),今聞此信,快慰無已。

三兒北上之説,本非鄙意,現已中止。一因大雨兼旬,公私俱未能了;二因少翁力勸緩行,前日晤談,關切可謂周致。弟將足下兩次書來,切阻此行□告之,少翁極佩所見老到。并云健帥之謂去,則必開缺方能有濟,其意亦以此行爲多事也。三兒名心尚不甚熱,平日以信天命爲主,此次之請,意於退以爲十年牧令,公事日難,一日加以命盜重案,時擔意外之驚,及早卸去保全□始。又兼舊僕洪□慫恿(係弟三十年舊人,年已六十外,膽小謹慎無比),意遂堅決。弟不忍以祿養二字抑之,因如其意。前書云云,亦以吾郎亭相愛等於骨肉,故縷陳之。今已中輟,用特專函□聽。三兒扃試畢後,廿八日准欲晋省。草草,即請箸安,諸維爲國保重,臨書依係不盡。

聞都中得□雨二寸,尚未渥沛,不知續下否?此間幸晴□旬日,人以稍安矣。

世弟吴雲頓首

恒軒到後,望代致念忱。壽老三月間四次來信,無不念念於恒軒也。

致吳大澂

恒軒主人足下

　　廿五日同時奉到初二、初十日兩次手書，一一領悉，即審道履安和，闔寓納福爲慰。頂禮之文切實至此，尚不能入邀特發，可謂其難其慎矣。論理發請係屬正辦，若謂於例未符，則折尾業經聲明，且督撫爲缺擇人，保奏如此結實，而部片一筆抹煞，不爲聲敍，則是有意作難矣。以情理度之，必無是也。安國以刻而不永其年繼之者，或欲揣摩風氣，秉筆時專從吹索處講求，則事不可知矣。計刻下早已揭曉，一切有足下與時漸皋翁推挽，究無不妥，無須鰓之過多也。

　　柳門繞道到京否？京珀壺購就，可覓便寄下，水晶則不必買矣（韻初又讓瑪瑙烟壺一枚，弟有古松一枝，妙到不可思議）。再托買貂袖二□，毛頭要緊（一毛頭稍大，一毛頭稍小）；又貂領二條，尺寸要放大（又干領一條，亦要放大），毛頭要緊要小，□均須擇其頂高者，較爲耐久，或交海運要員，或交□莊，均妥。六英常見否？念念。

　　退樓今年作畫頗不少，因張中丞於賈芸老手中見拙畫扇頭，謬承愛賞，以紈扇屬畫（持以示人，贊不絕口，謂笪江上後一人），於是當道中咸來求畫，鼓此興致，每到落筆，得意處頗亦沾沾自喜。惜不得吾恒軒與誼卿諸老共爲琢磨也。

　　草草布復，即請著安。南□有便，時惠數行，是所至盼。餘維心印，不盡。

　　　　　　　　　　　　　　　　　　　　　　退樓頓首
　　　　　　　　　　　　　　　　　　　　　　七月廿七日

　　三兒信已爲付去。今年南中秋收，只要以後雨暘應時，便可望登熟。

致吴承潞（二十五通）

（一）

　　來筆已悉。硯帥有十八出京之説，乃得杏孫二十日信，竟不提及（五百千已付，即交葛姓製備。痧藥得用之至），或以爲自有中秋送信，故不一提，亦未可知。計算廿一二即可抵津。聞健帥已命輪船往接太夫人，又有峴帥初六接印之説。其爲由輪南下，可無牾義。吳淞爲爾屬境，萬無不往之理。吾記得由太倉至寶山，可以坐蒲雞頭至其處止，水路可通。由廿五處起早至寶山□城，正有三十里路。爾得信後如此辦法，亦是一説。惟前番係坐自己機器局輪船，所以金陵直到寶山，徑赴天津。船笨，機器又不堅固。在大洋吃驚嚇，僉説若坐豐順寶大行□快，十九開船，廿三已到，驚嚇可免。此番坐此之船，則到滬約在何時，可預爲屈指。爾無信託滬上相好探聽，若到滬必有一二三日耽閣，殊從容也。虎角想已到，張福明日回去，將殘稿付其數册用以學，先致其十年以前稿，有小半看不出者，近七八年則稿俱清楚也。鶴笙已約定來下榻矣。沈梅孫古印，從前以爲囊中之物，竟不細看（要價百元，還至五六十元，豈有散理）。日三僧還，此間遇□仍照常理，各項經懺四千。九日一節，係破格之事，今即行之，此外斷不便又要勞動親友，故概不舉動，并連約即亦作罷論。早則四七，遲則五七出殯。七十老人實不能睹此傷心之事也。

　　　　　　　　　　　　　　　二十一日愉老人手書

恭輓

誥授朝議大夫筱珊仁弟大人靈右

忍憶黃爐　荆樹連摧

姻世愚兄吳雲率子姻世姪承潞同頓首

擇三大呢做就,備一帖寄去。做軸爲是。

又(二)

三兒覽。計爾後日必當回署。此行甚好,好在方伯到吳淞即在屬境謁見,他日上司即詢問見峴帥否,可答以伺候藩台勘水塘工,隨同往謁云云。故公出萬萬不必報也。少奶奶彌留之際,要念四十九日經懺。渠本有資在駿叔處,不忍拂其意,即由駿叔在庵辦理,每院處似不可不送,以賴過兩次也。今日詢探送道者已有二十餘家,故不必再等矣。阿聯及人權館選,初七完甫即可動身也。南屏已轉事,蒙光景尚好。彥士同鄉年誼,頗爲揄揚(係芍翁説)。再得吾致書芍庭,必更文從字順,然總要運氣來□也。聞運齋已留館,恰好恒軒到京,此中亦有暎拂也。

初九日復示三兒悉

又(三)

昨日傍晚屺堂來,因吾不甚康健,匆匆而去。今日來吃午飯,時正十二點鐘,吾方飯罷,恰有耕餘送來一品鍋,即以奉餉(每節必送,却是結實市貨)。飯後至聽楓山館,低回不忍去。因明日即欲言旋,留連至三點鐘始去。陶齋得文案差使(漕台),雖止薪水二十千,却如其願。此外二張必有以協助,可喜之至。峴帥大約月底初必可履新矣。端節禮□洋又當,若論吾處從衆爲是。照常係給獎中書科中書要多少,有查處否?請封履歷開來爲要。佩師處總得要些點綴,或送蘇果二斤?從緩亦可。

三兒覽,二十日愉老人手示

又(四)

來筆已悉,芸皋之意,欲求上司將該二員申斥幾句,以彰體面。且俟直隸事轉，有所與商之事，如何定局，然後再爲想法。（爾發書但云已呈老人閱看，允爲心照。但必事有托握，始可一挈，否則輕以啟口，及至緊要關頭，轉不便向托。此老人作事時以不肯輕發也。）目前姑與委蛇而已。豚蹄之祝，欲求滿車滿家，未可得也。"□而□此如山文望"，四字亦覺勉強。望易此二句，定十六七寄到，十八一准寄去，廿三神回，二十日到不爲遲也。款亦書就寄來，以小孩多，名字記不清也。

十四日又示三兒悉

福珍拔序第十二名，此是喜事。鴉號雀噪，驚喜互報如此。前爲少奶奶起課，竟連占三下，亦奇。現在真是陽世地獄。駿叔亦祝其早早升遷。

又（五）

來筆已悉。南屏初十來晤，云十二赴楚。因四妹相邀，約節前必轉，并不提及峴帥云云（汪於初九相晤，必有誤述）。且二月廿八批旨着見，斷無有忽令中止之理。惟京信從緩，則無不可，以由滬入都，爲時正寬也。輓對爲衆目所瞻，當爲一揮，額則請篆香書也。故里靈光，"故"字易"梓"字，"如山文望，似水宦情"八字，能用此意而易其詞爲妙。下聯句乃流水對，上聯平對，雖各自爲對，終欠妥愜。且"如水宦情"何等現成。賤□洋之五千石，渠未必年內買也。所定出之米已經買足，止短千石，得此五千現洋，已可周轉。□亦知我處自顧不暇，我之擬稅一二千石亦是此定能得早交，則可不必也。阿全外病已收口否？

同日申刻又示

坐船□十三放到。地丁至十六七爲定，漕項至廿三爲止，不必早竣。切囑。應分批亦見竭力，先二千後一千，能再解一千更妙，至二十前定奪可也。

又（六）

來筆已悉。抄件容細閱。景和昨日來，已與略言之矣。總之若要□

肩，必得三月間交卸，始得收起□米兩項，以清前款，約數有三萬多半。若至冬閒，則又有積欠，斷不得了也。現經神光默運，所少無多。去年寶源有多剩之款，故囑筮卿與說，利至七八萬。爲□□內奉抄，欲通融千元，現應回復。渠初恐米貴，現看來必勝之券也。仕路嶮巇，值此多事之秋，但得安平無事，便是福佑。恒軒之赴吉林、王定安之得某道，皆爲人所豔羨，設輪到我家，其能願意耶？由此而論，只要家室平安，此外無非順境矣。

近得青田石多方，終日摩挲，極爲得意。另有舊存一方，爲爾所愛，特屬杏譜仿家藏漢印，刻"思言敬事"。此印恒軒屢仿之；"人□□此"四字，持身涉世，有無窮益處，且與爾"慎思"二字相合。

又（七）

三兒覽。京信銀件均寄由運齋帶去，由蘿壽轉交，必無介誤。渠到京總得在月底。直隸賑捐究捐若干？曾否交去？爲時已不能再遲矣。俄事得六丈書，有欲圖轉圜，必多棘手云云。渠係會議之人，知其底蘊。我發書請密示，大概恒軒此行，正不知如何結局。渠爲兩道、爲督撫，必能興利除害，培植元氣，乃畀以邊防軍務，要看其設施如何。恐難。操□得消釋，亦好。

近日作僞，愈出愈奇，存齋云張子祥老眼上當不少，人皆以抵押爲餌，云不肯賣絶，說得繪聲繪影。其作僞不用刀，不重鑄，用外國藥水，請能手依樣寫上，大有古致，逾時有藥水處濫成篆迹，一如天然剥落，若不說明，老眼亦不能辨，此子祥所以上當不少也。爾其留意及之。□經想已相見。俄事又聞欲依威酋意釋崇使，大局可知已。

初二日示三兒悉

又（八）

[上缺]而意義尤爲周至，用於稿籤及郵封，無不相宜，比之摩兜堅特

健藥覺得堂堂正正，非類奇兵偏師也。

初八日愉老人手書

　　望間常月翁進京，所有物件亦可託帶。渠并欲至青帥處也。相距尚有旬日，從容理料，無論如何忙勤，亦來得及。若置之則雖一二月亦仍促也。來字已悉（荔枝收到），此次不到吳淞，已算大妙，滬行不過跋涉而已。劾舉已確，聞有舉兩道一則，洪琴西也。單已到司，即可揭曉，不□探視也。劾中有崇明吳江，舉中有龍苔，此人是否湖北籍作幕出身？若是此人，吾曾救他的命。吾不□伊，則略知一二而已。其時伊在揚府福太守幕中也。

　　銅器加至五十不售（已破，修補），故作罷矣

同日又示

又（九）

　　昨接廿八日筆，知於是晚動身赴滬，未言峴帥行踪，而匆促至此，計必得有確耗耶？何以此間尚無着實信息？惟《申報》中有廿二出京之信。果確，則日內當到矣。若坐招商局船，則必先到滬上無疑。此次謁見，當必從容。

　　銅件已向署中取回，市儈之手（聞由滬到此）必不能廉放，是價錢聽其去賣，歸與何人（還其可另加經手者五元），自有緣也。古印已作罷論，眠□夢想。諸老甫散時已交六下鐘矣。羊豪筆檢二三十支來。不必定要丁友梅也。能應我手，勤換新穎，不特字□，且省腕力。姑試之如何？三學生字寄去，官弟一穗次之，芸干又次之（近日大長進，不亞乃兄）。倘脫手有此，則拾芹必定矣。加以光潤，朝考亦可望入選，此老人晚景之一樂也。

□刻又示

又（十）

　　昨接滬上來筆，得悉峴帥坐登滬輪船直指石頭城，風利不泊，實出意計之外。爾之不到吳淞却是妙算，以屬境為衆目具瞻，率然而返，殊無謂

也。健帥一交卸，必即啟程（公出到省，復報不遲），爾初十適當必晋省（必不可緩），此公全是故節，今人□足，蓋由城府深也。序者舉劾各十餘人（聞已行司），聞爾在舉之中。此本意内事，惟撫藩不和，兩姑難處，亦只有循理而行，不必鰓之頭痛也。

此付三兒收目，愉老人示

初九日巳刻約郋亭便飯，渠三次來書，不肯占坐（蓋不居赴宴之名），故約譜琴與培卿同敘，主人則□耦君三人，不約敉老，為坐次也。譜琴初次入席，可儹柳門也。去年買之明拓石鼓文，望寄來。

又（十一）

昨向柳門取到印譜，不禁愕然。中間竟無先秦三印，盡是白文，論價止比可方，至多不過二百洋，今欲四百五十元，只好作罷矣。天下事竟有如此貿貿者。自己亦好笑也。昨付閱之卣，積古齋誤作敦蓋，僅據拓本也。

廿七日父示三兒頓首

又（十二）

現有粵賈何蘧庵來收字畫、碑帖，過雲樓中賣去尋常碑帖等件，計得六百五十元。尤奇者，看中了南田扇面一張（寫一雞），一張竟出現洋千元，歡欣而去。真是異聞。現擬屬海如檢出上中下字畫、碑帖，約其來看。渠與笙魚極熟也。爾有要售之物可寄來，并將南田石如二精冊亦寄來，讓伊見見。此人眼力極佳也。今日約作真率會，客尚未至。

初七巳刻父示三兒悉

又（十三）

來筆已悉。敦甫已到，家鄉亦望雨之至，今日為武帝聖誕，俗謂磨刀雨，但得甘霖渥沛，則年豐可卜矣（昨日此間雨不及分）。十一日到偉翁處落□，敘談甚久。聽其論一生做官之道，却有盡心竭意之處，亦有積善種德，故能仕途順利，身名俱泰。最好是辦理保甲，將老病孤獨廢之輩，查户時記出，至年終覆查，酌予周濟。此最實惠及民，自州以至督撫，人人可以爲之。特將其所訂成法寄上，爾其細心閱之，就吾處現辦情形，酌予參用。各處風俗不同，不能一律取法，而其中可以采取者，却亦不少。至好不在周濟窮苦一節，其經費可大可小，吾處本有棉衣之費，酌量擴充，量力爲之可也。此説目前不可揭明，偉翁辦法亦不預説也。

十三日父示三兒悉

又（十四）

三兒覽。今夏必要將金石書畫跋尾清出。此書出，似不在復初齋、潛研堂及竹雲題跋之下，然非親自經理，難得就緒，且有散見於碑版卷册之上，當日以爲有可查鈔，故不復清稿，且有已經刊刻須匯入集中者。至於書稿之塗抹，尤非他人所能識。將來香譜初到省，二三月例不能得差，往後恐不能專以料理此等事。以香譜、海如爲總校，而以抄青副之。爾至蘇時必將張福帶來，大約兩個月後便可歸去（只要理出頭緒，便易繕録）。切囑切囑。

五月十四日愉老人手書

孫素字雖壞，却能識草字，吳成亦漸能寫。

又（十五）

來筆已悉。珠墩山之地有意就此定規，不必三心兩意。左方空田吾已説過數次，能得速就更妙。今冬必得□泥填好，是爲至要。姚老牧五水龜形之地外象好看究不知如何，而路途既遠，又孤僻荒野，雖好亦不是頭，況未見佳乎。

十四日手示

又（十六）

来筆已悉（愚姪吴〇恭靖伯母大人萬福鈞安，并頌闔府均祉。梅筆）。三日來此間陰雨望弥，惜合計僅及寸許，却雨過即烈日當空。大□雨雖小，而得益不淺，婁東大致仿佛，但得再下二寸，則一律插種矣。保甲真保，本是應有之義，徐朗翁來索章程，或有用意。前年汪葦堂曾經説及，甚贊揚爾也。宜將各件一并寄去，撫批并致爲要（續添十六條即刊入）。峴帥尚無實信，昨《申報》中有望後仍由輪船之説，云得金陵探報，亦不知信否。德□翁處應復一信（渠履新後未通一信），望囑朱世兄一揮，加□寄由蘇報。吾尚欲親加數行也。業經閣在此。前番（前月）來爲閽人辭去，吾未知也。刻囑敦甫前往，如有耽閣，當約蔡氏，人却有可談，非芸皋比也。

廿四日父示三兒悉

又（十七）

昨日十二點鐘入席，至上燈後始散，幸酒令有趣，尚不覺勞乏，好在疏散也。蘇道竟是星翁所保。其人與星翁同鄉親戚，乃蘇賡查廷魁之弟，本係世族，又是乙榜，□□必□聞亦有存，故不待商，會銜廷□，乃昨據署督公文，竟令撤銷，飭錢君研無須急急進京，倘必前往，即令劉共田兼辦。事歸公牘，無可挽回。老譚果是冒昧。然開口老虎不喫人，例可相與。健帥城府甚深，此次亦見辣手。大約萍世翁此去説話亦不少也。一味講過節，重情面，地方利弊，既不講求，僚屬賢劣，又無區別，庸庸多福，專靠命運而已，健、序二公，過猶不及。若得其平合爲□，皆成名臣矣。峴帥奉親而來，沿路必不能快，到寧後必走輪船入金。可以速補遲，爾必得到滬一見。將來履新，盡可緩去謁見，惟應否即由滬赴寧一見，過節之人，須即刻交吴福帶去一信，計四點鐘登舟，明日巳刻可到。金陵之行，□意省却公出，應否通報，可從緩商之。若僅到滬，殊不必急急報也。

十二日四點三刻父示三兒悉

夾單□内，但使散村樗櫟，俾知與門牆桃李共沐栽培（改为"同出栽成"），似於"門生"兩字較爲着實。

又（十八）

來筆已悉。蓮蓬收到，□牀畫册二本交吴福帶上，檢收。陽翟大賈昨已將字畫走馬看花一通，約十三來再看，□甫到已傍晚，三册未見也。此人竟要買頂尖貨，恐成交不了。且看渠還價再説。織造廣收字畫，擬將中下駰陸續送去，均由師竹齋經手也。七弟昨服筱珊方，大對。吾觀其景象，實是有病，乃一味認作虧症，則濕痰之患，終不得去。無怪精神之不振也。

十二日父示三兒悉

又（十九）

廿七八兩筆均悉。峴帥并無出京准信，况到津必有耽閣，爾拼到滬等待，萬萬無不及見之理。乃匆匆草草，一若峴帥已經在天津開船，急急趕於即晚下船，獨恐趕不及，有以到神知等語。歷事愈多，見事愈涽，此何故耶？祕意不須切託。相好數人，得有大都之信，即行飛速通知。若恐託人不老，當派人前往，保爾從從容容，必來得及。如其乘坐自己輪船如前次入都時□面，則見於不見，不如留爲到寧張本，亦妙。若刻下無端前去，設或有意外耽閣，豈非進退維谷耶？

銅器望今日寄還。無論成否，總要還他再説。

廿九日愉老人示三兒悉

又（二十）

來筆已悉。今日大有晴象，可喜之至。外寄去紈扇一柄，係常月翁送者,又羊豪大小二十枝,又與□□一書(在紈扇匣中),□□信,即日由信局遞寄,不必交□經轉,留一□□。此間信局本可交帶,所以由爾處轉者,可藉此通書較有情致也。倘要東局中難寄,或交還由蘇寄,或寄滬上京信局寄均可。

廿七日父示三兒悉

又(二十一)

來筆已悉。昨日此間陰而不雨,夜間亦無雨,晨起有勃庢之氣,至午刻則又點點滴滴,至今未歇。此雨在禾稻芸生,俱是甘霖,所謂處暑雨也。惟於木棉不宜。然只要不報風,能挨至丙日,便可望暢晴矣。事在於天相。□其益修省以傍可已。

定甫押件全爲耦翁一人得去,可謂癖好矣。定甫狡猾,耦翁又遇着第二個金蘭生矣(又要另□若干,駿叔謂李沈相較,厚薄相去遠矣)。

廿六日父示三兒悉

又(二十二)

今日又大冷,正合新雨舟行,恐又爲冰阻也。阿全不能坐,可即做一厚布圓圈○,將棉花襯厚,凡有下部病者,皆用此。昔蘿方伯綠呢□中有□□○者,此物比者也。

初八日呵凍
三兒收目,愉老人示

又(二十三)

來筆已悉。兩抄件已交七弟與幼吟閱看矣。計此件定鎮道中,亦必接有諮文矣。方伯一席不知何以尚未揭曉?黎公在四川,到必在九十月間矣。青帥信件一一端整,專望屬田擬稿來也。七弟秋葉正對,高培之不招而至,此意外事也。○○○西宮有五百里寄諭,今各保醫生(江浙、兩浙、江西五省轉撫),而竟無以應。高培之堅不肯行,此差難當,而渠却土□。無費伯雄實學,故畏難不敢應也。

父示三兒悉

又(二十四)

昨日七弟飲筱丈方後,夜睡正安。大便本少,今晨正暢小便,本熱而赤,今熱亦減,痰濃厚而較順,無一不入佳境。今日約來看脈,此老脈理正精也。

陽翟賈欲以三百金(番)得石鼓,此外皆是百金(張猛龍等碑),均不能割愛。惟史晨碑肯出,又早番欲以此應酬之,而香丈又以此宋拓《聖教序》易去(張小菊藏本,勝蒙藏本原值二百金),故一無交易。惲册獨愛此上二本(肯出五百金。自己一本未與見),亦只好作罷矣。

父示三兒悉
望日

又(二十五)

昨日七八下點,得雨約寸許。遠望東南雲勢濃厚,未知婁東有大雨否?今日似又有雨,勢再得二三寸,便可插秧矣。盼望。三正趙貳尹何以未到?念念。

廿三日父示三兒悉

——以上輯自《楓下清芬——篤齋藏兩罍軒往來尺牘》,國家圖書館出版社,2019年

附　錄

《兩罍軒尺牘》俞樾序

　　老友吴平齋先生，仕學兼優之君子也，余志其墓已詳言之矣。其手定之稿刻以行世者，惟《彝器圖釋》十二卷、《古官私印考》二十卷、《焦山志》十六卷及《虢季子白盤考》《漢建安弩機考》《温虞恭碑考》《華山碑考》各一卷。其酷耆金石，精於考證，亦足見學問之一斑矣。然其心術之正大，品行之高潔，識見之深遠，議論之閎通，則未之見也。今年冬哲嗣廣庵觀察刻其尺牘十二卷，問序於余，然後向所未見者今得而見。當庚申、辛酉東南淪陷之秋，先生勷贊軍書，支持危局；而引退之後，以三勿名齋，所謂皭然不滓者歟。至於議減賦額、議開溇港，皆江浙間百世之利，而無不自先生發之。烏呼，使先生得竟其用，則經世之略以學問行之，非卓然咸豐同治間一名臣哉！先生有與余書云：執事抱負宏遠，使竟其所藴，本經術以飾吏治，設施必有大過人者，豈特以文章表見而已。斯言也，余章句陋儒，不足當之，而以爲先生自道語，誠哉是言矣。

　　至其評量金石書畫，無不允當，讀此書竟可以當《清河書畫舫》《嘯堂集古録》，則鄭盦尚書序已極推重之，余可勿贅也。

　　漢陳遵善書，與人尺牘皆藏去以爲榮。先生言語妙天下，而書法之精又足以副之。人得其片紙尺幅，什襲珍藏，視同球璧，即余所藏，亦不下數十幅。其草草裁答不自存稿者，皆不及入此刻中，數百年後，諸墨迹散布人間，或壽之貞石，好古之士取此刻讎校異同，審別真贋，當共歎先生之仕學兼優，而余言爲不謬矣。

光緒丙戌十有二月
曲園居士俞樾

重印《兩罍軒尺牘》序（薛鳳昌）

　　時有據亂有升平，而士之力學，亦當視此以爲軒輊。其幸而躬際升平也，海寓寧謐，朝野無事，則當考訂文字，摩挲金石，以宣揚乎郅治，黼黻休明；其不幸而世遭多故，寇盜充斥，則當究心經濟，贊畫軍國，以措天下於泰山之安。此二者固皆因時以爲世用者也。若夫羽檄紛馳，戎馬倥偬，於指揮擘畫之事，內不失其儒雅者，則惟於中興諸臣見之。中興諸臣自曾、左以儒將起家，一時人材蔚出，文治武功，彪炳一世，而歸安吳愉庭先生亦超於是時。先生善文學，尤精金石，商周彝尊、漢唐碑碣，一經鑒別，無不真贋立判，價重萬金。而其度形勢、謀防禦，則又如畫沙聚米，洞中窾是。是豈尋常文學之士所能幾哉！先生著有《兩罍軒尺牘》，雖不足以見先生學術之全，然其審訂金石，贊畫軍務，可於此中窺其崖略也。是又豈尋常之書翰文字問寒候暄者所能幾哉！

　　坊友重付石印，屬余爲序，余雒誦一過，深嘉其體無不具，用無不周；而又慨慨之國勢屢弱，伏莽四起，而吉金樂石輪舶而東西者，又數數聞之，不獨求一留心世故、洞明機宜者不可多得，即求一明篆籀、別魯魚，旁搜古物寶器而保存之者，亦豈易哉。豈當時天欲成中興之盛世，故多生此文學經濟之全材，以煊爛爛與？抑亦今之士尚炫於浮華而忽於實用與？余序先生之尺牘，而人材今昔之感，不禁戚然動於中也。乃拉雜書此，以歸坊友。

　　宣統二年三月中澣吳江薛鳳昌序。

江蘇候補道吳君墓誌銘（俞　樾）

　　君諱雲，字少甫，姓吳氏，自號平齋，晚年曰退樓，又曰愉庭，浙江歸安人也。所居在太湖之錢漊。譜毀於火，先世無徵焉。有曰元卿公者，於君爲六世祖。元卿公再傳曰魯招，是爲君曾祖。魯招生世傑，世傑生鼇，則君之考也。以君及君之子承潞貴，曾祖贈通奉大夫，祖與父并榮禄大夫。君生六歲，母康太夫人卒；十歲，父榮禄公卒。君雖孤露，能自奮於學，而屢困場屋，凡六試始籍於學官。應省試又不雠，乃求經世之學，旁及金石書畫，咸究壼奥。

　　道光二十四年，君年三十有四矣，始援例以通判分發江蘇。既至，佐郡守折獄，判決如流。時常熟民以徵漕事鬨於縣，有陶四者，年甫成童，有司誣爲魁，君鞫之，非也，出之獄。糧道某公頗不嗛，君勿顧也。俄權知寶山縣。縣多逋賦，君立法懲勸，賦畢輸而民不擾。方伯李公悳下其法於三十二州縣，咸以君爲師。又權知金匱，治亦如之。及受代歸，適江北高家堰潰，災民南來，江南設局留養，以君尸其事，無一失所者。二十九年，吳中大水，君再權寶山。甫下車，爲鬻以食饑民，有鬻廠，有鬻擔。廠以人就鬻，擔以鬻就人。天遲明，設太鑊煮於庭，君夫人陳氏親督婢媼爲之。曰淡食弗便也，加鹽焉；曰冷食弗宜也，置姜焉。君履行四竟，勸富民各賑其鄉，鄉無富民，使鄰村助之。是歲，朝廷發帑金百萬賑江南饑，獨寶山一縣民自爲賑，無一粟之浮，無一屍之漏。於是大君咸以君爲才。總督陸公方改淮鹽章程，使君攝泰壩監掣同知。受事三月，粵賊沿長江東下，泰州爲裏下河門户，爲賊所窺，而壩上扛鹽之夫，又以失業將爲變。君察其老弱者，安集之；其強有力者，則以搏力之法訓練之，歙然成一軍，揚州東鄉恃以無患。侍郎雷公以諴駐師揚州萬福橋，以君總理營務，敘功升知府。大帥以軍餉不繼，使君履畝勸捐，不數月而餉足，議以君功上聞。君曰：此不得已之策，可居功乎？力辭之。已而，總督怡良公上君保全裏下河功，加道銜。咸豐八年，權知鎮江府。時郡城初復，官吏所需，咸取給於各鄉鎮之團練局，而主局事者則苛斂於民。君至，悉裁撤之，曰：孑遺之民，可重困乎！鎮江故有關，常鎮通河道實主之。巡撫徐莊愍公以關政之弛廢也，欲以君攝道事，固辭。公曰：然則專以關政屬君耳。君曰：茲事體大，果爾，必入告，公無易言也。乃以會辦之檄往。君既治關，整紛剔蠹，商民不困，歲入益饒。是年以籌餉功詔以道員用。明年，權知蘇州府。其時金陵大營潰，常州繼陷，蘇松太道吳公煦請以洋兵助戰守，莊愍公遂命君馳赴上海，與西洋諸國領事官會議。議未定，而省垣陷，巡撫薛公煥命君率炮船，會合洋兵，收復松江府城。而部議以君失守江蘇，奏奪君官。薛公上言：蘇州失守，君實不在城中，莊愍所給諮文、委札、令箭，歷歷有據。事乃白，復君官。薛公旋檄君兼攝松江府事，而君於是役也，奔馳烈日中匝月，心力交憊，乃力請交代蘇郡事，并邀還松郡檄。薛公鑒其誠，許焉，然猶命君董鬻捐事，且莞營務。君與薛公約，勿任吏職，勿列薦牘，勿主銀錢出納，署所居曰"三勿齋"。已而，薛公疏保諸有功者，君名居首，堅辭至再，曰：息壤在彼矣。謂所署齋名也。當是時，賊勢甚盛，浦東諸防營皆潰，烽火及滬上，民大震。君雖不居職，而有大議必預焉。其尤大者，一在立會防局以聯合中外，中外合而滬上一隅得安堵以待援。一在籌巨貲，賃輪船，以迎今相國肅毅伯李公安慶之師，師至而江浙以次肅清，東南底定。是二者皆君成之也。君口不言功，俄獲咎以去。先是蘇城有賊魁李兆熙者請反正，以母子爲質，薛公使君圖之，賊中頗有受密約爲內應者。君白薛公，機可乘矣。顧薛公所部將皆恇怯無應變才，兵則驕惰不可用，事垂成卒敗。忌君者以此事譖於李公，君亦不辨也，曰：一官得失何足道，惟念吳民久困重賦，曩以減賦事言於故總督何公，累數千言，格不行，至今以爲恨耳。會糧道郭公嵩燾以事諮於君，君即錄舊稿與之，議俟克復蘇城然後發。君曰：如此，則需矣。及今言之，時不可失。李公韙其言，會同曾文正公言於朝，減江浙兩省賦額數十萬石。此又君成之也。

君官江蘇，三宰劇邑，兩典名郡，年甫強仕罷官，遂不復出，人咸惜君之未竟所用，然而君之造福三吳者已甚鉅矣。諸大吏屢欲起君，皆以疾辭，而民間利病，往往爲當事者言之。丁公日昌爲蘇藩，君語之曰：兵燹後民益無藏，盍謀積穀乎？丁公從之，民食裕焉。浙水利久不修，太湖諸漊港均淤塞，君致書太僕鍾公佩賢。及之鍾公以聞，詔下其所定章程於江浙督撫，遂有大修漊港之舉。嗣後雖歲恒雨，不爲災。同治十年，直隸大水，君施木棉衣如干襲伯相。李公疏請還君道銜，且曰：吾督師十年，閱人多矣，獨於吳君有失之子羽之歎，今以補過也。

君篤嗜金石，幼時讀《漢書》，至梁孝王罍尊事，曰：此必三代上法物，惜史氏言之不詳耳。塾師大異之。所著有《二百蘭亭齋金石記》。"二百蘭亭"者，君所藏禊帖，積至二百餘種，故以名齋。其書以兵亂毀焉。後得齊侯罍二，遂名所居曰"兩罍軒"，著《兩罍軒彝器圖釋》十二卷，凡一器一銘，鉤摹而精刻之。意有所疑，則博稽經史以證明之。此外有《古官私印考》，都凡二十卷，《虢季子白盤考》《建安弩機考》《溫虞恭公碑考》《華山碑考》各一卷，《焦山志》十六卷，而詩文、尺牘、題跋之未寫定者尤夥。

君於同治三年遷居吳下，所居有泉石之勝，客入其室，左圖右史，鐘鼎前列。君角巾杖履，揮麈而與談，望之如神仙，幾忘其前此之爲召父杜母也。余亦寓吳，居與君居相望也。君長余十歲，而嗜學好古，簡略世事，則與君同之。猶憶往歲嘉平既望，過君劇談。君謂余曰：海內皆知君文章經術耳，君所學詎止此邪？余深愧其言。孰意此一見後，君未及一月而遽謝賓客也。

君卒於光緒九年正月癸巳，年七十有三。初娶於李先君，五十六年卒。繼娶於陳後君，九月卒。子五，清湘幼殤；承璐[潞]同治四年進士，江蘇候補道；承澤兩淮候補鹽大使；承源江蘇候補同知；承溥縣學生，江蘇候補同知。澤、源、溥皆先君卒。五女，長女未嫁殤；餘四女并適名族，桐鄉周善有、歸安王錫玫、吳縣潘祖頤、歸安朱鏡清，其壻也。孫八，家棠、家棟、家楣、家樞、家楨、家柟、家桎、家椿。曾孫二，惟峻、惟崑。孫女四，曾孫女一。光緒十年四月壬子，承潞奉君與陳夫人葬吳縣某山之原。

李夫人始淺葬於湖漊，至是亦奉移而祔焉，禮也。以狀乞銘。余衰病之餘，凡以碑傳請者，概弗應。然君吾老友也，義固不得而辭。乃爲銘曰：

　　士之大端，惟學惟仕，苟不兼優，何以言士。惟君之仕，政績咸在，未竟所施，以詒厥子。惟君之學，與古爲友，羅列尊彝，排比圖史。我觀時流，無出君右，上壽八秩，盛名千載。鬱鬱佳城，蒸爲蘭茝，刻石幽宮，用示永久。

人名稱謂對照表

A

啊喳哩,啊翻譯

B

巴楝阿,巴將軍
巴夏禮(Sir Harry Smith Parkes),巴酋
巴秀田
包世臣,包慎伯
鮑昌熙,鮑少筠
鮑康,鮑子年,子年
畢芬,畢紀
卜寶第,卜中丞
卜羅德,卜提督

C

蔡世俊,蔡乂臣
蔡友石,世松
蔡元隆,海寧
蔡載福,鹿賓,石門蔡氏
蔡振武,蔡麟洲,麐洲
蔡宗茂,蔡筱石,筱石
曹載奎,懷米山房

岑毓英,岑中丞
長廣,長笏臣
陳炳文
陳鴻壽,曼生,陳曼生
陳介祺,陳壽卿,壽卿,簠齋,壽老,濰縣,
　簠老
陳畯,陳粟園,粟園
陳坤書,陳逆
陳佩綱,子振,佩綱
陳慶鏞,陳頌南
陳璚,陳太守,鹿笙
陳紹本,陳百倉
陳廷照,陳朗亭
陳偉卿,偉卿
陳玉成,狗逆,四眼狗
陳豫鐘,陳秋堂
陳晫,陳季平,季平
程文榮,程蘭川

D

戴景遷
戴禮庭,戴丙榮,德堅,丙榮
戴望,戴子高,子高

戴熙,戴醇士

鄧傳密,鄧守之,守之,少白

鄧石如,石如,完白山人

丁丙,松生,嘉魚

丁杰,小雅

丁日昌,雨生,丁雨生,丁雨翁,豐順中丞,
　　雨翁,丁中丞

丁彥臣,硯丞,丁筱農,筱農,小農

丁友梅

杜文瀾,杜小舫,小舫,筱舫,憩園,采香,
　　舫老

杜筱珊,筱珊

F

方德驥,蘭垞,方蘭垞

方濬益,濬益,方芷汀,芷汀

方履籛,方彥聞,彥聞

費伯雄,費晉卿,晉卿

馮芳緝,馮申之

馮芳植,馮培之

馮桂芬,馮林一,林一,景翁,景亭,顯志
　　堂,景老,校邠

馮焌光,馮竹儒,竹儒

馮佐乾,佐乾,馮協戎

G

改琦,玉壺外史,

高長紳,高篙漁,

龔橙,龔孝拱,孝拱

龔自珍,定庵,龔閣學

顧承,樂泉,駿叔,駿未,顧駿叔

顧文彬,顧子山,子山,過雲樓,顧舍親,
　　艮老

顧沅,顧湘舟

管晏,管敬伯

歸懋儀

桂馥,桂未谷

郭沛霖,郭雨三,雨三

郭尚先,郭蘭石

郭嵩燾,郭筠仙,筠翁,筠公,筠軒

H

韓崇,韓履丈,韓履卿

韓對,桂舲,禹三,旭亭

韓偉功,韓君,偉功,偉兄,韓兄

韓憲宗,韓邊外

何桂清,根帥,根公

何昆玉,何伯瑜

何慶澄,性泉,何性泉

何慶涵,伯源

何秋濤

何紹基,何子貞,子貞,猿叟,貞兄,蝯老

何栻,何廉舫,廉舫,蓮舫,廉昉

侯念椿,侯駝子

胡钁,匊鄰

胡珽,胡心耘

胡義贊,胡石查,石查

胡義贊,胡石查,石查

胡裕,衣谷

胡震,聽香

華爾

黃芳,荷汀

黃鞠,黃秋士,秋士
黃丕烈,黃蕘圃,蕘圃,復翁,百宋一廛

J

賈益謙,賈芸老,芸樵,芸翁
江藩,江鄭堂
江人鏡,蓉舫,江蓉舫
姜德,姜誠齋,姜參將
蔣德馨,蔣心香
蔣光煦,蔣生沐,生沐
蔣懋勛,蔣梅坡
蔣益澧,蔣薌泉,薌泉
金安清,眉生,鉥英道人,眉老,鉥英
金國琛,逸亭,前鞏秦階金道
金以誠,香圃,金香圃
金纓,金蘭生,蘭生
金忠淳,金硯雲,硯雲

K

況文榜,賢臣,況鎮

L

勒方錡,勒少仲,悟九,少仲,太素公,悟老,勒悟九
勒深之,省斾
雷鳳翥,雷儀甫
雷以誠,雷鶴皋
李朝斌,李質堂
李恩慶,李寄雲
李翰文,李墨緣
李恒嵩,李參將,靄堂,藹堂

李鴻裔,眉生,香嚴,眉老,蘇鄰,李香嚴,懷新閣
李鴻章,合肥相國,李相
李嘉福,李笙漁,笙魚
李聯琇,李小湖,小湖
李枚卿,枚卿
李墨香,李錦鴻
李紹熙,木子
李韋卿,韋卿
李文翰,宣城李氏
李秀成,忠逆
李璋煜,李方赤
李兆洛,李申耆
李之郇,李伯盂
李准,李筱石
李宗昉,芝齡,李芝齡
李宗瀚,李春湖
李宗羲,李雨亭
李佐賢,李竹朋,竹朋,竹老,竹翁
梁恭辰,梁敬叔
林海如
凌介禧,凌少茗,凌君
劉覆芬,劉泖生
劉誥,劉樸卿
劉郇膏,劉松岩,劉松翁
劉銘傳,劉省三,省三
劉喜海,劉燕庭,燕庭,燕翁
陸恭,陸謹庭
陸心源,存齋,陸存齋,誠齋,皕宋樓,十萬卷樓,儀顧堂
陸增祥,陸星農,星農,八瓊室

M

馬德昭,馬自明

馬新貽,馬制軍

梅啟照,梅小巖,小巖,梅藩司

莫友芝,子偲

N

鈕福,鈕壬翁

P

潘介繁,椒坡

潘康保,秋穀

潘霨,偉如,韡園,偉翁

潘奕雋,榕皋

潘曾綬,紱翁,紱庭

潘曾瑋,潘季玉,寶臣,潘玉泉,季玉,養閑,救閑,季老,玉泩

潘曾瑩,潘星齋,申甫,星齋,星兄

潘祖謙,濟之,潘濟之

潘祖同,譜琴

潘祖頤,祝年,祖頤

潘祖蔭,伯寅,鄭盦,八囍齋

潘遵祁,順之,順老,西圃,順兄

彭翰孫,南屏,彭南屏

彭啟豐,芝庭公

彭慰高,訥生,經伯,鈍舫,訥兄

彭玉麐,彭雪琴,彭玉麟,雪琴

彭祖賢,彭芍庭,芍庭

Q

齊彥槐,齊梅麓

錢福昌,辰田

錢桂仁,錢姓

錢椒,錢海薌,海薌

錢卿鈇,錢伯聲

錢泰吉,錢警石

錢應溥,密兄,子密,錢子密

錢泳,錢梅溪,梅溪

錢振倫,楞翁,楞仙,楞先

喬松年,喬鶴儕,健侯,鶴儕

瞿世瑛,瞿氏

瞿樹鎬,瞿經孿,經孿,經秄

瞿應紹,瞿子冶

瞿中溶,瞿木夫,木夫,木翁

R

任熊,任渭長,渭長

瑞昌,瑞將軍

S

僧格林沁,沁邸,僧邸

沈葆楨,幼帥,沈幼帥

沈丙瑩,沈菁士,沈菁翁

沈秉成,仲復,沈仲復,聽蕉,耦園

沈秉恒,受恬

沈焯,沈竹賓

沈敦蘭,沈彥徵

沈善經,沈味畬

沈樹鏞,沈均初,均初,韵初,鄭齋

沈濤,沈西雍,沈鮑翁,沈鮑廬

沈錫華,沈問梅

沈協軒

沈兆霖,沈文忠,沈文忠公,雨亭
盛康,旭人,留園主人
盛宣懷,杏蓀
施振成,施九韶
師榮光,師竹庵
宋晉,雪帆
宋琬,宋荔裳,玉叔,荔裳
蘇億年,蘇七
蘇兆年,蘇六
孫懷邦,孫古愚

T

譚鈞培,譚序翁
唐辛生
陶梁,陶鳧薌
陶甄,陶柳門
滕嗣林,滕協戎
田子正,田兄

W

萬啟琛,篋翁,篋軒
汪觀瀾
汪鑒齋
汪閬原,汪士鐘,春霆,閬原,閬元
汪鳴鑾,汪柳門,柳門,郋亭
汪泰基,汪嵐坡,嵐坡
汪小樵,小樵,小樵翁
汪曰楨,謝城
王凱泰,王補帆,補翁,補帆
王夢齡,王雨山
王石經,西泉,王西泉

王希祖,王念庭
王懿榮,廉生,王廉生
王有齡,雪軒,王雪軒,雪翁,英九,雪憲,
　　雪師
威妥瑪(Thomas F. Wade),威酋
衛榮光,衛中丞
魏錫曾,魏稼孫,稼孫,魏稼生
魏彥,魏盤仲
魏源,默深
翁次孺
翁大年,翁叔均,叔均,夬均,翁夬均
翁方綱,翁氏,覃溪,復初齋
翁同龢,翁叔平,叔平
翁同爵,玉甫
吳昌碩,吳蒼石
吳承泠,承泠,樸堂
吳承濂,承濂
吳承潞,廣庵,三兒,潞兒,承潞
吳承溥,九小兒,溥兒,九兒
吳大澂,清卿,恒軒,愙齋
吳大根,培卿
吳大衡,誼卿,運齋
吳大廷,吳桐雲,桐雲
吳東發,吳侃叔,吳侃夬,侃夬
吳馥綬,馥綬
吳觀禮,子俊,圭庵
吳景萱,吳碩卿
吳俊,吳冠英,冠英
吳念椿,念椿,子恭
吳樸安,樸安,二兒
吳榮光,吳荷屋,伯榮,荷屋,筠清館

吳式芬,子苾,誦孫,吳子苾
吳唐林,吳晋壬
吳廷康,吳康甫
吳煦,曉帆,曉翁
吳裕,吳衣谷,衣谷
吳元炳,健帥
吳載熙,吳讓之,讓之,讓翁
吳在田
吳重光,吳秋伊
吳重熹,仲飴
吳子備
吳宗麟,橋孫,冠雲

許瀚,印林,許印林,許印翁
許梿,許珊林,叔夏,珊林,珊丈
許乃穀
許乃普,許滇生
許乃釗,許信臣,信臣
許彭壽,許仁山,仁山
許潤身,叔清,潤泉
許誦恒,許少珊
許誦宣,許靖甫
許應鑅,許星臺,星翁,星臺
許樾身,許蔭庭,蔭庭
薛焕,覿堂,覿翁,覿憲
薛時雨,薛慰農
薛書常,薛世香,書常,世香

X

夏之盛,夏氏
謝元淮,謝默卿
熊萬荃
徐本立,徐誠庵
徐鳳銜,篆香,徐篆香
徐郙,徐頌閣
徐佩瑗,少蘧,永昌
徐琪,徐花農,花農
徐同柏,徐籀莊
徐渭仁,徐紫珊,紫珊
徐燮鈞,徐傅兼
徐瀛,徐海年
徐有珂,小豁,徐小豁
徐有壬,君青
徐震耀,徐少青
許道身,緣仲,蕉林,常鎮道府
許庚身,許星叔,星叔

Y

嚴可均,嚴氏鐵橋,景文,鐵橋,鐵老
嚴六孤,六孤
嚴永華,少藍君,少藍
晏端書,彤甫
楊寶彝,性甫
楊昌濬,楊中丞
楊春華
楊坊,楊憩棠,憩棠,憩翁
楊徽猷,楊子芳,子芳
楊繼振,繼幼雲,幼雲
楊彭年
楊榮緒,黼香
楊榮緒,楊黼香,黼香
楊峴,楊見山
楊沂孫,濠叟

姚仰雲,秋墅
葉名澧,潤臣
葉志詵,葉東卿,東卿,平安館
殷兆鏞,殷譜經
英樸,英茂文
應寶時,應敏齋,敏老,射雕山館
余治,蓮村,蓮村,余蓮村
俞斌,俞乃舟,乃舟
俞樾,蔭甫,蔭老,曲園
郁松年,郁泰峰
袁保恒,小午,筱塢,筱午,袁筱塢

Z

曾秉忠,曾允堂,曾軍門
曾國藩,曾相,曾文正,滌帥,曾帥
曾國荃,沅浦
曾紀澤,劼侯,曾襲侯,曾劼剛,元侯
章乃登,章月樵
張萃山
張二銘,張姓
張富年,張屺堂,屺堂
張國梁,殿臣,殿帥
張嘉蔭,同蘇
張鑒,秋水
張樹聲,張振翁
張廷濟,叔未丈,未未,張未未,清儀,新篁,未翁,清儀閣
張文虎,張嘯兄
張辛,張受之,受之
張興詩,張恕齋

張嶼,張玉斧,玉斧
張玉良,張璧田,璧田,張軍門,璧翁
張豫立,張少渠
張之洞,張香濤,香濤,南皮
張之京,菊兄,張菊坨,張菊槎
張之萬,子青,青帥,張青帥,青翁
趙炳麟,炳麟,吟蕉
趙烈文,趙惠甫,惠甫
趙佑宸,趙粹翁,粹翁,趙粹甫
鍾淮,鍾小亭
鍾佩賢,鍾六英,六英,鹿因
周騰虎,周韜甫
周小雲,小雲
周學濬,縵雲,縵老
周學濂,蓮伯
周學源,星海,岷帆
周作熔,陶齋
朱鏡清,鏡清,平華,朱婿,朱平華,朱頻華
朱鈞,筱漚,朱筱漚
朱履恒,朱春舫
朱培仁,朱稼甫,稼甫
朱爲弼,朱椒堂
朱研生
諸嘉昊,諸子良
竹添進一郎,竹添君
宗源瀚,宗湘文,宗太守,湘翁
左樞,孟辛,左孟辛
左宗棠,左爵帥,季高,左季帥,湘陰相國,左相,靖恪

人名稱謂索引

A

啊翻譯　505
啊喳哩　505
藹堂　501,511—516,518,522,573,576,577
靄堂　498

B

八囍齋　109,110,321—323,325—327,329,334,338,340
八瓊室　1,241
巴棟阿　492
巴將軍　491,492
巴酉　499,525,526
巴夏禮　526
巴秀田　497
百宋一廛　188,319
包慎伯　139,140,436
包世臣　53,140
寶臣　24
鮑昌熙　393
鮑康　2,101,103,105,106,324,367,378

鮑少筠　393
鮑子年　1,2,6,99—106,109,133,310,311,315,352,361
畢芬　387,388,395
畢紀　352,388
皕宋樓　5,39,40,238,631
璧田　8,544,547,550,552
璧翁　7,545,547,551,552
卞寶第　265
卞中丞　265
丙榮　137
炳麟　7,9,90
伯榮　5
伯寅　1,131,133,248,249,321,364,366,369
伯源　216,410,411
卜羅德　17
卜提督　14,17
補帆　34,207,213,266
補翁　156,207,212,214,246,266

C

采香　24,121,122,124,163—165,287

蔡麟洲 145	陳壽卿 1,2,46,48,133,141,236,278,
蔡世俊 109	403,459,461,469
蔡筱石 309,310	陳頌南 347,349,356,400,406,459
蔡乂臣 108,109,316	陳粟園 356,357,378,604
蔡友石 238,239	陳太守 159,160
蔡元隆 502	陳廷照 425
蔡載福 105,160	陳玉成 8,15,499,523,540
蔡振武 145	陳豫鐘 365,378
蔡宗茂 310	陳晫 474
曹載奎 236,350,351	承泠 40,41,447
岑毓英 183	承濂 422
岑中丞 182,183	承潞 2,27,28,78,114,163,185,191,
長笏臣 319	283,296,299,337,349,354,388－391,
常鎮道府 18	415,458,548,560,594,600,601,608,
辰田 229	622,624
陳百倉 531－533	程蘭川 306,444
陳炳文 500,527	程文榮 306
陳鴻壽 318,365,441	誠齋 39,519,520,584－587
陳季平 299,304,474	篪軒 129,130,164
陳介祺 2,48,102,109,315,325,331,	春霆 5
339,349,350,354,357,363,367,372,	粹翁 418
376,378,388,397,399,627,629,630	存齋 37,39,231,232,327,583－585,
陳晙 357,378	587－591,611
陳坤書 350,498,499,519,524	
陳朗亭 424,425	**D**
陳逆 498,524,582	
陳佩綱 367	戴丙榮 137,211
陳慶鏞 347,401	戴醇士 46,48
陳璚 160	戴景遷 438
陳秋堂 377,378	戴禮庭 137,276,536
陳紹本 531	戴望 268
	戴熙 48,116,407,467

人名稱謂索引

戴子高　267,268

德堅　137,276

鄧傳密　140,265

鄧石如　53,87,92,135,140,265,364,436

鄧守之　265

滌帥　499,526,535,557

殿臣　15

殿帥　13,15

丁丙　217

丁日昌　60,61,78,79,96,202,208,228,628

丁筱農　131

丁彥臣　131

丁友梅　294,612

丁雨生　60,77,78

丁雨翁　95,96,207

丁中丞　227,228

定庵　94,321,400

東卿　4,6,324,413

杜文瀾　9,24,27,93,122,156,158,165,168,190,227,230,630

杜小舫　135,158,336,367,580,590

鈍舫　173,469

E

二兄　177,178,297,298,316,323,325,329,331,374,384,411,465,466,583

F

方德驥　142

方濬益　313,390,425

方蘭垞　449,450

方履籛　140

方彥聞　139,140

方芷汀　424,425

舫老　73,161,163,221,229,290

費伯雄　70,618,631

費晉卿　69,70

豐順中丞　201,202

馮芳緝　254

馮芳植　254

馮桂芬　4,20,21,26,27,29,59,60,72—75,254,363,383,495,629,631

馮焌光　112,467

馮林一　19,20,56—59,62,63,65—67,69—72,92,199,201,231,252,265,348,362,393

馮培之　254

馮申之　254,255

馮協戎　512,513,530—532

馮竹儒　112,467

馮佐乾　493,508—511,513,514,516,522,562,573—575

絨庭　106,247,282,283

絨翁　247

簠老　344

簠齋　2,6,48,100,103—106,108—110,309—315,317,319,321,322,324,325,329—331,333—335,337,339,340,343—346,348,350—352,355,357,359,361—365,367—371,373,375—

380,382—391,393,394,398,399,401,
403,420,422,423,425,427,428,431,
432,464,627,630

黼香　39,221,222,234,584

復初齋　141,372,614

復翁　188,319,320

馥綏　115,411,422,563,566,567

G

改琦　305

高長紳　486

高篔漁　485,486

根公　535,536

根帥　10,11

艮老　291,292

龔橙　425

龔閣學　422

龔孝拱　424,425

龔自珍　18,94,425

狗逆　523

顧承　279,290

顧駿叔　339

顧舍親　102,103

顧文彬　16,71,73,97,103,106,116,
169,279—281,292,360,416,526,627

顧湘舟　108,109,336,359,369

顧沅　109

顧子山　9,92,221,277,278,280,281,
359,360,371

冠英　93,97,467

冠雲　75,145

管敬伯　455,456,459

管晏　456

廣庵　619

圭庵　92

歸懋儀　291,292

桂馥　44,135

桂舲　266,267

桂未谷　135,141,286,351,367

郭筠仙　19,20,197,201,202,210,587

郭蘭石　360

郭沛霖　227

郭尚先　360

郭嵩燾　20,57

郭雨三　226,227

過雲樓　71,73,95,106,116,170,279—
281,438,613,627,630

H

海寧　43,44,47,48,50,159,210,403,
438,501,502,529,580

海蕐　140

韓邊外　396,397

韓崇　88

韓封　267

韓君　101,102

韓履卿　92,266,336

韓履丈　87,88,438

韓偉功　102,321,329,340,351,357,
359,368,394,418

韓憲宗　397

韓兄　321,322,340,376,380,384—391,

393,394,398,399,403,404
濠叟 426,427,459—461
合肥相國 202,422
何伯瑜 366,367
何桂清 9,11,12,15,536,630
何廉舫 227,228
何慶澄 96
何慶涵 411
何秋濤 400,401,459
何紹基 44,90,92,96,121,138,154,
 271,351,383,411,467,630
何栻 228
何性泉 462,605
何子貞 43,44,91,93—97,306,403,
 436,459,485
荷汀 90—92,222
荷屋 5,324
鶴儕 24
恒軒 102,107,309—312,315,316,323,
 330,332—339,343—345,411,414,
 420—423,425,427—429,431—434,
 462—464,468,471,571,602,603,
 605—607,609,611
侯念椿 265
侯駝子 265
胡石查 105,106,407
胡珽 320
胡心耘 5,320
胡義贊 106
胡裕 51
胡震 320,512

花農 184,487,534
華爾 13,15,16,62,63,74,120,498,
 501,502,555
懷米山房 236,238,350,351
懷新閣 438,477
惠甫 160

J

季高 81,229
季老 96,114
季平 301,482
季玉 23,24,73,95,96,114,117,143,
 162,197,200,211,282,287,296,303,
 304,313,342,345,351,362,374,420,
 447,463,598,605
濟之 101,102,119,160,245,256,322,
 330,335,336,344,471,621
繼幼雲 105,106
嘉魚 217
賈益謙 74,502
賈芸老 73,74,607
稼甫 275,276,400,488
稼孫 153,237,250,589
健侯 24
健帥 420,421,424,463,605,606,608,
 612,615
江藩 55,229,261
江人鏡 288,473
江蓉舫 425,472
江鄭堂 54,55,278
姜參將 492,493,525

姜誠齊　519
姜德　492,575,576
蔣德馨　184
蔣光煦　50
蔣梅坡　529
蔣生沐　47,50,86,353
蔣薌泉　211,212,218,243,592
蔣心香　183,184
蔣益澧　212
椒坡　465,466,600
蕉林　4,117,145,147,225,450
劼侯　248,249,343,592
金安清　16,21,62,63,123－125,130,144,219
金國琛　81,261
金蘭生　359,360,574,575,617
金香圃　120,121,147,290
金硯雲　99,311,312,361
金以誠　24,74,121
金纓　360
金忠淳　99
晋卿　69,70,482,591
覲堂　9,88,536
覲翁　535,549,552－554
覲憲　535,536,542,543,556
經伯　173
經摯　364,365
經耔　365,411
景老　383
景亭　20,26,186,383
景文　138,239

景翁　25,26
鏡清　100,111,312,324,415
九兒　244,458,485
九小兒　52,146
匊鄰　444,445
菊兄　300,301,303
均初　357,406,407
君青　13,15,347,587
筠公　197,199,201
筠清館　5,311,321,347,432
筠翁　23,24,56,57
筠軒　20
駿叔　279,290,303,481,609,610,617
駿卡　339,360,410,412
濬益　390
侃卡　426
愙齋　5,102,399,421,466

K

況文榜　8,9
況鎮　7,9

L

嵐坡　44,424,444
蘭垞　142,143,262
蘭生　360,575
閬元　3,5,75
閬原　5
勒方錡　97,162,165,168,169,177,251
勒少仲　161－170,172,173,175－183,294,375,395,465

人名稱謂索引

勒深之　177

勒悟九　346,482

樂泉　278—280

雷鳳翥　530

雷鶴皋　189—195

雷儀甫　530

雷以諴　61,189,190,194,437,466,523,530

楞翁　83

楞仙　83,84

楞先　83

李伯盂　313,411

李參將　498,525

李朝斌　162,448,488

李春湖　360

李恩慶　279

李方赤　331

李翰文　322

李恒嵩　19,492,498

李鴻裔　97,124,125,133,169,287,440,477

李鴻章　9,17,20,21,27,57,73—75,82,126,144,228,256,322,387,418,422,424,425,448,454,496,500,532

李寄雲　278,279,361

李嘉福　87,463

李錦鴻　373,374

李聯琇　83,84

李墨香　374

李墨緣　321,322

李紹熙　499,500,502,503,536

李申耆　393

李笙漁　86,87,93

李文翰　313

李相　144,231,335,386,387,571,584

李香嚴　336,340,435,437,439,440

李小湖　83,84

李筱石　52,53,225,226

李秀成　4,8,11,15,498—500,502,507,526,527

李雨亭　259

李璋煜　331

李兆洛　140,393

李之郇　313

李芝齡　462

李實堂　161,162,447,448

李竹朋　1,2,105,108,110,111,278,279,316,359,371

李宗昉　347,462

李宗瀚　360,361

李宗羲　259

李佐賢　2,99,101,105,109,111,279,367,391

荔裳　16

蓮伯　14,17

蓮村　211

蓮舫　228,266,267,313

廉昉　228,374

廉舫　227,228

廉生　323,325,326,330—332,341,407

梁恭辰　217

梁敬叔　216,217

林海如　195,196,402,434,442,444
林一　19,20,23,24,27,28,115,122,
　　185,199,200,211,231,266,270,345,
　　460,477,590
廖洲　145
凌介禧　36
凌君　213
凌少茗　37,219
留園主人　187
劉誥　308
劉郇膏　121,501
劉泖生　265,427
劉銘傳　350
劉樸卿　307,308
劉省三　349,350
劉松翁　500,501
劉喜海　5,100,103,105,106,223,236,
　　237,357,358
劉燕庭　3,5,6,374,378
柳門　101,115,173,175,185,282,283,
　　310,312,316,323,409,410,427,432,
　　598－603,607,613
六孤　441
六英　122,123,218,219,230,285,422,
　　429,430,434,607
陸存齋　235－240,393,402,595
陸恭　462
陸謹庭　462
陸心源　5,39,153,183,231,236,240,
　　328,583－591
陸星農　1,240,241

陸增祥　1,241
鹿賓　105,159,160
鹿笙　159,160
鹿因　123,592,594,595
潞兒　70,96,147,175,176,185,275,
　　288,294,337,344,411,418,426,433,
　　452,463,472,474,587,602,604,605

M

馬德昭　496
馬新貽　144
馬制軍　144,599
馬自明　495－497,506
曼生　318,364,365
縵老　156,221,222,235,238,583,585,
　　586,588
縵雲　14,17,37,40,53,156,208,219,
　　220,225－228,230－234,283,309,468
枚卿　110,111,376
眉老　62,63,159,387,587
眉生　14,16,18,20,63,119－121,123－
　　130,133,134,144,159,287,296,303,
　　359,367,380,383,384,387,497,522,
　　577
梅藩司　260,261
梅啟照　82,229,261
梅溪　160
梅小巖　81,82
孟辛　18
密兄　165
岷帆　14,17,232

敏老　71—73,129,163,165,221,229

莫友芝　137,138,140,408,440

默深　488

木夫　358,411

木翁　411

木子　501—503,560

N

乃舟　62,63,577—579

南皮　115,174,245,301,308

南屏　337,452,609,610

訥生　172,173,289,303,304,468,481

訥兄　468

念椿　96,97,191,465,466,469

鈕福　40,222

鈕壬翁　235,586

O

耦園　171,233,251,300,301,304,345

P

潘季玉　9,23,24,197,201,202,297,351,367,440,587

潘濟之　102

潘介繁　466

潘康保　183

潘霨　332,427,468,480

潘星齋　114,115

潘奕雋　183,372

潘玉泉　92

潘曾綬　247,282,480

潘曾瑋　16,24,73,74,93,97,116,117,169,330,526

潘曾瑩　114,282

潘祖謙　102

潘祖同　174

潘祖頤　2,344,624

潘祖蔭　1,2,5,24,74,102,106,110,174,183,247,249,321,323,338,344,372,407,408,466,628

潘遵祁　74,75,93,97,173,183,346,406,462

培卿　409,410,412,419,427,433,434,599,606,613

彭翰孫　337,452

彭南屏　452

彭啟豐　289

彭芍庭　195,468,469

彭慰高　97,169,173,196,289,337,468,469

彭雪琴　478

彭玉麐　478

彭玉麟　479

彭祖賢　195,247,468

平安館　4,323,324,367

平華　100—102,312,330,340,465,564,594—596,603

溥兒　96,97

樸安　191

樸堂　41,536

譜琴　173,174,470,613

Q

齊梅麓　222
齊彥槐　222
屺堂　250,438,482,495,609
憩棠　120,558,559,577,578
憩翁　577,578
憩園　9,24,93,165,168,190,227,230
前聾秦階金道　260,261
錢伯聲　159,160
錢福昌　229
錢桂仁　526,536
錢海鄉　139,140
錢椒　140
錢警石　46,48,51,53
錢梅溪　159,160
錢卿鈵　160
錢泰吉　48,76,146,165
錢姓　524,534,536
錢應溥　165,262,263
錢泳　160
錢振倫　83,84
錢子密　227,262,263
喬鶴儕　23—26,28,499
喬松年　16,24,26—28
橋孫　75,548,559
沁邸　10,11
青帥　171,172,174,215,447,612,618
青翁　115,360,406
清卿　102—104,133,137,156,167,211,
　223,249,284,319,321—323,353,
375—381,383,385,386,389,391,392,
396,398,400—402,405—410,412,
413,415—417,419—421,423—426,
428,430,431,433,472,536,595,599
清儀　153
清儀閣　51,153,236,238,309,317,342,
　348,365,366,381,390,426,631
秋穀　605
秋士　108,110,160
秋墅　26,27,136
秋水　285,323
瞿經孥　364,365
瞿木夫　357,358,364
瞿氏　88,326,328,365,414
瞿世瑛　328
瞿樹鎬　358,365
瞿應紹　318,341
瞿中溶　358,365
瞿子冶　318,340
曲園　29,74,175,182—184,269,274,
　275,287,487,620

R

讓翁　44
讓之　43,44,88,135,136,139,142,366,
　367,416,431,435,485
蕘圃　5,187,188,319
仁山　117,238,239
任渭長　391
任熊　391
蓉舫　288

榕皋　372

瑞昌　9

瑞將軍　7,9

潤臣　3,5

潤泉　285

S

三兒　232,233,244,300,302,303,340,388,409,424,426,428,468,481,485,592,604,606,607,609—611,613—618

僧邸　495,496

僧格林沁　11,496

珊林　43,438,439

珊丈　459

芍庭　195,246,247,609

少白　140,265

少藍　273

少藍君　272,273

少蓬　502,503,526—528

少仲　162,420,453,463

射雕山館　63,163,164

申甫　114

沈葆楨　158,327,390,416

沈丙瑩　222

沈秉成　97,169,233,273

沈焯　160

沈敦蘭　418

沈菁士　221,222,228

沈菁翁　235

沈均初　356,357

沈飽廬　407,408

沈飽翁　348,350

沈善經　113

沈樹鏞　141,357,407

沈濤　266,350,408

沈味畬　112,113

沈文忠　1,440

沈文忠公　1,282,413

沈問梅　405,406

沈西雍　413

沈錫華　406

沈協軒　230,231

沈彦徵　418,475

沈幼帥　415,416

沈兆霖　1,8,282

沈仲復　272,340,353,379,383,398,413,442—446,485

沈竹賓　159,160

生沐　47,50,53

笙魚　87,424,463,598,605,613

省三　350

省旃　176,177

盛康　187

盛宣懷　322

施九韶　159,160

施振成　160

師榮光　530

師竹庵　530

十萬卷樓　39,238

石查　106,323,325,326,328,330,331,378

石門蔡氏　104,105,346

石如　48,53,286,613

世松　239,310

世香　165

守之　47,106,121,139,140,265,374,
　　　540

受恬　151

受之　310,453,455

壽老　49,51,101,306,313,413,414,
　　　416,433,442,606

壽卿　1,2,48,99,115,282,366,391,
　　　407,409,411—413,416,438

叔均　88,363,408

叔平　187

叔清　284—286

叔未丈　86,153,309,316,322,365,373,
　　　442

叔夏　43

書常　165

未均　392,407

未未　51,317,322,336,357,359

順老　172—174,180,183,304,412

順兄　346,374

順之　10,73,74,93,173,229,290,291,
　　　346,372—374,383,497,499,535,536,
　　　552—554,556

四眼狗　523,540,544—548,553

松生　214,216,217,327

宋晋　14,20

宋荔裳　14,16

宋琬　16,105

誦孫　94

蘇鄰　125,440

蘇六　376

蘇七　376

蘇億年　376,414

蘇兆年　376,414

粟園　357,378

孫古愚　389

孫懷邦　389

T

太素公　251

覃溪　141,224,269,272,306,351,372,
　　　436

譚鈞培　430

譚序翁　429,430

唐辛生　465,466

陶鳧薌　480

陶梁　480

陶柳門　175

陶齋　88,229,230,250,251,286,287,
　　　482,560,609

陶甄　175

滕嗣林　492,493,510

滕協戎　512,530

田兄　396

田子正　396—398

鐵老　238,241,441

鐵橋　239,286,416,417,441

聽蕉　233

聽香　512,558

同蘇　16,25,174,175,299,300,303,

306—308,333,419
肜甫 96
桐雲 133

W

完白山人 52,53,139,265,286,603
萬啟琛 129,130
汪觀瀾 149
汪鑒齋 93
汪嵐坡 43,44,196,331,444
汪誾原 5
汪柳門 101,171,462,463
汪鳴鑾 88,101,102,246,336,410,427,428,464,598—605
汪士鐘 5
汪泰基 44
汪小樵 246,427,428
汪曰楨 42,221
王補帆 30,34,139,156,218,246,592
王凱泰 34,207,267
王廉生 345,406,460,471
王夢齡 495
王念庭 394
王石經 321,339
王西泉 416
王希祖 394
王雪軒 10,93
王懿榮 6,106,323,339
王有齡 9,11,522
王雨山 495
威酉 326,327,611

威妥瑪 327
韋卿 111
濰縣 2,48,105,329,338,339,418,461,469
未翁 153,353,354,400
偉功 352,353,362,365,367,371,373—375,379,382
偉卿 93,371
偉如 331,332,427,432,468,480,481,589,592,602
偉翁 468,613,614
偉兄 363,365—369,372,375,379,381,390
渭長 391
衛榮光 303
衛中丞 303
魏稼生 236,458
魏稼孫 153,236,250,458
魏錫曾 153
魏彥 488
魏源 401,488
韡園 332,433,480
翁大年 88,408
翁方綱 65,141,224,372,426
翁氏 49,84,223,224,390,438,462,603
翁叔均 87,88,315,363,366,413,444
翁叔平 187
翁未均 92,354,369,407,438
翁同龢 174,187,305
翁同爵 187
吳蒼石 396,397

吳昌碩　129,175,397,445

吳承泠　41

吳承潞　2,27,29,80,186,233,337,452,
　　　571,593,608—618

吳承溥　52,97,146,230

吳大澂　6,88,102,103,137,162,312,315,
　　　323,335,343,357,365,367,378,380,
　　　382,389,397,408,410,421,422,424,
　　　425,430,432,466,597,607,627—629

吳大根　410

吳大衡　410,419

吳大廷　133

吳東發　354

吳冠英　97,442,467

吳觀禮　92

吳荷屋　3,5,374,443

吳晋壬　455

吳景萱　325

吳侃叔　353,354

吳侃禾　426

吳康甫　154,327

吳念椿　97,465,466

吳樸安　97

吳秋伊　441

吳讓之　4,87,131,136,137,153

吳榮光　5,311,444

吳式芬　2,48,94,354,358,363,365,408

吳碩卿　325

吳唐林　455,456

吳廷康　154

吳桐雲　133,134,628

吳煦　11,12,15,16,63,74,75,120,492,
　　493,536,539—552,555—558,560,
　　562,573—582,627

吳衣谷　309

吳元炳　74,421

吳在田　493,574,581

吳重光　441

吳重熹　354

吳子備　174

吳宗麟　75

悟九　162,301,305

悟老　263,301,346

X

西圃　74,97,182,282,374,481

西泉　339

郋亭　101,246,336,420,421,424,426,
　　428,433,463,464,604—606,613

夏氏　326,328

夏之盛　328

賢臣　9,245

顯志堂　20,61,74,255,393,495

香圃　23,24,74,121,149,150,298,299,
　　560

香濤　245,408,411,412

香嚴　124,127,161,163,165,263,295,
　　337,339,410,414,420,447,477

湘翁　214,230,231,585

湘陰相國　82,260,261

薌泉　212,243

銷英　124,144

銷英道人　124,125
小舫　23,24,27,147,447
小湖　83,161
小豁　40,221,230,236,409
小農　131
小樵　246,428,606
小樵翁　427
小午　81,82,315
小雅　25,27,84,184,236,240,286,314,
　　393,450
小巖　82
小雲　136,226—228,233,553
筱舫　24,28,62,69,73,156—159,285,
　　290,296,304,410,414,442,453,465,
　　590,604
筱農　131
筱漚　43,44,92,315,353,366
筱珊　304,608,616
筱石　53,225,310
筱午　82,315
筱塢　82,315
曉帆　9,73—75,120,500—504,536,
　　539—550,556,557,560
曉翁　119,120,535,536,548,559
孝拱　424,425
校邠　20,410,450,631
謝城　220,221
謝默卿　488,489
謝元淮　489
新篁　51,153
信臣　4,361

星海　17
星農　1
星叔　284,302
星臺　179,300,481
星翁　178,184,241,300,304,551,615
星兄　282
星齋　114,282
杏蓀　322,608
性甫　454
性泉　96
熊萬荃　499,526,527
徐本立　287
徐誠庵　286,287
徐傳兼　413,414
徐鳳銜　410,490
徐郙　293
徐海年　488,489
徐花農　183,184,487
徐佩瑗　502,526,536
徐琪　184,487
徐少青　252
徐頌閣　293,294
徐同柏　354
徐渭仁　50,51,630
徐小豁　221,230
徐燮鈞　414
徐瀛　489
徐有珂　40,221,410,490
徐有壬　4,11,15,252,253,523
徐籀莊　353,354
徐篆香　490

徐紫珊　47,50,51,53,86,222,318
許道身　4,54,74,190,284,285,454
許滇生　54
許庚身　4,54,117,190,284,285,473
許瀚　94,360,630
許靖甫　438
許槤　43,44
許乃普　54,117,279
許乃釗　4,54,60,361
許彭壽　117
許仁山　117,256
許潤身　285,286
許珊林　43,44,92,347,356,403,438,459,462
許少珊　403,438
許誦恒　403
許誦宣　438
許信臣　3,4,26,86,88,89,278
許星叔　284,285,287,302
許星臺　178,179,483,484
許蔭庭　189,190
許印林　400
許印翁　359,360
許應鑅　179
許樾身　190
旭人　187,296,420,596
旭亭　267
宣城李氏　313
薛煥　8,9,11,15,16,63,258,492,493,498—500,526,531,532,536
薛時雨　214,256

薛世香　165
薛書常　165
薛慰農　256
雪帆　13,14,17,18,20
雪琴　276,478
雪師　553
雪翁　93,522,551,554
雪憲　542,544,548
雪軒　7,9,522

Y

嚴可均　17,103,239,417,419,441
嚴氏鐵橋　238,239
嚴永華　273
彥聞　140
晏端書　96
硯丞　131
硯雲　70,99,361
燕庭　5,6,99,100,102,103,223,352,375,378,413
燕翁　105,106,223,323,413,462
楊寶彝　454
楊昌濬　220
楊春華　294,395
楊坊　120,526,631
楊黼香　37,39,40
楊徽猷　500,503,536
楊繼振　106
楊見山　454
楊彭年　318,340
楊憩棠　119,120,522,575

楊榮緒　39,222,228,234

楊峴　454

楊沂孫　427,459

楊中丞　219,220

楊子芳　502,525,528,575

養閑　24,116

敉閑　115,124,290,331,439

姚仰雲　27

葉東卿　3,4,6,324

葉名澧　5

葉志詵　4,5,324

衣谷　47,51,53,222,318,374

儀顧堂　39,153

逸亭　81

誼卿　409－412,415,420,468,600,604,607

殷譜經　185,186

殷兆鏞　186

蔭甫　28,29,139,171,177,209,264－275,286,287,348,393

蔭老　174,180,238,583

蔭庭　190

吟蕉　9,88,90,147,534,541,575

印林　94,360

英九　9

英茂文　472,473

英樸　473

應寶時　16,63,71,75,98,129,137,164,202,210,217,326,492,512,526,627,630

應敏齋　62,63,137,207－216,221,243,285,369

永昌　501,502,524,527,577,582

幼帥　326,327,452

幼雲　106

余蓮村　212,500,581

余治　211,629

俞斌　63,492

俞乃舟　62,63,492

俞樾　2,11,20,29,40,72,112,134,170,172,175,178,181,184,190,209,214,231,246,250,272,275,288,326,397,427,487,619,620,628

雨三　227

雨生　60,96

雨亭　1,8,259

雨翁　207

禹三　267

玉甫　187

玉斧　161,162,385,387,394,405

玉壺外史　305

玉詮　24,499

玉叔　16

郁松年　76

郁泰峰　5,75,76

元侯　477

沅浦　472,473

袁保恒　82,315

袁筱塢　315

緩老　137,138,219

緣仲　4,23,25,27,73,95,135,145,190,200,229,312,320,560,579,587

芸樵　74,501,502,512,545
芸翁　559,598
運齋　410,419,424,427—429,432,434,
　　　571,602,609,611

Z

曾秉忠　253,491,498,509,531,532,562
曾國藩　9,15—17,20,21,48,57,59—
　　　61,70,81,109,112,125,129,130,138,
　　　140,142,144,160,165,219,228,249,
　　　261,262,448,454,473,477,479,492,
　　　493,500,523,630
曾國荃　130,144,473
曾紀澤　249,343
曾劼剛　477
曾軍門　491,498,513—515,518,522,
　　　525,529—532
曾帥　8,119,514
曾文正　9,125,142,158,248,275,276,
　　　623
曾襲侯　400
曾相　14,17,60,144,161,197,318
曾允堂　491,501,507—510
章乃登　534
章月樵　534
張璧田　7,8,506,544,552
張萃山　162,385
張二銘　376
張富年　250,287,482
張國梁　15,26,253
張嘉蔭　174

張鑒　323
張菊坨　304
張菊槎　407,408
張軍門　546
張屺堂　250
張青帥　215
張少渠　325,326
張受之　309,310,374
張耒未　47,51,232,238,306,335
張恕齋　534
張樹聲　262
張廷濟　51,153,232,236,310,354,358
張文虎　228
張香濤　244,245,593
張嘯兄　228
張辛　310
張興詩　534
張姓　375,376
張嶼　162
張玉斧　4,161,162,385,392,402,406,
　　　442
張玉良　8,15,507
張豫立　326
張振翁　262
張之洞　115,245,408,412
張之京　301,408
張之萬　115,172,174,294,297,298,301
趙炳麟　9,90
趙粹甫　418,453
趙粹翁　418
趙惠甫　159,160,346,457—460

人名稱謂索引

趙烈文　160

趙佑宸　418

貞兄　95,106,351,354,356,357,361,372,374,386,400,435,459

鄭盫　1,99－103,106,108,247,249,250,309－319,321－323,325,326,328－342,344－347,361,374－376,378,379,381,390,391,398,401,405－409,411,412,414,416,419,423,431－433,460,463,464,603,605,619

鄭齋　141,357

芝齡　347

芝庭公　289

芷汀　390,425

忠逆　499－503,524,525,527,528,559

鍾淮　162

鍾六英　122,123,218,230,243－248,429

鍾佩賢　123,592,594,595

鍾小亭　161,162

仲復　232,233,238,263,272,273,285－287,295,296,300,303,304,339,362,383,384,387,410,413,414,420,429,463,481,586,590,605

仲飴　354,360

周韜甫　523,524

周騰虎　523

周學濬　17,81,219,222,226－229,233,261

周學濂　17,219

周學源　17,219

朱春舫　142,143

朱稼甫　275,276,400

朱椒堂　400,401

朱鏡清　2,100,101,276,624

朱鈞　44

朱履恒　142

朱培仁　276,536

朱頻華　415

朱平華　100,111,312

朱爲弼　5,401

朱筱漚　159,315

朱婿　324

朱研生　415,416

諸嘉杲　49

諸子良　46,49

竹老　329

竹朋　2,100,101,103,104,106,278,316,319,322,329,353,360,361,367,368,374,376,389,391,412,414,424

竹儒　112,467

竹添進一郎　134

竹添君　134

竹翁　360,361,368

祝年　343,344

篆香　409,410,422,563,610

子苾　94,354,359,364,400

子偲　137－139,440

子芳　500,503,575

子高　39,267,268,455

子恭　40,97,318,365,407,465

子密　165,229

子年　2,304,312,313,315,316,319,321,324,328,330,335,367,374—376,378,379,390,391,407,412,414,464,603

子青　115,164,172,285,294,296,297,299—302,360,361,367,406,410,414,429

子山　50,71,115,285,287,296,303,304,340,359—361,414,420,481,499

子貞　43,44,115,128,129,160,270,271,306,351,436

子振　365—367,369,371,373,374

紫珊　47,50,71

宗太守　214

宗湘文　214,218—220,222,223,230,234,276

宗源瀚　123,214,221,231

祖頤　1

左季帥　229,261

左爵帥　81

左孟辛　17,18

左樞　18

左相　202,315,343,366,411

左宗棠　70,81,82,90,92,212,229,261,382,389,456,479,500

佐乾　513—515,562,574,575

參考文獻

專　著

白謙慎《吳大澂和他的拓工》,海豚出版社,2013年。
蔡冠洛編著《清代七百名人傳》,中國書店,1984年。
陳介祺《簠齋尺牘》,陳敬第輯,商務印書館,1919年。
陳烈主編《小莽蒼蒼齋藏清代學者書札》,人民文學出版社,2013年。
陳茂同《歷代官職沿革史》,華東師範大學出版社,1988年。
崇彝《道咸以來朝野雜記》,北京古籍出版社,1982年。
顧文彬《過雲樓家書》,文匯出版社,2016年。
顧文彬《過雲樓日記》,文匯出版社,2015年。
郭廷以編著《近代中國史事日誌》,中華書局,1987年。
金元鈺、褚德彝《竹人錄　竹人續錄》,《中國藝術文獻叢刊》,浙江人民美術出版社,2011年。
静吾、仲丁編《吳煦檔案中的太平天國史料選輯》,生活・讀書・新知三聯書店,1958年。
李世揚《清代應寶時致吳雲書札考釋》,中國文史出版社,2014年。
陸明君《陳介祺年譜》,西泠印社出版社,2015年。
錢實甫編《清代職官年表》,中華書局,1980年。
秦經國等編著《清代官員履歷檔案全編》,華東師範大學出版社,1997年。
太平天國歷史博物館編《吳煦檔案選編》,江蘇人民出版社,1983年。
王鍾翰點校《清史列傳》,中華書局,1987年。
吳雲《吳平齋書札》,稿本,國家圖書館藏。

吴雲《吴平齋太守尺牘》,稿本,國家圖書館藏。
吴雲等《吴雲胡澍吴大澂等書札》,稿本,國家圖書館藏。
徐珂編《清稗類鈔》,中華書局,1984年。
葉衍蘭、葉恭綽編《清代學者象傳》,上海書店出版社,2001年。
俞樾《春在堂集》,光緒二十五年刻本。
張集馨《道咸宦海見聞錄》,中華書局,1981年。
支偉成《清代樸學大師列傳》,《清代傳記叢刊·學林類9》,明文書局,1985年。
中國科學院地理科學與資源研究所、中國第一歷史檔案館《清代奏摺彙編——農業·環境》,商務印書館,2005年。
周越然《書書書》,北方文藝出版社,2017年版。
《丁日昌集》,《國家清史編纂委員會·文獻叢刊》,上海古籍出版社,2010年。
《江蘇省通志稿》,江蘇古籍出版社,1991年。
《清實錄》,中華書局影印本,1986年。
《清史稿》,中華書局點校本,1977年。
《清吴桐雲先生大廷自訂年譜》(一名《小酉腴山館主人自著年說》),臺灣商務印書館,1980年。
《同治上江兩縣志》,《中國地方志集成·江蘇府縣志輯》,江蘇古籍出版社,1991年。

論　文

鮑俊林《明清兩淮鹽場"移亭就鹵"與淮鹽興衰研究》,《中國經濟史研究》2016年第1期。
陳國威《十九世紀(1840—1900)買辦心理試析》,寧夏大學碩士學位論文,2004年。
程仲霖《晚清金石文化研究——以潘祖蔭爲紐帶的群體分析》,中國藝術研究院博士學位論文,2013年。

費愉慶《蘇州藏書世家研究》,《江西圖書館學刊》2007 年第 4 期。

高琦《阮元文獻收藏途徑及有利條件》,《圖書情報工作》2011 年增刊(1)。

賈熟村《馮桂芬其人其事》,《清史研究》1998 年第 3 期。

賈熟村《太平天國時期的"紅單船"》,《廣西師範大學學報(哲學社會科學版)》2005 年第 2 期。

賈熟村《太平天國時期的上海地區》,《廣西師範大學學報(哲學社會科學版)》2010 年 8 月第 46 卷第 4 期。

江凌《試論清代兩湖地區書院的刻書業及其興盛原因》,《三峽大學學報(人文社會科學版)》2008 年第 5 期。

李軍《吳大澂交游新證》,復旦大學博士學位論文,2011 年。

李開升《黄丕烈題跋輯刻考述》,《圖書館理論與實踐》2015 年第 6 期。

李巧《試論清代監察制度的建置及其監察機能萎縮的原因》,鄭州大學碩士學位論文,2004 年。

李淑輝《清逸秀潤 含蓄雅正——海派繪畫中的吳門風度》,《文藝爭鳴》2016 年第 4 期。

李學功、祝玉芳《南潯近代"第三域"考論》,《民國檔案》2012 年第 4 期。

李宗陶《曾府幕僚》,《領導文萃》2009 年 7 月下旬刊。

劉昶《晚清江南慈善人物群體研究——以余治爲中心》,蘇州大學碩士學位論文,2009 年。

陸林《也談寅半生之"八應秋考"及其他》,《明清小説研究》2008 年第 1 期。

羅宏才《新發現的兩通陳介祺書信》,《文物》1995 年第 1 期。

羅念《吳雲書法研究》,西南大學碩士學位論文,2011 年。

羅時進《清代江南文化家族雅集與文學創作》,《文學遺產》2009 年第 2 期。

梅松松《晚清(1840—1911)文人鑒藏活動研究》,首都師範大學碩士學位論文,2012 年。

倪玉平《何桂清與清代兩淮鹽政改革》,《吉林大學社會科學學報》2015 年第 2 期。

錢松《何紹基年譜長編及書法研究》，南京藝術學院博士學位論文，2008 年。

任德起《給事中杜篤祜》，《審計理論與實踐》2002 年第 3 期。

沈冬麗《17 世紀末—19 世紀初蘇州書坊刻書——以書業堂、掃葉山房爲中心》，復旦大學碩士學位論文，2009 年。

沈慧瑛《從〈過雲樓日記〉看晚清士紳生活圖景》，《檔案與建設》2015 年第 8 期。

沈麗全整理《杜文瀾致應寶時手札》，《歷史文獻》第 19 輯，上海古籍出版社，2015 年。

史中平、馬莉《西北師大藏徐渭仁翻刻〈蘭亭序〉》，《中國書法》2013 年第 6 期。

孫翱《〈簠齋尺牘〉研究——以陳介祺的金石購藏及傳拓活動爲中心》，中國美術學院碩士學位論文，2013 年。

陶大瑢《過雲樓顧氏家族書畫鑒藏活動研究》，中央美術學院碩士學位論文，2007 年。

田琦《許瀚交游考述》，西北師範大學碩士學位論文，2013 年。

王澧華《曾國藩的擬奏幕友》，《湘潭大學學報（哲學社會科學版）》1995 年第 6 期。

王衛平《慈風善脈：明末清代江南地區的慈善傳承與發展》，《蘇州大學學報（哲學社會科學版）》2016 年第 3 期。

王振忠《清代兩淮鹽業盛衰與蘇北區域之變遷》，《鹽業史研究》1992 年第 4 期。

謝宏雯《晚明蘇州書坊興盛之因》，《長江論壇》2011 年第 5 期。

徐永斌《明清時期江南文人治生及其"變異"現象》，《江海學刊》2010 年第 4 期。

閆中恒《〈校邠廬抗議〉的作者馮桂芬事略考》，《江西圖書館學刊》1990 年第 4 期。

楊曉童《人生軌迹與宦海沉浮：楊坊初步研究》，寧波大學碩士學位論文，2010年。

姚暘《從〈清儀閣所藏古器物文〉看清中期江南民間金石收藏生活》，《首都師範大學學報（社會科學版）》2014年第2期。

張勇盛《阮元金石交流考》，《中國國家博物館館刊》2016年第9期。

趙成傑《地域、家學及師承：清中葉"説文學"的展開與繁榮》，《哈爾濱工業大學學報（社會科學版）》2017年第6期。

趙誠《晚清的金文研究》，《古漢語研究》2002年第1期。

趙豔《費伯雄先生年譜》，《中醫文獻雜誌》2011年第2期。

鄭衛榮《紳商與近代區域社會的變遷——以清末民初南潯紳商群體爲例》，上海師範大學碩士學位論文，2005年。

仲威《碑帖拓本面面觀》，《收藏》2010年第2期。

周健《同治初年江蘇減賦新探》，《近代史研究》2017年第4期。

周欣《歸安陸宋樓書目題跋研究》，廣西大學碩士學位論文，2012年。

圖書在版編目(CIP)數據

兩罍軒尺牘校注/(清)吴雲著;馬玉梅校注. —
上海:上海古籍出版社,2020.11
(近代金石學家尺牘校注系列)
ISBN 978-7-5325-9772-7

Ⅰ.①兩… Ⅱ.①吴… ②馬… Ⅲ.①中國歷史-史料-清代②《兩罍軒尺牘》-注釋 Ⅳ.①K249.06

中國版本圖書館 CIP 數據核字(2020)第 187456 號

責任編輯:姚明輝
封面設計:嚴克勤
技術編輯:耿瑩祎

近代金石學家尺牘校注系列
兩罍軒尺牘校注
(清)吴　雲　著
馬玉梅　校注
上海古籍出版社出版發行
(上海瑞金二路 272 號　郵政編碼 200020)
(1) 網址:www.guji.com.cn
(2) E-mail:guji1@guji.com.cn
(3) 易文網網址:www.ewen.co
上海展强印刷有限公司印刷
開本 700×1000　1/16　印張 42.25　插頁 7　字數 568,000
2020 年 11 月第 1 版　2020 年 11 月第 1 次印刷
印數:1—1,200
ISBN 978-7-5325-9772-7
K·2911　定價:178.00 元
如有質量問題,請與承印公司聯繫
電話:021-66366565